domus

domus

domus 330
May 1957

Cover

domus magazine cover designed by William Klein

Eds. ***Charlotte & Peter Fiell***

Introduction by ***Luigi Spinelli***
Essay by ***Ettore Sottsass Jr.***

domus

IV *1955–1959*

TASCHEN

HONGKONG KÖLN LONDON LOS ANGELES MADRID PARIS TOKYO

domus 350
January 1959

Cover

domus magazine cover designed by Gyorgy Kepes

Contents

Editorial

domus 1955–1959

Appendix

Ponti's World

Luigi Spinelli

In 1955 the editorial staff of *domus* consisted of three persons: Lisa Licitra Ponti, Enrichetta Ritter and Mario Tedeschi. In January the editorial offices were located on Viale Coni Zugna – at Gio Ponti's studio – but in February they moved to the headquarters of the Mazzocchi publishing company on Via Monte di Pietà. The editor-in-chief's personality and a tailor-made editorial staff that remained unchanged between 1955 and 1961 ensured the magazine a coherent, consistent image and structure. "Only in 1955", Gianni Mazzocchi was to say, "did *domus* start to reap after so much sowing".

In his editorials Ponti had the space to pose and develop the themes for reflection and research that were emerging in his projects at that time. The title of the March editorial was "An Invitation to Consider all of Architecture as 'Spontaneous'", and the July title was "An Architectural Problem", on the need and meaning of a style.

Starting with the March cover, the title was significantly followed by the subtitle *architecture, furniture, art*, in line with the multidisciplinary scope of editorial interests. The most important articles were often introduced by a more theoretical presentation, printed on heavy, coloured paper, separated from the photographic presentation, which instead featured a commentary with long descriptive and technical captions. The issues were balanced and enjoyable to read, with many different topics that were presented in an even, discrete way.

Coverdesigns by artists such as William Klein, Michele Provinciali and Alan Fletcher gave the issues greater cachet and reaffirmed the important role of art, a discipline that was often represented in *domus* during this period.

The "Invitation to Ronchamp" that Ponti extended to readers in October 1956 – after a visit by Milanese architects – was a prelude to the publication three years later of the convent in Bonmoschetto di Sanremo, one of the most original works of religious architecture by the Milanese artist, who designed four churches in the following years and was author of a long editorial on the theme of "Religion and architects".

Business trips were transformed into opportunities for insistent reports on architects and architecture, especially in Latin America: Caracas and its university campus, the Oscar Niemeyer House in Rio de Janeiro and other Brazilian projects by Niemeyer and Carlos Raúl Villanueva, and the structures by Félix Candela.

On the basis of the 'typewritten fabrics' of Bernard Rudofsky, Ponti multiplied experiments with graphics and lettering, together with his friend Piero Fornasetti, in 1950s interiors. Even the plan of the Pirelli Tower became a graphic invention to be used in composing a magazine cover in March 1956.

In a single issue the following year there was space for ceramic wall coverings, candelabra, a Fulget floor, flatware – all designed by Ponti – and the poster for his exhibition at the Galerie Christofle on rue Royale in Paris. The following issue announced his book-testament *Amate l'architettura* (Genoa 1957; *In Praise of Architecture*, New York 1960). The 1950s closed with the Alitalia offices in New York, photographs by Sune Sundahl of the snow-covered Italian Cultural Institute in Stockholm and a hearth that was subsequently reworked for the patio at Villa Planchart.

On the pages of *domus* a world of plastic surrounded this self-referential and all-comprehensive universe focused on Gio Ponti: coloured furniture in plastic laminate, *Formica* and *Plasticover*, new plastic chairs, plastics for the home by Kartell and a house built entirely of plastic. The living rooms, characterized by surfaces with shiny, vivid colours, were furnished with leather upholstered furniture and the now familiar television sets, whose appearance in living spaces had been commented on in an article by Vittorio Garatti and Nathan Shapira in February 1954. Together with the radio-phonograph for the living room by Niels Diffrient and bar furniture, an extraordinarily representative object of those years was the new Phonola *Mod. No. 1718* television set by Dario Montagni, acclaimed under the title, "They have designed a set that corresponds to my desires".

Some of the most interesting – but not necessarily the most famous – creations by the protagonists of Italian architecture were regularly recorded and presented: a proposed skyscraper in prestressed concrete and glass and a church in the Baranzate suburb of Milan, both by Angelo Mangiarotti and Bruno Morassutti, and a proto-deconstructivist house in Valsugana designed by Mario Galvagni.

One refined discovery reported in *domus* was the American Alexander Girard, who designed a house-studio and an installation, as well as the Rieveschl home in a pinewood and a project in Santa Fe.

The young Ettore Sottsass Jr. and Vico Magistretti designed sheet metal furniture and lights. Sottsass Jr. designed furniture for a small apartment for two youths, the Redan shop in Turin and objects for Raymor in the USA. Magistretti designed an expandable table and the interior of a bank.

In January 1957 the Milan apartment of Ernesto N. Rogers, director of *Casabella*, was described by the owner under the title, "An Architect for Himself".

Il mondo di Ponti

Luigi Spinelli

Nel 1955 la redazione di *domus* è composta da tre persone: Lisa Licitra Ponti, Enrichetta Ritter e Mario Tedeschi. A gennaio gli spazi di lavoro risultano in viale Coni Zugna – lo studio di Gio Ponti – ma già da febbraio sono spostati nella sede della casa editrice di Mazzocchi in via Monte di Pietà. La personalità del direttore e una redazione su misura e immutata dal 1955 al 1961, senza interruzione, garantiscono alla rivista una immagine e una struttura coerente e costante. «Solo nel 1955 – dirà Gianni Mazzocchi – *domus* cominciò a mietere, dopo aver tanto seminato.»

Negli editoriali Ponti ha lo spazio per porsi ed approfondire temi di riflessione e ricerca che stanno attraversando i suoi progetti di questa fase: il titolo dell'editoriale di marzo è: «Invito a considerare tutta l'architettura come ‹spontanea›»; quello di luglio «Un problema d'architettura», sulla necessità e il significato di uno stile.

Dalla copertina di marzo la testata è significativamente sottotitolata *Architettura arredamento arte*, in linea con la multidisciplinarità degli interessi della redazione. Gli articoli più importanti sono spesso introdotti da un testo di impostazione più teorica, stampato su pagine in carta colorata e materica, separato dalla presentazione fotografica che è invece commentata da lunghe didascalie descrittive e tecniche. I fascicoli sono equilibrati e piacevoli da sfogliare, gli argomenti molti e articolati, ma presentati in maniera omogenea e discreta.

Interventi di artisti – tre nomi tra tutti: William Klein, Michele Provinciali, Alan Fletcher – danno alle copertine un valore aggiunto e restituiscono all'arte, disciplina molto presente in questi anni in *domus*, un ruolo importante.

L'«Invito ad andare a Ronchamp» che Ponti fa ai lettori nell'ottobre del 1956 – dopo la visita con una delegazione di architetti milanesi – prelude alla pubblicazione tre anni dopo del convento a Bonmoschetto di Sanremo, una delle più originali architetture religiose dell'artista milanese, autore negli anni successivi di quattro chiese e di un lungo editoriale sul tema «Religione ed architetti».

I viaggi per incarichi di lavoro si trasformano in occasioni per reportage insistiti su architetti e architetture, soprattutto dell'America Latina: Caracas e la sua Città Universitaria, la casa di Oscar Niemeyer a Rio e i altri progetti brasiliani di Niemeyer e Carlos Raúl Villanueva, le strutture di Félix Candela.

Sulla scia delle ‹stoffe dattiloscritte› di Bernard Rudofsky, negli interni degli anni Cinquanta si moltiplicano gli esperimenti di grafica e *lettering* insieme con l'amico Piero Fornasetti. Perfino la pianta della Torre Pirelli diventa una invenzione grafica con cui comporre una copertina della rivista nel marzo del 1956.

Su un solo fascicolo dell'anno seguente trovano posto rivestimenti ceramici, candelabri da tavola, un pavimento di Fulget, posate – tutto disegnato da Ponti –, la locandina di una sua mostra parigina alla Galerie Christofle in rue Royale; sul numero seguente è annunciato il suo libro-testamento *Amate l'architettura* (Genova 1957). Gli anni Cinquanta si chiudono con la sede dell'Alitalia a New York, le fotografie di Sune Sundahl dell'innevato Istituto Italiano di Cultura a Stoccolma, un camino poi rielaborato per il patio di villa Planchart.

Attorno a questo universo autoreferenziale e onnicomprensivo incentrato su Gio Ponti, sulle pagine di *domus* c'è un mondo di plastica. Mobili colorati in laminato plastico, *Formica* e *Plasticover*, nuove sedie in plastica, plastica per la casa della Kartell, una casa costruita totalmente in plastica. I soggiorni, caratterizzati da superfici di colore lucido e vivo, sono arredati con imbottiti in pelle e con la presenza ormai familiare della televisione, la cui comparsa negli spazi quotidiani era stata commentata in un articolo di Vittorio Garatti e Nathan Shapira nel febbraio 1954. Accanto al radiogrammofono da soggiorno di Niels Diffrient e ai mobili bar, un oggetto straordinariamente rappresentativo di quegli anni è il nuovo televisore *Phonola 1718* di Dario Montagni, accolto con il titolo: «Han disegnato un apparecchio che corrisponde ai miei desideri».

Le più interessanti – non necessariamente così famose – realizzazioni dei protagonisti dell'architettura italiana sono comunque regolarmente registrate e trasmesse: la proposta per un grattacielo in calcestruzzo precompresso e vetro, per una chiesa a Baranzate in provincia di Milano – entrambe di Angelo Mangiarotti e Bruno Morassutti – e per una casa in Valsugana, progettata da Mario Gavagni, che anticipa il decostruttivismo.

Una raffinata scoperta sulle pagine di *domus* è l'americano Alexandre Girard, autore di una casa-studio e di un allestimento, della casa Rieveschl nella pineta e di un progetto a Santa Fe.

I giovani Ettore Sottsass e Vico Magistretti disegnano mobili e lampade in lamiera, un piccolo arredamento per due giovani, il negozio Redan a Torino, oggetti per l'americana Raymor, il primo, un tavolo ampliabile e gli interni di una banca, il secondo.

Nel gennaio 1957 l'appartamento milanese di Ernesto N. Rogers, direttore di *Casabella*, è descritto dal proprietario stesso con il titolo: «Un architetto per sé».

We Were Exuberant and Still Had Hope

Ettore Sottsass Jr.

A hanging light with aluminium foil shade designed by Ettore Sottsass Jr., c. 1955
Una lampada sospesa con paralume in lamina di alluminio progettata da Ettore Sottsass Jr., ca. 1955

The 1950s were effervescent years in Italy.

The miserable, idiotic, murderous World War II and the even more bitter civil war had recently ended. Italy was exhausted. Its cities lay in ruins, an entire generation had been raped and wiped out. The future was ambiguous and obscure, and politicians were struggling in search of a new Italian society, jostling among new alliances, vendettas, reconstruction, business deals and the conquest of new powers.

I am hardly an expert on the history of those years. I was present, I experienced them more or less like a pumice stone tossed to and fro by waves that were barely recognizable, as well as by others that were hidden and beyond my own dimension. I was supposed to become an architect, and I received my university degree in 1939. I had already been drafted into the army by then, and from that time on I do not know who – kings, dictators, generals, someone who screamed into the microphones more than the others – stole seven years of my life from me; seven years out of the life of a young, thinking human being.

I still do not know who, perhaps Shiva or Tezcatlipoca or some unknown spirit, smiled on me and led me out of those seven years nearly intact.

I wound up in Milan in 1948, penniless, in the large wine shop – deserted at that hour – of the Pirovini sisters, pious Catholic spinsters who served me a steaming bowl of cocoa to console me, seeing how forlorn and soaking wet I was because of one of those Milanese rainstorms that never seem to end.

In those strange years, the Pirovini sisters' wine shop at Brera was the meeting place of the new Milanese intelligentsia, a place to eat at midday and in the evening, even on credit. Writers, poets, thinkers and philosophers would meet there: Enzo Paci, Vittorio Sereni, Alfonso Gatto, Elio Vittorini, Remo Cantoni, Giansiro Ferrata, Giorgio Soavi and Federico Solmi, and various artists or photographers, even from Rome: Roberto Crippa, Lucio Fontana, Gianni Dova, Guiseppe Capogrossi, Piero Manzoni (who was just a boy), Sergio D'Angelo, Andrea Cascella, Bruno Cassinari, Alberto Manzi. But there were few architects. Vittoriano Viganò, perhaps, and perhaps Piero Bottoni or Giancarlo De Carlo with Franco Albini and Franca Helg, but the compact tribe of Milanese architects, as far as I know, came from 'very good' families. Those architects had skipped the war and the civil war, also. They already had working studios, were already building and reconstructing, they ate lunch and dinner at home and were all very good. Their architecture was always very elegant, an updated form of Italian rationalist style, refined, showing close attention to the details, and 'rationally' aware of the general political status quo, which certainly was not right-wing then, but rather a form of bourgeois socialism, enlightened but not open to the proletariat. That socially, culturally and politically compact tribe had no reason to frequent the other tribe of denizens of the Pirovini wine shop, that nomadic tribe with a thirst for life, vision and the future and for finding their personal identity – people who were also obsessed with the uncertainties of daily life.

In a meek and uncertain way, I felt that I was a member of the tribe that ate on credit at the Pirovini sisters' shop, the tribe of the 'cheap eaters', as Bernhard would have called them – cheap eaters not only of food but also of so-called cultural certainties.

In those years, I was participating in INA Casa (Marshall Plan) design competitions – and winning a few – in order to join the ranks of those worthy to build public housing in villages or small towns scattered throughout Italy. There was no talk of "architecture". What we were dealing with was "construction" of low-income housing. What counted was the cost per cubic metre and the number of rooms, and nothing else. I designed and built four or five, maybe six, of those dwellings. I prefer not to mention how long payment took.

I had built a few single-family homes in Sardinia together with my father, and I had designed a few small schools that were never built, but I did design and build a large school in Predazzo, with a fine staircase.

Meanwhile, I kept my hands busy making baskets of thick iron or aluminium wire and cutting thin sheets of aluminium with scissors to make lights and fruit baskets. For a New York importer, I designed brightly coloured objects in anodized aluminium and also some ceramic objects. "Make them Spanish blue", he would say to me, "only Spanish blue is fashionable right now in America". The importer paid me but – poor guy – I don't think he did a great business with my designs, which really did not go down well on the American market.

In those years, from 1955 to 1959, I more or less survived doing 'design' for a modernized craftsman. Industry for the people, for daily life, was just appearing on the scene then, and only in a very few cases. In most cases, the 'industrialists' were mechanized craftsmen. I did not have any contact with real industry. Perhaps I did not dress well enough and I did not inspire confidence – who knows.

At that time I thought it was possible to 'imagine' a kind of design for industry, even if that sort of design was produced by craftsmen. In the meantime, I tried to understand what was the greater destiny of the design of an object, a piece of furniture, of furnishings and, ultimately, even architecture – a destiny going far beyond the mechanical, obsolete definitions of a sort of pseudo-rationality. The rationality of a primitive engineer, even a good one, was too confining for me. I started to think that beyond reason, beyond rational logic, there existed other vast areas of thought: There were hot and cold, weight and lightness, shininess and opacity, there was a mysterious memory, nostalgia, there were habits, hidden, underground traditions and revisited traditions. There was the 'black magic' of existence and also the black magic of the future, the black magic of the new, which fanatics for new things usually ignore.

In a primitive way, I had already ruminated on thoughts like this when I was at the university, and those thoughts kept me constant company during the war in Montenegro, and prison in Sarajevo, and during the five months I spent at Monterosa (coming back to Italy). It was becoming increasingly clear that existence was a sort of general rite of black magic.

Then, when chance took me to Milan, I quickly realized that the thoughts I had been pursuing certainly were not 'appreciated' by the establishment of the Milanese architectural culture. On the contrary, those thoughts were considered blasphemous (bourgeois, perhaps even fascist). For the tribe of fundamentalist functionalists, I would even have deserved to be burned at the stake.

During those years that were hard for me, the only architect in Milan who offered me any chance of survival was Gio Ponti, then editor-in-chief of *domus*, a magazine specializing in architecture, furnishing, design, handicrafts and art from around the world, and distributed worldwide.

For a stray dog like me at that time, it was to be very important to have my work published. In the meantime I was emerging from the intimacy and provincialism of my drawing board to toss my ideas into the centre of the ring and wait to see whether they managed to hold their own, and what actually held and what did not, and in any event I was keeping the world informed about what I was doing. I was confronting public opinion, not just the judgment of my fellow citizens or fellow students – more or less.

That is how things went and now, in this big, accurate book published by TASCHEN, it is easy to see what I was designing in the 1950s. It is very clear that I was making every attempt to 'add' some other, new theoretical opening to the original definition of functionalism, without destroying anything of the poetic lesson of the great masters who had revealed the sense of modernity to me.

Looking back on what happened in those distant years, I can also see that sometimes my things went well and sometimes not. Sometimes I remained bound to the 'old style', sometimes I managed to pierce the darkness, sometimes I managed more or less to foresee the figure of a possible, new, barbaric future.

Si ballava e ancora si sperava

Ettore Sottsass Jr.

Gli anni Cinquanta sono stati anni effervescenti per l'Italia.

Da poco finita la miserabile, idiota, micidiale seconda guerra mondiale e la ancora più amara guerra civile, l'Italia era a terra: le città sventrate, una intera generazione violentata e cancellata, il futuro ambiguo e oscuro, i politici alla ricerca affannosa di una possibile figura della nuova società italiana viaggiando tra nuove alleanze, vendette, ricostruzione, affari, conquista di nuovi poteri ...

Non sono per niente esperto della storia di quegli anni; ero presente, l'ho vissuta più o meno come un sasso di pomice trasportato da onde vagamente riconoscibili e da quelle nascoste e comunque fuori della mia dimensione. Era previsto che io diventassi un architetto. Ho preso la laurea nel 1939. Già ero vestito da soldato e da quel momento, non so chi, i re, i dittatori, i generali, qualcuno che urla nei microfoni più degli altri mi hanno rubato sette anni; sette anni della vita di giovane essere umano pensante.

Ancora non so chi, forse Shiva o forse Tezcatlipoca o qualche ignoto spirito mi ha sorriso e mi ha fatto finire quasi intatto quei sette anni.

Sono finito a Milano nel 1948, senza una lira, nel cantinone a quell'ora deserto delle sorelle Pirovini, sante zitelle cattoliche che mi hanno portato una ciotola di cacao fumante per consolarmi tanto ero malmesso e tutto bagnato per una di quelle piogge milanesi che non finiscono mai.

In quegli anni strani il cantinone delle sorelle Pirovini a Brera per mangiare, anche a credito, a mezzogiorno e la sera, era il luogo di riunione della nuova «intellighenzia» milanese. Si incontravano scrittori, poeti, pensatori, filosofi: Enzo Paci, Vittorio Sereni, Alfonso Gatto, Elio Vittorini, Remo Cantoni, Giansiro Ferrata, Giorgio Soavi, Federico Solmi...e artisti o fotografi vari, anche da Roma: Roberto Crippa, Lucio Fontana, Gianni Dova, Giuseppe Capogrossi, Piero Manzoni (ragazzino), Sergio D'Angelo, Andrea Cascella, Bruno Cassinari, Alberto Manzi...architetti pochi. Forse Vittoriano Viganò, forse Piero Bottoni, forse Giancarlo De Carlo con Franco Albini e Franca Helg, ma il gruppo compatto della tribù degli architetti milanesi, per quello che ne so, veniva da «molto buone» famiglie. Quegli architetti erano saltati sopra la guerra e anche sopra la guerra civile, avevano già studi avviati, già costruivano e ricostruivano, mangiavano a casa pranzo e cena, erano tutti molto bravi; le loro architetture erano sempre molto eleganti, un aggiornato razionalismo all'italiana, raffinato, accurato nei particolari, anche «razionalmente» consapevole dello status politico generale certamente, allora, non di destra, ma piuttosto di un socialismo borghese, illuminato, non concesso al proletariato. Quella tribù socialmente, culturalmente, politicamente compatta non poteva avere alcuna ragione per frequentare quell'altra tribù di abitanti della cantina Pirovini, tribù vagante di assetati di vita, di visioni, di futuro, di trovare personale identità; ossessionati anche di incertezza quotidiana.

In maniera sommessa e appunto incerta mi sentivo membro della tribù che mangiava a credito dalle sorelle Pirovini, la tribù dei ‹mangia-a-poco› come li avrebbe chiamati Bernhard; mangia-a-poco non soltanto di cibo ma anche di certezze cosiddette culturali.

In quegli anni facevo concorsi – qualcuno vinto – INA Casa (Piano Marshall) per entrare nell'elenco dei meritevoli di costruire case popolari in paesi o piccole città sparse per l'Italia. Di «architettura» non se ne parlava, si trattava di «edilizia» povera. Contava il «costo» a metro cubo e il numero delle stanze. Tutto lì. Di quelle case ne ho progettate e costruite quattro o cinque, forse sei. Meglio non parlare dei tempi di pagamento.

Insieme a mio padre avevo costruito qualche casa unifamiliare in Sardegna e progettato anche qualche piccola scuola mai costruita e invece progettato e costruito una grande scuola a Predazzo, con una bella scala.

Intanto con le mani passavo il tempo a fare cestini con grossi fili di ferro o di alluminio e, tagliando con la forbice fogli sottili di alluminio, facevo lampade e porta frutta, e poi per un importatore di New York ho disegnato oggetti molto colorati in alluminio anodizzato, e anche per lo stesso importatore oggetti di ceramica. «Li faccia blu spagnolo, – mi diceva – adesso in America va soltanto il blu spagnolo». L'importatore mi ha pagato ma – poveretto – non credo abbia fatto grandi affari con i miei disegni che negli USA proprio non andavano.

In quegli anni, dal 1955 al 1959, più o meno sopravvivevo facendo una specie di disegno per un artigiano modernizzato. L'industria per la gente, per la vita quotidiana, si affacciava allora sulla scena e si trattava di pochissimi casi; nella maggior parte dei casi gli «industriali» erano artigiani meccanizzati. Con la vera industria io non avevo contatti. Forse non ero vestito abbastanza bene e non ispiravo fiducia...chissà.

Allora pensavo che fosse possibile «immaginare» un disegno per l'industria, anche se per il momento quel disegno veniva prodotto artigianalmente. Intanto provavo a capire che cosa può essere il destino più vasto del disegno di un oggetto, di un mobile, di un arredamento e forse alla fine, anche di una architettura: più vasto al di là delle meccaniche, obsolete definizioni di una specie di pseudo razionalità. Una razionalità da ingegnere primitivo, anche bravo, mi stava stretta. Cominciavo a pensare che al di là della ragione, al di là delle logiche razionali esistevano altre vaste zone del pensiero, esistevano il caldo e il freddo, il peso e la leggerezza, il lucido e l'opaco, esisteva la misteriosa memoria, la nostalgia, esistevano le abitudini, le sotterranee, nascoste tradizioni e le tradizioni rivisitate... Esisteva il ‹black magic› dell'esistenza e anche il black magic del futuro, il black magic del nuovo, quello che di solito i fanatici del nuovo, ignorano.

In maniera primitiva vagavo intorno a pensieri di questo genere già da quando ero all'università e poi durante la guerra in Montenegro, la prigione a Sarajevo e durante i cinque mesi nella Monterosa (tanto per tornare in Italia) quei pensieri mi hanno tenuto compagnia. Che l'esistenza fosse una specie di rito generale di magia nera diventava sempre più chiaro.

mondo e non soltanto quello dei miei concittadini o compagni di scuola – più o meno.

Così sono andate le cose e adesso in questo grosso e accurato libro pubblicato da TASCHEN, si può vedere molto bene quello che disegnavo in quegli anni Cinquanta. Si può vedere molto bene che stavo cercando in tutti i modi di ‹aggiungere› qualche altra, nuova teorica apertura alla originaria definizione di funzionalismo senza distruggere niente dell'insegnamento poetico dei grandi maestri, quelli che mi avevano svelato il senso della modernità.

A guardare quello che succedeva in quegli anni lontani, si può anche vedere che qualche volta mi andava bene e qualche volta no: qualche volta restavo legato ‹all'antico›; qualche volta riuscivo a squarciare l'oscurità, qualche volta riuscivo più o meno a prevedere la figura di un possibile, nuovo, barbarico futuro.

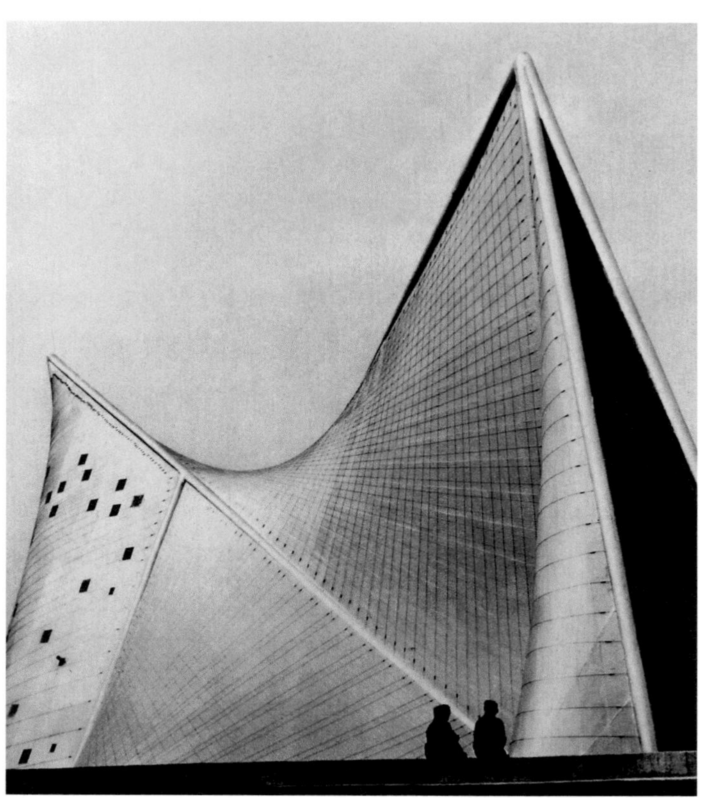

Philips Pavilion designed by Le Corbusier for the 1958 "Exposition Universelle et Internationale" in Brussels
Il padiglione Philips progettato da Le Corbusier per la Fiera Mondiale di Bruxelles del 1958

Quando poi il caso mi ha portato a Milano ho dovuto rendermi conto in fretta che i pensieri che inseguivo non erano certamente pensieri ‹graditi› all'establishment della cultura architettonica milanese... anzi quei pensieri li consideravano blasfemi, (borghesi, forse anche fascisti). Per la tribù dei funzionalisti integralisti sarei anche stato degno del rogo.

L'unico architetto che a Milano, in quegli anni per me non facili, mi ha offerto qualche possibilità di sopravvivenza è stato Gio Ponti, allora direttore della rivista *domus*, rivista che pubblicava documenti di architettura, arredamento, design, artigianato e arte in tutto il mondo e che veniva distribuita in tutto il mondo.

Per un cane sciolto come ero io a quei tempi, poteva essere molto importante pubblicare cose che stavo facendo: intanto uscivo dall'intimismo, dal provincialismo del mio tavolo da disegno, poi buttavo in mezzo alla strada le mie idee e stavo a guardare se riuscivano a ‹tenere› e che cosa riusciva a tenere e che cosa no e ad ogni modo tenevo informato il mondo di quello che stavo facendo e affrontavo il giudizio del

1955

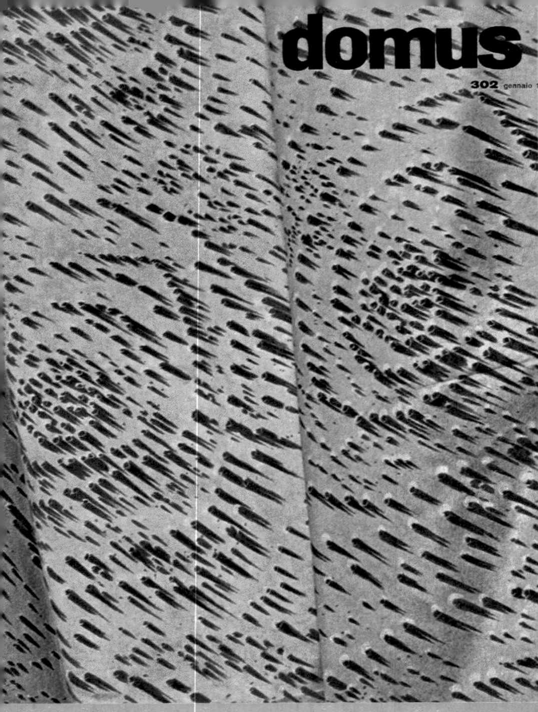

domus 302
January 1955

FEATURING
Oscar Niemeyer
Grete Korsmo
Arne Korsmo
Gio Ponti
Marco Zanuso
Joseph-André Motte
Alberto Rosselli
Ico Parisi
Niels Diffrient

domus 306
May 1955

FEATURING
Herbert Bayer
James Prestini
Fritz Benedict
László Moholy-Nagy

domus 305
April 1955

Cover designed by
Giuseppe Ajmone

FEATURING
Gian A. Bernasconi
Annibale Fiocchi
Marcello Nizzoli
Luigi Giotto Stoppino
Charles Eames
Ray Eames
Alvin Lustig
Richard Neutra
Marco Zanuso
Alberto Scarzella
Giuseppe Ajmone
Edoardo Piccoli
Felix Augenfeld
Paul McCobb
Victor J. Papanek
Norman Potter
Mario Oreglia
Gian Chasé
Arne Korsmo
Dana W. Mox

domus 309
August 1955

FEATURING
Angelo Mangiarotti
Bruno Morassutti
Vittorio Borachia
Carlo Santi

domus 310
September 1955

FEATURING
Carl-Axel Acking
Bengt Gate
Astrid Stampe
Birger Kaipiainen
Timo Sarpaneva
Yki Nummi
Nanny Still
Alvar Aalto
Arne Jacobsen
Hans J. Wegner
Yoji Kasajima
Ettore Sottsass Jr.
Erberto Carboni
Roberto Menghi
Carlo Mollino
Franco Campo
Carlo Graffi

domus 311
October 1955

Cover designed by
William Klein

FEATURING
Otto Frei
Leonardo Fiori
Angelo Mangiarotti
Bruno Morassutti

domus 312
November 1955

Cover designed by
William Klein

FEATURING
Le Corbusier
Gio Ponti
Franco Albini
Astrid Sampe
Marianne Nilson
Françoise Lelong
Ib Kofod Larsen
Georg Leowald
Augusto Romani

domus 303
February 1955

FEATURING
Ettore Sottsass Jr.
Osvaldo Borsani

domus 307
June 1955

FEATURING
Carlos Raúl Villanueva
Henri Laurens
Fernand Léger
Hans Arp
Matteo Manaure
Ico Parisi
Luisa Parisi
Vico Magistretti
Kurt Kontzen
Gino Colombini
Gio Ponti

domus 308
July 1955

Cover designed by
Giancarlo Pozzi

FEATURING
Richard Neutra
Robert E. Alexander
Enrico Taglietti
Henri Pottier
Joseph-André Motte
Angelo Mangiarotti
Bruno Morassutti
Gottfried Honegger-Lavater

domus 304
March 1955

Cover designed by
Giancarlo Pozzi

FEATURING
Renzo Zavanella

domus 313
December 1955

FEATURING
Franco Albini
Franca Helg
Piero Fornasetti

La casa di Oscar Niemeyer

The Oscar Niemeyer House

The Oscar Niemeyer House in Rio de Janeiro, Brazil, designed by Oscar Niemeyer: exterior views of garden and pool, design sketches

La grande pietra al centro, la copertura sospesa e la piscina sono gli elementi caratteristici della casa.

Questa è la casa che Oscar Niemeyer ha costruito per sè, a Rio, in un bellissimo sito isolato, in vista del mare.
La casa prende forma dalla forma del terreno, di cui segue il profilo, senza modificarlo. Il pendio del terreno determina la sua figura a due piani sfalsati. Una grande pietra che emergeva dal suolo non è stata toccata, ma anzi inclusa nella soluzione architettonica come elemento decorativo: essa è il centro della composizione, fra le due forme sinuose della piscina scavata e della copertura sospesa. La casa è trasparente da parte a parte, per permettere la vista del mare anche dal terrazzo interno, terrazzo che circonda la piscina e si allarga in mezzo agli alberi fitti.

profilo naturale del terreno

pietra esistente

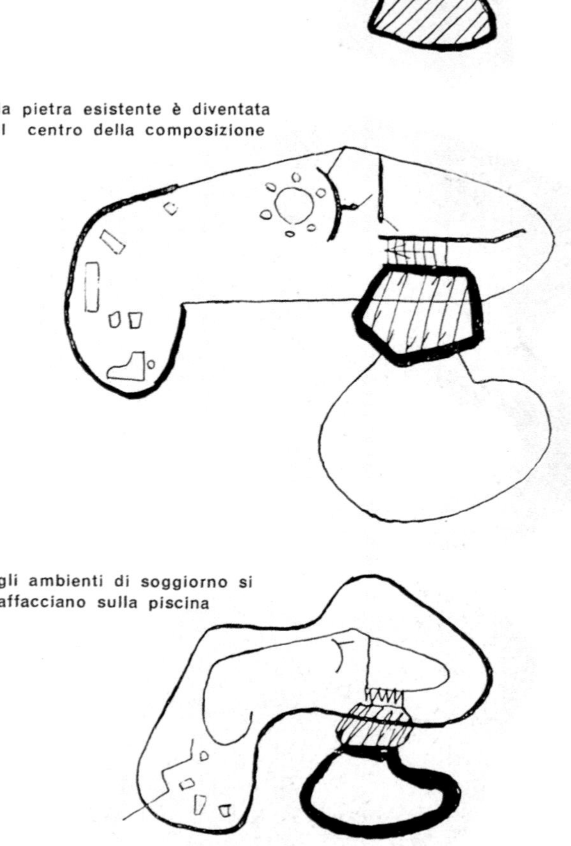

la pietra esistente è diventata il centro della composizione

gli ambienti di soggiorno si affacciano sulla piscina

adattamento al profilo del terreno evitando gli sterri e i riporti

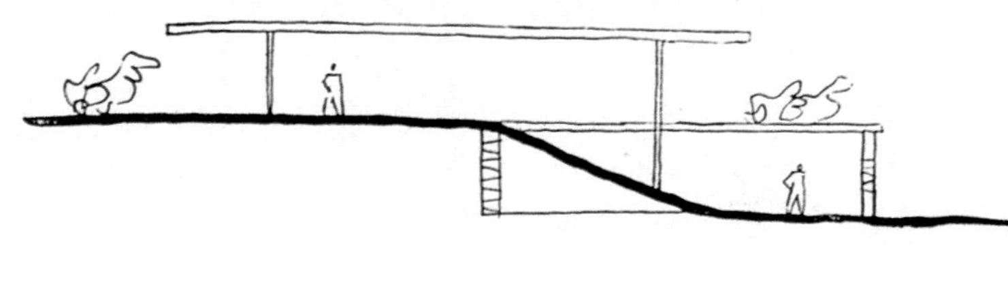

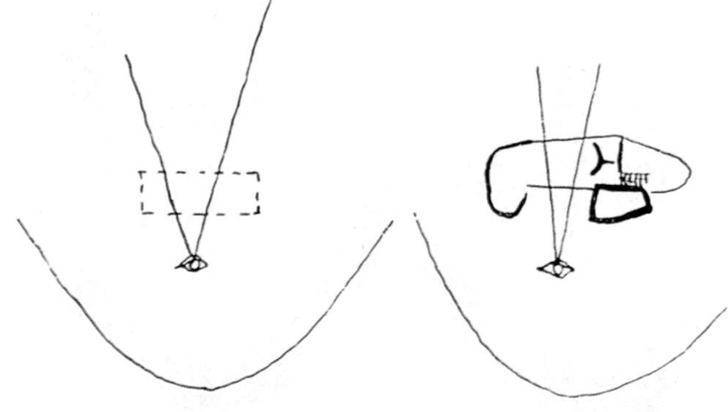

vista verso il mare

soluzione che permette una vista libera verso il mare

Translation see p. 553

foto Naia e Franceschi

la casa di Oscar Niemeyer

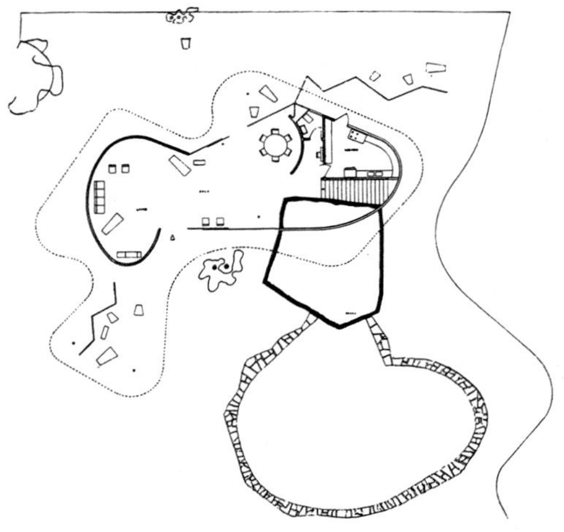

Il pianterreno della casa è un unico grande ambiente di soggiorno, trasparente da parte a parte per permettere la vista del mare.
La grande pietra esistente entra nel soggiorno, attraversando una parete di vetro. Una quinta curva, rivestita in listelli di legno, delimita la zona della televisione a un capo del grande ambiente; un'altra quinta curva, isolata, delimita la zona del pranzo all'altro capo. La scala scende alle stanze.

la casa di Oscar Niemeyer

Nella pianta è tratteggiato il profilo della copertura, che sporge a creare una zona d'ombra tutt'intorno, e che dal lato della piscina si protende in esteso a proteggere una zona di soggiorno all'aperto: vedi foto.

The Oscar Niemeyer House

The Oscar Niemeyer House in Rio de Janeiro, Brazil, designed by Oscar Niemeyer: living area, staircase, site plan and shaded terrace area

Translation see p. 553

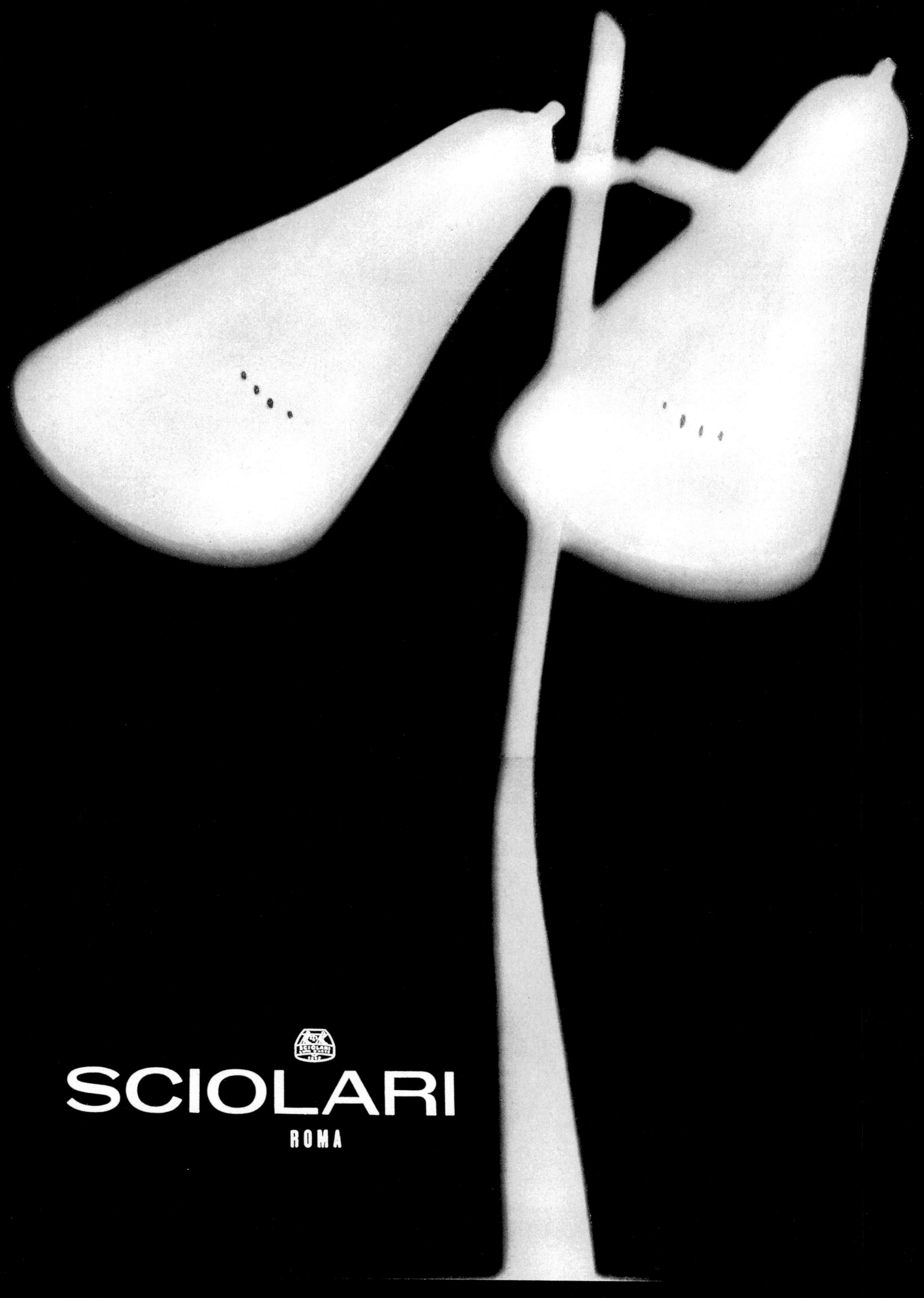

domus 305
April 1955

Advertising

Sciolari advertisement showing lighting fixture

A Bygdöy, presso Oslo

Questa è la casa di Grete e Arne Korsmo, i due artisti e designers norvegesi (Korsmo ha allestito la bella sezione norvegese alla Triennale; e abbiamo pubblicato sue posate in argento e gioielli e smalti bellissimi di Grete: Domus, n. 297 e 300); l'alloggio è un piccolo appartamento duplex, in una casetta bifamiliare.
Dentro la pianta obbligata, Korsmo ha ricostruito gli spazi; ha cercato, su una trama tridimensionale, e con giochi di diversi livelli, profondità e colori, di rompere le brevi dimensioni del soffitto e delle pareti: le pareti sono composte in pannelli, con vani incassati luminosi, e con superfici scorrevoli; il soffitto è composto in pannelli, non piatti ma in profondità anch'essi, con lamelle e griglie luminose; l'intelaiatura della composizione lega tutto l'insieme, che potrebbe essere capovolto senza distruggersi.

smalto su argento di Grete

posate d'argento di Arne

L'ingresso, con la scaletta che dal piano del soggiorno porta alla camera da letto: una parete armadio diaframma il soggiorno; nella vetrina incassata, pietre peruviane; su un pannello, un disegno di Matisse.

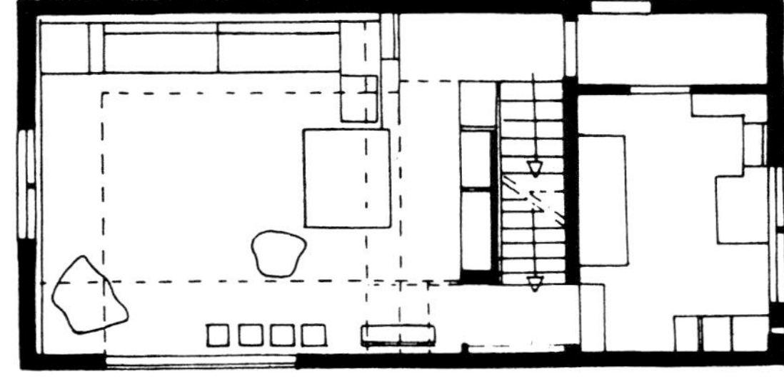

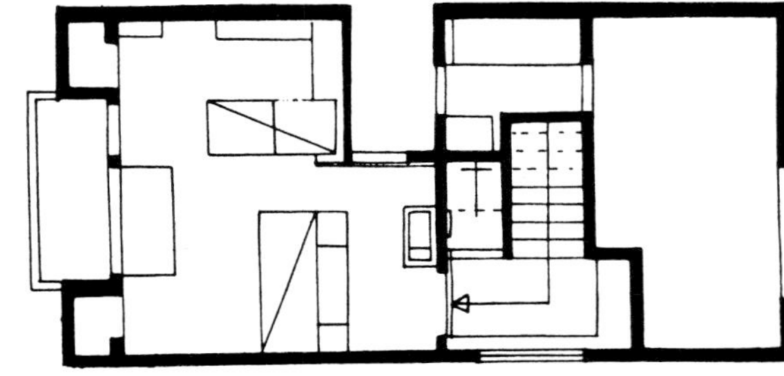

pianta dell'alloggio duplex

At Bygdøy, near Oslo

The home of Grete and Arne Korsmo in Bygdøy, Norway: entrance area, floor plans, bowl designed by Grete Korsmo, silver flatware designed by Arne Korsmo, living/dining area with details of panelling

Grete e Arne Korsmo

soffitto contiene l'impianto di riscaldamento: è composto di pannelli lamelle di legno, di pannelli in tela azzurra tesa, e di pannelli forati. La diversità dei materiali e dei livelli rompe l'effetto di limite del soffitto, e dà una impressione di maggior altezza all'ambiente.
La composizione a pannelli, permette una grande utilizzazione delle superfici: nel soggiorno e pranzo due pareti sono a scaffali, chiusi da pannelli scorrevoli in legno laccato bianco, entro una intelaiatura di legno di pino; una parete armadio, a pannelli scorrevoli laccati blu, separa il soggiorno dalla scaletta interna.

Translation
see p. 553

Per la casa

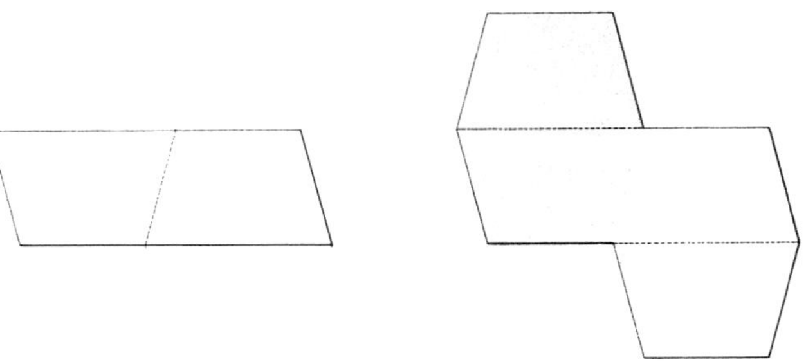

Un tavolo poligonale ad ali ripie-gabili

foto Casa

Il tavolo aperto appare di diversi colori.

Disegnato da Gio Ponti, questo tavolo è composto da un piano a forma di romboide su cui sono ripiegate due ali che, aperte esse stesse in piano (appoggiando su gambe spostabili), danno al tavolo la forma di due esagoni accostati.
A questa possibilità di trasformazione, si aggiunge quella dei colori: perchè le facce interne delle due ali possono essere diverse dalle esterne, e quindi il tavolo può cambiare colore da chiuso ad aperto: può infine avere i due esagoni di diverso colore ciascuno.
Il tavolo è stato pensato in due versioni, sia come tavolo da pranzo che come tavolino da tè. Il piano può essere rivestito in laminato plastico.

Il tavolo chiuso appare di un sol colore.

Table designed by Gio Ponti; sofa designed by Marco Zanuso for Arflex and wicker chair designed by Joseph-André Motte for Rougier – both shown at the X Milan Triennale

)alla Triennale: una stoffa di
uovo disegno, ideata da Aldo
Bergolli e prodotta dalla Isa,
opre il divano di serie della Ar-
ex disegnato da Zanuso.

Una nuova stoffa

foto Casali-Domus

Una sedia francese

Dalla Triennale: sedia in vimini e legno, disegnata da J.A. Motte; il sedile poggia sulle quattro gambe incrociate a cavalletto: notare le impugnature.

Una nuova sedia Alberto Rosselli ha disegnato questa sedia per Cassina, sedia caratterizzata dall' impiego del plastiriv per il sedile e lo schienale (in diversi colori) e dalla struttura in compensato curvato: la sedia è prodotta in serie ed è stata presentata alla Triennale.

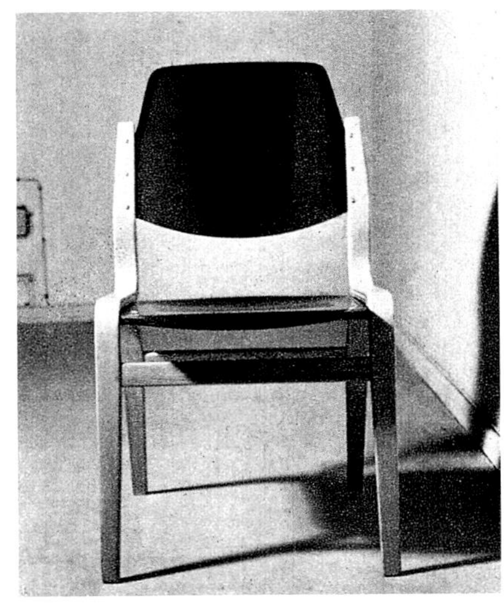

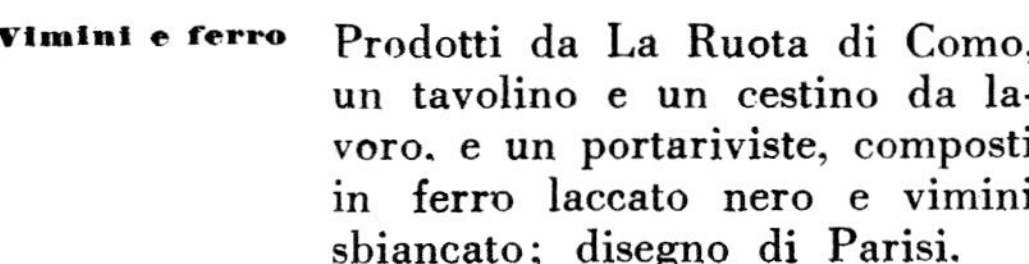

Vimini e ferro Prodotti da La Ruota di Como, un tavolino e un cestino da lavoro, e un portariviste, composti in ferro laccato nero e vimini sbiancato; disegno di Parisi.

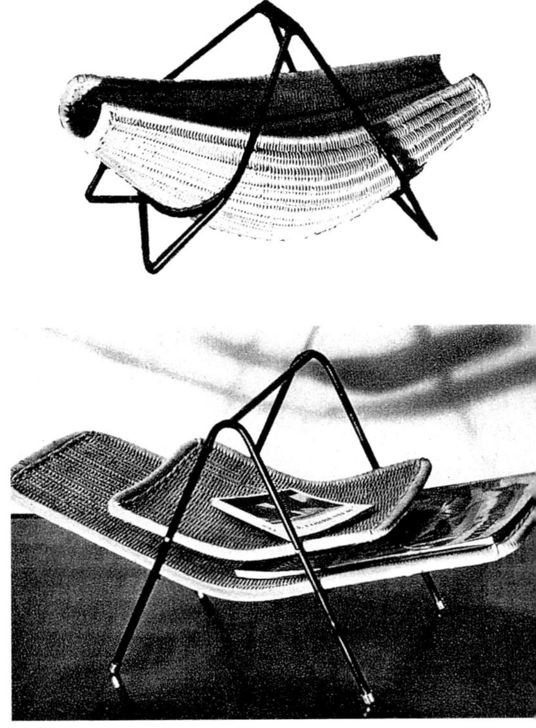

For the House

Side chair designed by Alberto Rosselli for Cassina shown at the X Milan Triennale; iron and wicker table, work basket and magazine rack designed by Ico Parisi for La Ruota

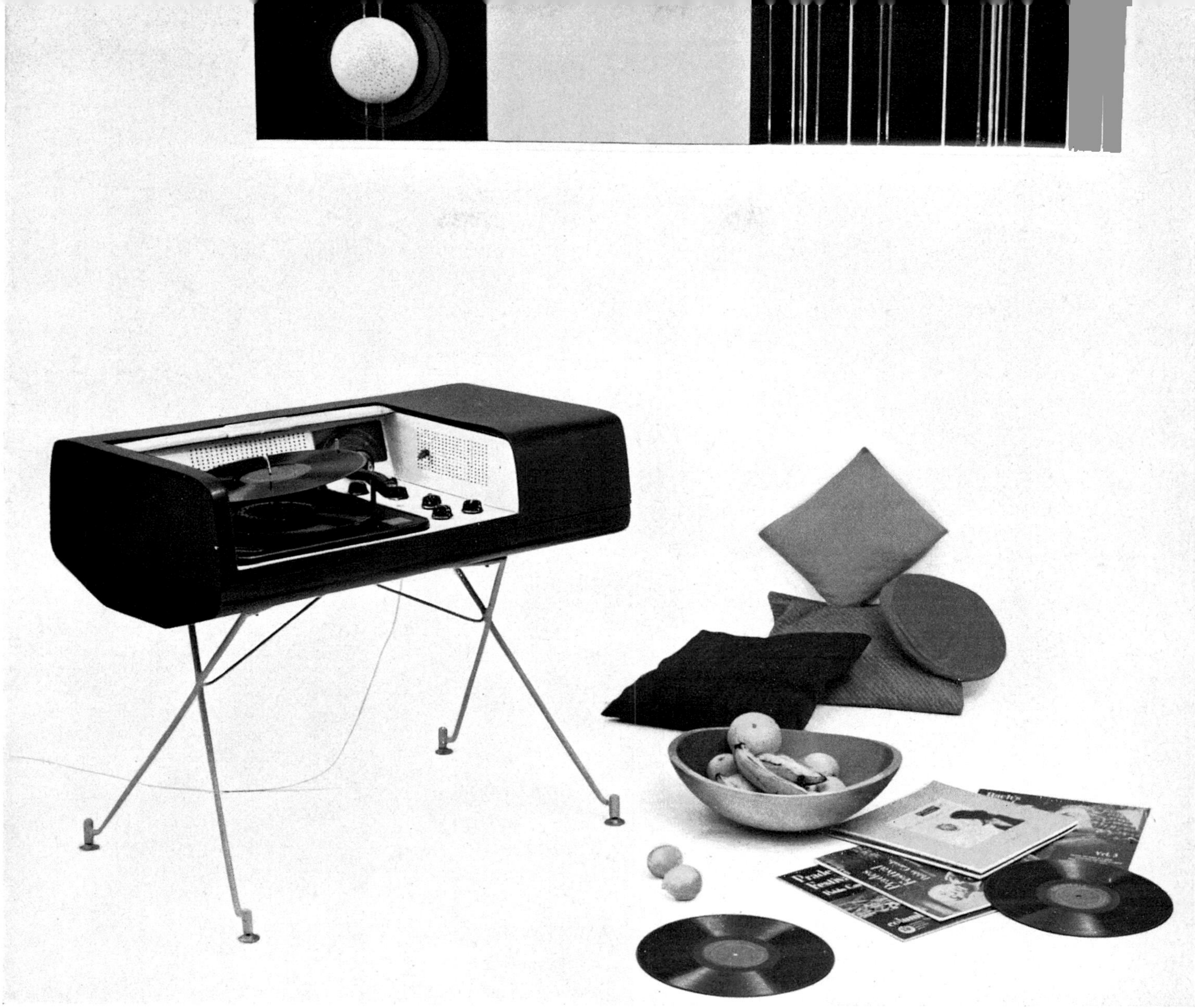

Il radiogrammofono è completato da un altoparlante accessorio per le forti amplificazioni e regolatore del suono, situato nello scaffale appeso.

Radiogrammofono da soggiorno

Niels Diffrient

Il radiogrammofono è abitualmente concepito come una serie di meccanismi allineati entro una grande scatola, non come un congegno che prende forma dalla più logica e stretta concatenazione dei meccanismi interni, come si è voluto con questo mobile (e vedi il radiogrammofono pubblicato in Domus n. 294) studiato da Niels Diffrient, giovane designer e architetto americano, che lavorò con Eero Saarinen e per la W. B. Ford Designer Corporation a Detroit.
La carrozzeria del mobile, grigia scura, molto leggera, è in plastica, impregnata di resina poliestere, come certe carrozzerie di automobili: i comandi sono disposti in modo da essere raggiungibili sia da seduti che stando in piedi, e sono protetti da una serranda scorrevole in legno che chiude il mobile. A parete, un altoparlante accessorio.

A Living Room Radio-Phonograph

Music system designed by Niels Diffrient

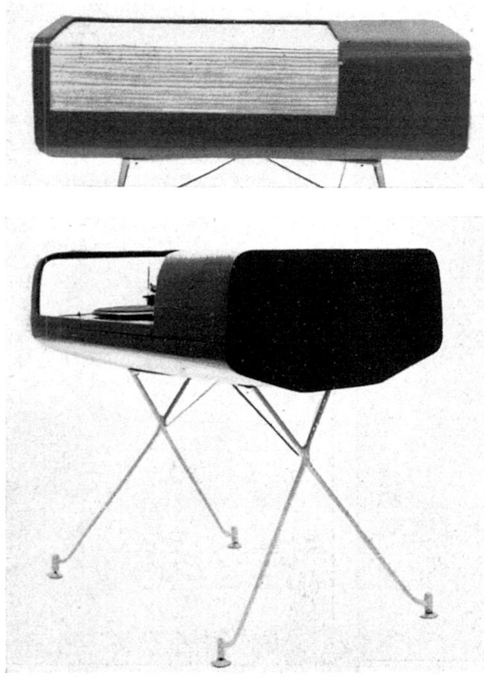

Translation see p. 553

foto Mois

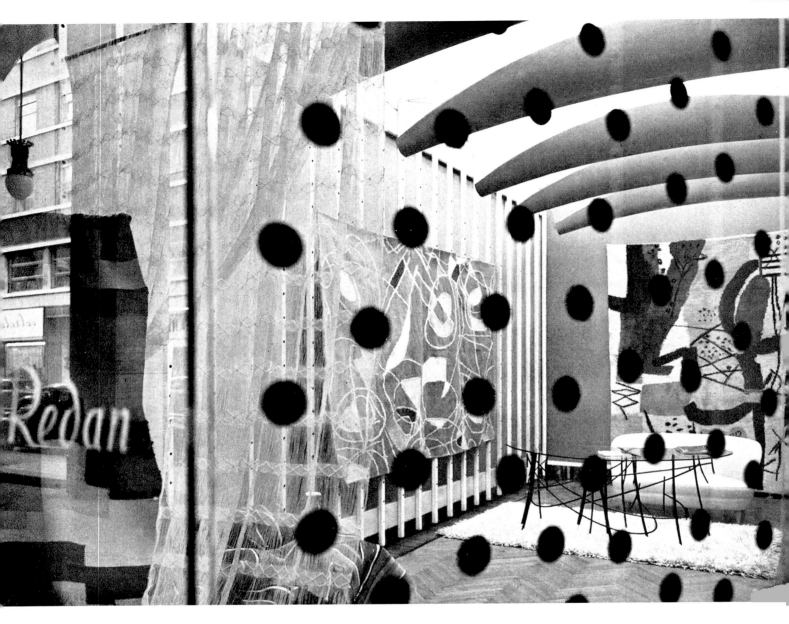

Esporre tappeti

Ettore Sottsass jr., arch.

In questo negozio per la Redan a Torino, il problema era di creare un ambiente adatto all'esposizione di tappeti e di stoffe di arredamento, materiali cioè di diversi e forti colori e disegni, e di diverse trame.
Così dalla architettura dell'interno si è cercato di eliminare ogni movimento complicato, e ogni colore: la luce artificiale è diffusa dalle grandi lampade in lamiera, che con la loro leggera curvatura ammorbidiscono la rigidità dello spazio.
Il tavolo è in tubo di ferro parcherizzato, e rappresenta l'unico elemento espressivo di tutto l'ambiente.

Displaying Carpets

Interior of the Redan store in Turin designed by Ettore Sottsass Jr.

ubi quadri in ferro smaltato alle ıreti, con fori per l'agganciamento ꝛi tappeti. Le pareti di fondo e la miera delle lampade, grigio caldo.

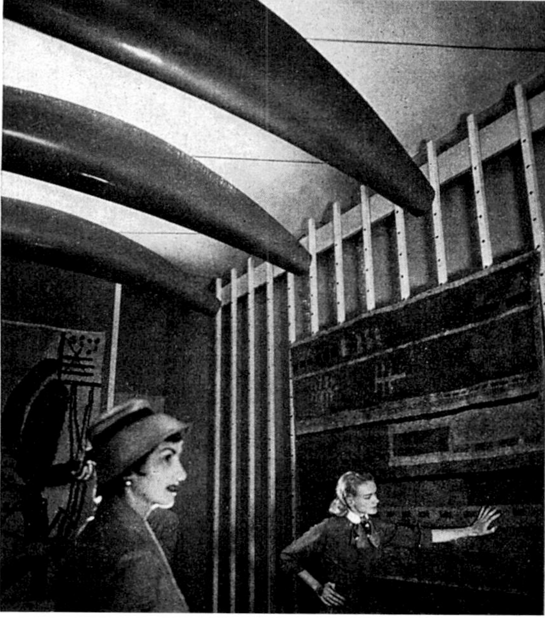

foto Moisio

Translation
see p. 553

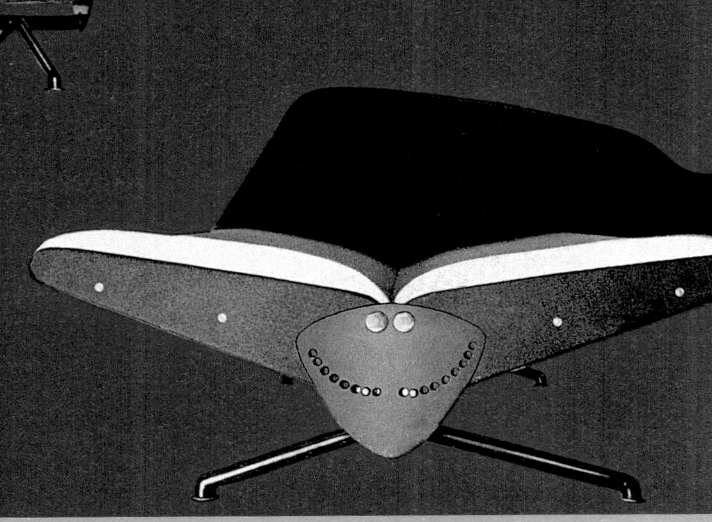

domus 303
February 1955

Cover

domus magazine cover showing *Model No. D-70* sofa designed by Osvaldo Borsani

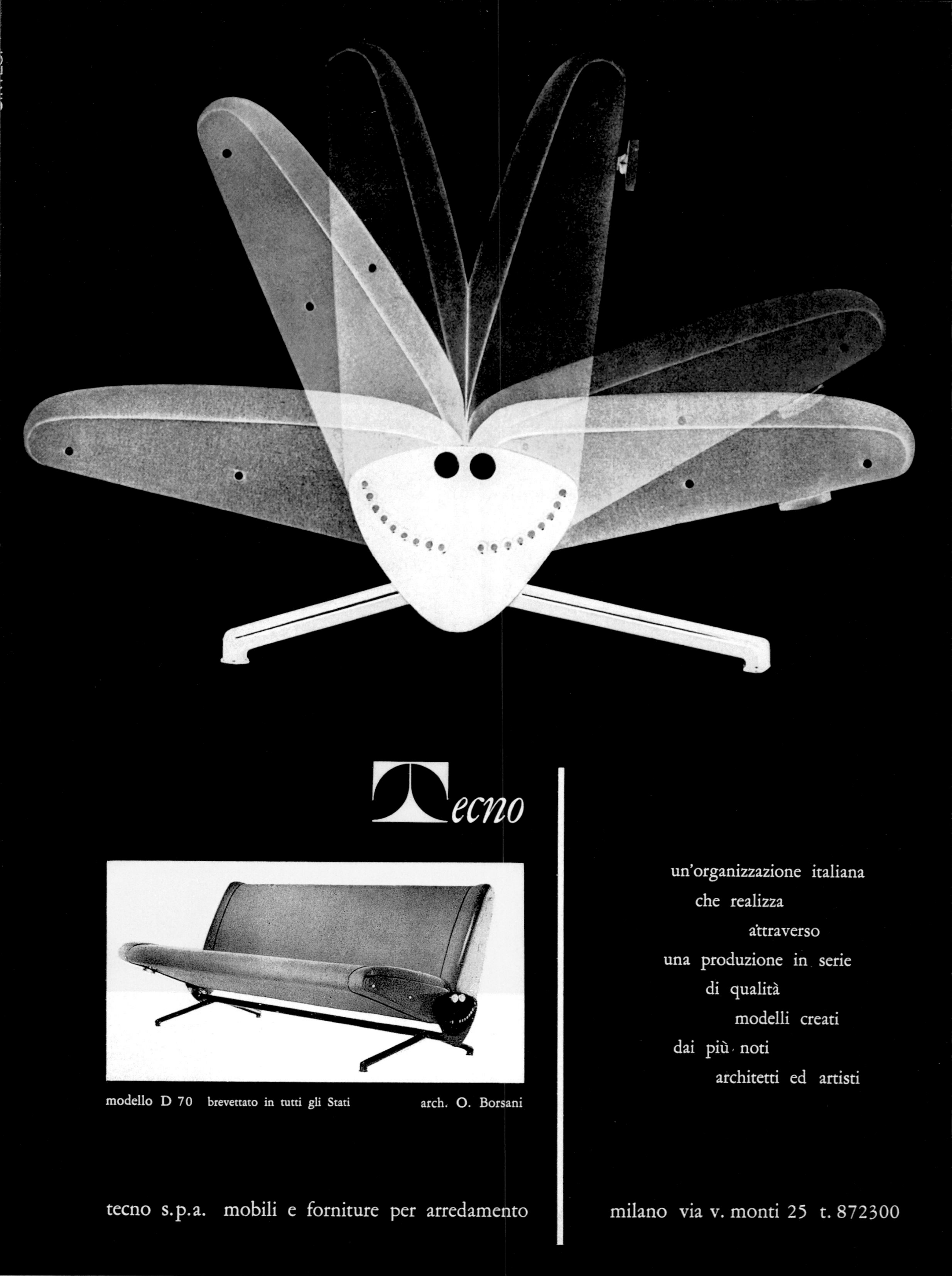

Tecno advertisement showing *Model No. D-70* sofa designed by Osvaldo Borsani

Una serie di nuove lampade in lamiera di alluminio

Ettore Sottsass jr.

Presentiamo un gruppo di lampade da soffitto studiate per ottenere una massima semplicità di produzione e quindi una massima economia. Tutti i modelli sono ottenuti operando semplici tagli in fogli, che possono essere in lamiera di alluminio o in lamiera di acciaio o di altro materiale in lastra. I legamenti sono ottenuti mediante incastri e piegature evitando sempre le saldature.
L'idea, dunque, dalla quale escono le forme di tutte le lampade, è unica ed elementare, e da questa idea schematica l'artista ha saputo trarre un grande numero di variazioni, fino a determinare una specie di nuovo genere, vivace e brillante, legato al gusto della superficie più che della linea o del volume. Perchè mentre finora le lampade di serie sono state sempre ottenute sfruttando forme che escono dalla tornitura (forme che sono chiuse e staticamente simmetriche), qui la struttura è ottenuta per piani curvi e liberi, aperti verso l'esterno, con grande mobilità e varietà.

Tre tipi di lampade in lamiera tagliata: la luce filtra fra le frange scomposte, e i riflessi le colorano.

A New Series of Lights in Aluminium Foil

Series of hanging lights designed by Ettore Sottsass Jr.

Le lampade cambiano aspetto e forma secondo il punto di vista, e così cambia la luce nello spazio dell'ambiente.

nuove lampade in lamiera d'alluminio
Ettore Sottsass jr.

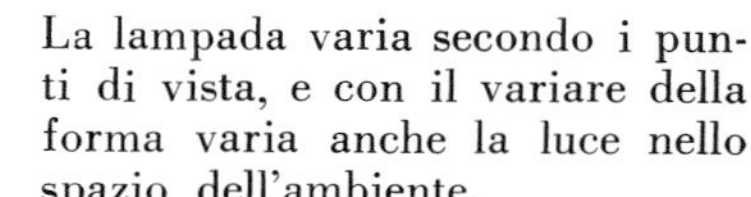

La lampada varia secondo i punti di vista, e con il variare della forma varia anche la luce nello spazio dell'ambiente.
A forme chiuse, che suscitano l'idea di volume, si sono dunque sostituite superfici libere e dinamiche, legate insieme da un procedimento semplice, aderente alla elasticità del materiale ed alla sua più facile lavorazione; disegno industriale, nel suo aspetto non di perfezionamento estetico di vecchi procedimenti e forme, ma di creazione integrale di forme nuove che nascono da nuovi procedimenti.

Translation
see p. 553

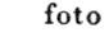

foto Se

Le vetrine e l'ingresso all'agenzia. L'insegna staccata dal muro è costituita da una serie di elementi di alluminio ondulato e rigato accostati a incastro. Diciture bianche al neon, sui cristalli diciture e monogrammi in oro.

La vetrata d'ingresso vista dall'int- no. Il serramento ha montanti di tone brunito e ante in cristallo di curezza. La quinta di divisione f l'ingresso e gli uffici è in noce a e menti smontabili.

Una banca

Renzo Zavanella, arch.

Un segno di progresso è dato dal fatto che via via le grandi istituzioni delle nostre città (banche, industrie) adeguano le loro manifestazioni edilizie a un chiaro gusto moderno.

Questa nuova sede a Milano, della Banca Popolare, allestita da Renzo Zavanella, ne è un esempio. Da molti anni conosciamo Renzo Zavanella, ne ricordiamo gli inizi, quando egli già guidava con vivacità certe espressioni regionali di artigianato. Da quei lontani tempi le pagine di Domus hanno seguito le sue successive affermazioni, e si è ritrovato via via Zavanella con opere sempre più impegnative e fra esse, decisive, il suo treno-belvedere O.M. (Domus n. 229) e il padiglione Finmare alla X Triennale (Domus n. 303). Con gli interni che qui presentiamo Zavanella riporta il rigore espressivo al quale ha educato il suo lavoro in ambienti che possono essere additati ad esempio di quella eleganza, non mondana, non futile, ma fatta di misura, per la quale tutti noi ci battiamo.

A Bank

Banca Popolare headquarters in Milan designed by Renzo Zavanella: façade, entrance area, counters, floor plan and detail of lighting

na banca:
enzo Zavanella, arch.

foto Sella

Il bancone in noce per il pubblico, con ripiano in resomel grigio e frontale in alluminio anodizzato naturale, è costituito da una serie di elementi standardizzati. Il « volume » dei pilastri è distrutto e ridotto ad un gioco di quinte bianche e nere.

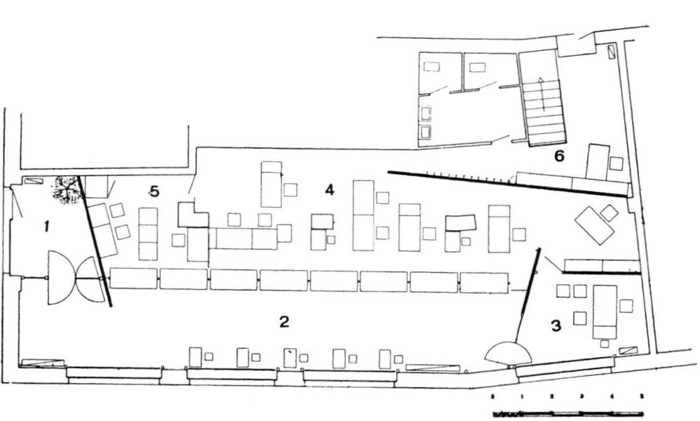

a pianta dell'agenzia: gli spazi per ingresso al pubblico, gli uffici, la assa, il dirigente, i servizi, sono leati fra di loro in modo da assicura- un chiaro svolgimento dei percorsi.

1 soggiorno
2 spazio per il pubblico
3 dirigente
4 contabilità
5 cassa
6 servizi

Le travi luminose costituite da un tubo in ottone di sostegno e alimentazione, e da lampade fluorescenti, sono completamente librate nello spazio e sono alimentate a un solo estremo da una serie di cavi in guaina uscenti dalla parete. Questa soluzione consente una notevole economia nelle spese d'impianto.

Translation
see p. 553

Il grande ambiente centrale dell'agenzia: il bancone, formato da una serie di elementi allineati, consente una migliore distribuzione del pubblico e maggiore riservatezza alle conversazioni.
Le pareti vetrate sono protette da tende alla veneziana bianche, contenute da una intelaiatura in ottone brunito che rende unitaria la parete e concorre a sostenere i cassonetti delle serrande e le bocche di ventilazione. L'illuminazione per lo spazio riservato al pubblico è ottenuta con plafoniere a schermi radianti; per le zone di lavoro con due travi luminose sospese a soffitto con una serie di tiranti che ne irrigidiscono la struttura.

I tavolini di scrittura per il pubblico e i sedili girevoli sono fissati al pavimento con un supporto in acciaio brunito; ciò garantisce ordine e facilità di pulizia.
Si noti il braccio pieghevole che regge il sottile schermo di protezione per chi scrive. Il piano di scrittura, in compensato pressato, è rivestito in resomel grigio perla; sedile e schienale dello sgabello sono in compensato curvato, laccati in grigio e in giallo.

A Bank

Banca Popolare headquarters in Milan designed by Renzo Zavanella: main banking room, customer writing table, director's office, typing table and desk

foto Sella

Ufficio del dirigente. Il pavimento è preesistente: pareti grigio perla a toni diversi in cementite. Soffitto bianco; grande armadio divisorio con ante a coulisse in noce naturale satinata opaca; mobili disegnati per la costruzione in serie. Poltroncine di serie rivestite in nero e grigio della Rima.

una banca:
Renzo Zavanella, arch.

'avolino per macchina da scrivere struttura d'acciaio con cassettiera e iano d'appoggio intercambiabili. Seia girevole in compensati curvati ccati, su supporto d'acciaio.

Le scrivanie, disegnate per la realizzazione in serie, sono a struttura di acciaio e con piano in compensati pressati, rivestito da un foglio di resomel grigio perla. La cassettiera in lamiera è smontabile e può essere applicata indifferentemente all' uno o all'altro lato della scrivania.

Translation
see p. 553

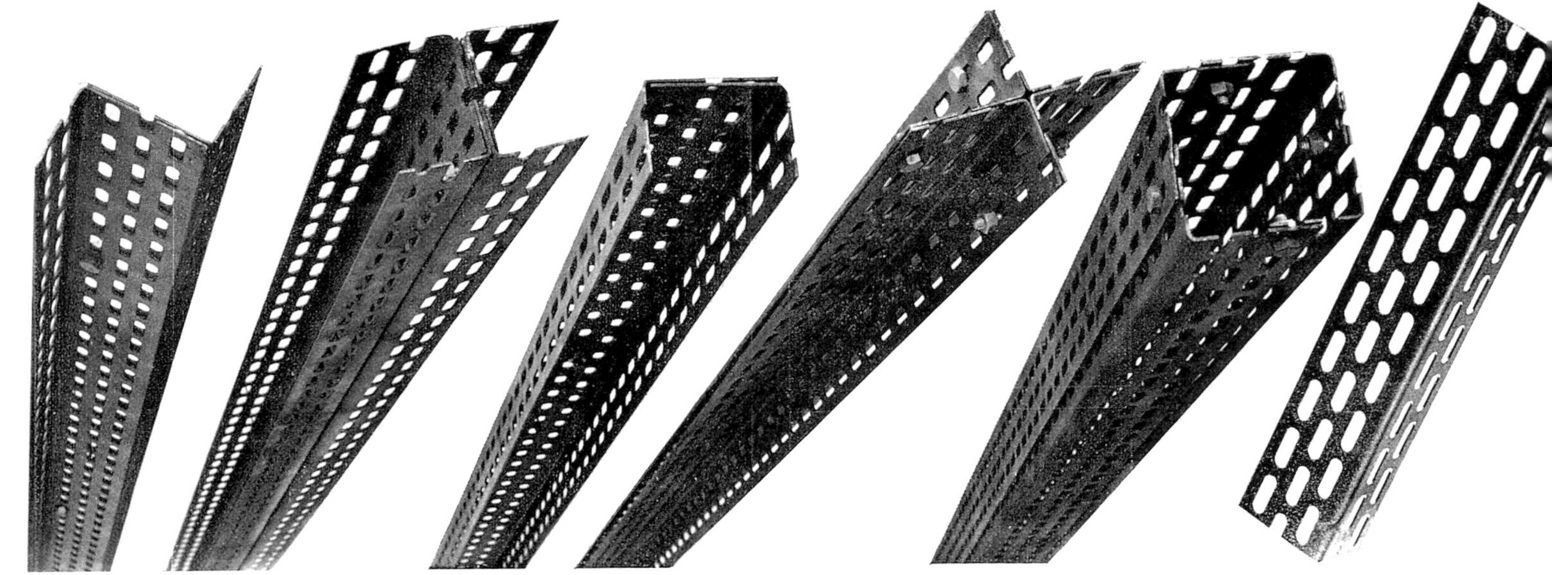

Travi composte in angolari Safim i[n] acciaio. La sezione dell'angolare, a[d] « L », ha l'ala maggiore larga mm. 75[,] quella minore larga mm. 54 e un[o] spessore di 2 mm., ogni angolare [è] lungo m. 3 ed il suo peso per metr[o] lineare è di circa kg. 1,5.

Rubrica Domus dei materiali moderni

gli angolari Safim

Delle suggestioni estetiche che volta a volta si esercitano sull'architettura (e anche, più sensibilmente, sull'arredamento) l'ultima che si registra è la suggestione tecnica, per la quale alcuni procedimenti tecnici intervengono nell'uso non solo per la loro utilità, praticità ed ingegnosità, ma inserendosi addirittura nel gusto: fattore importantissimo. Procedimenti tecnici come furono a loro tempo i tubi articolati e come sono oggi questi interessanti angolari Safim intervengono in una considerazione estetica.
È per il gioco di precisione, per l'essenzialità, per le nuove immaginazioni costruttive che essi rappresentano, che gli architetti dopo aver impiegato questo « meccano gigante » in pareti, in strutture ed in capriate, lo accolgo[no] poi anche nella casa com[e] una presenza, come un emblem[a] espressivo.
Tutti ricordano la partecipazion[e] intensissima a mille espression[i] estetiche moderne dei « tubi »[,] partecipazione legata a non si s[a] quante manifestazioni d'arte: que[-]ste strutture Safim sono sullo stes[-]so piano, e con un grado supe[-]

Scaffalatura per magazzino in angolari Safim: la struttura, montata con bulloni, non esige finiture aggiunte.

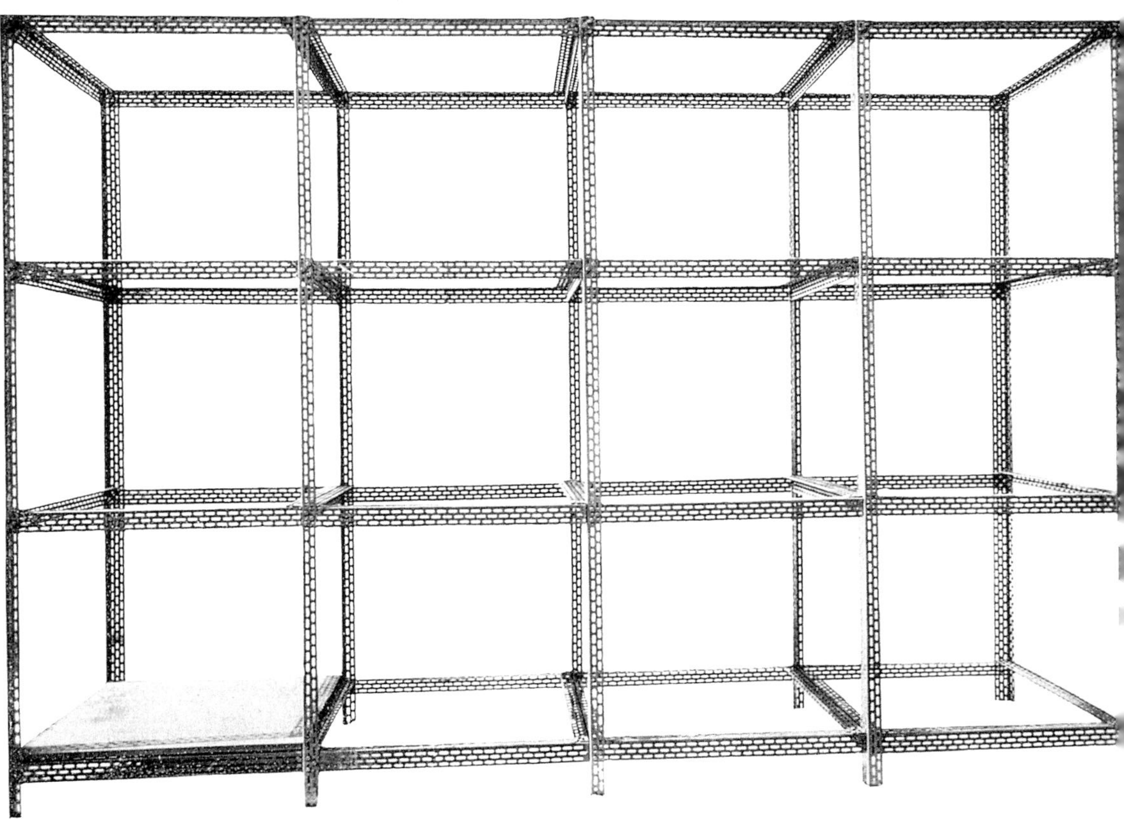

Perforated steel construction system manufactured by Safim

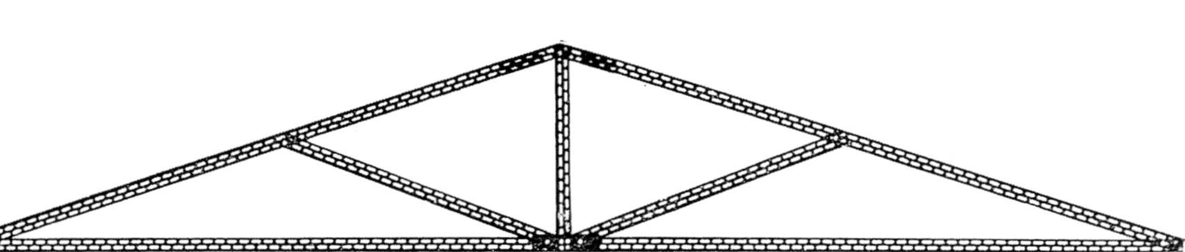

Capriata in angolari Safim: gli angolari Safim possono essere usati sia per strutture esterne e permanenti che per strutture provvisorie; il materiale montato può essere ricuperato al 100 % e reimpiegato; i fori sono disposti in modo da ottenere le più ampie possibilità di giunzione. Gli angolari sono venduti in pacchi da 10 pezzi, ciascuno lungo 3 m., con 80 bulloni e dadi per ogni pacco.

riore di effetti e di possibilità compositive, per la leggerezza, la resistenza collegata alla esilità, e la combinabilità. Queste strutture ad angolari traforate rappresentano gli aspetti futuri delle costruzioni: è per questo che gli architetti amano averle davanti agli occhi.
Ci è piaciuto così dedicare, con la copertina, simbolicamente questo numero di Domus a queste strutture, per quel che esse rappresentano dell'affacciarsi di nuovi procedimenti strutturali legati a tecniche e produzioni moderne.

Libreria con struttura in angolari Safim e ripiani Safim in acciaio.

Translation
see p. 553

foto Casa

Espressione di un edificio: il nuovo palazzo Olivetti a Milano

Gian Antonio Bernasconi, Annibale Fiocchi, Marcello Nizzoli, arch.tti

Di questa grande, nuova e complessa opera di architettura, diamo qui, come annuncio, soltanto quegli aspetti che ne rivelano il carattere estetico, e ne sono un po' il simbolo formale. In questi elementi, il lettore — che per una completa documentazione rinviamo a « Casabella » — ritroverà i caratteri di quella unità di espressione del nostro tempo che in queste pagine cerchiamo di sviscerare per tanti esempi diversi.

Expression of an Edifice: the New Olivetti Building in Milan

Olivetti office building in Milan designed by Gian Antonio Bernasconi, Annibale Fiocchi and Marcello Nizzoli: views and details of façade, central corridors and interior details

scorcio del corpo delle scale

il nuovo palazzo Olivetti a Milano: aspetti della facciata principale

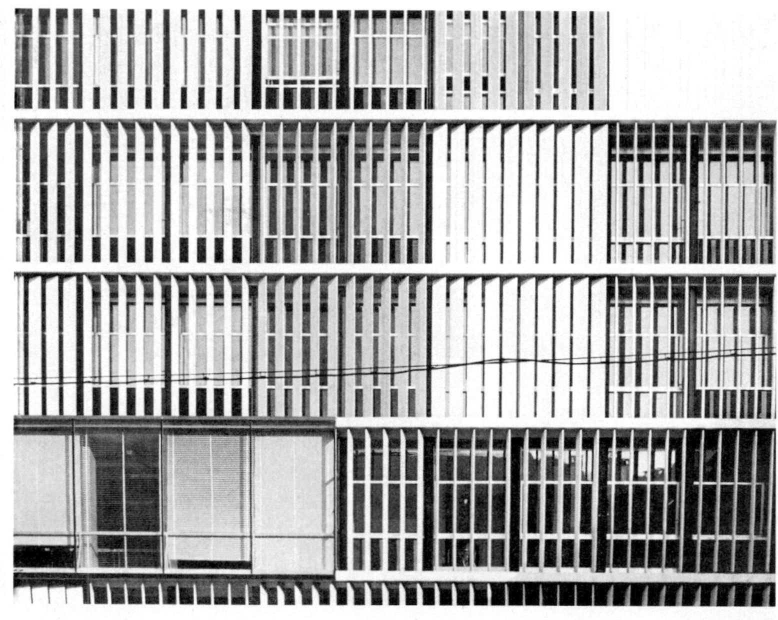

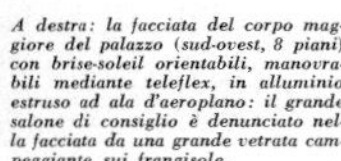

A destra: la facciata del corpo maggiore del palazzo (sud-ovest, 8 piani) con brise-soleil orientabili, manovrabili mediante teleflex, in alluminio estruso ad ala d'aeroplano: il grande salone di consiglio è denunciato nella facciata da una grande vetrata campeggiante sui frangisole.

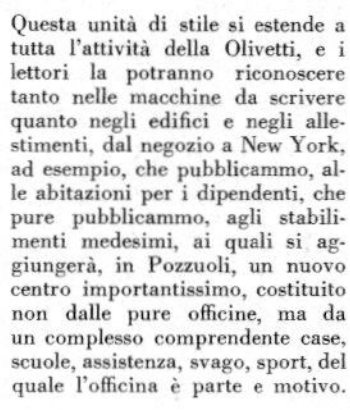

Questa unità di stile si estende a tutta l'attività della Olivetti, e i lettori la potranno riconoscere tanto nelle macchine da scrivere quanto negli edifici e negli allestimenti, dal negozio a New York, ad esempio, che pubblicammo, alle abitazioni per i dipendenti, che pure pubblicammo, agli stabilimenti medesimi, ai quali si aggiungerà, in Pozzuoli, un nuovo centro importantissimo, costituito non dalle pure officine, ma da un complesso comprendente case, scuole, assistenza, svago, sport, del quale l'officina è parte e motivo.

Intanto questo edificio si presenta alla nostra osservazione, e in esso vogliamo subito rilevare tre cose fondamentali, e che appartengono tutte e solamente alla espressione moderna della architettura: la variabilità di aspetto pure nella unità della trama (attraverso i brise-soleil orientabili); la facciata totalmente in alluminio: la partecipazione delle opere d'arte all'architettura, una partecipazione diretta, con elementi incorporati nella architettura stessa (vedi la parete di Moreni).

Poi, e secondo noi questo è quasi l'elemento più importante, l'aspetto stilistico degli interni, così netto, così determinato.

Il rigore di questi interni, la loro unità di stile, fan pensare con senso di colpa a quanto spesso ci si abbandoni, in questi tempi, alla debolezza romantica di compromessi che non sono che delle nostalgie, mentre abbiamo la possibilità di riuscire a queste espressioni pure e coerenti, pienamente moderne. Qui si tratta di un palazzo per uffici, ma è questa stessa chiarezza di pensiero che si può e si deve impiegare architettando una casa, una nave, una mostra, una stanza.

Esempi come quello di questo palazzo provano che si arriva ad uno stile, che ci si allontana dagli eclettismi; e questo stile non è un episodio isolato del palazzo Olivetti e di altri edifici, ma è il modo di esprimersi proprio della nostra civiltà, una civiltà che ha i suoi aspetti gloriosi; questo modo di esprimersi, questo stile, è quello che deve essere presente in noi, come gusto, nella nostra casa, ed in tutto, affinchè la espressione della nostra vita sia, come nei grandi secoli, coerente.

A ogni piano, un corridoio centrale con uffici ai lati: la separazione fra corridoio e uffici è costituita da armadi, nello spessore dei pilastri centrali. Pavimento in mosaico di botticino, passatoia in gomma nera, porte rivestite in linoleum, soffitti in pannelli isolanti.

il nuovo palazzo Olivetti a Milano: l'unità di stile nella soluzione degli interni

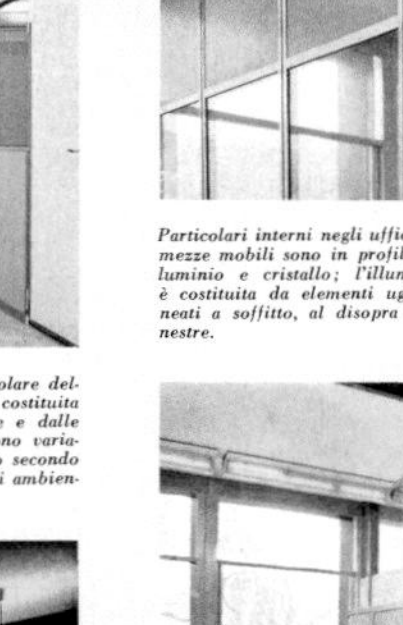

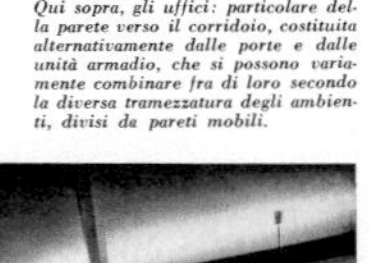

Qui sopra, gli uffici: particolare della parete verso il corridoio, costituita alternativamente dalle porte e dalle unità armadio, che si possono variamente combinare fra di loro secondo la diversa tramezzatura degli ambienti, divisi da pareti mobili.

La grande sala di consiglio, al secondo piano; alla parete, decorazione di Giovanni Pintori.

il nuovo palazzo Olivetti a Milano: particolari soluzioni funzionali negli interni

Particolare di una porta di ingresso agli uffici, rivestita in linoleum rosso, con maniglia in alluminio ossidato nero; sulla parete la targa indicativa, in alluminio ossidato oro.

Particolari interni negli uffici: le tramezze mobili sono in profilati di alluminio e cristallo; l'illuminazione è costituita da elementi uguali allineati a soffitto, al disopra delle finestre.

Particolare della sala dei venditori, al primo piano: i telefoni sono accessibili dal di fuori della sala, e stanno in cabine con due pareti trasparenti.

Translation see p. 553

foto Casali-Domus

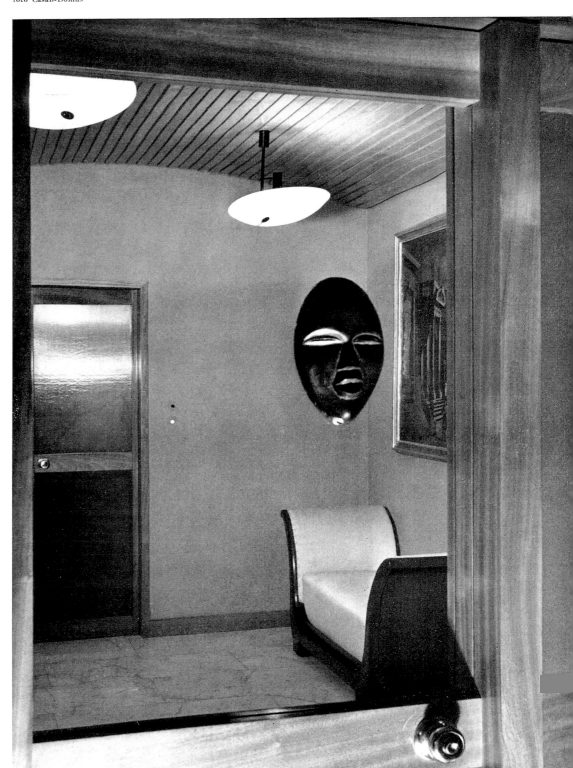

Due ambienti: un ingresso e un soggiorno

Giotto Stoppino, arch.

L'ingresso, visto attraverso la porta del soggiorno, al cui vetro è applicata una maschera africana di legno nero.

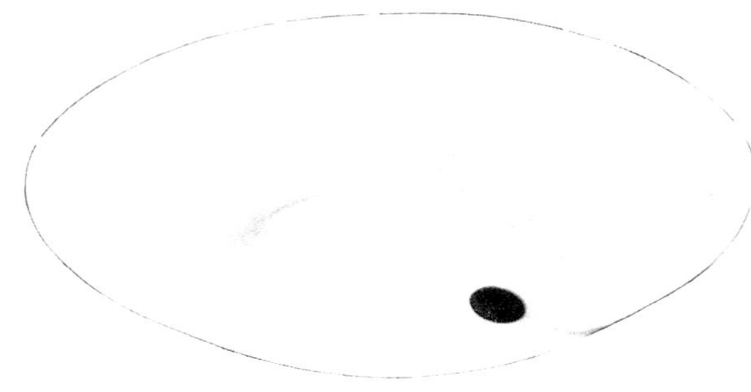

Un ingresso e un soggiorno di forma particolare, che danno occasione a una serie di soluzioni di arredamento: come si vedrà nella pianta, l'ingresso si incunea nel soggiorno, che è un ambiente longitudinale molto esteso.
L'ingresso invece è un ambiente piccolo e raccolto: il soffitto ribassato, a volta, rivestito in listelli di legno, contribuisce a concluderne il volume. Le lampade a disco sono in perspex bianco: sono lampade che normalmente vengono usate per tavolo: qui, fissate al soffitto, danno luce diffusa verso l'ambiente e luce diretta verso l'alto.

Two Environments: a Hall and a Living Room

Hallway interior designed by Luigi Giotto Stoppino: general views, detail of hanging light and built-in wardrobe

foto Casali Domus

La mensola in marmo, per il telefono, è distaccata dalla parete, e sorretta da quattro bracci in ottone. La cornice dello specchio è una cornice dorata da chiesa, del '700.

attaccapanni è risolto con un ar-adio incassato, isolato nella parete; nterno è rivestito in panno viola, ante scorrevoli sono in mogano oba.

In pianta, l'ingresso si inserisce nel lungo soggiorno in modo da creare un angolo e facilitare la divisione in zone di questo grande ambiente unico.
Il soffitto dell'ingresso è stato risolto con un rivestimento curvo in compensato di betulla: questa lieve volta ribassata conclude il volume dell'ambiente e incamera le sporgenze delle strutture in vista.
Il serramento tra l'ingresso e il soggiorno è suddiviso in zone, zone trasparenti in vetro e opache in panno colorato, che permettono di intravvedere il soggiorno senza creare servitù di vista.

Translation
see p. 554

foto Casali-Dom

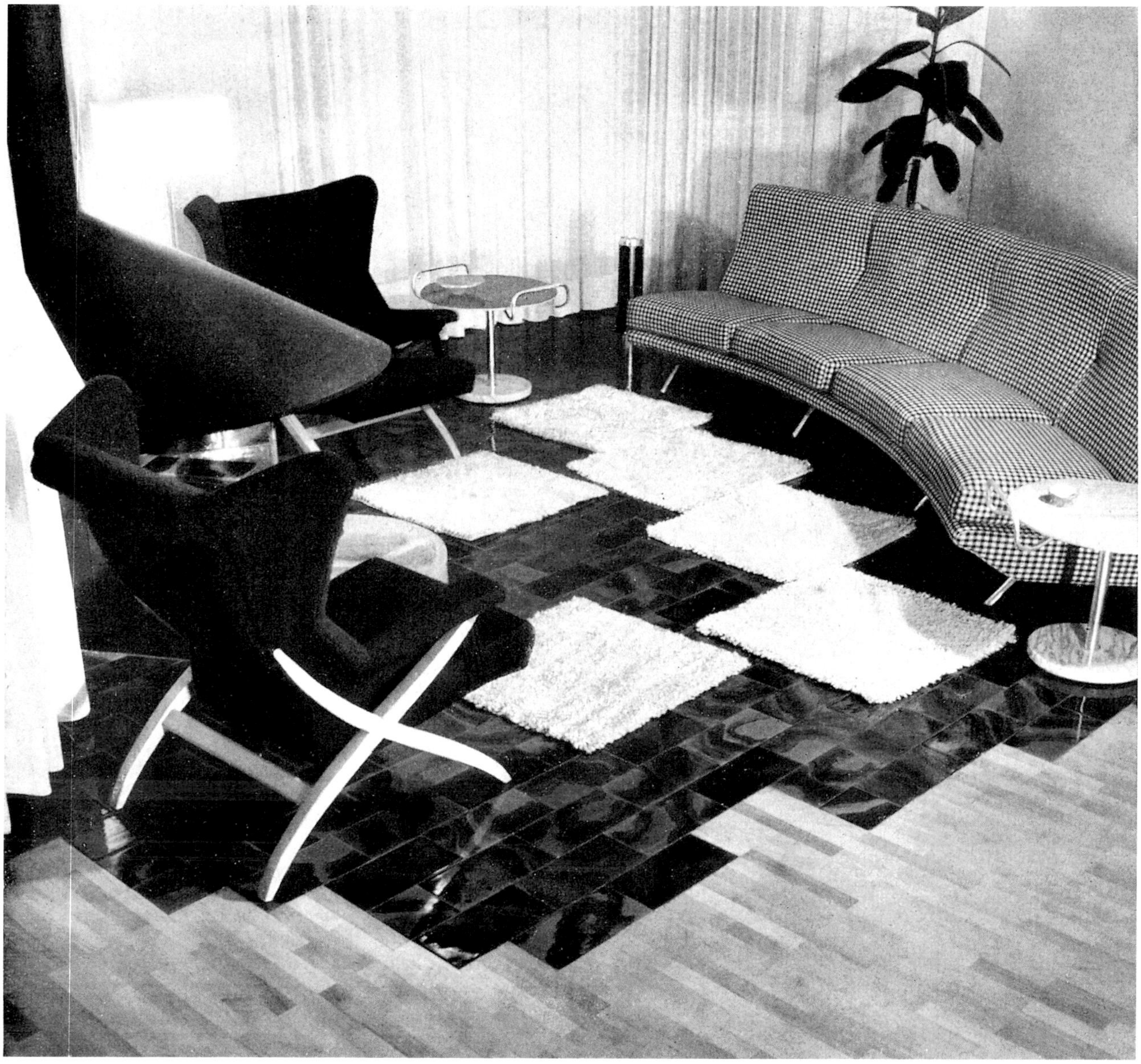

il soggiorno: zona del camino

La cappa del camino, in metallo verniciato nero, scende verso il focolare formato da un blocco scavato di beola e limitato da due muretti rivestiti della stessa ceramica del pavimento.

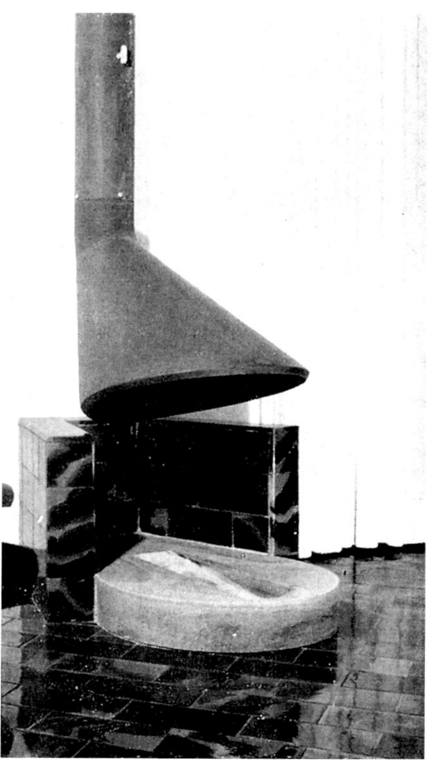

Il soggiorno, quel lunghissimo ambiente che appare nella pianta, è diviso in quattro zone — zona del camino, del gioco, della musica e del pranzo — senza che ne venga interrotta l'unità e ne sia chiusa la prospettiva.
La zona del camino è definita dal pavimento in ceramica azzurra e blu di Gabbianelli che si inserisce nel pavimento a listelli di faggio secondo una linea spezzata. I tappeti quadrati, di lana bianca e naturale, riprendono il disegno del pavimento.
Divano curvo della Ar-flex, poltrone di Albini, tavolini in mogano ottone e marmo di produzione Gregotti, Meneghetti e Stoppino, portacenere cilindrico di Azucena.

Two Environments: a Hall and a Living Room

Living room interior with built-in fireplace designed by Luigi Giotto Stoppino: general views and detail of fireplace

Translation
see p. 554

domus 306
May 1955

Advertising

Rima advertisement designed by Gastone Rinaldi showing various chairs and tables

Una stoffa di Eames

per la American Crayon Company

Una stoffa di Charles Eames, che è un saggio di stampa: stampata a mano a tirature successive, con telai di seta, coi metodi e negli studi della American Crayon Company, questa grande società americana che produce colori per pittura e per stampa, e che ha instaurato due centri sperimentali (a Los Angeles e a New York) per lo studio di nuove tecniche di stampa e nuovi disegni, fondandosi su due estremi: gli artisti (Eames) e i bambini (ha prodotto stoffe disegnate da bambini piccoli, di cui daremo notizia).

Lo studio di Los Angeles della American Crayon Company è progettato da Neutra, quello di New York da Alvin Lustig; la pubblicità è curata da Alvin Lustig. Questa collaborazione « anticipata » della industria con gli artisti e col pubblico è sostenuta e rappresentata dalla bella piccola rivista d'arte e di educazione pubblicata dalla American Crayon Company a cura della sua *art director* Emmy Zweibruck.

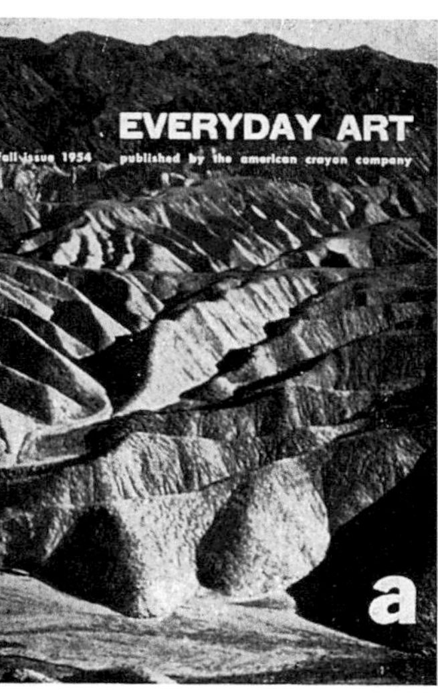

Per la American Crayon Company: allestimento pubblicitario di Alvin Lustig; rivista Everyday Art, di arte e di educazione, diretta da Emmy Zweibruck; studi a Los Angeles, in un edificio di Richard Neutra.

Stoffa di Charles Eames, stampata a mano a diverse tirature, con telai di seta, negli studi della American Crayon Company a Los Angeles.

A Fabric by Eames

Printed fabric designed by Charles and Ray Eames for American Crayon Co. (shown with American Crayon Co. publicity stand designed by Alvin Lustig, *Everyday Art* review edited by Emmy Zweibrück and American Crayon Co. office building in Los Angeles designed by Richard Neutra)

Translation see p. 554

Due pavimenti disegnati da Giuseppe Ajmone; e la piastrella tipo « SZ1 ».

Pavimenti disegnati dagli artisti

Questi pavimenti sono originali e interessanti per due ragioni: la piastrella tipo, chiamata SZ1, con cui essi sono composti è stata disegnata da due architetti, Marco Zanuso e Alberto Scarzella, e alcune composizioni dei pavimenti che illustriamo in queste pagine sono state studiate da due artisti, Giuseppe Ajmone e Edoardo Piccoli: composizioni di grandissima varietà, consentite dalla forma complessa della piastrella, che si compone come in un gioco di incastri.

Dopo la parentesi funzionale che pareva dovesse rispondere anche come impostazione mentale a sole esigenze tecniche e di funzionamento, vediamo con interesse lo sviluppo di elementi d'architettura nei quali vi è la presenza di una fantasia estranea al funzionamento pratico, ma che appartiene ad un funzionamento di piacere, dato che, assolto l'uso pratico (resistenza, costo ecc.) queste cose sono destinate all'uomo che ha nelle sue esigenze anche la fantasia.

Di « decorazione-delitto » si può parlare quando questa decorazione è soprammessa e riferita a schemi accademici. Qui poi non si tratta di « piastrelle decorate » ma di piastrelle con forme tali da poter comporre disegni senza disegnarle.

Floors Designed by Artists

Model No. SZ1 floor tile designed by Marco Zanuso and Alberto Scarzella for Ceramica di Lurago d'Erba and various floor designs by Giuseppe Ajmone, Edoardo Piccoli, Marco Zanuso and Alberto Scarzella using *Model No. SZ1* floor tiles

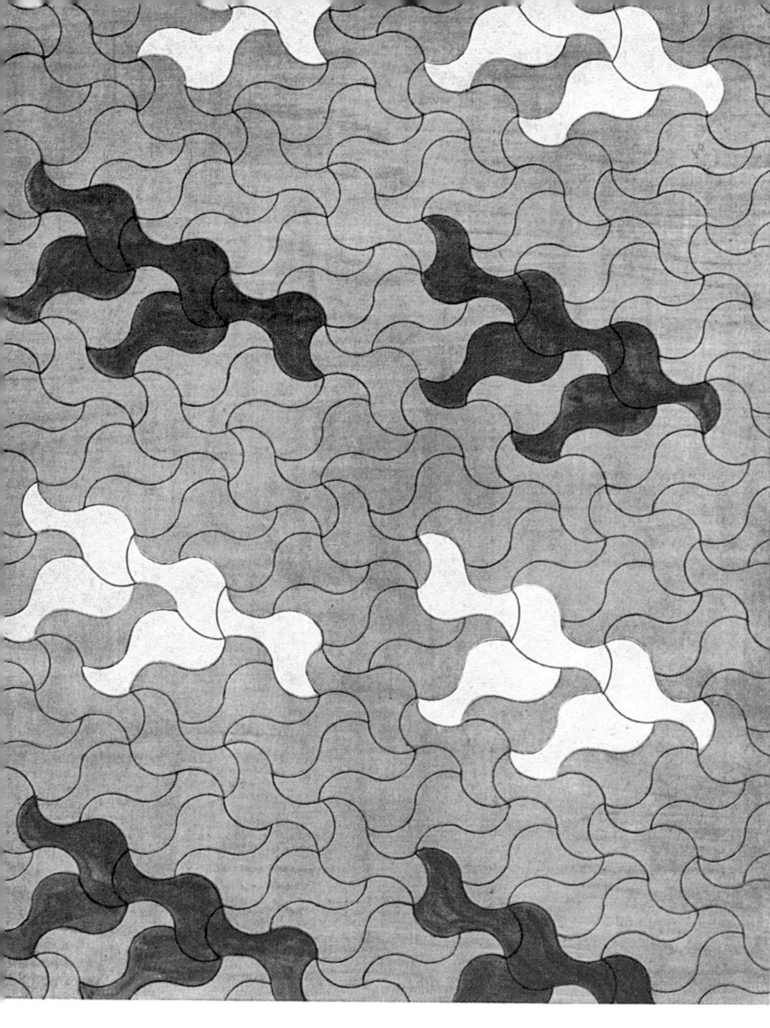

La piastrella, di cui questi pavimenti sono composti, prodotta dalla Ceramica di Lurago d'Erba, è di ceramica smaltata, di un disegno speciale che offre possibilità praticamente illimitate di combinazioni di forma e di colore.
Il carattere speciale di questa formella sta nell'essere un elemento decorativo di per se stessa: e le sue curve ed i suoi angoli precisi rendono la posa estremamente facile; lo smalto di copertura è di grande durezza e resistenza.

n pavimento disegnato da Edoardo Piccoli

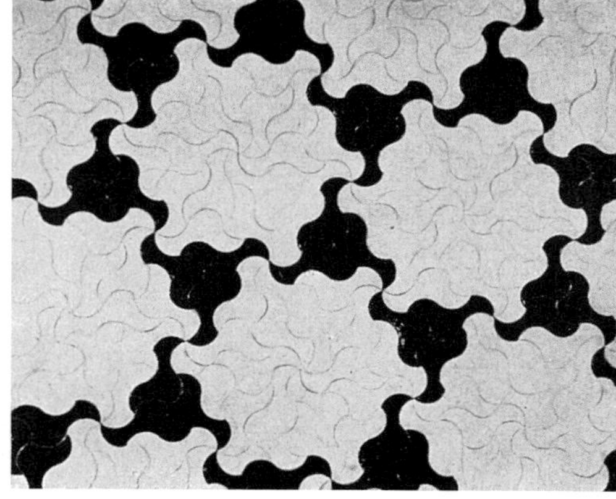

Quattro pavimenti disegnati da Zanuso e Scarzella

o Ballo

Translation
see p. 554

Televisione e radio

soluzioni americane

Disegnato da Felix Augenfeld di New York, questo mobile per un soggiorno contiene anche l'apparecchio per la televisione, che è girevole e si può orientare verso l'angolo della stanza nel quale sono raccolti gli spettatori della televisione, senza costringere ad assistere allo spettacolo tutti i presenti.

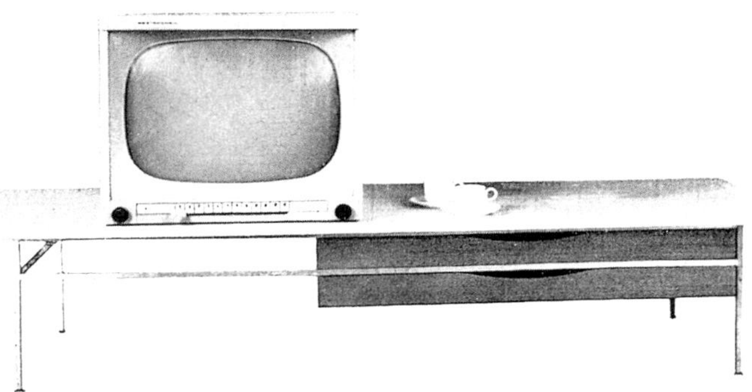

Tre televisori disegnati per la CB Columbia, da Paul McCobb, Ne York (vincitori di un premio 19 per il « good design » del Museum Modern Art) sono in un nuovo m teriale composto di plastica e metal che può essere colorato ed è mol economico.

Qui sotto: una radio portatile di gnata da Paul McCobb per la CB Columbia e vincitrice del premio p il « good design » 1955; è la prim radio di questo genere che sia sta accettata dal Museum of Modern A per la mostra del « good design È in materia plastica, nei toni grigi verde, rosso scuro; la custodia c tracolla è in cuoio marrone o ner

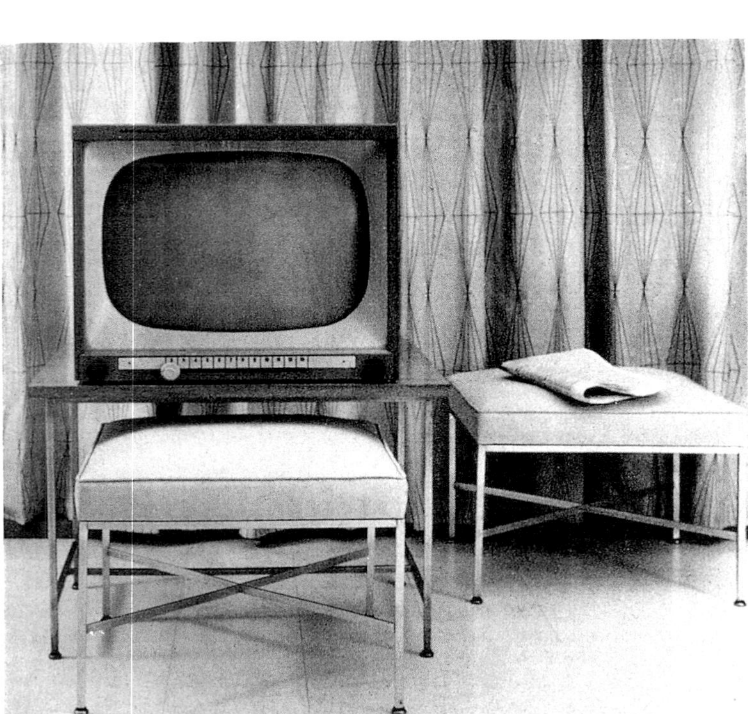

Television and Radio

Television-radio-phonograph combination designed by Felix Augenfeld and three television sets and a portable radio designed by Paul McCobb for CBS

foto Teigen

Rassegna di sedie e piccoli tavoli

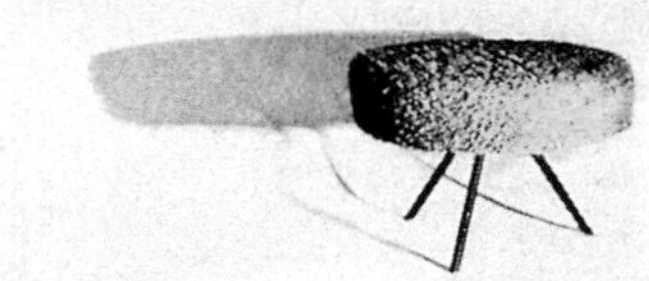

Quattro mobili canadesi, disegnati da Victor J. Papanek. Sopra, sgabello rotondo in gommapiuma, alto soltanto 40 centimetri; a destra, sedia tagliata in una lastra piana di duralluminio, verniciata nera, che piegata assume questa forma, mantenuta in tensione dal supporto in ottone: va imbottita con un sottile strato in gommapiuma; sotto, tavolino rotondo che si può sollevare per la manopola centrale, e tavolino rettangolare il cui piano è costituito da due binari in cui si inseriscono a piacere pannelli in masonite, o vetro, o legno, o opalina colorata, ecc.

Tavolino inglese, prodotto dalla Norman Potter di Londra, in legno, metallo e canapa (o rete), con due borse portariviste alle estremità e un vano centrale per carte, penne, sigarette, ecc. chiudibile col piano scorrevole (nel disegno, il piano è spostato a destra).

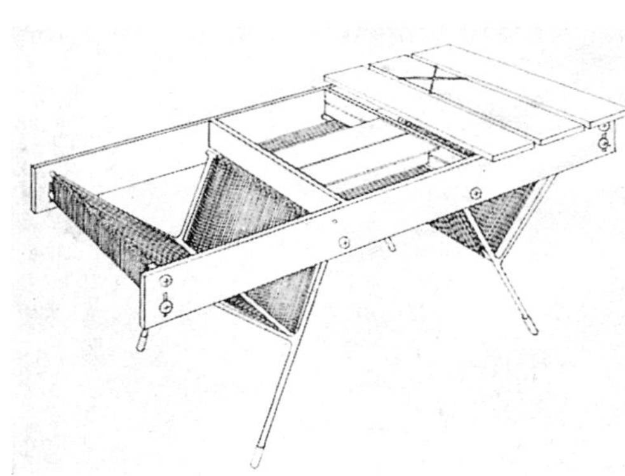

Poltrona italiana, dell' arch. Mario Oreglia, Torino: ha intelaiatura in ferro e imbottitura in gommapiuma. ↓

Poltroncina italiana di serie, disegnata dall'arch. Gian Casè, Milano: il sedile è una conchiglia in pagholz, poggiante su nastro cord teso fra i due sostegni in tubo di ferro. ←

→ *Due mobili norvegesi: poltrona con gambe in metallo e conca imbottita, indipendente, che si può appoggiare a due livelli e a due inclinazioni diverse; tavolino con piano a vassoio, indipendente; disegnati dagli allievi della scuola di Arti Applicate di Oslo, diretti da Arne Korsmo.*

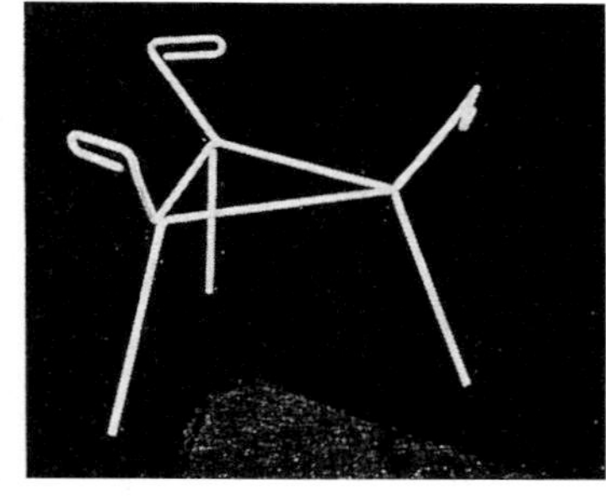

Seggiolini da campo, americani, di Dana W. Mox, Chicago: hanno copertura in tela, agganciata ai sostegni in ferro laccato bianco.

A Survey of Chairs and Small Tables

Chair, tables and stool designed by Victor J. Papanek; table designed by Norman Potter; armchair designed by Mario Oreglia; chair designed by Gian Casè; chair and table designed at the School of Applied Arts in Oslo under the direction of Arne Korsmo; camping stool designed by Dana W. Mox

Lo studio di Bayer ad Aspen, Colorado.

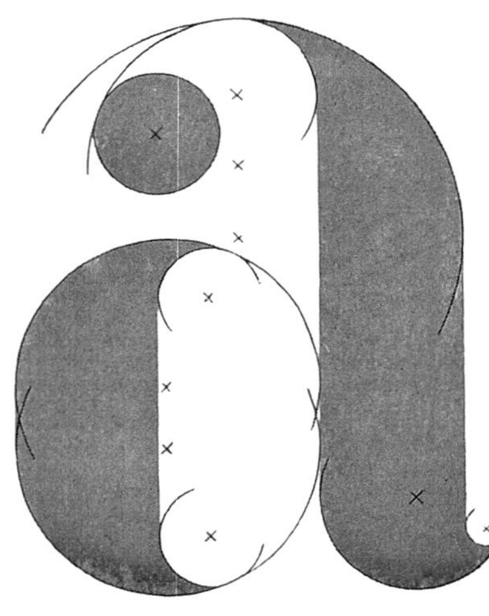

Schema costruttivo della lettera « A » nel carattere Bayer-Berthold.

Herbert Bayer, la casa e le opere

C'è stata da poco a Milano, alla Galleria del Milione, una bella mostra di dipinti di Herbert Bayer, il pittore e artista grafico di cui presentiamo qui lo studio, da lui stesso progettato, e un'opera di architettura, e molte opere grafiche, significative per il loro proprio valore e per la loro storia. La storia di Bayer è quella di una formazione felice e unica: dalla scuola formale della Bauhaus in Europa, allo sviluppo di attività e applicazioni in America. Egli ebbe cioè a partecipare dall'interno al movimento e alle conc zioni che formarono, nei princi e nelle realizzazioni, l'arte gra ca moderna.

La attività principale e il cont buto maggiore di Bayer sono p l'arte grafica, ma sempre ent la concezione unitaria delle a plastiche che appartiene a que scuola. Nella Bauhaus di Weima entrò ventunenne, provenendo d l'Austria, e vi lavorò come allie di Kandinsky alle pitture mura alla Bauhaus a Dessau insegna egli stesso tipografia e arte gra

domus 306
May 1955

Herbert Bayer, his House and his Work

Herbert Bayer's studio in Aspen, Colorado: main elevation, angled elevation, floor plan and studio with fireplace

a. Partecipò alla grande esposi-
ione del « Deutscher Werkbund »
Parigi nel 1930, con Gropius,
Breuer e Moholy Nagy, e alla
sposizione dell'Unione Costrutto-
i a Berlino nel 1931, con Gropius
Moholy Nagy, oltre alle mostre
he allestì da solo in Germania.
n America, dove vive dal 1938,
Bayer, oltre al grande lavoro di
rte grafica e pubblicitaria, ha al-
estito mostre per il Museum of
Iodern Art, dopo quella della
Bauhaus nel 1938, ed ha curato
na serie di lavori d'arte grafica
di mostre per il governo ameri-
ano durante la guerra. È uscito
ecentemente, curato e disegnato
a lui, un grande atlante per la
ontainer Corporation. Sua sede
i lavoro, dopo New York, è
spen, nel Colorado.

lo studio di Bayer ad Aspen, Colorado, e sue opere grafiche

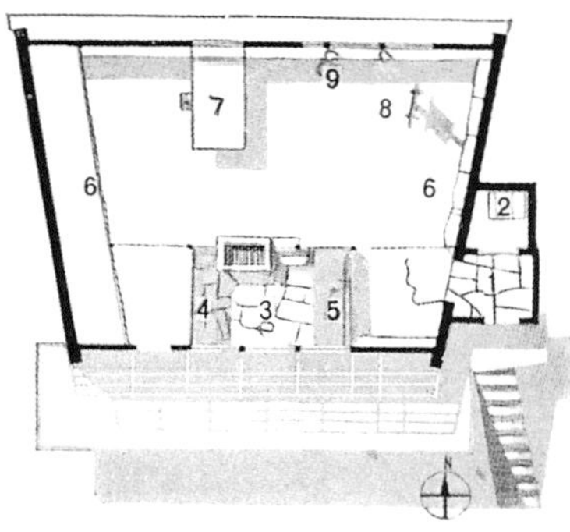

Pianta dello studio:
1 ingresso, 2 caldaia, 3 camino, 4 letto, 5 divano, 6 scaffali, 7 tavolo, 8 cavalletto, 9 finestre con schermi trasparenti scorrevoli.

1950

el grande ambiente unico dello stu-
io, la zona intorno al camino, col
ivano e col letto, è ribassata nel pa-
imento e raccolta; i dipinti appesi
ome schermi, la isolano dal resto del-
ambiente.

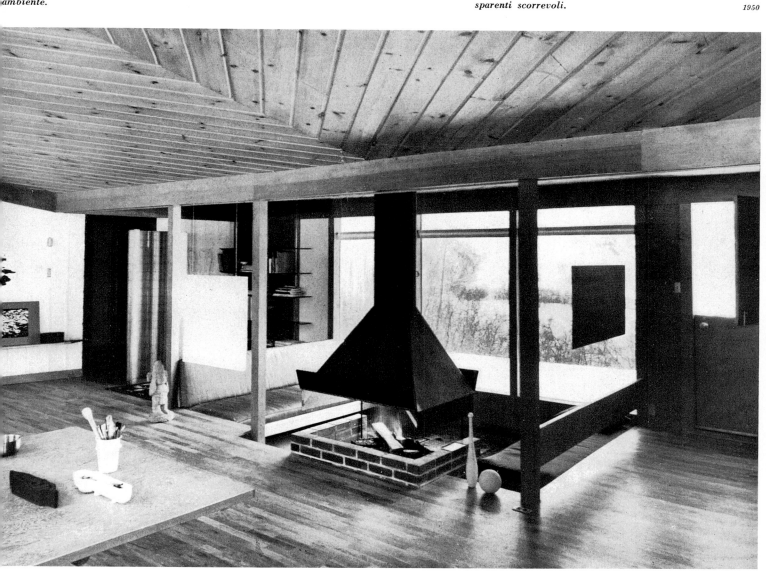

foto Berks-Henry

Translation see p. 554

Un totem in legno, all'aperto, davanti allo studio di Aspen; disegnato da Bayer, da un'idea di James Prestini.

1933

1944

Sopra, un catalogo per i mobili Alvar Aalto, 1933, e un dipinto d 1944, « exfoliation ». Sotto, paesagg surreale, foto-plastico, 1936.

1936

Questa casa-studio sorge, a breve distanza da Aspen, nel Colorado, sulla costa della Red Mountain; isolata, con una grande vista sulla vallata e sui pendii, Bayer se l'è disegnata, in collaborazione con Gordon Chadwick, nel 1950, come ritiro per lavorare in pace: è composta da un unico grande ambiente, lo studio, in cui la zona di soggiorno e riposo, con divano e letto, vicini al camino, è ribassata nel pavimento e isolata, ai lati, dai quadri appesi, come schermi volanti: una grande vetrata è rivolta alla valle. Il soffitto sopra la zona di soggiorno è piano, mentre sopra la zona di studio è inclinato, sollevandosi a raccogliere la luce di nord (le due finestre dello studio a nord hanno schermi traslucidi, scorrevoli e anche girevoli, per seguire gli spostamenti della luce del sole).

Architectural and graphic designs by Herbert Bayer: wooden totem in front of Herbert Bayer's studio in Aspen, Colorado (based on an idea by James Prestini); graphic and art work; conference pavilion in Aspen, Colorado (in collaboration with Fritz Benedict): wall decoration and two exterior views

padiglione per riunioni ad Aspen, di Bayer e Benedict

1953

ırete esterna del padiglione, decora- con un grafito in stucco grigio Herbert Bayer; evoca le montagne le nuvole.
elle altre pareti esterne, il motivo ·i mattoni sporgenti crea una trama ·corativa che cambia secondo la ce.

Translation
see p. 554

pianta: 1 galleria, 2 spazio per altri posti, 3 magazzino, 4 deposito, 5 spogliatoio, 6 toilette

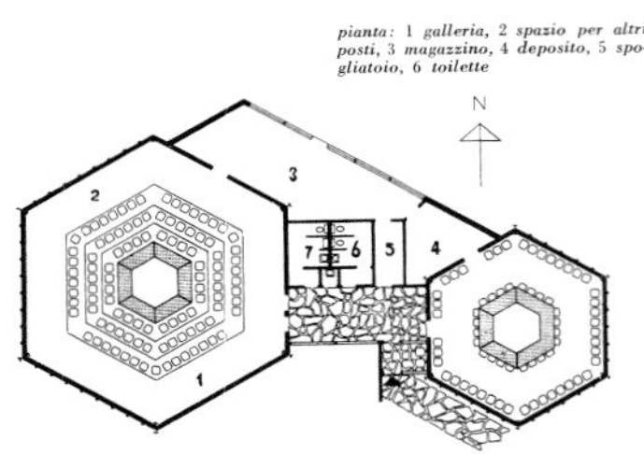

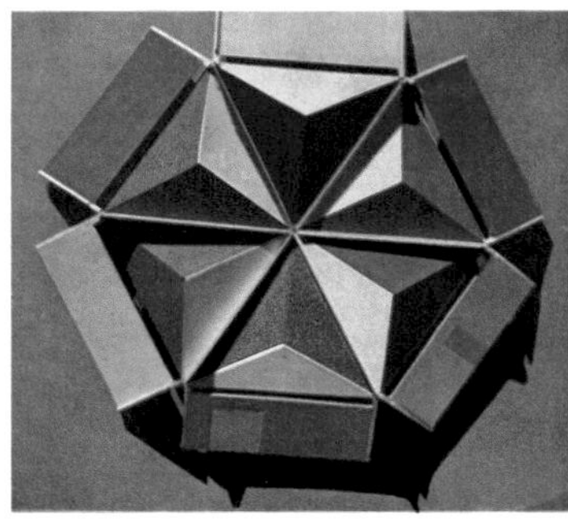

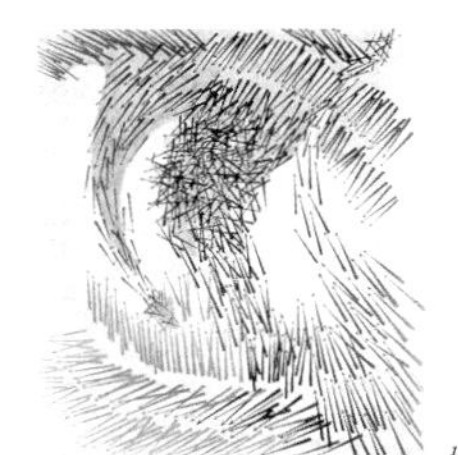

Sopra: modellino del soffitto della sala esagonale maggiore; le pareti sono abbattute all'esterno.

Disegnato da Bayer e da Fritz Benedict, e costruito ad Aspen, Colorado, nel 1953, questo padiglione è sede di riunioni e conferenze: è stato pensato come una versione in forma poligonale della « tavola rotonda »; è composto da due sale esagonali, una maggiore a 200 posti, una minore a 100 posti, collegate da una loggia per spogliatoio, servizi ecc. Le sale, con aria condizionata, non hanno finestre, per maggior raccoglimento, ma solo un lungo lucernario che corre fra soffitto e pareti; nella sala maggiore, il pavimento è ribassato a gradoni, dalle estremità verso il centro, per dare migliore visibilità ai posti più lontani: il soffitto è in spicchi colorati, mentre le pareti sono grigie e bianche; nella sala minore, all'inverso.

Bayer nel suo studio; opere grafiche e allestimenti dal 1929 al 1954

Opere grafiche di Bayer. Dall'alto: « scontro di forze » dipinto 1942; « monumento » fotomontage 1932; « profile en face » fotomontage, 1929; frontespizio dell'Atlante edito dalla Container Corporation of America, 1953; copertina di « Domus », luglio 1954; pubblicità per la Container Corporation of America, 1945.

1942

1932

1929

1953

1954

1954

Schema visuale del controllo radio sul traffico aereo a un aeroporto, disegno per « Fortune », 1943.

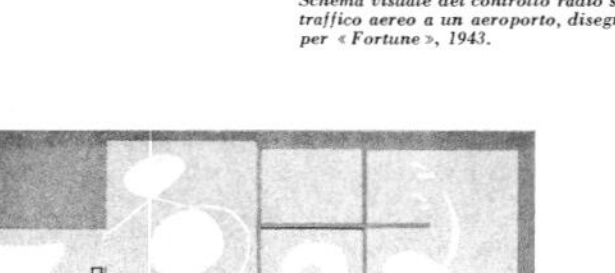

1943

Allestimento della mostra « Bauhaus 1919-1928 » al Museum of Modern Art, 1938: il disegno del pavimento, forme bianche su fondo grigio, non è pura decorazione, ma guida i passi e l'attenzione del visitatore. A destra, copertina del volume « Bauhaus 1919-1928 », edito da Branford, 1950.

1950

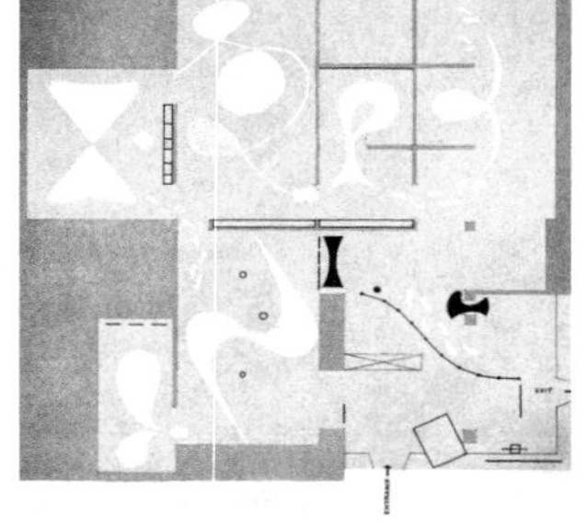

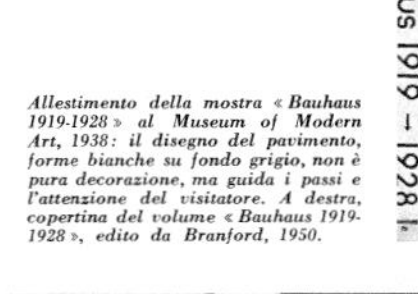

1938

1924

Sopra, progetto per un allestimento pubblicitario, 1924: una grande sfera girevole, coperta di lampadine. Sotto, parete in mosaico ceramico, lungo una rampa interna, nella Università di Harvard, del T.A.C., 1950.

1950

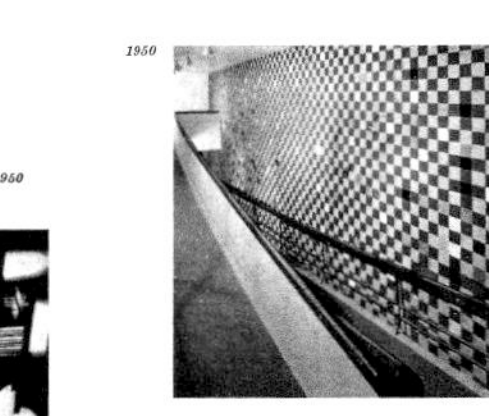

1931

allestimenti e idee di Bayer, dal 1924 al 1950

Sopra, allestimento all'esposizione dell'Unione Costruttori, Berlino, 1931, sotto la direzione di Walter Gropius, in collaborazione con Moholy Nagy.

Due illustri allestimenti fra quelli cui Bayer partecipò: quello per la esposizione dell'Unione Costruttori, di Berlino, del 1931 (in alto), compiuto in collaborazione con Moholy Nagy e sotto la direzione di Gropius, e quello del Deutscher Werkbund », a Parigi, 1930 (a sinistra); il primo, un episodio fondamentale per il moderno modo di esporre: percorsi dei visitatori su differenti livelli, ingrandimenti fotografici fuori scala, grafici luminosi e movibili a comando, plastici da guardare dall'alto, su ponti volanti. Nel secondo allestimento, Bayer definì per il primo il principio di esporre a pannelli su diversi piani « rompendo » lo spazio dell'ambiente.

1930

Allestimento per la esposizione del « Deutscher Werkbund » a Parigi, nel 1930; a destra, diagramma esplicativo del sistema.

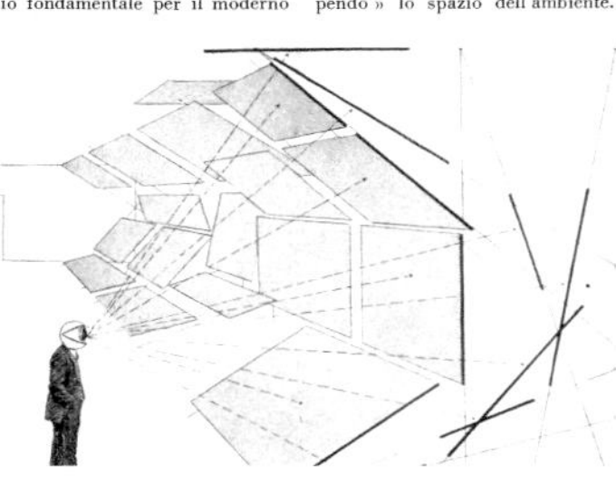

Herbert Bayer, his House and his Work

Herbert Bayer: conference pavilion in Aspen, Colorado (designed in collaboration with Fritz Benedict); installations for the "Bauhaus 1919–1928" exhibition at the Museum of Modern Art, New York 1931, the "Deutsche Bauausstellung" in Berlin 1931 (in collaboration with László Moholy-Nagy) and the "Deutscher Werkbund" exhibition, Paris 1930

Translation see p. 554

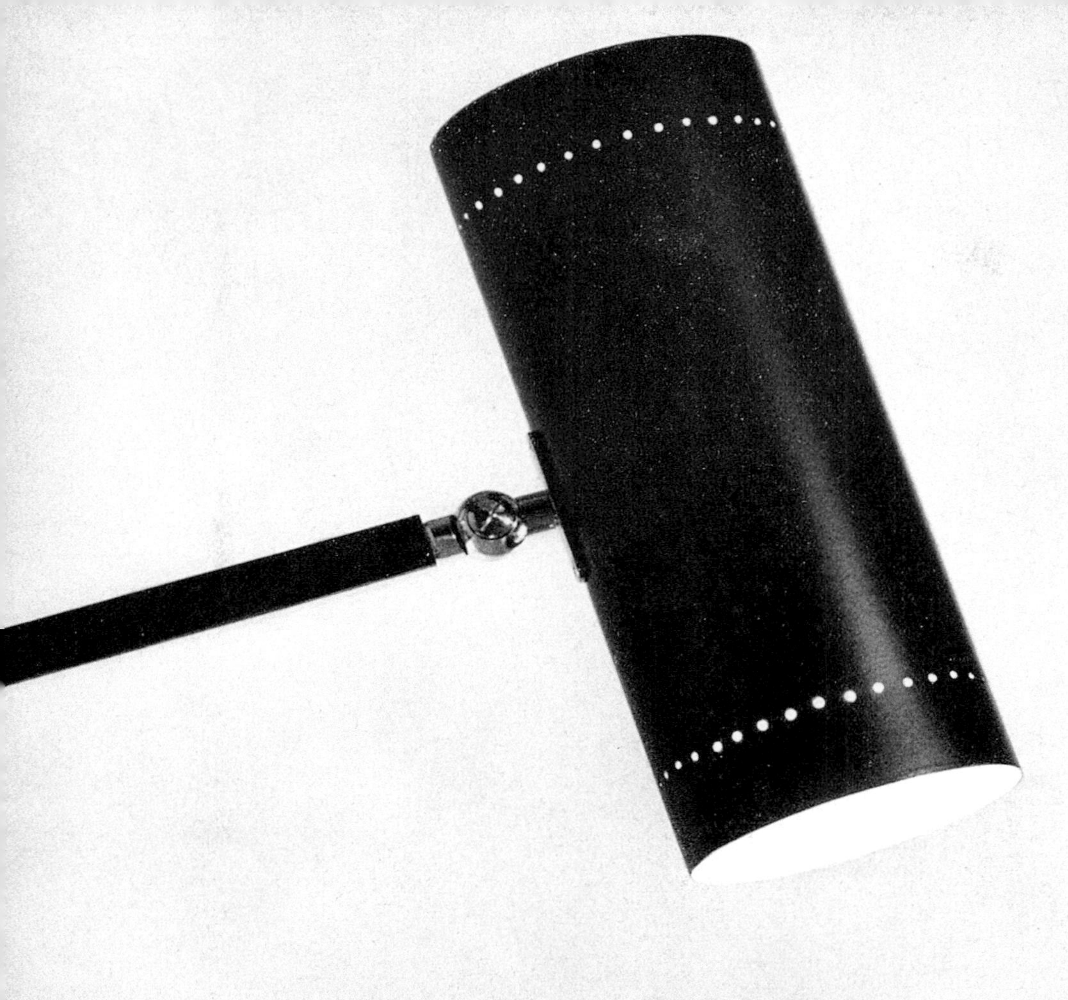

APPARECCHI PER ILLUMINAZIONE

ROMA

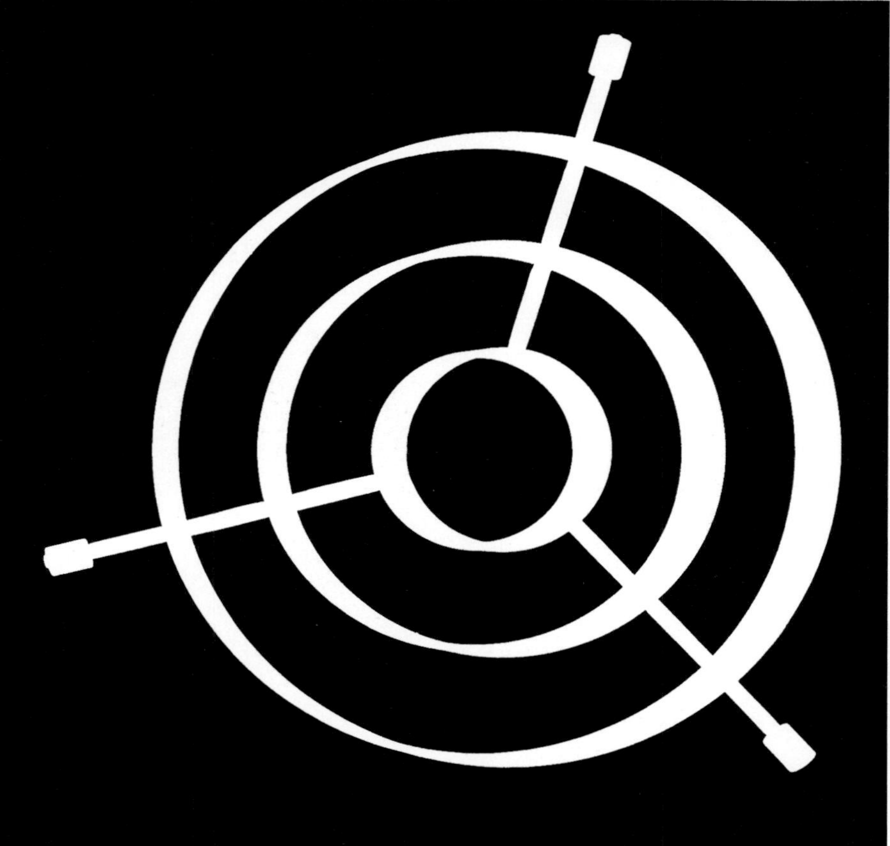

domus 309
August 1955

Advertising

Sciolari advertisement showing lighting fixture

A Caracas

Caracas, la Città universitaria

L'edificio della biblioteca della Università di Caracas e il piccolo auditorio, di Carlos Raul Villanueva. La scultura è di Baltazar Lobo, la decorazione sulla parete dell'auditorio è di Matteo Manaure. In Domus 295, giugno 1954, la prima pubblicazione di questi edifici, durante la costruzione.

Caracas è in pieno sviluppo. Avevo proposto (Domus n. 295) agli architetti venezuelani di affidare, fra i cento edifici che sorgono, un edificio ciascuno ai grandi maestri di tutto il mondo per fare di Caracas la capitale della architettura moderna.
Non so quale accoglienza o seguito la mia idea abbia avuto; ma ora che una idea uguale sta attuandosi a Berlino, abbiamo visto, (pag. 1 di questo numero) dove però si tratta di un quartiere moderno in una città antica, mentre a Caracas si tratterebbe di valori di maestri in una città modernissima, ripeto il mio appello agli amici architetti venezuelani, tanto valorosi e arditi che non devono temere illustri vicinanze, ma desiderarle, essendo degni del confronto. Sono ancora in lizza Europa e America. L'America rinuncerà?
Gio Ponti

Domus 295

At Caracas

Library building of the University of Caracas designed by Carlos Raúl Villanueva: angled elevation, views of façade and exterior

Translation
see p. 555

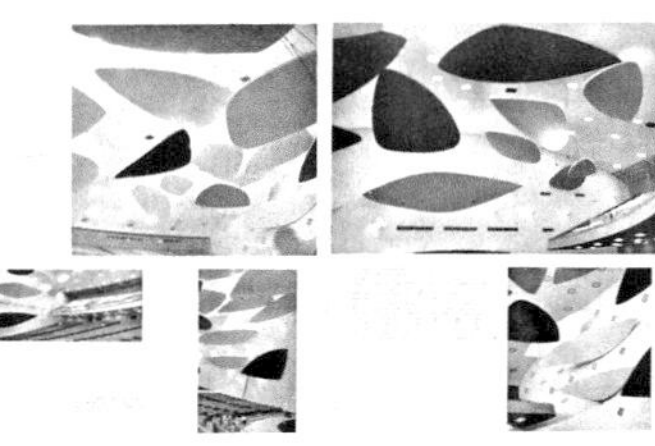

Domus 295

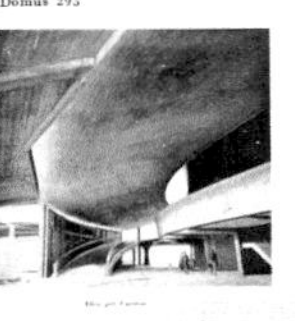

Domus 295

Caracas, l'aula magna alla Città universitaria

A destra, interno dell'aula magna, di Carlos Raul Villanueva, a costruzione ultimata: sospesi al soffitto, enormi mobiles di Calder. Sotto, rampa alla balconata dell'aula magna; in Domus 295, giugno 1954, la struttura in cemento armato dell'aula magna in costruzione.

Caracas, gli stadi olimpici

La tribuna degli stadi olimpici; a sinistra, veduta frontale della tribuna; sotto, le gradinate degli stadi, di Carlos Raul Villanueva.

Domus 295

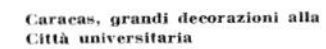

Caracas, grandi decorazioni alla Città universitaria

Domus 295

Grandi decorazioni alla Città universitaria: statua di Arp e, nello sfondo, murale di Matteo Manaure; sotto, plastico di Victor Vasarely in un atrio: una invenzione decorativa, composizione in rilievo ottenuta ritagliando e girando le lamelle di un brise-soleil verticale; nello sfondo, murale di Matteo Manaure.

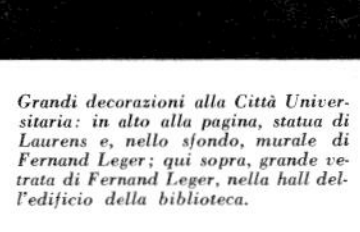

Grandi decorazioni alla Città Universitaria: in alto alla pagina, statua di Laurens e, nello sfondo, murale di Fernand Leger; qui sopra, grande vetrata di Fernand Leger, nella hall dell'edificio della biblioteca.

domus 307
June 1955

At Caracas

Olympic stadium in Caracas designed by Carlos Raúl Villanueva; interior of the Aula Magna auditorium of Caracas University designed by Carlos Raul Villanueva; sculpture by Henri Laurens, mural and stained glass windows by Fernand Léger, sculpture by Hans Arp and mural by Matteo Manaure on the University of Caracas campus

Translation see p. 555

foto Casali-Domus

L'ingresso: il pavimento, in piastrelle di ceramica di Melotti, che prosegue al disotto della porta a ventola, indirizza verso il soggiorno; la zona di pavimento in legno, sopralzata, fa corpo con le scale e indirizza verso le camere. Il tavolo a parete è in noce, il divanetto nell'angolo è rivestito in lastex di lana grigia (vedi pianta a pag. 23).

nterni di una villa

Ico e Luisa Parisi, arch.tti

uesti interni appartengono a ıa villa che gli architetti hanno ›struito nelle vicinanze di Co- o: la costruzione è a un solo ano, e si sviluppa in due corpi crociati: nelle due ali maggiori, ›ggiorno-pranzo e camere, nelle ıe ali minori i servizi; ingresso . centro. La casa così non ha onte e retro, ma gode di belle perture e vedute su tutti i lati, perture studiate in rapporto al ıesaggio. (Il soggiorno per esemio si apre con una parete del tut- vetrata sulla vista dei cedri del ardino; nella camera da letto, vece, vi è una finestrina quasi soffitto, bassa e orizzontale, che à la vista della cima degli alberi del cielo, e isola dalle vicinanze). ll'interno la divisione degli spazi risolta con molta chiarezza e n grande unità; l'architettura egli interni prevale sull'arredaento: quinte di muro che separano zone, spine di muro che congono armadi limitano vani, pa- ti scorrevoli, in antoni di legno tutt'altezza, definiscono già l'ardamento in architettura. Tutto legato da una unità di soluzione di mano, e animato dal vivo sen- pratico e inventivo proprio di uesti architetti.

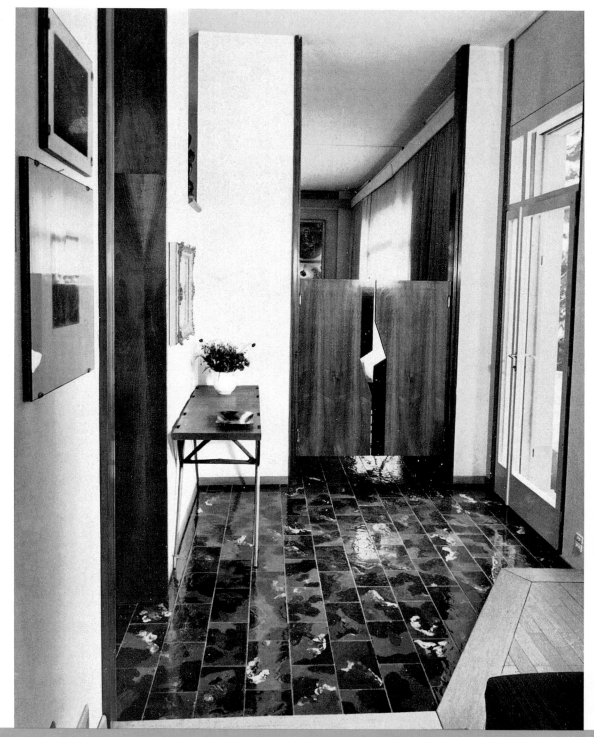

Interiors of a villa near Como designed by Ico and Luisa Parisi: entrance hall

Translation see p. 555

interni di una villa
Ico e Luisa Parisi, arch.tti

Il soggiorno è un grandissimo l cale che comprende anche il pra zo e una zona di studio. La s parazione fra pranzo e soggio no è indicata dalla quinta di m ro, isolata al centro del local che sostiene il camino, e dalla p rete scorrevole in noce, a tut altezza, che secondo i casi pu chiudere l'uno o l'altro dei d passaggi di lato, o rientrare ne lo spessore della quinta.
Il camino è un pezzo notevole il supporto della pietra focaia i due sedili sono stati ricavati un unico blocco di marmo bia co statuario.

Il camino: due lastre di cristallo te perato proteggono i due lati del f colare, verso i due sedili a sbalzo. L'apparecchio della televisione è corporato nello scaffale a parete, noce, che contiene radio, dischi, bri. Divani e poltrone sono ricoper in lana color terra di Siena e giall le sedie intorno al tavolo da pran sono ricoperte in cuoio inglese. S pavimento, che è parte in legno parte in ceramica blu, tappeti bianc e blu, in lana annodata a mano.

Interiors of a Villa

Interiors of a villa near Como designed by Ico and Luisa Parisi: views of living area with fireplace, floor plan

Angolo del soggiorno: sulla parete di fronte, un arazzo africano.

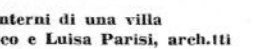

interni di una villa
Ico e Luisa Parisi, arch.tti

Nel soggiorno, la parete verso il giardino con i grandi cedri, è quasi del tutto vetrata: l'intelaiatura che separa le parti fisse e le parti apribili della vetrata, inquadra anche piacevolmente la veduta dell'interno. La porta più grande, a sinistra, si apre verso una zona di passaggio che è anche un piccolo studio, fra l'ingresso e il soggiorno, ed è pavimentata in piastrelle di ceramica blu: si noti il divanetto a sbalzo incassato nella nicchia, di fronte alla veduta del giardino. Una grande tenda continua, bianca, può schermare tutta la parete vetrata.

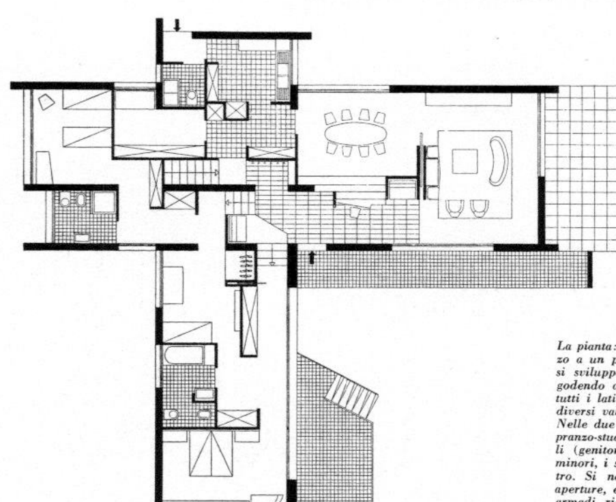

La pianta: la villa, che sorge in mezzo a un parco, è a un solo piano, e si sviluppa in due corpi incrociati, godendo di aperture e di vedute su tutti i lati, aperture proporzionate ai diversi valori del panorama.
Nelle due ali maggiori, il soggiorno-pranzo-studio, e le camere padronali (genitori e figlio); nelle due ali minori, i servizi; l'ingresso è al centro. Si noti la distribuzione delle aperture, e la sistemazione dei molti armadi, ricavati fra quinte di muro.

Translation
see p. 555

Nel passaggio fra l'ingresso e il soggiorno, una scaffalatura per libri e una scrivania a sbalzo.

Nella camera da letto matrimoniale, la lunga finestra orizzontale a filo del soffitto, che inquadra il verde delle piante: il vano sotto la finestra è attrezzato con uno scaffale incassato e una coiffeuse, in ebano, con specchio e cassettiera. Il divanetto è ricoperto in seta grigia e rosa.

→

Nella camera del figlio, armadio praticabile, in legno di betulla, contenente una cassettiera.

→

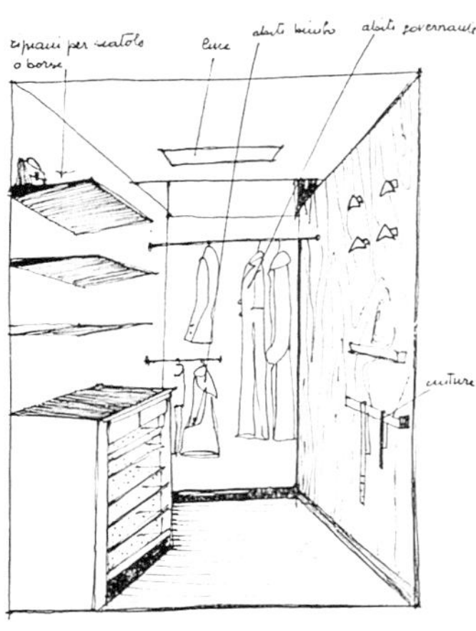

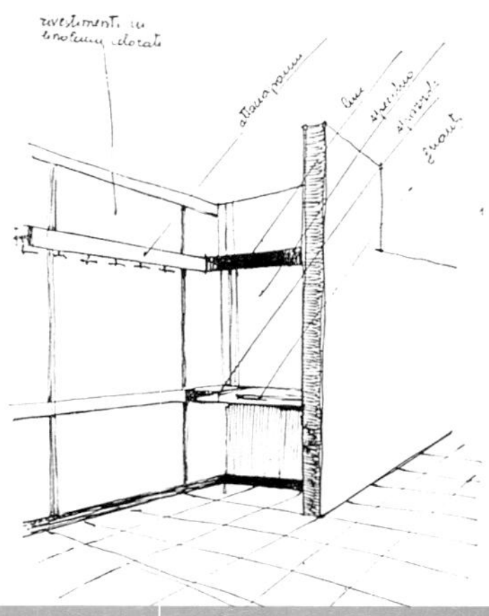

←

Nell'ingresso, vano con portamantelli e pareti foderate in legno: specchio incassato e mensolina per gli oggetti.

Interiors of a villa near Como designed by Ico and Luisa Parisi: corridor between entrance and living room, corner of master bedroom, recessed area for hanging coats in hallway, child's room, closets, design sketches

luzioni particolari nei vari ambienti
o e Luisa Parisi. arch.tti

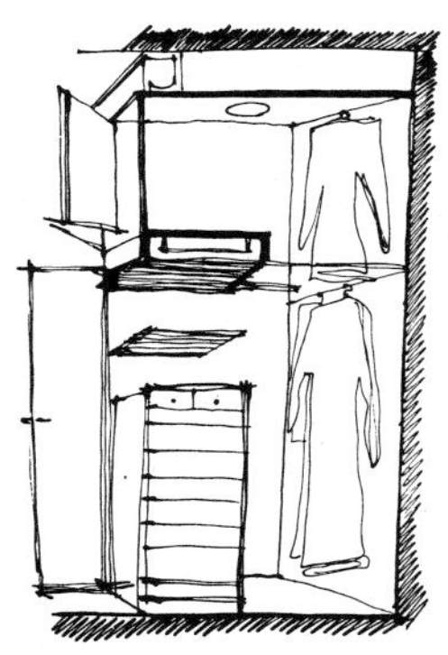

Nello spogliatoio padronale, armadi incassati; nella parete sotto le finestre sono ricavati degli armadietti per le scarpe, laccati in verde opaco, e nella parete di fronte alle finestre, un grande armadio a cinque ante e sportelli, pure laccato in verde; nella parete d'angolo, che qui si vede in primo piano e parzialmente, grande armadio (per la signora) con ante rivestite in raso di cotone stampato a mano: la stessa stoffa riveste all'esterno le ante dello specchio che si chiude a libro.

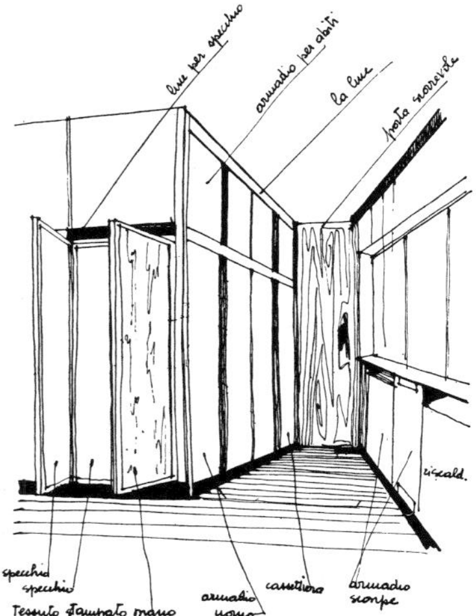

Translation
see p. 555

Tavolo ampliabil

Vico Magistretti, ar

Questo tavolo è stato studiato in modo da poter consentire l'ampliamento da quattro a sei ed a otto posti senza ricorrere agli allungamenti separati, ingombranti e poco pratici.
L'ampliamento è stato risolto con due elementi ripiegabili secondo uno schema classico dei tavoli pieghevoli inglesi sette-ottocento. Qui però anche a tavolo chiuso le ali ripiegate non sono di ingombro alcuno a chi siede.

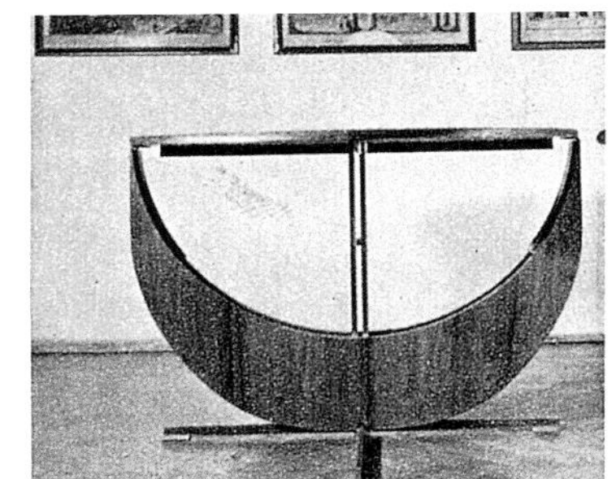

Piano del tavolo in legno e so. gno in ottone; il modello è de. sitato.

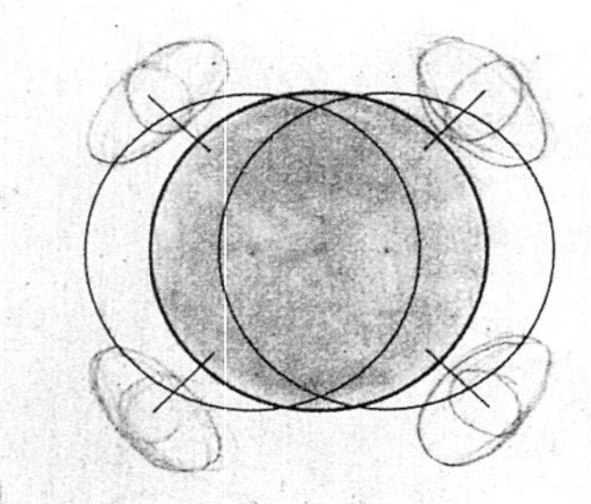

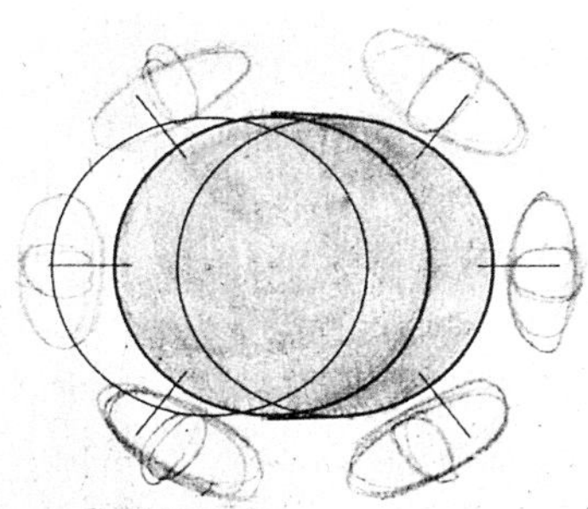

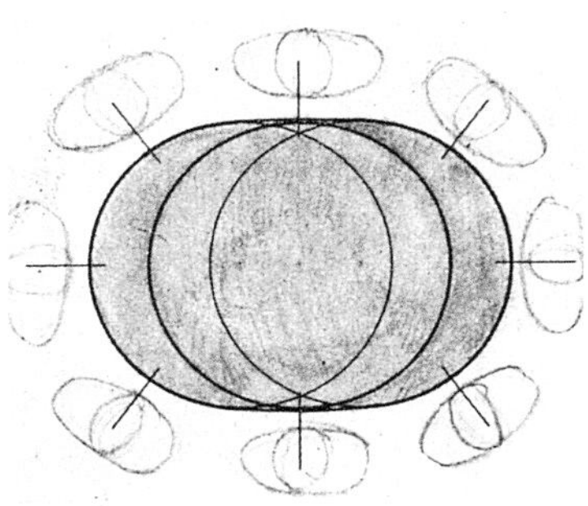

Il disegno è costruito sullo sche di tre cerchi, del diametro di cm. 1 intersecantisi.

Proposte per tre mobili

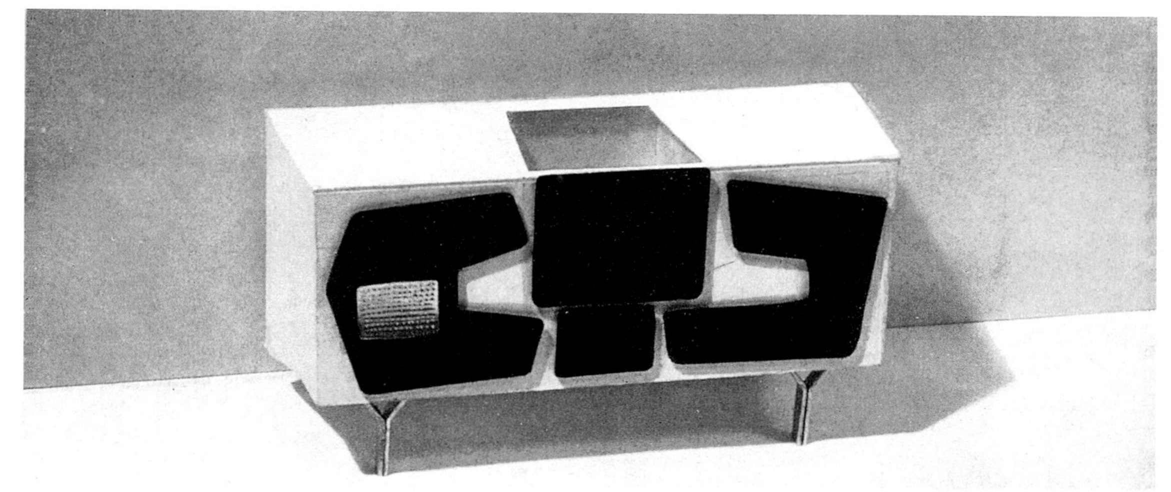

…rt Kontzen, Colonia, nello studio …nti, Fornaroli, Rosselli

…e modelli di mobili per radio, …schi e televisione.
…el primo mobile, illustrato in …o alla pagina, la forma dello …hermo, coperto da un pannello … protezione, è inclusa in una …mposizione di forme decorative.
…el secondo mobile, per radio …ammofono, televisione, dischi e …ri, illustrato qui a fianco, e cui … riferiscono anche i disegni, il …nnello che copre lo schermo …lla televisione « scompare » nel… composizione di forme decora…e sovrapposte, così come scom…iono gli altri sportelli: il pan…llo si apre a ribalta, dal basso … alto, e si infila orizzontalmente …'interno del mobile: le forme …corative si ripetono sull'altro …onte del mobile che così non ha … « rovescio »: si noti il pannel… rettangolare in rilievo, per una …tografia o un quadro, con la luce …cassata dietro.
…el terzo mobile, illustrato qui …tto e visto di dietro, si veda la …estrina dell'altoparlante, inclu… in un libero disegno.

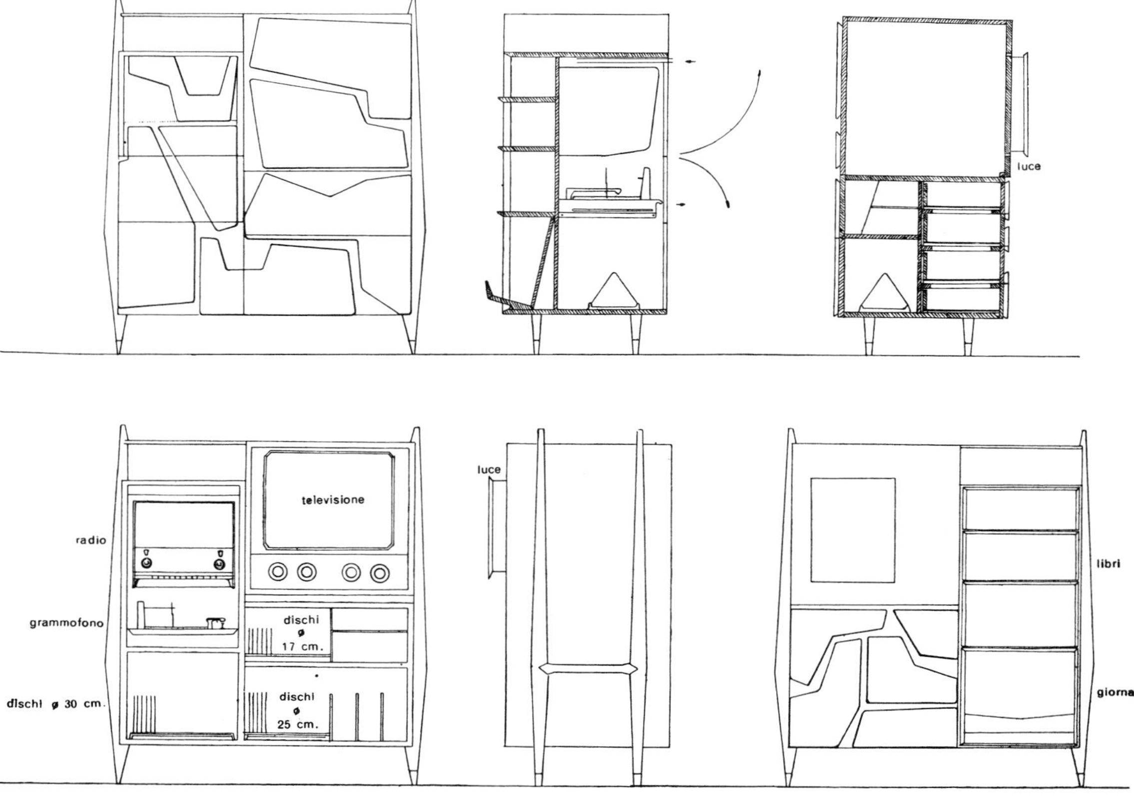

Proposals for Three Pieces of Furniture

Furniture for television, radio and phonograph designed by Kurt Kontzen

Novità in plastica per la casa

Kartell, Milano

Oggi le materie plastiche sono universalmente usate, sono l'argilla dei nostri tempi. Nella grande produzione di oggetti in materie plastiche, abbiamo notato negli oggetti Kartell una speciale accuratezza di disegno e praticità di ritrovati: le scatole con coperchio modellato e il secchio quadrato che qui pubblichiamo, sono oggetti formalmente bellissimi e di nuova praticità.

Scatole per cucina, ora realizzate in polietilene invece che in polistirolo, che è rigido e può incrinarsi. Molto ben risolto è il coperchio, modellato per la presa delle dita, disegnato da Gino Colombini dell'Ufficio Tecnico Kartell.

Sotto, portaghiaccioli sminuzzatore, per frigorifero: è in polietilene, elastico, e torcendolo le lamelle frantumano il ghiaccio in scaglie pronte per l'uso.

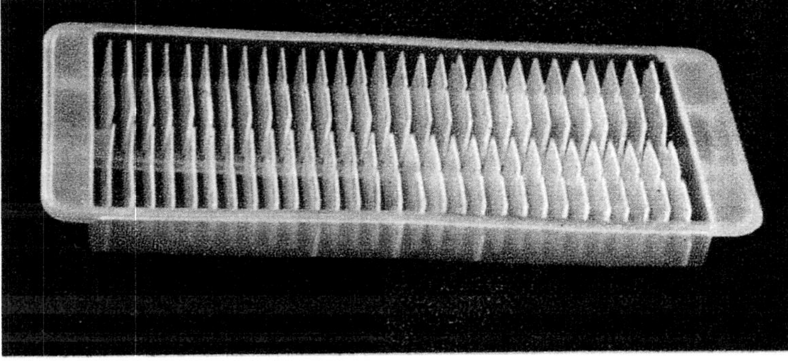

Grata in polietilene, leggerissima e pieghevole, per tenere sollevati dal tavolo i recipienti caldi.

A destra, due secchi, il secchio bianco in politene è il secchio più grande realizzato per stampaggio ad iniezione sino ad oggi nel mondo: la forma si adatta all'impignamento; quattro beccucci laterali facilitano il travasamento in recipienti più piccoli. Per uso agricolo o industriale o casalingo.

Tazzine e piattini da te in polietilene, per campeggio, di sei diversi colori, leggere, elastiche, infrangibili.

Translation see p. 555

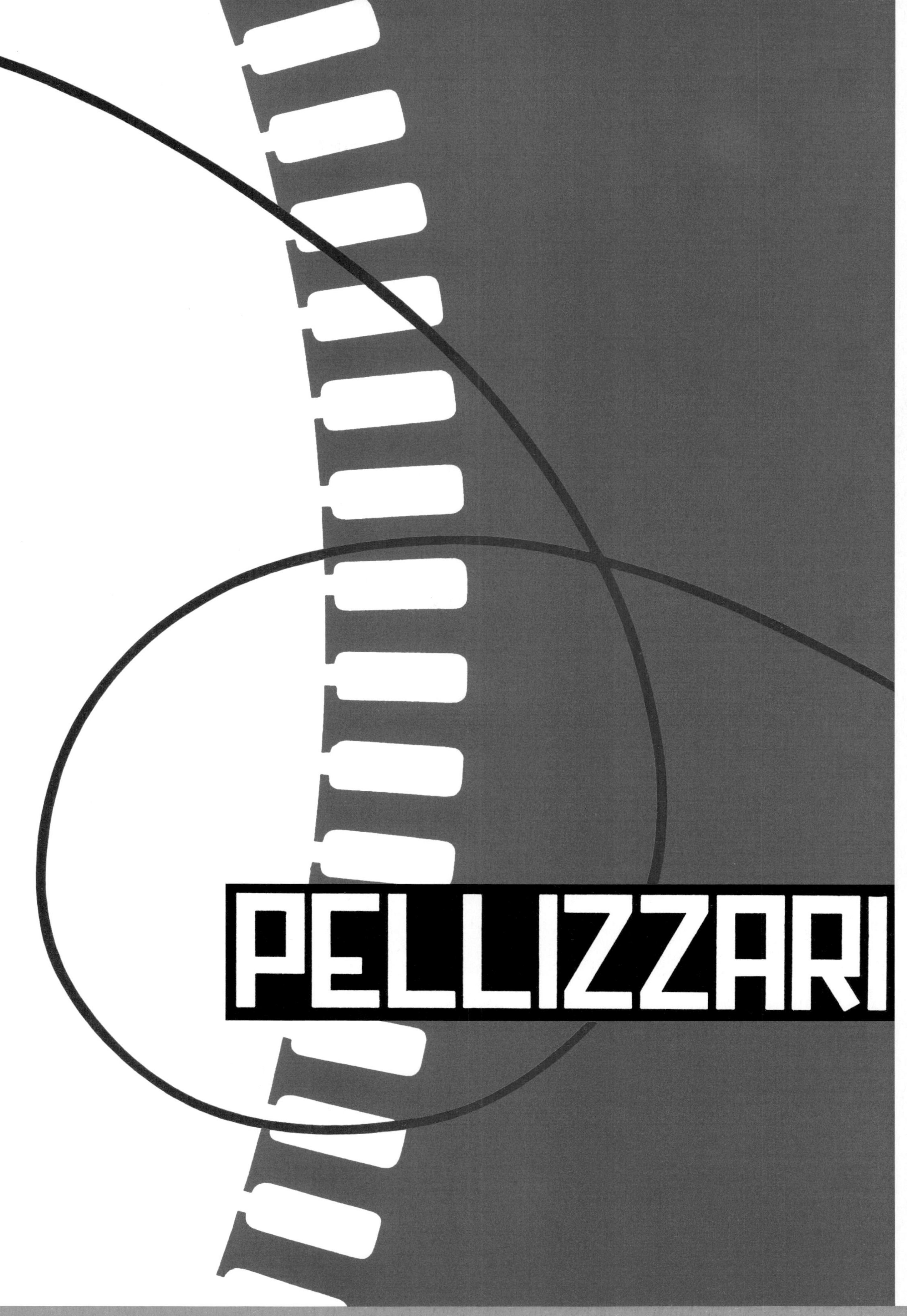

Advertising

Pellizzari advertisement

Scuole di Neutra

scuole di Richard J. Neutra, dal 1923 al 1955

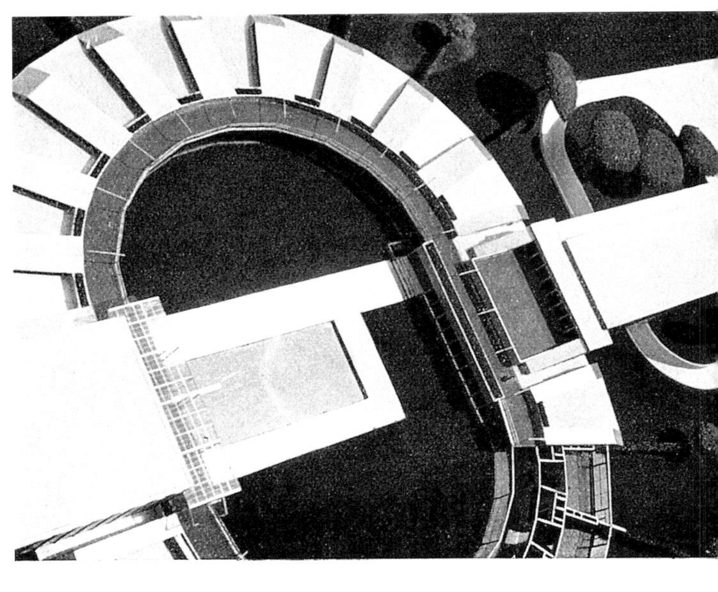

Progetto di scuola ad anello, 1923, in un modellino realizzato per il Museum of Modern Art: contiene i principi su cui Neutra svilupperà le successive scuole. Edifici a un piano e in cui ogni aula ha la sua uscita diretta sullo spazio verde al di fuori, ed è illuminata dall'alto, dal tetto.

Nel 1923 il Museum of Modern Art di New York, istituzione allora del tutto nuova, espose un modello di scuola di Richard Neutra, la « ring plan school », in cui Neutra metteva a punto la sua utopia sulla scuola, sulla moderna configurazione architettonica della scuola. Utopia che fornì lo schema alle scuole che egli stesso costruì più avanti, e alle scuole moderne di tutto il mondo.

Gli edifici scolastici che, come i testi scolastici — diceva allora Neutra — non dovrebbero essere lasciati all'arbitrio individuale e locale, ma studiati da una commissione di educatori, architetti e urbanisti, possono essere prodotti in serie e devono essere pensati su questa possibilità.

La « ring plan school » era caratterizzata così dalla indipendenza delle varie parti (tanti corpi a un piano distribuiti sul terreno) e dalla indipendenza della cellula-aula: ogni aula ha la propria uscita diretta e un proprio patio all'aperto, propri servizi (lavandini) e propria attrezzatura (biblioteca, ecc.); l'illuminazione dall'alto, dal tetto, e la mobilità dell'arredamento, permettono una grande elasticità di disposizione. Le grandi aperture delle aule sui patii, con serramenti scorrevoli e pieghevoli, erano anche studiate in rapporto alla struttura prefabbricata in ferro.

Urbanisticamente, la scuola doveva essere situata in una zona verde fuori dal centro della città, che i bambini raggiungevano con l'autobus della scuola, evitando pericolosi attraversamenti individuali; Neutra pensava anche a un vero « villaggio scolastico » fuori città, con scuole, parchi, verde, campi da gioco, ecc.; unico punto, questo, su cui mutò convincimento venendo più tardi a considerare la scuola come « centro necessario » del quartiere. Ma le idee fondamentali della « ring plan school » ricorrono dalla sua prima scuola, Los Angeles 1934, alla scuola di Kester Avenue, Los Angeles 1949, che qui pubblichiamo, e alle scuole « tropicali » di Puerto Rico 1944 e di Guam che Neutra sta costruendo, con Robert E. Alexander, e che presentiamo qui più avanti.

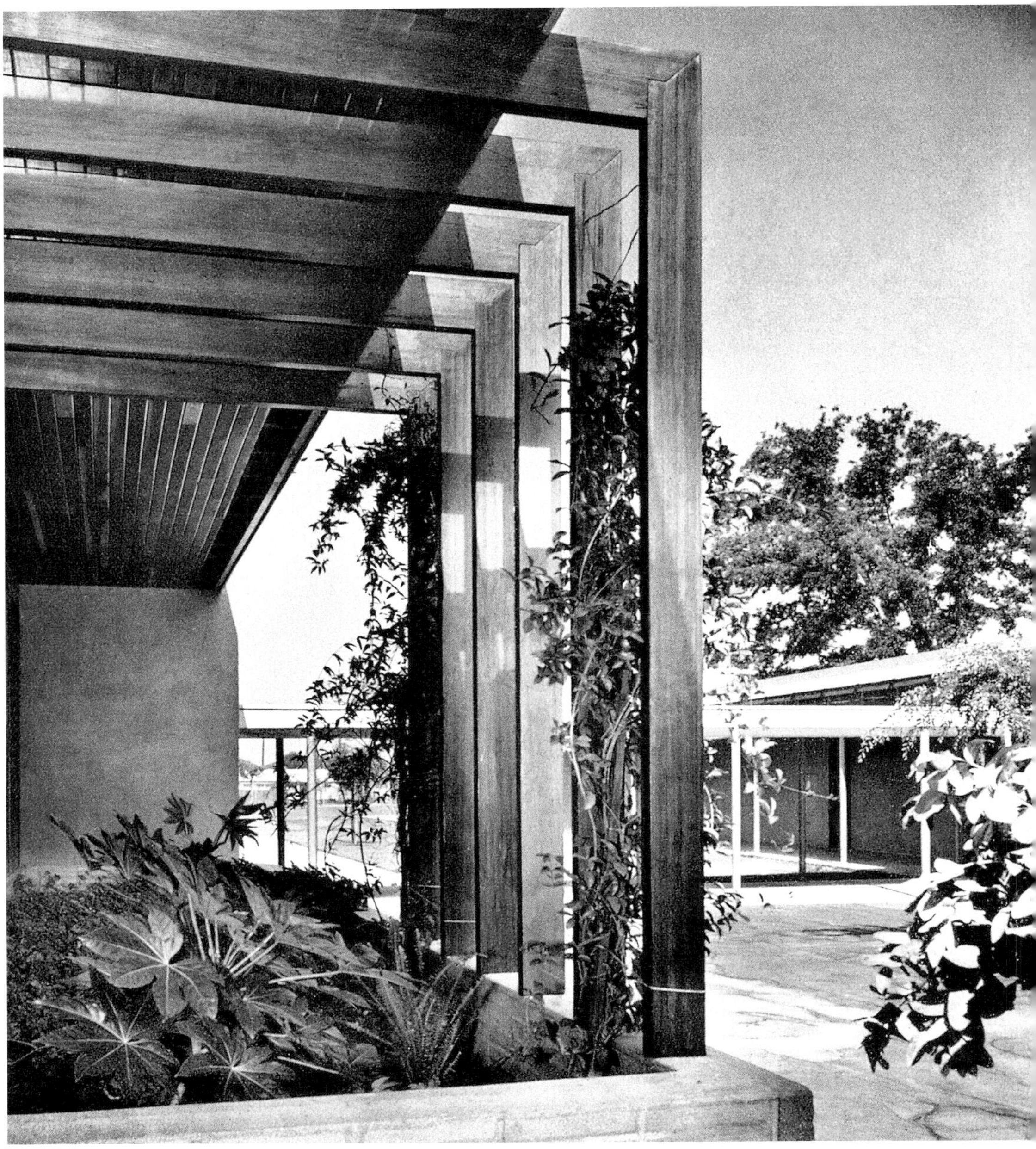

Scuola di Kester Avenue, Los . geles, 1949: la scuola è composta edifici distaccati fra alberi e ver collegati da lunghe pensiline. (aiuole e rampicanti davanti alla nestra di una delle classi.

Schools by Neutra

Model of Ring Plan School (1923); Kester Avenue school in Los Angeles designed by Richard Neutra (1949): detail of exterior planting area, view from street, site plan, nursery school playground and covered outdoor passage

pra, la scuola dal lato dell'asilo, è recinto da un muro in mattoni. lla foto a destra, una delle due aule dell'asilo, che si apre con vetrate sulla grande corte comune; giochi e lezioni si svolgono all'aperto.

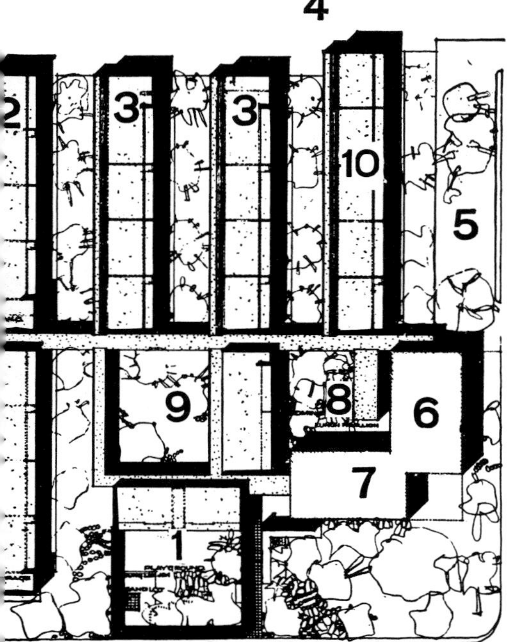

1 corte dell'asilo
2 classi elementari super.
3 classi elementari infer.
4 campo da gioco
5 parcheggio auto insegn.
6 futura caffetteria
7 futuro auditorium
8 padigl. per la colazione
9 riunioni all'aperto
10 uffici e infermeria

scuola di Kester Avenue, Los An- les, 1949, Richard J. Neutra, arch.

rticolare del corpo degli uffici e ermeria: lungo la facciata sud di ni edificio corre una pensilina sorta da pilastri di metallo, che conte un passaggio esterno coperto: disopra della pensilina si vede il gliato orizzontale che sporge sul- finestrine di sud, schermando la e del sole.

Translation see p. 555

Le due aule dell'asilo si aprono uno spazio comune all'aperto, m tre le aule della scuola vera e p pria hanno ognuna una propria co I bambini passano all'aperto la m gior parte del tempo, giocando c le costruzioni e con la sabbia.

La scuola, costruita nel 1949, sorge su un terreno quadrato ed è composta da otto edifici ad un piano, separati da spazi a prato e collegati da passaggi coperti (i « corridoi » sono tutti esterni). Il clima del luogo, molto caldo, ha determinato le particolari soluzioni della ventilazione e della protezione dal sole, con le griglie e le pensiline continue, che han dato la caratteristica formale alla costruzione. Le aule hanno l'ingresso a sud, sotto una pensilina continua, e si aprono, con vetrate scorrevoli, a nord, ognuna su una sua propria corte, un proprio doppione all'aperto; e ognuna è provvista di propri servizi.
La zona dell'asilo, che qui illustriamo, due aule aperte su una grande corte, è forse la parte più felice e tipica della scuola, e più rappresentativa dei principi di Neutra.

foto Shulman

Il corpo dell'asilo è orientato e ovest; il fronte est, con le vetr scorrevoli, in serramenti di metal è protetto da una griglia fissa di luminio che scherma il sole. L'arredamento delle aule è mobi mentre l'attrezzatura di scaffali e madi è incassata; la lavagna è inc sata a parete, all'altezza dei bambi anche i lavabi di cui l'aula è pr vista sono alti da terra solo cinqu ta centimetri.

Kester Avenue school in Los Angeles designed by Richard Neutra (1949): views of playground; design proposal for a school in Puerto Rico by Richard Neutra (1944): model and design drawings; school in Guam designed by Richard Neutra in collaboration with Robert E. Alexander: various views, floor plan and sketch of classroom

Questi progetti del 1944 per una scuola in Porto Rico anticiparono la scuola di Guam che presentiamo qui oltre, situata anch'essa in una zona a clima tropicale.
La scuola di questo progetto consiste in un lungo edificio, tutto aperto su un fronte, con grandi aperture senza vetro, rivolte a spazi a giardino, e tutto chiuso sul fronte opposto, su cui il tetto sporge a proteggere il passaggio esterno di collegamento.

scuola per Porto Rico, 1944
Richard J. Neutra, arch.

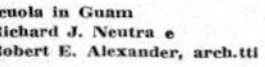

scuola in Guam
Richard J. Neutra e
Robert E. Alexander, arch.tti

In questa scuola, che sta costruendo in Guam (Oceania) in collaborazione con l'architetto Robert E. Alexander, Neutra mette a frutto l'esperienza fatta con i progetti di scuole per Porto Rico (1944), cioè con il problema di scuole in clima tropicale. Qui « l'insegnamento all'aperto » è un fatto naturale, e non certo un problema; il problema determinante per queste costruzioni è stato invece quello della ventilazione, che qui non è semplicemente ricambio d'aria, ma necessità di corrente d'aria continua per eliminare la forte umidità. Le correnti di vento, le brezze, in Guam, sono in prevalenza di direzione nord-est; così l'edificio è stato orientato sul nord-est: poichè le brezze sono spesso troppo forti, e gli scrosci di pioggia violenti e quasi orizzontali, il tetto è fatto sporgere a forte sbalzo e le aperture sono lievemente ruotate verso nord. Inoltre, su un fronte delle aule le aperture hanno una grande porta a bilico orizzontale, che si solleva a far da pensilina (come in Porto Rico), e sull'altro fronte le aperture sono schermate da una serie di quinte girevoli su asse verticale, che graduano la ventilazione. Le grandi aperture devono anche prevedere il pericolo dei tifoni che, a intervalli di qualche anno, si abbattono su queste isole sconvolgendole. E contro i tifoni improvvisi dice Neutra, si può o attrezzare le aperture degli edifici di attrezzature meccaniche di chiusura (che però si danneggiano col tempo, l'umidità e il non uso) o tenere una scorta di pannelli di chiusura da usare in emergenza, come le barche di salvataggio in una nave.

La scuola sta sorgendo su una penisola collinosa, ed è disposta su tre livelli, su terreno roccioso. Essendo il luogo bellissimo, la scuola servirà anche come centro di ricreazione, svaghi e sport.

Sotto, la scuola vista dalla terraferma: il corpo centrale è il ridotto per la colazione, schermato da brise-soleil; ai due lati, le aule.

Sotto, la pianta della scuola: le aule, avranno ognuna un proprio giardino.

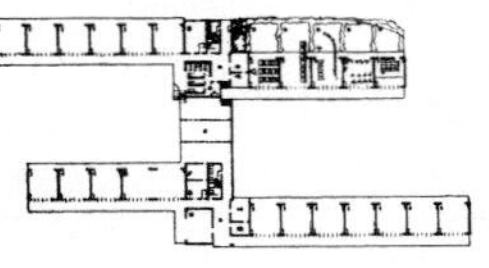

scuola in Guam
Richard J. Neutra e
Robert E. Alexander, arch.tti

Le aule hanno su un fronte una grande parete a bilico sollevata orizzontalmente a formare pensilina: la parete opposta è formata da una serie di quinte girevoli, qui in posizione di apertura, per la ventilazione.

Translation
see p. 555

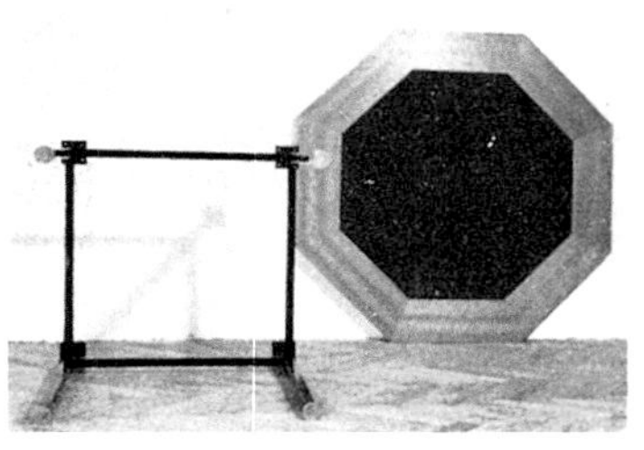

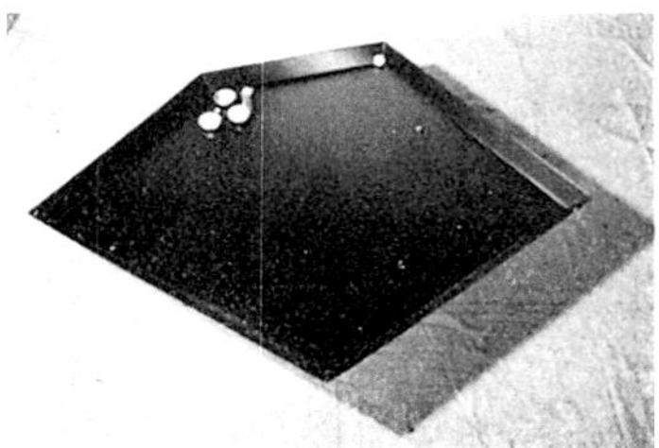

Forme poliedriche

Enrico Taglietti, arch.

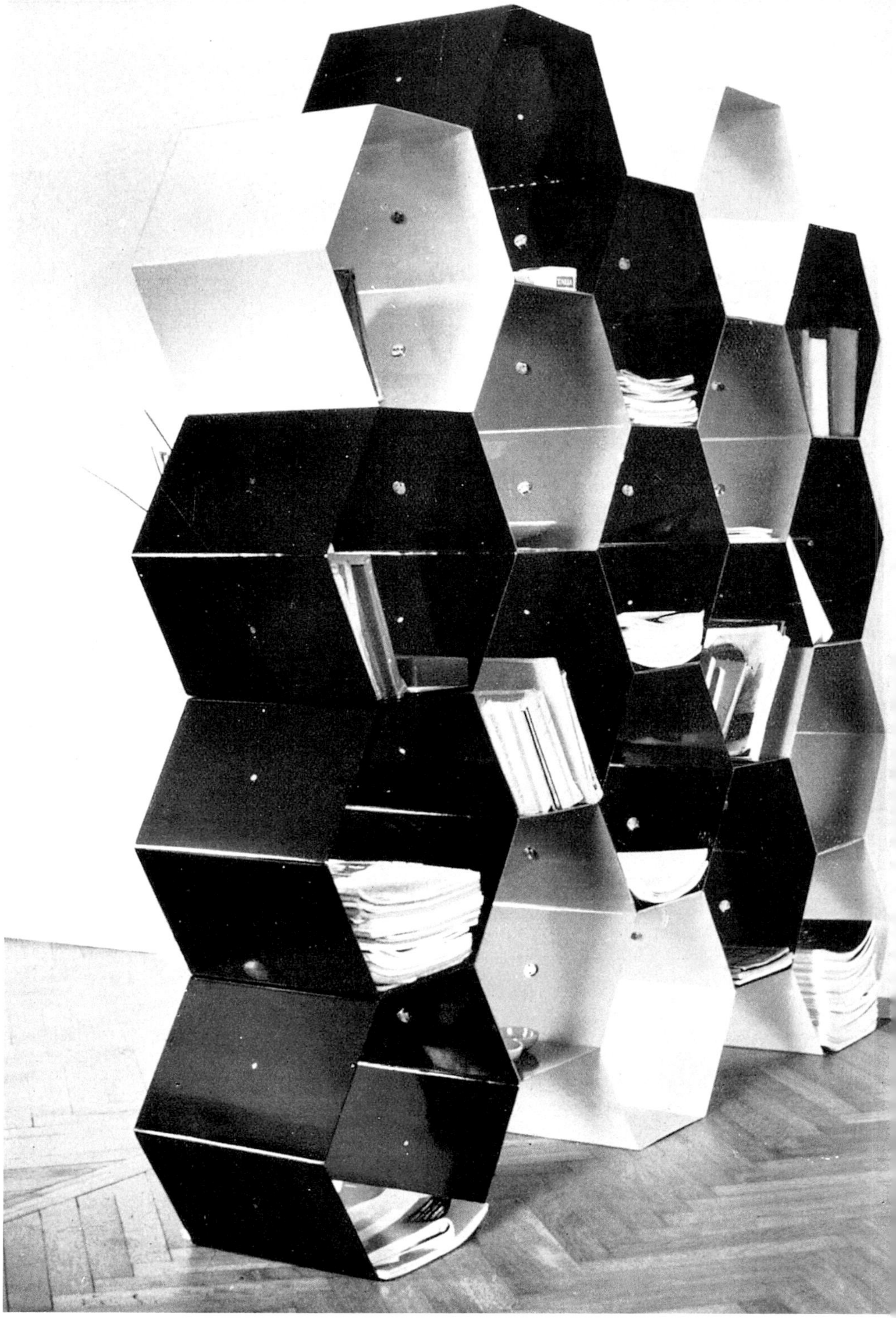

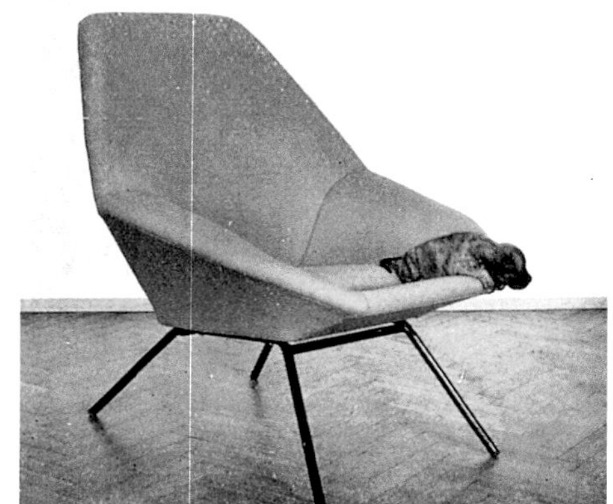

foto Casali-Dom

Poltrona poliedrica con struttura e molleggiatura metallica, imbottitura in gommapiuma; il cavalletto di sostegno è indipendente e la fodera si può sfilare.

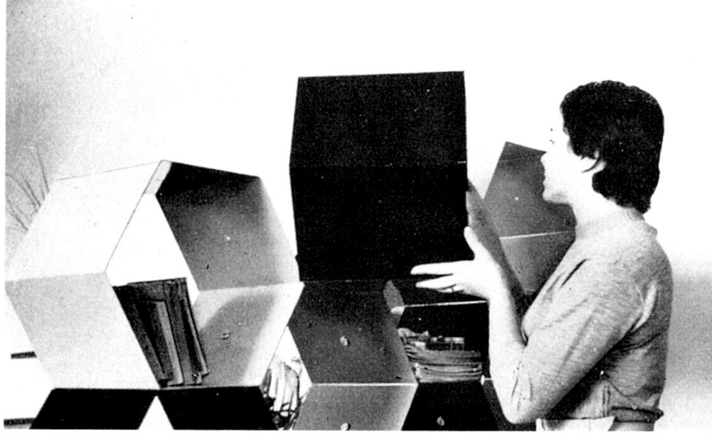

Libreria a forma di alveare, scom ponibile: è composta da venti el menti in metallo stampato, colora a fuoco, avvitati l'uno all'altro; pu aumentare in altezza e in larghezz

Polyhedral Forms

Polyhedral shelving, seating, lighting, table and music system designed by Enrico Taglietti

no ormai una serie i disegni e l'architetto Taglietti ha sviluppato sullo schema poligonale, i tavoli (Domus n. 292 e Domus n. 297) alle poltrone (dalla prima, Domus n. 300) a quest'ultima, modificata e perfezionata) le lampade (Domus n. 300) al mobile radio e alla libreria che pubblichiamo qui. La libreria ad alveare, composta di tanti elementi uguali, aumentabile in altezza e larghezza, variabile nei colori, come un grande brise-soleil, una soluzione nuova.

A destra, lampada poliedrica in lamierino forato: è appesa al soffitto con un filo di nailon, mentre il filo elettrico la congiunge a una presa a muro. La superficie poliedrica forata produce effetti d'ombra sulle pareti.

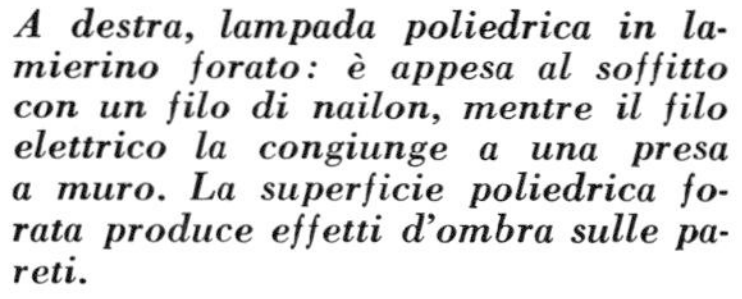

obile per radio e giradischi; la cassarmonica, di forma esagonale, appoggiata su treppiede in ferro verniciato, è in legno a fogli sovrapposti, spinati ed incollati, presentati di testa: contiene la radio, il giradischi e due altoparlanti; gli apparecchi sono isolati in feltro e metallo.

foto Dup

Soggiorno a Parigi

Henri Pottier, arch.

Questo ambiente a due piani, di grande taglio, aperto su uno spazio a ghiaia verde e alberato, non appartiene a una villa, ma al quarto piano di un edificio cittadino ad appartamenti.
Il pavimento è in moquette verde scuro, le pareti, una rosa, le altre gialle, la scala ha gradini in legno e la struttura in ferro. Le poltrone in vimini e legno, smontabili, sono di J. A. Motte (esposte alla X Triennale).

Living Room in Paris

Living room interior and terrace in Paris designed by Henri Pottier with tripod chairs designed by Joseph-André Motte (chairs shown at the X Milan Triennale)

POLTRONA modello P 40 (brevettato in tutti gli stati)

Poltrona da riposo con inclinazione regolabile del sedile e dello schienale con copertura intercambiabile. Struttura in ferro e imbottitura in Gommapiuma Pirelli.

distributori per l'Italia

Alessandria: Domus, via C. Caniggia 1
Bari: Interiors s.r.l., via A. da Bari 125
Bologna: Arredamento d'Arte, via S. Stefano 1
Bolzano: Führer, Via Museo
Cuneo: arch. Molinari, corso Dante 4
Ferrara: Alberto Levi, via Saraceno 20
Genova: Home, Via SS. Giacomo e Filippo 19/R
Napoli: Bernasconi, piazza dei Martiri 63/64
Palermo: Erma, via Dante 16
Parma: Gianni Gabba, via Cavour 21
Piacenza: Mancini Arredamenti, Gall. via Cavour
Roma: Home, via del Babuino 54
Sanremo: Siffredi, corso Inglesi 102
Santa Margherita Ligure: Giuseppe Pinelli, Fondaco d'Arte
Torino: Home, via Amendola 12/a
Venezia: Tres Edmaro, via Accademia 1023.

mobili e forniture per arredamento

Tecno

milano via bigli 22
telefono 705736

Tecno advertisement showing *Model No. P-40* adjustable armchair designed by Osvaldo Borsani

Nuovi mobili in compensato curvato

Angelo Mangiarotti e
Bruno Morassutti, arch.tti

La resistenza e la leggerezza de
l'elemento di sostegno vertica
in compensato curvato han da
lo spunto costruttivo e forma
a questi mobili. Una serie

foto Casali-Domus

New Furniture in Moulded Plywood

Variations of a table and a stool designed by Angelo Mangiarotti and Bruno Morassutti for Fratelli Frigerio

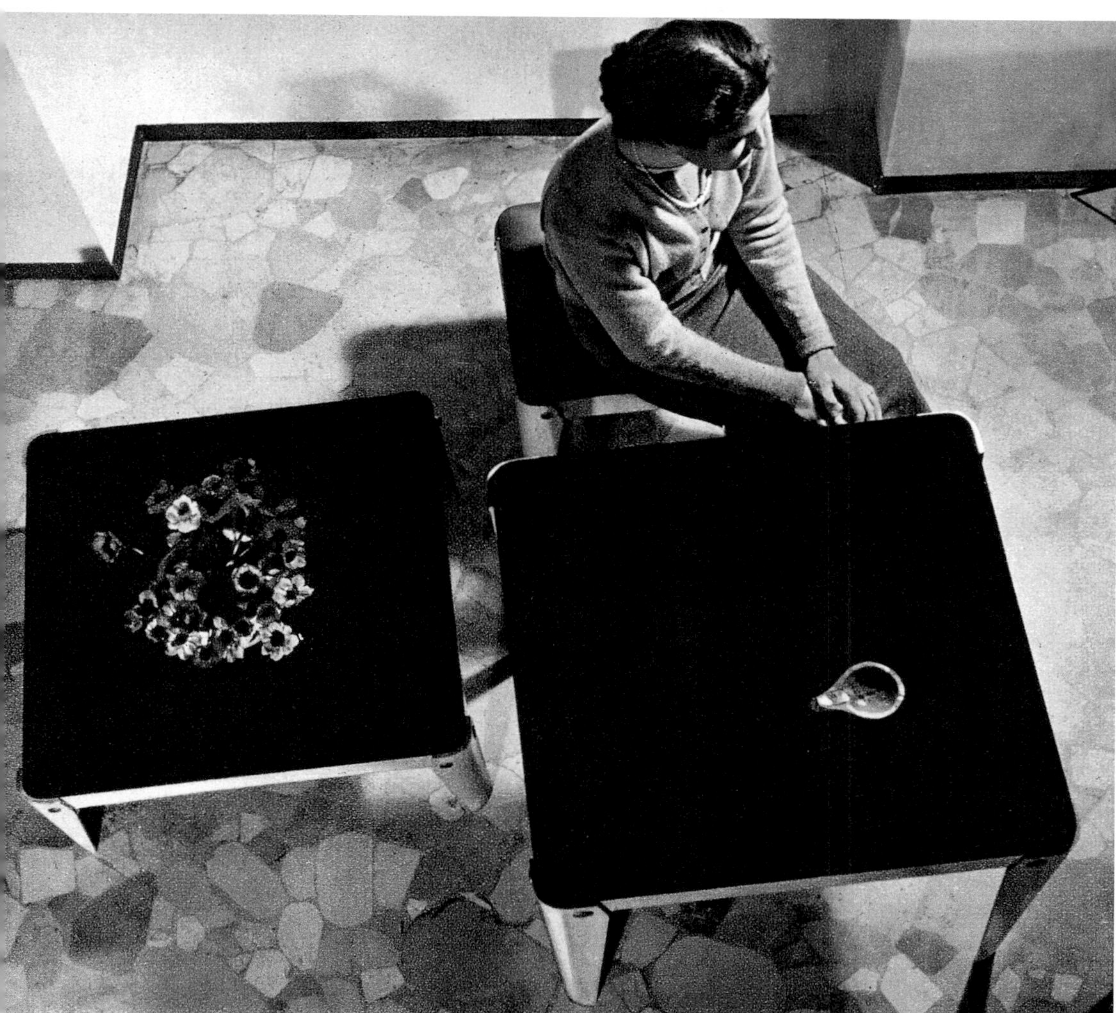

Sgabello tavolino e tavolo, con piano in opalina nera.

obili — tavoli, sgabelli, panche ıi si aggiungono un divanotto e un carrello, qui non anra illustrati, — composti tutti gli stessi elementi, cioè con sogni verticali e fascia di legaento in compensato curvato di tulla finlandese, color naturae bulloni in ottone; i piani appoggio possono essere in gno (rivestito in gomma, o in nno) o cristallo, opalina, lamito plastico, pietra, marmo, cemica.

mobili sono tutti facilmente ontabili, e di grande solidità: peso della parte in legno, che struttura portante, è mini). Sono mobili particolarmente atti a una produzione in granserie.

nuovi mobili in compensato curva

Angelo Mangiarotti e
Bruno Morassutti, arch.tti

Un tavolo per quattro persone, un tavolino e uno sgabello, quest'ultimo con piano rivestito in gomma e tessuto plastico. Esecuzione F.lli Frigerio, Cantù.

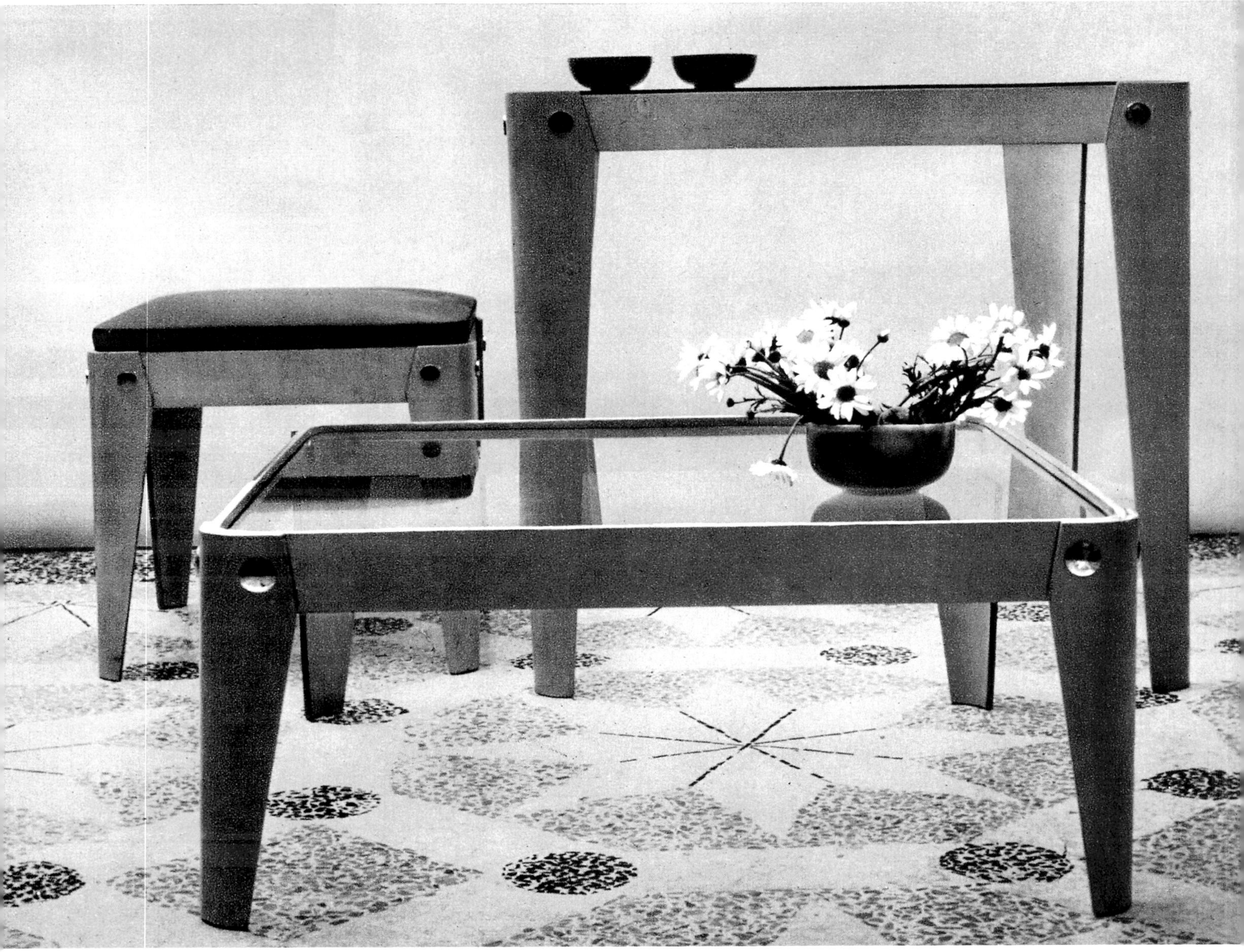

La serie dei mobili in produzio è composta da: sgabello, panca, volino, tavolo per quattro, tavolo sei, divano-letto.

sgabello panca divano-letto

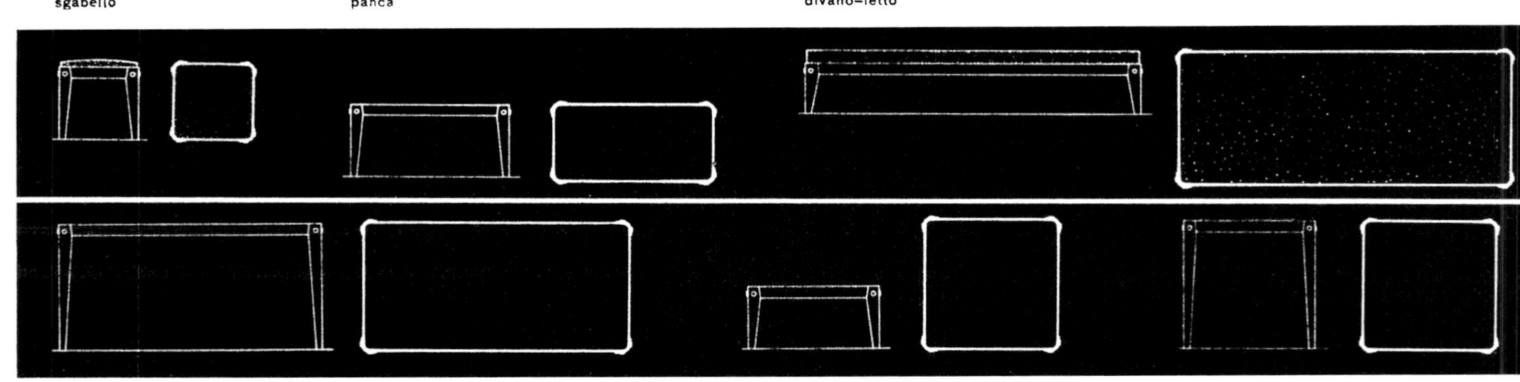

tavolo per sei tavolino tavolo per quattro

domus 308
July 1955

New Furniture in Moulded Plywood

Variations of a table and a stool designed by Angelo Mangiarotti and Bruno Morassutti for Fratelli Frigerio

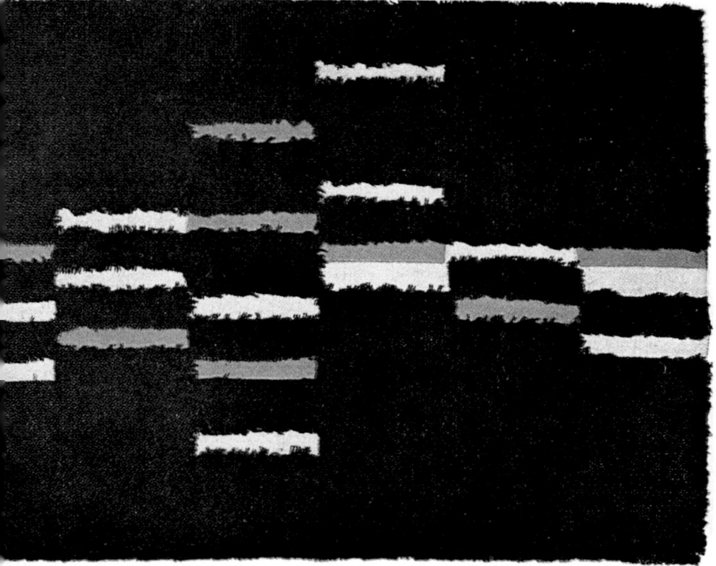

Dalla Svizzera, tappeti e vasi

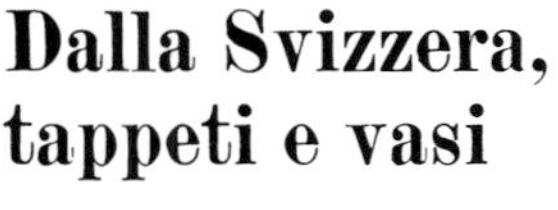

i per la A. Tischhauser e C.

Gottfried Honegger-Lavater

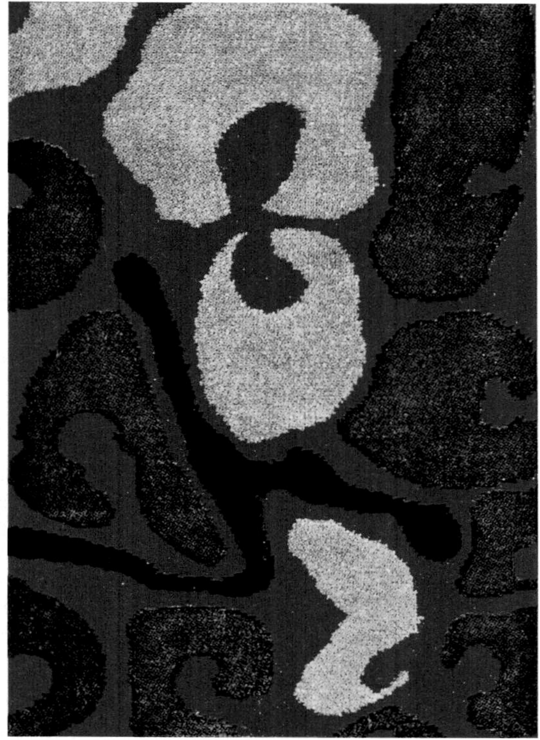

Disegnati da Gottfried Honegger Lavater, questi tappeti sono stati eseguiti per la A. Tischhauser e C., San Gallo. Il tappeto qui sotto è tessuto a macchina con lana di colore unico; il tappeto non è più un disegno in campo chiuso, ma è come un frammento di arabesco visto con la lente.
I vasi sono anch'essi di Honegger Lavater, esperimenti in vetro soffiato.

si in vetro soffiato

foto Hugo P. Herdeg

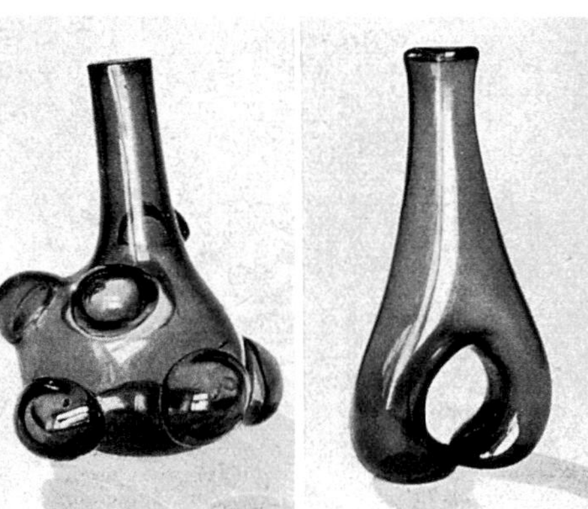

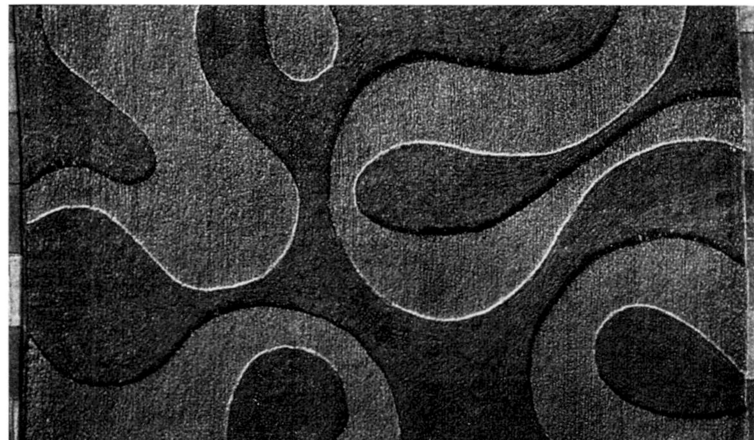

foto Kunstgewerbemuseum

From Switzerland, Carpets and Vases

Designs by Gottfried Honegger-Lavater: rugs for A. Tischauser & C. Bühler and blown glass vases

Un grattacielo italiano in cemento precompresso

Angelo Mangiarotti
Bruno Morassutti, arch.tti

Calcolo della struttura:
Aldo Favini, ing.

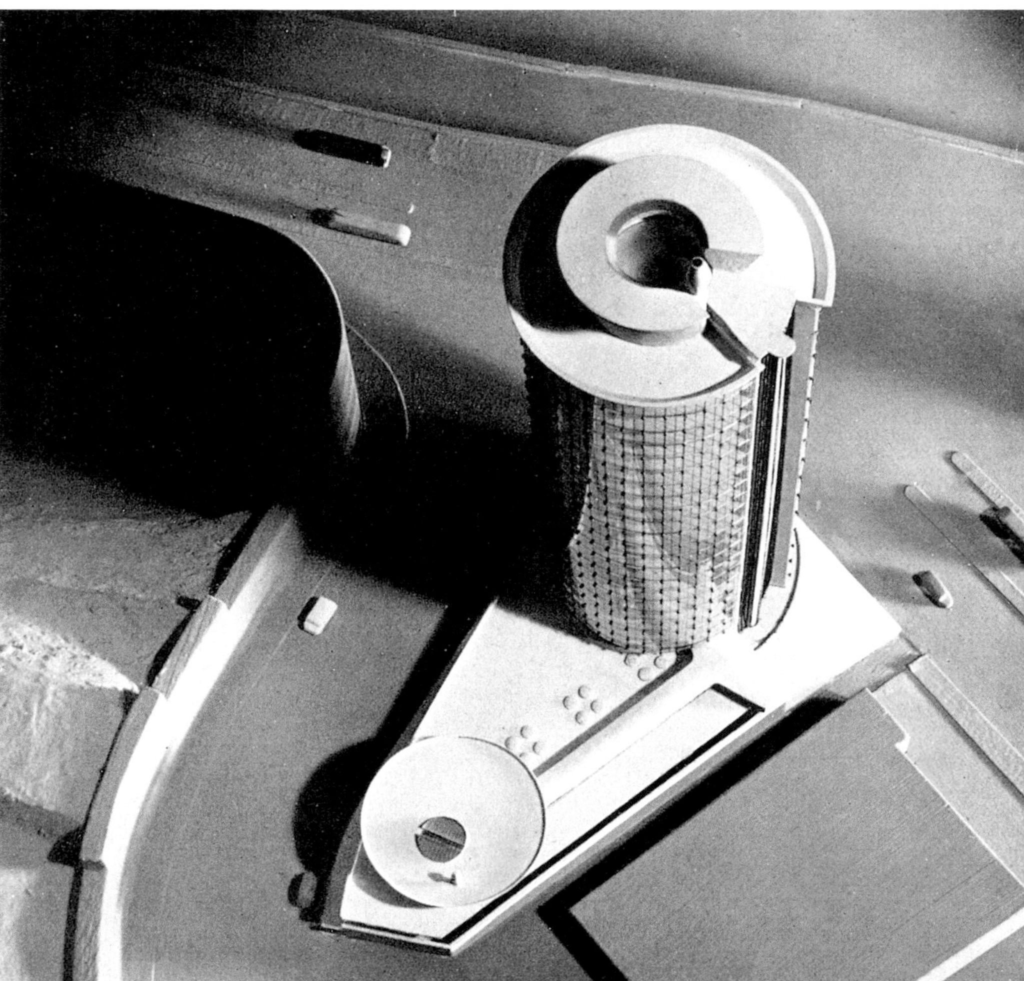

Sorgerà sulla costa italiana il primo grattacielo in cemento armato precompresso con solai completamente a sbalzo (da m. 5 a m. 6); destinato a uffici, pianta a spirale con nucleo centrale degli ascensori e piani con altezze di m. 3,50 e di m. 5,25. Il grattacielo permette numerose possibilità di variazione nel taglio degli uffici.
La superficie esterna completamente in cristallo, scopre in trasparenza la struttura interna e consente alla mole dell'edificio una eccezionale leggerezza.

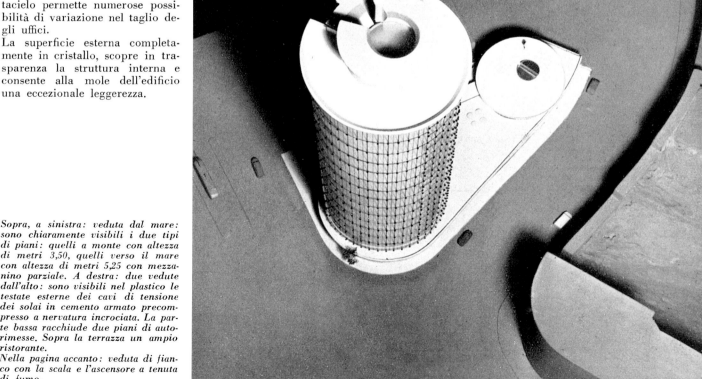

Sopra, a sinistra: veduta dal mare: sono chiaramente visibili i due tipi di piani: quelli a monte con altezza di metri 3,50, quelli verso il mare con altezza di metri 5,25 con mezzanino parziale. A destra: due vedute dall'alto: sono visibili nel plastico le testate esterne dei cavi di tensione dei solai in cemento armato precompresso a nervatura incrociata. La parte bassa racchiude due piani di autorimesse. Sopra la terrazza un ampio ristorante.
Nella pagina accanto: veduta di fianco con la scala e l'ascensore a tenuta di fumo.

An Italian Skyscraper in Prestressed Concrete

Model of a building on the Italian coast by Angelo Mangiarotti and Bruno Morassutti

Translation
see p. 556

Un terrazzo

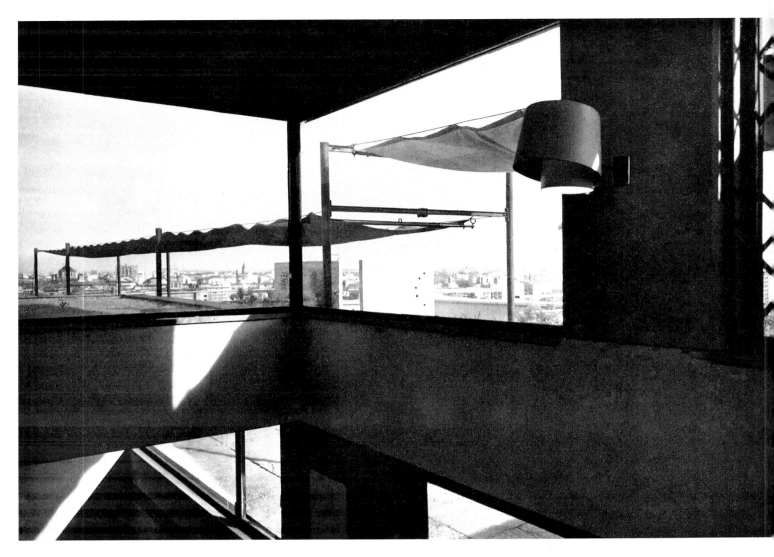

Vittorio Borachia e Carlo Santi, arch.tti

Un terrazzo, sul tetto di una casa cittadina, di grandi dimensioni, e « costruito » con elementi fissi — pensilina in metallo, diaframmi in muro, assiti, vasca — che creano un paesaggio architettonico nelle lunghe stagioni in cui mancano il verde e i fiori.
Il pavimento in beole è distaccato dal solaio portante, e ciò consente, oltrechè di creare una camera d'aria a protezione dei locali sottostanti, di ricavare a livello vasche d'acqua e vasche di terra.

Una lunga tenda su pensilina attraversa il terrazzo, fa ombra sul terrazzo, e ripara dal sole le vetrate basse del piccolo locale, uno studio, che emerge a un'estremità del terrazzo.

A Terrace

Terrace designed by Vittorio Borachia and Carlo Santi on top of a large town house: various views, details, floor plan and access staircase

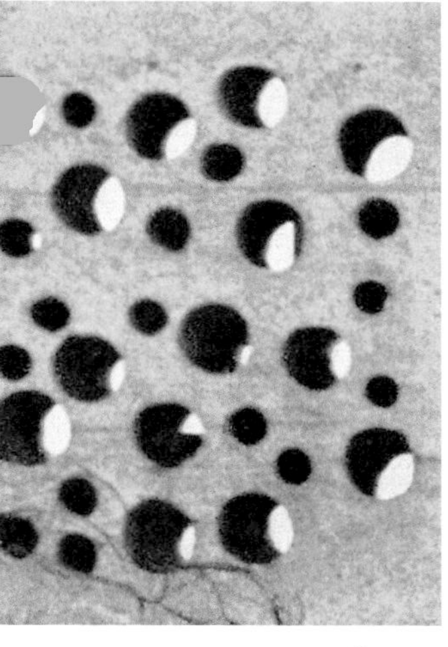

Due diaframmi in calcestruzzo rosa proteggono dalla vista e dal vento il piccolo solarium con doccia, e con pavimento in tavoloni di teak; in teak è pure la panca fissa, sopra la aiuola. A sinistra, particolare del diaframma in calcestruzzo.

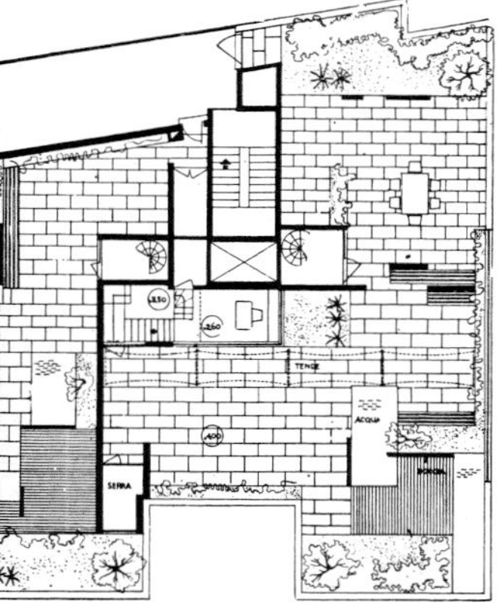

A un lato del terrazzo emerge un piccolo locale, fiancheggiato dalla scaletta che dall'appartamento sottostante sale al terrazzo: è un locale singolare, con le finestre a filo del pavimento esterno, e del tappeto erboso di una aiuola; isolato e luminoso, il proprietario l'usa come studiolo e per ospitare gli amici che amino le partite a carte. Perciò è arredato con un tavolo centrale ad ali ripiegabili, e con una serie di sgabelli a cannocchiale, che si possono far rientrare l'uno sotto l'altro: ripiani in frassino, struttura metallica in ferro verniciato nero.

Translation
see p. 556

foto Casali - Domus

domus 309
August 1955

A Terrace

Room connecting with terrace designed by Vittorio Borachia and Carlo Santi on top of a large town house

Translation see p. 556

Una scala

Vittorio Borachia
e Carlo Santi, arch.tti

Scaletta a chiocciola per salire da un disimpegno al terrazzo sul tetto: è composta da un tubo centrale in ferro verniciato nero che porta saldate mensole in foglio di lamiera cui sono avvitati i gradini in noce: al taglio circolare nel soffitto corrisponde il disco nero disegnato nel seminato del pavimento.

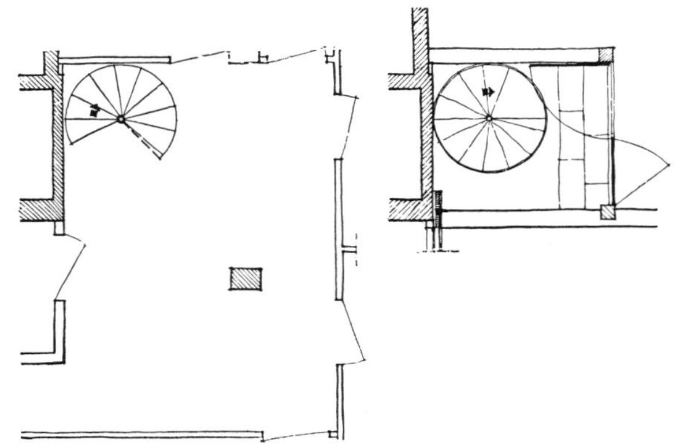

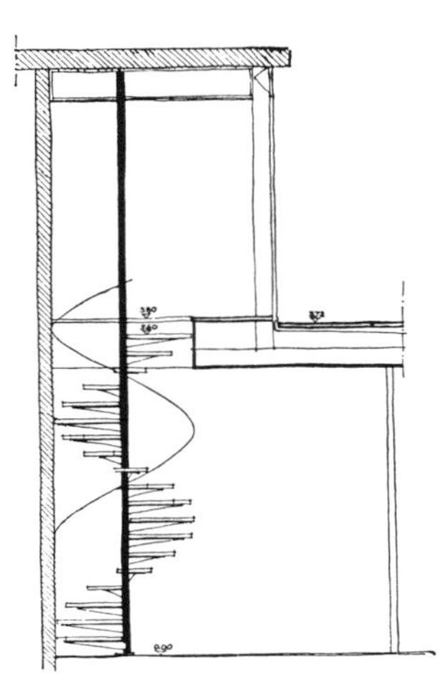

ante e sezione

A Staircase

Steel staircase designed by Vittorio Borachia and Carlo Santi: two views and plans

Prime notizie della H55

l'esposizione di Hälsingborg, Svez

H 55 è il titolo dell'Esposizio che si tiene a Hälsingborg questi mesi, come abbiamo nunciato: mostra internazion di arte decorativa, industrial sign e arredamento, organizz sotto il patronato del Re di S zia dalla città di Hälsingborg c la collaborazione della Svens Slojdföreningen.

Svezia *Giardino svedese di Carl-Axel Ack e Per Ake Friberg, architetti. La st cionata e la pergola sono in leg naturale; la pavimentazione è in c toli insabbiati a secco, con viottoli tronchi di legno sezionati, pure ins biati a secco; la vegetazione è r colta in vasche circolari in cemen interrate, di diversa altezza.*

First News from 'H55'

"H55" exhibition in Helsingborg, Sweden: Swedish garden designed by Carl-Axel Acking and Per Ake Friberg, display stands showing work from Sweden, including shelving designed by Henrik Park for Nordiska Kompaniet and wall unit designed at the School of Applied Arts in Stockholm

Svezia *Sopra: padiglione dell'industrial design: librerie disegnate da Henrik Park per la Nordiska Kompaniet. Sotto: Svezia, soggiorno realizzato dalla Konstfackskolan di Stoccolma: mobile per radio e televisione in formica e legno di oregon; si noti la robustezza delle mensole scorrevoli della libreria, che sorreggono pure il mobile a sbalzo.*

Translation
see p. 556

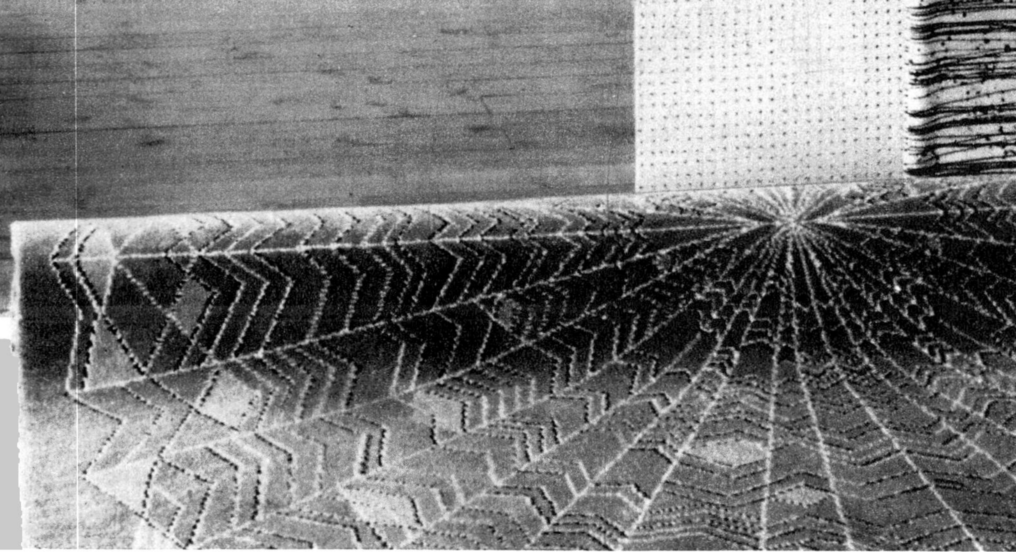

Svezia

Alla mostra partecipano in m
sima parte i paesi scandina
Svezia in particolare. I paesi e

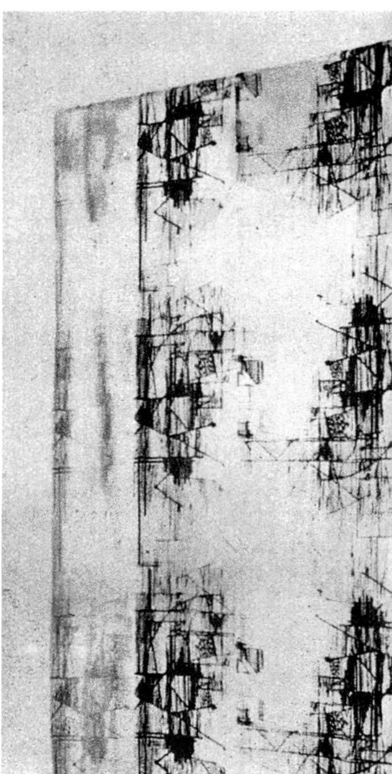

ropei hanno partecipato in min
parte (Francia, Svizzera, Germ
nia, Inghilterra). È dispiaciu
l'assenza dell'Italia, e ha viv
mente interessato la partecip
zione del Giappone.

La mostra esprime il buon liv
lo e la continuità di gusto d
paesi scandinavi. Pubblichian
qui, dalle sezioni migliori — sv
dese, finlandese, danese e norv
gese — i disegni e gli aspetti p
nuovi, per i lettori di « Domus
dopo l'incontro avvenuto con
X Triennale. E la sezione giapp
nese.

*Padiglione dell'industrial design, se
tore allestito da Bengt Gate, stof
stampata di Nisse Skoog, tappeto
Astrid Sampe.*
*A destra stoffa di Nisse Skoog pr
dotta dalla Stobo.*

First News from 'H55'

"H55" exhibition in Helsingborg, Sweden: Swedish pavilion of industrial design with display designed by Bengt Gate with textile designed by Nisse Skoog for Stobo and carpet designed by Astrid Stampe; display stands showing work from Finland and Sweden, including ceramic panel by Birger Kaipiainen and chair by Ungue Ekström

rezia

ıdiglione dell'industrial design: in
·imo piano, particolari di grandi fi-
ıre in ceramica (1 metro circa)
·l finlandese Birger Kaipiainen.
destra, Svezia, padiglione dell'in-
ıstrial design: poltroncina disegna-
dagli architetti Hansen e Andrea-
n di Copenhagen, ed edita da
String design » di Stoccolma; in
·imo piano una vecchia poltrona
Ungue Ekström.

foto Mangani-Domus

Translation
see p. 556

Finlandia

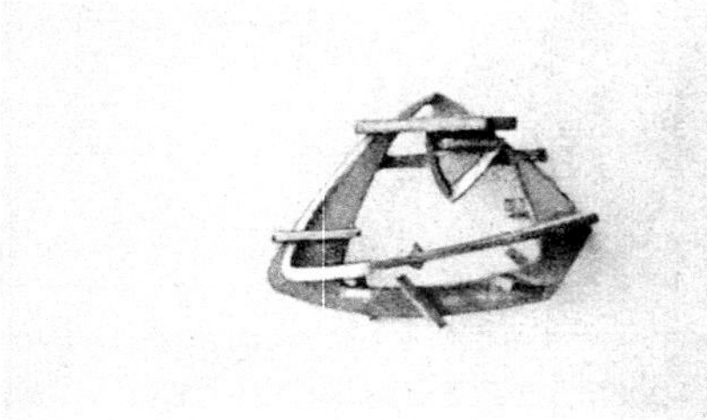

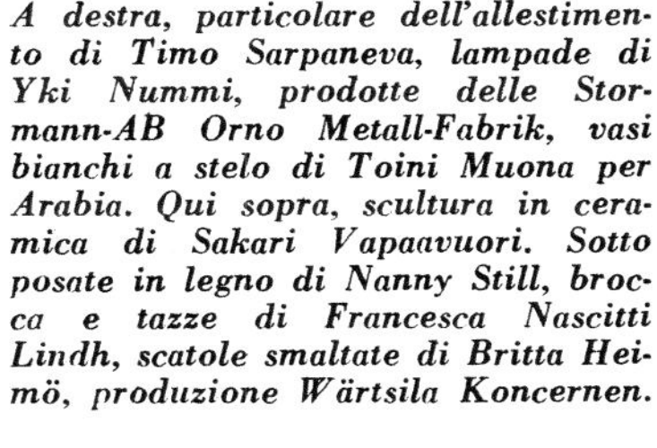

A destra, particolare dell'allestimento di Timo Sarpaneva, lampade di Yki Nummi, prodotte delle Stormann-AB Orno Metall-Fabrik, vasi bianchi a stelo di Toini Muona per Arabia. Qui sopra, scultura in ceramica di Sakari Vapaavuori. Sotto posate in legno di Nanny Still, brocca e tazze di Francesca Nascitti Lindh, scatole smaltate di Britta Heimö, produzione Wärtsila Koncernen.

domus 310
September 1955

First News from 'H55'

"H55" exhibition in Helsingborg, Sweden: display stands showing work from Finland including designs by Timo Sarpaneva, lighting designed by Yki Nummi for Stockmann-Orno, ceramics designed by Toini Muona for Arabia, wooden salad servers designed by Nanny Still and furniture designed by Alvar Aalto for Artek

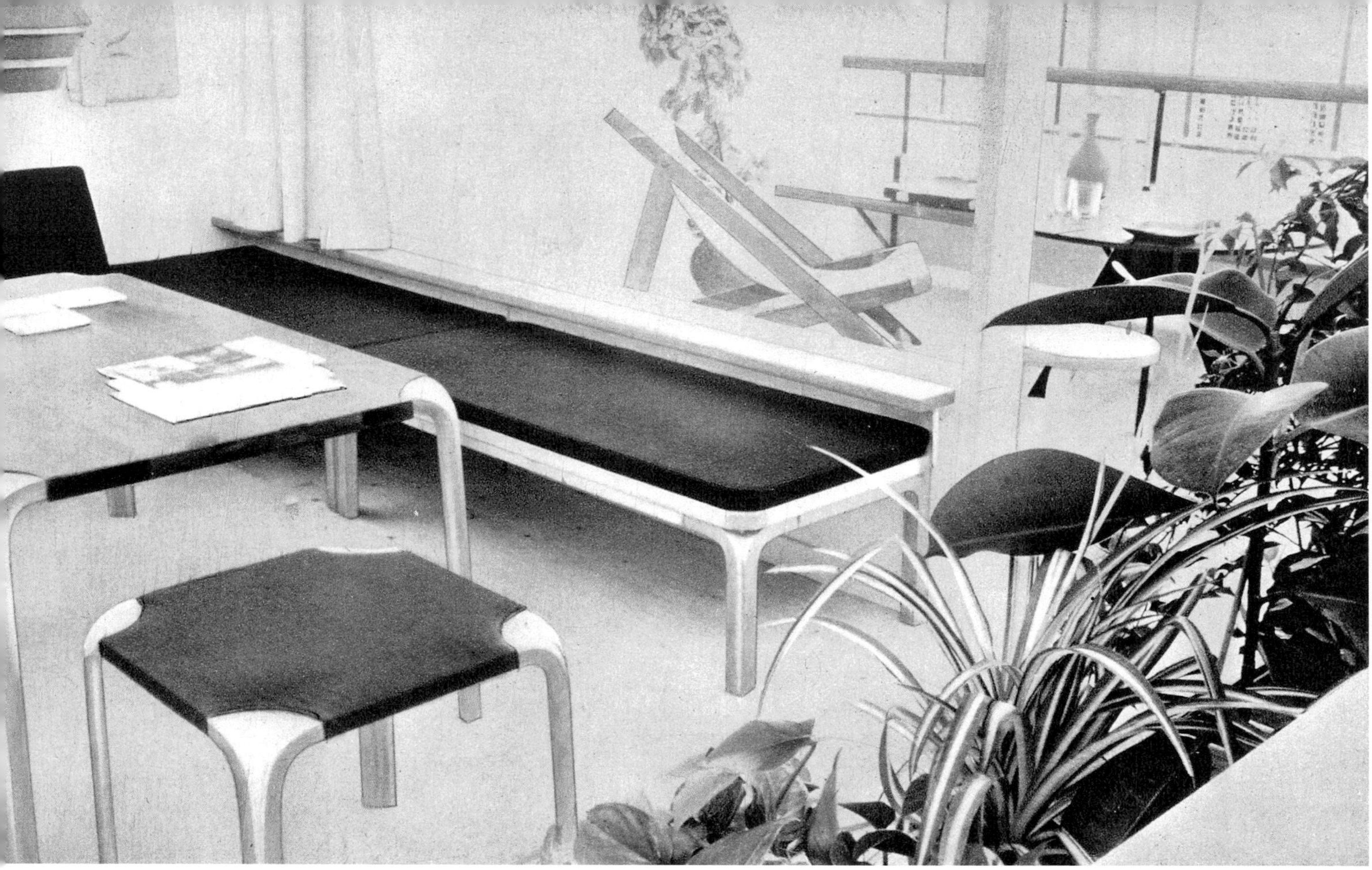

Finlandia *Padiglione personale di Alvar Aalto che riproduce parzialmente la pianta di una delle case tipo che Aalto costruisce a Berlino; allestito dalla Artek, con mobili disegnati da Aalto. Sopra, il soggiorno, sotto, la stanza dei bambini con i tavolini di altezze diverse.*

foto Mangani-Domus

Translation see p. 556

Danimarca

Nello stand dell'industrial design allestito da Arne Jacobsen, divano a tre posti di Hans Olsen, intercambiabile bi-colore (rosso e nero): la poltrona può essere sganciata e posata a terra; il sedile centrale nel divano può essere capovolto e diventa piano di appoggio in legno.

Poltroncina imbottita di Hans J. Wegner.

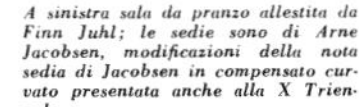

Danimarca

A sinistra sala da pranzo allestita da Finn Juhl; le sedie sono di Arne Jacobsen, modificazioni della nota sedia di Jacobsen in compensato curvato presentata anche alla X Triennale.

foto Mangani-Domus

La versione con braccioli della nuova sedia di Arne Jacobsen.

H55

H55

L'ambiente moderno: pavimento ricoperto da stuoie di canna, a terra grande scultura in ferro saldato, alle parete stoffa stampata in bianco e nero.

Giappone

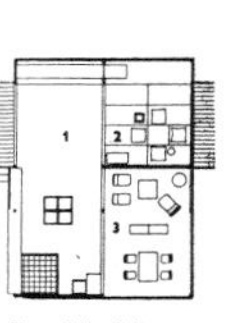

Pianta del padiglione, costruito in legno canna e carta

foto Mangani-Domus

Giappone Padiglione di Yoji Kasajima: due vedute dell'ambiente tradizionale: la teiera tradizionale, la scatola per gli arnesi per la cura della barba, la tavola bassa per mangiare seduti su cuscini a terra, la lampada, a terra, prototipo delle nuove lampade americane.

First News from 'H55'

"H55" exhibition in Helsingborg, Sweden: display stands showing work from Denmark, including furniture designed by Arne Jacobsen, Hans Olsen and Hans J. Wegner; Japanese pavilion designed by Yoji Kasajima

Translation see p. 556

foto Casali-Domus

Disegno italiano per l'America

Ettore Sottsass, jr.

La *Raymor* di New York produce mobili e oggetti per arredamento; suoi collaboratori attuali sono disegnatori e architetti come George Nelson, Hans Wegner, Scott Wilson, Paul Mc Cobb, ecc., firme che fanno della *Raymor* un caso particolare fra le produzioni americane per l'arredamento. Del resto « Industrial Design », la rivista che Whitney, l'editore di Interiors, ha iniziato l'anno scorso, pubblica la storia della *Raymor* come di un esempio tipico di organizzazione commerciale che fin dalla sua fondazione abbia puntato esclusivamente sul disegno, diciamo così, « moderno », cioè sull'opera di artisti contemporanei attenti ai problemi estetici e tecnici della produzione di serie. La costanza e l'entusiasmo necessari a un'impresa del genere si devono al fondatore, Irving Richard, che la iniziò 27 anni or sono, quando, dice la rivista, « praticamente nessun negozio voleva comperare oggetti di disegno moderno. Oggi il volume di affari della *Raymor* si aggira sui sei milioni di dollari l'anno, cifra considerevole per una organizzazione che vende piccoli oggetti d'arredamento ».

Vasi disegnati da Ettore Sottsass per la Raymor di New York, prodotti dalla Rinnovel di Milano, in lastra di alluminio tornita e tranciata.

Sotto, coppa in lastra di alluminio anodizzato, rivestita di paglia alle impugnature.

I vasi, in lastra di alluminio anodizzato, sono composti di due pezzi, per poter combinare due colori diversi.

Ora Richard ha aggiunto ai suoi collaboratori un architetto italiano, Ettore Sottsass, invitato a lavorare in unione con una fabbrica italiana di oggetti in alluminio, la Rinnovel che già era tecnicamente in grado di fornire una produzione di classe, e che, con l'occasione di questo incontro, ha programmato un rinnovamento completo dei suoi disegni.

L'episodio è interessante sia per il fatto della collaborazione internazionale, sia perchè riprova la vitalità della collaborazione fra industria e artisti. Qui pubblichiamo i primi oggetti prodotti per la *Raymor* su disegno di Sottsass: vasi, piatti e piccoli mobili, realizzati in lastra di alluminio tornita e tranciata, con la grande varietà di colori che l'anodizzazione consente; (il colore è ancora insolito negli oggetti di metallo: qui i pezzi sono spesso composti di parti indipendenti per poter combinare più colori diversi; forme inconsuete sfruttano le possibilità della lavorazione in lastra).

disegno italiano per l'America; oggetti in alluminio di Ettore Sottsass per la Raymor di New York

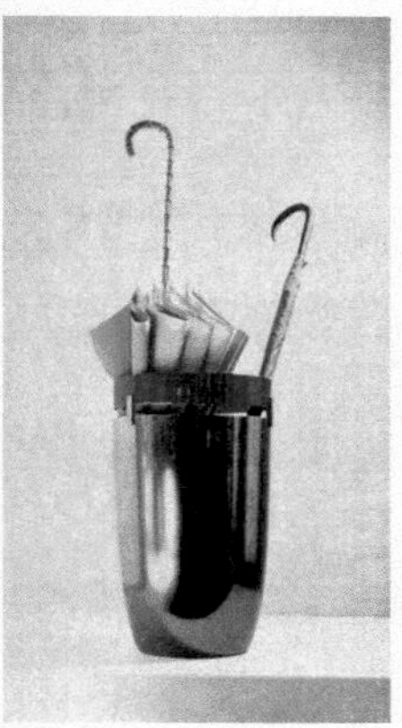

foto Casali-Domus

Vasi, piccoli oggetti e piccoli mobili in lastra di alluminio tornita e tranciata. Nella pagina accanto due tipi di porta ombrelli e un servizio da fumo, in questa pagina, bicchieri per bibite, un tavolino e un carrello porta riviste. Si noti il sostegno del piccolo tavolo, e gli oggetti del servizio da fumo, composti di parti distaccate, di diverso colore.

Italian Design for America

Aluminium vases and bowls, umbrella stands, covered serving dish, smoking accessories, magazine table and side table designed by Ettore Sottsass Jr. and manufactured by Rinnovel for Raymor, New York

Translation see p. 556

domus

architettura arredamento arte 310 settembre 1955

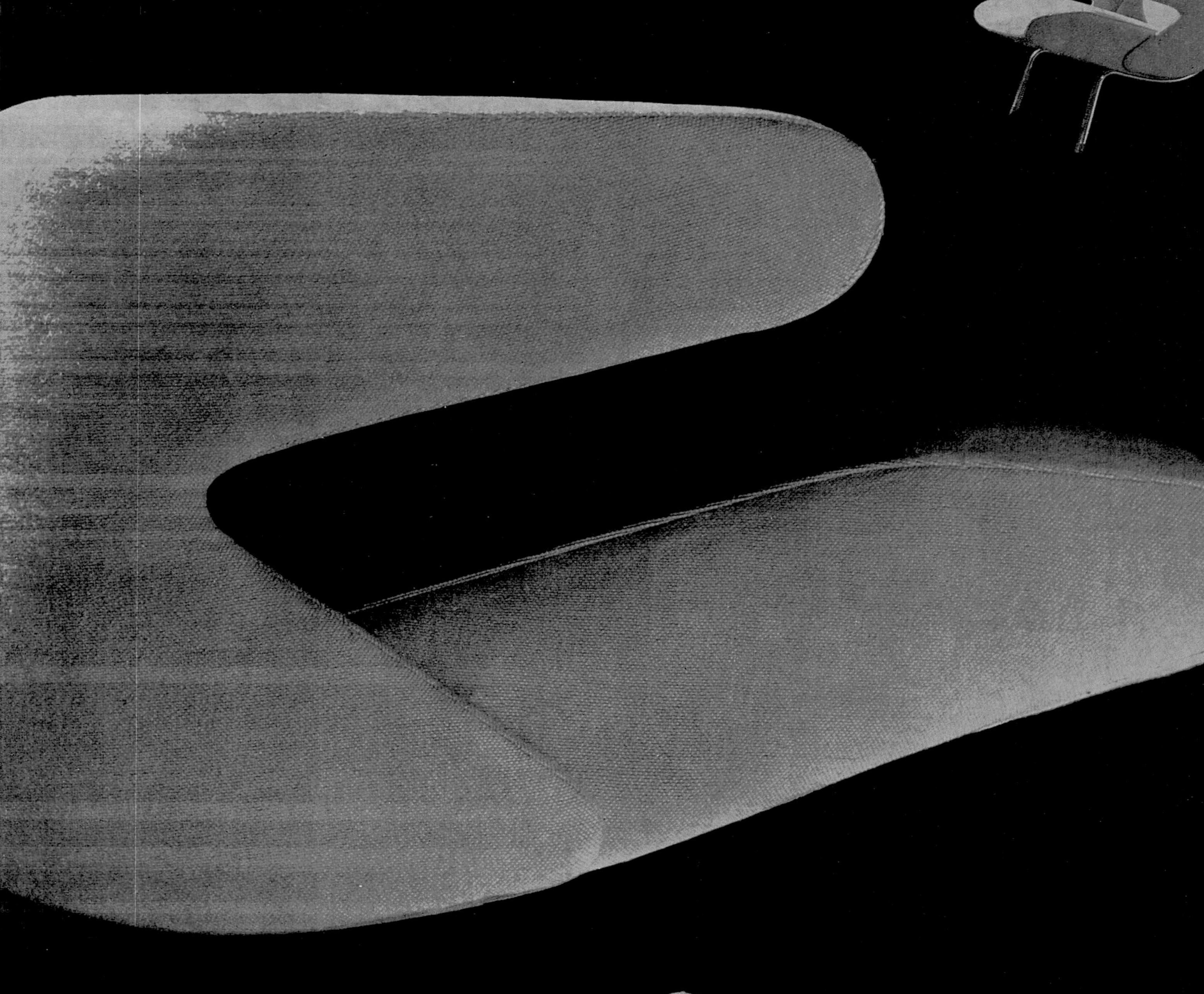

domus 310
September 1955

Cover

domus magazine cover showing *Delfino* armchair designed by Erberto Carboni for Arflex

La nuova poltrona di Erberto Carboni

produzione Arflex

bracciolo in fusione di lega leg-
ra.

Il rivestimento è ottenuto senza l'uso di chiodi, con un sistema a cuffia asportabile.

Le strutture tubolari del sedile e dello schienale sono legate insieme da due braccioli in fusione di lega leggera con tre punti di attacco.

rberto Carboni ha disegnato
er la Arflex questa nuova pol-
ona: « il delfino »: una struttu-
tubolare in due pezzi, sedile e
hienale collegati da due brac-
oli in fusione di lega leggera,
ggiante su un supporto in otto-
, imbottitura in gommapiuma
nastro cord.
mobili della Arflex, si può dire
biano dato una impronta al-
rredamento italiano di questi
timi anni, definendo una tipica,
imitata, linea italiana: un po'
me per le automobili. Effettiva-
ente la Arflex realizza in picco-
proporzioni ma in modo esat-
le tre condizioni fondamentali
r una buona produzione in se-
: disegno firmato (Albini, Bel-
ojoso, Calzabini, Carboni, De
rli, Pagani, Peressutti, Pulit-
r, Rogers, Zanuso), procedimen-
moderno (imbottitura in « gom-
a piuma », supporti in nastro
astico, possibilità di smontag-
o, pezzi intercambiabili), previ-
one per la esportazione (facili-
di impignamento e imballo).

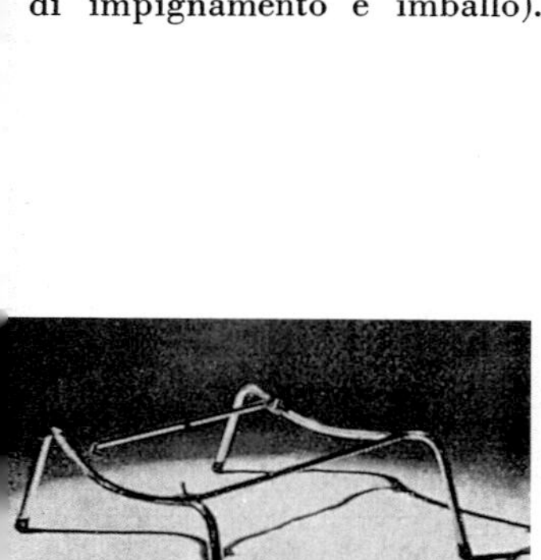

supporto in ferro ottonato o bru-
o.

The New Armchair by Erberto Carboni

Delfino armchair designed by Erberto Carboni for Arflex

Translation
see p. 556

foto Casali-Domus

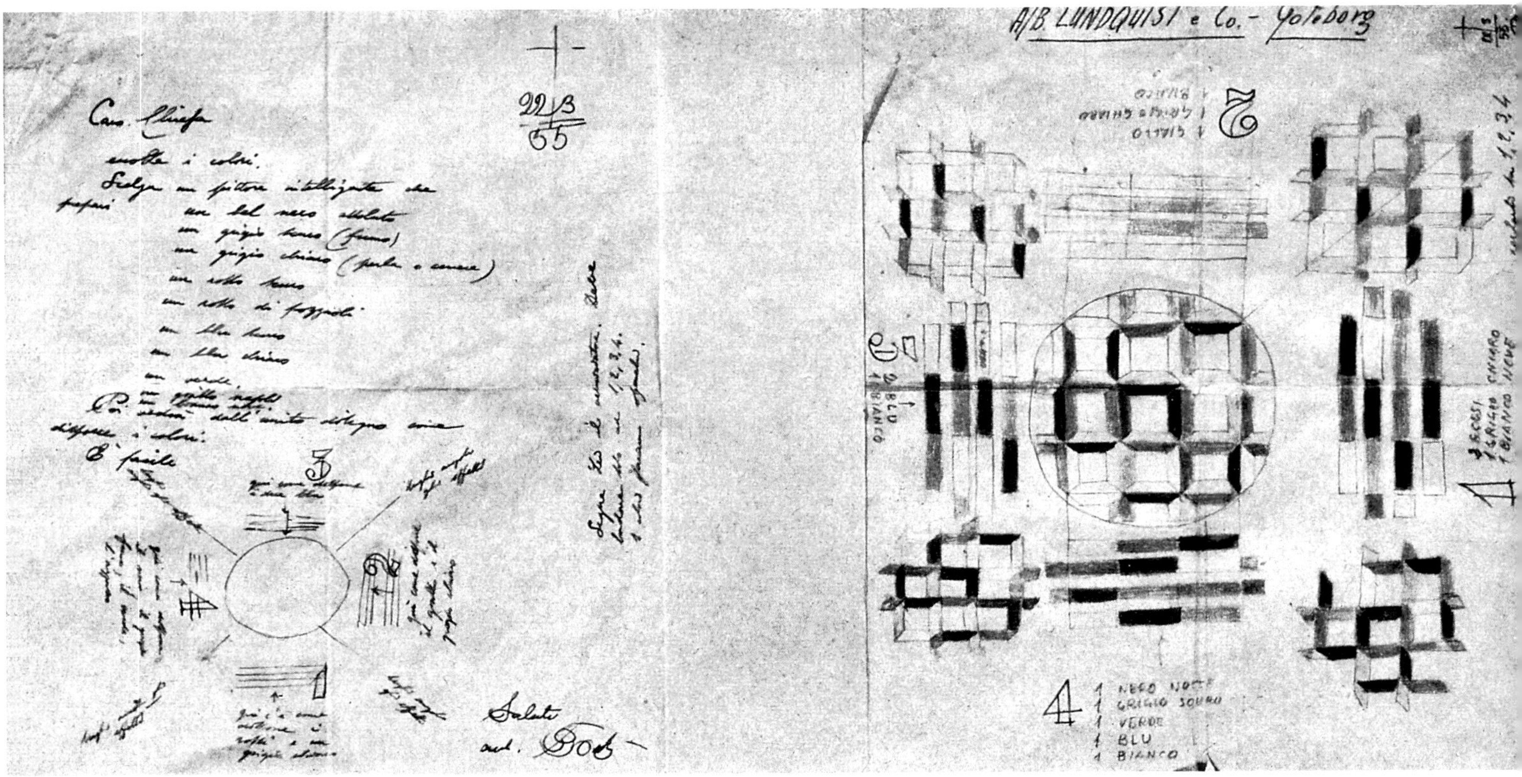

Già nel n. 295 di Domus abbiamo pubblicato un tavolino simile a questo: qui è stato perfezionato e reso più evidente il cambiamento di colore.
La parte colorata, che nella prima versione era in smalto su rame, qui è in legno laccato. I colori delle diverse facce sono disposti in modo che secondo il verso dal quale si guarda l'intonazione è diversa, prevalente sui rossi, sui blu, sui grigi, sui gialli.

Cambio di colore

Gio Ponti

Il tavolino ha otto aspetti, cioè quattro vedute frontali, diremo, e quattro d'angolo, in cui i colori si combinano in modo sempre diverso. Eseguito da Chiesa, Milano, in legno con gambe in ottone.

Alcuni aspetti del tavolino, che è pr sentato alla mostra di Göteborg, S zia, cui sono destinati i mobili di G Ponti illustrati nelle pagine che guono.

Forme per la pubblicità

Roberto Menghi, arch., Egone Cegnar, ing.: piscina aerea alla XXXIII Fiera di Milano, con pareti in cristallo Vis-Securit

Una piscina aerea, ossia una gabbia in cemento armato con pareti e fondo in lastre di cristallo Vis-Securit, sospesa su pilastri sopra uno specchio d'acqua: si che la massa di acqua contenuta è del tutto sollevata da terra, e la resistenza dei cristalli al suo peso ha una grande evidenza.
Nell'interno della piscina, uno spettacolo di tuffo e nuoto di sommozzatori dimostrava la trasparenza perfetta delle pareti di cristallo, non deformate a lente dalla pressione.

volume d'acqua di 108 mc., racchiuso fra pareti in pannelli Vis-Se-rit entro una maglia di cemento nato: pannelli di mm. 21-23, co-tuiti da due cristalli temperati Se-rit incollati fra loro con interpo- un foglio di plastica trasparente; uttura in cemento armato realiz-a in 35 giorni.

Swimming pool structure with glass viewing sides at the Milan Fair designed by Roberto Menghi for VIS-Securit
Translation see p. 556

Carlo Mollino, Franco Campo e Carlo Graffi, arch.tti: pullman pubblicitario Agip-Gas "nube d'argento"

Un'ultima versione del pullman pubblicitario, dallo spunto del primo bellissimo pullman Agip-Gas 1948 (Domus n. 263) progettato da Campo e Graffi con l'insegnamento di Mollino, e quindi ampiamente imitato da altri.
Il disegno qui ha raggiunto una grande semplicità e unità (si veda il fronte) senza eccessi suggestivi. La carrozzeria è un involucro il più possibile trasparente; appare in evidenza l'allestimento interno del pullman, costituito da tre arredamenti dimostrativi (cucina, bagno, soggiorno-giardino con attrezzature di Agip-Gas).

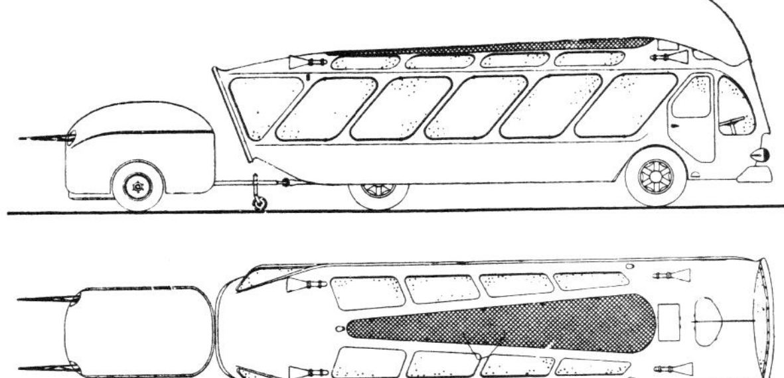

La carrozzeria è montata su un totelaio Macchi tipo B-TU, in cui speciale ubicazione del motore p mette una grande libertà di carr zeria, e un pavimento tutto piano livello estremamente ribassato piano stradale.

foto Moncalvo

Movable exhibition space concept coach designed by Carlo Mollino, Franco Campo and Carlo Graffi for Agip

Arrivato il pullman in località adatta allo spettacolo pubblicitario, il fronte posteriore si abbatte (fa da scaletta per la visita all'interno) e vi vengono puntati due tralicci leggeri in lega d'alluminio, sospesi a tiranti, che reggono una grande tenda ad ala; da sotto la tenda si snoda sul terreno la sequenza di pannelli-paraventi pubblicitari.

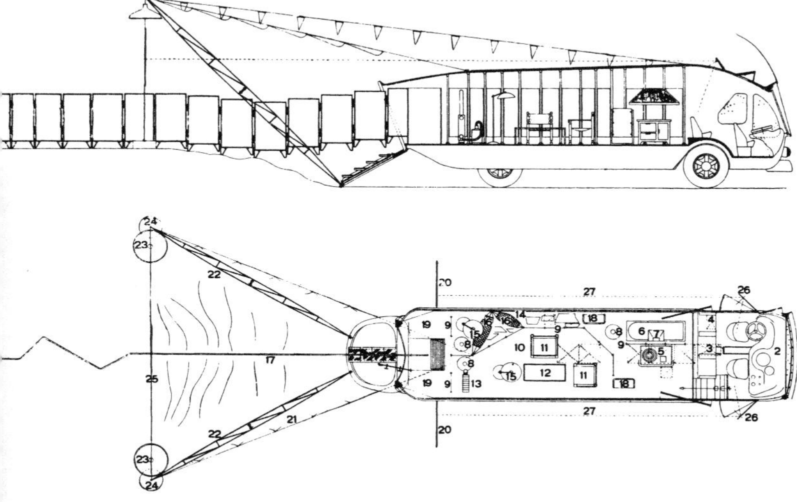

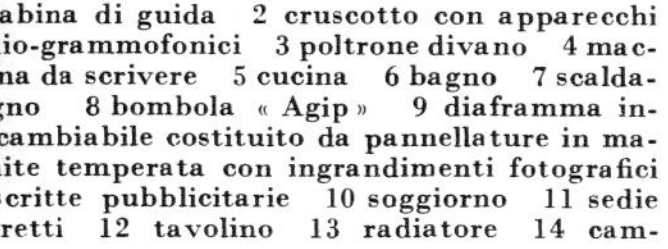

·abina di guida 2 cruscotto con apparecchi ·lio-grammofonici 3 poltrone divano 4 macna da scrivere 5 cucina 6 bagno 7 scaldagno 8 bombola « Agip » 9 diaframma incambiabile costituito da pannellature in maiite temperata con ingrandimenti fotografici ·critte pubblicitarie 10 soggiorno 11 sedie ·retti 12 tavolino 13 radiatore 14 campeggio 15 lampade 16 amache 17 pannellature con fotomontaggi pubblicitari 18 pannelli pubblicitari 19 applicazioni industriali «Agipgas» 20 schermo per proiezioni 21 tenda 22 fuso in struttura reticolare tubolare di cromoalluminio 23 riflettore 24 blocco in cemento 25 tirante in fune metallica 26 specchio smontabile 27 fascio luminoso riflesso

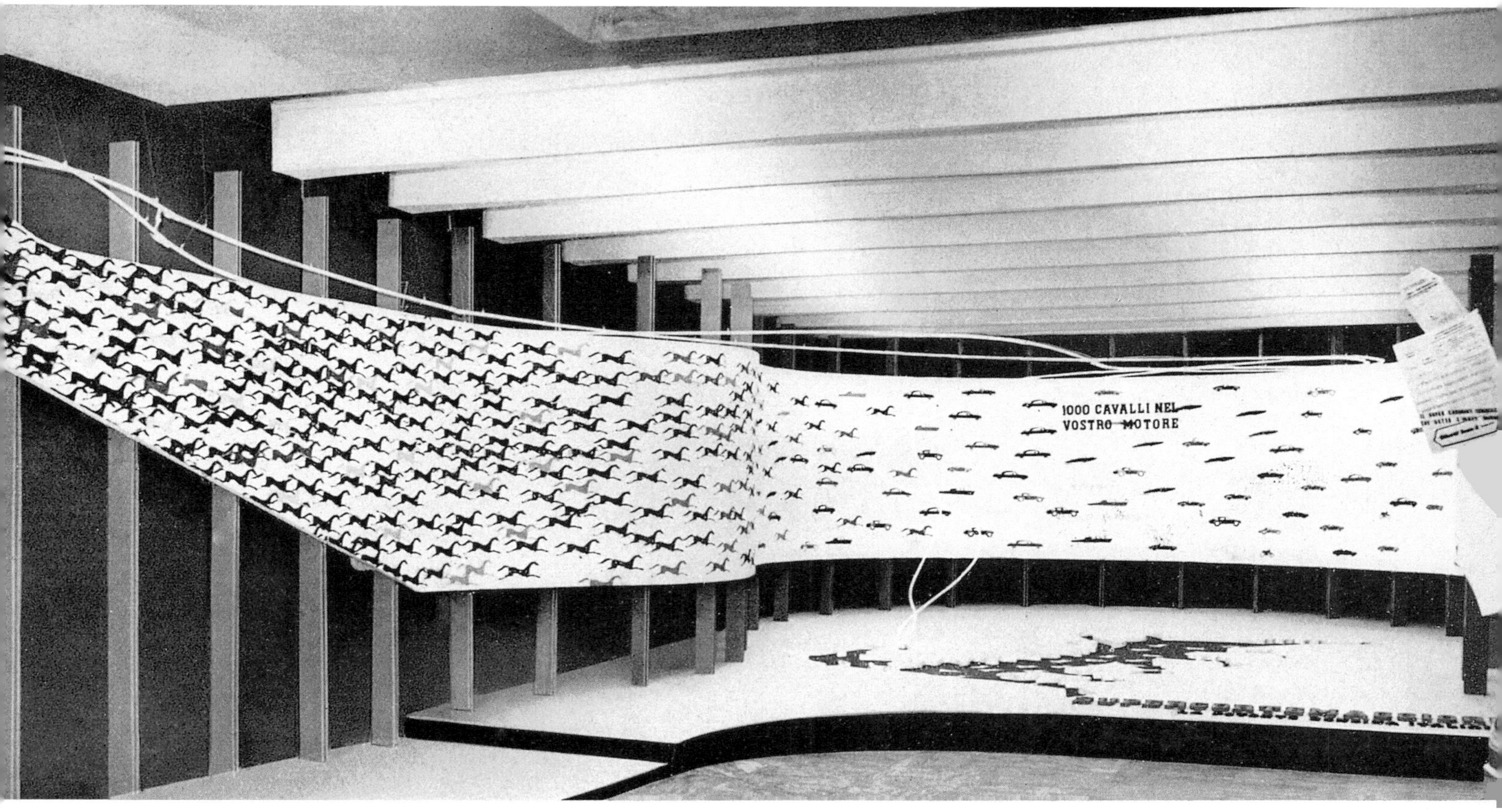

Carlo Mollino, Franco Campo e Carlo Graffi, arch.tti: stand "Supercortemaggiore" a Torino al Salone dell'Automobile

Questo, e gli allestimenti delle pagine che seguono, sono esempi delle invenzioni figurative e allusive con cui Mollino risolve la pubblicità. Per un carburante: la trasformazione « filmata » dei cavalli in motori, tutti in corsa; un diagramma poctico.

Translation see p. 556

Carlo Mollino, Franco Campo, Carlo Graffi, arch.tti: padiglione per la Snam e l'Agip alla Fiera di Milano, e stand per l'Energol al Salone dell'Automobile di Torino

Il padiglione, per l'Agip e la Snam, è concepito come uno spettacolo da percorrere e da seguire già dalla facciata, composta da una carta geografica dimostrativa su cui la simbolica lingua di fuoco fa da bandiera: se ne ritrova la forma all'interno, nel disegno dei percorsi. L'interno è una allusione « praticabile » alla formazione del gas, nei secoli, nel centro della terra: si percorre la buia galleria della genesi degli idrocarburi, si segue la rossa parete fiamma delle origini del metano, fino alle zone didascaliche degli « usi ».

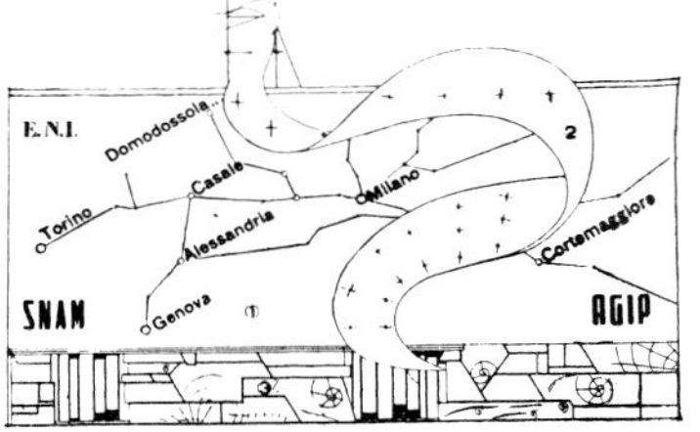

1 carta geografica con schema di distribuzione del metano in Alta Italia 2 fiamma colorata uscente dall'interno del padiglione 3 decorazioni rappresentanti fossili di sedimentazione

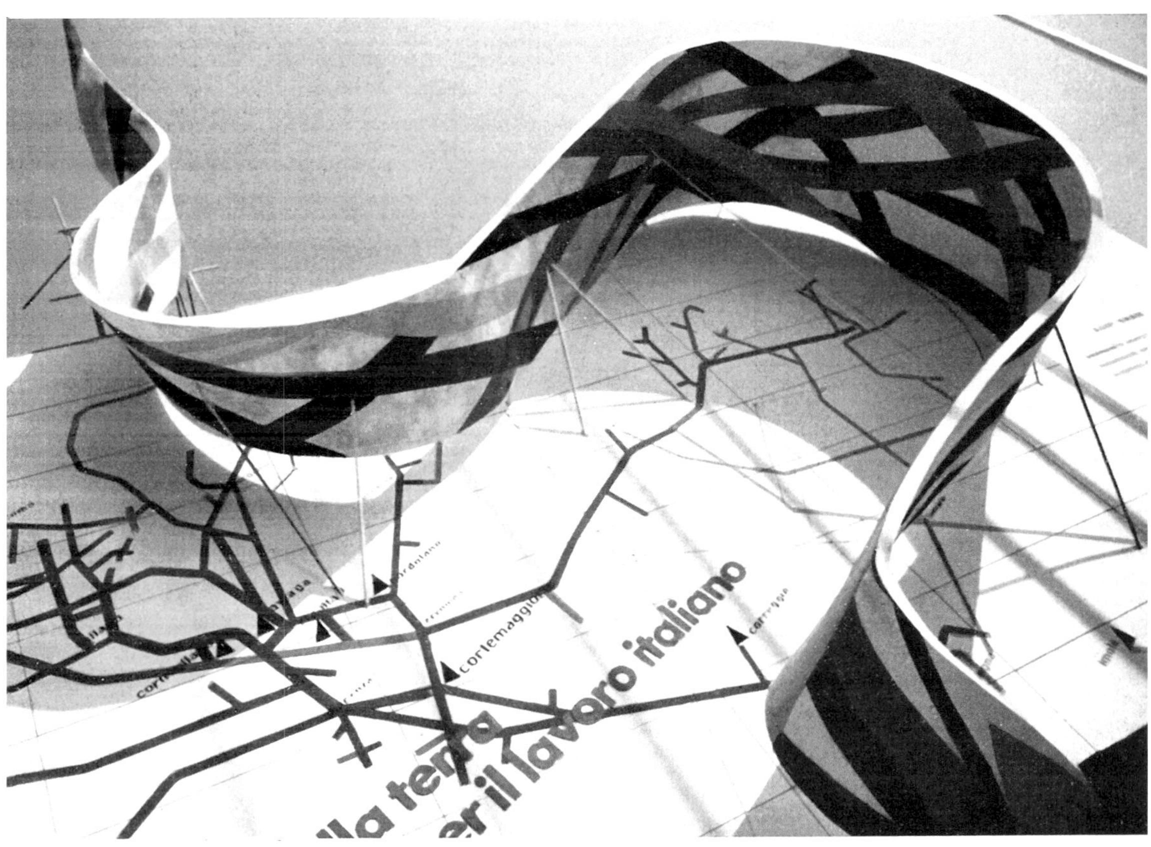

pianta pianterreno e primo piano
1 ingresso 2 galleria della genesi degli idro buri 3 pareti multicolori con disegni (fossi sedimentazione) 4 divinità del fuoco 5 delle prime ricerche 6 fiamma giallo-rossa gini del metano) 7 neon giallo-lim 8 guardaroba 9 prosecuzione della fiamma l'esterno
1 fiamma giallo-rossa (origini del metano) 2 plicazioni del metano 3 applicazioni della zina 4 la casa ideale e le applicazioni del gipgas per usi domestici 5 neon giallo-lim

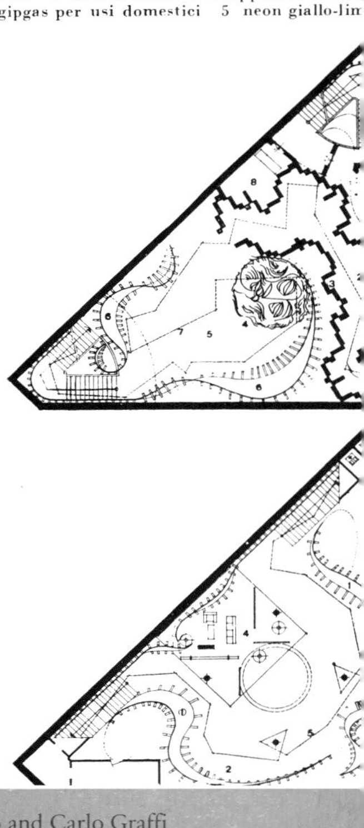

Forms for Advertising

Views of exhibition pavilion designed by Carlo Mollino, Franco Campo and Carlo Graffi for Agip and Energol stand at the Milan Fair

foto Moncalvo

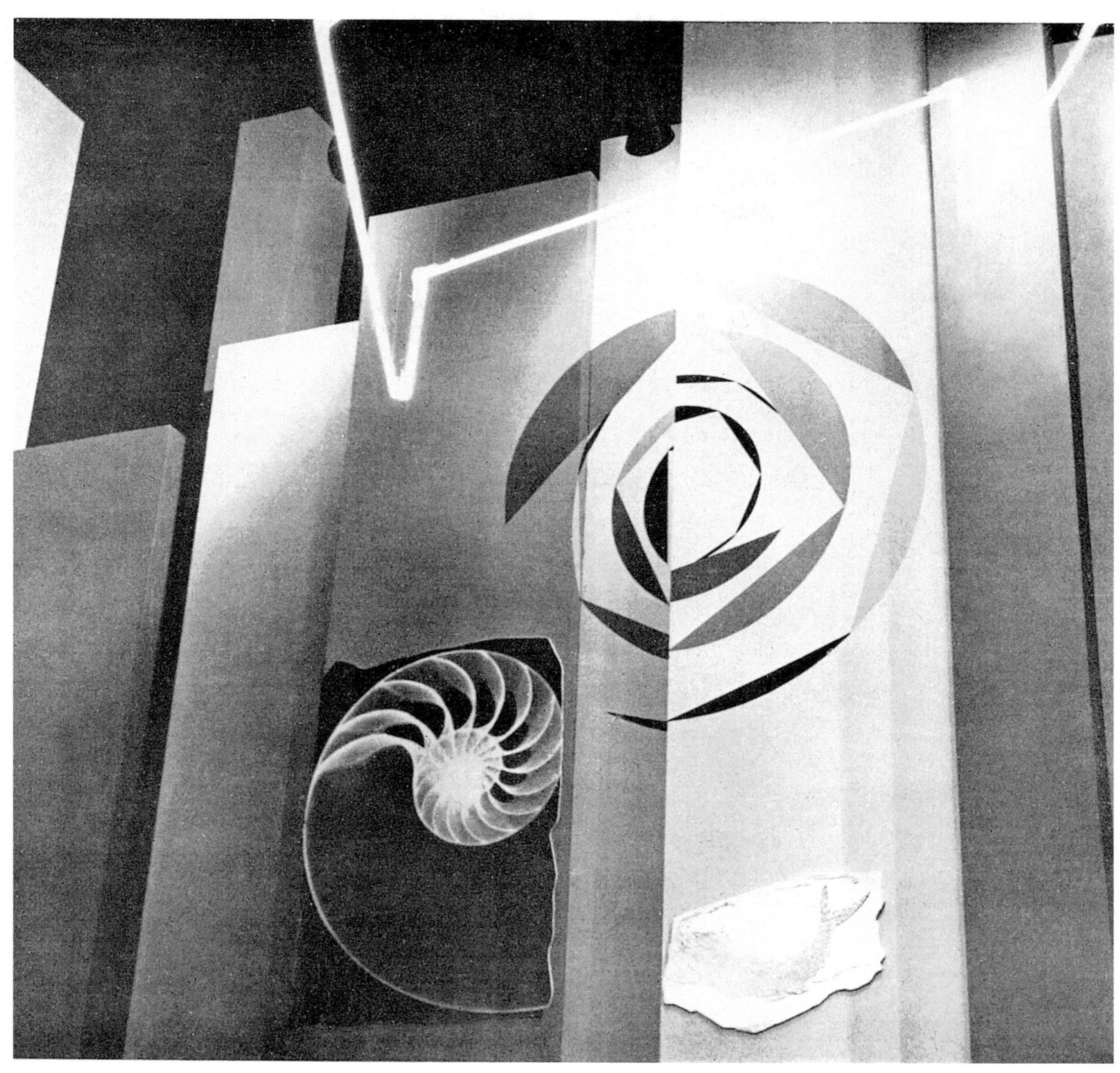

Sopra, interni del padiglione Agip e Snam: la « Galleria delle Genesi degli Idrocarburi » che allude alla formazione del gas nei secoli, nel centro della terra: su fondali, raffiguranti stratificazioni cristallografiche, disegni e impressioni in rilievo e in negativo, di fossili di sedimentazione.

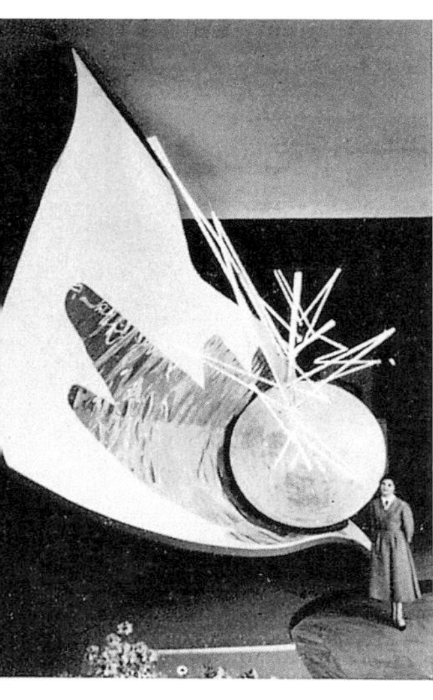

and per l'Energol, un olio per otori: grande spaccato di un indro (in masonite temperata); scoppio è espresso in neon.

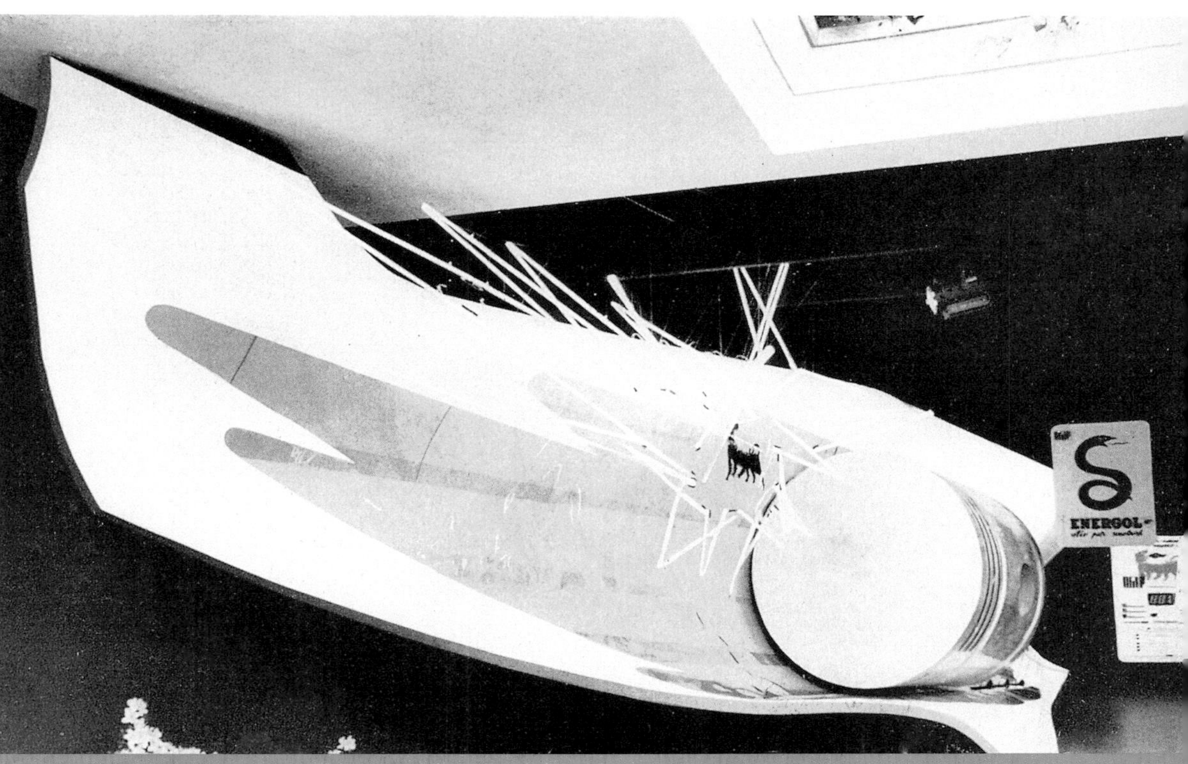

Translation see p. 556

domus 311
October 1955

Cover

domus magazine cover designed by William Klein

a tenda a vela

Frei Otto, arch.

L' architetto berlinese Frei Otto ha studiato questo tipo di tenda a vela, la tenda « Segel », da poco esposta alla Mostra Federale del giardino a Kassel.
La forma di questa tenda, permette che lo spazio interno sia libero dall'ingombro di piloni di sostegno, che più tende allineate l'una all'altra creino un percorso coperto continuo. Sia isolata che in gruppi, la tenda, può servire per mercati, posteggi, esposizioni, scuole all'aperto, ecc.

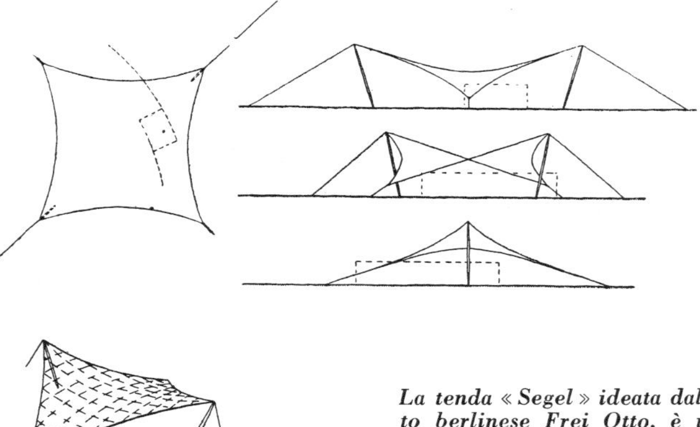

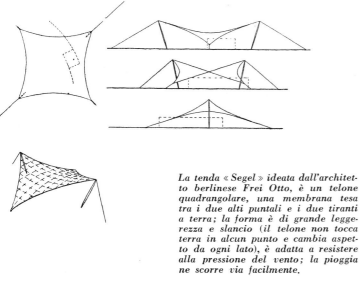

La tenda « Segel » ideata dall'architetto berlinese Frei Otto, è un telone quadrangolare, una membrana tesa tra i due alti puntali e i due tiranti a terra; la forma è di grande leggerezza e slancio (il telone non tocca terra in alcun punto e cambia aspetto da ogni lato), è adatta a resistere alla pressione del vento; la pioggia ne scorre via facilmente.

The Sail-Tent

Segel sail-tent designed by Frei Otto for the "Bundesgartenschau" in Kassel

Una casa a Milano

Leonardo Fiori, arch.

Questo edificio per abitazione sorge a Milano. Sua caratteristica strutturale è la elasticità delle suddivisioni interne, consentite da una struttura in cemento armato a maglia regolare in cui le canalizzazioni sono ripetute ad ogni pilastro, e dalle scale e servizi ad isola centrale.

Ciò ha permesso infatti di variare più volte le suddivisioni: ora l'edificio è suddiviso in appartamenti che variano da due a otto locali e che hanno potuto tutti essere ben distribuiti, senza angoli morti o lunghi corridoi. (Si vedano, nelle piante, le soluzioni ad uno, due, tre, quattro appartamenti per piano). Così la facciata non ha uno schema rigido: i due elementi prefabbricati che la compongono, la porta-finestra (con incorporato il cassonetto e la tapparella) e un pannello di riempimento (con incorporato l'elemento radiante), possono essere disposti, in una libera successione, entro la maglia della struttura a vista. Ogni piano ha un balcone continuo: i balconi continui proteggono dal sole alto nell'estate, e lasciano entrare il sole basso d' inverno; il balcone si allarga in corrispondenza delle aperture e si restringe in corrispondenza dei pilastri, eventuali punti di divisione fra gli appartamenti.

Nella foto in alto il modello della casa. Qui sopra i piani superiori: notare nei balconi all'ultimo piano, i pilastri di facciata in vista, che diventano travi di sostegno del tetto per poi proseguire con arconi continui, come pilastri verso corte.

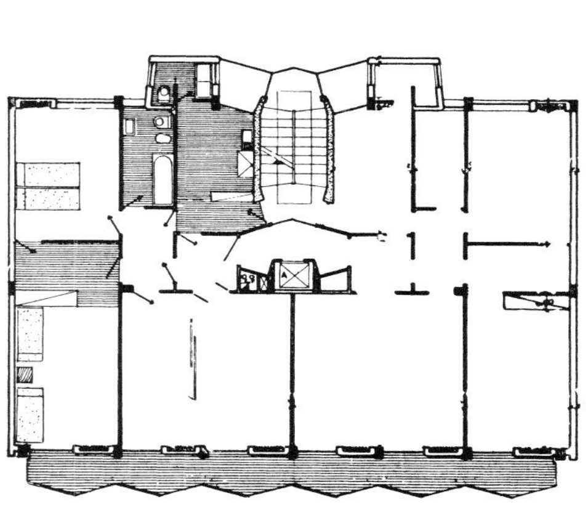

piano tipo: soluzione a 2 appartamenti

A House in Milan

Residential building in Milan designed by Leonardo Fiori: details of façade, balconies and fenestration, floor plans

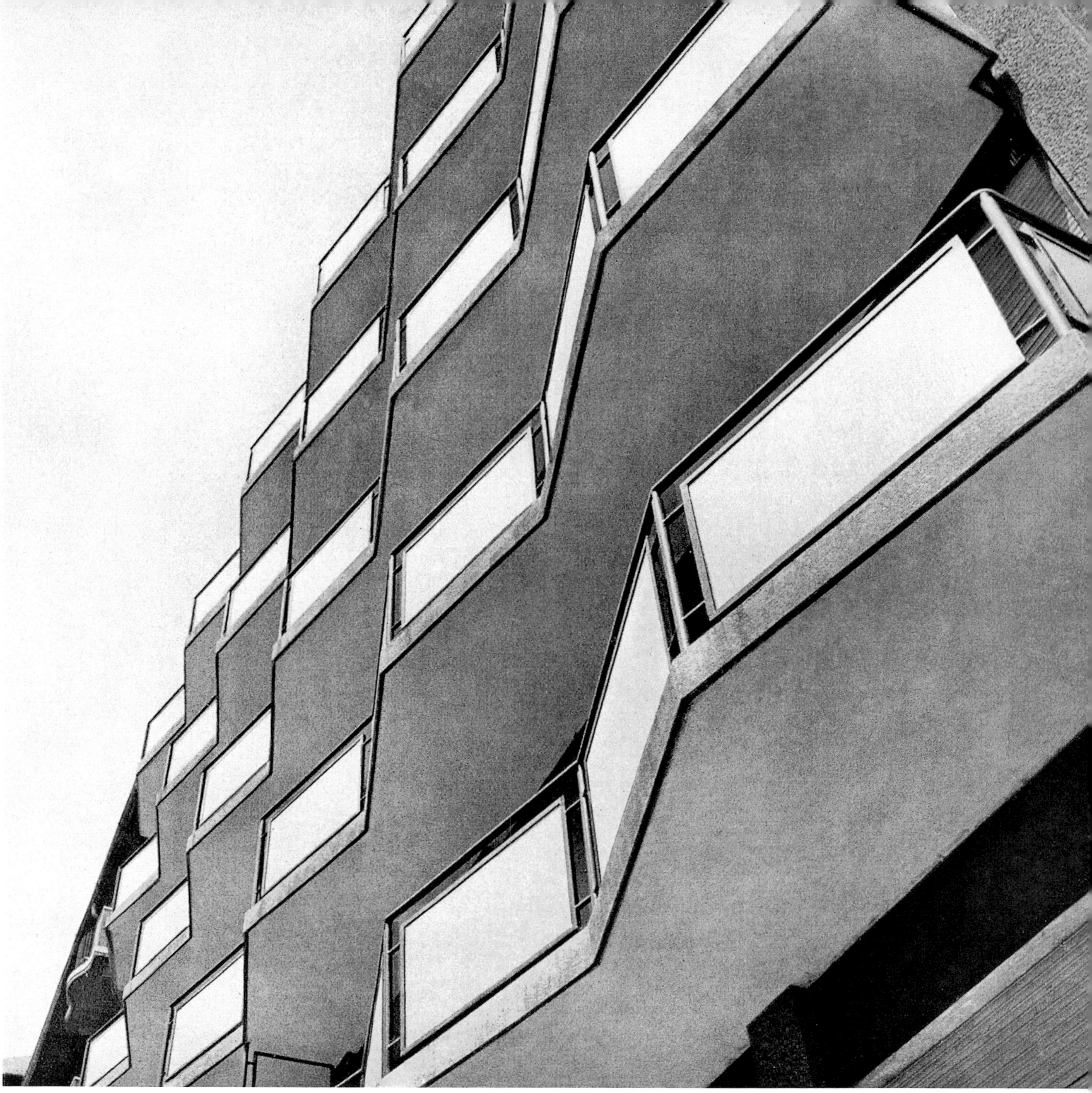

I balconi continui in facciata; i punti di maggiore larghezza corrispondono alle aperture in facciata; i punti di minor larghezza, di fronte ai pilastri corrispondono alle eventuali divisioni degli appartamenti.

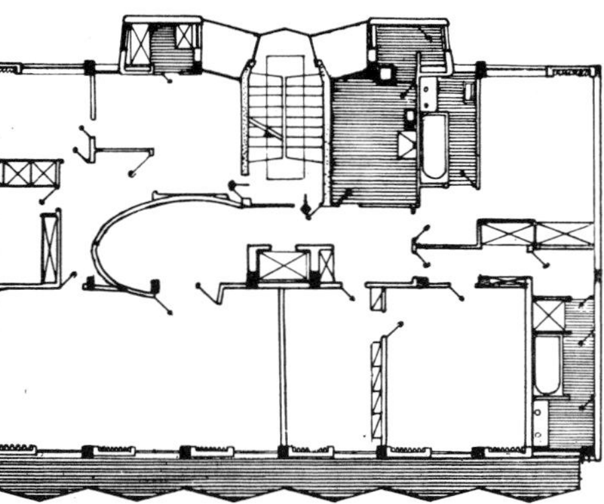

luzione a 1 appartamento

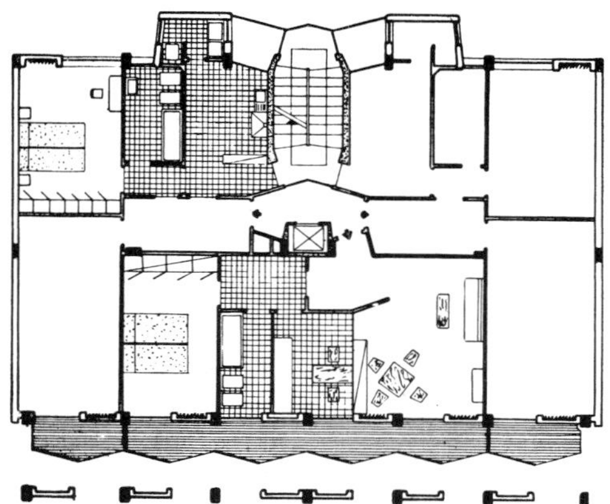

soluzione a 3 appartamenti

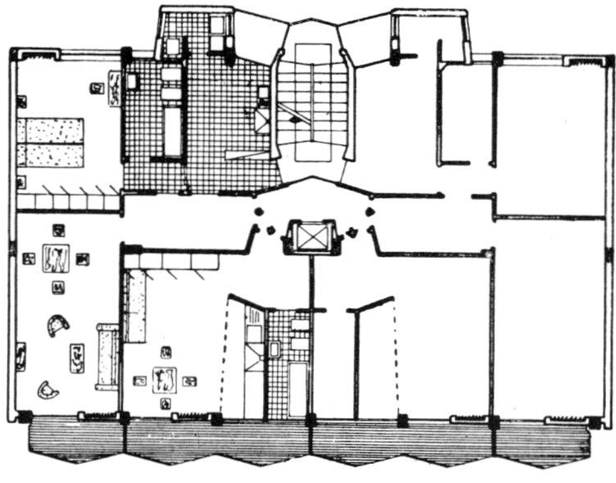

soluzione a 4 appartamenti

Translation
see p. 556

Un nuovo brevetto per mobili in serie

Angelo Mangiarotti e
Bruno Morassutti, arch.tti

L'idea di realizzare mobili per la serie facilmente componibili per sovrapposizione e per unione orizzontale di più elementi, ha condotto gli architetti a questa nuova realizzazione, le cui caratteristiche sono:
unico principio costruttivo per diversi tipi di mobili (scaffalature, tavolini, panchine, sgabelli, armadietti, letti, ecc.); unificazione dell'elemento portante per tutti i tipi di mobile; esclusione di parti metalliche, come viti o perni, per il fissaggio degli elementi; smontabilità; massima flessibilità di composizione; massima semplicità ed economia di mezzi; minimo costo.

L'elemento verticale di sostegno è uguale per tutti i mobili realizzabili con il sistema qui descritto: scaffali, librerie, tavolini, panche, sgabelli, armadietti, letti. Nella foto qui sotto, un elemento semplice di libreria.

domus 311
October 1955

A New Patented Joint for Wood Furniture

Shelving/table system for mass production designed by Angelo Mangiarotti and Bruno Morassutti for Fratelli Frigerio

foto Casali-Domus

Alla base del sistema sta un principio costruttivo unico, il cui nocciolo è costituito dal nodo di unione (brevettato) fra l'elemento portante e quello portato. Tale nodo, che nel contempo è anche mezzo di unione fra elementi orizzontali, consiste in uno speciale incastro che sfrutta simultaneamente due principi distinti: l'incastro a coda di rondine ed il bloccaggio a cuneo.
Mediante semplice pressione della mano si ottiene fra gli elementi che costituiscono il mobile una continuità priva di giochi. Qui pubblichiamo alcuni dei primi mobili realizzati con questo sistema dalla ditta F.lli Frigerio: librerie di diverse dimensioni, piani d'appoggio, piccoli tavoli.

A sinistra, più elementi di libreria sovrapposti. Sopra, due elementi della stessa libreria nel formato piccolo. Gli elementi si montano senza intervento di parti metalliche, come viti o perni, per il fissaggio.

Varie possibilità di composizione, degli elementi della libreria; si noti come lo stesso elemento verticale di sostegno serva a due piani orizzontali accostati.

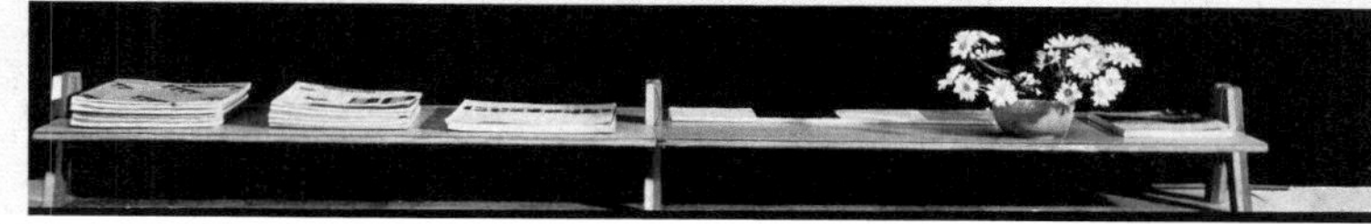

un nuovo brevetto per mobili in serie
Angelo Mangiarotti e
Bruno Morassutti, arch.tti

Lo stesso elemento verticale di sostegno che abbiamo visto impiegato per le librerie, è utilizzato qui per dei piccoli tavoli esagonali; il sistema costruttivo e la forma poligonale permettono di montarli, oltrechè isolati, in varie combinazioni diverse.

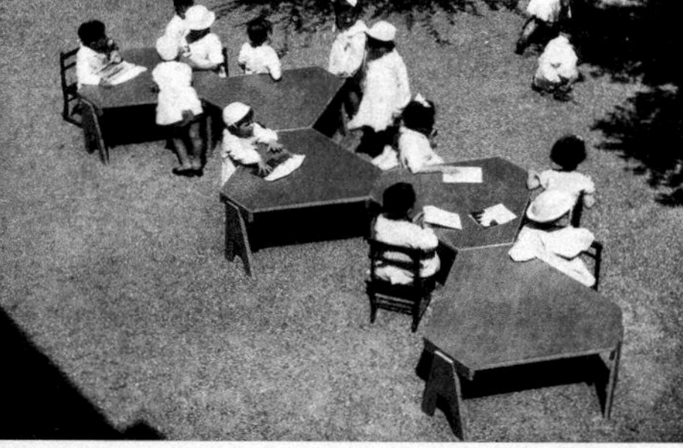

I tavolini si possono comporre, collegati l'uno all'altro, in diversi modi.

un nuovo brevetto per mobili in serie
Angelo Mangiarotti e
Bruno Morassutti, arch.tti

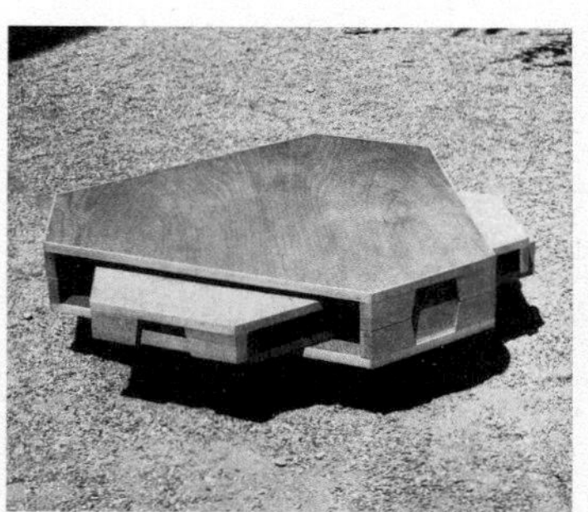

Per l'imballo, i tavolini smontati fanno da involucro a se stessi; il montaggio è reso molto semplice dallo speciale incastro fra sostegni e piani, che vengono collegati saldamente con una semplice pressione a mano.

a

b

c

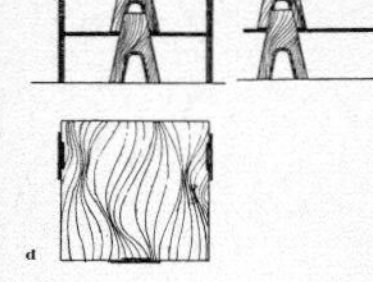

L'elemento verticale di sostegno impiegato per la libreria e i tavolini esagonali, consente altre realizzazioni: a) *sgabello con sedile imbottito o di legno (dimensioni: 45×45 per 45);* b: *panchina con sedile imbottito o di legno (dimensioni: 45 per 120, altezza 45);* c: *lettino con materasso in gomma piuma (dimensioni 75 × 175, altezza 45);* d: *tavolo quadro (dimensioni: 90 × 90);* e: *cassonetto (dimensioni: 40 × 100, altezza 65 o 80). Si noti come l'elemento verticale rimanga costante nelle sue dimensioni.*

FIAT
Trasporti a mezzo
di convogliatori aerei
alla FIAT-MIRAFIORI

domus 313
December 1955

Advertising

Fiat advertisement showing automated manufacture of *Fiat 600* at the company's Mirafiori plant

a nuova "unité 'habitation" i Le Corbusier, Nantes

È stata da poco terminata una nuova « unité d'habitation » progettata da Le Corbusier, a Nantes. Il nuovo edificio è grande quasi come quello di Marsiglia (invece di 330 alloggi, ne conta 300) ma la sua costruzione è costata un quarto di quella della « unité » marsigliese. Per rimanere entro i limiti di prezzo stabiliti per le HLM (« habitations à loyers modérés »), Le Corbusier ha dovuto qui rinunciare ad una serie di particolarità adottate a Marsiglia: canalizzazioni incorporate nei pilastri, aria condizionata, galleria dei negozî, solarium e palestra sul tetto, doppia altezza (m 4,52) per gli ambienti di soggiorno degli alloggi duplex.
Ciò ha modificato l'aspetto esterno ed interno dell'edificio nei confronti di quello di Marsiglia. ma non ne ha diminuito il valore sia estetico che pratico; anzi Nantes rappresenta un perfezionamento rispetto alla prima esperienza marsigliese.
L'edificio sorge isolato, fuori dalla città di Nantes, nella campagna, dentro un parco attraversato da uno stagno; anzi, i pilastri a nord sorgono direttamente dall'acqua dello stagno, su plinti di cemento armato immersi.

L'« unité d'habitation » sorge in un parco attraversato da uno stagno; parte dei suoi pilastri, anzi, si alza direttamente dall'acqua.
I milleduecento abitanti dell'« unité » vi accedono, a piedi, da est, per una sottile passerella di cemento che attraversa lo stagno (larga solo m. 1,83, non si è dimostrata angusta).

foto Hervé

The New Unité d'Habitation by Le Corbusier in Nantes

Multi-family housing scheme in Nantes designed by Le Corbusier: details of bridge and supports

Translation see p. 556

la nuova " unité d'habitation „ di Le Corbusier a Nantes

L'edificio, di diciotto piani, si za su quattro ordini di pilast pilastri portanti ma non con nenti le canalizzazioni come r caso dell'« unité » di Marsigl Sono quindi più sottili, e lo sp zio sotto l'edificio è più lumino Dal piano terra, si sale ai pia superiori con tre batterie ascensori automatici, capaci sedici persone ciascuno.

La facciata ovest dell'« unité ». I facciate sono colorate, con colori p chiari e vivi che a Marsiglia.

domus 312
November 1955

The New Unité d'Habitation by Le Corbusier in Nantes

Multi-family housing scheme in Nantes designed by Le Corbusier: views and detail of structural supports, west façade, tree motif incised in cement façade, external staircase, views of terrace, wall of nursery school, detail of fenestration and interior views of nursery school

Scorcio dei pilastri.

Un albero inciso nel cemento della facciata.

Sotto, scala esterna al primo piano, sulla facciata ovest.

La terrazza terminale dell'edificio è diversa da quella dell'« unité » di Marsiglia, ma è sempre pensata come un fantastico paesaggio costruito, con edifici e vie, e dedicato ai bambini. E' occupata in gran parte dall'edificio della scuola materna, circondato da due vie; una piccola piscina è situata all'estremità sud.

foto Hervé

la nuova "unité d'habitation" di Le Corbusier a Nantes

Sulle pareti esterne della scuola materna, nere, si aprono finestre verticali con telaio apribile in legno naturale, alternate ad aperture quadrate (Modulor), chiuse con vetrocemento fisso.

L'interno della scuola materna, col banco di ristoro dei bambini e i servizi. La parete di fondo è il negativo della parete esterna. I vetri fissi delle aperture quadrate sono in parte bianchi, in parte colorati: rossi, verdi, blu, gialli.

Translation see p. 556

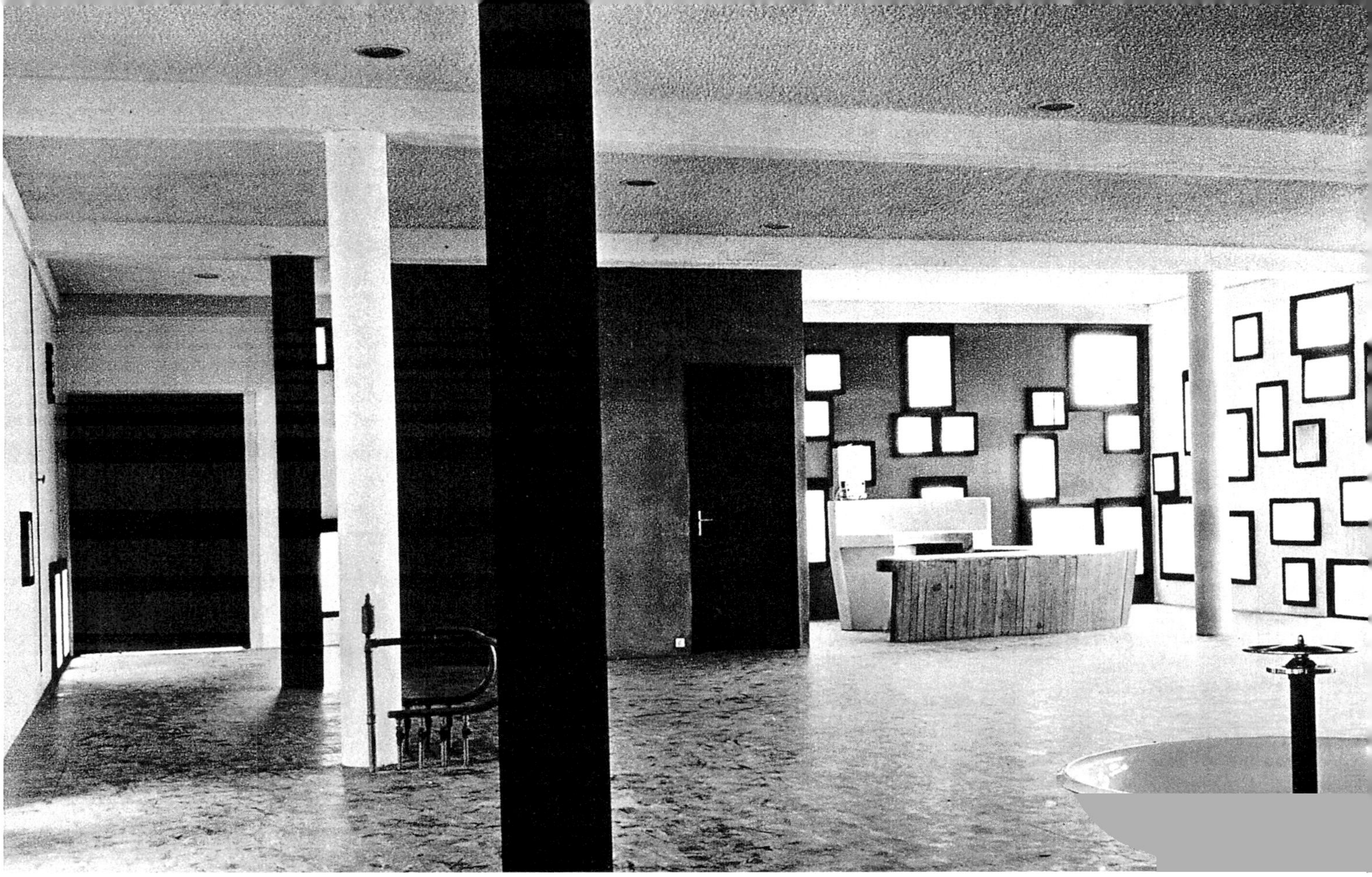

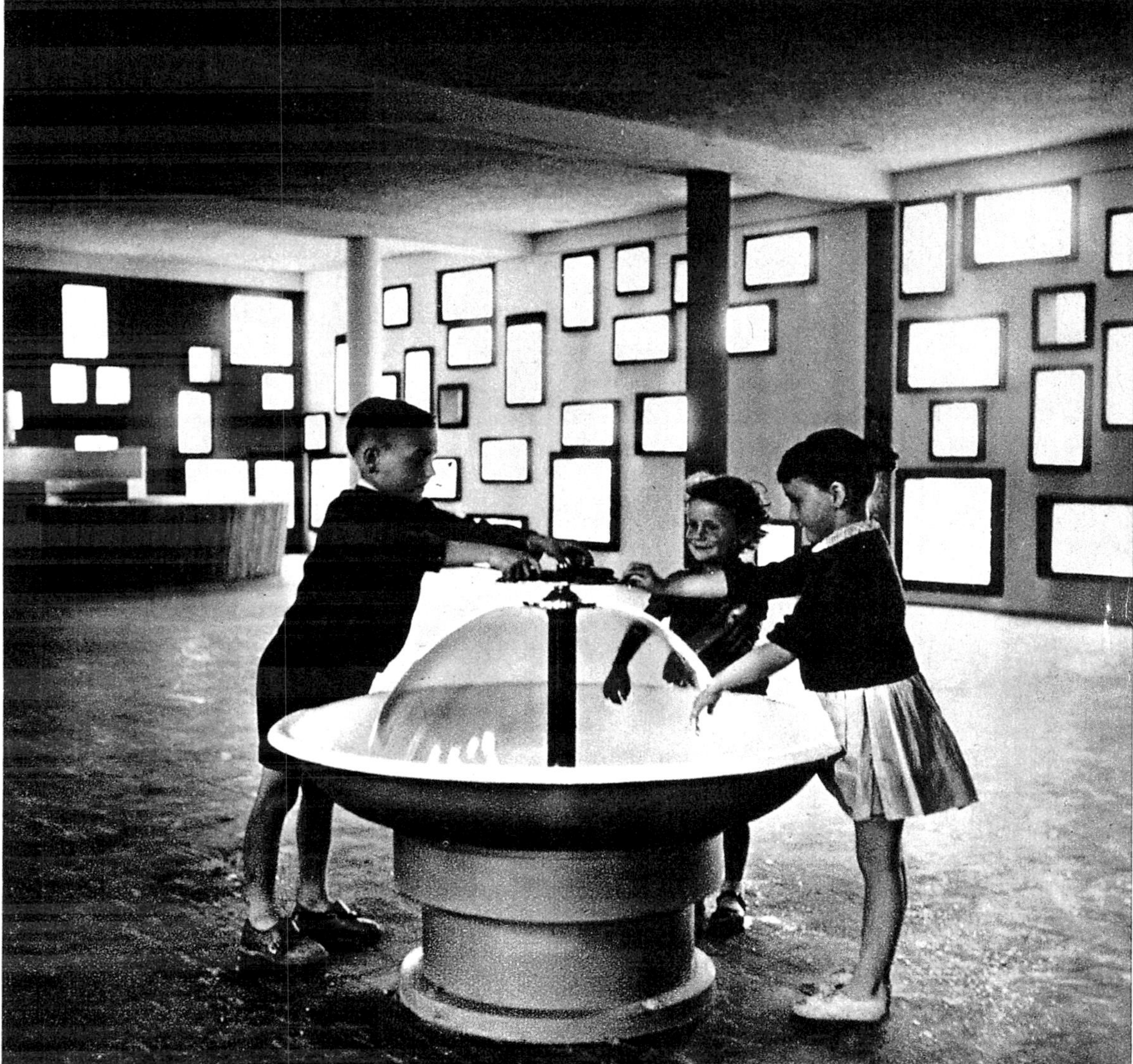

la nuova "unité d'habitation"
di Le Corbusier a Nantes

foto Hervé

domus 312
November 1955

The New Unité d'Habitation by Le Corbusier in Nantes

Multi-family housing scheme in Nantes designed by Le Corbusier: interior views of nursery school, internal gallery and views of children's room

La galleria interna fra le due file di alloggi.

gallerie interne fra le due file alloggi sono qui poco diverse quelle dell'« unité » di Marglia.

alloggio tipo ripete lo stesso ıema di disposizione duplex di ırsiglia. Qui però la camera i genitori, al piano superiore. n forma loggia sul soggiorno non sul lato della scala, nel ale si apre una finestrina che rmette alla madre di sorveglia- i figli al piano sottostante; soggiorno è quindi di metri 26. Vi è una piccola stanza da gno, ma non la doccia specia- per i bambini; lo spazio per madi e scaffali rimane inaltero.

parete finestra, attrezzata di scrito, nella stanza dei figli.

La stanza dei figli, con la parete scorrevole di divisione.

foto Hervé

Translation
see p. 556

Accanto
alla architettura

mostra di dipinti, mobili e oggetti di Gio Ponti alla Galleria del Sole

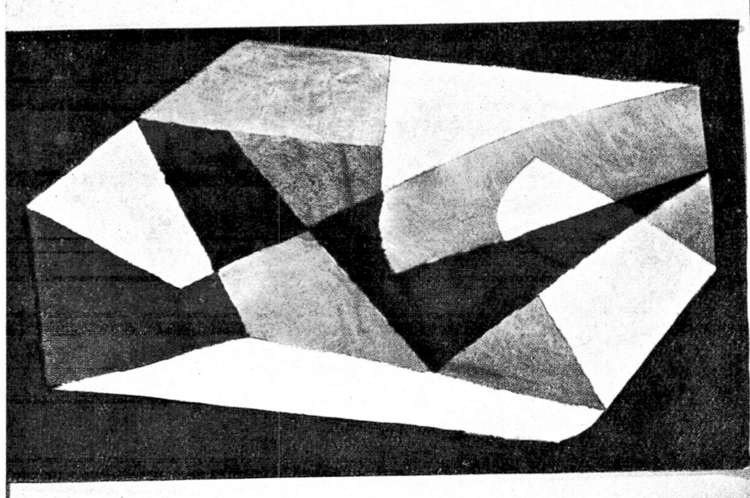

Tappeto in pelle di vacca, eseguito da Colombi, e tavolo « arlecchino » eseguito da Giordano Chiesa.

A Milano, alla Galleria del Sole, di Daria Guarnati, Gio Ponti ha realizzato una sua mostra « accanto alla architettura ». Una mostra di mobili suoi, di ceramiche, di smalti, di tappeti eseguiti su suo disegno, e di suoi dipinti antichi e recenti, ad olio, a tempera, su tela e dietro vetro; frutti appunto delle attività che Ponti conduce « accanto alla architettura ». Particolare novità di questa mostra erano le « composizioni di dipinti », ossia i dipinti distribuiti sulle pareti in speciali allineamenti e composizioni: i suoi quadri più recenti, infatti, Ponti li ha pensati e presentati come « famiglie di dipinti », da raggruppare sulle pareti in un gioco di impaginazione, legati fra di loro nel colore, e legati anche ai mobili e ai loro colori. Quadri come oggetti. Infatti le loro cornici, di speciale disegno, sottili di costa e profonde, quasi scatole, li completano come oggetti (non hanno un rovescio grezzo, ma sono ben finite e chiuse su tutti i lati), e i quadri più piccoli possono, come oggetti, essere appoggiati sui mobili. La vernice, poi, su alcune di queste pitture, le fa lucide come ceramiche; in altre il dipinto continua sulla cornice stessa e la copre.
Così composti sul muro, i quadri ne fanno parte; uno di essi, un grande ritratto, ha le dimensioni di una porta, e può essere usato come porta; una porta, è stata dipinta per intero, come un quadro.

*Una parete della mostra, con i composizione di dipinti, di smalti di ceramiche.
Le ceramiche sono eseguite da Cooperativa Ceramica di Imola e Rolando Hettner, gli smalti da Poli, il cassettone da Giordano Chiesa, la sedia e la poltrona da Cassina il tappeto da Colombi.*

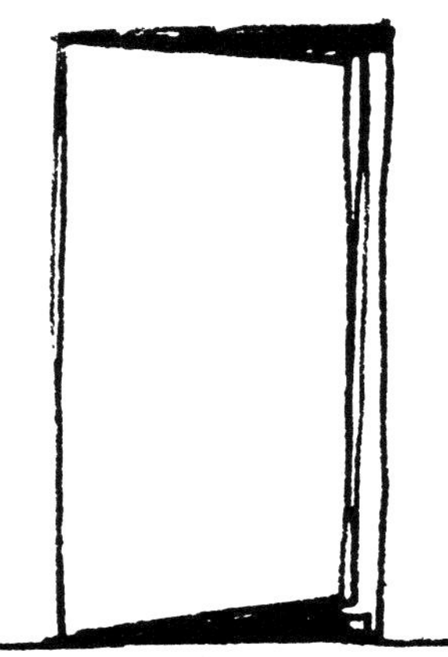

Sezione della cornice dei dipinti

Besides Architecture

Designs and art work by Gio Ponti shown at the Galleria del Sole in Milan: carpet for Colombi, table and sideboard for Giordano Chiesa, *Leggera* chair for Cassina

A questa della « composizione di dipinti », la mostra aggiungeva altre idee particolari di Ponti, di cui le nostre pagine hanno già dato alcuni esempi; come il tappeto composto, in pelli di vitello di diversi colori, sui toni avorio e bruno, composte secondo un disegno continuo; e come il tavolino rotondo a traliccio dipinto, che cambia colore, anzi serie di colori, secondo i diversi punti di vista. I mobili esposti alla mostra erano eseguiti da Giordano Chiesa (le sedie e le poltrone da Cassina), gli smalti da Paolo De Poli, le ceramiche da Rolando Hettner e dalla Cooperativa Ceramica di Imola, i tappeti da Lino Colombi.

"accanto alla architettura" mostra di dipinti, mobili e oggetti di Gio Ponti, alla Galleria del Sole

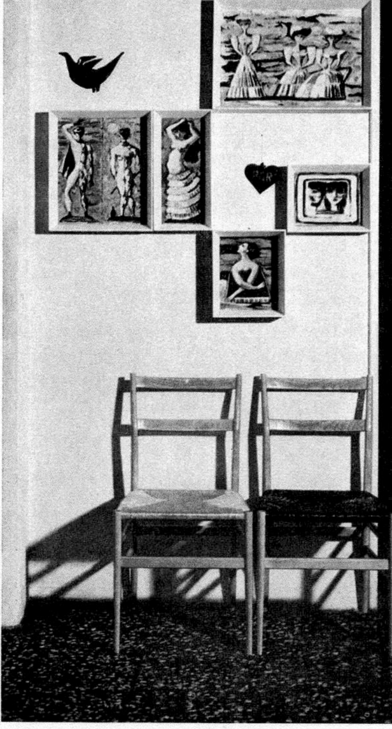

Una « composizione di dipinti », con due sedie e due smalti da parete. Le sedie sono eseguite da Cassina, gli smalti da De Poli.

foto Casali-Domus

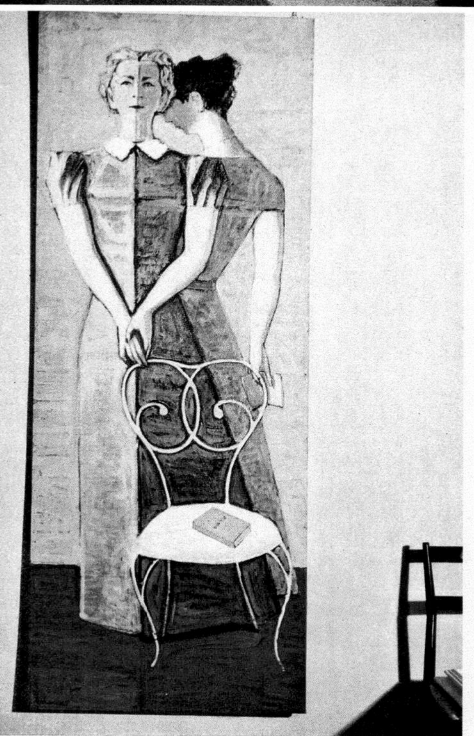

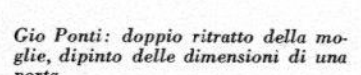

Gio Ponti: doppio ritratto della moglie, dipinto delle dimensioni di una porta.

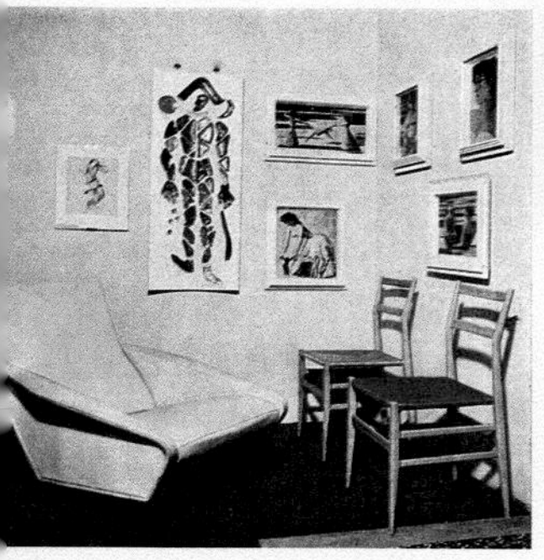

A sinistra, un angolo della mostra; alla parete, fra i quadri, arlecchino in smalto eseguito da Paolo De Poli.

A sinistra, altre « composizioni di dipinti » alle pareti della mostra: notare le cornici dei quattro quadri in blu, che sono dipinte anch'esse.

Translation
see p. 557

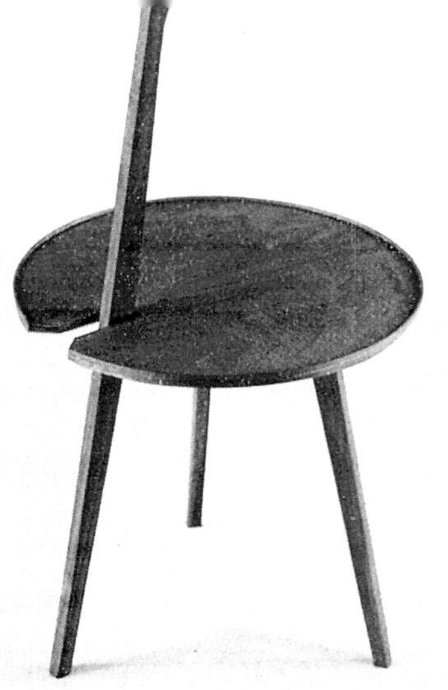

Tavolino portatile «cicognino»: una delle gambe si prolunga fino a diventare manico; il piano, contornato da una lamina di legno, diventa vassoio.

foto Trent

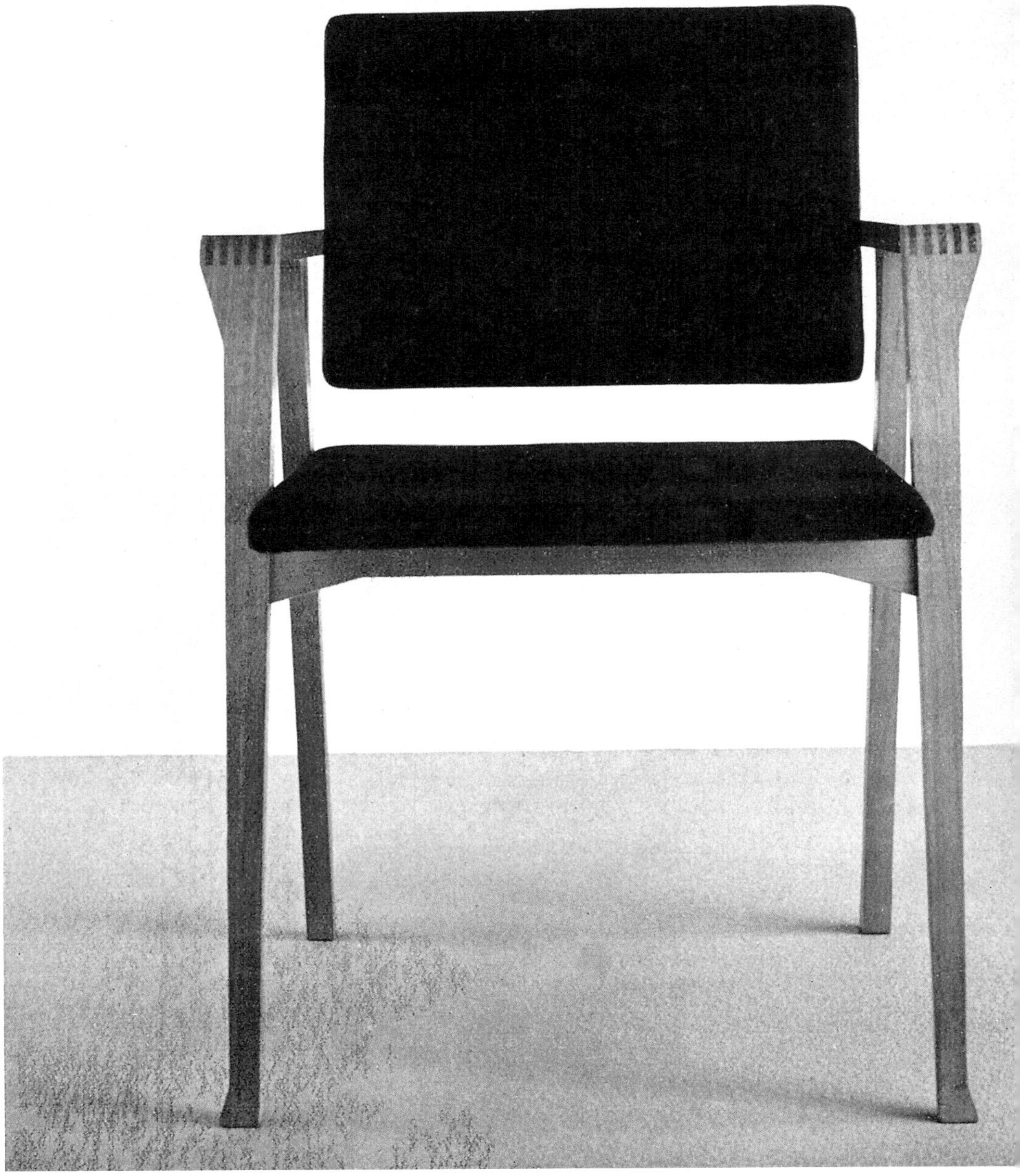

Nuovi mobili per la serie

Franco Albini, arch.

Una serie di mobili studiati da Albini per la serie: hanno struttura in legno, smontabile con grande facilità e in modo da ridurre al minimo l'ingombro per l'imballo e il trasporto. Vengono prodotti in noce, mogano, frassino.

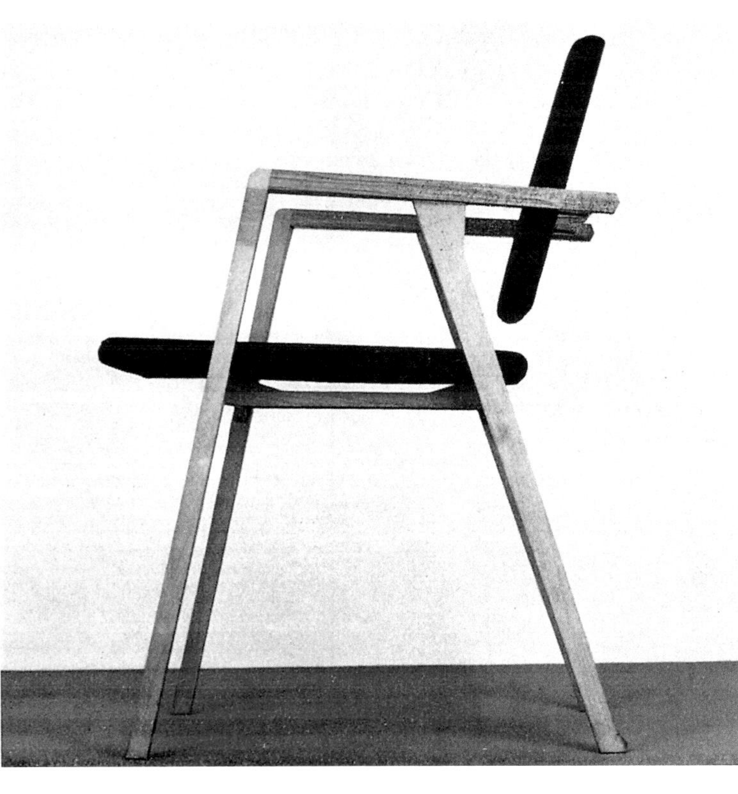

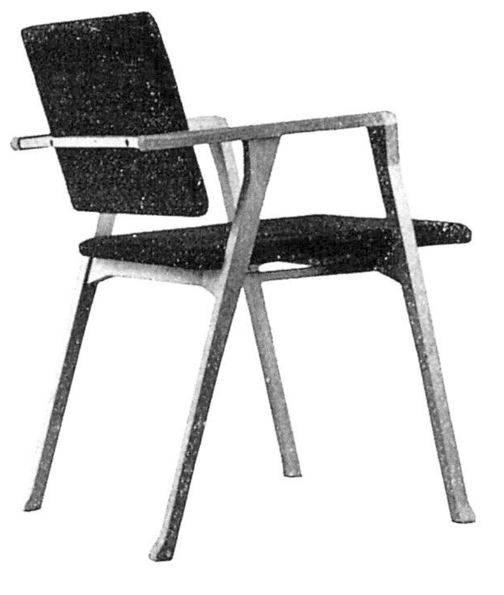

Sedia «Luisa», con struttura in legno massiccio, sedile e schienale in compensato, imbottito in «Gommapiuma» è foderato in panno di lana. Il sedile e lo schienale sono fissati in modo da consentire al compensato di conservare la sua naturale flessibilità, e si adattano alla forma e posizione del corpo (produzioni Succ. Carlo Poggi).

Luisa armchair and knock-down table designed by Franco Albini for Carlo Poggi

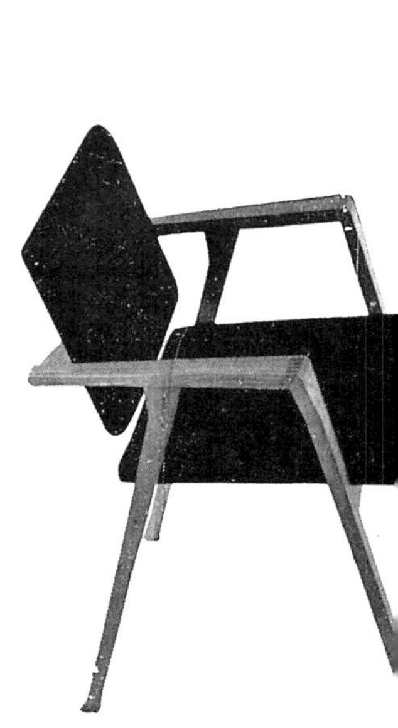

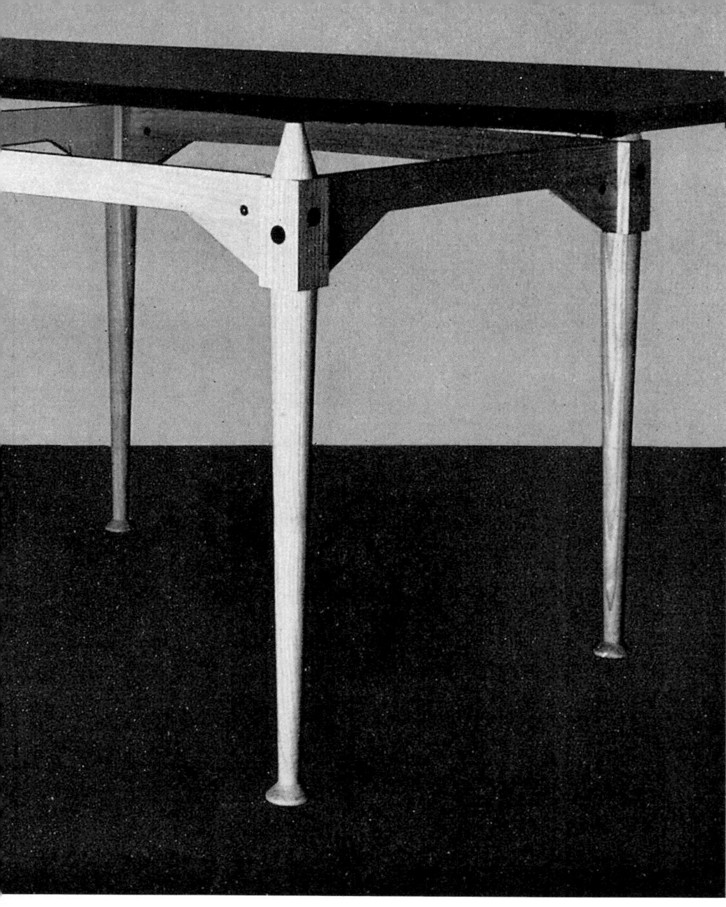

Tavolo in legno; la struttura è legata da viti, ed è quindi smontabile con facilità per il trasporto. Il piano può essere in legno lucido, con copertura, toglibile, in panno di lana (produzione Succ. Carlo Poggi).

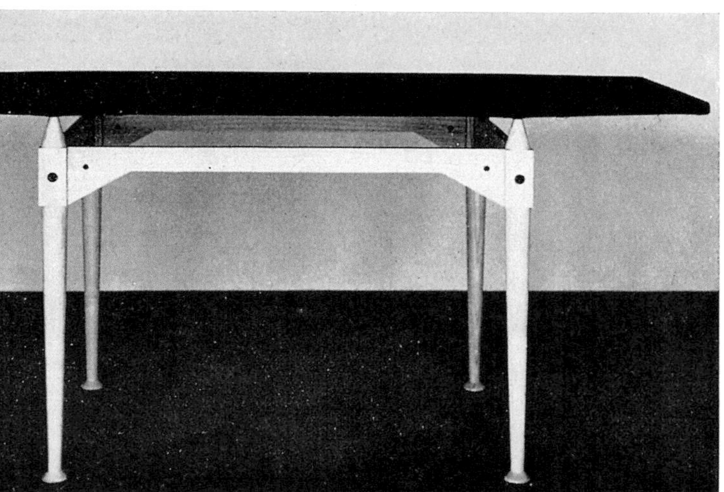

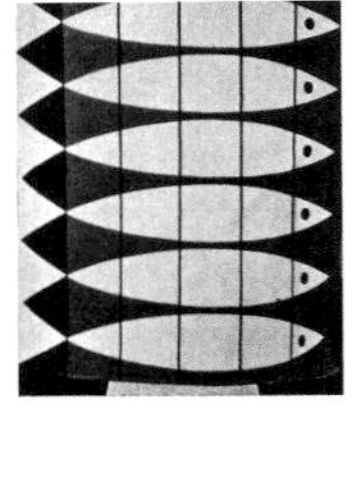

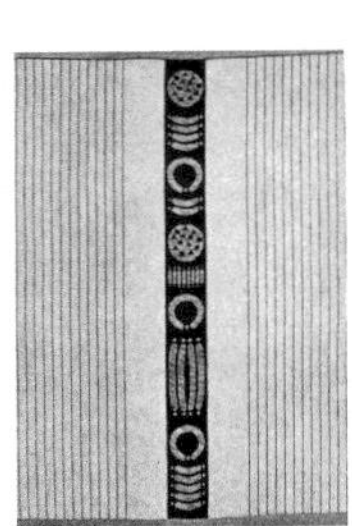

Sopra, tovaglioli in cotone stampato per cucina e per pic-nic, disegnati da Astrid Sampe e da Marianne Nilson: per il pesce, per i dolci, per i salumi.

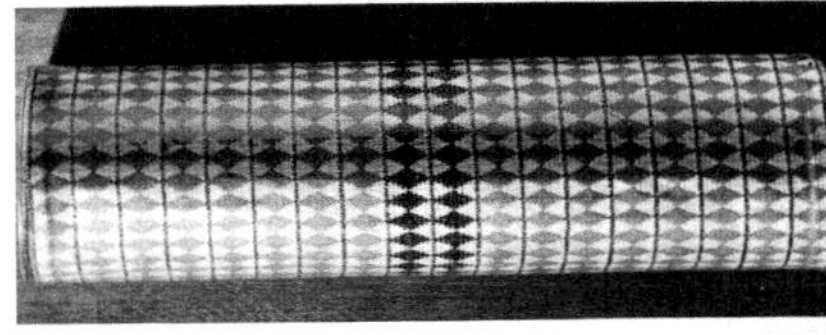

Servizio all'americana in lino, di Marianne Nilson; a destra, la presentazione del servizio già confezionato, in un cilindro di plastica trasparente.

ılla H 55, tovaglie

Servizio all'americana in lino, disegnato da Astrid Sampe: il disegno del tessuto fissa la posizione del tovagliolo e del piatto: fondo bianco, striscie nere e gialle, tovagliolo rosso: le posate sono di Erik Herlöw.

Presentata dalla Nordiska Kompaniet a Stoccolma, e poi alla Esposizione H 55, a Hälsingborg, questa è una nuova serie di tessuti svedesi di lino e cotone per la tavola e la cucina, prodotti dalla tessitura Almedahls, la più antica di Svezia, con la collaborazione della Nordiska Kompaniet, su disegni di Astrid Sampe e Marianne Nilson. Sono belli i disegni, ed interessante la produzione, che è di grande tiratura e di basso costo (e offre i tessuti sia a metraggio, sia confezionati in servizi all'americana), ed è uscita sul mercato svedese insieme a una nuova serie di stoviglie e pirofile colorate che completano le nuove apparecchiature.

'ovaglia colorata di Astrid Sampe; ondo verde, righe blu, tovagliolo rancione.

Nuove stoffe

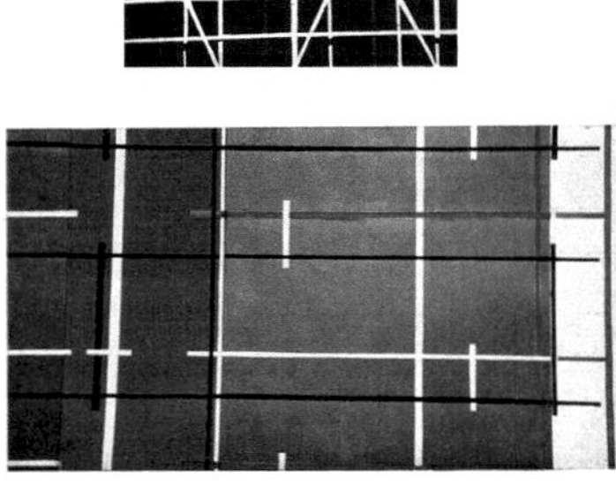

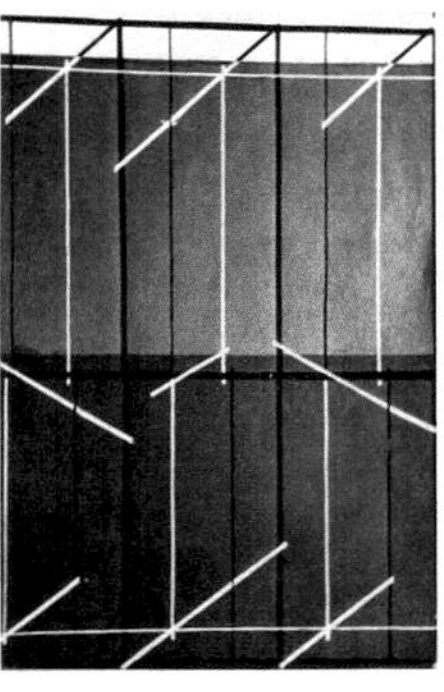

Stoffa edita da Primavera, Londra

Tessuti di nuovo disegno, di Françoise Lelong, Parigi, prodotti in Inghilterra.
Più interessanti i disegni riprodotti qui sopra, che si potrebbero dire una scomposizione astratta dei ritmi dello scozzese.

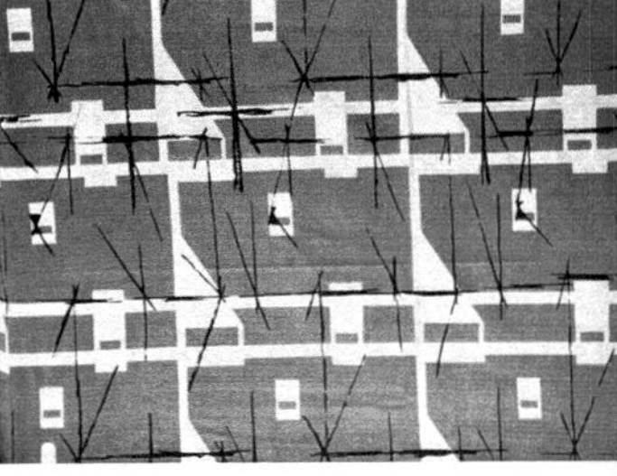

Stoffa edita da Primavera, Londra

Tovaglia in positivo-negativo, di Marianne Nilson.

foto Olson

domus 312
November 1955

At 'H55', Tablecloths / New Fabrics

"H55" exhibition in Helsingborg, Sweden: table linen designed by Astrid Sampe and Marianne Nilson for Almedahls/Printed fabrics designed by Françoise Lelong for Primavera

RINALDI MARIO   Industria arredamenti metallici   Padova (Arcella)   Via Privata Rinaldi 1   Filovia n. 2   Telef. 24.097°   Telegrammi Rima Padova   C. C. I. A. 19032

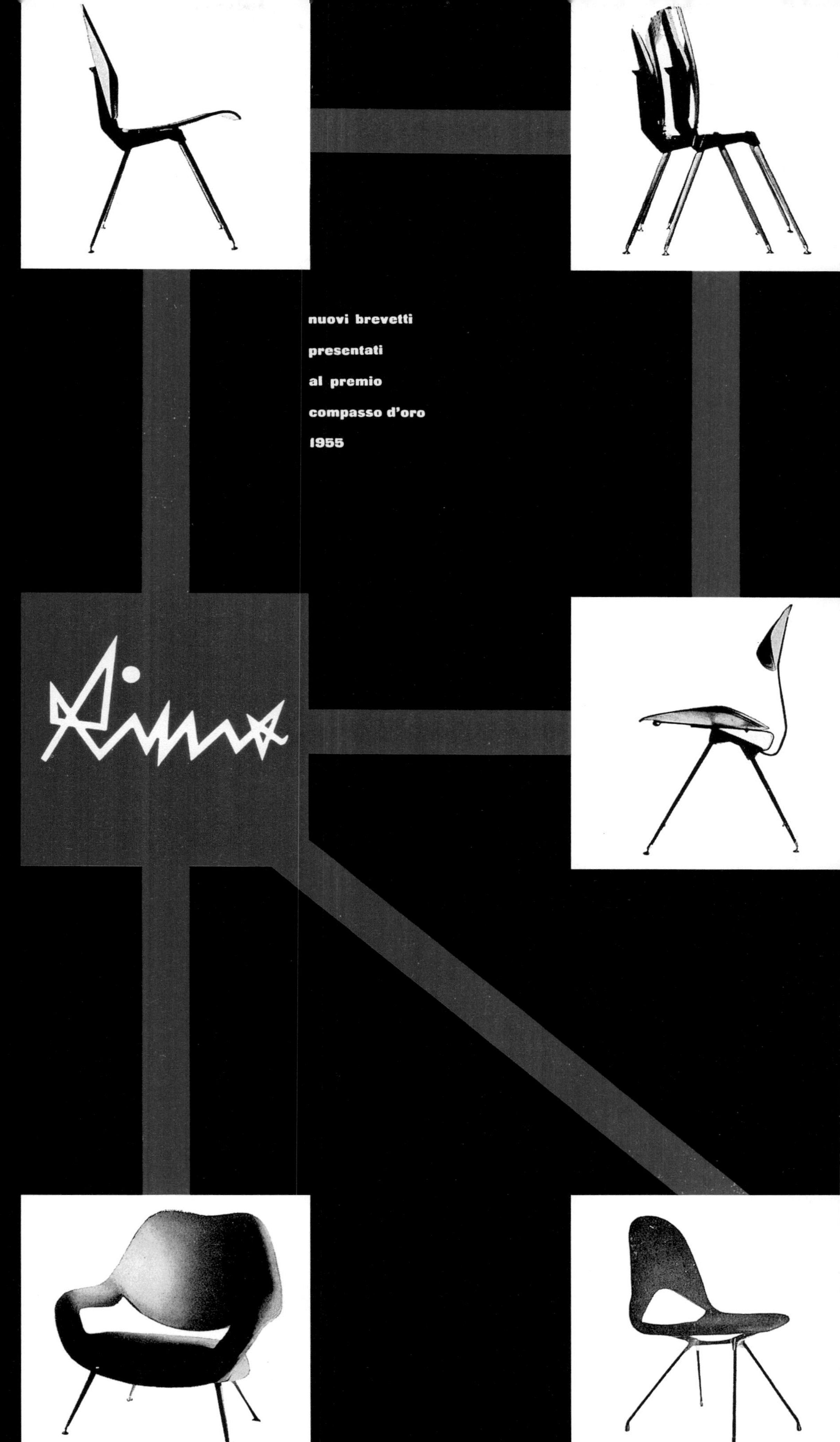
nuovi brevetti
presentati
al premio
compasso d'oro
1955
Rima

domus 312
November 1955

Advertising

Rima advertisement showing various chairs presented at the first Compasso D'Oro in 1955

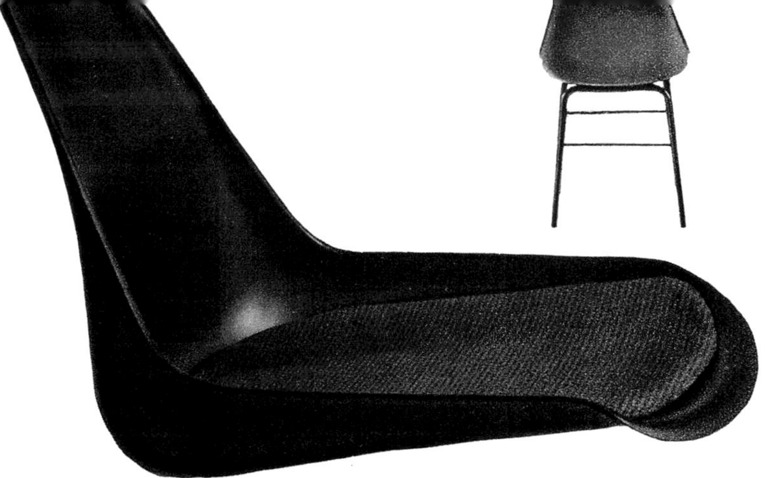

foto Struwing

Nuove sedie, in plastica, in legno

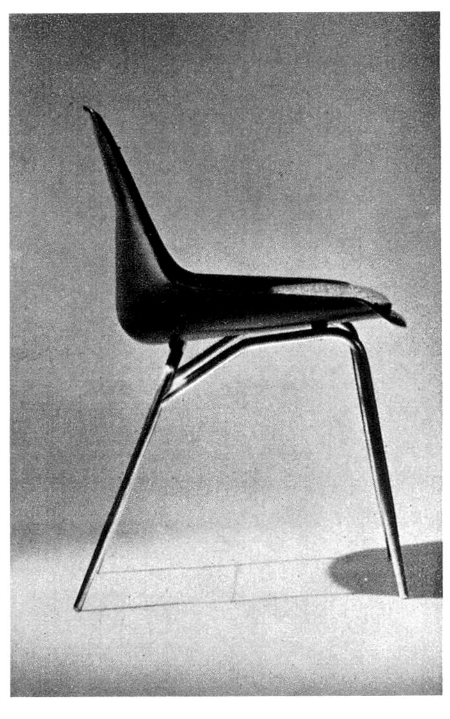

sedia danese in poliestere rinforzato

Questa è la prima sedia danese di serie in poliestere rinforzato, disegnata dall'architetto Ib Kofod Larsen e prodotta da Vermund Larsen, Norresundby, e dalla Glafitex, Lyngby. Il sedile, in un pezzo unico, è prodotto in diversi colori; le gambe sono in tubo d'acciaio, conico, e i piedini sono in plastica trasparente, quasi invisibili, e scivolano facilmente sul pavimento. Entrerà fra breve in produzione una versione a braccioli di questa sedia.

nuova sedia italiana per la serie

Sedia con sedile in un unico pezzo di lamiera di ferro ritagliata e piegata con una sola saldatura. La forma permette di ricavare tre sedili da una lastra di lamiera di 2 x 1. Le gambe sono collegate al sedile da cuscinetti in gomma. La sedia è prodotta in serie dalla Mopa di Milano.

nuova sedia tedesca per la serie

Sedia tedesca in plastica, disegn[ata] da Georg Leowald per la Wilkha[hn] Wilkening & Hahne di Espelkam[p] Mittwald; gambe in ferro, sed[ile] laccato.

New Chairs in Plastic and Wood

Chair in FRP designed by Ib Kofod Larsen for Vermund Larsen; iron-sheet chair manufactured by Mopa; chair in FRP designed by Georg Leowald for Wilkhahn Wilkening & Hahne; various chairs in FRP designed by Bruno Sardella, Bruno Vallone, Alfonso Mormile and Gio Accolti Gil; wooden chair designed by Augusto Romani for Cassina

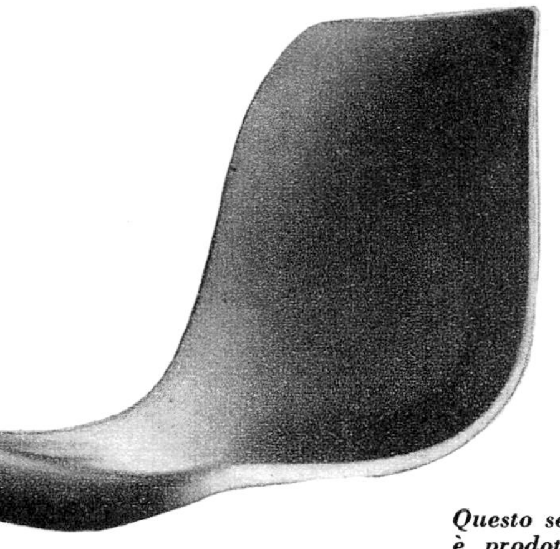

...dile in plastica, di serie; varianti ... supporti

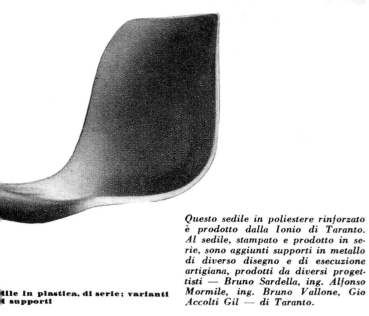

Questo sedile in poliestere rinforzato è prodotto dalla Ionio di Taranto. Al sedile, stampato e prodotto in serie, sono aggiunti supporti in metallo di diverso disegno e di esecuzione artigiana, prodotti da diversi progettisti — Bruno Sardella, ing. Alfonso Mormile, ing. Bruno Vallone, Gio Accolti Gil — di Taranto.

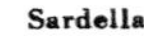

Sardella

Vallone

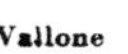

Vallone

Vallone

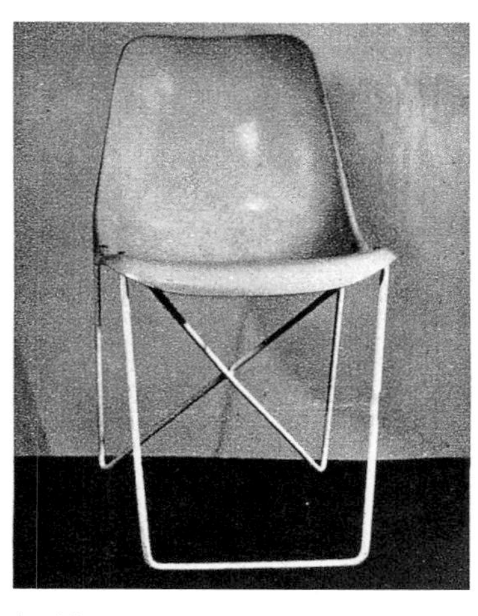

Accolti

Mormile

nuova sedia italiana in legno

...dia disegnata dall'arch. Augusto ...mano, Torino, e prodotta da Cas...a, Meda. La struttura è in fras...so, il sedile è in nastro cord e ...mmapiuma.

Interni al mare

Franco Albini e
Franca Helg, arch.tti

Questi ambienti appartengono ad una casa che sorge sulla riviera di ponente; l'intervento dell'architetto, chiamato a sistemarli, non si è potuto estendere alla architettura degli interni, prestabilita, e si è dovuto risolvere nell'arredamento: mobili, colori, alcuni serramenti.
In gran parte l'architetto si è valso di mobili da lui disegnati per la serie (vedi le sedie, il tavolo da pranzo, le poltrone, gli armadi).
Tutti i mobili sono in noce, i ripiani a muro sono in ardesia, i pavimenti in ceramica di Albisola.

Veduta dal soggiorno al pranzo

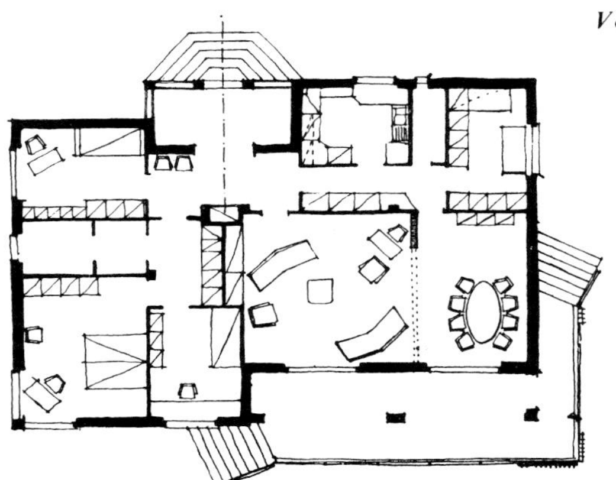

domus 313
December 1955

Seaside Apartment Interiors

Interiors of a house by the sea designed by Franco Albini and Franca Helg: views of living and dining area, floor plan, detail of bedroom fittings, wardrobe, child's room with toy cupboard and desk

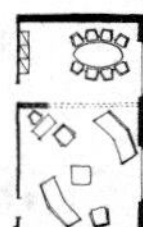

La porta a fisarmonica « modern fold », rossa, separa la zona del pranzo da quella del soggiorno, nel grande ambiente unico.
Il tavolo e le poltroncine da pranzo sono disegnati per la serie; così il tavolino e le due poltrone nel soggiorno (poltrone Fiorenza, della Ar-flex). I due grandi divani, uguali, sono lievemente incurvati. Le lampade sono di Arteluce. La libreria incassata ha ripiani in ardesia.

A destra, la sala da pranzo.

foto Casali-Domus

foto Casali-Domus

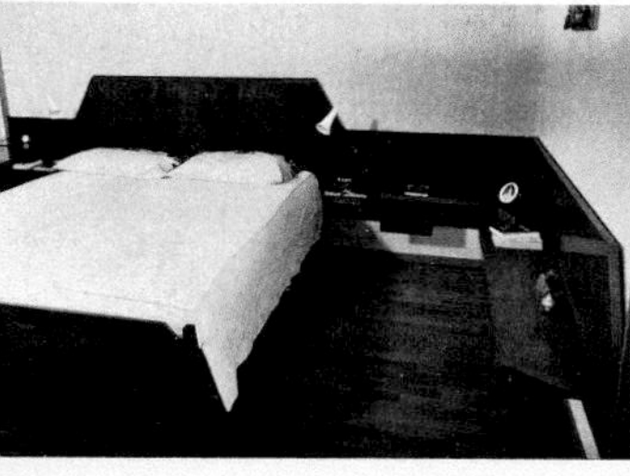

Di disegno particolare, la testiera del letto a due piazze, che prosegue ad angolo lungo la parete, diventando piano d'appoggio per la toletta. Nella foto qui sopra a destra, un armadio con le quattro ante rivestite in cinz di Fede Cheti plasticato.

la stanza del bambino
Franco Albini e Franca Helg, arch.tti

Nella stanza del bambino, il mobile per i giocattoli ha le ante scorrevoli rivestite in formica colorata: così il piano della piccola scrivania.

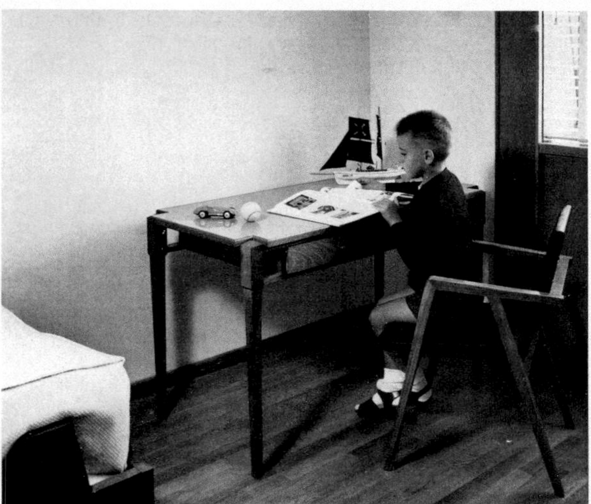

foto Casali-Domus

Translation
see p. 557

foto Casali-Domus

Lavoro e divertimento di Fornasetti

Una serie di nuovi pezzi di Fornasetti: divertimenti in forma di pezzi unici, e in forma di produzioni. Poichè il divertimento è la chiave del suo lavoro, e Fornasetti lavora molto: gli oggetti da lui fatti e stampati girano ormai in tutto il mondo, da Stoccolma (Svenska Tenn) a Parigi (Arcet) a New York (Lord and Taylor, Bonwitt Teller, Sacks Fifth Avenue); oltrechè in Italia (con Venini), tanto che si può dire che Fornasetti è diventato una specie di caso italiano: una serie di qualità della fantasia e della tecnica artigiana italiana, riassunte in un uomo solo, più qualche segreto.

Papier peint «Gerusalemme» in co e nero, di Fornasetti, nell'in so della sua casa a Milano.

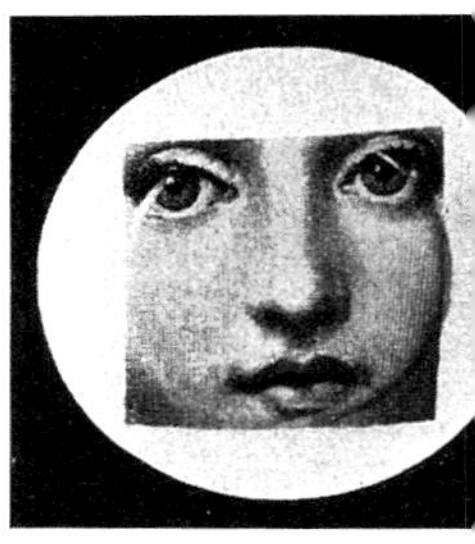

Work and Whimsy by Fornasetti

Designs by Piero Fornasetti: *Jerusalem* wallpaper in the entrance of his house in Milan and *La Scaletta* screen

Paravento «la scaletta», edizione 1955, stampato in bianco e nero, a quattro ante, montato su ruote; metri due per due.

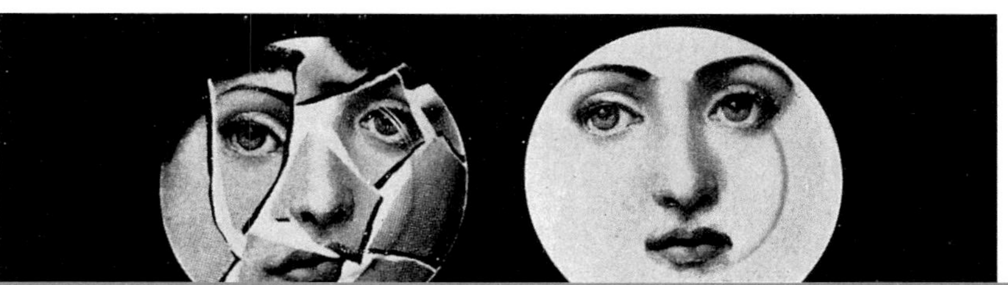

Translation
see p. 557

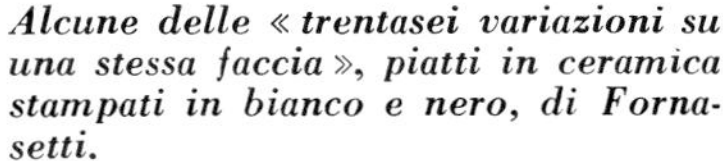

Alcune delle « trentasei variazioni su una stessa faccia », piatti in ceramica stampati in bianco e nero, di Fornasetti.

Designs by Piero Fornasetti: *Themes and Variations* plates; umbrella stand, trays and bookends

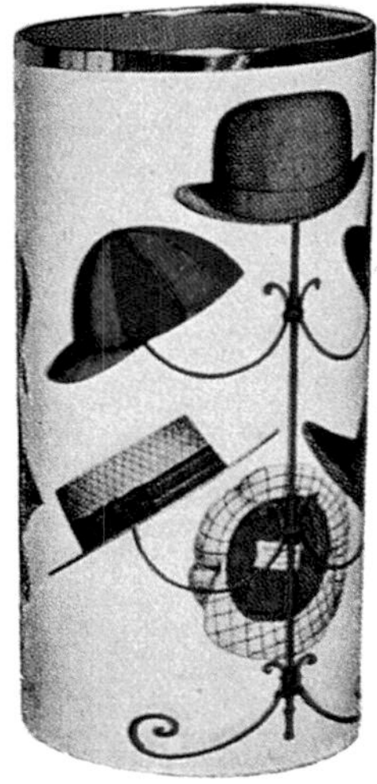

Nella casa di Fornasetti, battipanni giganteschi in giunco, da lui ridisegnati, vaso di Venini e vecchia sedia spagnola.
Qui sopra: portaombrelli in carta plastificata «i cappelli»; tre vassoi in alluminio stampato, «bicchieri», «barolo», «frutta retinata», due coppie di portalibri in ferro verniciato a fuoco, «facciate di palazzi» e «moglie e marito», disegni di Fornasetti, su fondo verde, rosso, bianco, nero.

Translation
see p. 557

domus 314
January 1956

Cover designed by
William Klein

FEATURING
Gio Ponti
Roberto Menghi
Augusto Piccoli
Sergio Mazza
Tapio Wirkkala
Lodovico. Barbiano di Belgiojoso
Enrico Peressutti
Ernesto N. Rogers
Massimo Vignelli
Lino Sabbatini
Achille Castiglioni
Pier Giacomo Castiglioni
Gino Sarfatti
Luigi Colombini
Gastone Rinaldi
Gianfranco Frattini
Ico Parisi
Sergio Conti
Luciano Grassi
Vittorio Bonacina

domus 315
February 1956

FEATURING
Max Bill
Franco Campo
Carlo Graffi

domus 317
April 1956

FEATURING
Mario Ghedina
Riccardo Nalli
Francesco Uras
Oscar Niemeyer
Martín Vegas
José Miguel Galia
Marco Zanuso

domus 321
August 1956

Cover designed by
William Klein

FEATURING
Lino Sabbatini
Sergio Mazza
Adriano Piazzesi
Andrea Ancillotti
Carlo De Carli
Bruno Morassutti
Angelo Mangiarotti
Luisa Castiglioni
Margherita Bravi

domus 318
May 1956

FEATURING
Harry Bertoia
Lionel Schein
Yves Magnant
René A. Coulon
Mario Calvagni
Eliot F. Noyes
Augusto Magnaghi
Mario Terzaghi
Osvaldo Borsani

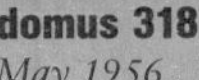
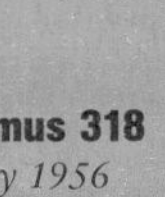

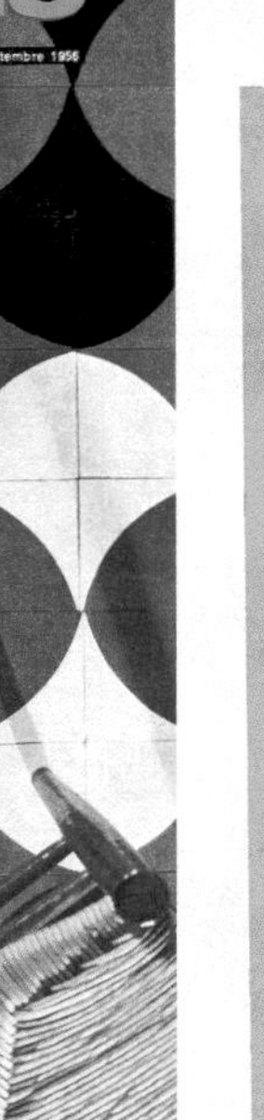

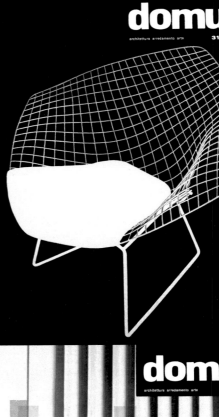

domus 314–325
January–December 1956

Covers

1956

domus 319
ie 1956

ATURING
ix Candela
torio Gregotti
dovico Meneghetti
otto Stoppino
mu Noguchi
a Johansson Pape
i Nummi

domus 320
July 1956

FEATURING
Le Corbusier
Charles Eames
Ray Eames
Craig Ellwood
Vittoriano Vigano
Roberto Men ni

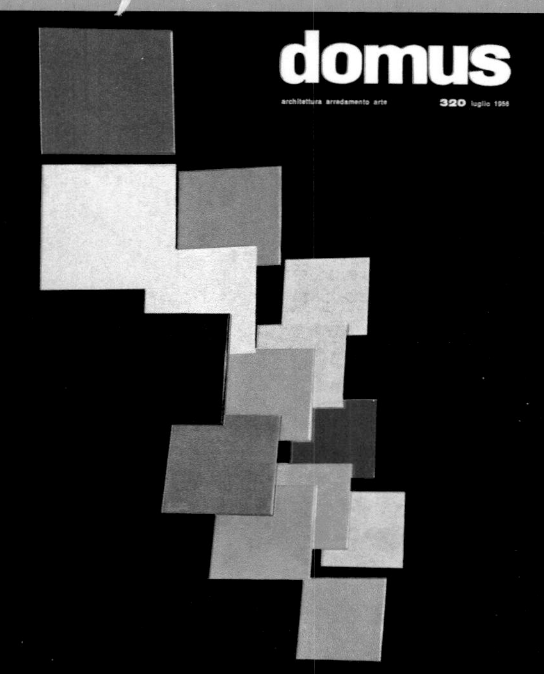

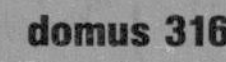

domus 316
March 1956

FEATURING
Vittoriano Viganò
Ettore Sottsass Jr.

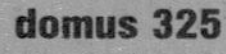

domus 325
December 1956

Cover designed by
Michele Provinciali

FEATURING
Ico Parisi
Luisa Parisi

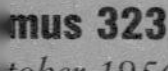

mus 323
tober 1956

TURING
Corbusier
rio Montagni
gio Berizzi
sare Buttè

mus 322
tember 1956

ver designed by
Ponti

TURING
nardo Fiori
gusto Piccoli
Parisi
isa Parisi
one Cegnar
mu Noguchi
rry Bertoia

domus 324
November 1956

FEATURING
Angelo Mangiarotti
Bruno Morassutti
George Nelson
Florence Knoll
Isamu Noguchi
Harry Bertoia
Eero Saarinen
René Jean Caillette
Piero Ranzani

Ideario d'architettura

di Gio Ponti

non il passato ma le leggi d'architettura

Ci serve il passato quale ce lo rappresentano le tradizioni formali ed accademiche, tradizioni che sono poi transitorie, epoca per epoca? Ci serve questo passato per costruire, oggi, una scuola, un ospedale, uno stadio, una biblioteca, una banca? Tutto è mutato in questi campi. Ci serve questo passato per costruire una stazione, un porto, un aeroporto? un palazzo d'uffici? degli opifici, delle centrali elettriche? No, questi edifici non esistevano nemmeno, non hanno tradizione. Ci serve questo passato per costruire le abitazioni d'oggi, completamente mutate di impiego, dimensione, struttura? Ci serve questo passato per costruire in acciaio o con quella meravigliosa materia che è il cemento armato? Non ci serve.
Le varie « tradizioni » non possono essere mai assunte come presupposti. Noi abbiamo il vezzo esibizionistico, narcisistico, dei presupposti consapevoli, procediamo per movimenti e per manifesti, ma li vedreste voi Borromini, Bernini, Guarini, proclamare: adesso facciamo il barocco? o Luigi XV dire: adesso facciamo il *Louis quinze*? Perchè una cosa sia sincera, sia vera, deve essere inconsapevole. Non dobbiamo preoccuparci di una continuità da istituire artificiosamente, apposta, perchè essa si attua naturalmente, per nostra natura e destino, senza che assumiamo quel tale passato come pregiudiziale per operare. « Quel tale passato, cioè ogni passato, cioè il passato » non ci serve, *ma ci sono invece delle leggi perenni, che non appartengono al passato nelle forme specifiche della tradizione (perchè non appartengono solo ad essa) ma che appartengono all' Architettura,* e appartengono allo spirito umano; leggi che, sempre uguali, informano l'architettura d'ogni tempo e i suoi capolavori, e costituiscono la misura dei valori d'arte, e sono immutabili.
Queste leggi ci servono! Esse sono la continuità. Sono leggi di equilibrio, di proporzione, di coerenza, di essenzialità, di purezza, di serenità, di cui vibrano poeticamente le autentiche opere d'arte architettonica, che ci rapiscono nel mirarle.
E noi le esprimeremo modernamente secondo la nostra natura.

la forma è sempre astratta, e il "valore" d'arte è sempre astratto

Normalmente la gente riconosce, tanto per intendersi, due sorte di forme: le forme astratte, le forme naturali.
Le forme astratte sarebbero quelle che non hanno riferimento in qualcosa di esistente in natura, che non sarebbero cioè « vere ». E le forme naturali sarebbero quelle che si riferiscono alle forme che conosciamo in natura; forme cioè delle creature umane ed animali, forme vegetali o minerali, ecc. E queste sole sarebbero « vere ».
Questa classificazione, più che consueta, può servire per intenderci, solo come puro riferimento; perchè invece è vero tutto quello che esiste — quindi sono vere anche le forme astratte.
Tuttavia molte brave persone sono proclivi a non considerare forme le forme astratte: per esse non esistono che forme naturali, e l'astrattismo è una diavoleria, ecc. ecc. Invece, se vogliamo almeno considerare le cose con chiarezza, dobbiamo pur riconoscere che il concetto di forma è, come tutti i concetti, una astrazione, e che in conseguenza tutte le forme, e quindi anche quelle naturali considerate come forme, sono astratte.
Come — dirà qualcuno — astratta anche la forma di un fiore? anche quella, per fare un esempio concreto, di un garofano?
Questa — risponderò — è classificabile come naturale solo per riferimento al fatto che un garofano esiste, ed appunto gli è riferibile assieme al colore, l'umore, l'odore, la freschezza, la vita, ma se la consideriamo in quanto forma, ci troviamo soltanto di fronte ad una sorta di cartoccio, che potrebbe anche essere una invenzione formale, e per la quale il garofano potrebbe anche non esistere.
Quel cartoccio interessantissimo esiste anche prescindendo dal garofano; esso è la forma, una forma, e rimarrà anche quando del garofano non ci si ricorderà p
Come forma anche essa è d
que astratta. Toglietele col
(cioè sbiancatela), odore, um
rimarrà la forma, non sarà
un garofano, sarà una forma,
forma, quindi una cosa astra
Quindi anche la forma del ga
fano, *come forma*, è astratta.
Così, se si vogliono altri esen
noi ammiriamo in quadri e
tue le pieghe panneggiate
mantelli di madonne, santi,
vrani, dame, personaggi, ma l
canto maggiore o minore di q
ste « pieghe » è un valore ast
to, è l'astrattezza della loro f
ma, dove non è più questione
mantello, sottana, cappa e pa
e via via.
Tutto ciò è detto perchè m
ancora considerano l'arte (ed
sieme la percezione delle for
solo se essa imita la natura, s
veristica (se corrisponde cio
« qualcosa che esiste già »,
sia vera). Costoro dicono « n
comprendiamo l'arte astratta,
strattismo, le forme astratte »
non comprendono che tutte le f
me, ed anche le astratte, sono «
re », e che tutte le forme,
che quelle così dette vere, s
astratte.
Essi si pongano davanti a due
tichi quadri che raffigurino,
esempio, un San Sebastiano, e
siano ambedue veristici: verist
l'anatomia del corpo in ambed
veristico in entrambe l'albero
quale il santo è legato, veris
il paesaggio e il cielo di sfon
veristiche le freccie. Tuttavia u
di questi quadri è più bello
l'altro, ha un valore superio
Questo maggior valore è forse
rivato dal fatto che esso è «
veristico »? ciò non è possib
perchè non si può esser veris
due volte. Esso è superiore
valori d'arte, per valori estet
per dei valori formali e colori
ci e compositivi che sono esc
sivamente astratti, sia nella
stanza che nei reciproci rapp
di armonia, dai quali aspetti
effetti appunto emerge la supe
rità del valore artistico di « qu
quadro sull'altro. Quindi i va
d' arte sono essi pure sem
astratti, e l'arte anche quand
« veristica » è sempre astratta
L'Architettura poi, se anche c
dizionata all'uso dell'uomo, è
te astratta.

Translation see p. 557

o Casali-Domus

Nelle architetture dette popolari, fantasia come in antico

Gio Ponti

Si facciano pure tutte le riserve che si vogliono per il suo carattere polemico, in eccesso, ma l'esperienza del colore è decisiva nel quartiere Dessiè da parte di alcuni architetti — Tevarotto, Figini e Pollini, Latis, Ponti e Gho da un lato, e Ponti, Fornaroli, Rosselli dall'altro.
Di alcune di queste ultime costruzioni (di quelle di Tevarotto, Figini e Pollini, Latis, non abbiamo ora purtroppo le fotografie) siamo in grado di dare una documentazione sulla forma e sul colore; e le accompagnamo con qualche considerazione che esse ci suggeriscono.

Con Figini e Pollini, ho partecipato alla urbanistica di questo quartiere di Milano. Gli abbiamo dato un carattere derivante dalle coesistenze ordinate di grandi elementi di cinque piani sviluppati in orizzontale, per i *coelicoli* (come dice Figini, imperterrito umanista) e di villette a un piano più il terreno per i *terricoli* (come dice ancora Figini).
Con i vari allineamenti ortogonali dei grandi elementi abbiamo tracciato degli spazi, aperti, racchiudenti un grande giardino pubblico nel quale sarà *immersa* una scuola e passeranno dei corsi di acqua; ad ogni elemento saranno aggiunti spazi cintati, per campi da gioco dei bambini.
Una certa geometricità della composizione lineare ci è stata rimproverata da Giovanni Astengo, architetto che amo ed ammiro (il suo quartiere, che si vede a destra all'arrivo in Torino dall'autostra-

. nuovo quartiere Ina-Casa Milano

Quartiere Ina-Casa nelle vie Dessiè e Harar, a Milano.
Sopra a sinistra, vedute della facciata est del grande edificio D (arch. Gio Ponti, nello studio Ponti, Fornaroli, Rosselli): in alto alla facciata il motivo degli alloggi duplex è l'accento che definisce la composizione, e che dà una proporzione all'edificio.

Housing and Fantasy, a New Housing Project in Milan

High-density housing scheme designed by Gio Ponti for the INA-Casa quarter of Milan: elevations

Translation see p. 558

da, è ammirevole): ma in realtà questa geometria non la si avverte, mentre essa rimane, in forza dei suoi allineamenti, il recondito legame della composizione e degli spazi. (Secondo me, per le creazioni urbanistiche da realizzare subito, e complete, è giustificato un certo ordine geometrico, mentre certi tracciati ondulanti, vermicolanti, sono la imitazione non spontanea — romantica — di una «generazione spontanea» per sviluppi successivi naturalistici; queste imitazioni sono una affettazione).
Ora, senza nemmeno concordarci, ma simultaneamente e spontaneamente (fatto interessante) alcuni di noi architetti abbiam fatto « prorompere » il colore in questo quartiere. E qui va ripetuto ciò

←

La facciata ovest dell'edificio D, nella quale si compongono elementi diversi. (Le forme costituite da una pura ripetizione orizzontale di elementi uguali, non sono composizioni finite; non sono forme, non sono architetture).
La facciata, rivolta verso giardino, è colorata in bianco e rosso; vista in prospettiva, appare tutta bianca.

Housing and Fantasy, a New Housing Project in Milan

High-density housing scheme designed by Gio Ponti for the INA-Casa quarter of Milan: elevations

foto Casali-Domus

che si è notato (Domus n. 312) per le case bellamente colorate di Göteborg. Il colore è vita, è gioia, è esigenza vitale; nel comune linguaggio monotonia, cioè un solo tono o colore, vuol dire noia; noiosa anzi triste è la nebbia, è il cielo coperto, cioè è il grigio, cioè l'assenza di un accento vivo di colore, cioè l'assenza del sole che accende i colori.

L'uso *forte* del colore (non i colorini qua e là), l'uso maschio del colore va incoraggiato; dovrebbe essere una esigenza della costruzione popolare. Andate a vedere certi quartieri grigi; essi denunciano una tristezza, una miseria che pare effettivamente significare che per questa povera gente non s'ha nemmeno da pensare a dare la gratuita gioia del colore, d'un colore che non sia il colore miseria, il grigio.

Il colore è anche segnale, aiuta la memoria ed eccita la fantasia; è una indicazione topografica. E queste illustrazioni mostrano, oltre il colore, i giochi e le mutazioni di rapporti che secondo le diverse prospettive la forma può dare agli aspetti coloristici. Un aspetto è tutto rosso, un altro è bianco e rosso, ma sotto diversa prospettiva è tutto bianco. E ciò deriva dalle forme, dai particolari delle forme.

Ma quanto alla forma, un altro aspetto vorrei mettere in rilievo, a proposito di questi edifici: il fatto della forma « finita ». Nelle due costruzioni che presentiamo, la forma è finita, è conclusa: nella prima (quella rossa) con il motivo dei « duplex » in alto, nella seconda (quella gialla) con le falde del tetto che si alzano alle due estremità fino al livello superiore del tetto in pendenza. In entrambe la forma non si può accrescere nè in lunghezza nè in altezza.

Questa « composizione » conferisce una dignità di edificio alla costruzione, le dà una unità, ed ecco che le abitazioni popolari sono così sottratte all'altro concetto, che ancora sussiste, che per il popolo (come se tutti assieme non gli appartenessimo e non lo com-

…artiere Ina Casa nelle vie Dessiè-…rar a Milano. Vedute della facciata …rd dell'edificio C (arch. Gio Pon-… ing. Gigi Gho); le falde del tetto …e si alzano alle due estremità con-…dono la composizione (che rag-…nge così una forma chiusa, finita).

Translation
see p. 558

ponessimo) non sia il caso di architettare, ma sia sufficiente fornire abitazione, in casamenti formati dalla successione, secondo necessità, di un unico elemento ripetuto. Questo concetto limitativo, restrittivo, è antisociale: noi al popolo dobbiamo dare tutto; al popolo vanno cioè dedicate delle vere e proprie architetture, non delle fette di architetture. Solo quel che è architettura, cioè una composizione architettonica, è sociale, perchè si addice alla dignità d'abitare dell'uomo. Dobbiamo, il popolo, onorarlo con l'architettura, e bisogna che esso si onori di sentire che alla sua abitazione si è dedicata una architettura. Dobbiamo dare anche questo servizio sociale — l'architettura — oltre il servizio sociale urbanistico (strade, giardini, centri, ecc.) e quello sociale della tecnica e dell'economia (piante ben fatte, buone finiture, servizi igienici, ecc.). Diamo poi al popolo, cioè a noi, anche della fantasia (altro servizio sociale) come il popolo se la dava in antico.

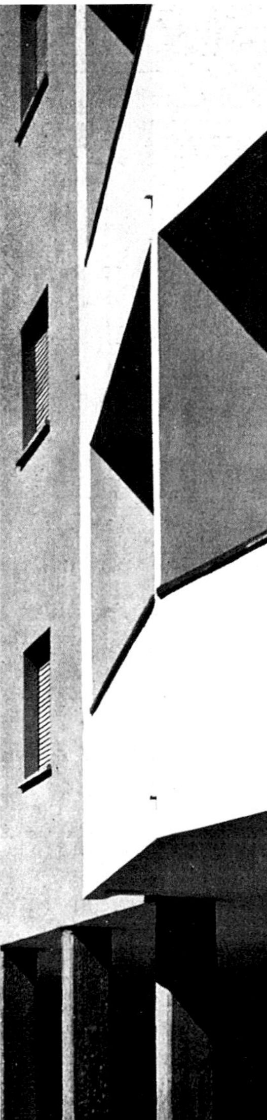

E per riprendere alcuni altri concetti sulla « casa popolare » — come essa non debba essere popolare, cioè discriminata, ma debba essere detta e considerata una casa *civile* ad alloggi piccoli; e come a questa civiltà vadano conferiti tutti gli attributi creativi, cioè, oltre le belle architetture, il colore, gli spazi, le vedute, i giardini, le acque (vedi Le Corbusier a Nantes) — aggiungo, nella pagina che segue, quanto già ho avuto occasione recentemente di scrivere, più ampiamente, sull'argomento.

Vedute della facciata sud, verso giardino, dell'edificio C (arch. Gio Ponti, ing. Gigi Gho).
Le piante ad alloggi ventilati, in questo edificio, rappresentano uno sviluppo particolare dei normali schemi.

un nuovo quartiere Ina-Casa a Milano

Housing and Fantasy, a New Housing Project in Milan

High-density housing scheme designed by Gio Ponti for the INA-Casa quarter of Milan: elevations and detail of balconies

Translation see p. 558

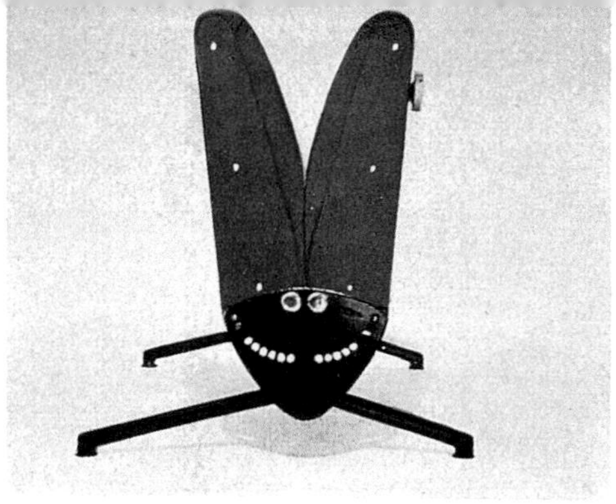

domus 313
December 1955

Advertising

Tecno advertisement showing *Model No. D-70* sofa, armchair and desk designed by Osvaldo Borsani

Pareti colorate, disegni nel pavimento

Roberto Menghi, arch.

foto Casali-Domus

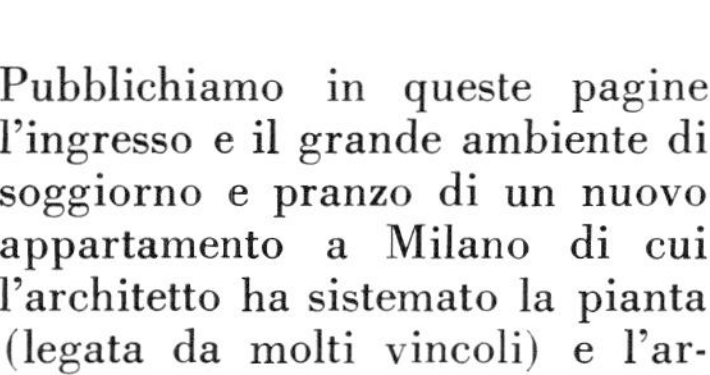

Pubblichiamo in queste pagine l'ingresso e il grande ambiente di soggiorno e pranzo di un nuovo appartamento a Milano di cui l'architetto ha sistemato la pianta (legata da molti vincoli) e l'arredamento.
Un arredamento composto di mobili in parte preesistenti, in parte di serie, in parte di nuovo disegno (la libreria), legati e ambientati dalle superfici diversamente colorate di pareti e soffitti. Il piccolo ingresso ha un carattere e un rilievo speciale per il grande mosaico in bianco e nero nel pavimento (il pavimento in un piccolo ambiente è la più grande superficie sgombra in vista; il disegno « fuori scala » lo valorizza).

Il mosaico di marmo bianco e nero, su disegno di Augusto Piccoli, nel pavimento dell'ingresso.

Colourful Walls and Designs for Flooring

Interiors of an apartment in Milan designed by Roberto Menghi: hallway with mosaic floor designed by Augusto Piccoli, living room and floor plan

Nel soggiorno e pranzo il colore è chiamato a proporzionare l'ambiente, che è un lungo rettangolo; azzurro carta da zucchero sui lati corti, bianco sui lati lunghi; il soffitto giallo collega e unisce le varie zone.
Le porte, rosse con stipiti bianchi, e il camino con la cappa triangolare intonacata nera entrano anch'essi nel gioco di colore.

A sinistra, scorcio dall'ingresso al soggiorno.

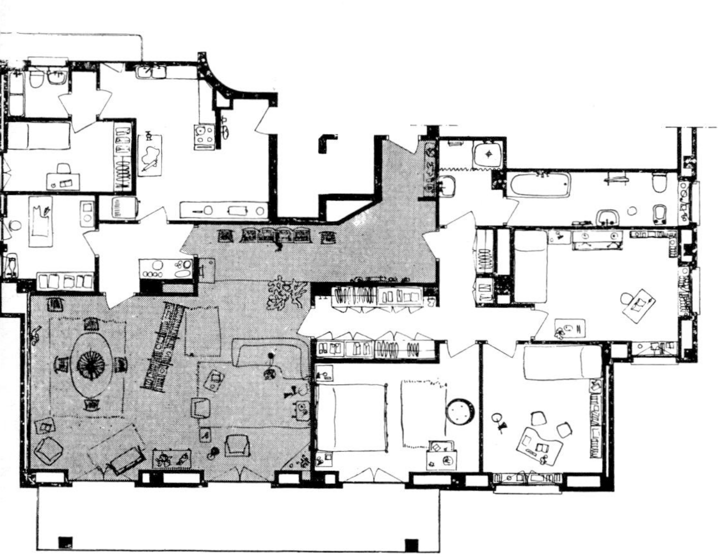

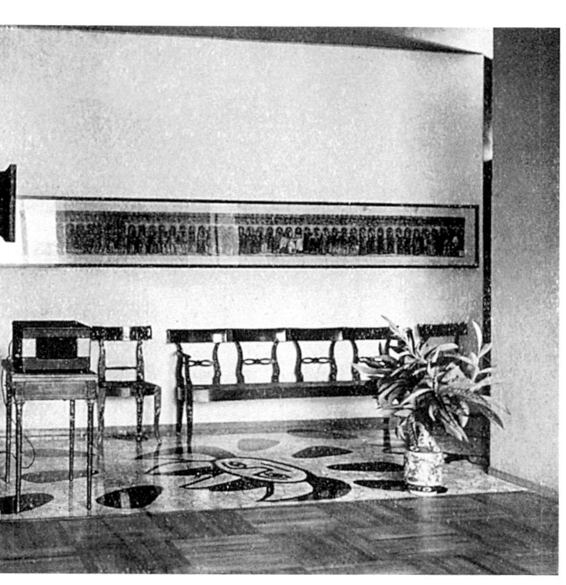

Translation
see p. 558

foto Casali-Dom

La grande libreria isolata separa il pranzo dal soggiorno: studiata per la serie, è in tubo di ferro verniciato grigio, con piedini in ottone regolabili, e ripiani in ciliegio spostabili, su sostegni in ottone lucido.
Il tavolo da pranzo è prodotto da Azucena, su disegno di Caccia; ha piano ovale in legno e gambe in ottone; sedie Chiavari campanino, lampada danese.

Il pranzo visto dal soggiorno

foto Casali Domus

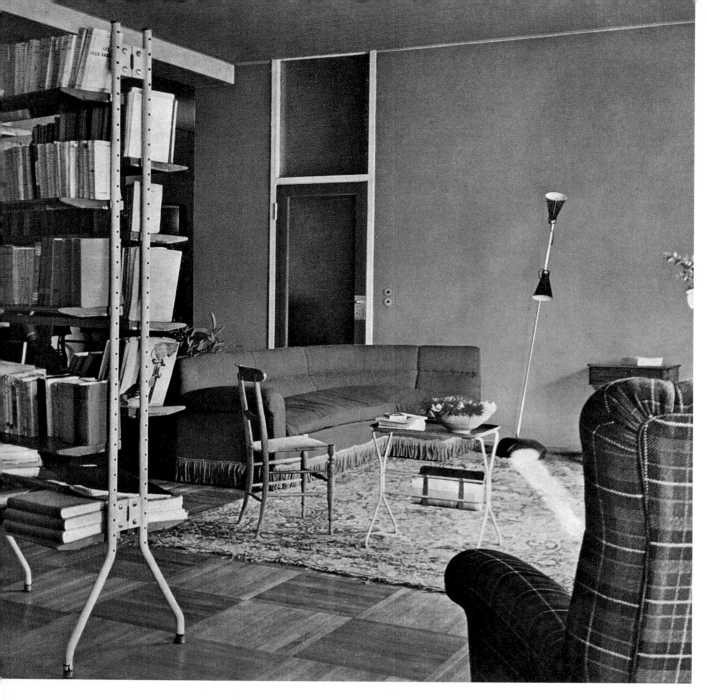

soggiorno visto dal pranzo: la lam-
da a faretti è di Azucena, il tavo-
o è svedese; si noti il disegno del-
porta, legata al gioco di colori del-
pareti e del soffitto.

Roberto Menghi, arch.

un angolo del soggiorno, il ca-
no triangolare: la cappa è in-
acata nera, la mensola è in
rmo di Candoglia bianco, il
olare in pietra molera grigia.

Translation
see p. 558

Con mobili di serie

Sergio Mazza, arch.

In un condominio a Brescia, l'architetto ha utilizzato mobili di serie per arredare, con rapidità e col minimo di spesa, un appartamento per due giovani sposi. Senza trasformare la pianta, prefissata, egli ha potuto creare, con lo spostamento di qualche tavolato e la sostituzione di un serramento, un interno unitario di grande respiro (pranzo-soggiorno-saletta da gioco), e legare con i colori delle pareti e dei soffitti gli elementi dell'arredamento di provenienza diversa.

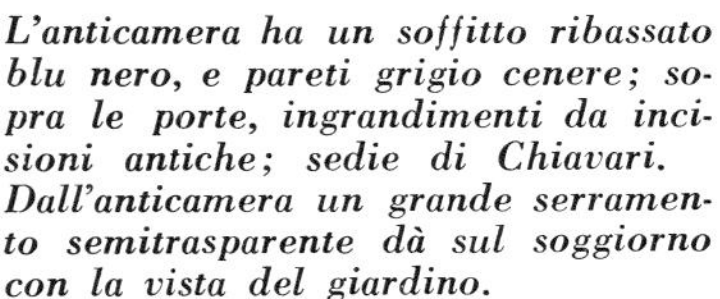

L'anticamera ha un soffitto ribassato blu nero, e pareti grigio cenere; sopra le porte, ingrandimenti da incisioni antiche; sedie di Chiavari. Dall'anticamera un grande serramento semitrasparente dà sul soggiorno con la vista del giardino.

domus 314
January 1956

With Mass-produced Furniture

Condominium for a young couple in Brescia designed by Sergio Mazza and furnished with mass-produced furniture: view from outside into living/dining area, hallway and detail of hallway window, floor plan

ra e a destra, le due estremità soggiorno-pranzo: la parete di do verso il pranzo è in cementite -nera; le altre grigie e giallo lu- il soffitto ribassato sul pranzo giallo luce. Divano e poltrone di uso per la Ar-flex, tavolo ellit- in palissandro e ottone di Cac per Azucena, sedie nere Chiava- ampanino, lampada danese in pla- a della Arform, portacenere a co- na di Azucena.

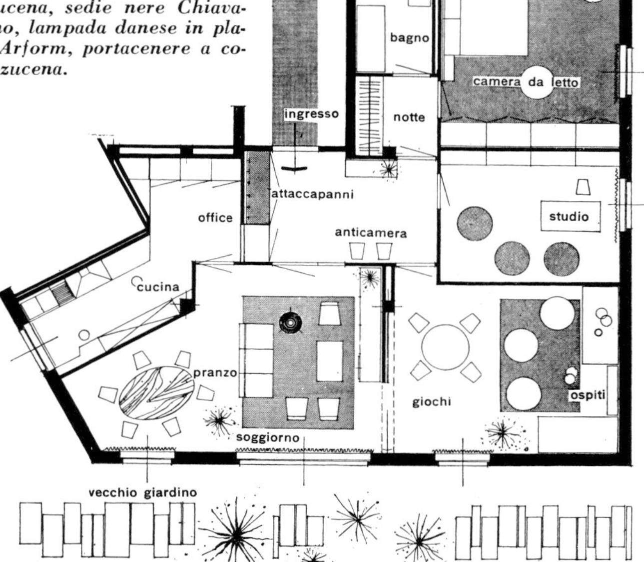

Translation
see p. 558

arredamento per due sposi con mobili di serie

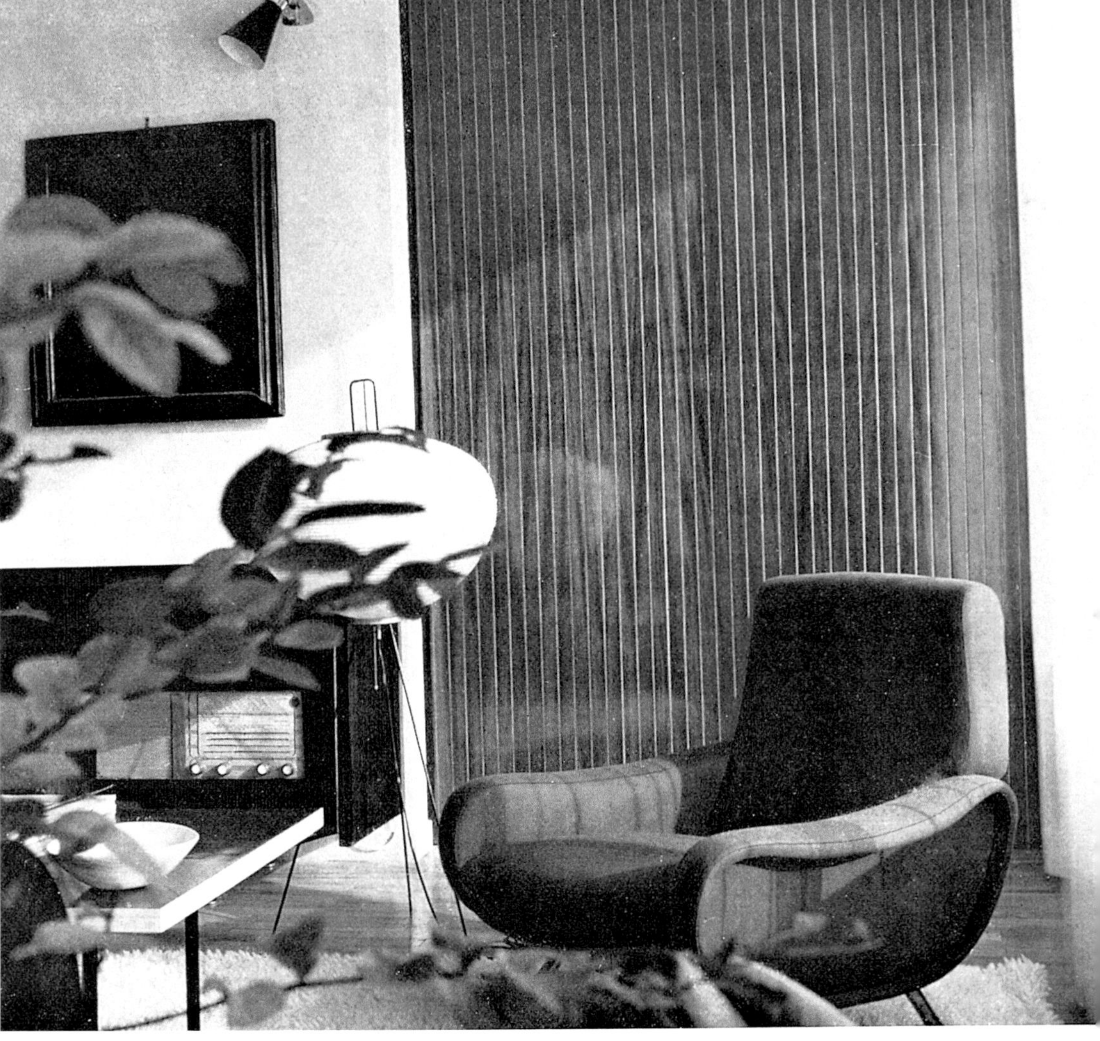

Pranzo e soggiorno sono un unico ambiente, che si può anche prolungare, aprendo la grande porta-parete scorrevole, nella camera degli ospiti (o saletta da gioco): pavimento continuo in rovere. I mobili sono tutti di serie, tranne il piccolo tavolo del soggiorno e il mobile per radio, giradischi e bar: questi due mobili disegnati dall'architetto per Erba, di Lissone, sono in palissandro con struttura metallica vetrificata nera e viti in ottone.

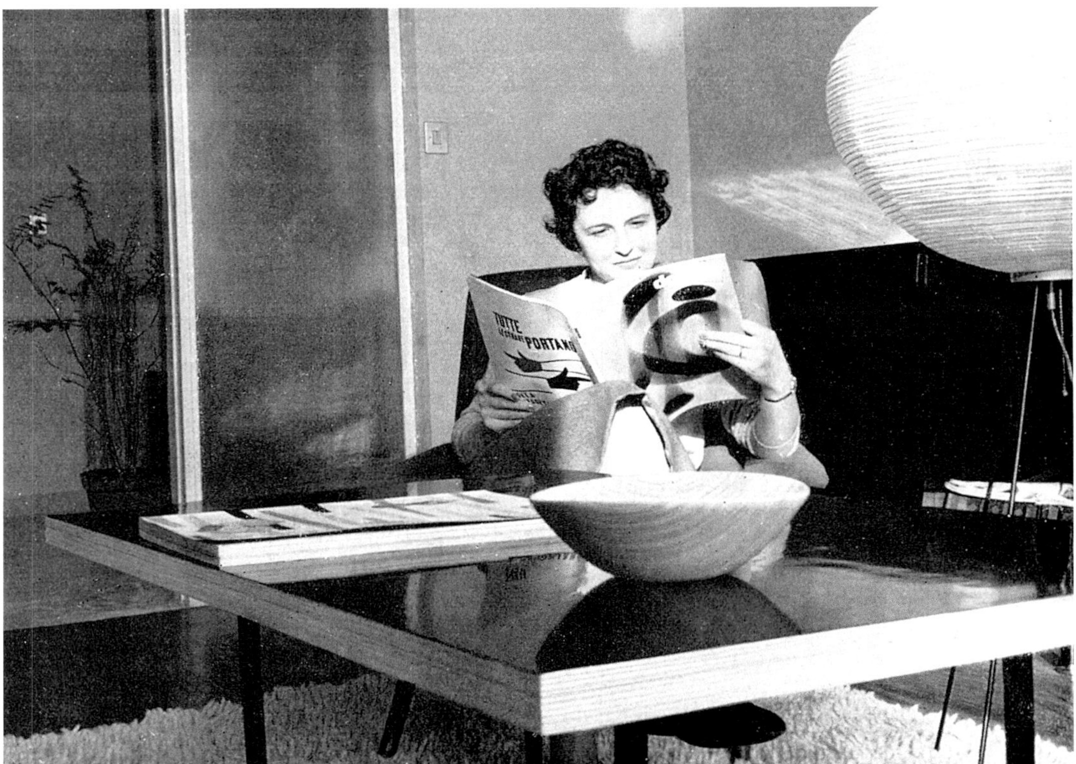

La porta-parete scorrevole, in pa sandro, tra il soggiorno e la cam degli ospiti (o saletta da gioco); l pada giapponese di Isamu Nogu della Arform, faretto in ottone e mierino di Azucena, tappeto H color lana naturale di Croff.

With Mass-produced Furniture | Condominium for a young couple in Brescia designed by Sergio Mazza and furnished with mass-produced furniture: details of living/dining area, view from dining area into living area, bedroom

duta di infilata dalla saletta da
co al soggiorno pranzo: la poltro-
imbottita in primo piano è di se-
, disegnata dall'architetto Bozzi
Saporiti; la lampada a fusto è
Azucena, il tavolo rotondo, da
co, è di Gardella per Azucena;
ie di Chiavari nere.

edamento per due sposi
mobili di serie

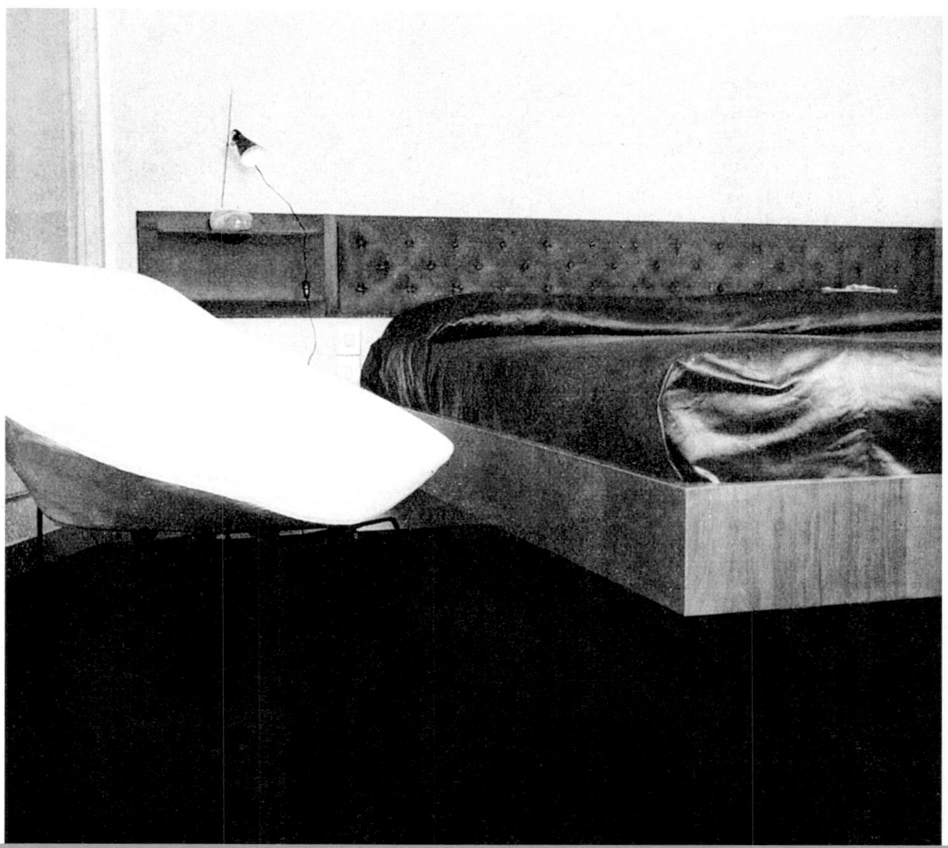

Nella camera da letto, pavimento in moquette blu, pareti grigio cenere, soffitto bianco; il letto è in pero, con struttura in ferro vetrificato nero e viti in ottone; sulle mensoline in vetro ai lati della testiera, faretti di Azucena.

Translation
see p. 558

Gli argenti di Tapio Wirkkala

Abbiamo pubblicato in occasione della X Triennale (Domus n. 300) i primi pezzi in argento di Tapio Wirkkala, una sorpresa accanto alla sua ben nota produzione in legno e in cristallo: forme nuove, delicate e continue che la materia stessa forse gli suggeriva. Qui pubblichiamo i suoi più recenti vasi in argento, e delle posate di nuovo disegno.

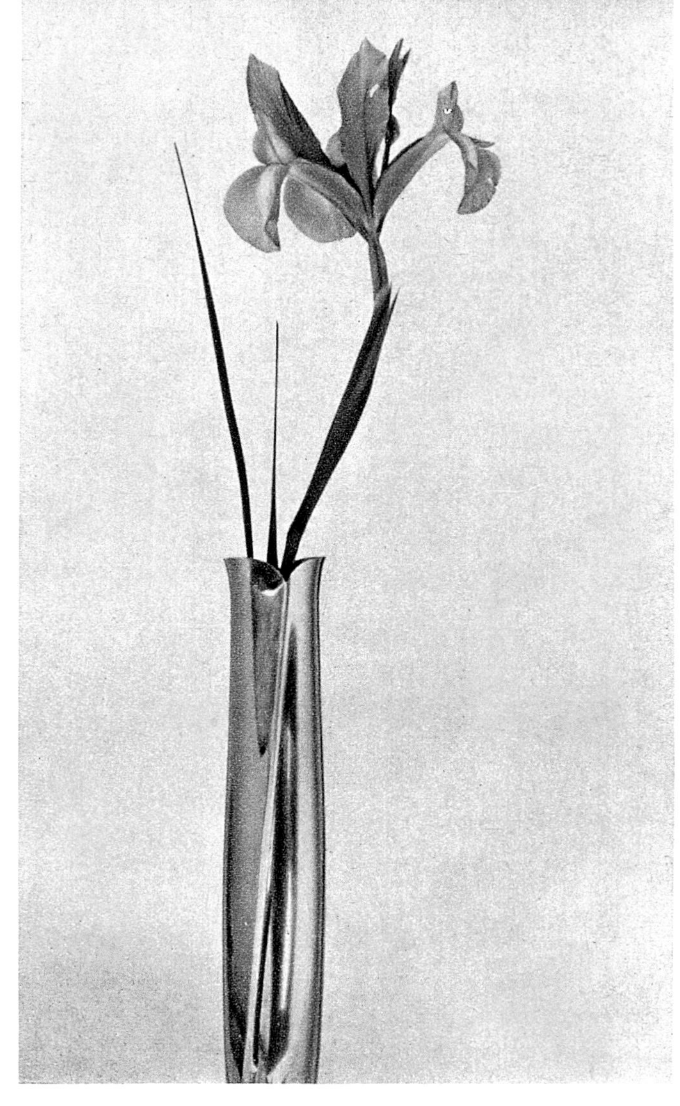

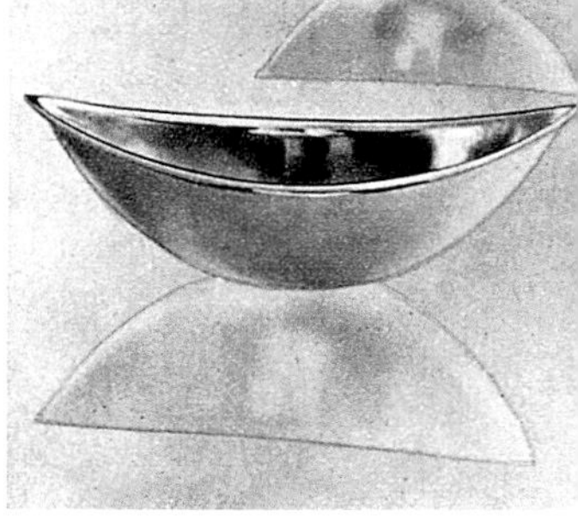

Sotto, famiglie di vasi per fiori argento: sono prismi legati l'uno l'altro da una cerniera, si che si p sono disporre in combinazioni verse; sono realizzati dalla Mani tura Kultakeskus.

Silverware by Tapio Wirkkala

Silver vases, serving ladle and flatware designed by Tapio Wirkkala for Kultakeskus

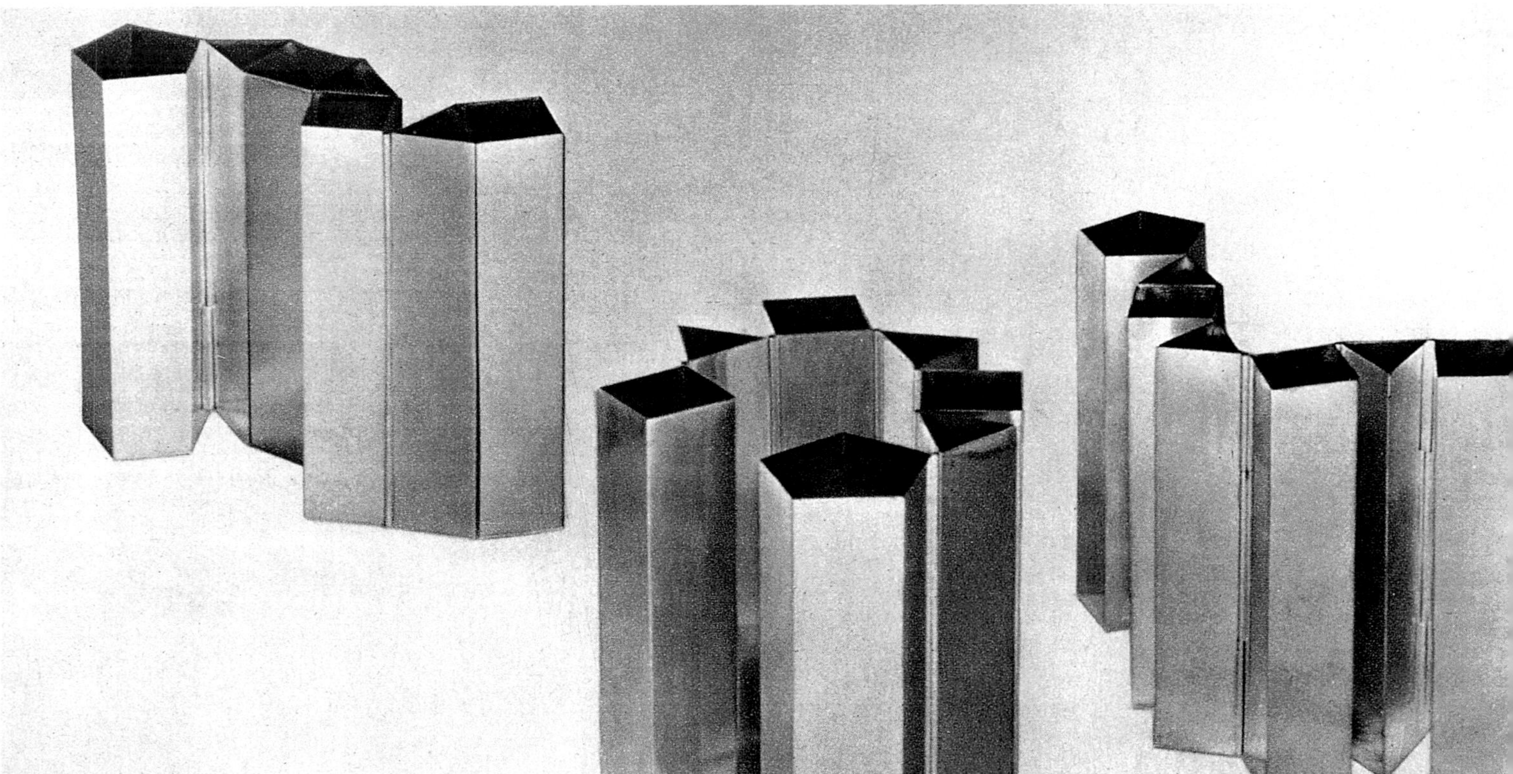

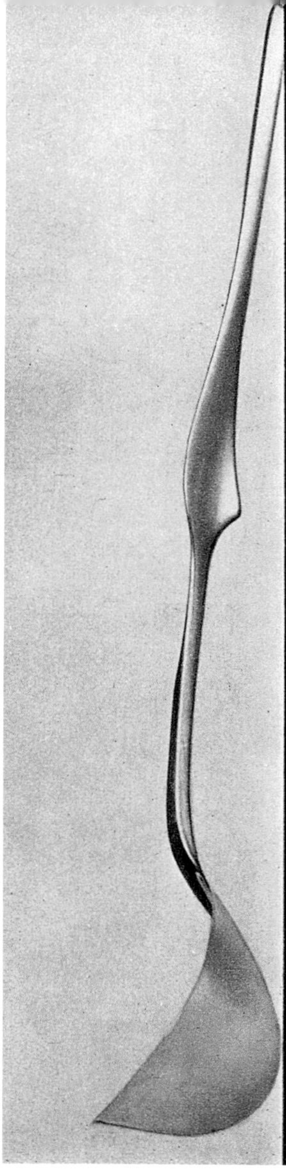

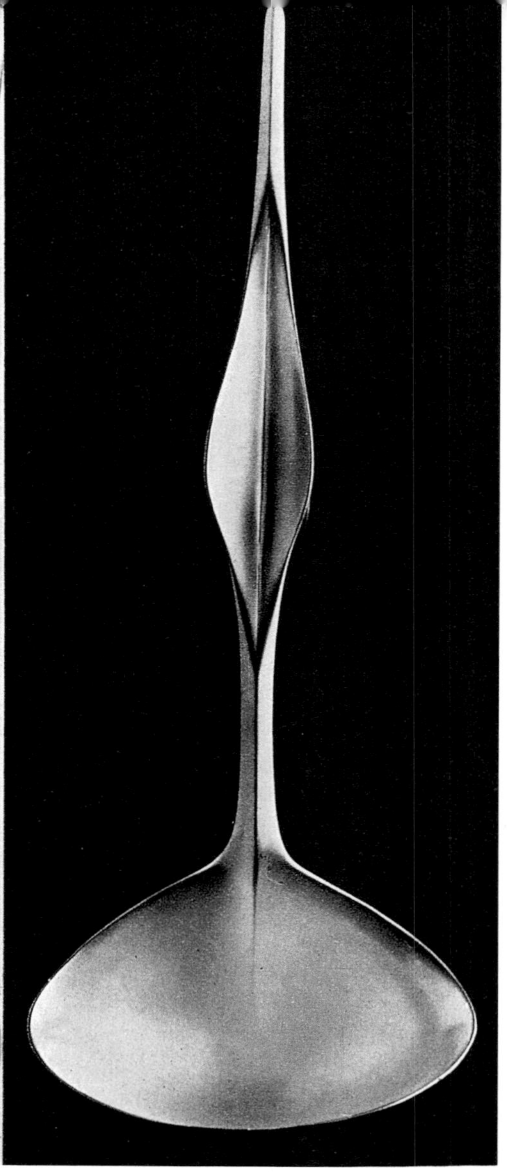

Ounamo

Sopra, mestolo d'argento, per la Kultakeskus; a destra e sotto, servizio di posate in argento realizzato per la Finlandia dalla Kultakeskus, e per l'estero dalla Rosenthal.

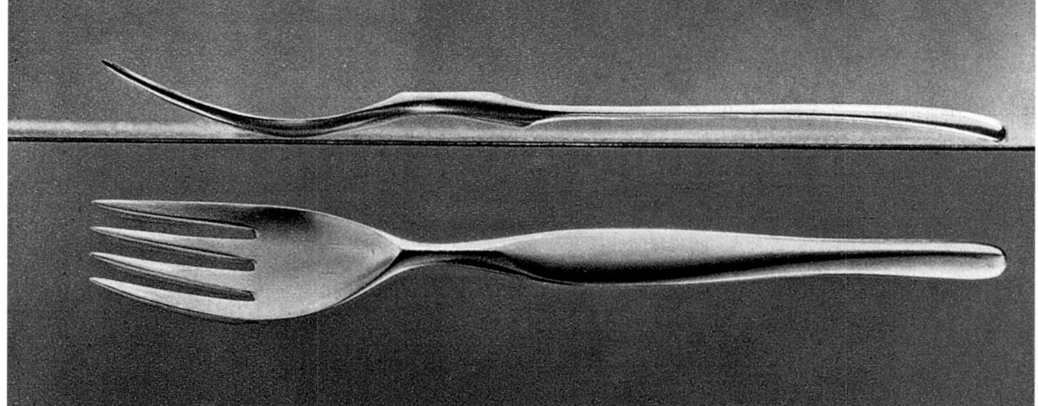

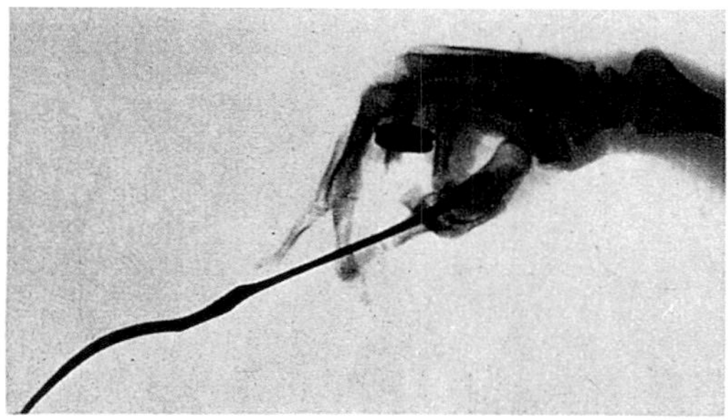

Venini vasi
Venini lampade

nuove lampade di Venini per la serie

Lampade in vetro variamente colorate, disegnate e prodotte da Venini per la serie, con la collaborazione di Massimo Vignelli.

Sotto, le lampade di Venini nel negozio Olivetti a New York, progettato da Belgiojoso, Peressutti e Rogers, arch.tti: sono in vetro colorato soffiato, di 25 cm. di diametro e 60 di altezza, la massima misura soffiabile; la forma conica del vetro esprime e segue quella del cono di luce diretto sugli oggetti esposti.

Vasi e coppe in vetro colorato a striscie in blu e rosso.

Il nome di Venini, in Europa stabilmente affermato, specie nei paesi scandinavi, dove Venini ha tenuto più di una esposizione, sta ora prendendo un particolare rilievo negli Stati Uniti.

La fantasia di Venini aveva già fatto un ingresso singolare a New York con le grandi lampade in vetro colorato soffiato del negozio Olivetti, di Belgiojoso, Peressutti e Rogers, altro singolare episodio italiano in quella città: ora Venini tiene a New York una mostra dei suoi ultimi pezzi, che illustreremo in un prossimo numero. Qui presentiamo alcuni vasi e anche una produzione totalmente nuova di Venini: lampade in vetro per la serie. Sono molto semplici nella forma e preziose nella materia e nei colori. Sono bellissime. Con esse Venini vuol dimostrare come gli artigiani italiani maestri nel vetro sappiano arrivare alle semplificazioni ed esattezze della serie senza rinunciare alla qualità dei colori, alla preziosità della filigrana. La comparsa di queste lampade sul mercato ai prezzi della produzione di serie è un avvenimento di grande interesse.

foto Paolo Venini

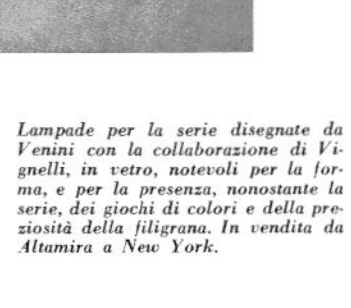

nuovi vasi di Venini

Vasi, coppe e piatti in vetro a filigrana, alcuni bianchi, altri colorati in grigio, blu, rosa.

Lampade per la serie disegnate da Venini con la collaborazione di Vignelli, in vetro, notevoli per la forma, e per la presenza, nonostante la serie, dei giochi di colori e della preziosità della filigrana. In vendita da Altamira a New York.

Venini Vases, Venini Lights

Glassware produced by Venini: vases and bowls; hanging lights designed by Lodovico Barbiano di Belgiojoso, Enrico Peressutti and Ernesto N. Rogers (Studio BBPR) for the New York showroom of Olivetti (also designed by Studio BBPR); hanging lights designed by Massimo Vignelli

Nuovi oggetti in metallo

tariviste in ottone e compensato 3 A, Milano.

Quattro oggetti in metallo di particolare disegno: la grande lampada da soffitto, di Lino Sabbatini, è in lamiera laccata bianca: il portaombrelli, pure di Sabbatini, è composto da nove cilindri in ottone saldati l'uno all'altro.

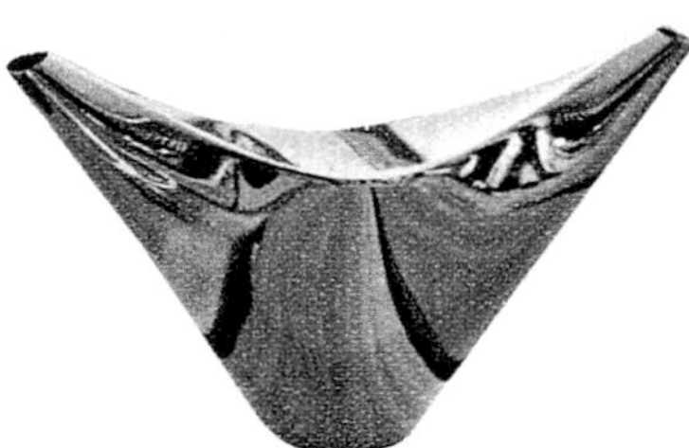

Vaso a due becchi in ottone, di Lino Sabbatini, Milano.

foto Casali-Domus

New Objects in Metal

Large ceiling light, brass vase and brass umbrella stand designed and manufactured by Lino Sabbatini; magazine rack in brass and plywood by 3 A of Milan

1

1 sedia Luisa, disegnata da Fra
Albini e prodotta da Carlo Po
Pavia; ha struttura in legno mas
cio, sedile e schienale in comp
sato. 2 lampada « Luminator » d
gnata da Achille e Piergiacomo
stiglioni, architetti, e prodotta
Gilardi e Barzaghi, Milano. 3 t
lo rotondo disegnato da Salva
Alberio arch., e prodotto da Arfo
Milano; ha struttura metallica
piano in legno.

Una selezione di gusto per la casa

Il premio « La Rinascente Compasso d'oro » 1955, premio per il buon disegno negli oggetti di produzione italiana (Domus numeri 304 e 308), è al suo secondo anno: anche questa sua ultima e interessante edizione ci dà l'occasione di fornire — attraverso gli oggetti premiati e gli oggetti segnalati che qui pubblichiamo (e che furono esposti nella Mostra del premio, a Milano) — una utile rassegna informativa di nuove produzioni per la casa.

I mobili e gli oggetti premiati al "compasso d'oro 1955" per il buon disegno

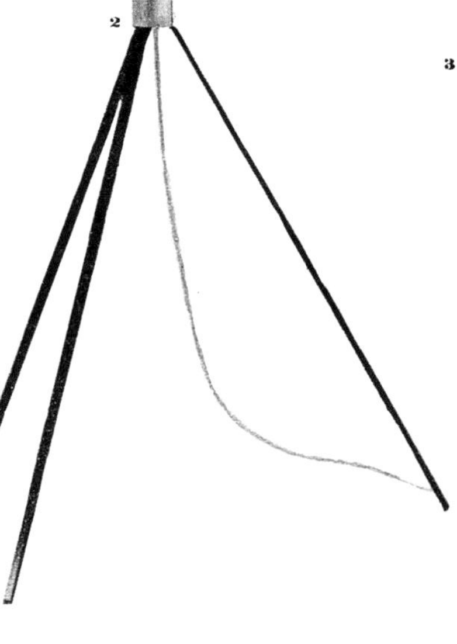

2

3

A Selection of Good Design for the Home

Prize-winning designs from the 1956 Compasso d'Oro competition, including *Luisa* chair by Franco Albini for Carlo Poggi; *Luminator* floor light by Achille and Pier Giacomo Castiglioni for Gilardi & Barzaghi; table by Salvatore Alberio for Arform; floor light by Gino Sarfatti for Arteluce; covered buckets by Luigi Colombini for Kartell

5

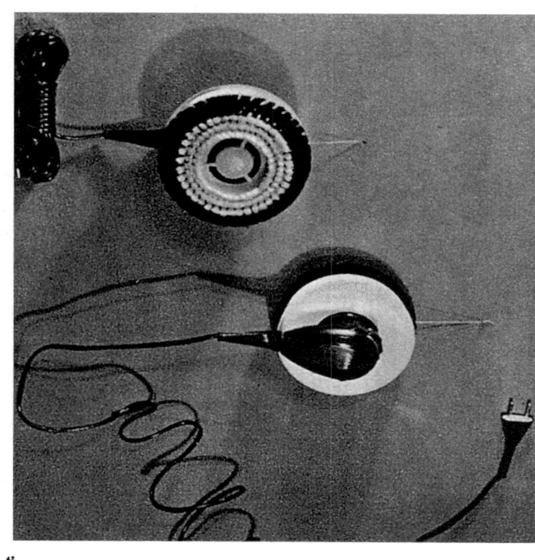

6

i mobili e gli oggetti premiati al "compasso d'oro 1955" per il buon disegno

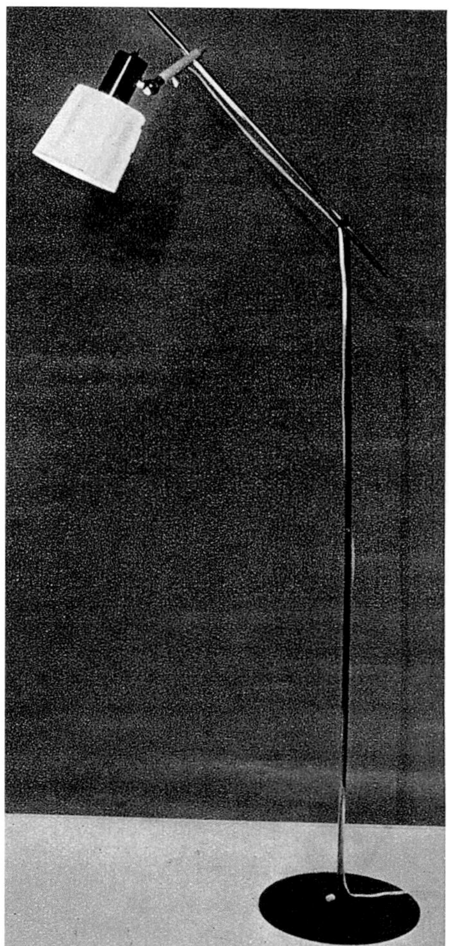

7

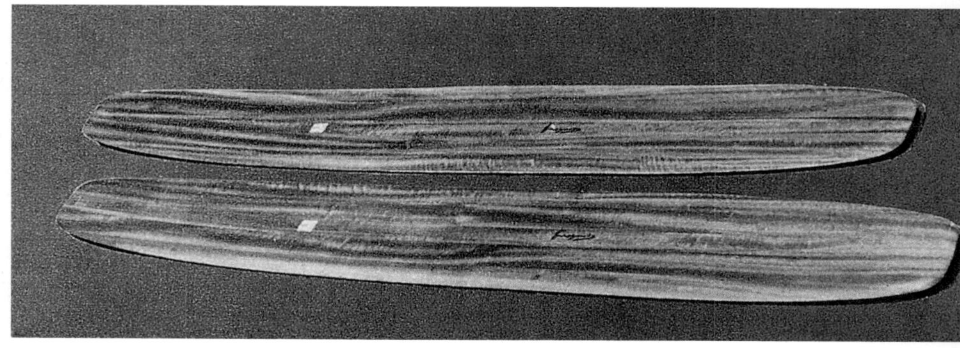

8

4 raso stampato « arcobaleno », disegnato da Gianni Dova e prodotto dalla Manifattura Jsa, Busto Arsizio. 5 ciotole e vasi in vetro disegnati da Umberto Nason e prodotti da Nason e Moretti, Murano. 6 spazzola elettrica aspirapolvere, disegnata da De Goetzen, ing., e prodotta da Elchim, Milano. 7 lampada a fusto, scomponibile, disegnata da Gino Sarfatti e prodotta da Arteluce, Milano. 8 sci acquatici da figura, disegnati da Enrico Freyrie, arch., e prodotti da F.lli Freyrie, Eupilio. 9 impermeabile in nailon, disegnato da Ubaldo Dreina e prodotto da San Giorgio, Genova. 10 bottiglie termiche « Verex », disegnate da Egon Pfeiffer e prodotte da Dewas, Milano. 11 secchiello termico per ghiaccio, disegnato da Bruno Munari e prodotto da Attualità Artistiche Artigiane, Milano 12 secchio in polietilene con coperchio, disegnato da Luigi Colombini e prodotto da Kartell, Milano.

10

11

12

13

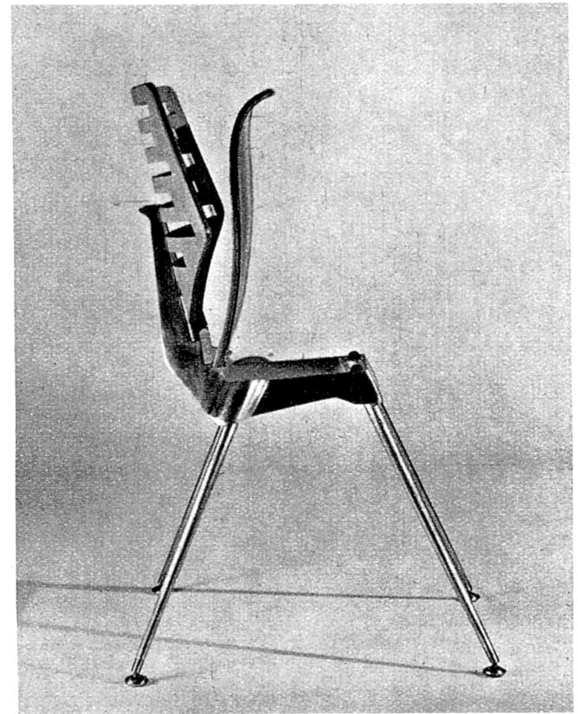

14

sedie, divani lampade, segnalati "compasso d'oro 1955" per il b[...] disegno

15

16

13, 14, 15, 16 sedie Du 67 con s[...] le ribaltabile, disegnate da Gast[...] Rinaldi e prodotte dalla Rima, [...] dova: hanno struttura portante [...] metallo, stampato o fuso, in cui [...] gono inserite le gambe; il se[...] (più largo del cassero) è ribalta[...] contro lo schienale, e ciò fa guad[...] gnare spazio nello stivamento. 17 [...] vano in compensato e gommapiu[...] disegnato da Gianfranco Frat[...] arch., e prodotto da Figli di A. C[...] sina, Meda.

foto Casali

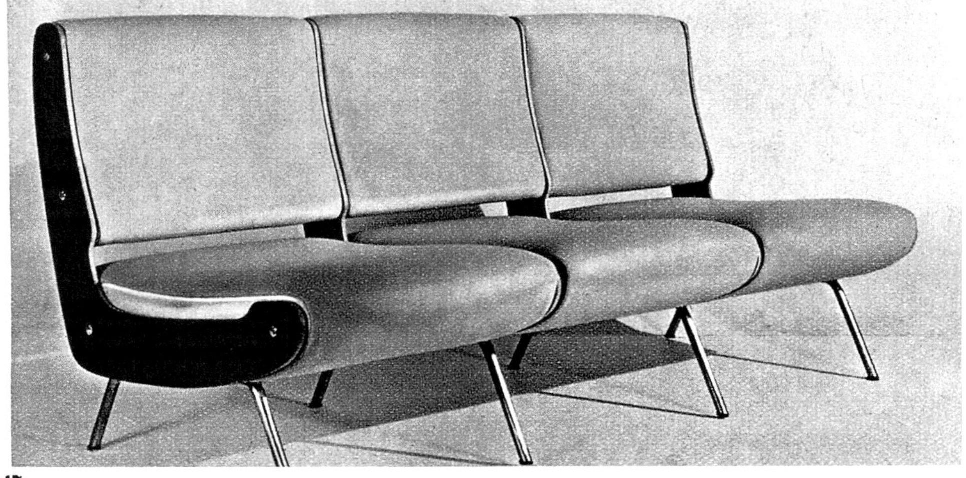

17

domus 314
January 1956

A Selection of Good Design for the Home

Prize-winning designs from the 1956 Compasso d'Oro competition: chairs by G. Rinaldi for Rima; sofa by G. Frattini for Cassina; chairs by Ico Parisi and G. Frattini for Cassina; chair by Sergio Conti, Marisa Forlani and Luciano Grassi for Emilio Paoli; floor and wall lights by Tito Agnoli for O-Luce; table light by Gino Sarfatti for Arteluce

19

sedia in compensato con gambe in tallo, disegnate da Ico Parisi, arch., prodotta da Figli di A. Cassina, da. 19 poltrona con fiancali-bracli in compensato, sedile e schiee in nastro cord e gommapiuma egnata da Gianfranco Frattini, h., e prodotta da Figli di A. Casa, Meda: smontabile, si spedisce scatola di 32 × 55 × 85.

20

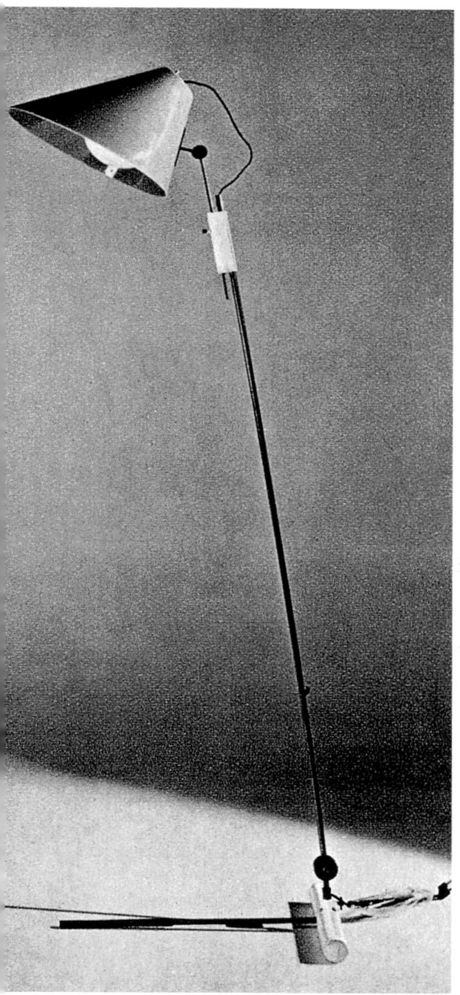

20 poltrona in ferro e rete di nailon disegnata da Conti, Forlani e Grassi arch.tti, e prodotta da Emilio Paoli, Firenze. 21 lampada sia da terra che da parete, disegnata da Tito Agnoli e prodotta da O-Luce, Milano. 22 lampada per libreria, disegnata da Tito Agnoli e prodotta da O-Luce, Milano: è scorrevole lungo un montante da fissarsi a parete. 23 lampada da tavolo a schermo regolabile, disegnata da Gino Sarfatti e prodotta da Arteluce, Milano.

22

23

stoffe, paglie e oggetti per la cucina, segnalati al "Compasso d'oro 1955,, per il buon disegno

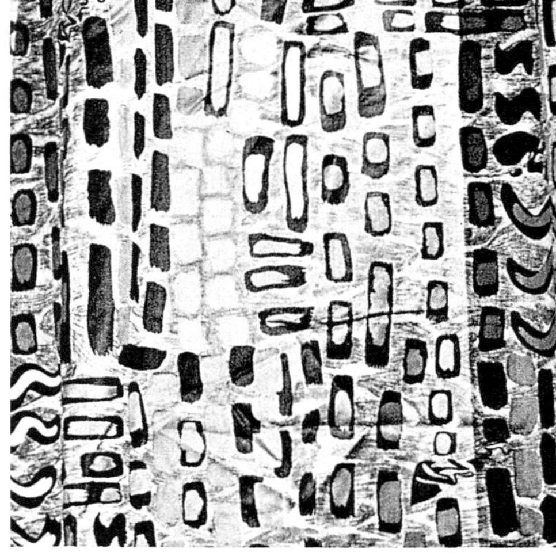

25

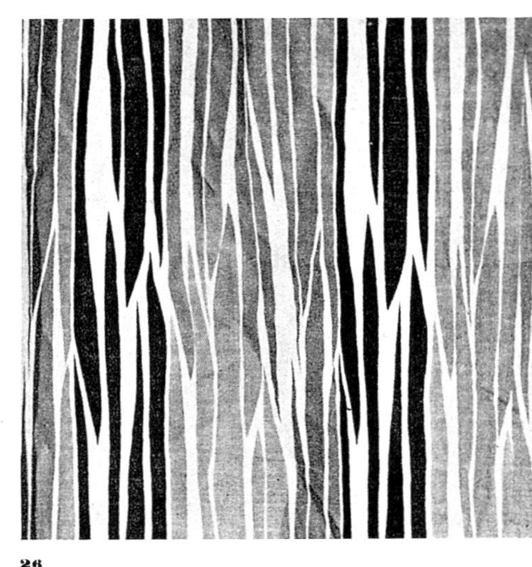

26

24

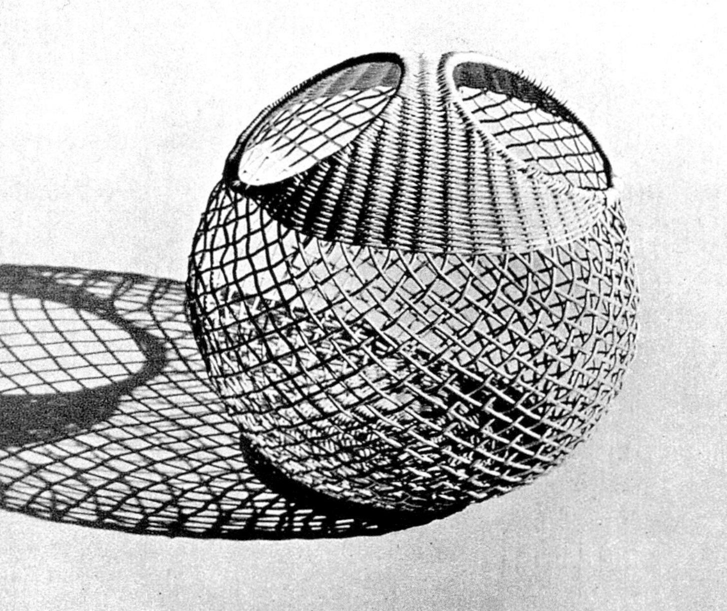

27

28

24 portariviste in metallo, disegnato e prodotto da Manichini Rosa, Palazzolo Milanese. 25 raso stampato disegnato da Gianni Dova e prodotto dalla J S A di Busto Arsizio. 26 tessuto stampato, disegnato dall'ufficio sviluppo della Rinascente, prodotto dalla Manifattura Castiglioni. 27 cesto di midollino prodotto da Vittorio Bonacina, Lurago d'Erba. scaffale in ferro plasticato, disegn e prodotto dall'ufficio tecnico Me tex. 29 tavolo per piccola colazi progettato dall'architetto Vittorio rasso, prodotto dalla Mopa. 30 gh ciaia trasportabile « Lupa », pro zione officine Cairo Montenotte, p getto ufficio tecnico.

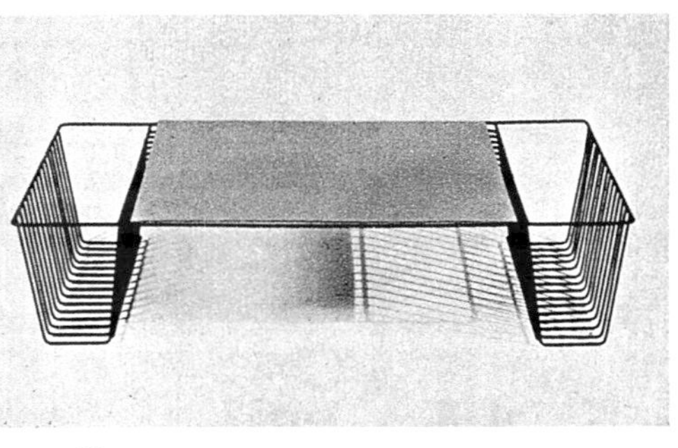

29

foto Casali

30

A Selection of Good Design for the Home

Prize-winning designs from the 1956 Compasso d'Oro competition: magazine rack by Manichini Rosa; textile by Gianni Dova for JSA; textile by Rinascente design office; basket produced by Vittorio Bonacina; rack produced by Metaltex, breakfast tray by Vittorio Morasso for Mopa; Lupo cooler produced by Cairo Montete

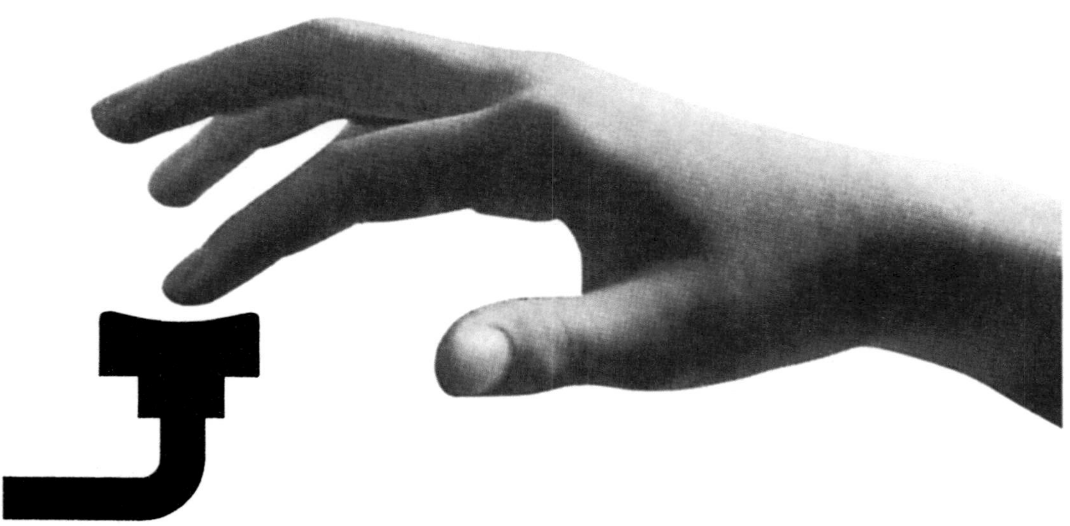

Olivetti Studio 44

Una piccola macchina da ufficio
che fornisce un lavoro di qualità elevata e costante.
Unisce le caratteristiche
di stabilità e di robustezza
dei modelli maggiori
alla mobilità ed eleganza della portatile

Advertising

Olivetti advertisement showing *Studio 44* typewriter designed by Marcello Nizzoli

SERRAMENTI DI ACCIAIO ILVA

ILVA - VADO LIGURE
VIA TRENTO, 1 - TEL. 85.146 - 85.220

ILVA

ALTI FORNI E ACCIAIERIE D'ITALIA

SOCIETÀ PER AZIONI - CAPITALE L. 20.000.000.000 INT. VERS.

SEDE E DIR. GEN. GENOVA VIA CORSICA, 4

Advertising

Ilva advertisement for steel-framed windows

Discorso di Gropius alla inaugurazione della Scuola di Ulm

Il 2 ottobre 1955 si è ufficialmente inaugurata ad Ulm, Germania, la "Hochschule fuer Gestaltung" fondata e diretta da Max Bill: la "università per la forma", la scuola-officina, con cui Bill coraggiosamente riprende le concezioni e l'opera della Bauhaus di Gropius.
Pubblichiamo il discorso, inedito, che Gropius ha tenuto nell'occasione, memorabile documento del suo pensiero e della sua fede.

L'edificio della Scuola di Ulm, di Max Bill.

Sono passati quasi trent'anni dal giorno in cui io mi trovai in una situazione analoga a quella, oggi, del professor Max Bill: e cioè quando si inaugurò a Dessau nel 1926 l'edificio da me progettato della Bauhaus.
Ma la mia partecipazione e adesione alla solennità d'oggi han ragioni più profonde; poichè noi possiamo dire che il lavoro iniziato allora nella Bauhaus, e i princípi allora formulati, hanno trovato qui ad Ulm la loro nuova patria tedesca, e la possibilità di un loro ulteriore organico sviluppo. Se questa istituzione rimarrà fedele al suo compito ideale, e se le vicende politiche saranno più stabili che a l'epoca della Bauhaus, la nostra « Università per la Forma » potrà espandere la sua influenza oltre i confini della Germania, e convincere il mondo della necessità e dell'importanza dell'opera dell'artista per la prosperità di una vera democrazia progressiva. In questo io vedo il suo grande compito educativo.

Nella nostra epoca, dominata dalla scienza, l'artista è stato quasi dimenticato; spesso anzi deriso e ingiustamente giudicato un non necessario elemento di lusso nella società. Quale nazione civile oggi sostiene l'arte come elemento integrante, essenziale, della vita del suo popolo? La Germania ha oggi, per ragione della sua stessa storia, la grande *chance* culturale di riportare in luce il valore dell'elemento magico di fronte a quello logico del tempo nostro, cioè di legittimare nuovamente l'artista reinserendolo nel moderno processo produttivo.
La ipertrofia delle scienze ha soffocato il magico nella nostra vita; il poeta e il profeta, in questo straordinario fiorire della logica, son divenuti i figli disamati di una umanità troppo pratica. C'è un detto di Einstein che illumina la nostra condizione: « Strumenti perfetti e mete confuse caratterizzano il nostro tempo ».

Il clima spirituale che predominava alla fine del secolo serbava ancora un carattere statico e conchiuso, sorretto da una fede in apparenza incrollabile nei cosidetti « valori eterni ». A questa fede è subentrato il concetto di una universale relatività, di un mondo in ininterrotta metamorfosi. E i mutamenti profondi che ne son risultati per la vita umana sono avvenuti tutti, o quasi, nello sviluppo industriale di questo ultimo mezzo secolo.

Speech by Gropius at the Opening of the School in Ulm

Hochschule für Gestaltung in Ulm designed by Max Bill: aerial view

Translation
see p. 558

Ordnung
und Schönheit
in anschaubarer
Mathematik
Donnerstagvorträge
Prof. Dr. H. von Baravalle

più profondi in questo breve periodo che in tutti i secoli della storia insieme. Tale vorticosa rapidità ha posto molti uomini in uno stato di infelice turbamento. ha rovinato i nervi di molti. La naturale pigrizia del cuore umano non può resistere a questo ritmo. Dobbiamo dunque armarci contro le scosse inevitabili, fintanto che la valanga delle cognizioni scientifiche e filosofiche ci trascina con tanta furia. Quello di cui noi evidentemente abbiamo più urgente necessità, per puntellare il nostro mondo malfermo, è un nuovo orientamento nel campo culturale. Le idee sono onnipotenti: l'indirizzo spirituale dell'evolversi umano è stato sempre determinato dal pensatore e dall'artista, le cui creazioni sono al di là della finalità logica. Ad esse noi dobbiamo tornare a rivolgerci, e fiduciosamente, altrimenti la loro influenza non sarà efficace: solo dove gli uomini accolsero spontaneamente la semente di una nuova civiltà, essa potè metter radici e diffondersi; solo dove le nuove forze creative poterono penetrare ogni aspetto della vita umana, si potè formare quella unità e quella coerenza di atteggiamenti della società che corrisponde alla sua più autentica natura, e che è indispensabile al suo progresso.

Fino a poche generazioni fa il nostro mondo sociale era un'unità equilibrata, nella quale ognuno trovava il suo posto, e le radicate consuetudini avevano il loro naturale valore. Arte e architettura si sviluppavano organicamente con lenta crescita, erano aspetti accettati della civiltà. La società era ancora un tutto. Ma poi, coll'iniziarsi dell'età della macchina, l'antica forma sociale si disgregò. Gli strumenti stessi del progresso civile finirono per dominarci. Invece di affidarsi ai principi morali, l'uomo moderno venne sviluppando una mentalità da « Gallup Poll », per così dire, fondata meccanicamente sulla quantità invece che sulla qualità e diretta all'utile immediato più che al bene dello spirito. Persino coloro che si opposero a questa monotizzazione della vita, a questo impoverimento dello spirito, vennero spesso fraintesi, e anche sospettati di voler proprio ciò che avevano deciso di combattere. E potrei forse prendere esempio da quanto è avvenuto alla nostra Università, e dalle mie stesse esperienze. Non soltanto durante la Bauhaus ma per tutta la vita ho dovuto difendermi personalmente dal rimprovero di « razionalismo unilaterale ». Non avrebbe dovuto bastare la scelta dei miei collaboratori alla Bauhaus, con le loro doti artistiche intuitive, per evitarmi ta accusa? Ma no, e anche Le Co busier fu esposto a quel me simo ingiusto sospetto, perc egli predicava il verbo de « macchina per abitare ». E può immaginare un architetto p dotato di senso magico di lu Ciononostante, i pionieri di qu sto movimento moderno venne falsamente presentati come far tici seguaci di princípi rigidi meccanici, come esaltatori de macchina, al servizio di u « nuova oggettività » ed indif renti ormai ad ogni valore um no. Poichè io stesso sono u di quei mostri, mi stupisco, pc factum, che si sia riusciti ad e stere appoggiandoci ad una co miseranda base.

In realtà, naturalmente, il nost primo problema era quello umanizzare la macchina, e di c care una nuova coerente forr di vita, problema che è quel anche di questa Scuola, e che costerà analoghe lotte.

Intesa a porre i nuovi mezzi servizio di fini umani, la Bauha attuò allora il tentativo di dim strare in pratica quel che anda predicando: la necessità di nuovo equilibrio fra le esigen pratiche e quelle estetico-psicol giche del tempo. Ricordo i prep rativi, nel 1923, per la nostra p ma esposizione, che doveva il strare la complessità della nost

Speech by Gropius at the Opening of the School in Ulm

Hochschule für Gestaltung in Ulm designed by Max Bill: elevation

Scuola di Ulm: a sinistra, i corpi gli ateliers (studii e officine) e delle le di architettura; al centro, l'ingresso principale e il rettorato; a dea, l'aula magna, la mensa e i ser i, e l'abitazione del portiere; isoa, dietro gli alberi, la casa degli denti.

concezione. Io avevo dato alla mostra il titolo «Arte e Tecnica: una nuova Unità», il che non riflette certamente una concezione meccanicistica. Il funzionalismo per noi non si identificava soltanto con il procedimento razionale, ma comprendeva pure i problemi psicologici. Nel nostro concetto la realizzazione della forma doveva «funzionare» in senso fisico e psicologico. Eravamo ben consci che le esigenze emozionali sono non meno potenti e urgenti di quelle pratiche. Ma l'idea del funzionalismo fu, e rimane ancor oggi, fraintesa da coloro che ne vedono soltanto l'aspetto meccanico. Naturalmente le macchine e le nuove possibilità scientifiche erano per noi di estremo interesse, ma l'accento cadeva non tanto sulla macchina in sè quanto sul desiderio di porla più intensamente al servizio della vita.
E se mi guardo indietro, debbo dire che la nostra generazione si è impegnata in difetto e non in eccesso a risolvere i problemi della macchina, e che dovrà essere la generazione nuova a far di essa il docile strumento per giungere alla forma, se vorrà che lo spirito riprenda il suo predominio.

Tutti i problemi della bellezza e della forma sono problemi di *funzione* psicologica. In una civiltà unitaria essi sono presenti nel processo della produzione in tutti i suoi aspetti, dalla progettazione di un oggetto d'uso a quella di un grande edificio. E' compito dell'ingegnere arrivare ad una costruzione tecnicamente funzionante; l'architetto, l'artista, cercherà l'*espressione*. Egli si *servirà* della costruzione, ma è soltanto al di là della tecnica e della logica che si rivelerà l'aspetto magico e metafisico dell'arte sua, quando egli possieda il dono della poesia.
Ora, un dono, un talento innato possono venir portati alla luce da quella che chiameremo una educazione creativa. Educazione ben poco significa se per educazione intendiamo soltanto un arricchirsi di cognizioni.
Mete essenziali dell'educare han da essere: chiarezza e forza di convinzioni e di idee, volontà spontanea di servire il tutto, ossia la causa comune, educazione dei sensi e non soltanto dell'intelletto. La formazione professionale tecnica e scientifica deve subordinarsi alla formazione etica. E un nuovo sistema per perdere la naturale presunzione, nei cui pericoli tutti incorriamo, è il lavoro di gruppo, il *team*, nel quale i singoli membri imparano a subordinare il proprio interesse alla causa. In questo modo colui che domani sarà un architetto, un designer, si troverà preparato a partecipare, a fianco dell'ingegnere, del commerciante, del tecnico, con pari diritti e responsabilità, al mondo della produzione. E' proprio necessario che a questa forma di lavoro di gruppo partecipi anche l'architetto: egli se ne sta immobile seduto sul suo antico mucchio di mattoni, e corre il rischio di perdere ogni possibilità di fortuna nell'ambito della produzione industriale.

Se analizziamo l'odierno mondo della produzione vi riscontriamo gli stessi contrasti che nella lotta dell'individuo contro lo spirito della massa. In contrasto al procedimento scientifico della riproduzione meccanica (parliamo oggi di *automation*), la ricerca dell'artista è di forme spregiudicate e libere, che interpretino il senso vivo della vita quotidiana. L'opera dell'artista è fondamentale per una vera democrazia e per una unificazione dei fini, poichè l'artista è il prototipo dell'uomo universale. Le sue doti intuitive ci salvano dal pericolo della supermeccanizzazione che, se fosse fine a se stessa, e impoverirebbe la vita e ridurrebbe gli uomini ad automi.
Ora, una giusta educazione può portare ad una futura giusta cooperazione fra l'artista, lo scienziato e l'uomo d'affari. Poichè solo

Translation
see p. 559

lavorando insieme essi potranno sviluppare uno *standard* di produzione che abbia per misura l'uomo, cioè che conferisca pari importanza agli imponderabili della nostra esistenza come alle esigenze fisiche. Io credo alla crescente importanza del lavoro di gruppo per la spiritualizzazione dello standard di vita, entro la democrazia. La scintilla dell'idea che prima dà vita ad un'opera si accende bensì nell'*individuo* geniale, però in stretta cooperazione con altri, in un *team*, nello scambio reciproco di idee; ed è nell'eccitante fuoco della critica che si giunge ai massimi risultati. Il lavorare in comune per un'alta meta entusiasma e accresce le capacità di tutti quelli che vi partecipano.

Vorrei augurare a Max Bill, a Inge Scholl, alla Facoltà e agli studenti di saper mobilitare in se stessi le forze creative indispensabili a questa idea di unità, e di formare un gruppo capace di affermarsi di fronte ad ogni sfida, e di serbare nelle inevitabili lotte l'alto fine che si sono proposti: di non rincorrere cioè uno stile, ma mantenersi in perenne sperimentale ricerca di espressioni nuove e di verità nuove.

Io so quanto sia difficile conservare tale linea, quando il prodotto formale della consuetudine e della tenacia conservatrice viene di continuo presentato come volontà di popolo. Ogni esperimento esige libertà assoluta nonchè appoggio di autorità e di privati di larga visione, che assistano con benevolenza alle doglie spesso mal comprensibili che accompagnano la nascita del nuovo. Date tempo a questa «Università per la forma» perchè si sviluppi in pace. Un'arte organica esige perenne rinnovamento. La storia mostra che la concezione della bellezza è andata di continuo modificandosi con lo svilupparsi dello spirito e della tecnica. Ogni qualvolta l'uomo credette di aver trovato la bellezza *eterna*, cadde nella imitazione e nella sterilità. La vera tradizione è il prodotto di un ininterrotto sviluppo; la sua qualità, perchè serva da inesauribile stimolo agli uomini, deve essere *dinamica* e non *statica*. Nell'arte non vi è nulla di definitivo, ma solo una perenne metamorfosi, parallela al mutarsi della realtà tecnica e sociale.

Nel lungo viaggio che feci l'anno scorso in Giappone, in India, nel Siam, avvicinai la mentalità orientale, mentalità tanto diversa — così segreta e magica —, da quella logicamente pratica del l'uomo occidentale. Ci porterà l'avvenire, attraverso una più ampia libertà di rapporti nel mondo, a una graduale compenetrazione di questi due atteggiamenti dello spirito? all'equilibrio fra l'elemento del sogno e dell'anima, e quello della logica e dell'intelletto? L'uomo artista è, per la pienezza della sua natura, predestinato a favorire questa compenetrazione, cominciando ad attuarla in se stesso — ed è questa una meta degna del nostro entusiasmo.

Walter Gropius

Sopra, un aspetto dell'interno della Scuola; l'impianto di illuminazione, disegnato da Walter Zeischegg.
Sotto, prodotti disegnati nella scuola: un lavabo, e una maniglia disegnata da Max Bill e Ernst Möckl.

Translation see p. 559

Aspetti di alcuni interni

Franco Campo
e Carlo Graffi, arch.tti

A Torino, in un grande appartamento, l'angolo del soggiorno: pavimento in marmo bianco venato, pareti grigio chiaro, tende alla veneziana avorio con nastro e profilo del cassonetto in blu; soffitto blu carta. Alla parete d'angolo, l'ingrandimento fotografico di un disegno; le poltrone sono rivestite in viola e in verde. Tavolino in compensato curvato di acero.

foto Moncalvo

Aspects of Some Interiors

Living room in a large apartment in Turin designed by Franco Campo and Carlo Graffi

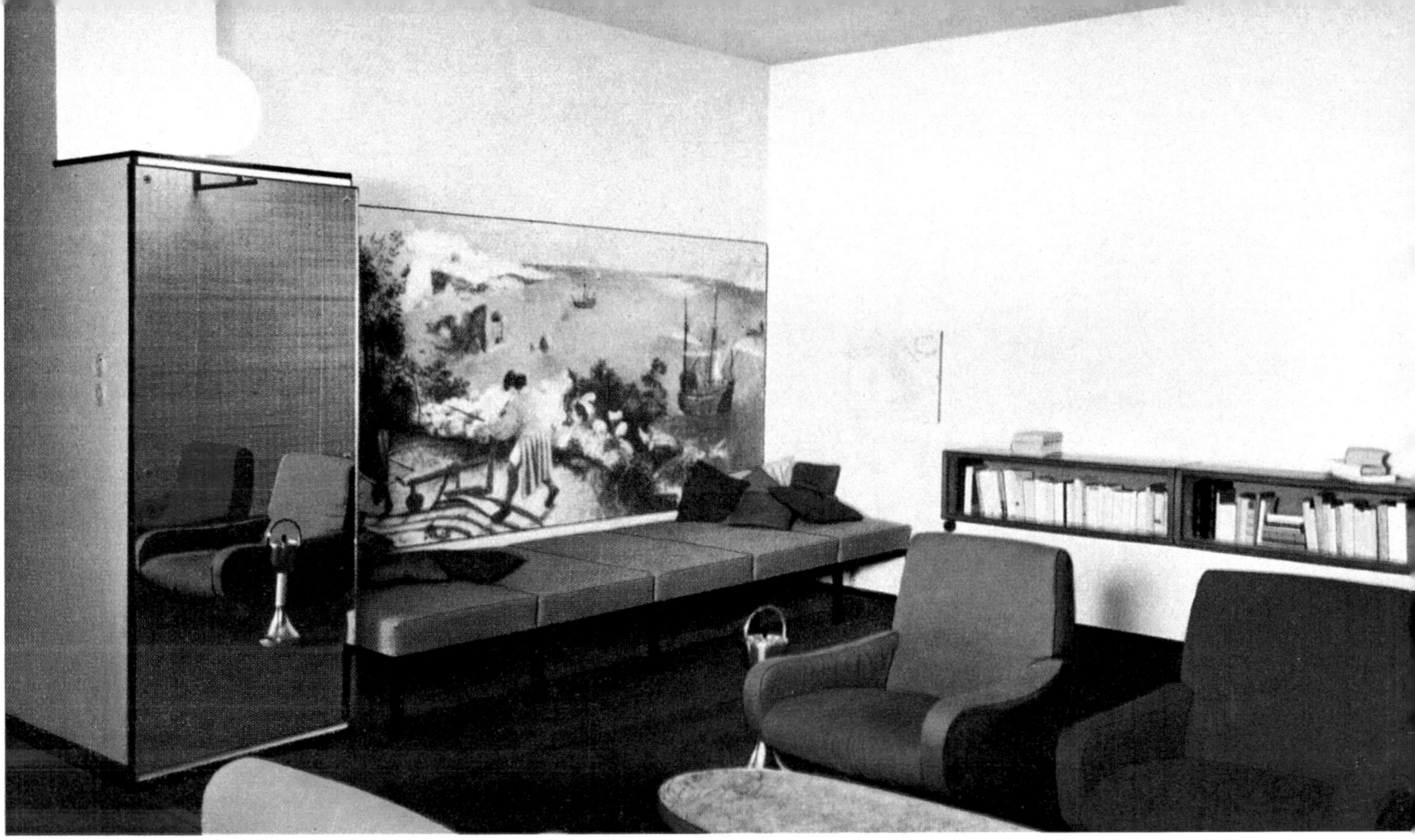

In un piccolo appartamento per due sposi, il soggiorno: alla parete, ingrandimento fotografico di una riproduzione di Brueghel; il grande specchio copre l'anta del bar-frigorifero incassato nel muro. La libreria è a elementi componibili, chiusi frontalmente da vetri scorrevoli; le poltrone sono della Arflex, le lampade sono sfere di opalina.

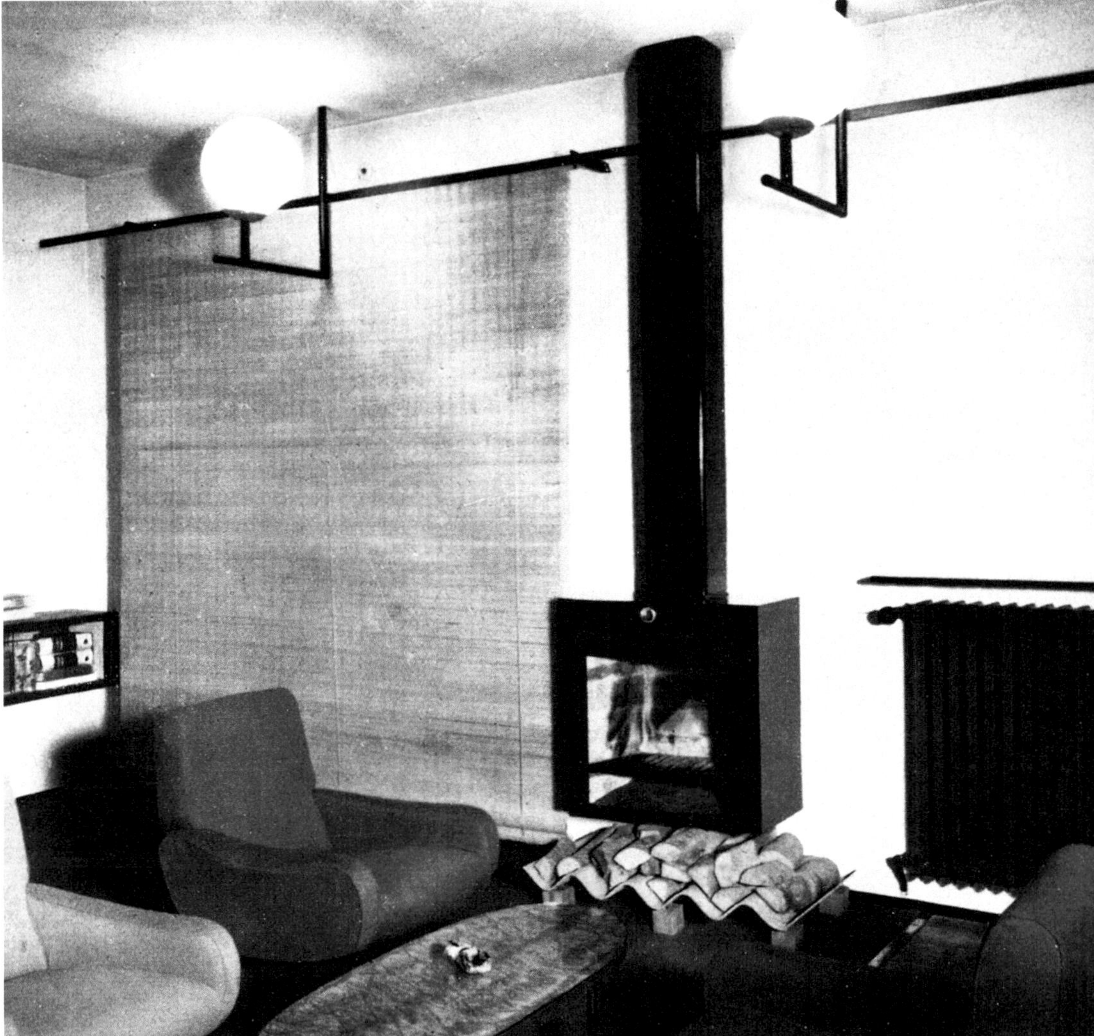

Nel soggiorno, la parete col camino, in lamiera verniciata nera: il portalegna è in eternit.

Aspects of Some Interiors

Living room in a small apartment for a couple in Turin and entrance hall of an institute in Turin designed by Franco Campo and Carlo Graffi

Franco Campo e Carlo Graffi, arch.tti

Atrio d'ingresso di un istituto: quinte di divisione, rotanti, in lamiera di alluminio anodizzata nera e cristalli opalini bianchi; pavimento in spezzoni di marmo rosso Levanto; pareti giallo limone. Alla parete, ingrandimento fotografico di una stampa cinese; la porta in fondo è verniciata nera; appliques a disco parabolico.

Arredamento con mobili in metallo

Vittoriano Viganò, arch.

In questo arredamento l'architetto si è proposto di riaffermare la validità del mobile in metallo nella sua forma essenziale, in tubo di ferro cromato.
L'arredamento è del 1951 (vedremo poi che in successivi allestimenti — *Domus* 296 e *Domus* 315 — l'architetto si è mantenuto fedele all'uso del metallo).
Tutti i mobili, appositamente disegnati, qui sono in metallo cromato, in combinazione con materie diverse: metallo e midollino bianco (le poltrone), metallo e opalina (il tavolo), metallo e perspex (la lampada a piede).
I colori sono vivi e forti (blu, giallo, con bianco e nero) e riscaldano l'ambiente. Le poltrone « a canestro » in midollino e metallo sono le antesignane delle molte disegnate e prodotte in questo genere.

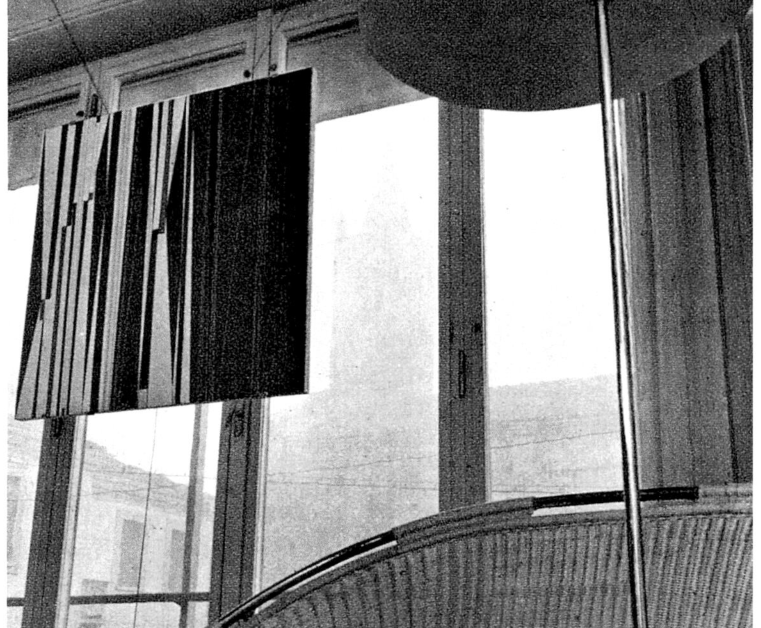

Nel soggiorno, un quadro di Rol to Crippa è sospeso a cavetti d ciaio di fronte alla finestra. Le reti e il soffitto sono in cemen bianca; le poltrone in midoll bianco, i cuscini in panno azzu elettrico; i piani in opalina del volino basso, uno bianco e uno ne il tappeto è in lana greggia.

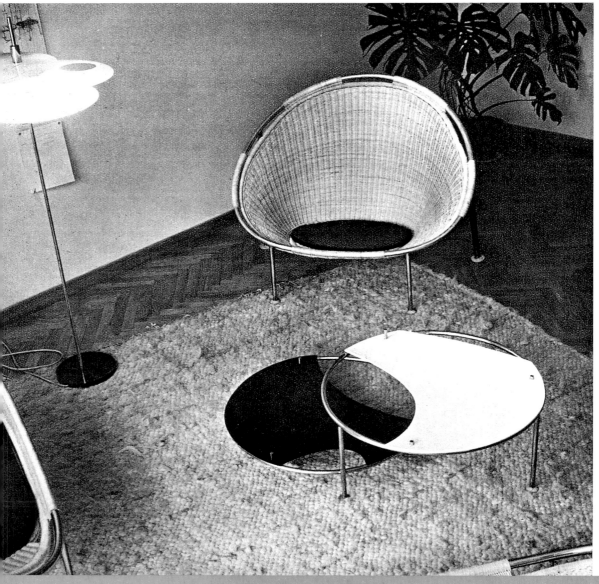

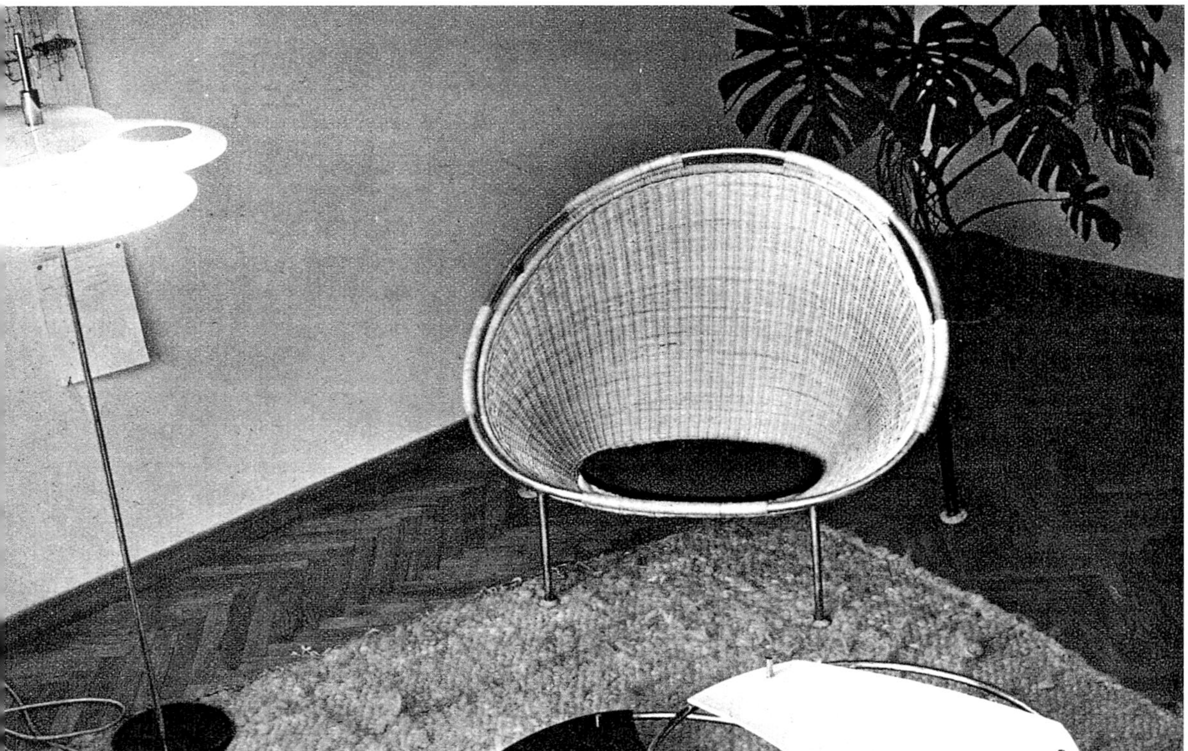

foto Farabola

domus 316
March 1956

Interior Design with Metal Furniture

Chrome-plated tubular steel and wicker furniture designed by Vittoriano Viganò

foto Farabola

Il soggiorno; tutti i mobili sono in metallo cromato, e disegnati appositamente.

Decorazione su laminati plastici

Ettore Sottsass

È di produzione italiana un nuovo laminato plastico, l'« Arlecchino », nel quale possono essere inseriti colori diversi e disegni. Si apre così la possibilità, anche per queste nuove materie e per la serie, della decorazione.
Questi esempi ne suggeriscono una forma nuova che sta, si potrebbe dire, nel gusto e nel divertimento del « segno », espressivo di per sè solo: giochi di segni colorati, in tutta la varietà di forme (si può dire di simboli) di cui l'artista può qui disporre.

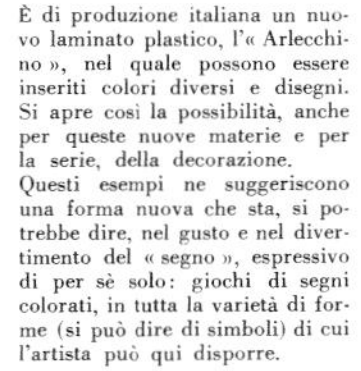

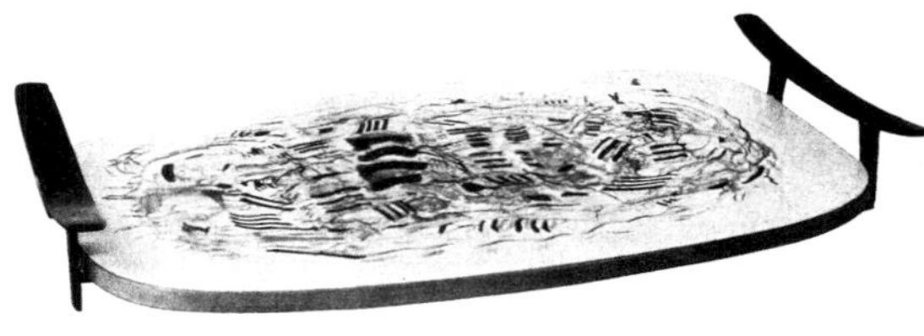

foto Casali

Qui sotto: vassoi con piano in laminato plastico « Arlecchino » e manici di corrente produzione Rinnovel, Milano. A destra: disegni per piani di vassoi.

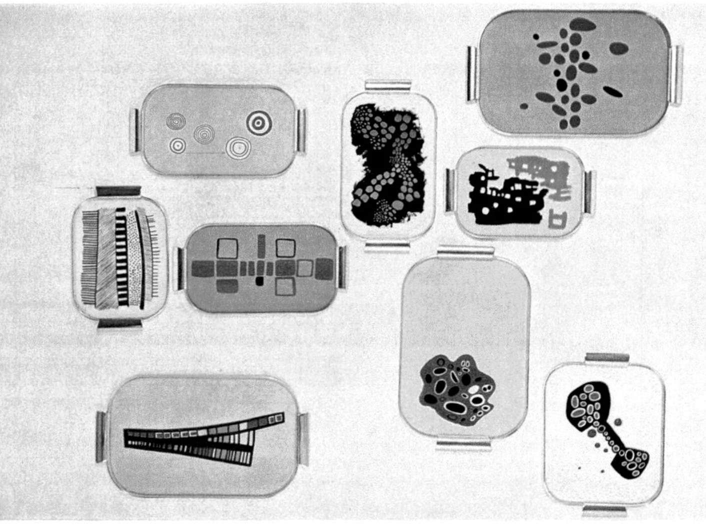

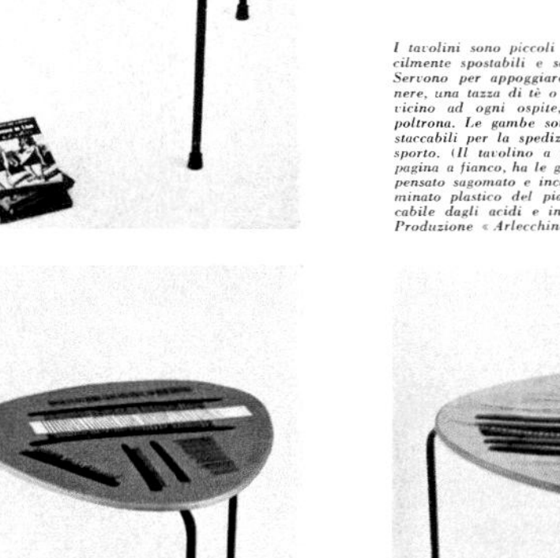

I tavolini sono piccoli e leggeri, facilmente spostabili e sovrapponibili. Servono per appoggiare un portacenere, una tazza di tè o un bicchiere, vicino ad ogni ospite, presso ogni poltrona. Le gambe sono facilmente staccabili per la spedizione e il trasporto. (Il tavolino a sinistra, nella pagina a fianco, ha le gambe in compensato sagomato e incastrato). Il laminato plastico del piano è inattaccabile dagli acidi e ininfiammabile. Produzione « Arlecchino », Milano.

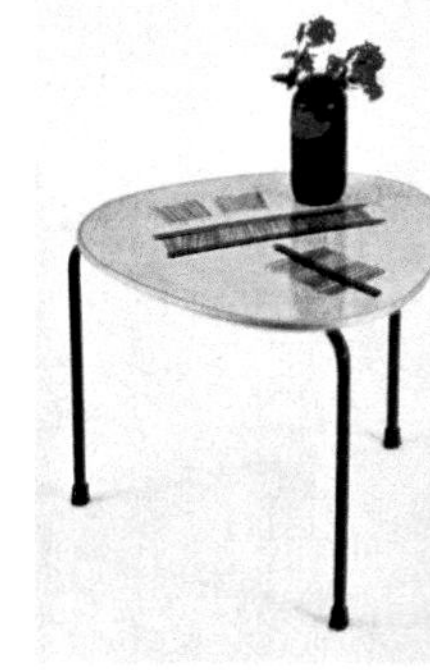

foto Casali

piccoli tavoli per la serie

Questi tavolini hanno, come i vassoi della pagina precedente, il piano in laminato plastico « Arlecchino », con inseriti disegni e colori: anche qui la decorazione si vale soltanto del piacere del segno, forse più ancora che del colore, ed è assai semplice, poichè questi piccoli tavoli si immagina siano tanti quanti sono gli ospiti (un tavolino per ogni poltrona); e devono avere quasi il senso di un mazzo di carte da gioco gettato sul tavolo, da poter rimescolare.

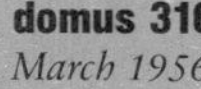

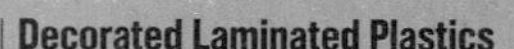

Decorated Laminated Plastics

Trays and tables incorporating *Arlecchino* plastic laminate designed by Ettore Sottsass Jr. for Rinnovel

Translation see p. 560

Gli italiani a Cortina

Aspetti delle nuove costruzioni e attrezzature realizzate per le Olimpiadi. Nel trampolino, una architettura schietta ed essenziale; nello stadio, una architettura espressiva interessante.

Particolari esterni dello stadio, progettato dagli architetti Mario Ghedina, Riccardo Nalli, Francesco Uras.

Il nuovo trampolino per salti, progettato dal prof. Pozzati, direttore dei lavori Guglielmo Holzner.

foto Villani

domus 317
April 1956

The Italians at Cortina

Stadium designed by Mario Ghedina, Riccardo Nalli and Francesco Uras and ski jump designed by Piero Pozzati, Guglielmo Holzner, Enzo Montovani, Luciano Berti and Reinhard Straumann for the VII Winter Olympic Games held in Cortina d'Ampezzo

Venezuela, patria della libertà

a Caracas, il Museo d'Arte Moderna di Oscar Niemeyer

Il Museo ha la forma di una grande piramide capovolta; una rampa sospesa e coperta collega l'ingresso (al primo piano), alla strada. In un corpo a parte, la Scuola d'Arte.

Diamo in queste pagine una grande primizia di Niemeyer: il Museo d'Arte Moderna di Caracas da lui ideato, opera di straordinaria immaginazione architettonica.
E a questo grande progetto facciamo seguire, a situarlo nell'atmosfera architettonica di questa città, una serie di altre opere di Caracas: opere varie, e di varie destinazioni — dai nuovi gruppi residenziali di Carlos Raul Villanueva, costruiti dal Banco Obrero, realizzazione sociale di enorme volume, alla villa di Villanueva stesso, al grattacielo e al teatro di Vegas e Galia — ma tutte opere che riflettono la presenza di una fantasia e delle sue risorse più fervide, più coraggiose, più libere. Sono fra gli episodi espressivi che si susseguono in una città che si trasforma e cresce con una rapidità travolgente.
Le immense costruzioni del Banco Obrero le vidi prima della loro inaugurazione, tutte illuminate in ogni finestra di queste mille stanze, e vidi segnate violentemente di rosso le casipole che gli abitanti dovevano lasciare per trasferirsi in queste nuove architetture, casipole indicate a quel modo per la distruzione.
E infatti, perchè una nuova immigrazione non le occupasse, perpetuando il vecchio stato di antigiene e disordine, esse furono incendiate, attaccandole con lanciafiamme ed esplosivi, episodio straordinario, spiccio ed epico.
In questo clima, che già i nostri lettori conoscono dalle pagine venezuelane che abbiamo pubblicato (Domus n. 295, 299, 303, 304, 307, 309) sorgerà, come un accento espressivo, l'edificio di Niemeyer, il suo Museo d'Arte Moderna. Esso appartiene a questo clima per la potente spontaneità che lo anima — come anima tutte le [...] *tre architetture che riempiono* [...] *ste pagine, architetture natura*[...] *non polemiche — e nello ste*[...] *tempo gli contrasta, chiuso c*[...] *è, elementare come è, unitari*[...] *tutto plastico come è, tutto « f*[...] *naturale » come è, originato* [...] *una straordinaria facoltà im*[...]*ginativa; la magia di Nieme*[...]
Leggano i nostri lettori la p[...]*sentazione con cui Niemeyer* [...]*compagna e spiega il suo pro*[...]*to. La facciamo seguire qui* [...]*dotta.*
Avvertano poi lettori, archit[...] *artisti, nelle pagine venezuel*[...] *che seguono più avanti, la pres*[...]*za di un uomo nuovo nel rap*[...]*sentarci l'architettura, Paolo* [...]*sparini, fratello di Graziano,* [...] *ha fotografato questi edifici* [...]*cando un nuovo contributo* [...] *espressione nel determinare* [...]*ste immagini.* *Gio P*[...]

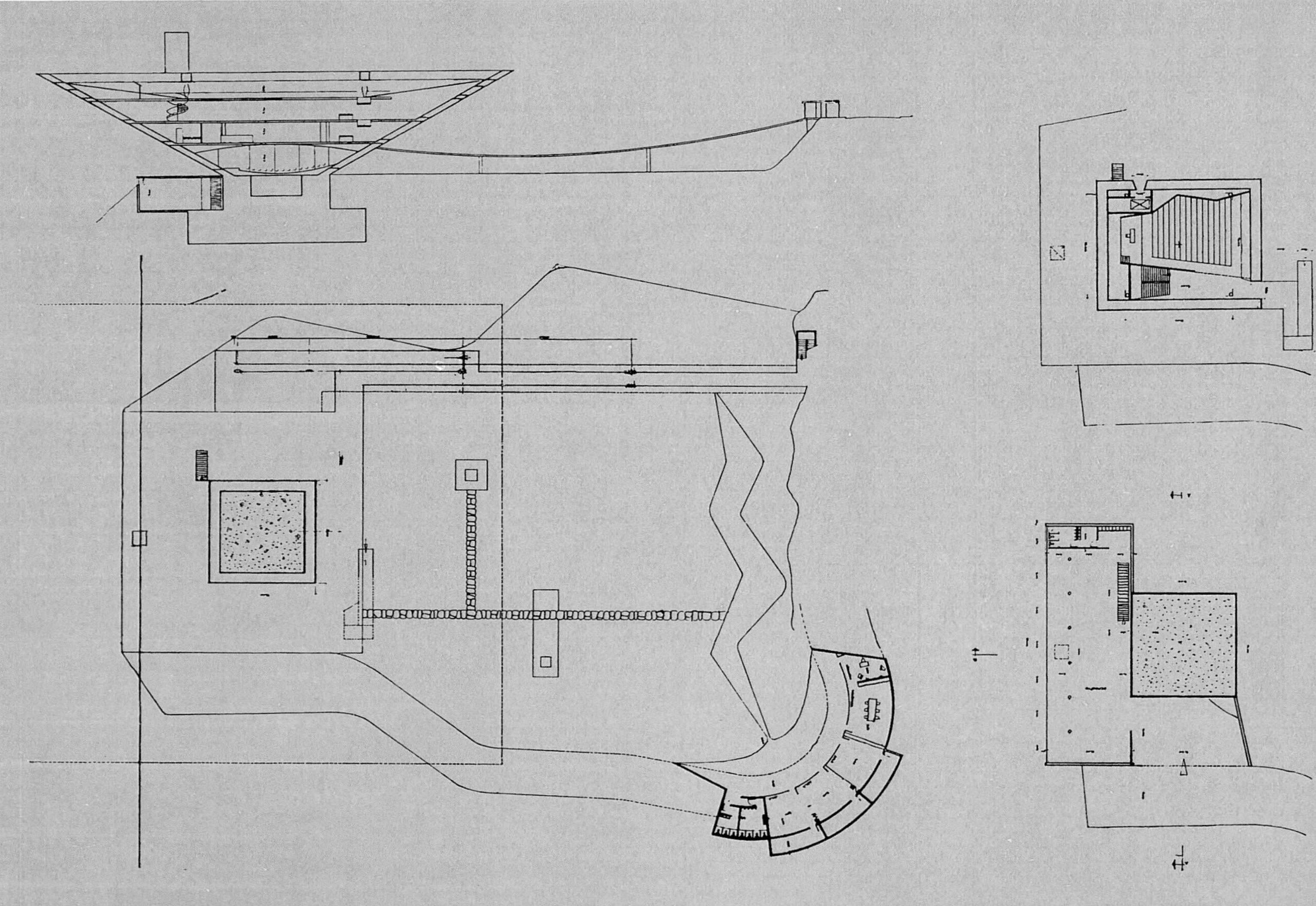

Venezuela, Country of Freedom | Design proposal by Oscar Niemeyer for the Museum of Modern Art in Caracas, Venezuela: plans and sketches related to optimum form

caratteristiche del progetto

:ra nostra intenzione, nel pro-
:tare il Museo d'Arte Moderna Caracas, cercare una soluzio-che per semplicità e per pu-:za potesse costituire quasi un ıbolo del movimento moderno Venezuela.
rciò abbiamo evitato le solu-ni correnti, basate soltanto su tori funzionali, topografici ed ›nomici (1), così come abbiamo tato quelle ad elementi stacca-(2) di aspetto quasi sempre in-finito e pittoresco.
r il Museo d'Arte Moderna di racas volevamo il contrario, evamo una forma nuova, com-tta e monumentale, che risaltas-nel paesaggio, e rappresentas-nella purezza delle sue linee la za creatrice dell'arte moderna.
soluzione che presentiamo si atta bene al luogo, per l'accen-mento degli appoggi, che la-ano libero lo spazio (3), ed ha gli scopi principali quello di ›vvedere il massimo di luce na-ale all'interno (4); il contra-violento fra l'esterno « chiu-» e l'interno « aperto » cree-nei visitatori emozione e sor-:sa (5).

distribuzione interna

programma prevede: per le osizioni, una grande sala 600 m²) al secondo piano, il zo piano, sospeso (1.200 m²); terrazza (600 m²); inoltre am-nti per la direzione, e un atrio attesa, locali per la pinacoteca, le informazioni, la segreteria, archivi e i depositi; un audi-io, ambienti per i servizi gene-i.
r la Scuola d'Arte, collegata al seo, aule e biblioteca.

pianta generale e circolazione

terreno verrà ribassato di sei tri rispetto al livello della stra-e ciò ha suggerito la soluzio-della rampa sospesa che por-à i visitatori direttamente al' ›yer » al primo piano (6). Da :sto piano altre rampe li por-anno al salone d'esposizione, erzo piano, sospeso, alla terraz-e, scendendo, all'auditorio. I vizi di controllo e di direzione anno situati al piano del « fo-», e collegati indipendente-nte alla sala d'esposizione, al-ditorio e ai servizi generali, :ezzati nel modo migliore per trasporto delle pitture e scul-e ai locali di esposizione (7).
Scuola d'Arte, situata in un edificio isolato, potrà godere del giardino del Museo per le lezioni all'aria aperta, poichè la rampa sospesa di accesso al Museo raccoglierà la circolazione del pubblico.

illuminazione

La forma che si è adottata non solo consente il vantaggio evidente dell'accentramento degli appoggi, ma anche permette di utilizzare al massimo per l'illuminazione la luce naturale. Così la copertura del Museo costituirà per le sale di esposizione una superficie luminosa di circa 3.600 m²; la luce sarà regolata secondo le necessità interne con estrema elasticità, data la sua abbondanza, e data la posizione delle pareti esterne (9). Provvista di elementi di cemento che eviteranno la incidenza diretta del sole sui cristalli, la copertura del Museo avrà inoltre, internamente, un sistema di elementi mobili in alluminio che, forniti anche di impianti di luce artificiale, consentiranno tutti gli effetti luminosi che si possono desiderare. Congegni elettronici manterranno stabile dentro le sale, di giorno e di notte, senza interruzione, la illuminazione prefissata (10).

struttura

La struttura sarà semplice e razionale; le pareti esterne saranno a pannelli (di 6 centimetri di spessore) con intercapedine di 90 centimetri e con nervature ad ogni metro (11).
Tutti i piani funzioneranno da tiranti nella struttura: il terzo piano, sospeso, è tenuto da quattro colonne e da quattro tiranti in diagonale, che renderanno libera la gran sala delle esposizioni sottostante (12).
Questa soluzione, oltre all'interesse strutturale che presenta, fa sì che razionalmente tutti gli sforzi vadano a concentrarsi al centro delle fondazioni.
La copertura avrà un sistema di elementi di protezione in cemento, e in parte sarà impiegata come terrazza, per esposizioni di sculture all'aperto (1).

esposizioni interne

L'allestimento delle esposizioni si realizzerà con pareti mobili in alluminio, cave, in modo da permettere l'applicazione di impianti di illuminazione collegati alle prese di piano ». *Oscar Niemeyer*

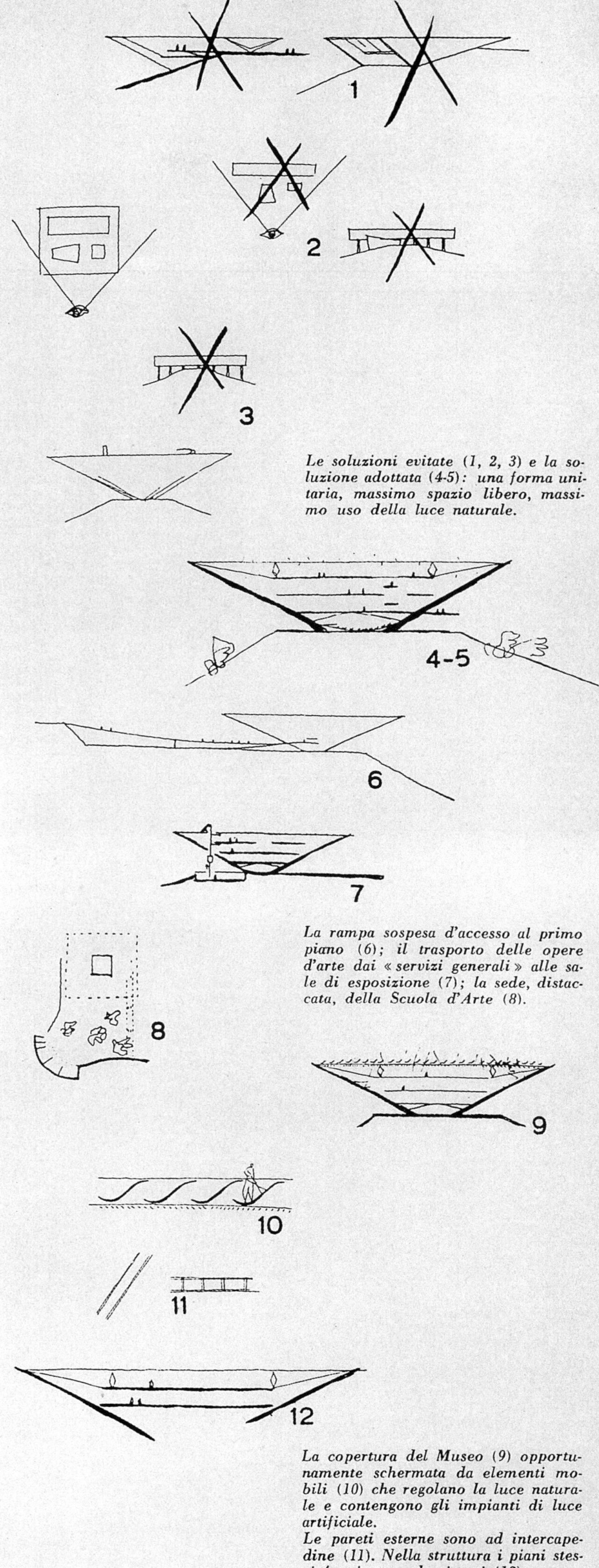

Le soluzioni evitate (1, 2, 3) e la soluzione adottata (4-5): una forma unitaria, massimo spazio libero, massimo uso della luce naturale.

La rampa sospesa d'accesso al primo piano (6); il trasporto delle opere d'arte dai « servizi generali » alle sale di esposizione (7); la sede, distaccata, della Scuola d'Arte (8).

La copertura del Museo (9) opportunamente schermata da elementi mobili (10) che regolano la luce naturale e contengono gli impianti di luce artificiale.
Le pareti esterne sono ad intercapedine (11). Nella struttura i piani stessi funzionano da tiranti (12).

Translation see p. 560

Questa enorme piramide rovescia sarà, dice Niemeyer, « una forma nuova, compatta e monumentale, che risalterà nel paesaggio e rappresenterà, nella purezza delle sue linee, la forza creatrice dell'arte moderna ».

Nella foto a destra si noti la copertura, con gli schermi (specie di brise-soleil orizzontali) che regolano l'entrata della luce; la terrazza serve per le esposizioni di scultura all'aperto.

domus 317
April 1956

Venezuela, Country of Freedom

Design proposal by Oscar Niemeyer for the Museum of Modern Art in Caracas, Venezuela: views of model

Nelle foto qui sopra, l'esterno dell'edificio, completamente chiuso poichè la luce vi penetra dall'alto.

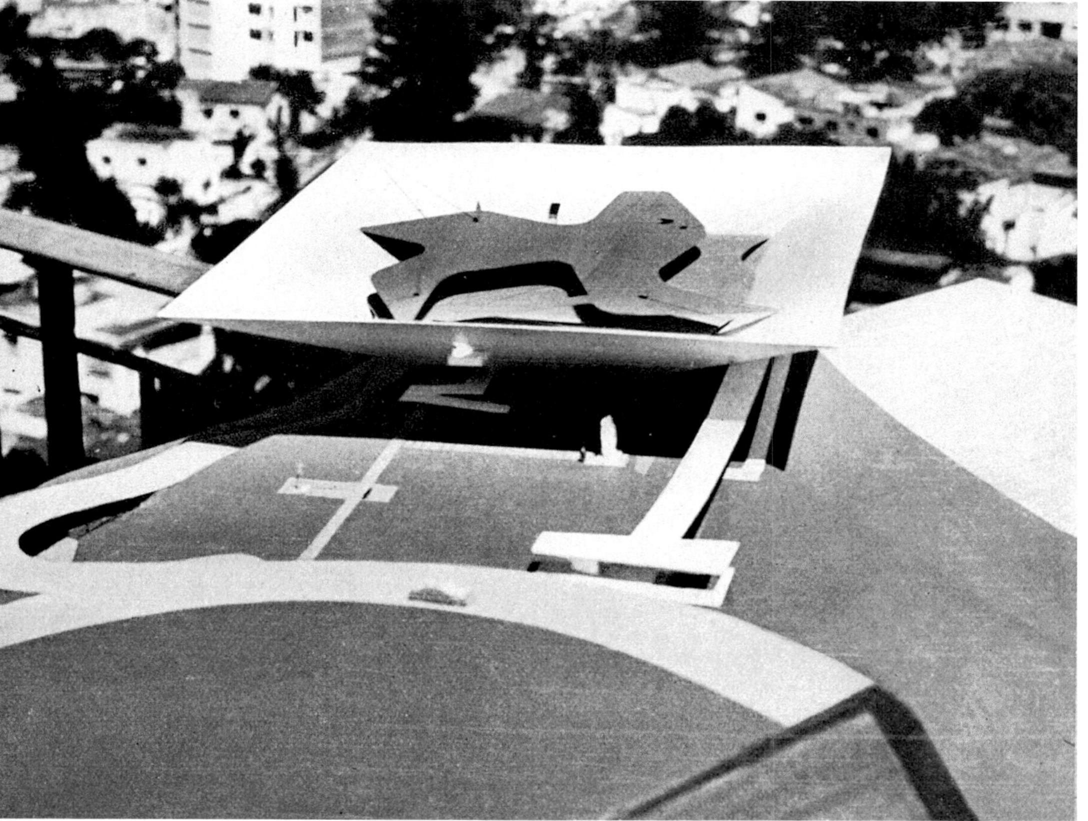

il Museo d'Arte Moderna a Caracas
Oscar Niemeyer, arch.

Nella foto a sinistra appare, tolta la copertura il terzo piano, sospeso, sagomato in modo che la luce naturale possa illuminare anche il piano sottostante, che funge da grande sala per esposizioni; il terzo piano è sospeso a quattro tiranti diagonali.

Translation
see p. 560

il Museo d'Arte Moderna a Caracas
Oscar Niemeyer, arch.

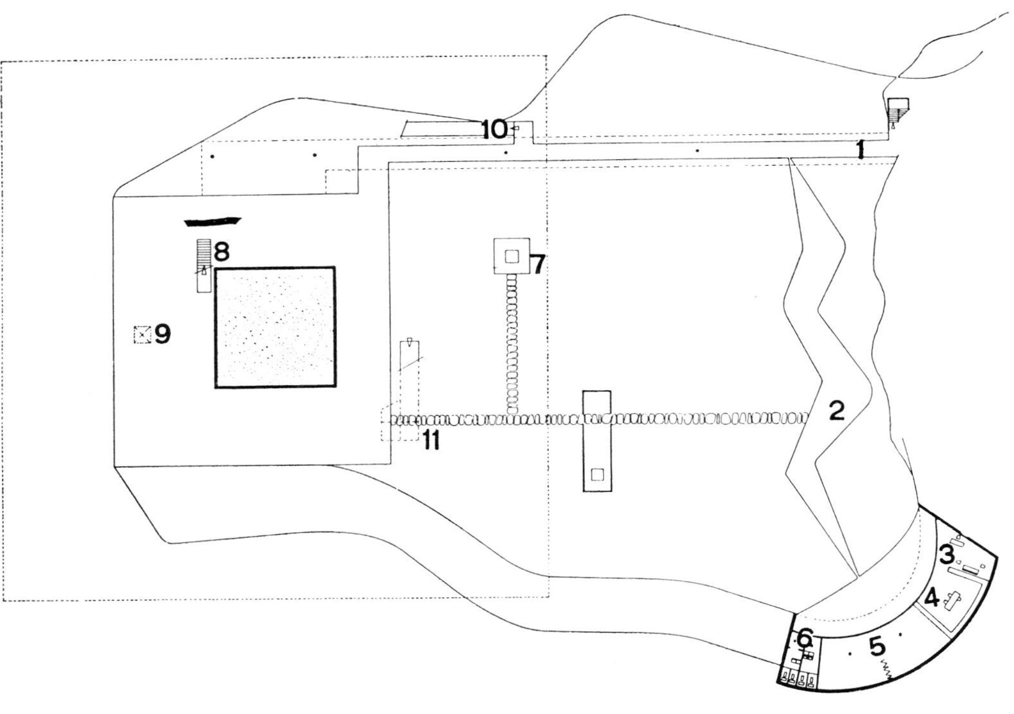

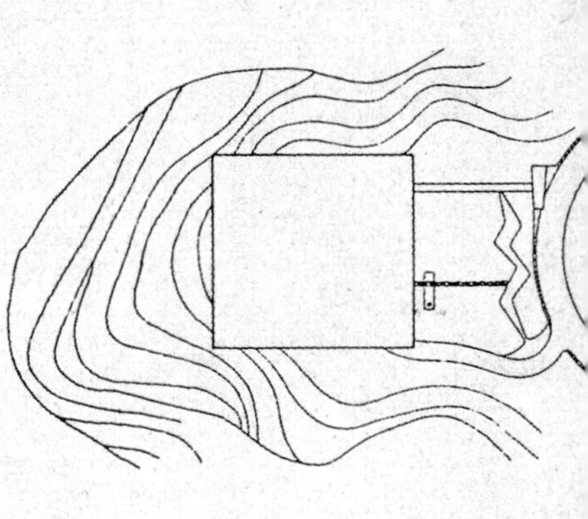

Pianta del complesso (Museo e Sc
la d'Arte) al livello del suolo.
1) rampa di accesso al Museo, cop
ta e sospesa; 2) accesso alla Scu
d'Arte; 3) controllo e professori;
biblioteca; 5) aule; 6) servizi; 7) sc
tura; 8) scala che scende ai serv
generali, interrati; 9) apertura per
trasporto delle sculture; 10) rampa
primo piano (al foyer); 11) ram
al pianterreno (all'auditorio).

Varianti del progetto in studio.

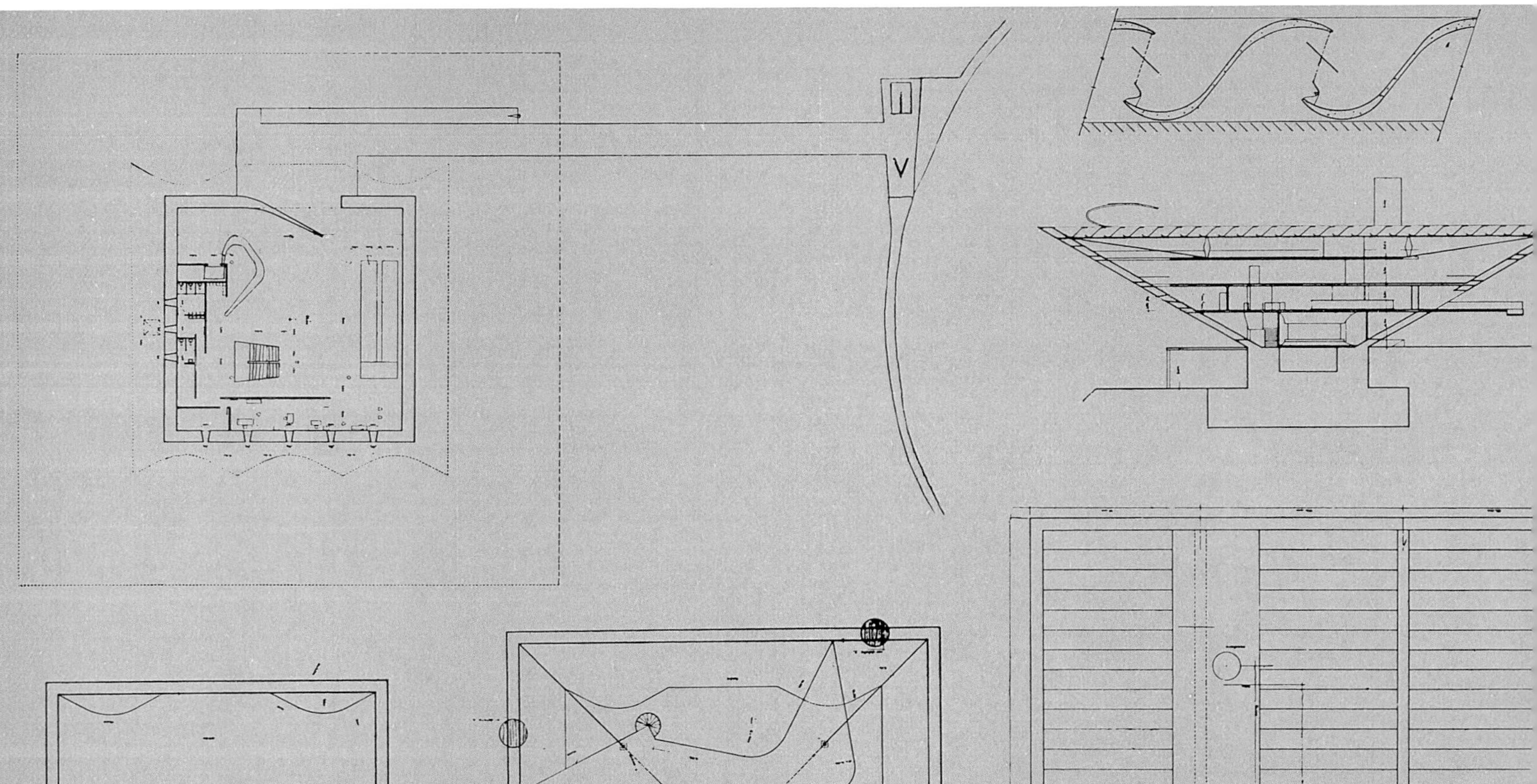

V

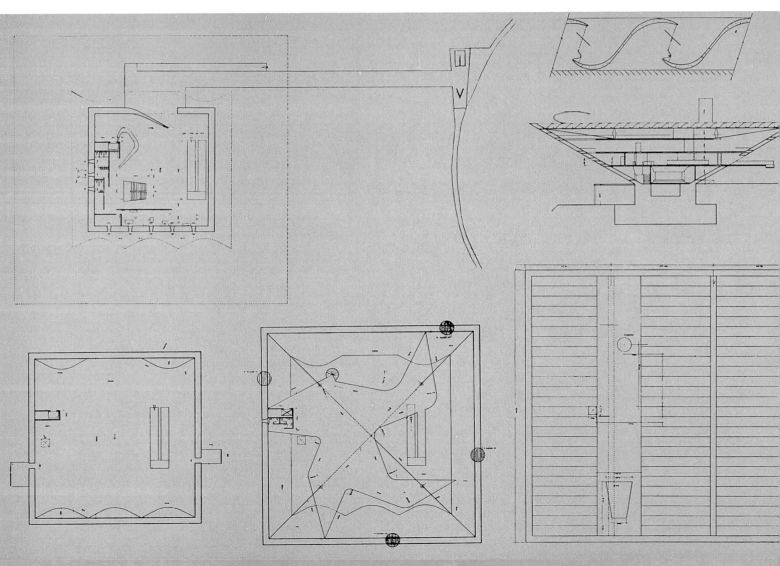

domus 317
April 1956

Venezuela, Country of Freedom | Design proposal by Oscar Niemeyer for the Museum of Modern Art in Caracas, Venezuela: floor plan, site and sectional plans

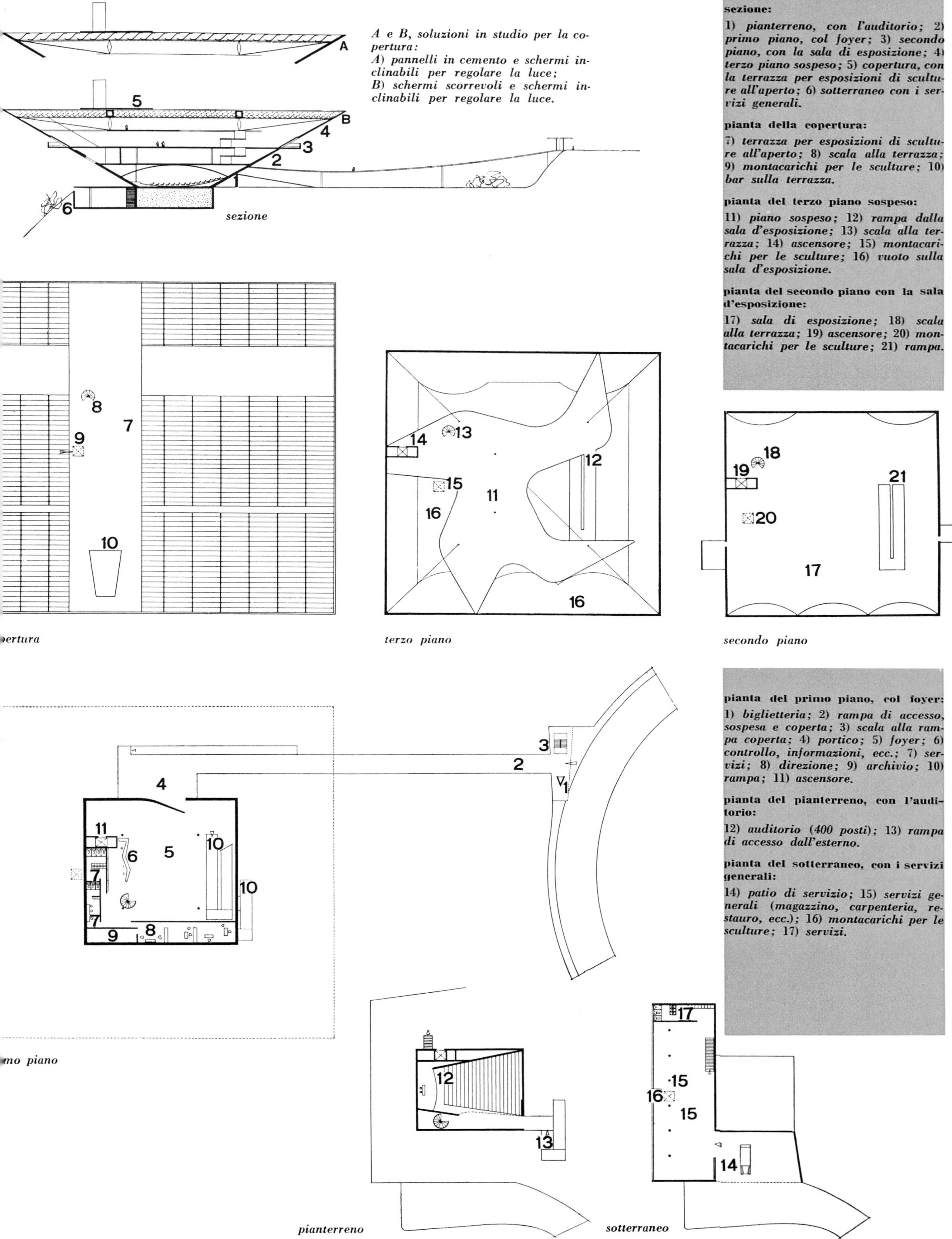

A e B, soluzioni in studio per la copertura:
A) pannelli in cemento e schermi inclinabili per regolare la luce;
B) schermi scorrevoli e schermi inclinabili per regolare la luce.

sezione:

1) *pianterreno, con l'auditorio;* 2) *primo piano, col foyer;* 3) *secondo piano, con la sala di esposizione;* 4) *terzo piano sospeso;* 5) *copertura, con la terrazza per esposizioni di sculture all'aperto;* 6) *sotterraneo con i servizi generali.*

pianta della copertura:

7) *terrazza per esposizioni di sculture all'aperto;* 8) *scala alla terrazza;* 9) *montacarichi per le sculture;* 10) *bar sulla terrazza.*

pianta del terzo piano sospeso:

11) *piano sospeso;* 12) *rampa dalla sala d'esposizione;* 13) *scala alla terrazza;* 14) *ascensore;* 15) *montacarichi per le sculture;* 16) *vuoto sulla sala d'esposizione.*

pianta del secondo piano con la sala d'esposizione:

17) *sala di esposizione;* 18) *scala alla terrazza;* 19) *ascensore;* 20) *montacarichi per le sculture;* 21) *rampa.*

pianta del primo piano, col foyer:

1) *biglietteria;* 2) *rampa di accesso, sospesa e coperta;* 3) *scala alla rampa coperta;* 4) *portico;* 5) *foyer;* 6) *controllo, informazioni, ecc.;* 7) *servizi;* 8) *direzione;* 9) *archivio;* 10) *rampa;* 11) *ascensore.*

pianta del pianterreno, con l'auditorio:

12) *auditorio (400 posti);* 13) *rampa di accesso dall'esterno.*

pianta del sotterraneo, con i servizi generali:

14) *patio di servizio;* 15) *servizi generali (magazzino, carpenteria, restauro, ecc.);* 16) *montacarichi per le sculture;* 17) *servizi.*

Translation
see p. 560

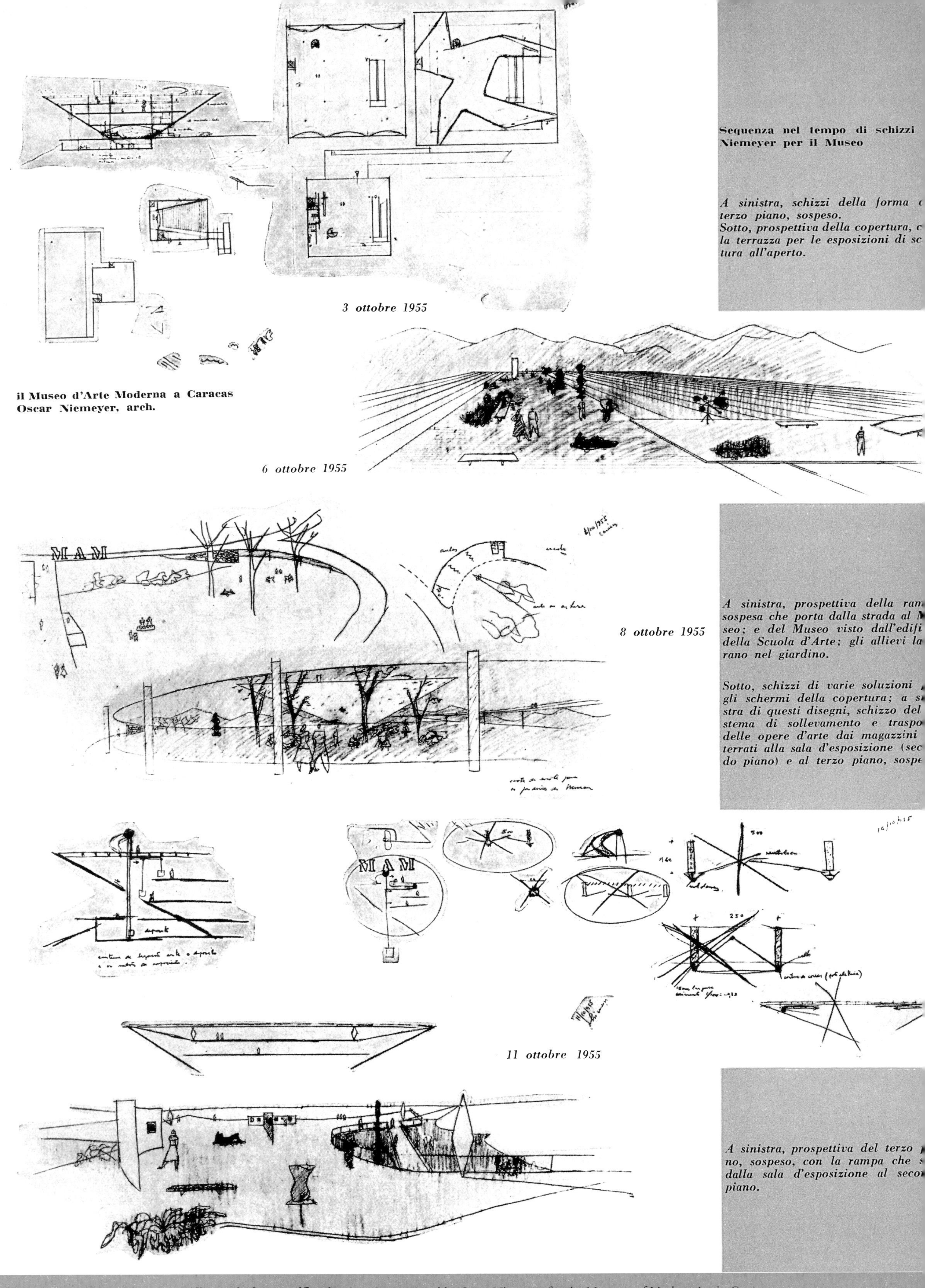

Sequenza nel tempo di schizzi Niemeyer per il Museo

A sinistra, schizzi della forma terzo piano, sospeso.
Sotto, prospettiva della copertura, c la terrazza per le esposizioni di sc tura all'aperto.

3 ottobre 1955

il Museo d'Arte Moderna a Caracas
Oscar Niemeyer, arch.

6 ottobre 1955

A sinistra, prospettiva della ram sospesa che porta dalla strada al M seo; e del Museo visto dall'edifi della Scuola d'Arte; gli allievi la rano nel giardino.

Sotto, schizzi di varie soluzioni gli schermi della copertura; a si stra di questi disegni, schizzo del stema di sollevamento e traspo delle opere d'arte dai magazzini terrati alla sala d'esposizione (sec do piano) e al terzo piano, sospe

8 ottobre 1955

11 ottobre 1955

A sinistra, prospettiva del terzo no, sospeso, con la rampa che dalla sala d'esposizione al seco piano.

Venezuela, Country of Freedom | Design proposal by Oscar Niemeyer for the Museum of Modern Art in Caracas, Venezuela: sketches and portrait of Oscar Niemeyer

Translation
see p. 560

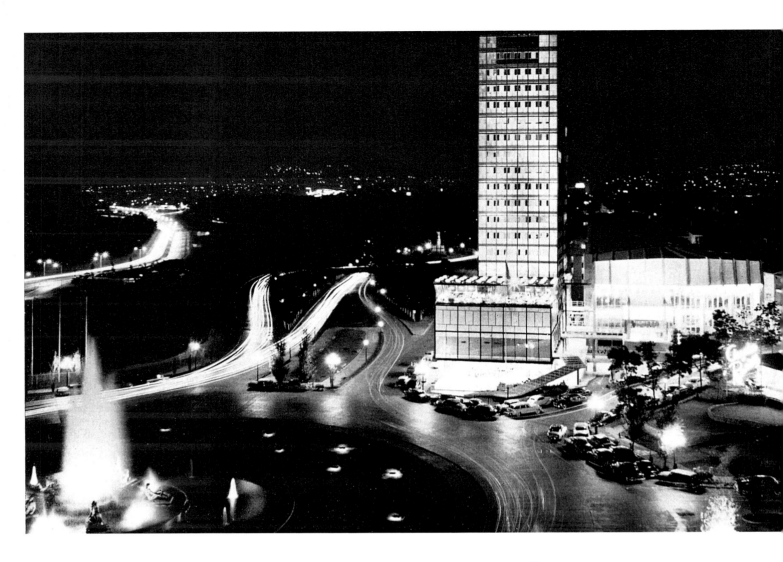

una torre ad uffici e un teatro

l'Edificio Polar e il Teatro del Es
Vegas e Galia, arch.

Sopra, la facciata sud dell'Edificio Polar, composto di un corpo basso a negozi e di una torre ad uffici; a destra, la facciata nord, verso il Teatro del Este.

Su un lato della grande Plaza Venezuela, in Caracas, sorge il Centro Polar, nuovo complesso architettonico costituito da un grande palazzo per uffici e negozi, l'Edificio Polar, e da un teatro, il Teatro del Este: due edifici distinti ma collegati fra di loro da delle gallerie a ponte, coperte, che portano dai piani a negozi, nell'Edificio Polar, agli accessi al teatro. L'edificio Polar è composto da un corpo a negozi, di tre piani, e da una torre ad uffici, di quindici piani, con struttura in acciaio e pannelli di chiusura in vetro e in alluminio; la torre domina la città da uno dei punti di vista più suggestivi.

A Tower with Offices and a Theatre

Polar Building and Teatro del Este on the Plaza Venezuela in Caracas, Venezuela, designed by Martín Vegas and José Miguel Galia: night view, façade of Polar Building, views of exterior and of building under construction

Paolo Gasparini
(Arquifoto)

pra: due pareti, del teatro e del- torre ad uffici, si guardano: in ro e cemento armato la parete del tro (vedi anche foto a destra, parete ovest) in cui i mattoni e le coste dei pilastri creano un disegno in rilievo; in ferro, vetro e alluminio la parete della torre ad uffici.

Translation
see p. 560

il Teatro del Este
Vegas e Galia, arch.tti

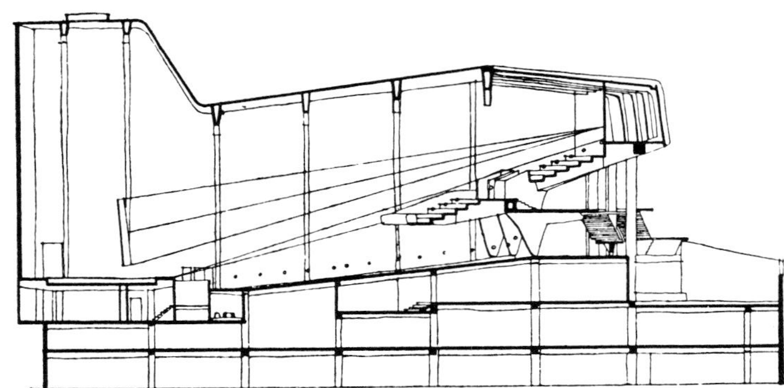

Il Teatro del Este ha 1250 sti, e palcoscenico girevole. particolare interesse sono le reti laterali della sala, in ma ni, schermate da una strutt in sottili lamine verticali in gno — legate da un profilo metallo — che nasconde le fo luminose e giova all'acustica. Il soffitto della sala è un tralic in metallo, sospeso con cavi a struttura in cemento, che po un doppio sistema di lampa per la sala e per il palcoscen (le lampade danno luce bia per la sala verso il basso, e l nera verso l'alto).

A sinistra, le pareti laterali della la, schermate da una struttura in mine verticali di legno.

foto Paolo Gasparini (Arquifoto)

A Tower with Offices and a Theatre

Teatro del Este on the Plaza Venezuela in Caracas designed by Martín Vegas and José Miguel Galia: auditorium, sectional plan and details of ceiling and wall

Translation see p. 560

un padiglione

il padiglione Angloven
Vegas e Galia, arch.tti

Un padiglione circolare, per esposizione e vendita di automobili, con struttura in cemento armato, copertura a cupola; vicino al padiglione, una torre con montacarichi. Il mezzanino interno è sospeso con cavi d'acciaio alla struttura; il pilastro centrale e le travi sono dipinti in azzurro.

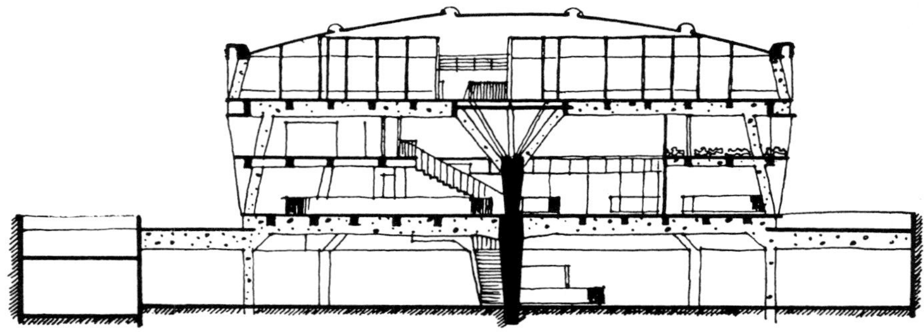

A sinistra, rampa d'accesso al pianterreno. A destra, pannelli di chiusura in mattoni a vista, uguali all'esterno e all'interno.

A Pavilion

Angloven car showroom pavilion in Caracas designed by Martín Vegas and José Miguel Galia: views and sectional plan

la sede di un club

la "Casa Monagas"
Vegas e Galia, arch.tti

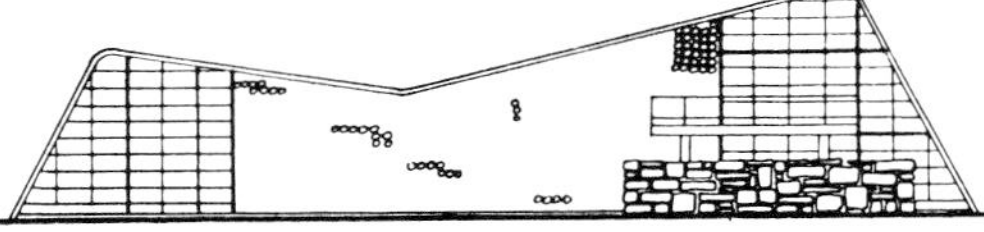

facciata sud

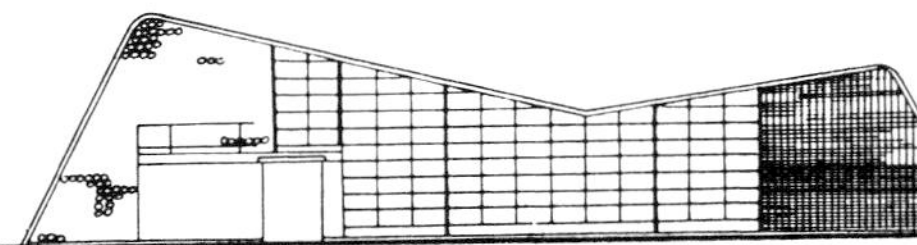

facciata n

sezione

La forma di questo edificio, dicono gli autori, è stata suggerita dal luogo stesso in cui doveva sorgere, una valle orientata nord-sud: l'edificio, situato trasversalmente alla valle, offre le due facciate lunghe, nord e sud, del tutto trasparenti, alla duplice bella vista: i fianchi est e ovest sono del tutto chiusi, quasi una continuazione del tetto.

scorcio della facciata sud

domus 317
April 1956

A Clubhouse

Casa Monagas in Caracas designed by Martín Vegas and José Miguel Galia: elevations and sectional plans

sedia *Luisa*

sedia *Luisa*

sedia *Luisa*

disegno architetto Franco Albini

prodotta in serie dalla
Ditta Successori Carlo Poggi **Pavia**

Può essere fornita in noce, mogano, frassino. Struttura in legno massiccio. Sedile e schienale in compensato imbottito in gommapiuma e foderato in panno di lana. Il sedile e lo schienale sono fissati in modo da consentire al compensato di conservare la sua normale flessibilità, e si adattano alla forma e posizione del corpo.

Misure d'ingombro: altezza cm. 78 larghezza cm. 54 - profondità cm. 63

domus 317
April 1956

Advertising

Carlo Poggi advertisement showing *Luisa* armchair designed by Franco Albini

Per madri e bambini

una casa materna e nido
Marco Zanuso, arch.

foto Casali-Domus

Veduta parziale della facciata: i[…] naco grigio chiaro, serramenti M[…] gani con veneziane bianche, cope[…] ra del tetto in lavagna, mensoloni […] cemento martellinato.

Questo edificio, che sorge al Lorenteggio, alla periferia di Milano, è destinato a casa materna e ad asilo-nido: ospita madri nubili e i loro bambini, ed offre alle une e agli altri un ambiente lieto e attraentissimo.
Ha tre piani ed un seminterrato; in pianta è costituito da due ali simmetriche convergenti; è circondato da giardino. Nel seminterrato vi sono i servizi centrali e la cappella con parlatorio; al pianterreno, gli asili esterno ed interno (con dormitori e soggiorni) e gli ambienti della direzione, affacciati sull'atrio centrale; al primo piano, le camerate delle madri, un loro laboratorio e soggiorno, mensa e cucina e infer-

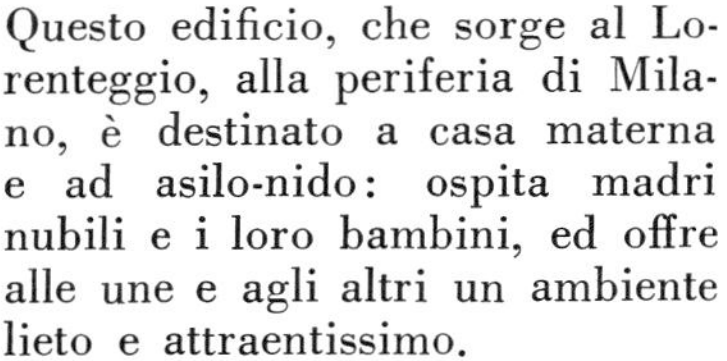

Nursery and refuge for mothers and children in Lorenteggio on the outskirts of Milan, designed by Marco Zanuso: detail of façade, elevation, site plan, landing, hallway and staircase

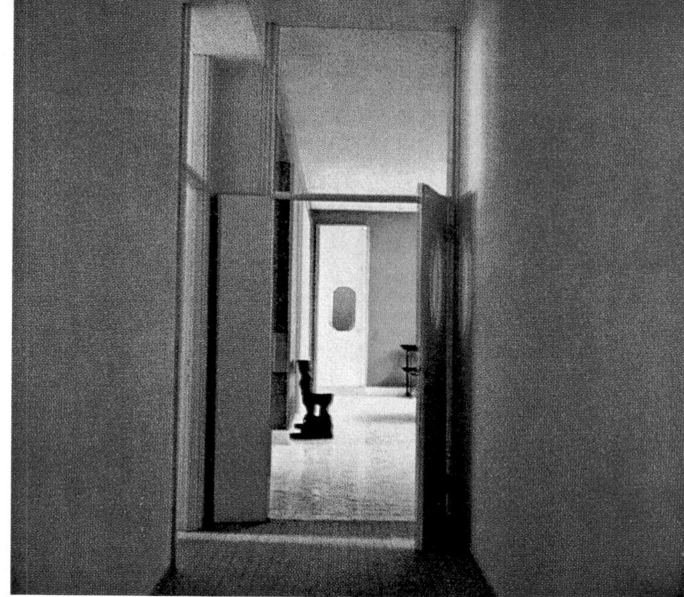

Sopra, scorcio verso la cappella, nel seminterrato. A sinistra, l'atrio centrale con la scala: i gradini della scala sono rivestiti in linoleum continuo (facilità di pulizia); la balaustra, di particolare disegno è in ferro verniciato bianco.

foto Casali-Domus

casa materna e nido

Translation
see p. 560

foto Casali-Domus

Uno dei grandi soggiorni dell'asilo, visto dalla apertura ovale di una porta (il disegno dell'ovale si ripete anche in tutti gli armadi); i boxes sono in legno bianco.

meria; al secondo piano, ch mansarda con terrazzo, gli all gi per le bambinaie e per le su Di questo edificio noi presen mo qui alcuni aspetti degli terni, pensati con studio parti lare, con molte utili e allegre luzioni nuove, ben adatte ai stinatari e ben adatte alla s plicità e rapidità di andame necessarie in una organizzazi di questo tipo.

Nulla, in questi interni, d freddezza clinica, ospitaliera, spesso si accompagna alla ne sità di ordine e di igiene; gli bienti sono allegri per i vivi lori, nei pavimenti, nei mol negli attrezzi, nelle coperture letti.

For Mothers and Children

Nursery and refuge for mothers and children in Lorenteggio on the outskirts of Milan, designed by Marco Zanuso: view through door into large nursery room; lockers; various views of nursery, mothers' room, two dormitories, bathroom and washrooms

Uno dei soggiorni dei bambini, arredati con mobili nelle loro misure. Le lunghe armadiate a parete (che compaiono nei soggiorni come nei dormitori) sono composte di elementi uguali: ad ogni antina corrisponde lo spazio destinato ad un bambino; l'ovale scavato in colore serve anche da maniglia; il rango più basso di armadi è destinato ai bambini, quello più alto alle bambinaie.

una casa materna e nido

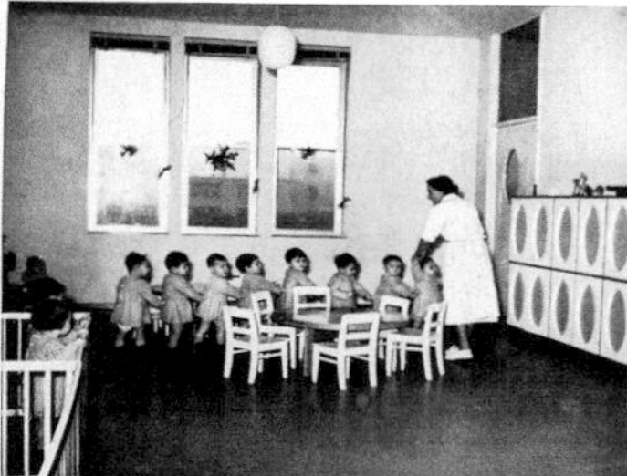

I piccoli tavoli rotondi hanno il piano in formica, a spicchi colorati per distinguere i posti. Ad allargare il diametro, al tavolo rotondo si aggiungono dei tavoli a corona; questi ultimi servono, da soli, quando la bambinaia ha da imboccare più bambini contemporaneamente.

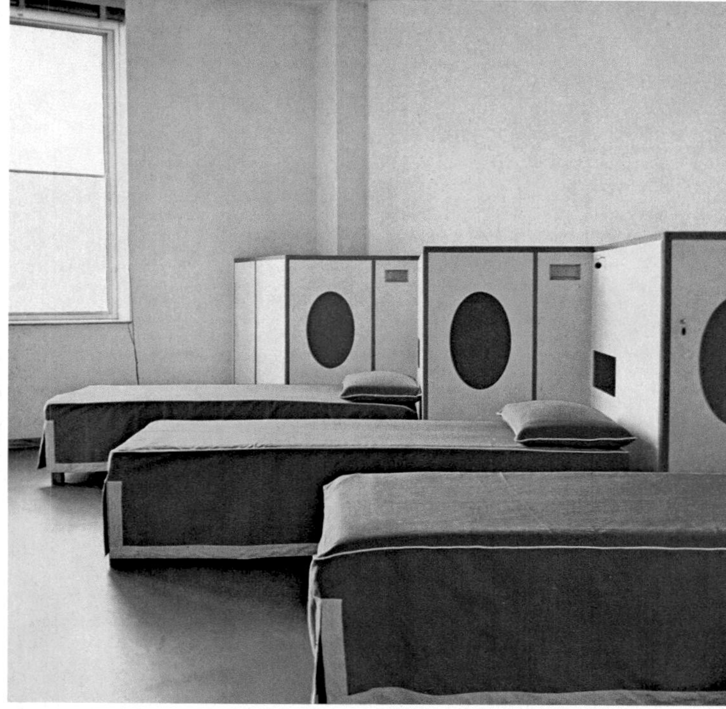

Nelle camere delle madri, al primo piano, i letti sono disposti diagonalmente, secondo il profilo angolato della parete ad armadi: questa parete fa da testiera, da fiancata e da schermo ad ogni letto, e provvede ogni letto di un armadietto ad anta (per vestiario), di una ribalta per scrittoio, di un vano aperto, incassato, per libri e oggetti, e di una piccola lampada incassata, apribile a scatto. È una soluzione, questa, semplice e ben studiata, per consentire un relativo isolamento, pur nella camerata comune, ad ogni abitatrice.

le camere delle madri

Cubi componibili ad armadio: contengono i giocattoli ed hanno una parete in lavagna.

na casa materna e nido

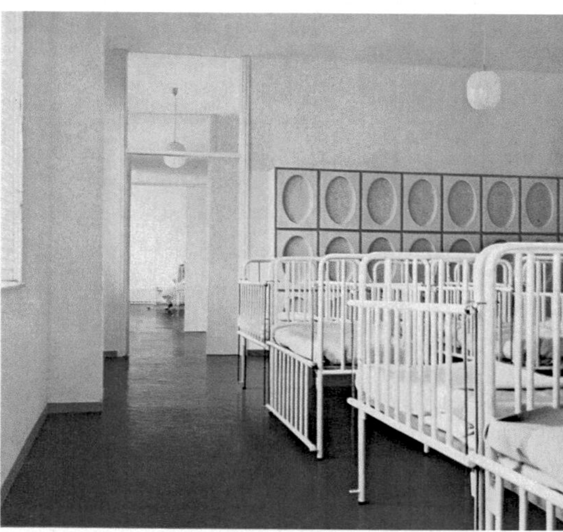

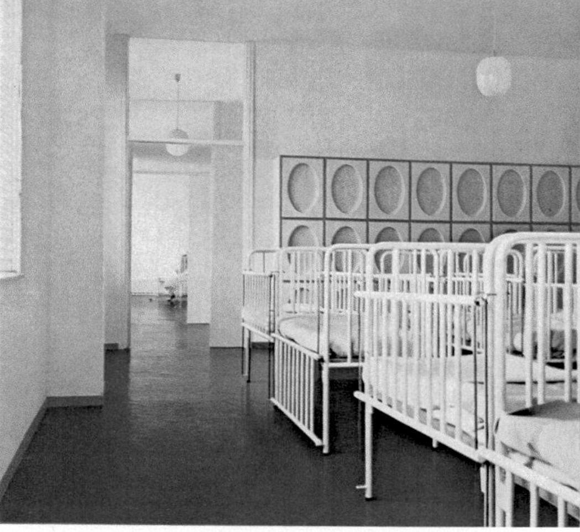

Nei dormitori dei bambini, i lettini e le culle: alla parete di fronte alle culle, un lungo e basso armadio-fasciatoio, con incorporate bilance e l'attrezzatura per la toletta; alla parete opposta, la tipica armadiata ad elementi uguali per i bambini più grandi.

I lettini in ferro bianco sono disposti a gruppi di quattro per meglio sfruttare lo spazio; le culle, in plexiglas e alluminio, sono appese al muro o appoggiate su appositi sostegni fissati al pavimento. Sotto, il locale per i bagni, con pareti rivestite in piastrelle colorate Richard-Ginori.

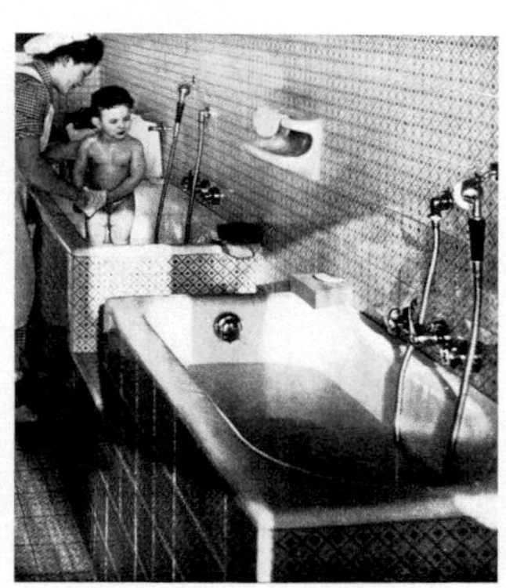

er il sonnellino pomeridiano, brandine sovrapponibili in tubo bianco e eli verdi Moretti.

Marco Zanuso, arch.

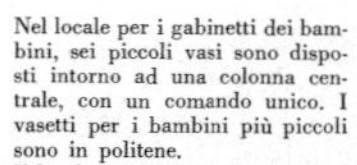

Nel locale per i gabinetti dei bambini, sei piccoli vasi sono disposti intorno ad una colonna centrale, con un comando unico. I vasetti per i bambini più piccoli sono in politene.
Il locale per i bagni (foto qui sotto), cui si accede direttamente dal dormitorio ha, lungo una parete, una mensola a muro, ricoperta in formica, in cui sono inseriti due bagnetti asportabili, in politene; lungo la parete opposta sono collocate le vasche per i bambini più grandi (foto in basso nella pagina a fianco), sollevate all'altezza di chi accudisce e intercalate da un ripiano d'appoggio.

Sei piccoli vasi attorno a una colonna

I piccoli lavabi all'altezza dei bambini

Translation
see p. 560

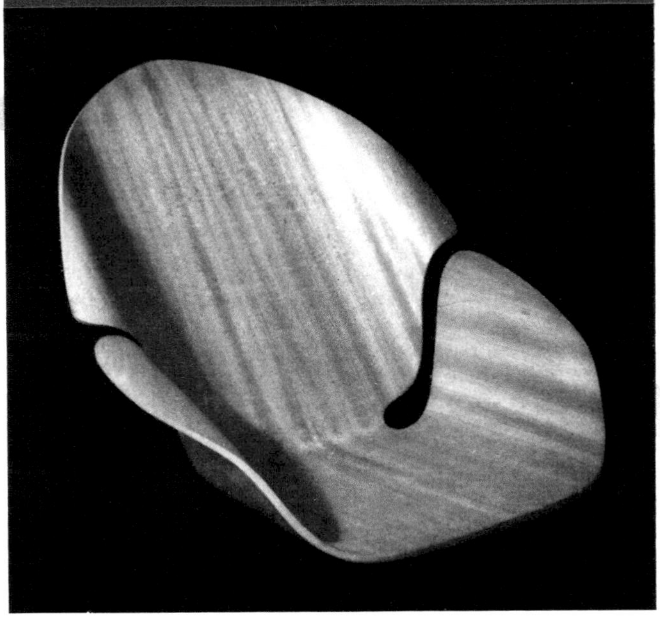

domus 324
November 1956

Advertising

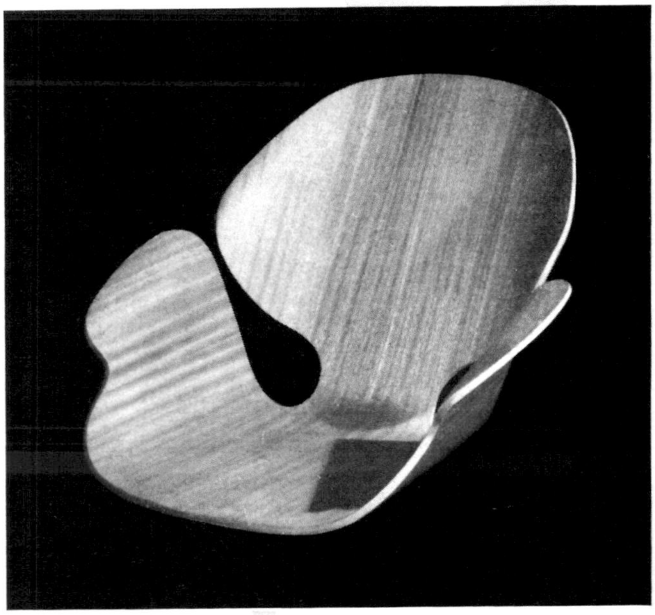

Curvi advertisement showing *Model No. 121*, *Model No. 122a* and *Model No. 122b* seat shells designed by M. R. Mazure and Alberti Reggio

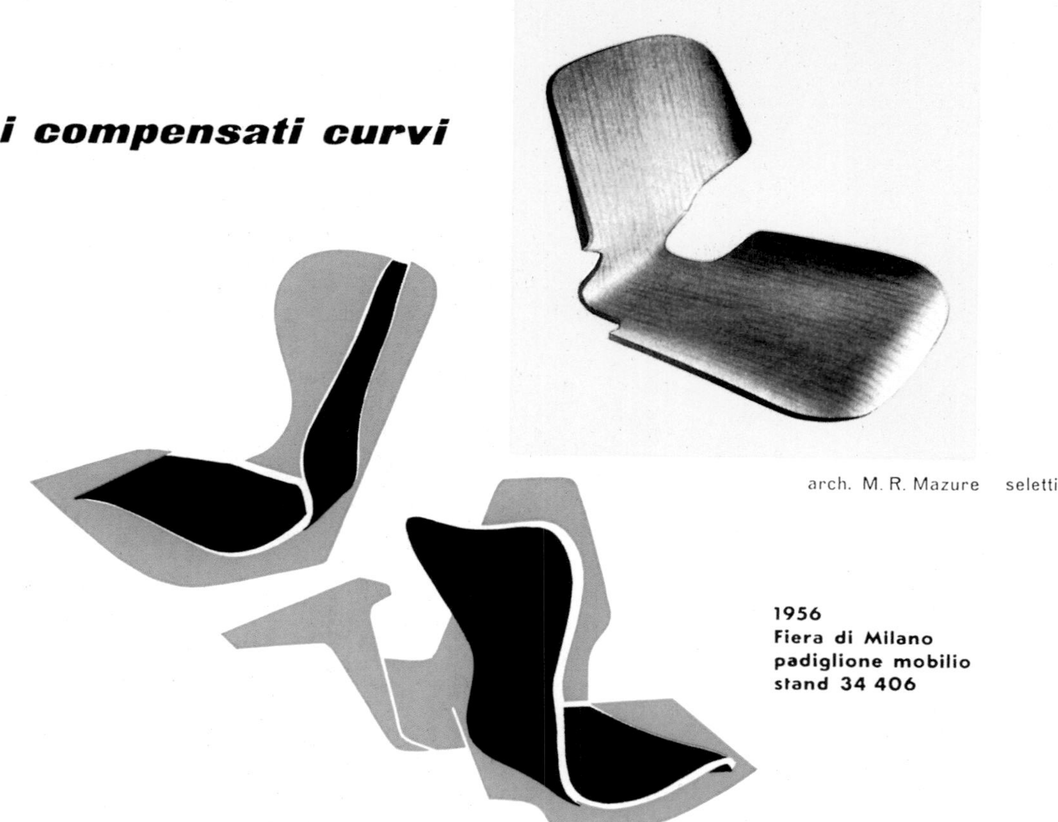

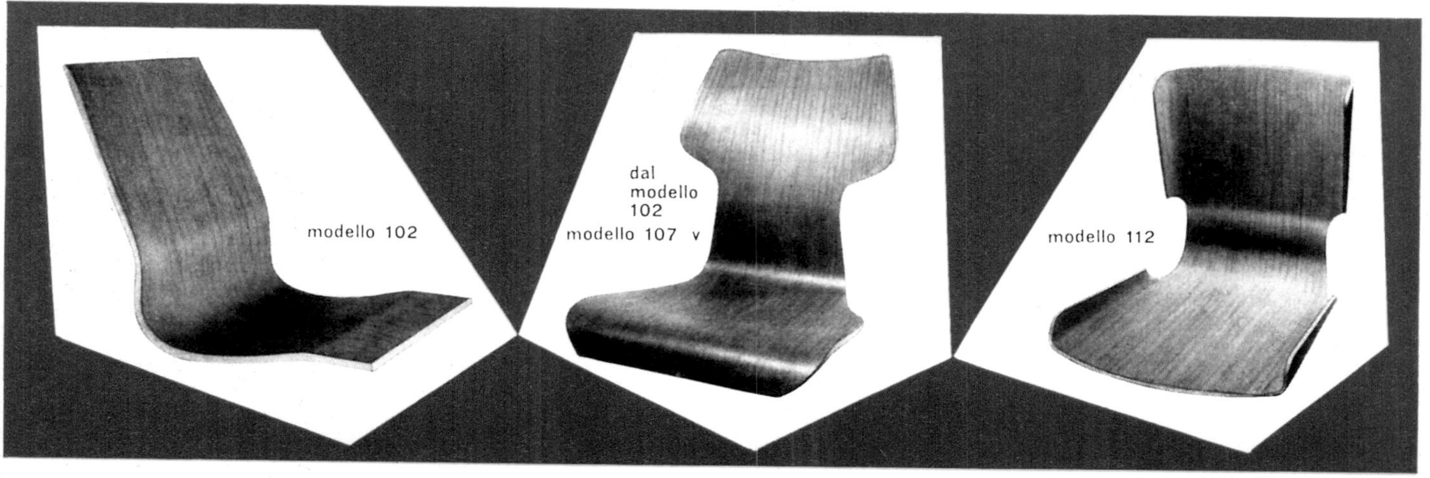

presentiamo
alcuni elementi
per sedie
realizzati in
compensato curvo

architetti e arredatori possono interpellarci
per la realizzazione dei loro progetti

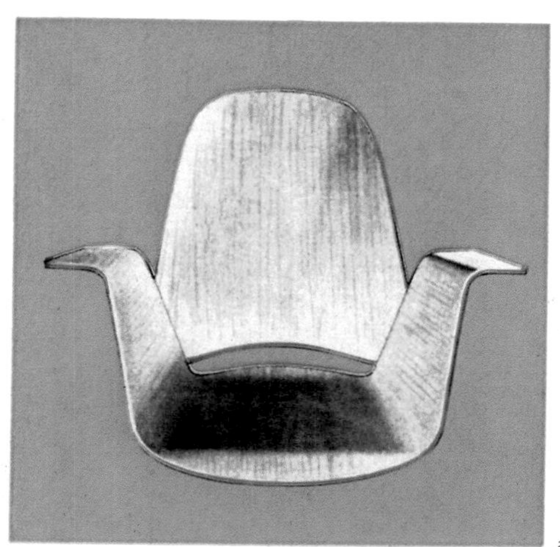
arch. Alberti Reggio

Società Compensati Curvi | **Monza**
Monza
Via Ghilini 4
tel. 41 43

domus 317
April 1956

Advertising

Curvi advertisement showing various seat shells, including *Model Nos. 102, 107* and *112*, designed by M. R. Mazure and Alberti Reggio

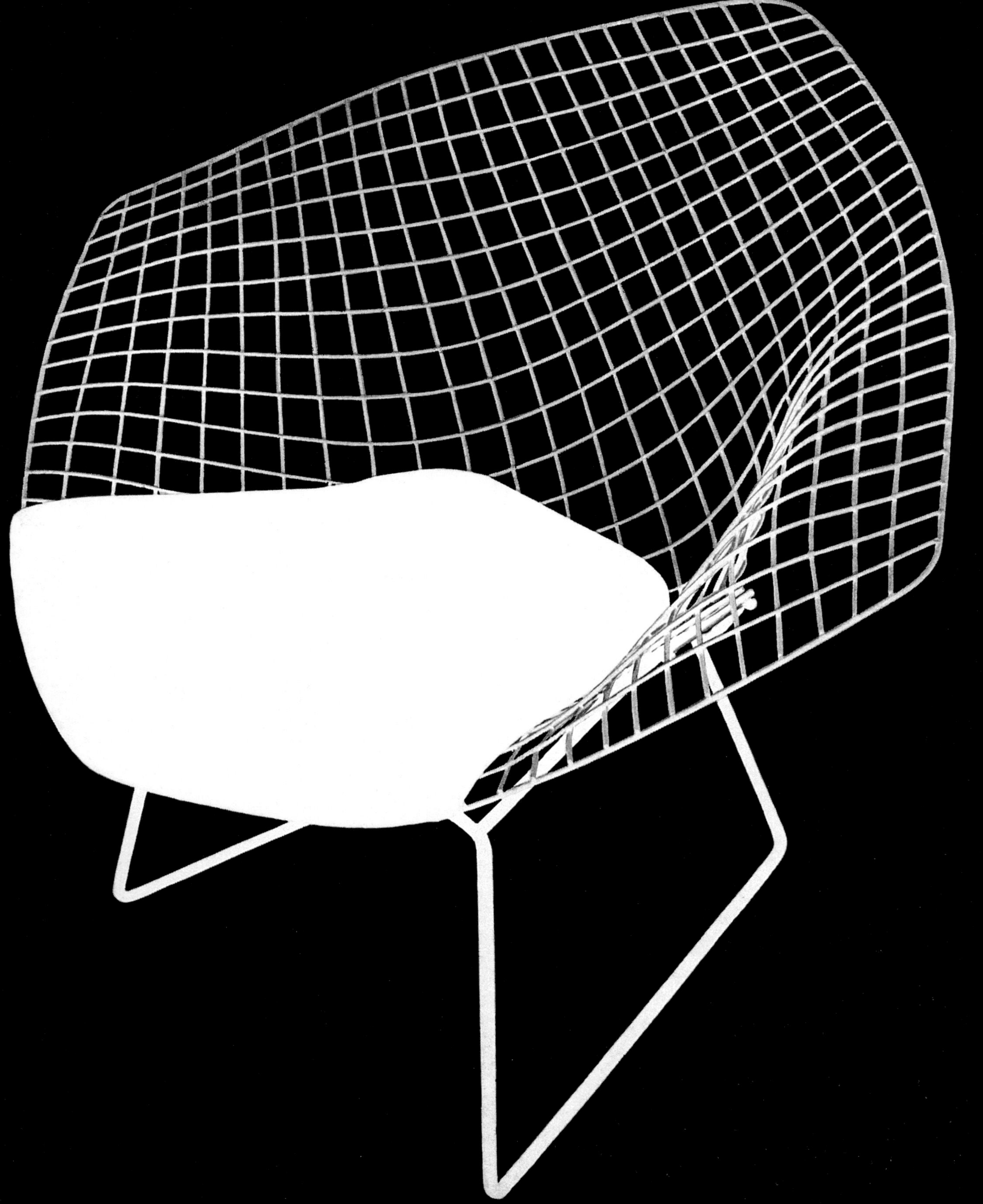

domus 318
May 1956

Cover

domus magazine cover showing *Model No. 421LU Diamond* chair designed by Harry Bertoia for Knoll Associates

'na casa costruita •talmente ı plastica

Lionel Schein, arch.

es Magnant, René A. Coulon, ›nel Schein.

esta è la prima casa al mondo ·truita totalmente in plastica. una iniziativa francese: la casa stata realizzata dai Charbon- ;es de France sotto il patro- o del Salon des Arts Ména- s e della rivista Elle, su pro- ·ta di Lionel Schein, giovane dente di architettura alla Scuo- di Parigi, autore del progetto, ı la collaborazione tecnica di es Magnant, ingegnere, e sotto supervisione e la direzione di ıé A. Coulon, architetto e pro- ;ore. (La costruzione è stata ·dotta dalla R. Camus e C.ie, redamento è di Alain Richard, impianti idraulici di H. De ›ze, la parte coloristica di A. ani).

casa è costituita, in pianta, un nucleo centrale circolare che comprende ingresso, sog- rno, pranzo, cucina, servizi, ridoio — e da tre corpi ag- nti, le camere da letto (da una e, secondo i casi). E' pensata ıe casa per week-end, o per ag- nerati provvisori, trasportabi- colonie, cantieri, motels, etc.). a è ancora un prototipo, e gli ıpi delle diverse parti che la ıpongono sono in legno; ma ata pensata naturalmente per ;rande serie, ed in vista di ciò ›mposta di elementi del minor ıerò e delle maggiori dimen- ıi possibili.

ucleo centrale circolare è sud- so in otto parti uguali, stam- sullo stesso stampo; ogni vo è un elemento di strut- ı, in cui travi, architravi, pa- ento e pilastri formano un ·co unico. L'insieme della ttura è sopraelevato su ap- gi. Gli otto elementi si rag- ppano intorno a una colonna trale; sul tetto, le giunture de-

La casa è composta da un nucleo centrale circolare, occupato per metà dal soggiorno-pranzo (più l'ingresso) a parete trasparente, e per metà da cucina, servizi, corridoio. A questo nucleo si agganciano le camere, uguali (da una a tre).

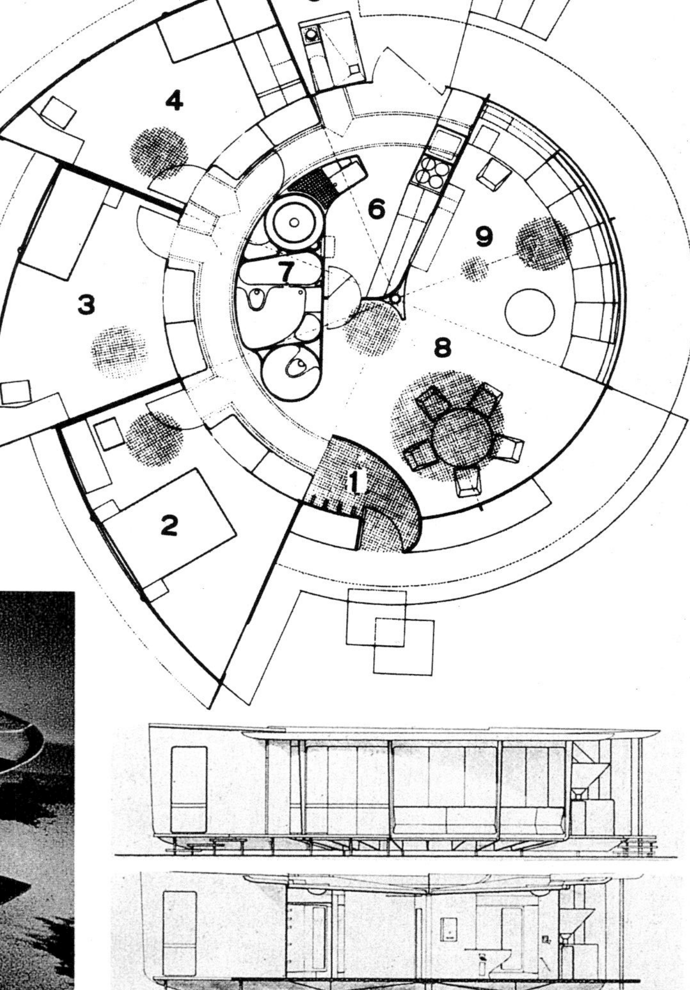

La copertura rivela gli otto elementi strutturali che compongono la costruzione; le giunture sono coperte, sul tetto, dalle nervature coprigiunti; l'acqua piovana vien scaricata nella colonna centrale.

A House Built Entirely of Plastic

Prefabricated housing unit made of plastic designed by Lionel Schein in collaboration with Yves Magnant and René A. Coulon: model, floor plan and sectional plan

Translation see p. 560

La resina di poliestere viene st
sullo stampo in legno.

una casa francese tutta in plastica

Sopra, il montaggio della parte centrale della casa. Pavimento e soffitto sono suddivisi in otto spicchi. Nella foto a destra: gli spicchi del soffitto vengono agganciati alla colonna centrale. Nella seconda foto a destra: gli spicchi del pavimento, con doppia intelaiatura interna a nido d'ape, e spessore di 8 cm. (Le pareti che non hanno funzione portante, ma solo di isolamento termico ed acustico, hanno spessore di 3 cm).

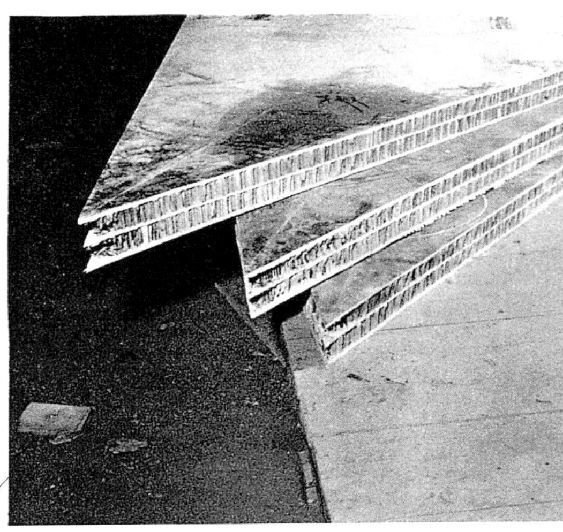

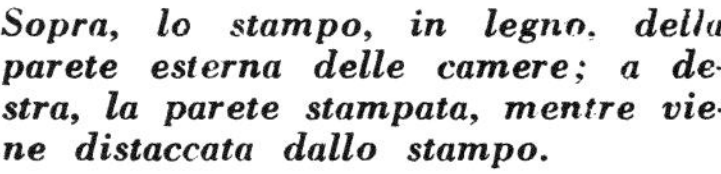

Sopra, lo stampo, in legno, della parete esterna delle camere; a destra, la parete stampata, mentre viene distaccata dallo stampo.

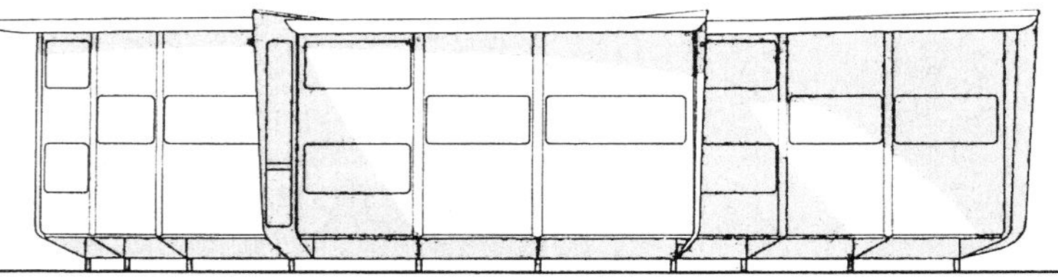

A sinistra, una parete esterna d
camere messa in opera.

A House Built Entirely of Plastic

Prefabricated housing unit made of plastic designed by Lionel Schein in collaboration with Yves Magnant and René A. Coulon: views of construction and details of structural elements and fittings

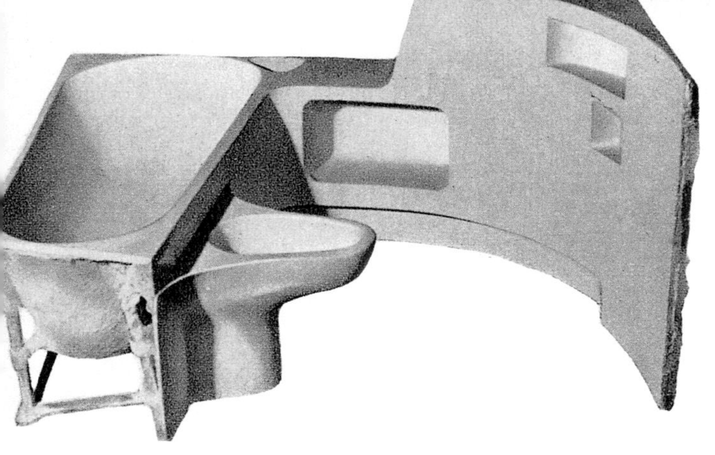

i otto elementi sono legate e otette da otto nervature copri- unti, che fanno anche da travi; cqua piovana si scarica nella lonna centrale. Le otto porzio- di facciata vengono chiuse per 8 dalla parete in plexiglas del ggiorno-pranzo, per 1/8 dalla rete della cucina, per 1/8 dal- parete dell'ingresso, e infine r 3/8 dalle tre pareti-armadio entiche, stampate in un pezzo lo, che si aprono sia verso il rridoio interno, sia verso le camere; le tre camere, che si nestano a queste pareti, sono entiche (solo diversamente co- ·ate), ciascuna saldata in un lo blocco, strutturalmente indi- ndente e poggiante su propri poggi sul terreno.

materie plastiche impiegate r la costruzione sono fonda- entalmente il plexiglas (per le perfici trasparenti), e le resine poliestere, rinforzate da tessu- di vetro, e variamente combi- te, con le quali si può arrivare superfici portanti di grandi di- ensioni; pareti di diverso spes- re e resistenza sono realizzate n diverse intercapedini e diver- « anime » interne. Le qualità queste materie sono, oltre la sistenza e la inattaccabilità, una eciale capacità di isolamento mico e fonico, e una speciale gerezza (questa casa, con una perficie abitabile di 90 m², pesa onnellate, cioè 15 volte di me- che se fosse costruita con ma- iali tradizionali).

costruzione in plastica su andi stampi unitari può tra- rmare e semplificare la tecnica ilizia, oggi ancora così com- ssa e articolata, e la realizza- ne di questa casa è un episo- interessante su questa strada. interessante è anche la sua sto- , per la rapidità con cui la a è nata come idea e come ltà: sei mesi in tutto: due per messa a punto del progetto, e per la messa a punto dei pia- esecutivi, e due per la esecu- ne totale, per la quale si sono vuti istruire, con corsi accele- i, quaranta operai non specia- zati.

Gli impianti sanitari sono raggruppati in un solo nucleo, distinto in tre vani dal movimento della parete: nel vano centrale, il bagno, il bidet e il lavabo, stampati in un solo pezzo, incorporato nella parete stessa; negli altri due vani, il w.c. e la doccia.
Nella foto a destra, particolare della parete involucro del blocco impianti sanitari.

A destra, particolare dei davanzali stampati.
Sotto, particolare di un armadio.

Sotto, la caldaia per il riscaldamento a carbone, montata su rotelle; è una apparecchiatura indipendente e transitoria (la si può far andare e venire); collocata all'esterno della casa, e comandata dalla cucina, fornisce l'aria calda che circola negli appositi condotti nel soffitto.

Nella cucina, una parete di 4 metri per 2,70 — con le sedi per gli scaffali, i fornelli, il frigorifero, il tavolo da lavoro — stampata in un pezzo solo. Il lavandino della cucina, sull'altro lato dell'ambiente, è formato da una protuberanza della parete stessa del blocco impianti sanitari (vedi pianta).

Translation
see p. 560

Sopra, l'esterno della casa dal lato dell'ingresso.
Nella foto a destra, l'angolo del pranzo visto dall'esterno. L'illuminazione è data da superfici luminose nel soffitto; le sedie sono in plastica anch'esse.

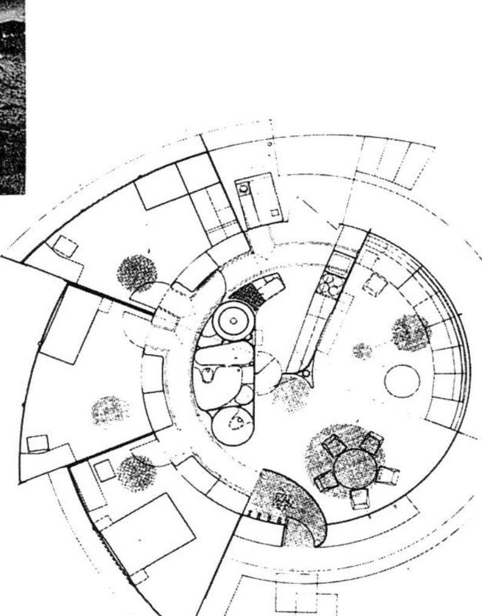

una casa francese tutta in plast

L'interno del soggiorno; la pa superiore della parete esterna è plexigas; il lungo sedile curvo stampato insieme alla parete.

domus 318
May 1956

A House Built Entirely of Plastic

Prefabricated housing unit made of plastic designed by Lionel Schein in collaboration with Yves Magnant and René A. Coulon: views of interiors and floor plan

Translation see p. 560

n Valsugana

Mario Galvagni, arch.

unto di questa costruzione è il siderio del committente di una sa che « volumetricamente fasse quasi parte della natura del ogo ».

costruzione si svolge su due ni fuori terra, con un seminrato per garage e servizi; al nterreno, il grande ambiente ico del soggiorno, che comende ingresso e pranzo; al piasuperiore le camere; tra i due ni è inserito un mezzanino, e guarda sul soggiorno, e fa da letta per la prima colazione.

l grande soggiorno, tra le pai inclinate e le verticali in leo sono ricavati gli armadi nessari; nel corpo delle camere letto tutti gli armadi sono ricati nel tetto, per la sua particoe forma e su tre dei suoi lati; madi a tetto, isolati con lana di tro e segatura.

diverse terrazze sono in parte legate col giardino, e diventaa tratti sedi del verde, come terrapieno-giardino in sassi Centa a lato del soggiorno.

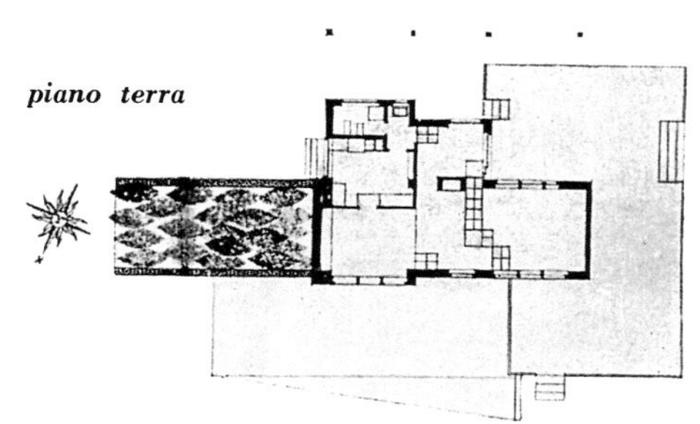

piano terra

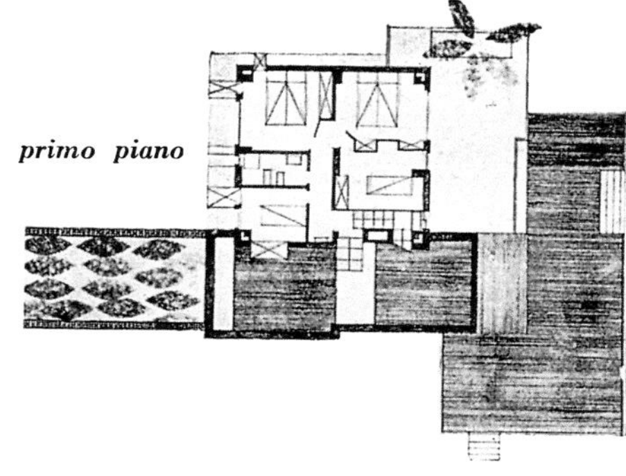

primo piano

All'esterno la costruzione è in porfido (muratura portante), cemento armato e legno.

Casa Aristide Silva in Caldonazzo, Valsugana, designed by Mario Galvagni: views and details of exterior and floor plans

Translation see p. 560

Le case a cupola di Noyes

Eliot Noyes, arch.

Queste case emisferiche sorgono a Hobe Sound, Florida, progettate da Eliot Noyes, architetto e industrial designer americano (studio in New Canaan) e realizzate secondo il sistema della Airform International Construction Corporation, ideato nel 1941 da Wallace Neff, architetto: il cemento della struttura vien gettato sopra un pallone in plastica fasciato da una maglia metallica e il pallone viene poi sgonfiato e rimosso. Noyes adottò il sistema e perfezionò la forma delle « bubble houses » originali, schiacciandole alla sommità e tagliandovi grandi aperture che fanno da porte e da finestre.
All' interno le « bubble houses » hanno un blocco centrale di impianti (riscaldamento, bagno, cucina), un grande soggiorno-pranzo, e due camere. (Per famiglie più numerose, dice Noyes, si « soffia » un'altra casa). Le due case in Florida che qui pubblichiamo sono le prime realizzate secondo il nuovo disegno.

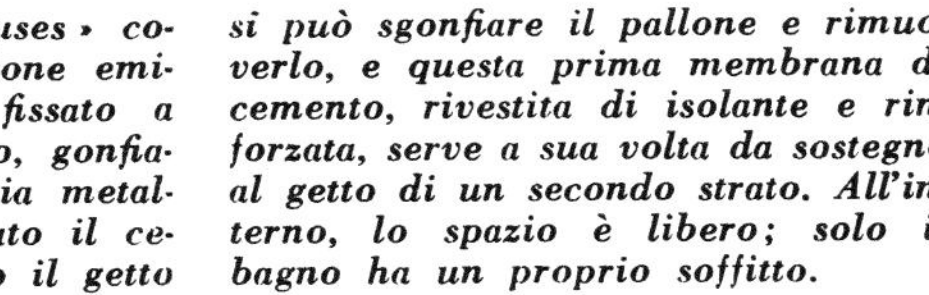

Le due nuove « bubble houses » costruite in Florida. Un pallone emisferico in plastica viene fissato a una piattaforma di cemento, gonfiato, e fasciato da una maglia metallica sulla quale viene gettato il cemento. Ventiquattr'ore dopo il getto si può sgonfiare il pallone e rimuoverlo, e questa prima membrana di cemento, rivestita di isolante e rinforzata, serve a sua volta da sostegno al getto di un secondo strato. All'interno, lo spazio è libero; solo il bagno ha un proprio soffitto.

foto Eliot Noyes

Domed Houses by Noyes

Bubble Houses in Hobe Sound, Florida, designed by Eliot F. Noyes: views of construction, elevations and interior; models and floor plans

Per famiglie numerose, o una « bubble house » gigante, di lusso, con cinque letti; o una serie di « bubble houses » una accanto all'altra.

la casa americana 1964 in plastica Eliot Noyes, arch.

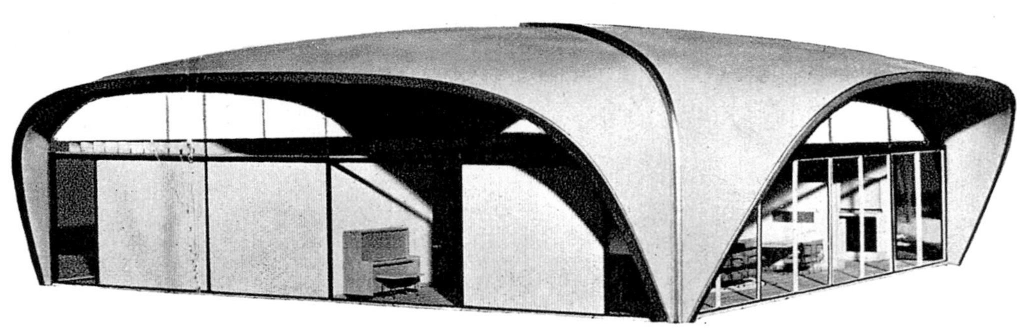

Queste esperienze con le « bubble houses » portarono l' architetto Noyes al progetto della costruzione che illustriamo qui a fianco, simile alle prime nella forma ma da realizzarsi in plastica e non in cemento. E' una casa pensata sulle misure della famiglia americana 1964 (che si prevede più numerosa e più agiata) e studiata particolarmente sotto due aspetti: uso delle materie plastiche, attrezzatura elettrica (General Electrics).

La struttura è in pannelli in plastica portanti, prefabbricati, legati da due nervature di alluminio in croce; le porte, le antine, i lavabi, i bagni, sono in plastica. Riscaldamento e condizionamento sono regolati automaticamente. Cucina e lavanderia elettriche. Porte e finestre sono a comando elettrico, e così le griglie luminose mobili che fanno da soffitto alle stanze da letto. Il centro del soggiorno, con divano e poltrone, è una piattaforma rotante, da cui si comanda la grande parete della televisione, con radio e registratore, e da cui si manovrano le proiezioni sul grande soffitto curvo.

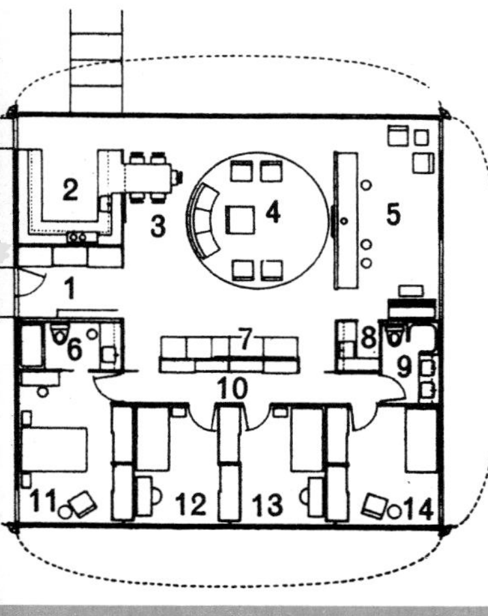

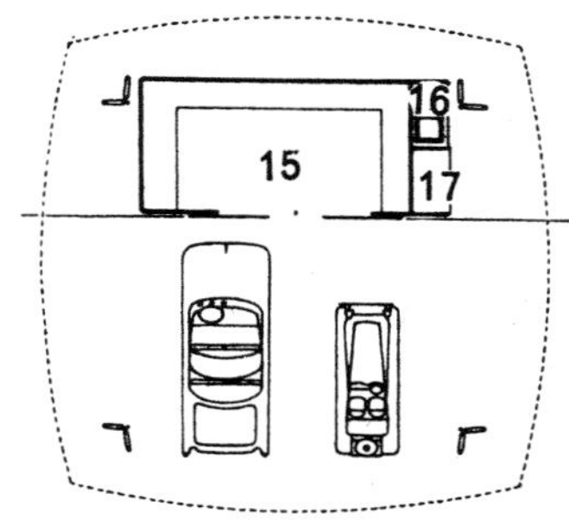

1 ingresso
2 cucina lavanderia
3 pranzo
4 soggiorno rotante
5 studio
6 bagno
7 parete televisione
8 camera oscura
9 bagno
10 disimpegno
11, 12, 13, 14 letto
15 laboratorio
16 riscald. e condiz
17 attrezzi giardino

Translation
see p. 560

foto Casali-Dom

Interni a Milano

Augusto Magnaghi e Mario Terzaghi, arch.tti

In una nuova casa da loro stessi costruita, gli architetti Magnaghi e Terzaghi hanno arredato questo appartamento di grandi proporzioni.
In pianta l'appartamento è risolto con una netta distinzione delle zone servizio, giorno, notte. Noi illustriamo in particolare la zona giorno, che ha uno speciale sviluppo, ed è stata studiata in modo da permettere, con tagli obliqui e uso di pareti scorrevoli, delle prospettive profonde — benchè le due parti di questa zona siano ad angolo — e una varietà di vedute, e una non comune continuità di spazio. Una parte della zona giorno è costituita dal grande salone, che incorpora l'ingresso, la zona per la televisione, la saletta da gioco; l'altra parte è costituita dal pranzo e soggiorno. Gli ambienti ospitano una notevole collezione di pittura moderna.

Il salone; a sinistra, la zona di ingresso: essa fa spazialmente parte del salone, ma può esserne isolata se si chiude la lunga parete modernfold che nella fotografia qui sopra appare aperta. La parete con i tre quadri allineati (Mafai, Menzio, de Chirico), fronteggia la porta di ingresso: essa, in parte, scherma lo spogliatoio (lo si intravede nella fotografia a sinistra). La pendola nell'ingresso è una pendola francese del '700, in lacca rossa e bronzo dorato.

Il tavolino all'ingresso, in marmo bianco di Carrara.

Apartment interiors and furnishings designed by Augusto Magnaghi and Mario Terzaghi: views of living and entrance areas, floor plan, Carrara marble table, games table with chairs

Il salone; a destra, la zona della televisione; l'apparecchio è incorporato in un rivestimento a pannelli in noce; le poltroncine per la televisione sono girevoli (produzione F.B.G., Meda). All'estremità sinistra del salone si intravvede la parete scorrevole, in legno, della saletta da gioco.

saletta da gioco; il mobile a pa-
e è ricoperto in panno.

salone, saletta da giuoco, pranzo

Translation
see p. 561

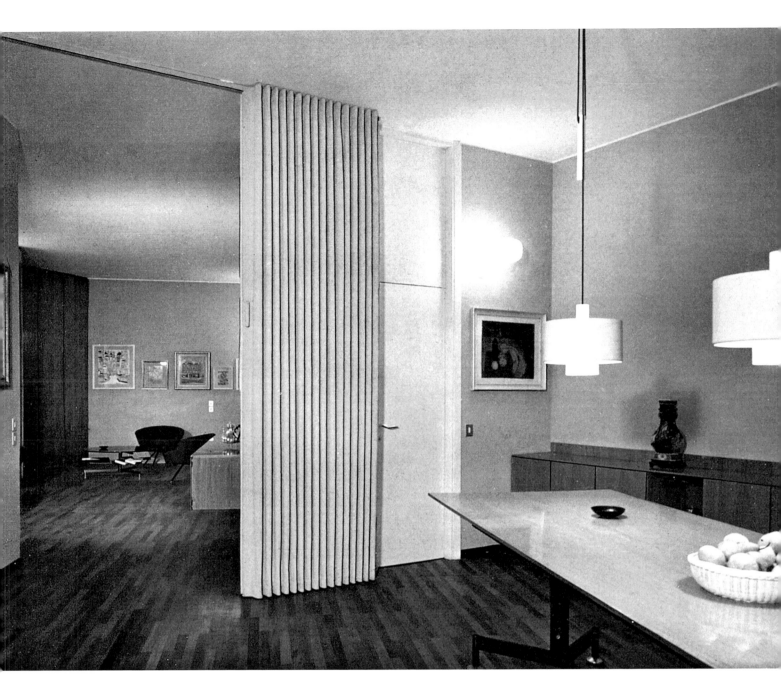

infilata dal pranzo al salone

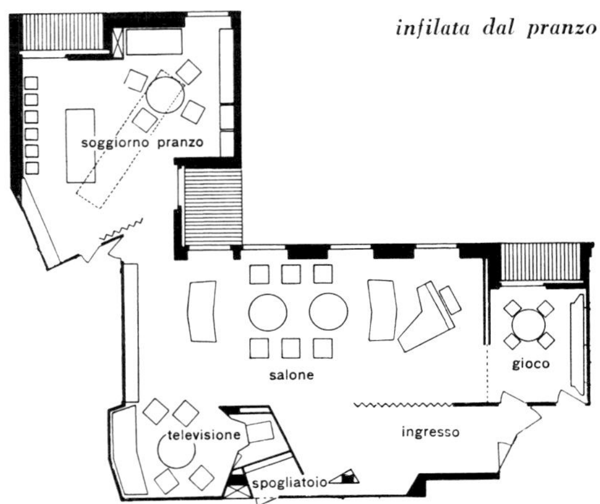

La parete obliqua e scorrevole, in modernfold, tra pranzo e salone, consente una prospettiva assai profonda. (Dal pranzo, la vista può arrivare — vedi pianta — fino all'ingresso). La porta vicina alla parete modernfold conduce ai servizi; il mobile a parete, per le stoviglie, è in noce chiaro.

foto Casali Domus

Apartment interiors and furnishings designed by Augusto Magnaghi and Mario Terzaghi: views of dining area, floor plan and sideboard

Translation
see p. 561

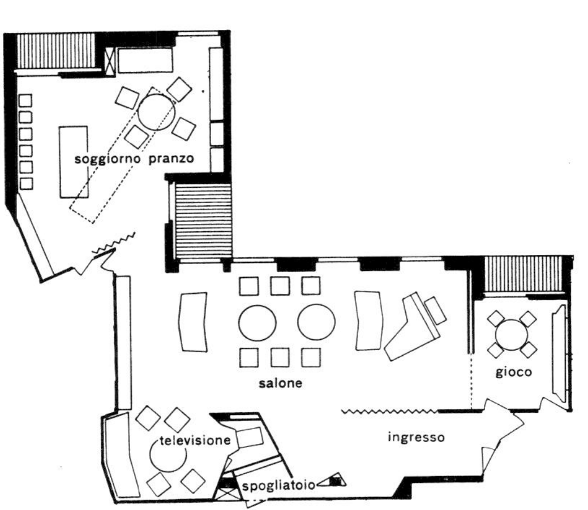

il pranzo e soggiorno

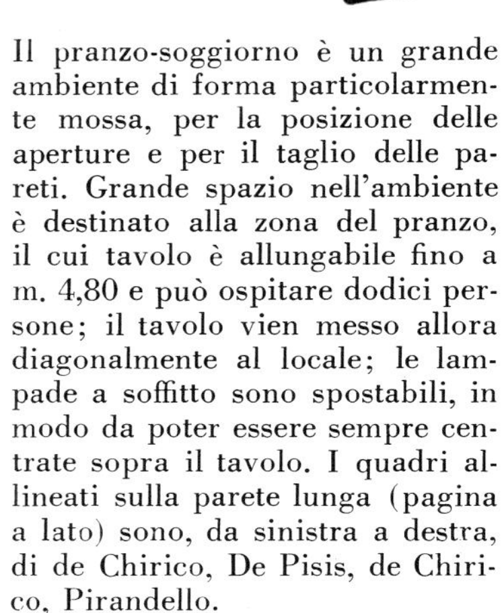

Il pranzo-soggiorno è un grande ambiente di forma particolarmente mossa, per la posizione delle aperture e per il taglio delle pareti. Grande spazio nell'ambiente è destinato alla zona del pranzo, il cui tavolo è allungabile fino a m. 4,80 e può ospitare dodici persone; il tavolo vien messo allora diagonalmente al locale; le lampade a soffitto sono spostabili, in modo da poter essere sempre centrate sopra il tavolo. I quadri allineati sulla parete lunga (pagina a lato) sono, da sinistra a destra, di de Chirico, De Pisis, de Chirico, Pirandello.

Il tavolo ha struttura in ferro ra to e brunito, e piano in noce; è lungabile, gradualmente, da m. a m. 4,80. Lampade di Stilnovo in luminio verniciato bianco, poltrone della F.B.G. di Meda, in pagholz bottito in gommapiuma.
Nella foto a sinistra, libreria d'ar lo nel soggiorno pranzo; il divan coperto con un tessuto di Gegia Br zini. Quadro di de Chirico.

Apartment interiors and furnishings designed by Augusto Magnaghi and Mario Terzaghi: floor plan, dining area with dining table, bookshelves, living area with coffee table and record player

foto Casali Domus

nel pranzo e soggiorno

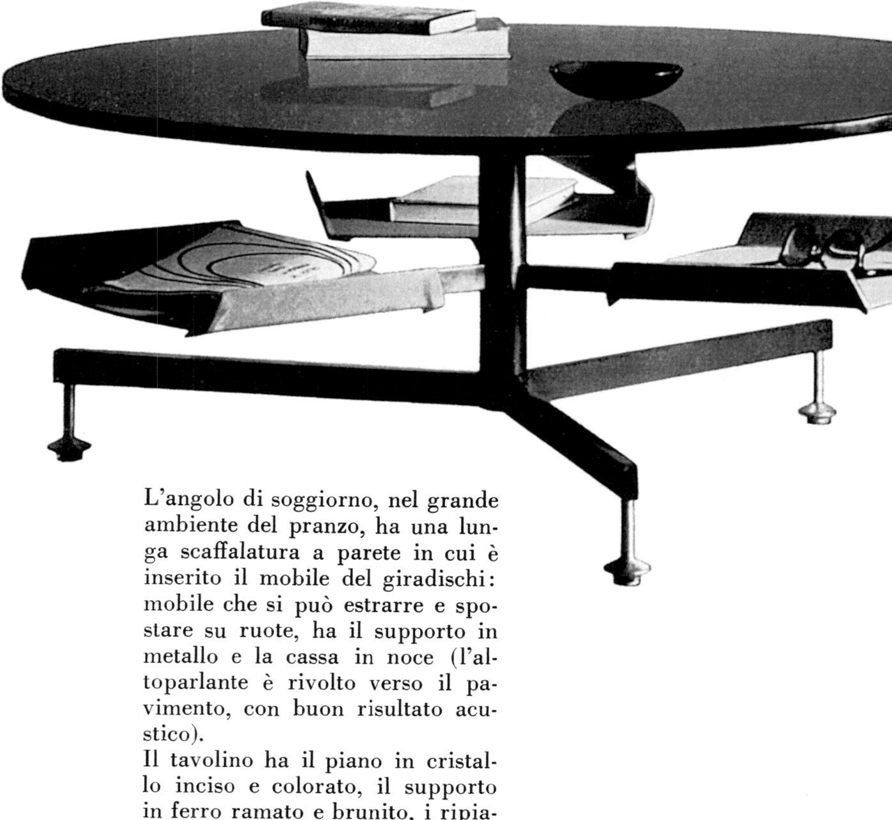

L'angolo di soggiorno, nel grande ambiente del pranzo, ha una lunga scaffalatura a parete in cui è inserito il mobile del giradischi: mobile che si può estrarre e spostare su ruote, ha il supporto in metallo e la cassa in noce (l'altoparlante è rivolto verso il pavimento, con buon risultato acustico).
Il tavolino ha il piano in cristallo inciso e colorato, il supporto in ferro ramato e brunito, i ripiani girevoli rivestiti in panno di diversi colori.

Translation
see p. 561

Una nuova poltrona

la poltrona inclinabile Tecno

La fodera della poltrona, in diversi colori, è facilmente sfilabile.

foto Mari

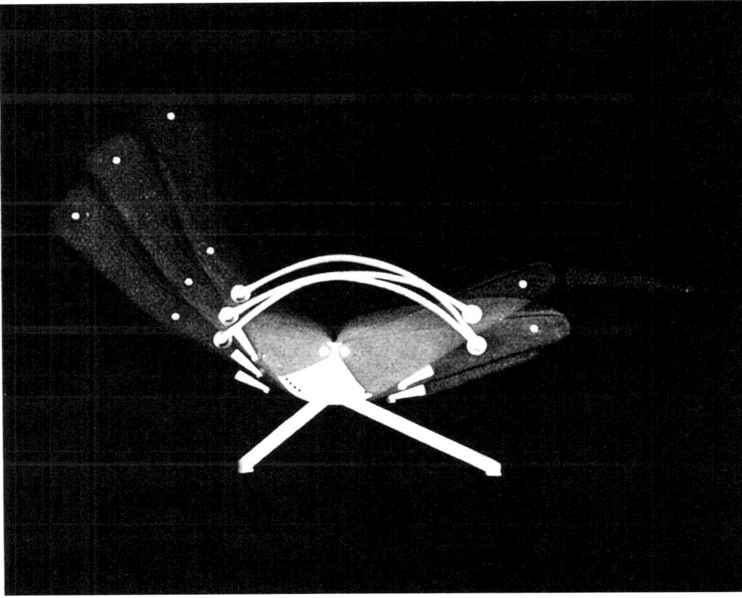

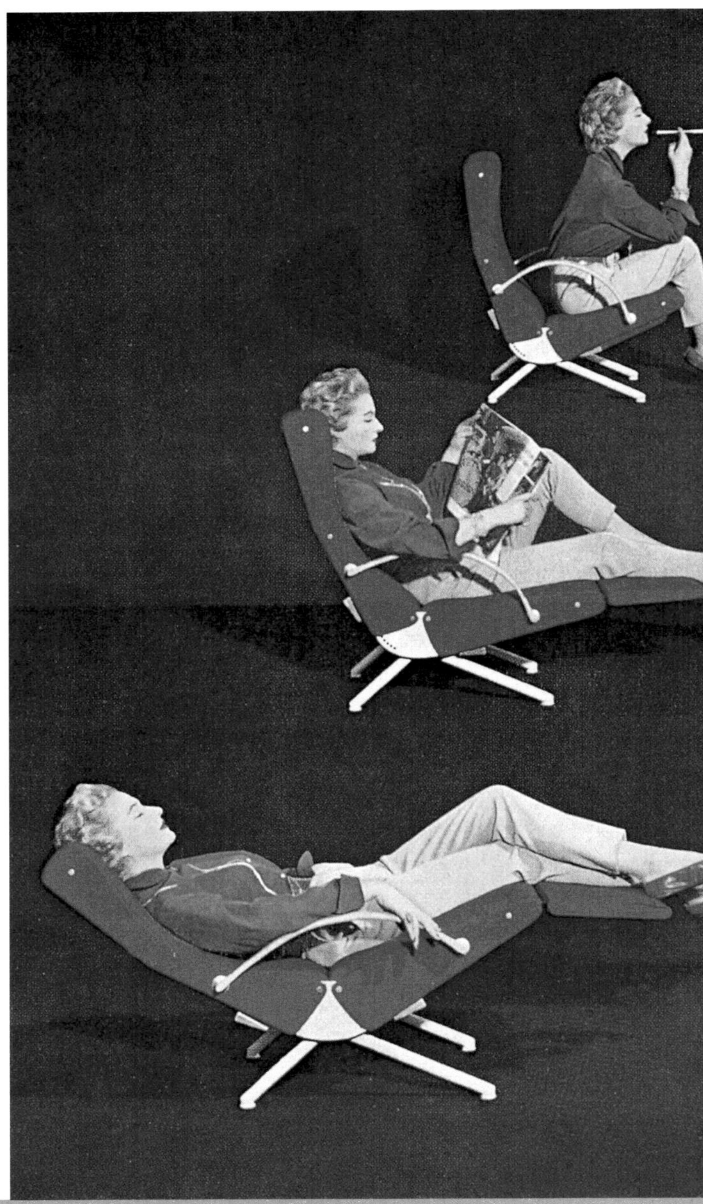

La « poltrona da riposo » è di notevole ingombro ed ha un uso solo: questa poltrona, — disegnata da O. Borsani per la Tecno, e prodotta in serie — è una poltrona di ingombro normale, che può assumere la posizione della poltrona da riposo, in tutta una serie di gradazioni, con un sistema molto agevole di inclinazione. (Il sistema è simile a quello del divano Tecno: una leva con dente di arresto che si inserisce in una piastra graduata e si manovra facilmente con una manovella).

Inoltre la poltrona ha i braccioli abbattibili, ed un allungamento ribaltabile per l'appoggio delle gambe. Ed è anche possibile, con un particolare innesto, unire più poltrone a formare un divano.
La fodera della poltrona, che viene prodotta in diversi colori, è agevolmente sfilabile per il cambio o la lavatura.
La struttura della poltrona è, come quella del divano, in ferro vetrificato, con finiture in ottone, nastri cord, sedile e schienale in gommapiuma.

La poltrona in diverse inclinazioni, con l'allungamento ribaltabile per l'appoggio delle gambe nella posizione di riposo. Disegnata da O. Borsani arch.

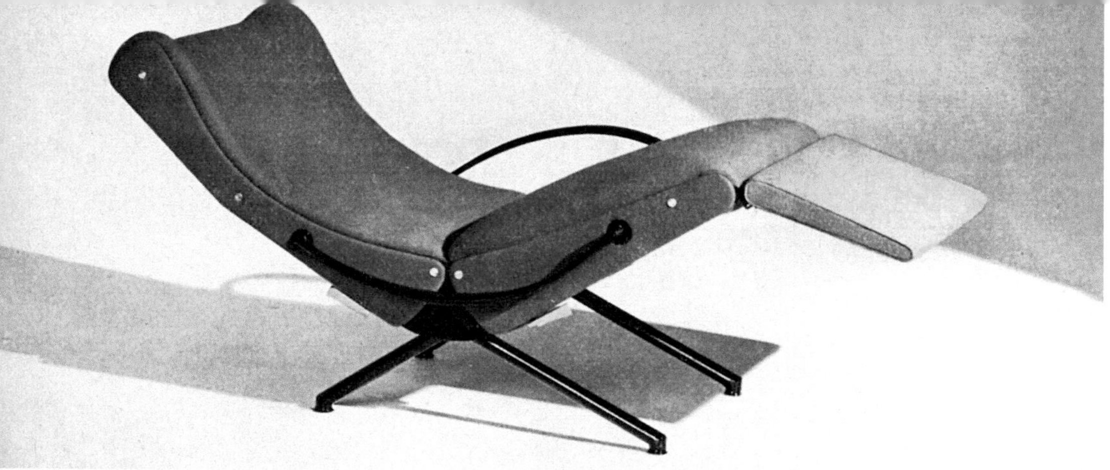

I braccioli sono abbattibili; più poltrone si possono innestare l'una all'altra a formare divano.

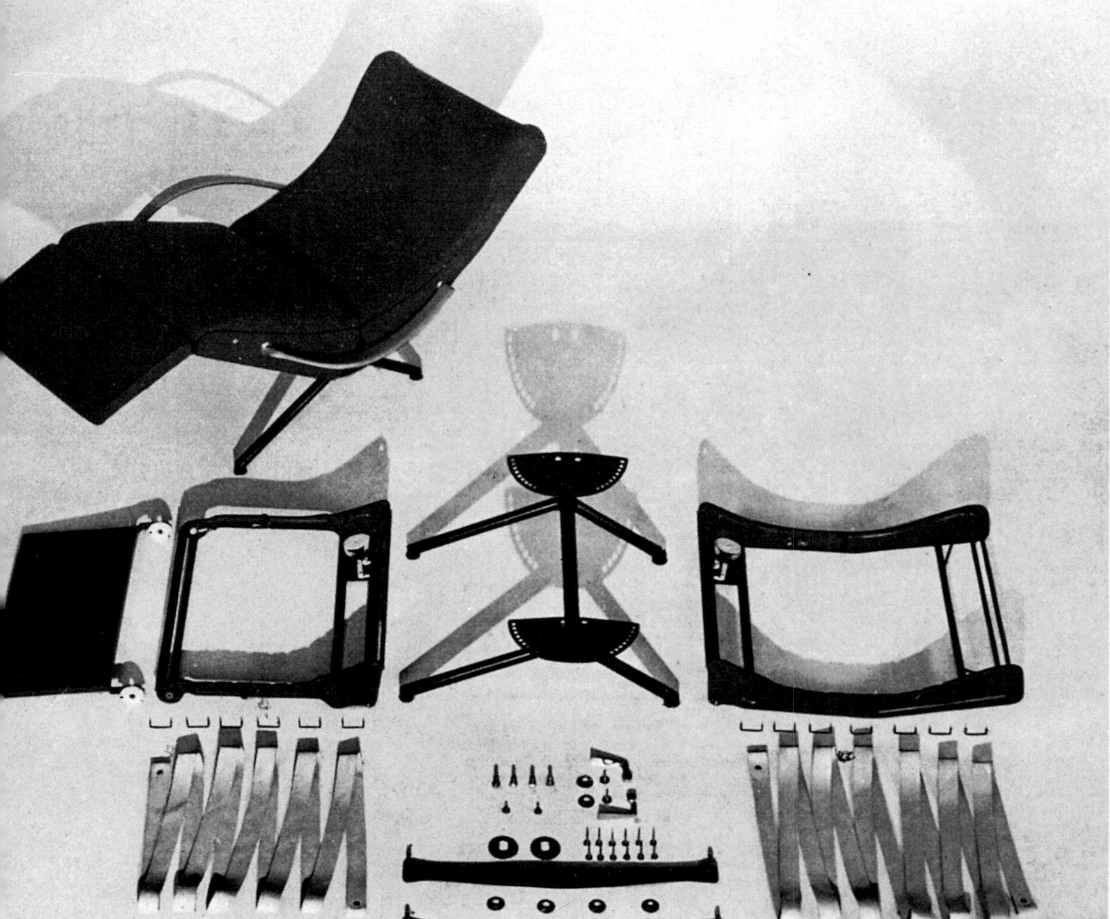

la poltrona inclinabile Tecno

La struttura è in ferro vetrificato, con finiture in ottone, nastri cord elastici, imbottitura in gommapiuma, braccioli in gomma.

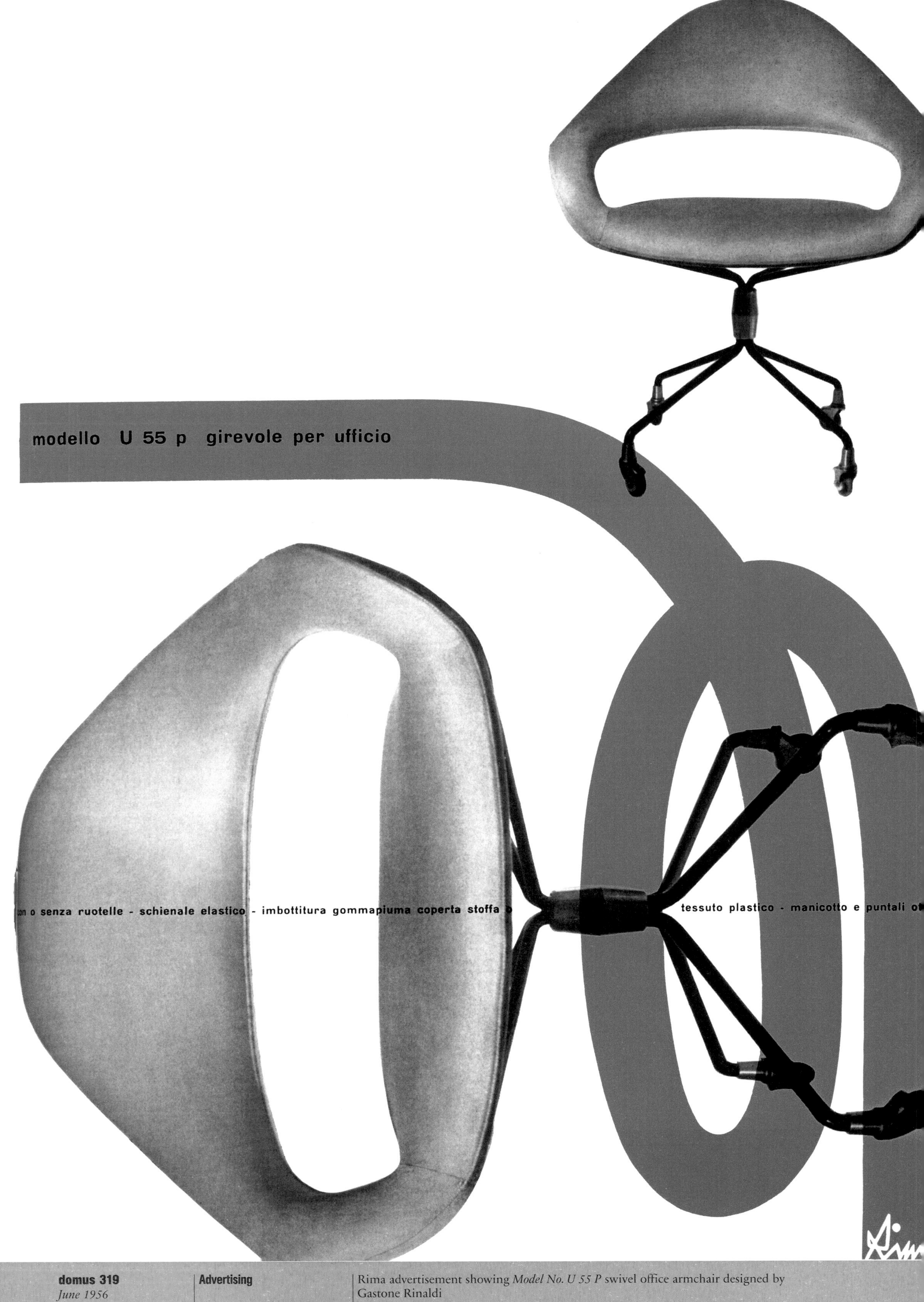
modello U 55 p girevole per ufficio
con o senza ruotelle - schienale elastico - imbottitura gommapiuma coperta stoffa o tessuto plastico - manicotto e puntali ot

domus 319
June 1956

Advertising

Rima advertisement showing *Model No. U 55 P* swivel office armchair designed by Gastone Rinaldi

reve
ɔcumentario
i Felix Candela

Padiglione per i Raggi Cosmici alla città universitaria di Città del Messico, 1951, in collaborazione con Gonzales, Reyna e Arozarena, architetti: lo spessore della copertura alla sommità è di 1,5 cm., forse il più sottile che si sia realizzato in una struttura in c. a. di queste dimensioni: la forma è di due paraboloidi iperbolici accoppiati lungo la parabola principale.

ix Candela, l'architetto spa-lo (Madrid, 1910) che vive, ɔra e insegna a Città del Mes-ɔ, è architetto, ingegnere, co-ttore (presiede una impresa cializzata nel disegno e nella truzione di volte sottili). Nel npo del cemento armato è dei maggiori uomini del no- tempo, e il suo tempera-nto è vivamente dotato di quel- inventività plastica che si è amata « vocazione per forma » nel campo del-ricerche strutturali.
e Candela: « Nel costruire no arrivati, fortunatamente, al nine del lungo momento del-alisi. Le idee che ci hanno vito hanno raggiunto il loro uppo completo e sarebbe as-do continuare a sfruttarle. Se da credere ai sintomi, noi no alla vigilia di una nuova ca creativa. Gli architetti do-

Volta asimmetrica a paraboloide iperbolico, per una autorimessa a El Pedregal, Città del Messico, 1952, in collaborazione con Horacio Almada, arch.; la copertura da un lato poggia sul terreno, dall'altro è sospesa, poggiando su un solo punto contro un muro in costa, con sbalzi laterali di m. 3,50.

Magazzini della Dogana, Città del Messico, 1952, in collaborazione con Carlos Recamier, arch.; volte cilindriche, con luce di 20 m. e sbalzi di 6 m. da ambo i lati (per coprire i docks di carico), spessore uniforme di 4 cm. e nervature ogni 5 m. in corrispondenza delle colonne.

Pensilina asimmetrica ad ombrello per i laboratori Ciba a Città del Messico, 1953, in collaborazione con Alessandro Prieto, arch.; l'ala lunga, a paraboloide iperbolico, con 11 metri di sbalzo e 4 cm. di spessore, è in cemento leggero (perlite); l'ala corta è in cemento ordinario, con spessore di 8 cm., per equilibrare la costruzione.

Struttura per « la Jaracanda », locale notturno di Città del Messico, 1954, in collaborazione con Max Borges, jr., arch.; la porta di uscita verso il giardino è coperta con una piccola volta in forma di iperboloide con sezione ellittica.

Magazzini La Tolteca a Città del Messico, 1955: copertura a ombrello, con volte a paraboloide iperbolico, di 4 cm. di spessore, composta di unità di m. 10 x 12 in pianta sopra ogni colonna; le ombrelle sono lievemente inclinate all'infuori per proteggere i percorsi esterni; scarico delle acque dentro le colonne.

Brief Documentary on Félix Candela

Selection of architectural projects in Mexico City designed by Félix Candela: pavilion at Mexico City University; autoshop canopy; Dogana stores; canopy for Ciba laboratories; Jacaranda structure; La Tolteca stores

Translation see p. 561

foto Erwin Lang

documentario di Felix Candela

Per una manifattura a Città del M sico, 1955: copertura a ombrello, volte a paraboloide iperbolico, 4 cm. di spessore; ogni colonna ta una unità di m. 11 x 12 in pian nella copertura sono inseriti bloc di vetro per la illuminazione.

Per i magazzini Rio a Città del M sico, 1954: copertura a ombrello me la precedente; ogni unità è m. 10 x 15 in pianta. La lieve inch zione delle ombrelle crea fra un go e l'altro le lunghe aperture la luce, e dà un profilo dentel alla copertura vista di lato.

Per la « Bolsa de Valores » di Città del Messico, 1955, in collaborazione con Enrique de la Mora, arch.: copertura formata dalla intersezione di due volte a paraboloide iperbolico di 4 cm. di spessore, e di m. 24 x 15 in pianta. Le sezioni perimetrali sono inclinate, per permettere l'illuminazione laterale, poichè la costruzione è tutta circondata da edifici.

domus 319
June 1956

Brief Documentary on Félix Candela

Selection of architectural projects in Mexico City designed by Félix Candela: shade canopy at University of Mexico City; Rio stores; La Bolsa Mexicana de Valores building; Church of La Virgen Milogrosa

sterno della chiesa della Virgen lagrosa a Città del Messico, 1955. tte le superfici sono paraboloidi rbolici. Il progetto della chiesa fu egnato in due settimane e calco-) dopo.

bbero compiacersene se intenno riprendere il loro ruolo di struttori poichè per costruire se non sarà più necessario posdere tanta scienza quanto avetalento e intuizione ».

« il nuovo mondo nel quale o nuovamente indivisibili inetto e immaginazione » come eva Erik Mendelsohn pensanall'avvenire del costruire).

nteresse di Candela è rivolto prattutto alle possibilità dei paoloidi iperbolici, superfici a ppia curvatura che, rigide, nsentono spessori estremamente tili.

più nota delle sue costruzioni l Padiglione dei Raggi Cosmialla città universitaria di Citdel Messico, 1951 (Domus 9); la più spettacolare è l'ulti-, la chiesa della Virgen Milaosa a Città del Messico, 1955 omus 308), in cui la struttura ggiunge una particolare intenà espressiva.

foto Lola Alvarez Bravo

Sotto, scala a chiocciola nella chiesa; i gradini si piegano a formare balaustra.

Translation see p. 561

Due uffici: pianta e arredamento

Vittorio Gregotti, Lodovico Meneghetti
Giotto Stoppino, arch.tti

un ufficio a Mortara

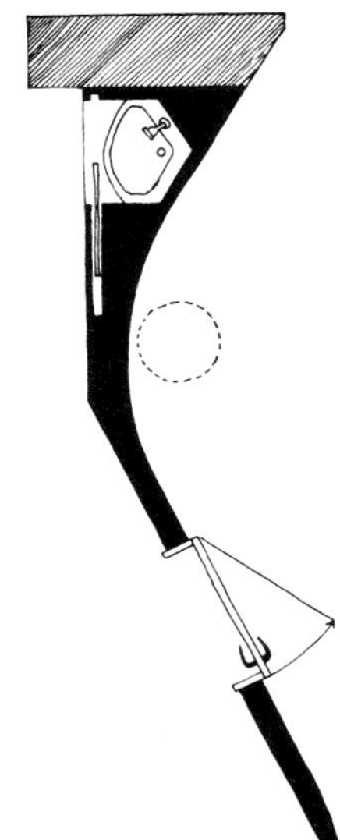

Questo ufficio è all'ultimo piano e vi si sale da una scala soffittata con un lucernario, a lamelle di vetro stampato regolabili; il serramento di ingresso è in vetro e legno tinto nero.
All'interno, è singolare la divisione degli spazi. Le zone di ingresso e di attesa formano un unico locale continuo: una lunga parete sinuosa in listelli di legno, partendo dall'ingresso « avvolge » l'attesa, tutta chiusa, illuminata dall'alto. Una porta in questa parete conduce ai locali d'ufficio.

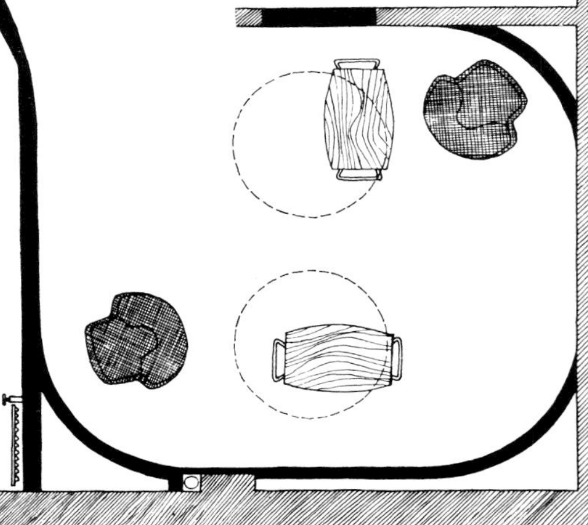

La zona di attesa è circondata dalla parete in listelli di legno, e illuminata dall'alto da due lucernari; mobili di serie, disegnati dagli architetti.

Two Offices: Layout and Furnishings

Office interior and furniture in Mortara by V. Gregotti, L. Meneghetti and G. Stoppino: entrance, floor plans, views and details of undulating wall, waiting area and interior; office interior and furniture in Vigevano by V. Gregotti, L. Meneghetti and G. Stoppino: principal office, desk, floor plan, secretarial and waiting areas

foto Casali-Domus

Veduta dall'attesa all'ingresso; la porta nella lunga parete in legno è rivestita in flexan blu, e conduce ai locali d'ufficio.

foto Casali-Domus

Uno schermo curvo ed una lunga quinta angolata distinguono in un solo ambiente tre zone: zone di passaggio, due uffici. Lo schermo è in muratura, la quinta in vetro e legno, e contiene due armadi spogliatoio girevoli.

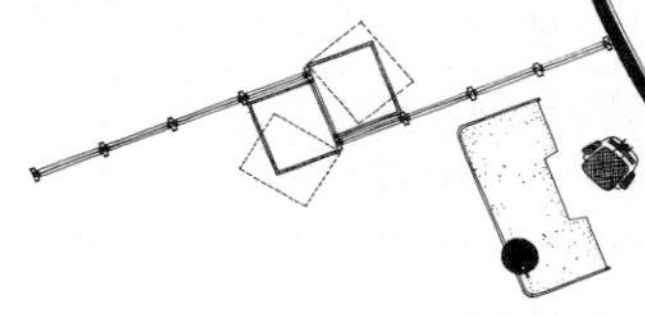

Gli uffici hanno scrivanie disegnate dagli architetti; sedie Rima rivestite in plastica rossa.
Lo schermo curvo è dipinto in blu, gli armadi sono in vari colori.

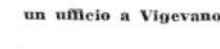

un ufficio a Vigevano

Questo ufficio è composto di cinque ambienti: piccolo ingresso, locale segretarie, due uffici individuali, attesa.
Particolare è il disegno delle scrivanie grandi (vedi anche l'ufficio precedente) coperte su tre lati da un rivestimento continuo in perlinato di frassino che sopravanza di un poco il livello del piano di appoggio (in panno verde, protetto da cristallo); le scrivanie minori sono rivestite in flexan bianco, con bordi in mogano lucidato.

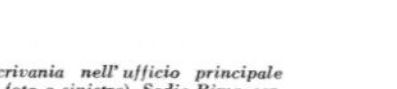

La scrivania nell'ufficio principale (vedi foto a sinistra). Sedie Rima, serramenti in mogano lucidato, pavimento in gomma blu.

foto Casali-Domus

foto Casali-Domus

Gregotti, Meneghetti, Stoppino, arch.tti

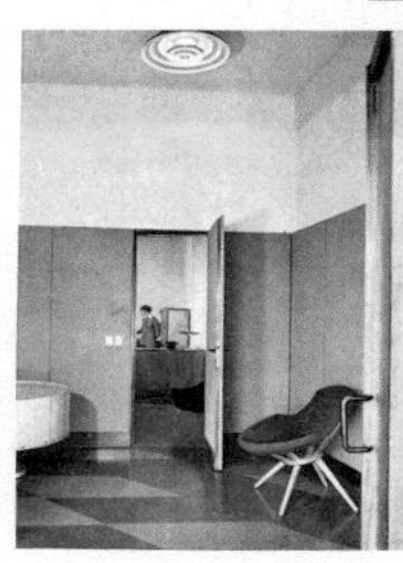

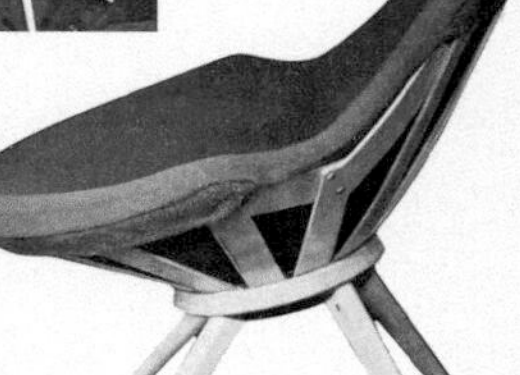

La sala di attesa e anche di esposizione, ha il pavimento in gomma blu a triangoli colorati e le pareti rivestite in pannelli di colore. Gli oggetti sono esposti in una vetrina cilindrica, chiusa da pannelli in compensato. La poltroncina, disegnata dagli architetti per la serie, ha imbottitura in gommapiuma, indipendente e sfilabile.

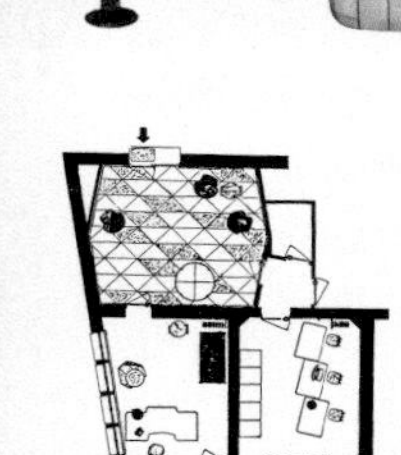

Translation
see p. 561

Una grandissima lampada "Akari,,

Isamu Noguchi

Questa è la più grande delle lampade « akari »: ha centoventi centimetri di diametro, ed è in carta leggerissima e pieghevole, come tutte le lampade « akari » che Isamu Noguchi, lo scultore, ha disegnato e fa produrre in Giappone.
Delle « akari » dice Noguchi: « sono di quegli oggetti luminosi che, come il fuoco, hanno un potere fantastico e un corpo quasi inesistente. La parola « akari » in giapponese significa « luce », e suggerisce anche l'idea della leggerezza in contrapposto al peso; il segno ideografico combina insieme quelli della luna e del sole. La qualità della luce delle « akari » è poetica, lieve, e inquietante: sembrano fragili, più di quel che sono, e sospese nell'aria; quasi incorporee, non occupano lo spazio. Così quando sono aperte e accese; spente e chiuse, e ripiegate, entrano anche in una busta; leggere come piume, possono essere appese a un filo, o a un bastoncino. Sono un esempio non imitabile, forse; perchè, nuove di forma, sono il frutto di una antica tradizione, sia nella materia, carta fatta a mano, sia nella lavorazione, l'antica lavorazione delle lanterne ».

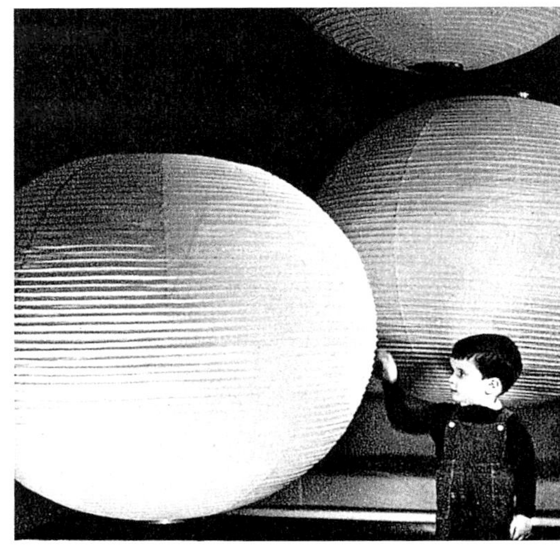

Lampada « akari » a globo, in carta; si ripiega e si può riporre in una grande busta.

domus 319
June 1956

A Large 'Akari' Light

Akari paper hanging light designed by Isamu Noguchi and produced by Ozeki & Co. for Akari Associates

Translation see p. 561

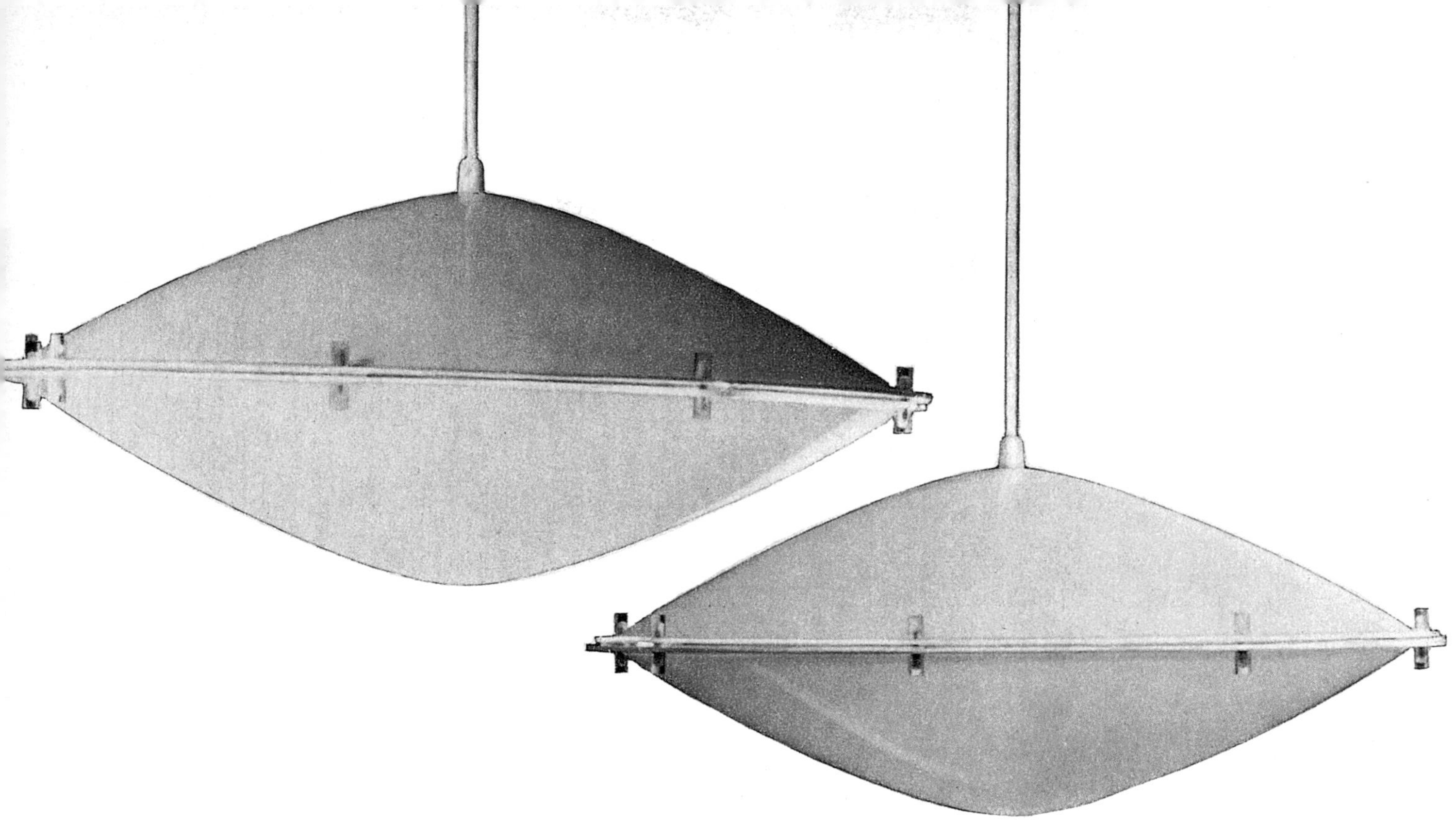

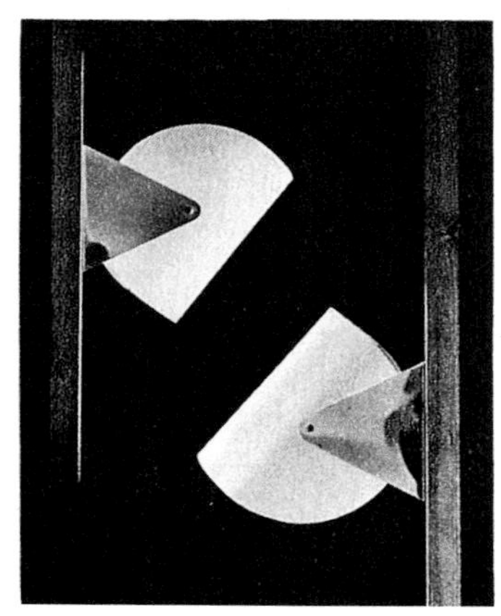

domus 319
June 1956

Finnish Lights

Perspex and metal hanging, wall and table lights designed by Lisa Johansson Pape and Yki Nummi for Stockmann-Orno

Giovinezza d'oggi o splendida età di Le Corbusier?

Gio Ponti

Le Corbusier in India: una casa ad Ahmedabad

Qualcuno, giovane, ha inneggiato alla perenne sorprendente giovinezza, od alla « nuova giovinezza d'oggi » di Le Corbusier, davanti alla libertà, al gioco, alla immaginatività, alla « novità », allo « stato di grazia » che son rappresentati dalla cappella di Ronchamp e dalle nuove costruzioni in India.
Avviene, vorrei dire piuttosto, che questo « stato di grazia », che queste espressioni siano, invece, riservate proprio all'età, alla grande età matura. La giovinezza dei maestri, nella nostra epoca, nel suo fervore stesso è « consumata », in quasi tutte le arti, dall'impegno della lotta e della polemica, dai movimenti, dalla *camaraderie*, dal commilitonismo - nella nostra epoca - nella quale non ci soccorrono, come nelle passate, scuole e maestri nella ricerca d'una tecnica. Se tutto ciò si è avverato per pittori e scultori di genio, si è avverato ancor più drammaticamente per architetti di genio, perchè mentre pittura e scultura e lettere e — fino ad un certo punto — musica e teatro, si avverano indipendentemente dal committente, l'architettura è invece ad esso condizionata: e mentre nelle altre arti le opere precorritrici o rivelatrici possono nascere e sono rifiutate *poi* dalla incomprensione, le opere precorritrici d'architettura sono rifiutate *prima* dalla incomprensione, e non nascono. Restano voglie *refoulées*.
E' nell'età, è nella splendida età matura, è nell'isolamento individuale di questa età felice che questi geni, ormai meravigliosi vecchioni, oggi Le Corbusier, Wright, Mies, padroni della tecnica che non ha più segreti per loro, liberati cioè da essa, liberati dalla polemica, liberati dalla lotta, liberati persino dalle ambizioni e passioni umane legate alle arti, liberati dai commilitoni e dagli allievi, liberati dalle necessità materiali, riconosciuti ormai dalle genti, amati, chiamati a grandi opere, è nella età, nella splendida età, che essi operano infine con libertà completa, direi

Le Corbusier in India, oltre al grande lavoro di Chandigar — la nuova città da lui progettata (Domus 282) e di cui finora egli ha costruito soltanto il Palazzo del Governo, quasi terminato — ha intrapreso quattro costruzioni ad Ahmedabad, nuovo centro industriale nello Stato di Bombay: un museo, un palazzo per uffici, due case d'abitazione.
Qui illustriamo la prima delle due case. In questa pagina la facciata nord-est della casa, con l'entrata principale; distaccato, il corpo della cucina.

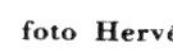
foto Hervé

A Second Youth, or the Splendid Age of Le Corbusier?

Shodan House in Ahmedabad, India, designed by Le Corbusier: angled elevation, detail of main entrance, south-east façade and ground-floor sun-shading screen seen from interior

orbusier in India:
casa ad Ahmedabad

foto Hervé

La facciata sud-est della casa. Sotto, una delle composizioni di aperture, a pianterreno, a filo del pavimento.

con divina libertà e certezza e riuscita: *felicitas et facilitas.*

Ed è concessa loro la grazia di realizzare *alfine* certe cose immaginate nella gioventù o lungo la vita, perchè l'epoca allora non le volle, o non era matura per accoglierle e realizzarle, perchè sforzo e polemica, e necessità e lotta assorbivano l'artista, e le « cose immaginate » restavano in lui come voglie, come misteriose gravidanze, conservate in angoli dello spirito, nel « thesaurum » della vita di ciascun creatore, dove i pensieri si accumulano, restano, nella certezza che verrà il loro giorno; il giorno della loro liberazione, del loro esaudimento.

E non fa quindi stupore, ma è come il frutto di una nostra aspettazione, se Le Corbusier ha tirato fuori finalmente dal suo « thesaurum » ciò che vi aveva accumulato, e i motivi e le espressioni inesaudite della sua stessa giovinezza « d'allora ». Li ha tirati fuori per Ronchamp e per Ahmedabad.

Questa che pare altrui una nuova giovinezza d'oggi, o una odierna giovinezza di forme e di espressioni di Le Corbusier, è invece l'affiorare conclusivo della *sua giovinezza d'allora,* del suo tempo; è un suo ricongiungimento ideale, e magnifico a vedersi, d'oggi con *allora,* quando primamente certe cose si palesarono.

Le Corbusier polemista, scrittore, promotore, capo d'un movimento e impegnato nella tecnica e nella prefabbricazione, nell' architettura ed urbanistica in rapporto ad un ideale sociale (*« la ville radieuse », « l'usine verte »;* e *« de logis pas de canons »*) aveva posto in secondo piano, nella nostra abitudine mentale, il Le Corbusier artista, artista puro, lirico. Solo la sua pittura ce lo ricordava, direttamente ma con l'equivoco, in molti e magari anche in noi, di un « hobby ». Invece nulla di più serio che questa pittura, e, per nostra grazia, lì si conservavano le virtù d'artista, le antiche virtù di giovinezza, alla giovinezza fedeli. Egli mi diceva *« je peint une heure chaque matin: c'est bon »,* come parlasse di una ginnastica per conservarsi in forma. In questa *boutade* era il suo conservarsi in

Translation
see p. 561

La facciata sud-ovest della casa, vista dalla piscina. Sotto, particolare della stessa facciata.

foto Hervé

domus 320
July 1956

A Second Youth, or the Splendid Age of Le Corbusier?

Shodan House in Ahmedabad, India, designed by Le Corbusier: south-west façade, swimming pool, detail of south-west façade, north-west façade and first-floor terrace

e Corbusier in India:
na casa ad Ahmedabad

La facciata nord-ovest della casa; in primo piano, il corpo della cucina. Sotto, terrazza al primo piano (vista da sud-ovest).

foto Hervé

arte, una fedeltà all'arte, alla lirica, al canto (« *il faut qu'une architecture chante* », scrisse).

Chi, come me, per quasi coetaneità lo conosce non come se lo studiasse ora, ma attraverso episodi della propria vita, riconosce subito quanto impressionante *époque* di « Esprit Nouveau », quanto impressionante, e commovente, *epoca di allora*, di lui d'allora, dei suoi compagni d'allora, ci sia nel Le Corbusier d'oggi, di Ronchamp o di Ahmedabad.

Queste non sono novità d'oggi, sono i meravigliosi spiriti allora *refoulés* che ritornano esauditi e liberati. Ahmedabad è, per certi aspetti, « 1919 », o conseguenza di quel 1919; è — come arte — *contemporanea ad allora*, è il primo Le Corbusier, non l'ultimo Le Corbusier; così Ronchamp. Ronchamp è ciò che dell'epoca di Mendelsohn, di un post floreale, di quel 1919 è — come arte — di una inconsapevole contemporaneità con Gaudi, affiora finalmente, gloriosamente, oggi in Le Corbusier.

(E vicinanze, somiglianze con altri si possono documentare. Ma io rifuggo, ancora, dalla critica per documenti e riferimenti storici e tecnici, per ricorsi a coincidenze formali, e ripenso invece le arti nei processi intimi, vitali, personali — l'unica storia che conti in un artista — dove tutto si germina, si rigermina, si reimmagina, in una coesistenza sì — bella forza! — con il proprio tempo, ma, nei Grandi, nella zona assolutamente indipendente della propria storia personale, zona invalicabile altrui).

Ma un'altra consolante cosa dobbiamo registrare: polemica, tecnica, tecnicismo economico e produttivo, urbanistica, proselitismo, avevano fatto pensare, per l'impronta di « moralismo » o puritanesimo di certi atteggiamenti di Gropius e di Le Corbusier, ad una architettura soltanto determinata, e quasi inaridita, da questi fattori — e solo Mendelsohn e Mies van der Rohe ci rappresentavano un lirismo (onde il correre degli spiriti degli architetti verso l'irrazionalismo, fino a Gaudi; onde l'interesse verso Aalto e Niemeyer). Ma Le Corbusier ci fa la grazia, non solo in Ronchamp ma anche in questi edifici indiani, e in una nuova città come la Chandigar che egli ha progettato (ma è una città per popoli antichi, come Ronchamp è una chiesa per una religione antica, e nell'uno e nell'altro caso si trova una perenne umanità), ci fa la grazia di testimoniarci, e potentemente, e virilmente, senza giochi e debolezze, l'architettura come fatto lirico. Così è.

Gio Ponti

Translation
see p. 561

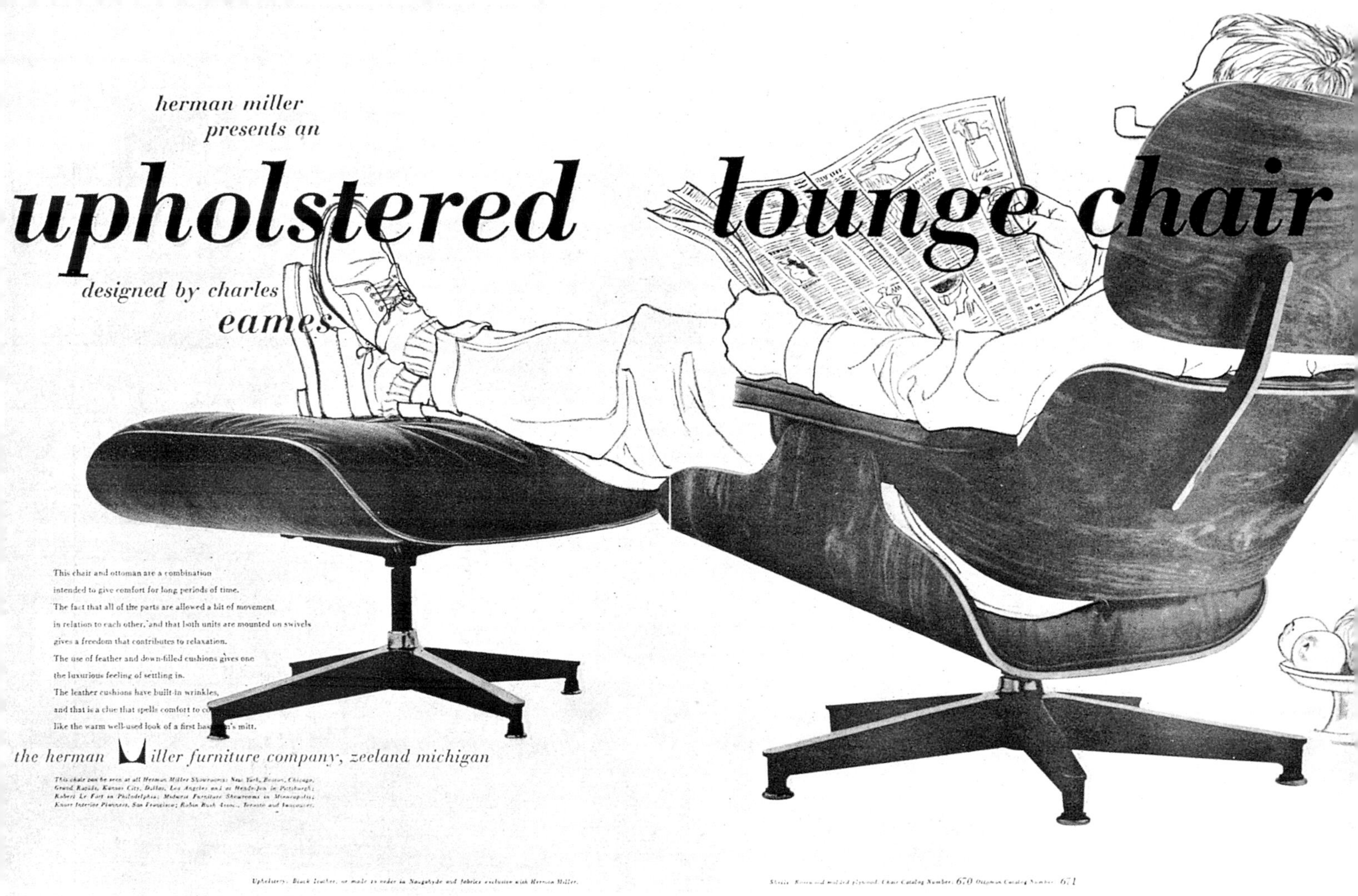

herman miller
presents an

upholstered lounge chair

designed by charles eames

This chair and ottoman are a combination
intended to give comfort for long periods of time.
The fact that all of the parts are allowed a bit of movement
in relation to each other, and that both units are mounted on swivels
gives a freedom that contributes to relaxation.
The use of feather and down-filled cushions gives one
the luxurious feeling of settling in.
The leather cushions have built-in wrinkles,
and that is a clue that spells comfort to co
like the warm well-used look of a first bas n's mitt.

the herman Miller furniture company, zeeland michigan

This chair can be seen at all Herman Miller Showrooms: New York, Boston, Chicago, Grand Rapids, Kansas City, Dallas, Los Angeles and at Henderson in Pittsburgh; Robert Le Fort in Philadelphia; Midwest Furniture Showrooms in Minneapolis; Knorr Interior Planners, San Francisco; Robin Bush Assoc., Toronto and Vancouver.

Upholstery: Black leather, or made to order in Naugahyde and fabrics exclusive with Herman Miller.

Shell: Rosewood molded plywood. Chair Catalog Number 670 Ottoman Catalog Number 671

foto Ea

Una nuova poltrona di Charles Eames

« La poltrona imbottita e lo sgabello sono una combinazione intesa a dare riposo per lunghi periodi di tempo, come per leggere e conversare dopo pranzo, o semplicemente distendersi e pensare. La misura e il rapporto delle parti sono importantissimi, ritengo, ma ciò che dà la libertà che contribuisce al riposo è il fatto che tutte le parti abbiano un certo movimento l'una rispetto all'altra, e che i due elementi principali siano montati su perni girevoli.

Di un'altra cosa ci siamo accorti nella ricerca di questo genere di comfort: che la piuma è un materiale veramente buono. Come pochi altri essa vi dà la sensazione di « insediarvi », e quando vi alzate non scatta istantaneamente a posto come se voi non vi foste mai stati.

Nei cuscini di cuoio abbiamo fatto già delle pieghe, tanto per cominciare, e questo è un tratto che dà già l'idea del comodo, come l'aspetto caldo e accogliente di un vecchio guanto da boxe ».

Charles Eames

Prodotta da Herman Miller, la trona ha: base a stella in allumi fuso, finito in nero, perno gire di sostegno al sedile, sedile e sc nale in compensato curvato, colle da speciali giunti in gomma in do da formare una unica strutt elastica, braccioli in gommapiu con anima interna in metallo, cu ni in cuoio e piuma, distaccabil capovolgibili.

domus 320
July 1956

A New Armchair by Charles Eames

Model No. 670 lounge chair and *Model No. 671* ottoman designed by Charles and Ray Eames for Herman Miller

,a casa 1955 di "Arts and Architecture"

Craig Ellwood, arch.

« Arts and Architecture » ha promosso la realizzazione di questa casa di Craig Ellwood, la diciassettesima delle « case study houses », case americane modello, che questa rivista va realizzando con la collaborazione dell'industria americana.
(Di Craig Ellwood abbiamo pubblicato — Domus 291 — la « case study house » 1953).

uesta, progettata da Craig Ell-ood, è la diciassettesima *case :udy house* realizzata per inizia-/a della rivista americana « Arts ıd Architecture » (questa inizia-/a ha ormai una storia, i cui ›isodi più famosi sono le case ogettate da Eames e da Saari-ın). Come le case che l'hanno eceduta, anche questa rappre-ıta, più che un esperimento, ıa prova « al vero », una messa punto, tecnica e formale, delle ›ssibilità della attuale architet-ra americana per la casa.
ɔn vi troviamo infatti innova-›ni nello schema di composizio-, nel modo di trattare spazi, ani, strutture, materie, ma sono soluzioni di dettaglio, i perfe-ɔnamenti nelle attrezzature e nei ıteriali, che approfondiscono, e ıno più complesso e più con-ɜto, questo modo di architettura.
ı casa, destinata a una famiglia sei persone (padre, madre, due mbine, due bambini) più nur-e domestica, sorge su un largo :reno piano, nelle vicinanze di ›verly Hills. È un lungo corpo mplice — una sequenza di am-enti in infilata — che corre in-rno ai tre lati di un patio ret-ıgolare (è una forma america-di costruzione « a paese », che trebbe proseguire allungando-

patio
patio
patio
genitori
studio
atelier
bambini
bambini
autorimessa
ripostiglio
patio
bambini
patio di servizio
stanza da gioco
guarda roba
cucina
pranzo
soggiorno
bambini
ingresso
letti servizio
patio

La casa si svolge intorno al grande patio: il fronte interno è tutto vetrato. Sul tetto, emisferi trasparenti in corrispondenza delle lampade interne a soffitto, diffondono la luce all'esterno.

foto Hailey

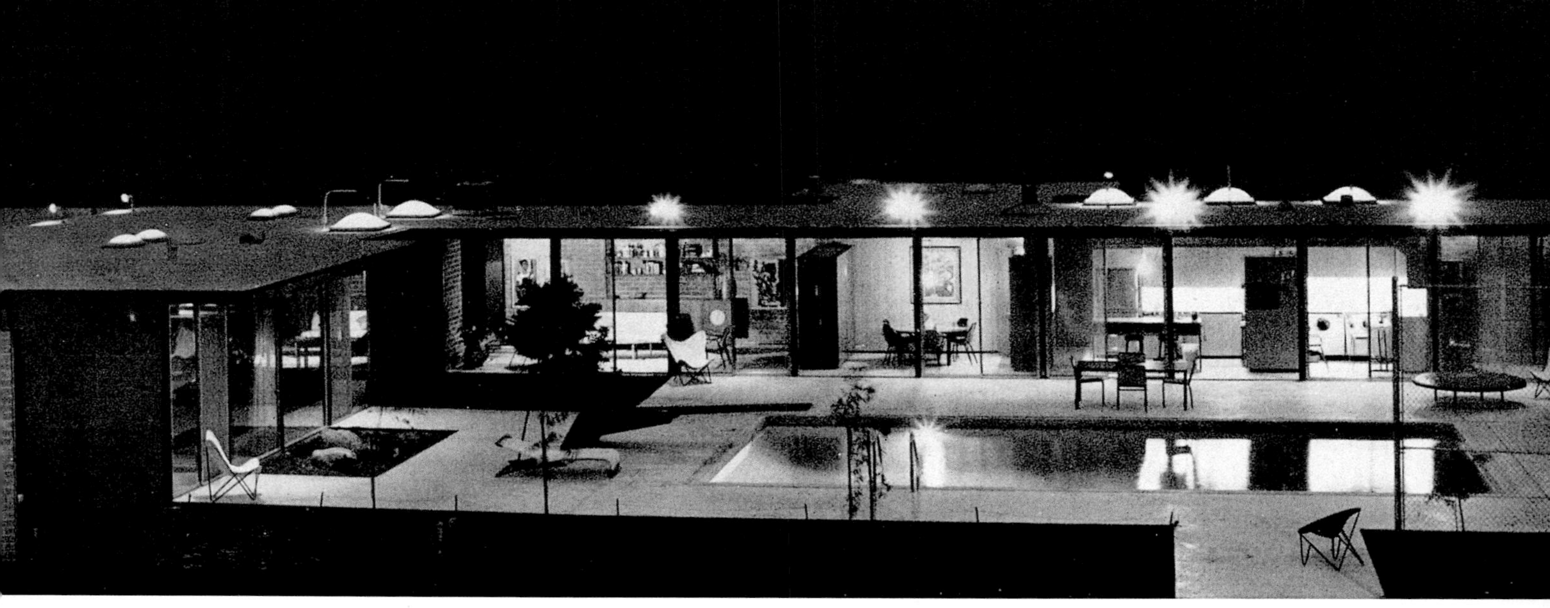

domus 320
July 1956

The 1955 'Arts and Architecture' House

Case Study House No. 17 in Beverly Hills, California, designed by Craig Ellwood for *Arts and Architecture* magazine: floor plan and night view

foto Hailey

si e diramandosi). Tutta la zona della vita in comune — pranzo, soggiorno, cucina, lavoro, gioco — è concepita come un lungo spazio unico, trasparente (sul fronte interno), aperto in reciproco spettacolo per gli abitanti; la privatezza e l'isolamento si concentrano invece nelle stanze da letto, piccole celle allineate, rivolte a piccoli patii particolari.
Si noti come cucina e guardaroba (lavanderia e stireria) siano inseriti nel bel mezzo del corpo centrale, di fronte alla vetrata e alla piscina, e aperti sul passaggio fra il soggiorno e la stanza da gioco (la perfezione della aereazione lo permette: e dalla cucina si sorveglia il pranzo e il gioco dei bambini all'aperto e

La lunga vetrata continua sul pa (alla quale si affacciano la stanza gioco, il guardaroba, la cucina, pranzo, il soggiorno). In fondo, vetrate della stanza da letto dei nitori.
La piscina, senza parapetto, può ve protetta da una copertura in tela alluminio, scorrevole a comando e trico.

domus 320
July 1956

The 1955 'Arts and Architecture' House

Case Study House No. 17 in Beverly Hills, California, designed by Craig Ellwood for *Arts and Architecture* magazine: long window overlooking patio, detail of swimming pool, kitchen area, living area, corridor from entrance, patio area outside children's room, children's room, children's playroom with floor plan and details of outdoor planting areas

la casa 1955 di "Arts and Architecture"

A sinistra, il corridoio che dall'ingresso porta alla stanza da gioco; dietro la parete in legno, la cucina.
Sotto, le stanze dei bambini, aperte su un loro patio; i letti in metallo sono a sbalzo dal muro: le vetrate verso il patio hanno una zona a lamelle regolabili (gelosie di vetro) per la ventilazione.

foto Hailey

all'interno). Soggiorno, pranzo, cucina, guardaroba, stanza da gioco, fronteggiano allineati la grande vetrata continua che dà sul patio, composta di pareti scorrevoli in telai di alluminio.
In tutta la casa ve ne sono ventuno di queste pareti scorrevoli in vetro; nelle stanze da letto, vi sono anche pareti di vetro a lamelle regolabili (gelosie in vetro) per la ventilazione.
Nel corpo « notte » le stanze dei bambini, allineate l'una all'altra, si aprono, con queste pareti e gelosie vetrate, su un loro patio: sono quattro, piccole; ognuna ha due letti sovrapposti, con struttura in ferro a sbalzo dalla parete, e libreria a sbalzo dalla parete opposta: ogni due, sono servite

Infilata dalla cucina al soggiorno: gli ambienti, allineati e aperti sulla vetrata continua, sono separati da pareti armadio (nella parete fra cucina e pranzo, un vano passapiatti).
Nel soggiorno, camino in lamiera verniciata nera sulla parete in cotto: la parete prosegue all'esterno, e fa da fondale al piccolo giardino.

foto Hailey

foto Hailey

La stanza da gioco dei bambini dà sul patio grande e serve a molti usi: come spogliatoio per il bagno in piscina, come stanza per proiezioni (la attrezzatura è contenuta nell'armadio a parete), e anche come stanza per ospiti (attigua a un bagno).

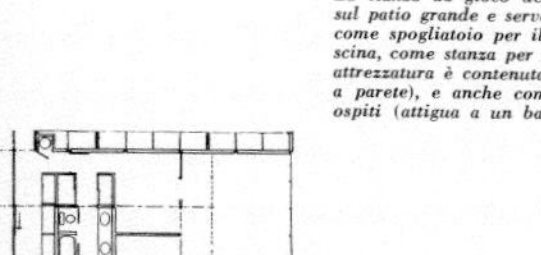

Pianta delle stanze dei bambini nel corpo « notte »: quattro stanze, aperte su un patio; i due bagni al centro, sono chiusi da pareti-armadio.

da un bagno.
L'ala dei genitori, all'estremità di questo corpo « notte », comprende una stanza da letto e uno studio, separati da una zona bagno-spogliatoio (suddivisa in cinque compartimenti, che possono essere usati contemporaneamente perchè isolati): questa zona e lo studio si aprono con pareti vetrate su due patii affiancati; la stanza da letto si apre anche sul patio centrale. Tutto il corpo « notte » è servito da un lungo corridoio fiancheggiato da pareti armadio. All'altro lato del patio centrale, il corpo « servizi », più breve, comprende l'atelier (per gli *hobbies* dei padroni di casa), con forno per ceramica, la dispensa, un grande ripostiglio, l'autorimessa, e un patio-stenditoio: l'atelier si apre su uno spiazzo a sabbia, per i giochi dei bambini, con attrezzi per ginnastica e una fontana.
Infine, verso strada, si innesta il corpo centrale, il piccolo corpo dell'ingresso e della zona « notte » del personale, composta quest'ultima da due camere con proprio patio e propri servizi (situati presso l'ingresso, perchè possano servire anche per gli ospiti).
La struttura della casa è in ferro; i pilastri, a vista, sono verniciati in nero, a contrasto con la superficie rosso scura e ruvida dei diaframmi di chiusura in cotto (le superfici esterne in cotto sono protette e sigillate da una speciale resina).
Il pavimento è in cemento: una piattaforma continua, che prosegue anche all'aperto, nel patio centrale; lo spessore della piattaforma contiene le tubazioni del riscaldamento radiante, esteso anche al patio. Il cemento è coperto con una pavimentazione a terrazzo, uguale all'esterno e all'interno della casa, che prosegue anche nella piscina. La piscina, riscaldata e illuminata, non ha parapetto: quando non la si usa, viene protetta, a salvaguardia dei bambini, da una copertura in tela e alluminio, scorrevole a comando elettrico.
La casa è provvista di apparecchiature elettriche particolarmente perfezionate, dalla attrezzatura della cucina a quella del soggiorno, con televisione comandata a distanza, con registratori musicali a suono stereofonico, ecc. e di un ampio sistema di segnali e telefoni interni (anche nel patio, e nelle stanze dei bambini).

la casa 1955 di "Arts and Architecture"

foto Hailey

Scorci del fronte verso strada, tutto chiuso; pareti a pannelli modulari in cotto, con nervature in ferro; in fondo, l'ingresso.
Nella foto in alto, una porta fra due patii: piccole piante verdi sono raccolte in vasi di terracotta su stilo di ferro (vedi anche le piante nel patio dei bambini).

Un padiglione in giardino

Vittoriano Viganò, arch.

Una versione moderna della antica idea del padiglione in giardino: uno spazio coperto in mezzo al verde, per il soggiorno d'estate, di primavera e d'autunno; con pareti trasparenti per la vista degli alberi, e con un camino per le ore più fresche.
Il padiglione sorge vicino ad una piscina (ed è provvisto, in un piccolo corpo aggiunto, di docce, spogliatoi, servizi e cucina); è un grande ambiente (circa 150 mq.) vetrato sui quattro lati e fornito, oltre il camino, di un bar e di una cabina per proiezioni: è arredato con poltrone e divani in vimini disegnati dall'architetto, poltroncine in ferro di serie, cuscini in gommapiuma, tavoli e stuoie.
La copertura è in cemento armato sagomato a sega, i pilastri sono in ferro a doppio T ad ala larga (struttura e calcoli, dell'ing. Silvano Zorzi, Milano); la copertura sagomata forma con la sot-

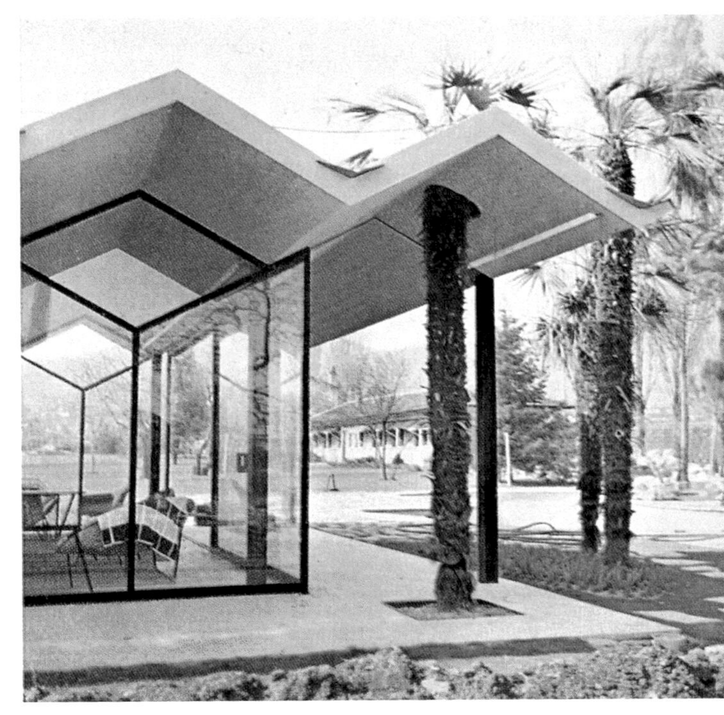

Padiglione nel giardino R. a Ber mo: i quattro fronti.

nord-ovest

sud-ovest

sud-e

nord-est

Copertura in cemento armato; pilastri in ferro a doppio T ad ala larga.

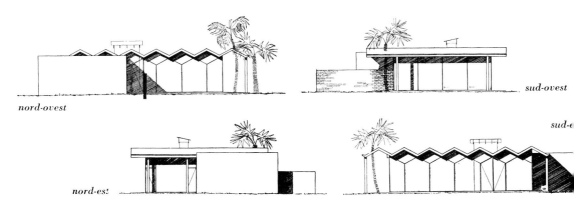

domus 320
July 1956

A Garden Pavilion

Garden pavilion in Bergamo designed by Vittoriano Viganò: corner of pavilion, details of support and fenestration, drawings of elevations and views of interior

padiglione in giardino

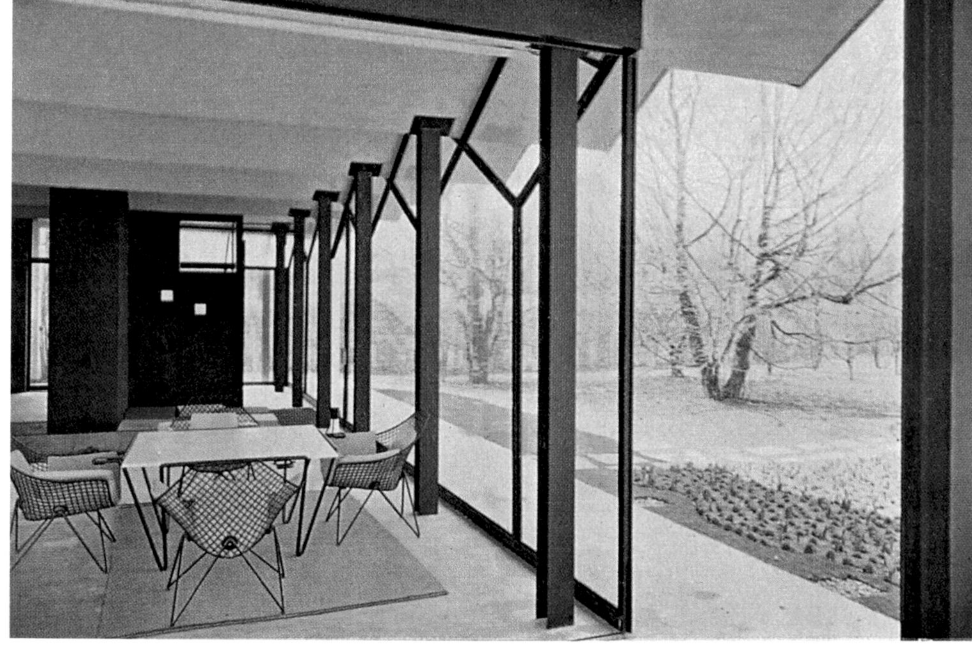

pareti del padiglione sono tutte vetro. L'arredamento è di serie; ltroncine in ferro della Rima, pol-ne in vimini di Viganò; stuoie in-ne in cocco e in fibra, cuscini in a colorata.

tile struttura di sostegno un gioco di angoli, di linee e di riflessi (non più la classica copertura tutta piana sovrapposta a pareti tutte trasparenti — vedi padiglioni di Philip Johnson — cioè quasi un semplice limite sovrapposto a un semplice vuoto, ma pareti e copertura, massiccio e trasparenza che si incastrano tra loro).
Il camino, quasi al centro dell' ambiente, sporge a sbalzo su una fossa quadrata e profonda dove han sede la piastra per il fuoco ed un sedile in pietra.

A destra, veduta d'insieme: il camino a sbalzo sulla fossa quadrata; il bar coi tre sedili, e le scatole per le bottiglie composte sul muro.

Translation
see p. 561

un padiglione in giardino

Sopra, le scatole per le bottiglie, composte sulla parete dietro il bar. Sotto, la lunga lastra di beola (4 metri × 60) del bar, che attraverso un passapiatti prosegue nella cucina.

foto Fotogramma

Alla parete di fondo del padiglione è il bar, il cui banco è una lastra unica di beola che attraverso il passapiatti penetra fino alla cucina. Gli sgabelli per il bar sono tre grossi tubi di ferro che portano a sbalzo il sedile ed hanno sulla testata un piattello girevole. La parete dietro il banco porta fissate le « scatole » per le bottiglie dei liquori, scatole in ferro laccato, di diverse dimensioni e sporgenze.
Il pavimento è in mattonelle di cotto; il soffitto è in cemento a vista, le poche pareti sono in intonaco rustico. L'impianto di illuminazione è integralmente esterno; le lampade fisse fluorescenti sono protette da schermi in perspex.

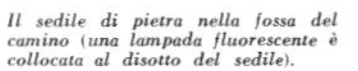

Il sedile di pietra nella fossa del camino (una lampada fluorescente è collocata al disotto del sedile).

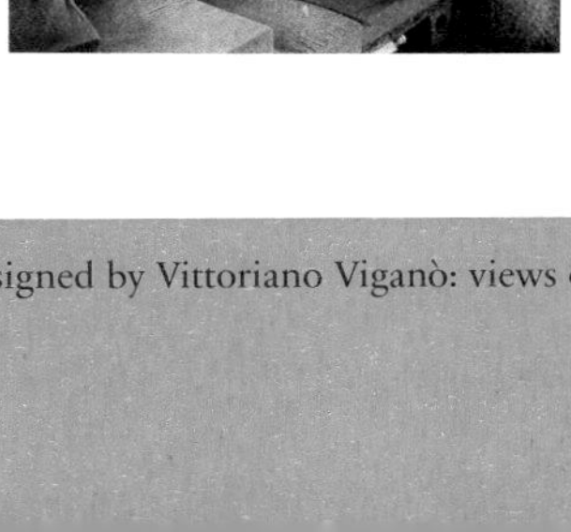

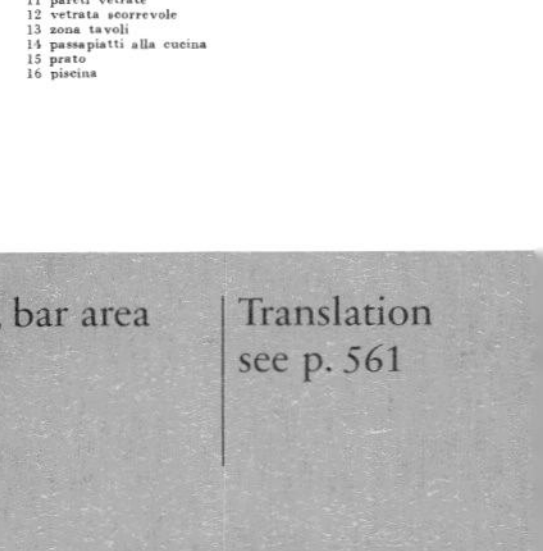

1 banco bar
2 bottiglie alla parete
3 camino
4 fossa camino
5 cabina proiezioni
6 schermo
7 spogliatoi
8 toeletta
9 doccia
10 soggiorno
11 pareti vetrate
12 vetrata scorrevole
13 zona tavoli
14 passapiatti alla cucina
15 prato
16 piscina

A Garden Pavilion

Garden pavilion in Bergamo designed by Vittoriano Viganò: views of interior, bar area and interior, floor plan

Translation see p. 561

arflex

arredamenti

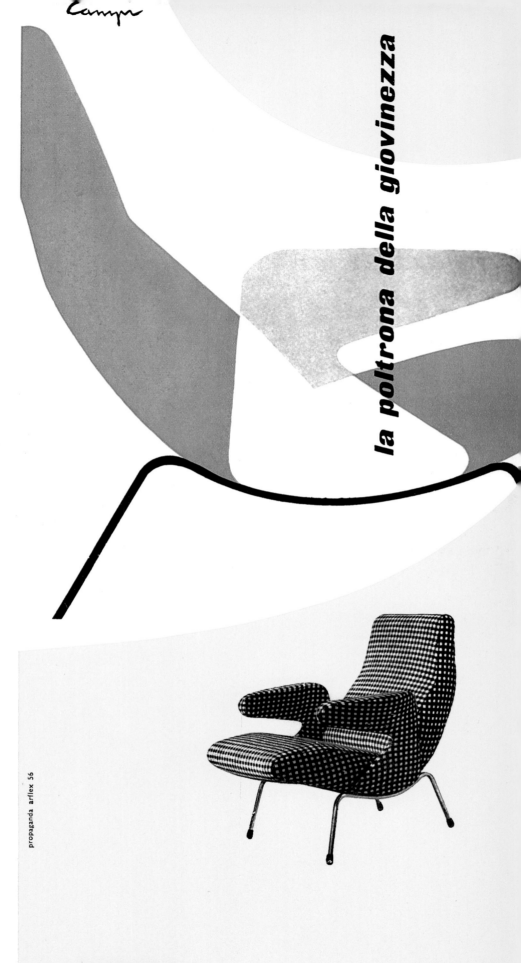

MILANO - Sede: c.so Porta Vittoria 54 tel. 706.066/7
Negozio: via Borgogna 2 tel. 705.972
FILIALE DI ROMA - via del Babuino 20 tel. 687.501

Gli architetti collaboratori

F. Albini L. Belgioioso G. Calza Bini E. Carboni G. De Carlo C. Pagani E. Peressutti G. Pulitzer N. E. Rogers M. Zanuso

L'organizzazione di vendita

ITALIA

Ancona	Galleria De Dominicis - C.so Garibaldi 109
Bari	Pezzuto Antimo&Figli - P.za Umberto 55/56
Bologna	Linoleum Gomma - Via Carbonesi 3b
Cagliari	Rexmobili - Via XX Settembre 42
Catania	Nino La Mendola - Via Umberto 10/12
Cremona	Ezio Vailati - Via Garibaldi 150
Grosseto	Ermanno Lucchini - Via Carducci 71
Firenze	Botto & C. - Via Strozzi 21
Genova	Special - Ind - Via Fieschi 2
Livorno	Galleria Giraldi - Via Grande 2
Milano	Arflex - Corso di Porta Vittoria 54
Napoli	Linoleum Napoli - Via G. Filangieri 37
Padova	Mobili Munari - Via Marsala 11
Palermo	Ercole Gargano - Via Dante 8/10
Parma	Gianni Gabba - Galleria d'arte e d'arredamento - Via Cavour 21
Perugia	Zannetti s.r.l. - Via Oberdan 51
Roma	Arflex - Via del Babuino 20
Taranto	Salvatore Amendolito - Piazza Massari 18
Torino	Teo Bianco - Via Roma - Via P. Amedeo 2
Trieste	Giovanni Perizzi - Via XX Settembre 38
Udine	Franco Vattolo - Via Carducci 4
Venezia	Tres Edmaro - Accademia 1023
Verona	Luigi Biasini - P.za Pescheria Nuova 7
Vicenza	Marchiori & Figli - C.so Palladio

ESTERO

BELGIO
Bruxelles — Baucher Feron - 108 Avenue Louise

DANIMARCA
Copenaghen — Illums Bolighus - Amagertorv 10

GERMANIA
Colonia — Pesch - Kaiser Wilhelm Ring 24/26
Monaco — Form im Raum - Maximilianstrasse 7
Stoccarda — Behr Mobel - Bahuhofsplatz 1

MAROCCO FRANCESE
Casablanca — Palais du Mobilier - 18 à 28 Bd. Leclerc

TANGERI
Palais du Mobilier

OLANDA
Amsterdam — J. B. Hillen - Damark 66/67

STATI UNITI D'AMERICA
New York 22 — Altamira Benavede Inc. - 18 East 50th Street

SVIZZERA
Ginevra — Marcel Blondel - Rue de la Cité 18
Losanna — Novilux - St. Pierre 2

I materiali impiegati

gommapiuma (m r.)

sapsa

nastri elastici

tessuti con filati

vinilpelle (m.r.)

sapsa

Marchi depositati Modelli brevettati

Campi

la poltrona della giovinezza

propaganda arflex 56

disegno arch. E. Carboni

Arflex advertisement showing *Delfino* armchair designed by Erberto Carboni

Un nuovo negozio a Milano

il nuovo negozio della Arflex
Roberto Menghi, arch.

In un negozio di poltrone e sedie e divani di serie, dove gli oggetti in mostra vengono osservati e scelti ma non portati via, non vi sarà la « vetrina » e la « vendita » ma una esposizione totale e continua, che il visitatore possa percorrere e il passante osservare dalla strada.
L'allestimento di questa nuova sede per la Arflex è stato risolto anzitutto su questo criterio, e con grande chiarezza. Il volume interno del negozio è stato pertanto portato a forme regolari e concluse; la prima sala è un esagono, e ad essa si innesta una galleria armonicamente composta, con aperture simmetriche schermate da tende, che porta a una secon-

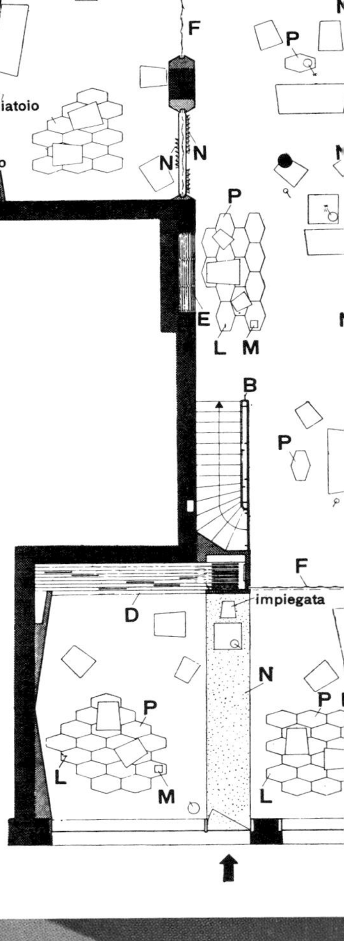

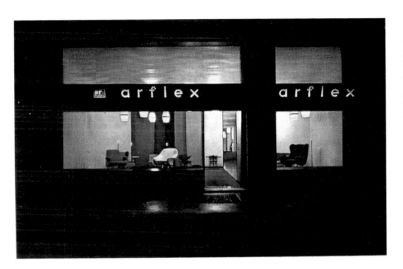

Pianta del negozio: le sedie e le poltrone sono esposte sui gruppi di pedane (P); le pedane portano inseriti paraventi (O) e aste metalliche con cartelli (L) e con vassoi (M); le stoffe di campionario sono montate a bandiera su aste (N) e a pannelli a parete, scorrevoli verticalmente (E) e orizzontalmente (D); due tende (F) possono isolare sala e galleria.

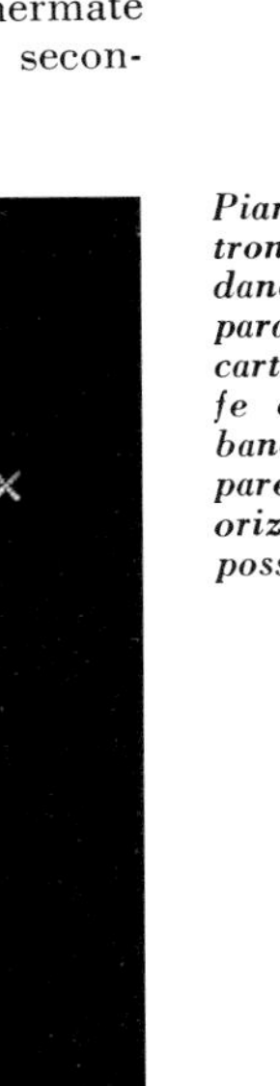

L'insegna è una lastra di metallo smaltata color indaco con le lettere traforate, che risaltano su uno sfondo illuminato (in colori variabili). Il disegno delle lettere è di Albe Steiner.

La sala principale; nel grande campionario a parete le stoffe appese scorrono orizzontalmente su piani diversi; possono essere cambiate e alternate variando lo sfondo alla esposizione vista dall'esterno.

domus 320
July 1956

A New Store in Milan

Arflex showroom in Milan designed by Roberto Menghi: floor plan, views of façade, interior, staircase and display area

da sala anche essa di forma compiuta (con annessi i locali minori, due salottini, un ufficio, i servizi). Le poltrone e le sedie sono riunite su delle pedane mobili — dei centri d'attenzione — raggruppate a isole nello spazio sgombro, e alte 30 centimetri da terra: a questa altezza la poltrona può venir bene osservata da chi si sieda su una pedana. Ed è bene in vista per chi passa in strada (e i cristalli esterni sono messi in posizione tale da evitare il più possibile i riflessi e dare l'impressione che il vetro non esista).
Secondo punto d'interesse nell'allestimento, e legato al primo, è la grande elasticità della esposizione. Essa è consentita da una attrezzatura particolarmente studiata, con cui l'esposizione può variare rapidamente e senza lavori imprevisti. Le pedane — si è visto — sono spostabili e variabili nella composizione; in esse si possono inserire paraventi (per disegni, foto, scritte) e infilare aste metalliche che reggono cartelli sfilabili e — le più basse — vassoi. Le lampade sono spostabili in ogni punto del soffitto. I campionari dei tessuti, a parete, sono scorrevoli, e quindi variabile è la composizione dei colori. Un riloga continuo corre lungo il perimetro delle pareti, e vi si possono appendere, con fili di nailon, cartelli e pannelli. Speciali attacchi consentono di appendere a bandiera in molti punti (a due o a tre metri di altezza) campioni, cartelli, schermi di separazione. Attacchi da soffitto possono portare ganci per gli allestimenti straordinari (Natale). Tende scorrevoli possono dividere gli spazi in più punti. E la scritta nell'insegna sulla strada può variare di colore.

lampade, in perspex bianco e gri-, appese a fili di nailon, sono spo-ili in ogni punto del soffitto; lle sopra le pedane sono grigie e centrano la luce sull'oggetto, le e sono bianche e diffondono la nell'ambiente; sono di grande me, per correggere l'altezza ec-iva del locale.
scala ai magazzini è in ferro smal-indaco, con parapetto in perspex ico.

Veduta della sala alla galleria; i campionari di stoffa sono montati a pannelli (a parete, scorrevoli) ed anche a bandiera su aste di metallo, appese a portata di mano (foto a sinistra).

domus 320
July 1956

A New Store in Milan

Arflex showroom in Milan designed by Roberto Menghi: views of display areas, desk and washrooms

Le pedane componibili e spostabili (tacchetti di feltro sotto i sostegni), sono ricoperte in stoffa grigio topo e portano inserite asticciole metalliche smaltate indaco con cartelli in perspex sfilabili. Un campionario a parete della galleria: le stoffe, montate su pannelli, scorrono verticalmente. Nella foto qui sopra: particolare dell'ufficio.

il nuovo negozio della Arflex
Roberto Menghi, arch.

I servizi. Le piastrelle di rivestimento sono su disegno di Augusto Piccoli.

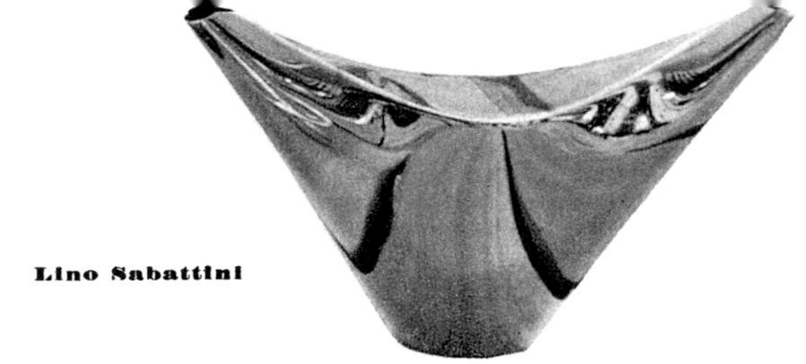

Lino Sabattini

Ottone e argento

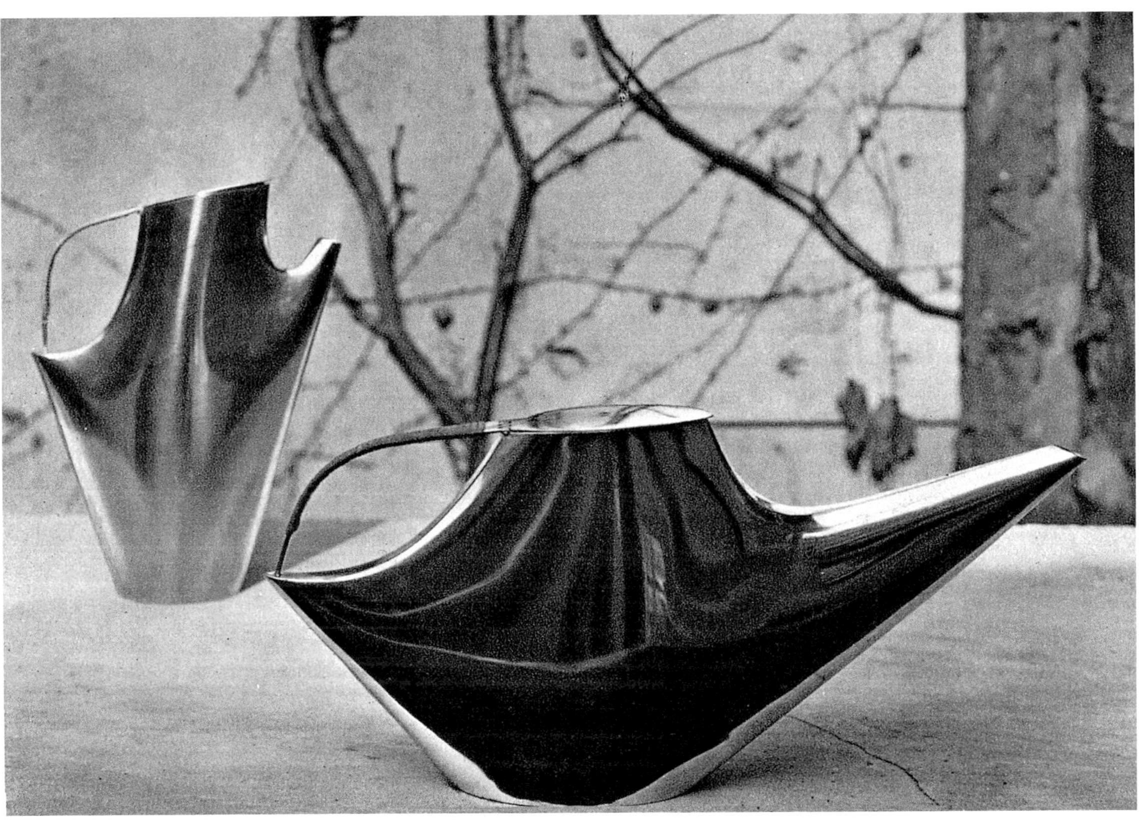

Teiera e caffettiera in argento opaco con manico rivestito in vimini, eseguite a mano con un pezzo unico di lastra piegata; coperchio fissato al manico e apribile con una cerniera « persa ».

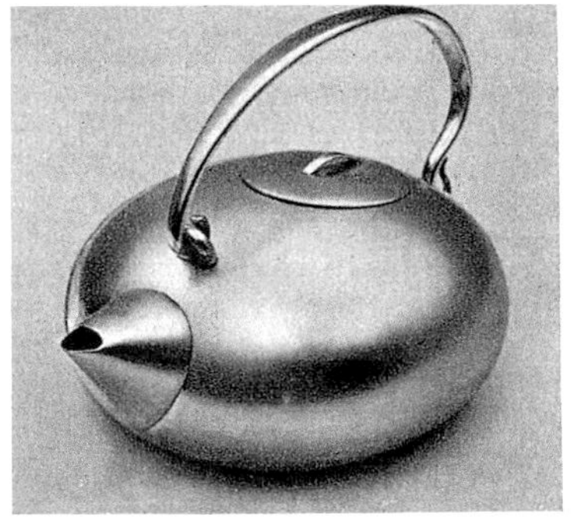

A sinistra, teiera in argento.

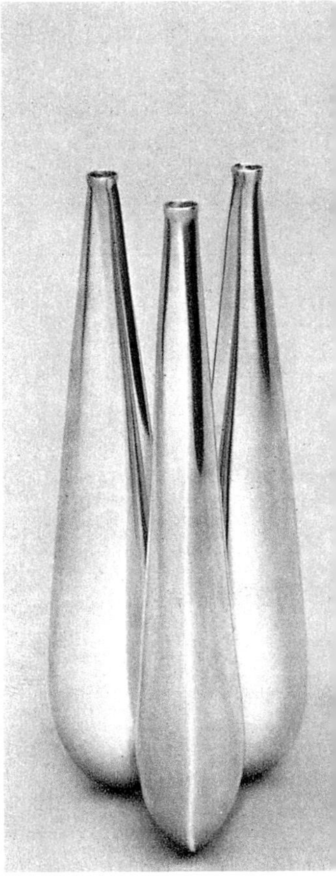

Gruppo di tre vasi in ottone argentato opaco, eseguiti a mano.

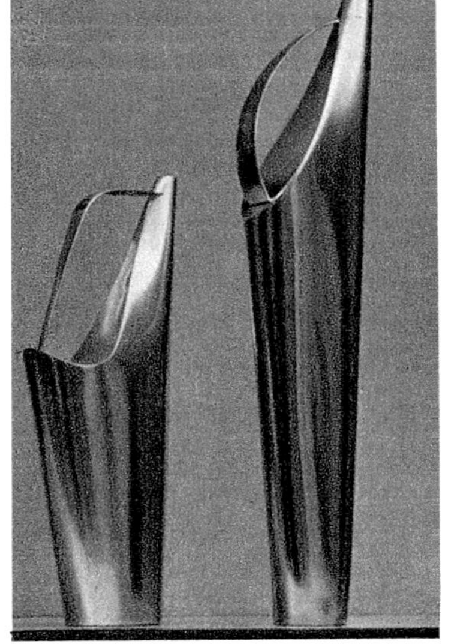

Vasi per fiori in ottone argentato.

Shaker e scatola per marmellata in ottone lucido, internamente argentati; il taglio obliquo oltre che formare disegno sulla forma cilindrica, facilita l'apertura del coperchio.

domus 321
August 1956

Brass and Silver

Silver-plated brassware designed by Lino Sabbatini including coffee pot, teapots, vases, cocktail shaker, preserve dish and spoon, hors d'oeuvres servers and fork, beaker and tray for Christofle Orfèvrerie

Antipastiera con vassoi e forchetta in ottone argentato opaco, e telaio in ottone lucido.

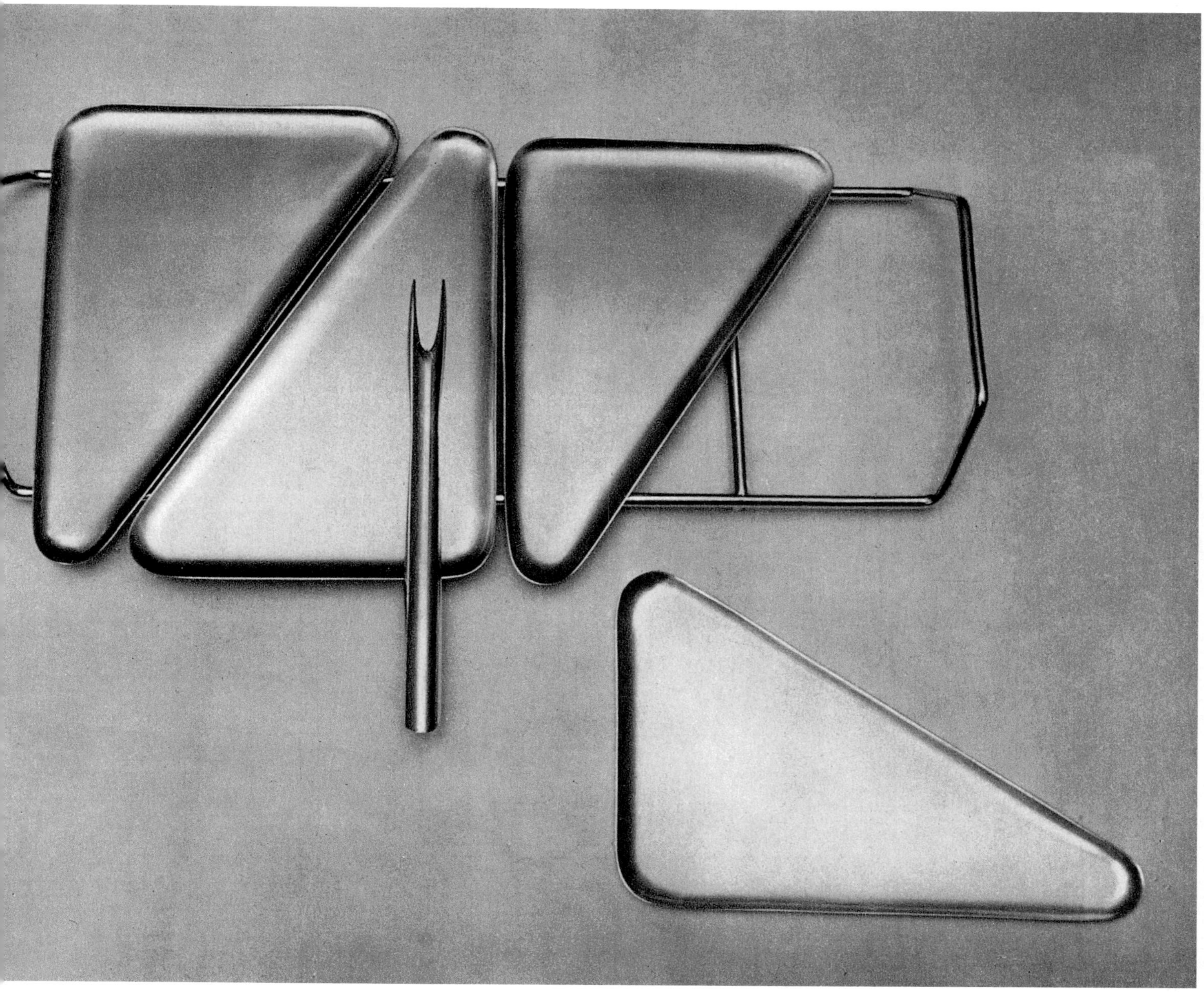

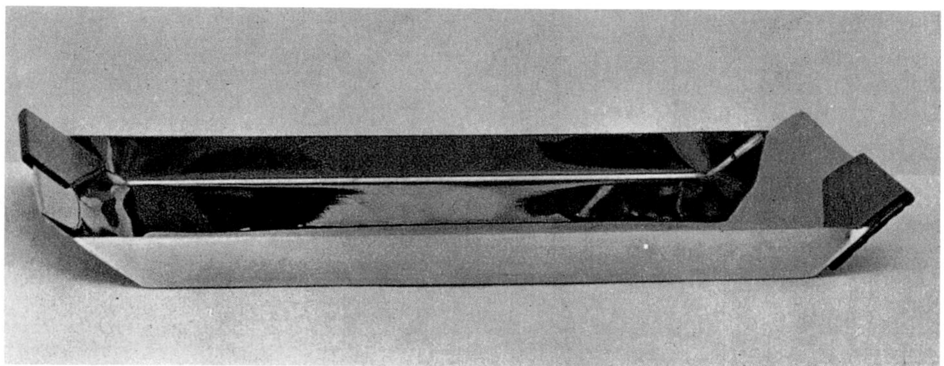

Vassoio e boccale in acciaio inossidabile con impugnature in noce d'India naturale; il boccale è un pezzo unico di lamiera piegata, con innestata l'impugnatura e saldato il fondo; il vassoio è anch'esso una sola lastra, coi lati piegati e saldati agli angoli.

Mobili colorati, in laminato plastico

al Concorso Formica-Domus 1955-56

Sergio Mazza, arch., Milano: alcuni pezzi della «camera da pranzo» premiata, e un tavolo, ed una scrivania: esecuzione F.lli Erba di Enrico, di Lissone.

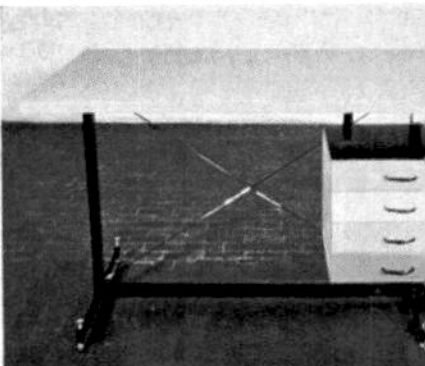

Ai vantaggi pratici del laminato plastico (non si macchia, non si incide, non si brucia, e si lava) si aggiunge la possibilità del colore (il Formica si produce in più di sessantaquattro tipi e colori diversi).
Questo lo spunto del concorso per nuovi disegni di mobili in Formica bandito dalla Laminati Plastici S.p.A. e da Domus. Il concorso si svolgeva secondo una nuova formula: vi dovevano partecipare abbinati i progettisti (architetti, artisti, arredatori) e i mobilieri (industriali, artigiani), e il giudizio si svolgeva in due tempi: scelta dei mobili da eseguire; premiazione dei mobili eseguiti (v. Domus 312 e Domus 315.)
Al concorso hanno partecipato progettisti di molte parti d'Italia — da Milano a Napoli, Genova, Roma, Bari, Taranto, Torino, Adria, Empoli, Cascina, Venezia, Brescia, Sondrio, Lucca, Parma. Sono stati premiati (vedi Domus 318) i mobili e i complessi di mobili presentati dalle seguenti coppie di progettisti ed esecutori: Sergio Mazza, arch. e F.lli Erba, Lissone; Adriano Piazzesi e Andrea Ancillotti, arch.tti e falegnameria A.R.I.S., Empoli; Elia Acerbis, arch., e Giovanni Acerbis, Albino; Margherita Bravi e Luisa Castiglioni, arch.tti, e F.lli Corbetta e Guido Albertis, Brescia; Vittorio Chiaia e Massimo Napolitano, arch.tti e Michele Marchese, Bari; Sergio Croci, arch. e G. Chiesa, Milano; Carlo De Carlo, arch. e Bottega di Victor, Concorrezzo; Franco Lancetti e Giuliana Signorelli, arch.tti e Carlo Quirico, Novara; Angelo Mangiarotti, arch., e Piero Frigerio, Cantù; Bruno Morassutti, architetto, e Piero Frigerio, Cantù; Gian Carlo Ortelli, arch. e I. L. L.S.A., Caronno Pertusella.
Diamo qui una rassegna dei mobili premiati, e di alcuni segnalati, che sono stati esposti in mostra a Milano, al Palazzo dell'Arte, sede della Triennale.

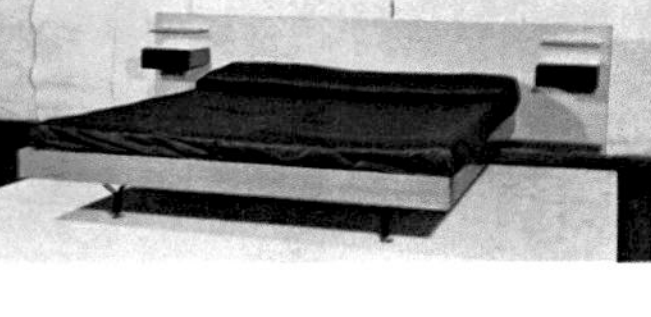

Sergio Mazza, arch., Milano: alcuni pezzi della «camera da letto» premiata; esecuzione F.lli Erba di Enrico, di Lissone.

Sergio Mazza, arch., Milano: alcuni pezzi della «cucina colorata» premiata: esecuzione F.lli Erba di Enrico, di Lissone.

al Concorso Formica-Domus 1955-56

al Concorso Formica-Domus 1955-56

Sotto, Bruno Morassutti, arch., Milano: tavolini componibili, premiati: esecuzione Piero Frigerio, Cantù.

Carlo De Carlo, arch., Milano: cattedra, premiata; esecuzione Bottega di Victor, Concorezzo.

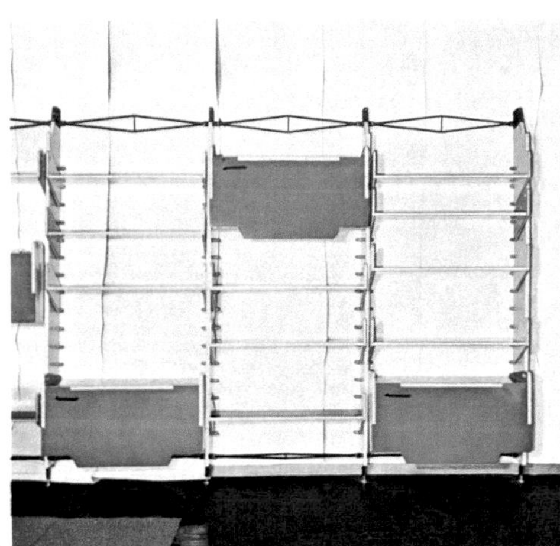

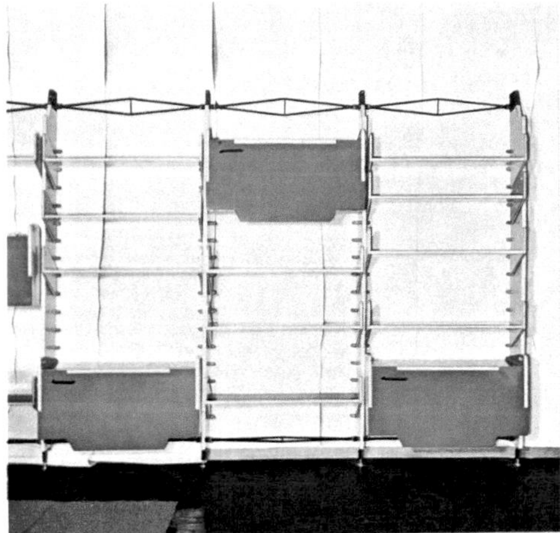

al Concorso Formica-Domus 1955-56

Adriano Piazzesi e Andrea Ancillotti, arch.tti, Empoli: scrivania, tavolino, portariviste e libreria dell'«ufficio» premiato; esecuzione Falegnameria A.R.I.S., Empoli.

A destra, Angelo Mangiarotti, arch.: Milano, libreria a ripiani e cassonetti, premiata; esecuzione Piero Frigerio, Cantù.

A sinistra, Luisa Castiglioni e Margherita Bravi, arch.tti, Milano: tavolo allungabile, premiato; esecuzione Guido Albertis, Brescia.

domus 321
August 1956

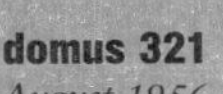

Coloured Furniture in Plastic Laminate

Plastic-laminated furniture for the 1955–1956 "Formica–Domus" competition, including designs by S. Mazza for Fratelli Erba di Enrico; Adriano Piazzesi and Andrea Ancillotti for Falegnameria ARIS; Carlo De Carli for Bottega di Victor; B. Morassutti and A. Mangiarotti for Piero Frigerio; Luisa Castiglioni and Margherita Bravi for Guido Albertis

iastrelle componibili

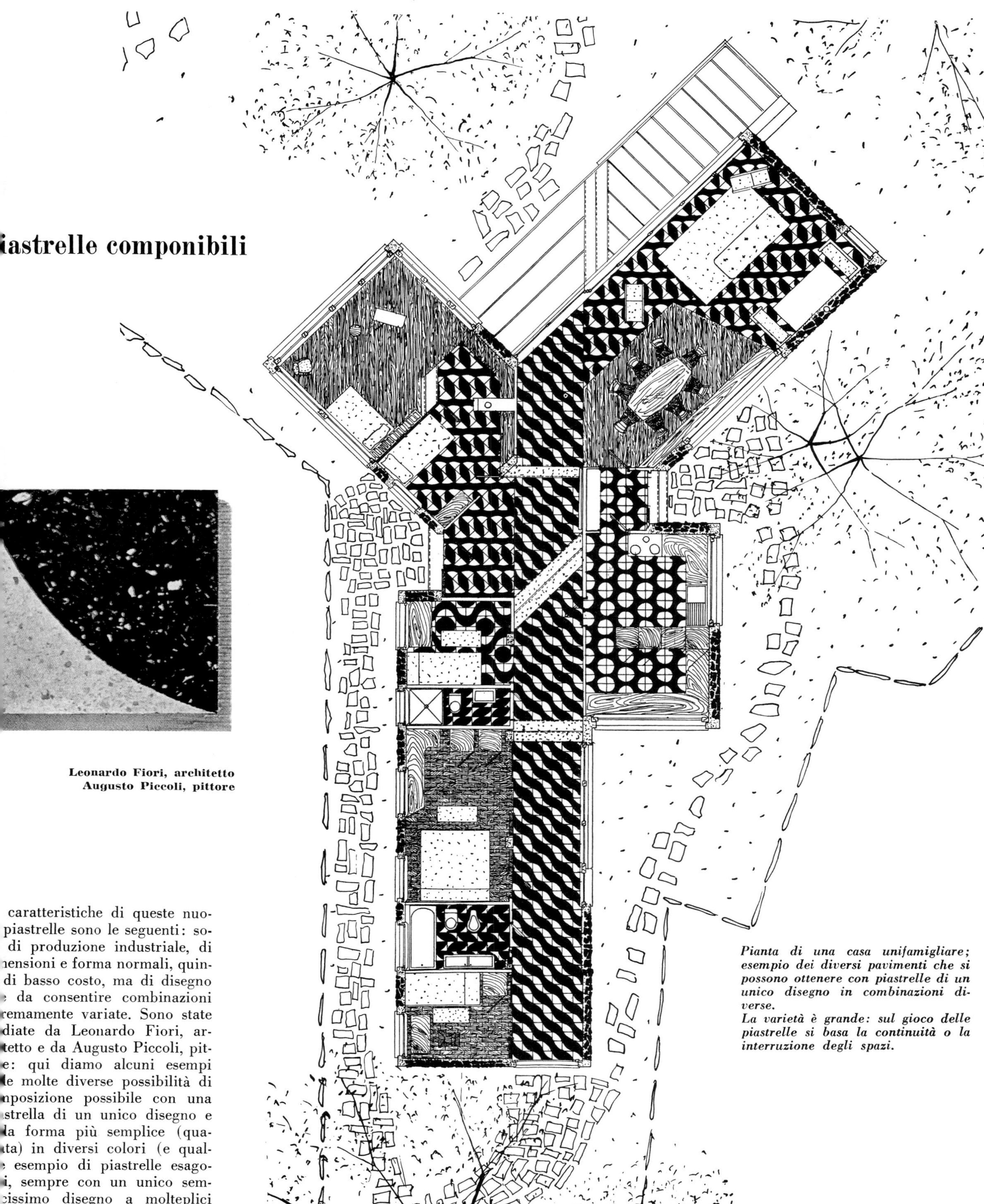

Leonardo Fiori, architetto
Augusto Piccoli, pittore

caratteristiche di queste nuo- piastrelle sono le seguenti: so- di produzione industriale, di nensioni e forma normali, quin- di basso costo, ma di disegno da consentire combinazioni remamente variate. Sono state diate da Leonardo Fiori, ar- tetto e da Augusto Piccoli, pit- e: qui diamo alcuni esempi le molte diverse possibilità di nposizione possibile con una strella di un unico disegno e la forma più semplice (qua- ta) in diversi colori (e qual- esempio di piastrelle esago- i, sempre con un unico sem- cissimo disegno a molteplici etti).

Pianta di una casa unifamigliare; esempio dei diversi pavimenti che si possono ottenere con piastrelle di un unico disegno in combinazioni diverse.
La varietà è grande: sul gioco delle piastrelle si basa la continuità o la interruzione degli spazi.

Modular Tiles

Industrially produced tiles designed by Leonardo Fiori and Augusto Piccoli

Translation
see p. 561

Studi di composizioni diverse di una piastrella a rombo di unico disegno.

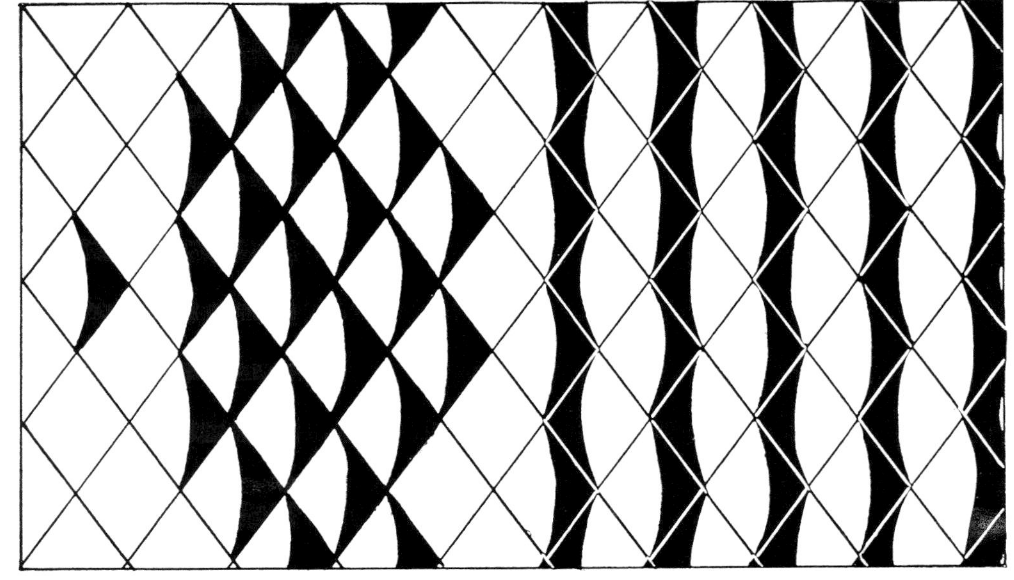

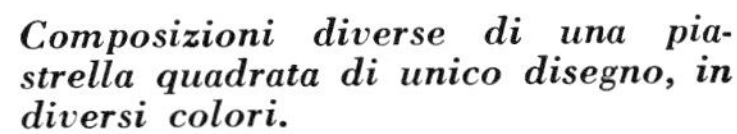

Composizioni diverse di una piastrella quadrata di unico disegno, in diversi colori.

ı questo tema della « variabili-
nello standard », avevamo già
sto ricerche di Fiori alla X
riennale (Domus 301) con dei
obili, degli armadi componibili,
pannelli di materiali diversi e
versamente decorati (decorazio-
di Augusto Piccoli). Questo
ma e questa ricerca sono, pen-
ımo, oggi di grande interesse.
ichè oggi — come dice Fiori
· molti prodotti comuni nell'e-
lizia hanno perso nei proces-
di industrializzazione il loro
lore tradizionale e si sono ri-
tti a un grigiore e a una mo-
tonia che la produzione in se-
: non giustifica.
Nel passato gli elementi che
rivavano nel cantiere edile era-
nella maggior parte dei semi-
vorati, come pietre, marmi, o
;ni, che venivano finiti dai mae-
i sul posto. Oggi quasi tutti
elementi arrivano finiti, e la
abbrica " è un cantiere di mon-
;gio: ma purtroppo è un mon-
;gio, disordinato e artigianale,
pezzi minuti, semindustriali,
ı privi di freschezza e fantasia
non ancora adatti a un vero
ntaggio in grande serie. Una
lta messi in opera, rappresenta-
delle noiose superfici... »
termini del gioco sono diven-
i sempre più poveri, insuffi-
nti e brutti, per una composi-
ne od una ricerca di tessitura.»
pure vi sono nell'edilizia gran-
possibilità di fantasia da sfrut-
e. Un intervento di forma e
fantasia nella industria può
:tare elementi già oggi in pro-
zione, e proprio per il metodo
ı cui vengono prodotti, ad un
do di grande vivezza. « Rite-
mo che si possa riprendere e
ificare una serie di produzio-
tradizionali, alcune già cadute
disuso ».

nuove piastrelle componibili

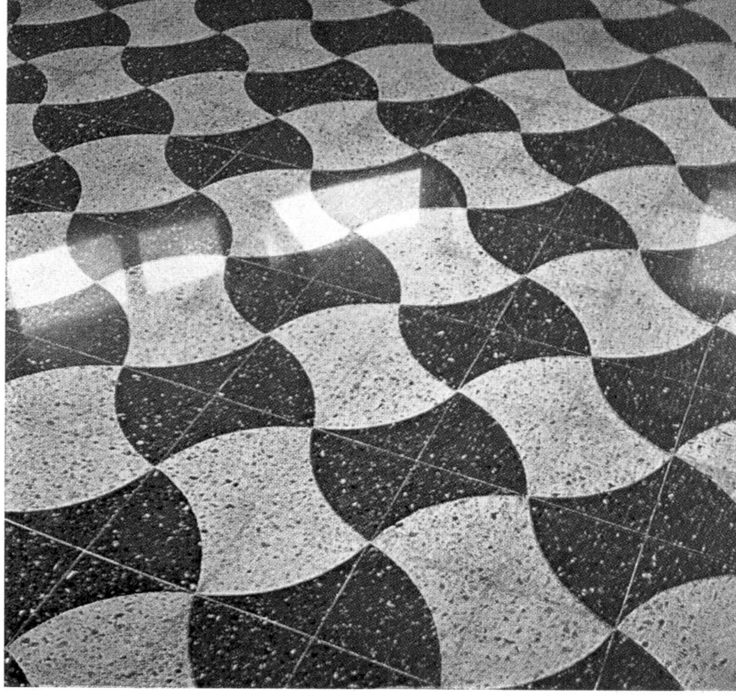

Usi diversi delle piastrelle: rivestimento di servizi, pavimento interno, pavimento esterno.

ıardo Fiori e Augusto Piccoli

Translation
see p. 561

piastrelle esagonali e quadrate

nuove piastrelle componibili

domus 322
September 1956

Modular Tiles

Industrially produced tiles designed by Leonardo Fiori and Augusto Piccoli

Questo intreccio di composizioni è possibile in ogni forma equilatera — il principio generale e le piastrelle sono brevettate.
Queste piastrelle sono prodotte in graniglia di marmo, in grès ceramico ed in cotto, secondo tecniche ormai collaudate e tradizionali.

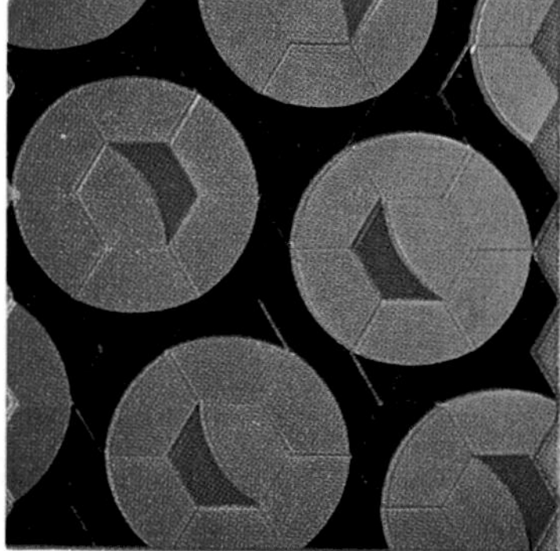

Leonardo Fiori e Augusto Piccoli

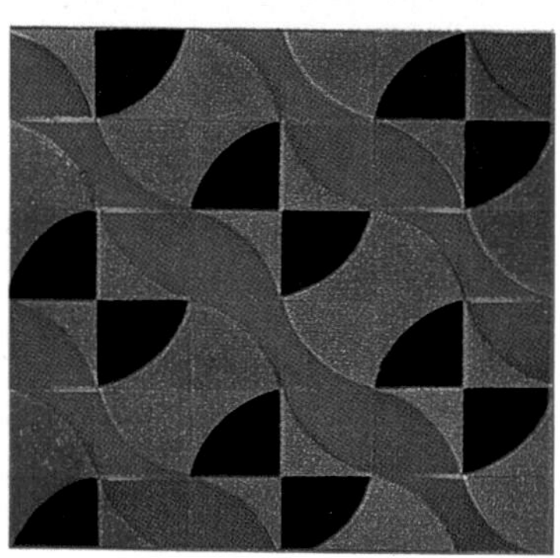

Le dimensioni sono quelle normali del mercato, e la posa in opera, per la semplicità della forma non presenta difficoltà: ciò ha permesso di raggiungere i prezzi dei comuni materiali a tinta unita.
Le piastrelle servono, in svariatissimi modi, per pavimenti e rivestimenti. I rivestimenti, per le qualità del disegno, possono avere, oltre agli usi normali, molte nuove applicazioni, come: pannelli decorativi, fasce lungo i corridoi di scuole ed ambienti collettivi, bar, negozi, ecc. I pavimenti in grès possono essere utilizzati all'esterno, per terrazzi e per giardini.
Le piastrelle (cm. 10×10, 15×15, 20 × 20), prodotte dalla « Somico » costano al metro quadrato: pavimenti in marmo, L. 1500; pavimenti in grès L. 3500; rivestimenti L. 2.700. Questi prezzi sono un indice sicuro del livello raggiunto nello standard in rapporto alla qualità, dato necessario per la valutazione di un disegno per l'industria.

Le piastrelle sono prodotte dalla « Somico » in graniglia di marmo, in grès ceramico ed in cotto.

Translation
see p. 561

domus

architettura arredamento arte

322 settembre 1956

domus 322
September 1956

Cover

domus magazine cover designed by Gio Ponti showing industrially produced tiles designed by Leonardo Fiori and Augusto Piccoli

articolari interni

Ico e Luisa Parisi, arch.tti

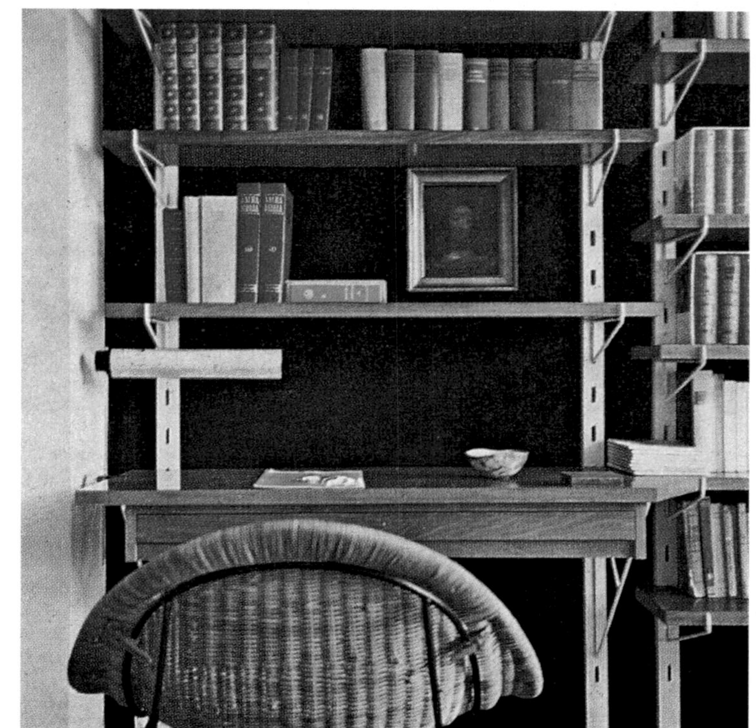

La libreria a parete ha montanti in ferro laccato, piani in legno su mensoline spostabili, e un ripiano per scrivere, con cassetto (e con lampada). Le sedie in vimini sono svedesi, di serie; il tavolino per riviste è di disegno degli architetti (e prodotto da La Ruota, Como). Il vano della grande finestra fissa è attrezzato con piani per libri e oggetti (una grande coppa di Melotti): si noti il profilo delle mensole di ferro che sostengono i piani, assottigliate alle estremità per maggior leggerezza.

una libreria e un "finestra arredata"

Interiors of an apartment designed by Ico and Luisa Parisi: study area

Details of Interiors

Interiors of an apartment designed by Ico and Luisa Parisi: views of study area with wall unit and student's room

stanza per uno studente

la libreria a parete

Una parete della stanza è coperta da pannelli in legno forati, cui vengono applicati, con grande libertà di composizione, i ripiani per i libri (di diverse lunghezze), i piani inclinati per le riviste, la lampada, ed anche il cestino per la carta in vimini.
Lo scrittoio è in legno di noce, con struttura in ferro laccato nero. La poltrona, disegnata dagli architetti e prodotta da Cassina, è rivestita in lastex di lana. Il grande armadio a parete, ha antine in laminato plastico grigio e maniglie in anticorodal su fondo in laminato plastico nero.
Il letto ha la testiera in laminato plastico bianco; il mobiletto di fianco al letto (con un piano a ribalta) contiene un giradischi.

• Casali-Domus

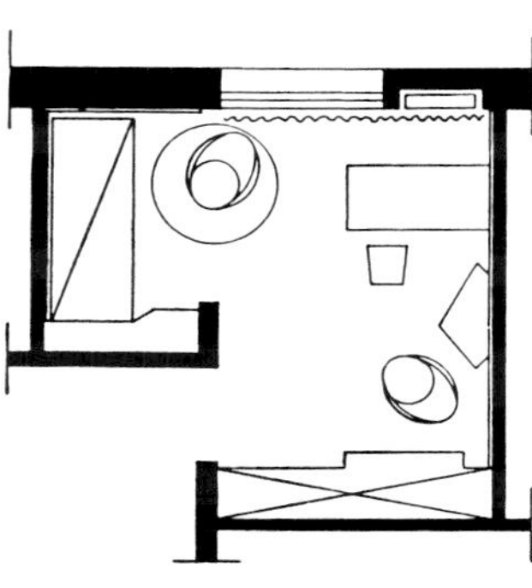

Pianta della stanza; il letto è schermato alla vista di chi entra.

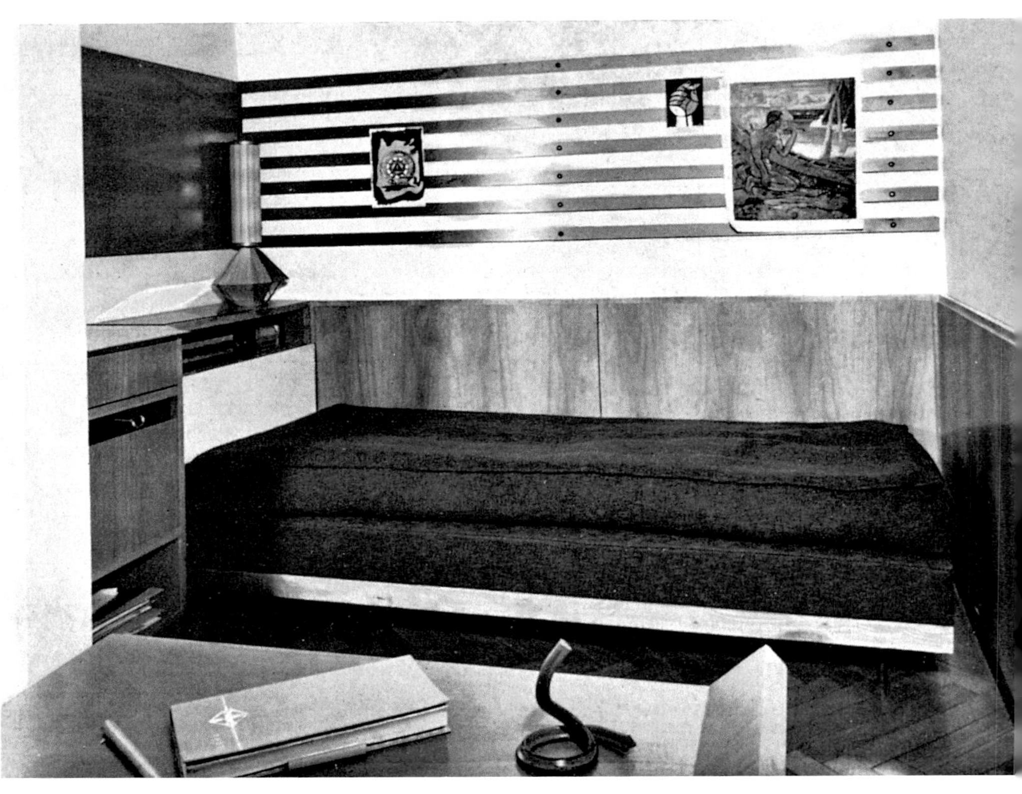

Interiors of an apartment designed by Ico and Luisa Parisi: views of student's room, floor plan, view of bedroom for two children and work table with connected stools

stanza da letto per due ragazzi

il tavolo da lavoro a due posti

Una stanza da letto, e anche da gioco e studio, per due ragazzi sui dieci anni.
I due letti, uguali, sono in legno di frassino: hanno un cassetto-comodino a sbalzo dalla parete e sono protetti verso il muro da un rivestimento in pannelli di frassino.
La scaffalatura per i giocattoli è anch'essa in frassino (si noti, in basso, la rastrelliera per i libri).
Di particolare disegno il tavolo da lavoro a due posti, robusto, simile a un banco di scuola, ma con il divertimento dei sedili girevoli, ricoperti in tessuto plastico rosso e blu; si noti la sagomatura del piano di appoggio (e del piano sottostante) intesa a ben definire la zona di spazio che appartiene a ognuno dei due ragazzi, e quasi a isolarli nel loro lavoro. La struttura è in legno, il piano è in laminato plastico, il poggiapiedi è rivestito in gomma.
Le tende, le coperte dei letti e il tappeto sono in tessuto di cotone.

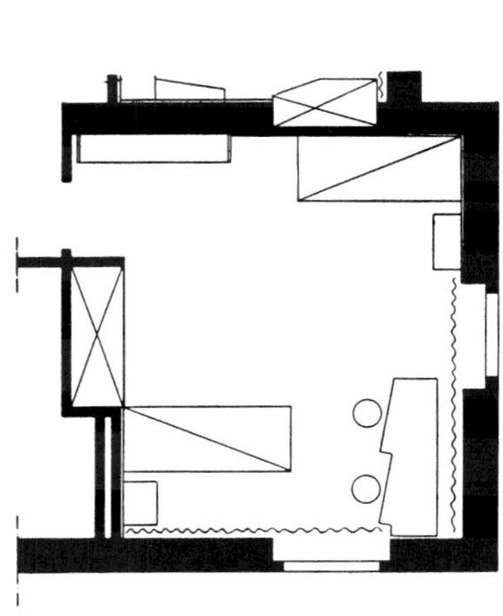

Ico e Luisa Parisi arch.tti

domus 322
September 1956

Details of Interiors

Interiors of an apartment designed by Ico and Luisa Parisi: views of bedroom for two children and the kitchen, floor plans

cucina e tinello

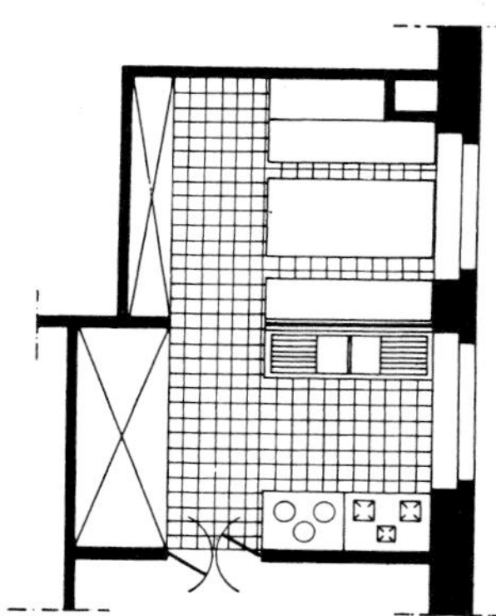

Isolato dalla cucina vera e propria (mediante la parete in vetro sopra il lavello), il tinello è provvisto di due panche, con struttura in ferro e imbottitura in gommapiuma, e di un tavolo con piano in laminato plastico. Si noti la soluzione dello schienale delle panche, in tela, sfilabile e lavabile. Il grande armadio a parete è in noce.

e Luisa Parisi, arch.tti

Sopra, il tinello visto dalla cucina; sotto, l'armadiata di cucina, con il piano di lavoro sagomato.

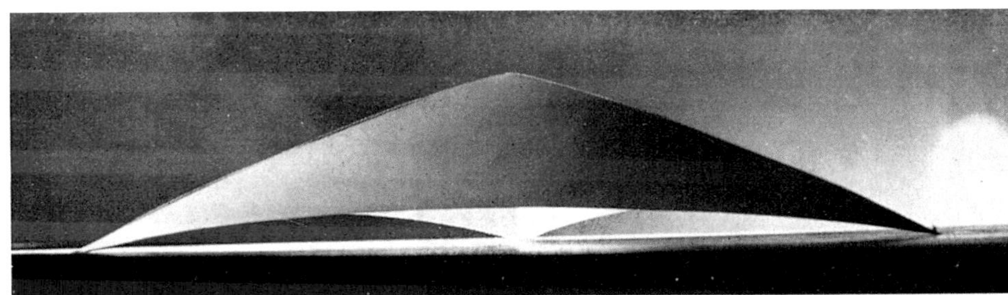

Strutture autoportanti in laterizio

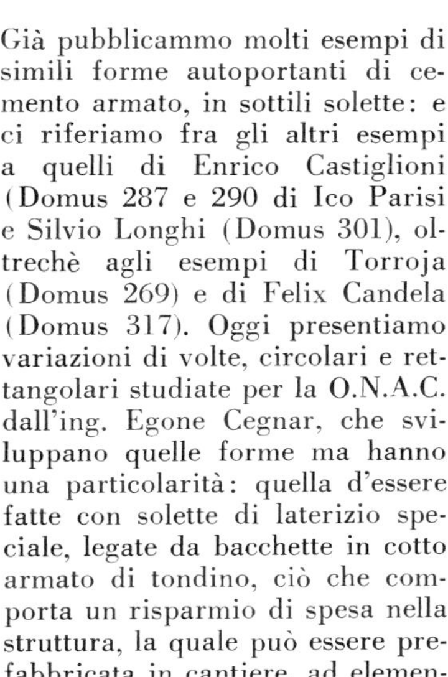

Già pubblicammo molti esempi di simili forme autoportanti di cemento armato, in sottili solette: e ci riferiamo fra gli altri esempi a quelli di Enrico Castiglioni (Domus 287 e 290 di Ico Parisi e Silvio Longhi (Domus 301), oltrechè agli esempi di Torroja (Domus 269) e di Felix Candela (Domus 317). Oggi presentiamo variazioni di volte, circolari e rettangolari studiate per la O.N.A.C. dall'ing. Egone Cegnar, che sviluppano quelle forme ma hanno una particolarità: quella d'essere fatte con solette di laterizio speciale, legate da bacchette in cotto armato di tondino, ciò che comporta un risparmio di spesa nella struttura, la quale può essere prefabbricata in cantiere, ad elemen-

foto Casali-Domus

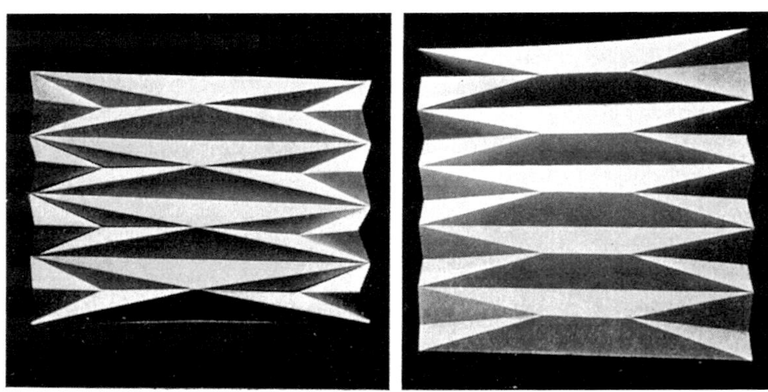

Self-supporting Structures in Lightweight Concrete

Models of self-supporting structures designed by Egone Cegnar in collaboration with ONAC

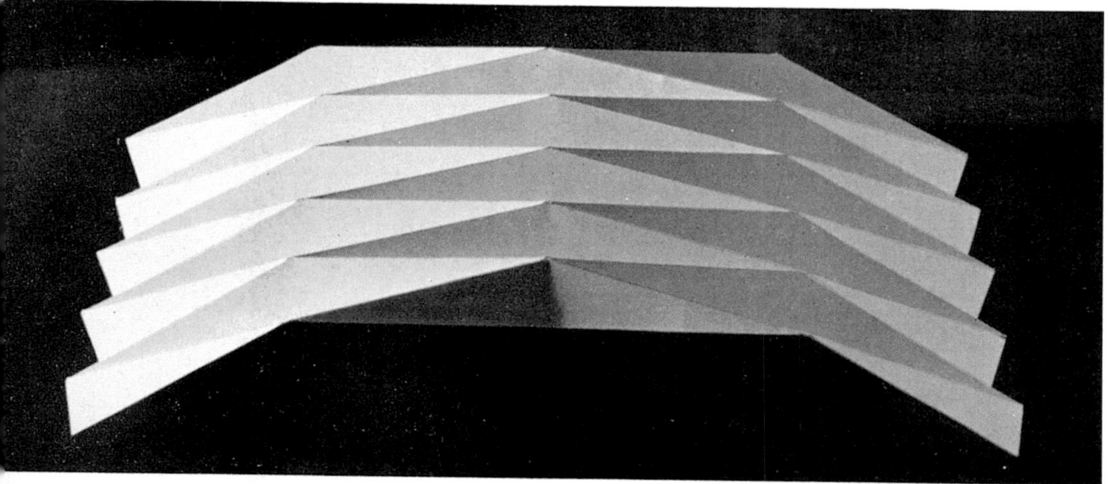

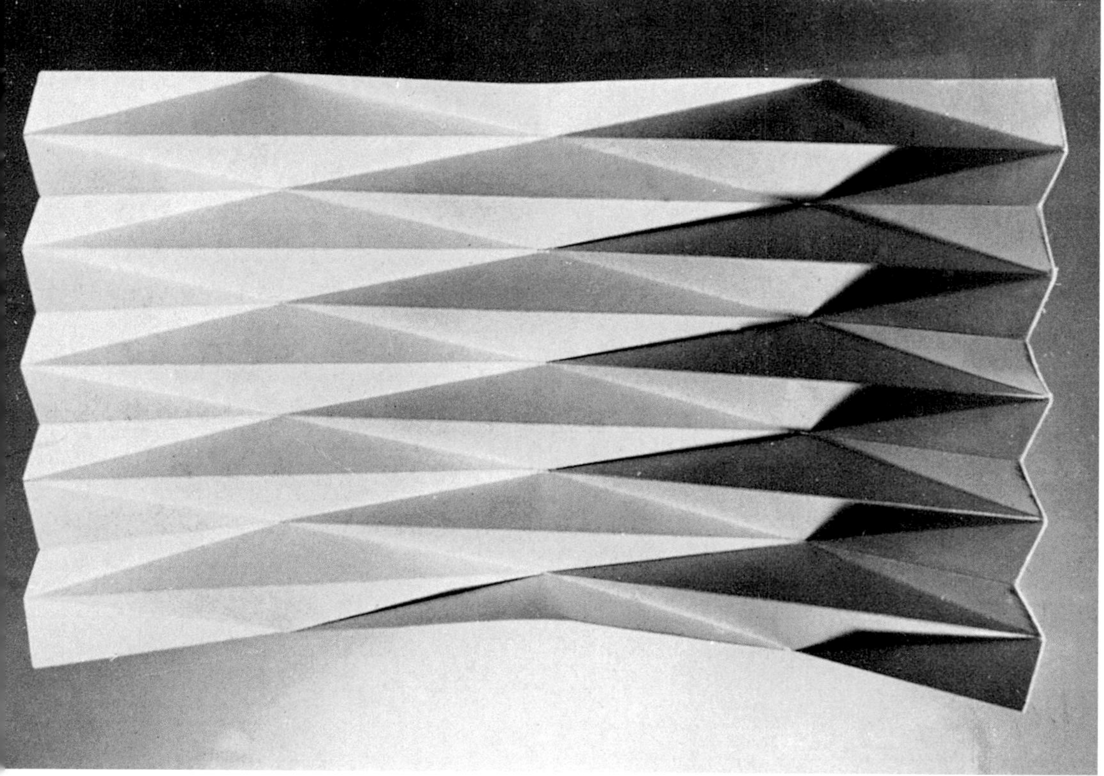

ti, come per le coperture piane a travi in cotto.
Vedremo apparire queste volte a caratterizzare le architetture? si ripeterà più facilmente il fenomeno della identità fra struttura e architettura? Queste strutture, che già da noi si vanno adottando, permettono una loro « fantasia ». Il procedimento può essere a tutti illustrato dall'O.N.A.C. (Organizzazione Nuove Applicazioni Costruttive).
A noi segnalarlo come un fatto moderno di tecnica che si identifica con un fatto moderno di gusto, che interessa perciò oltre gli architetti anche il pubblico che deve prepararsi a conoscere, mirare ed ammirare queste strutture, che, come tutti vedono, sono bellissime e pure. *g. p.*

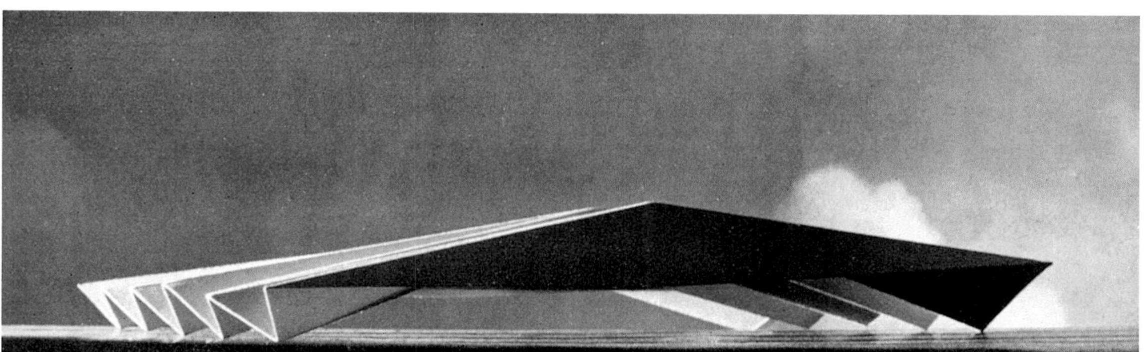

Isamu Noguchi per i bambini

sgabelli per bambini

nuovi mobili Knoll

Gli sgabelli a dondolo: due sgabelli, uno alto uno basso, con sedile e base in legno (due ruote in teak, o noce, massiccio) e supporto in acciaio (un traliccio di steli in acciaio a V, robusti, per resistere al movimento a dondolo, consentito dal diverso diametro delle due ruote).
La tavola per bambini ha un simile traliccio di sostegno in acciaio, e la base in legno: il piano è in laminato plastico di diversi colori. Le sedie intorno alla tavola sono un modello noto di Harry Bertoia, in dimensioni per bambini. Tutti questi mobili sono prodotti dalla Knoll International.

domus 322
September 1956

Isamu Noguchi for Children

Children's rocking stools and table designed by Isamu Noguchi for Knoll International (shown with children's chairs designed by Harry Bertoia for Knoll International)

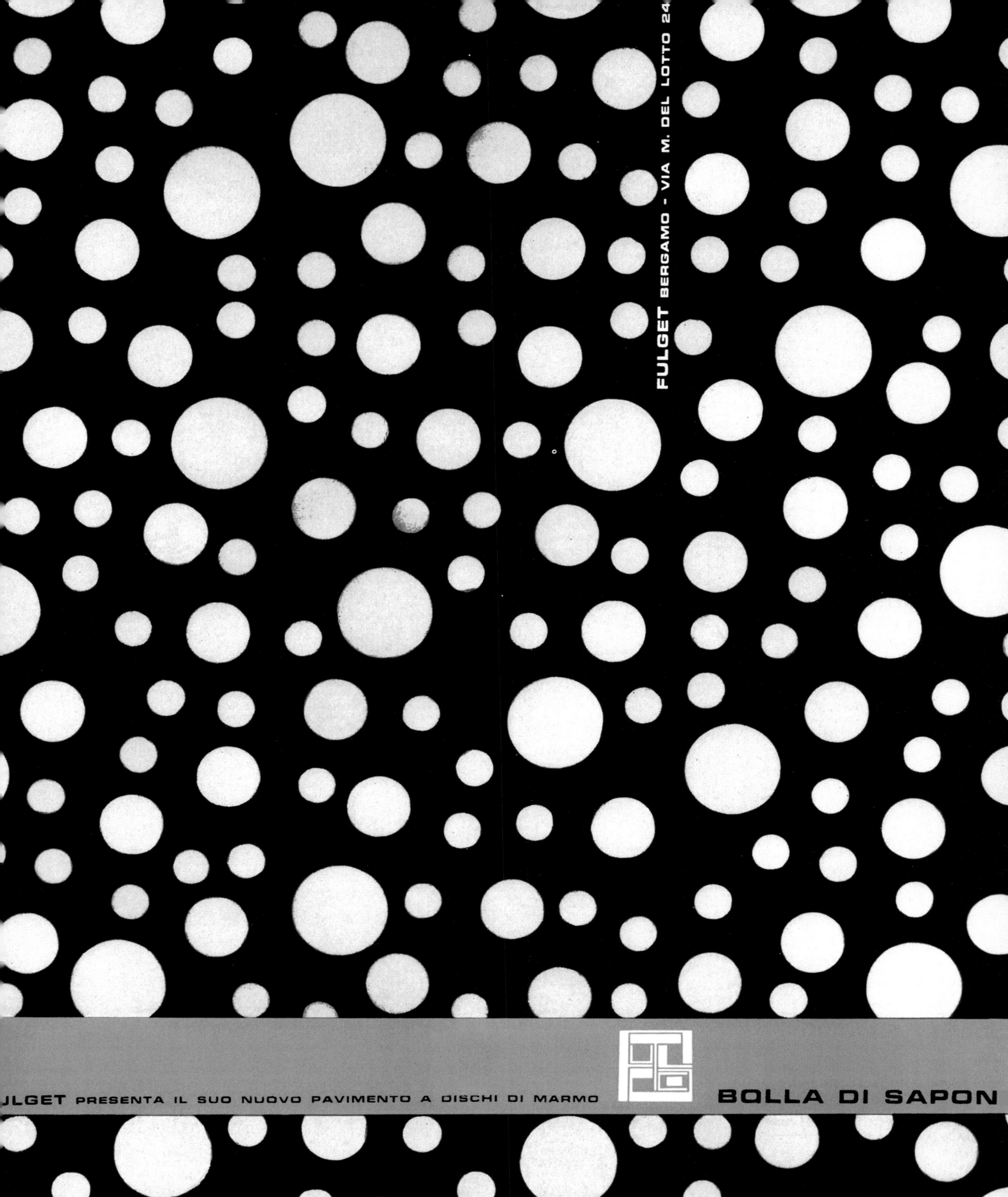

FULGET BERGAMO - VIA M. DEL LOTTO 24
JLGET PRESENTA IL SUO NUOVO PAVIMENTO A DISCHI DI MARMO
BOLLA DI SAPON

Advertising

Fulget advertisement showing composite flooring

Invito ad andare a Ronchamp

Gio Ponti

A Ronchamp, la *Chapelle de Notre Dame du Haut,* di Le Corbusier, ha ricevuto un primo pellegrinaggio d'architetti milanesi e di « amici degli architetti », l'associazione che a Milano riunisce coloro che oltre al tenersi al corrente di lettere, musica, pittura, scultura, teatro e cinema, s' aggiornano sulla architettura e sui problemi d'arte, sociali e di pensiero che essa rappresenta.
Molti italiani videro già l'« *Unité d'habitation* » di Le Corbusier a Marsiglia; molti andranno anche a Ronchamp, raggiungendo Basilea, poi Belfort, in Francia, cui Ronchamp è vicina.

Questa visita è indispensabile per la intera conoscenza della personalità di Le Corbusier, fin qui affidata, più che alle opere, alla risonanza di libri famosi (massime di « *Quand les Cathédrales étaient blanches* »), o alla sua polemica per l' architettura moderna, e principalmente e specialmente, nel gran pubblico, allo slogan clamoroso della « *machine à habiter* » (che non significa, occorre ripetere ogni volta, casa-macchina, ma casa *umana* concepita con la stessa intelligenza di utilità, e lo stesso senso della realtà, con i quali sono pensate le macchine).
Il più delle opere di Le Corbusier si mosse effettivamente da quei notissimi motivi. Questa di Ronchamp stupisce invece per un generarsi diverso, totalmente d'arte, meno considerato fin qui in Le Corbusier, ed al quale dobbiamo invece dare la massima importanza. Questo è un nostro invito ad andare a Ronchamp.

Molti vedendo questa architettura ne saranno scossi e diranno: l'architettura moderna non la capisco, non la so giudicare, mentre l'antica sì.
Certo l'antica architettura incanta *anche* per ragioni evocative o storiche (legate a eventi, leggende, uomini), e stilistiche (fatti di cultura, di accademia, o di costume e di nostalgia, fatti del cuore); ma se portiamo il giudizio sul piano *esclusivo* della creazione d'arte, le architetture antiche e moderne dobbiamo vederle isolate da ogni contingenza storica, stilistica o tecnica, e valutarle soltanto secondo principii universali, che sono eguali per le opere antiche e moderne e ci consentono il giudizio anche di queste. Questi principi sono: invenzione formale (e strutturale), forma finita, essenzialità, unità, rappresentatività, espressione, illusività, perpetuità. Ecco i termini, che son poi quelli di ogni arte, per i quali sono *egualmente* belli Partenone e Notre Dame, il Battistero di Pisa e il tempio d'Agra o la « casa della cascata » di Wright.
Tutte queste opere hanno una *invenzione formale,* una forma finita immodificabile, irripetibile (ciò che è fatto d'elementi ripetuti e non composti non è forma). Tutte hanno unità, coerenza in ogni parte; ordine, misura, cioè *essenzialità,* dove nulla è da togliere nè da aggiungere. Tutte sono rappresentative di quel che sono, non possono essere altro: *rappresentatività.* Tutte esprimono con sapiente linguaggio architettonico la ispirazione che le ha create: *espressività.* Tutte traspongono la sostanza materiale in sostanza poetica (la loro verità di sostanza): *illusività,* incanto. Tutte hanno valori unici, spirituali, *perpetui*: come dice Palladio.
E qui torna acconcio, ancora una volta, distinguere fra architettura e ingegneria. La ingegneria, la tecnica, sono meravigliosamente progressive, e meravigliosamente progressivi sono i mezzi espressivi che esse danno a noi architetti: ma l'architettura non è progressiva, si esprime unicamente in valori, come le arti, dove è perpetuità e non progresso.

La Cappella di Ronchamp regge ad un giudizio basato sui termini che si son elencati. È una straordinaria invenzione formale, con il movimento ed i volumi della sua chiostra di grossi muri bianchi sui quali corre dentro e fuori la solenne copertura in cemento nudo che si rialza ai margini esterni, quasi arrotolandosi; immodificabile, irripetibile, chiusa, finita nella sua composizione di forme (nel che è *la forma*): per quanto complessa e congegnata da apparenze diverse, è *essenziale,* con nulla da togliere o da aggiungere: per quanto diversissima da ogni chiesa, e formalmente senza precedenti, (talchè la sua forma è fuori da ogni rappresentazione del linguaggio normale, è « indicibile » — come ogni forma nuovamente creata — oltre che essere indicibile perchè appartiene allo spirito) per quanto diversa da ogni chiesa, questa chiesa, o questo santuario (è la parola più giusta) di Ronchamp è esclusivamente una chiesa, è tutta chiesa, fuori e dentro, dove è « religiosis-

Il lato che serve da cappella es na, e la grande parete inclinata.

An Invitation to Ronchamp

Le Corbusier's Notre Dame du Haut chapel in Ronchamp: elevations, detail and views of interior

foto Castiglioni

ra: come la luce entra nell'inter- Sotto: il pavimento è mosso co- tutte le altre superfici: le panche o su un'« isola ».

foto Garatti

sima » (eccone la *rappresentatività*): essa porta « con sapienza » il suo linguaggio esclusivamente architettonico all' effetto giusto (eccone l'*espressività*); essa è perentoria, potente di accento, sembra avere dimensioni più grandi di quelle sue reali; *illusività*. (Molti riluttano al pensiero che l'architettura, che, come la musica, rappresenta solo se stessa e non « narra », determini una illusione: ma se la « Cà d'oro » è leggera non è illusione? essa pesa come le altre costruzioni: l'illusione della leggerezza è la sua realtà poetica, che è poi la sua realtà *vera*). Ronchamp, tutta di nascita spirituale, si riallaccia poi a valori perpetui: *perpetuità*.

La visita dei milanesi fu preceduta da una conferenza di Ernesto Rogers, dove l'intervento « perfetto » di un sacerdote, don Verga, portò i termini della religiosità nell'architettura al rilievo spiritualmente drammatico che spetta loro, ed il dialogo elevatissimo di pensiero e linguaggio — che non si esaurì in polemica ma si elevò nella ricerca di chiarezza — fu tale da indurci a proseguirlo lungamente nell'animo.
Incline a pensare l'architettura religiosa come problema di religione e non d'architettura, astraendolo da ricorsi accademici o scolastici o professionalmente (cioè profanamente) artistici, ero personalmente prevenuto di fronte a Le Corbusier architetto d' una chiesa. Devo con lietezza di onestà testimoniare che specialmente l'interno, pur così nuovo e diverso, è chiesa, eterna chiesa, è emozionantemente religioso, ha un fascino diretto e potente, un incantesimo ispirato, commovente, che agisce con persuasioni severe. La luce interna, bellissima e varia, gli spessori dei muri, la solenne protezione della copertura, la misura dei volumi interni, la loro composizione auricolare, la elementarità dei materiali, la assoluta architettonicità e la grande severità virile, cioè altamente monacale, del tutto, quell'alto silenzio dove è il canto puro della architettura, ne sono la espressione. Una architettura dove è la « grazia » religiosa, e non la graziosità di certe chiese moderne: questo il mio sentimento.

Il Le Corbusier polemista, teorico, assertore della *civilisation machiniste*, del tecnicismo e della vocazione umano-sociale dell'architettura (« *ville radieuse* » e « *usine verte* ») è talmente prevalso nell'animo della gente, da far meno presente il Le Corbusier artista, tanto e più intimamente uomo: a Ronchamp questo Le Corbusier è presente in pieno, con una creatività potentemente originale; ciò conforterà chi temeva da lui una aridità dell'architettura.
Come negli scritti egli è lirico d'alto e profetico intelletto, così a Ronchamp è artista, vero architetto maestro, e non teorico, nel-l'*arte nostra*.

Nulla sappiamo con precisione, ma molto intuiamo del suo spirito nei rapporti, staccati, con il cattolicesimo, ma qui si dimostra come un intelletto sovrano può profondamente interpretare, per gli stessi valori universali della mente umana, anche lo spirito religioso; e magari con rispetto e concetto più profondo, che non i devoti in troppa dimestichezza coi santi. Due frasi del discorso di Le Corbusier nel consegnare il santuario al vescovo di Besançon, ci illuminano sul suo pensiero: « *J'ai voulu créer un lieu de silence, de prière, de paix, de joie interieure* ».
« *En bâtissant cette chapelle... le sentiment du sacré anime notre effort. Des choses sont sacrées. D'autres ne le sont pas, qu'elles soient religieuses ou non* »: bene han fatto i religiosi che sono ricorsi a tanto uomo ad onorare il loro tempio.

Chi sale a Ronchamp, non s'aspetti certo di trovare una « solita chiesa », modernizzata: tutti sappiamo come si origini una architettura da altre architetture, (*architecture d' après l' architecture*, direbbe Cocteau); questa cappella di Le Corbusier non si origina d'*après aucune architecture*, non ha precedenti, è tutta e soltanto creazione e linguaggio d'architettura pura; il comune linguaggio descrittivo ed analitico dell'*architettura del tempio* non vi s'aggiusta certo. Un vigore, direi una virilità, di essenza religiosa, la anima tutta; con una ispirazione elementare di forme, quasi venisse da sogni d'infanzia.

Se volete alimentare la mente di una nuova e piuttosto straordinaria conoscenza, salite dunque a Ronchamp; ma con animo semplice, sgombro di prevenzioni, come certi pellegrini che vi ho visto in preghiera recitare il rosario: non col *ferus animus* del giudice, del *leo querens quem devoret*: poichè qui *leo* è piuttosto lui, Le Corbusier.
Avvicinandola senza presunzioni, quest'opera fatta con poca spesa, e adoperando le macerie d'una banale cappella distrutta dalla guerra, piena di accorgimenti da architetto, ma senza rifiniture ricercate, solida e popolare, e dove vedi naturalmente, senza stonature, officiare i preti nelle loro vesti colorate — vi parlerà allora direttamente come parla alla buona gente, e la amerete subito, *cioè* la capirete. *g. p.*

Translation see p. 561

" Han disegnato un apparecchio che corrisponde ai miei desideri"

un nuovo televisore

Dario Montagni, Sergio Berizzi, Cesare Buttè, arch.tti

nuovo televisore Phonola 1718

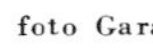

foto Gara

Le tre parti essenziali dell'apparecchio — cinescopio, gruppo valvole e amplificatore ecc., supporto — sono distinte e in evidenza.
Il cinescopio, montato su un tubo orientabile, è realizzato in due parti: cornice (che sostiene il tubo televisivo e il vetro di protezione) e camicia posteriore asportabile.
Il gruppo valvole ecc., è racchiuso in una cassetta isolata, con il vantaggio dell'altoparlante diretto verso lo spettatore, e potenziato; la forma della cassetta permette di inserirla facilmente in mobili radio, bar, ecc.
Il supporto, si può staccare, ed ha quattro rotelle ai piedi.

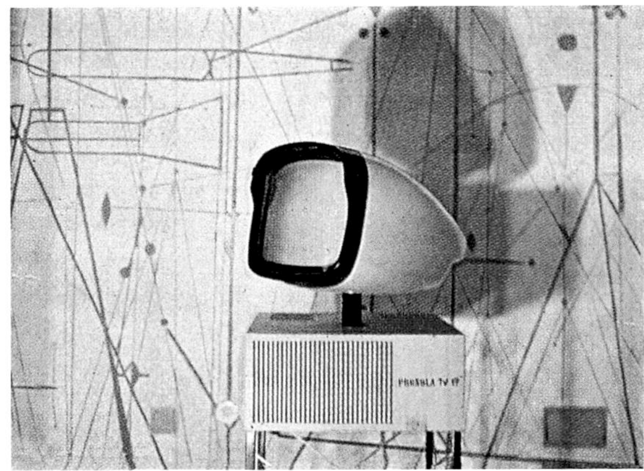

Stavo per intitolare questo commento « un apparecchio che corrisponde alle mie idee » ma ciò sarebbe parsa una petizione di paternità che non mi spetta per nulla. Avrei potuto scrivere « l'apparecchio che avrei voluto disegnare io », ma ciò poteva far credere che io l'avrei potuto disegnare: invece no. Dopo aver sostenuto, criticamente, che detestavo la forma da mobilieri dei « mobili TV », e che ne avevo visto uno solo — da Bardi, nella « casa de vidro » a San Paolo — che mi soddisfaceva perchè era « un apparecchio », come una macchina fotografica, nero; dopo tutte queste lamentele, non sono stato capace di fare nulla.
Ecco infine la mia gioia nel vedere in questo apparecchio attuato, con un ragionamento perfetto, il desiderio di una realizzazione che avevo manifestato vanamente di fronte a me stesso.
Questo, vivaddio, non è più un mobile, è un apparecchio, con una forma espressiva, giusta, sua e vera. Sotto il meccanismo, sopra la tromba visiva (un po' come la tromba auditiva dei grandi vecchi grammofoni).
Un riserbo dovrebbe tenermi, in queste pagine di testo, dal fare pubblicità a qualcuno. Ma non so trattenermi dall'indicare a tutti gli scontenti dei « mobili TV » che finalmente c'è, con questo della Phonola, un « apparecchio TV » accettabile, accettabilissimo. (Ed ho un altro piacere, quello di far conoscere degli altri giovani architetti italiani di merito. Essi han disegnato questo apparecchio, ed hanno allestito anche il bel nuovo negozio della Phonola che illustriamo qui più avanti: oggetto e negozio che a prima vista ci han fatto fermare sulla strada). *gio ponti*

domus 323
October 1956

'The Television Set I Longed For'

Model No. 1718 television produced by Phonola and views of television retail outlet designed by Dario Montagni, Sergio Berizzi and Cesare Buttè for Fimi

nuovo negozio per apparecchi radio e televisivi

Le quinte girevoli fanno da fondale mobile alla vetrina: anche la parte interna del negozio entra in gioco, apparendo e scomparendo.

io Montagni, Sergio Berizzi, are Buttè, arch.tti

Il carattere particolare, nuovo e suggestivo, di questo negozio è l'impiego di tutte queste quinte, girevoli e spostabili, alte da pavimento a soffitto, diverse di colore sulle due facce, come stendardi: rompono lo spazio e lo ricostruiscono: fanno da fondale sempre diverso agli apparecchi esposti, ma un fondale interrotto, « sfondato » a sorpresa, per cui anche la parte interna del negozio può comparire nel gioco, in secondo piano (essa non è più un « retro » della vetrina, cui la vetrina volta le spalle, ma nemmeno è scoperta alla vista dall'esterno).
Questa soluzione delle quinte è stata suggerita, insieme a quella dei supporti indipendenti, uno per ogni oggetto, e delle molte lampade, dalle tre necessità specifiche del negozio: esporre oggetti — gli apparecchi — non ripetuti, ma diversi l'uno dall'altro di forma e dimensioni; poter variare facilmente e rapidamente l'espo-

Translation see p. 562

sizione; poter mettere in risalto, talvolta, un oggetto fra gli altri (un nuovo apparecchio da lanciare). Le quinte danno un fondale proprio ad ogni oggetto, i supporti indipendenti lo isolano, le lampade vi dirigono l'attenzione. Le quinte sono costituite da telai di legno (di un metro per quattro) rivestiti su una faccia, in stuoia svedese di mogano e sull'altra in panno (nei colori verde petrolio, giallo limone chiaro, e rosso vermiglio forte con fitto ricamo in nero); sono girevoli, e sono anche spostabili, lungo una rotaia (semplice ferro a T posto a soffitto), sì da variare di posizione tanto in profondità che sul fronte; raggiunti la posizione e l'orientamento voluti, le quinte si fissano al pavimento con dei giri di vite. I sostegni degli apparecchi sono molto semplici (trovati in commercio, da Azucena) ed hanno altezza variabile da 60 a 120 cm. In conseguenza di ciò, anche le lampade hanno altezza variabile, e illuminano direttamente e da presso ogni oggetto, pur senza togliere all'ambiente una luce diffusa: sono lampade in vetro lattescente di Venini, (e la rete di prese permette di variarne le posizioni, anche in profondità).
All'interno del negozio le pareti sono risolte con motivi interi: la parete laterale è decorata con un grafito (del pittore Iliprandi), un intrico lineare, verticale, di antenne, su fondo bruno: la parete di fondo ha una composizione di mensole, per l'esposizione dei modelli minimi. (Per questa parete c'era anche il problema del cassone di condizionamento in evidenza: si veda come lo si è risolto con la scritta « Phonola » — scritta che andava ripetuta per pubblicità anche all'interno del negozio — in caratteri cubitali, stretti e alti, e giocati in modo da rompere la rigidezza del volume sporgente).

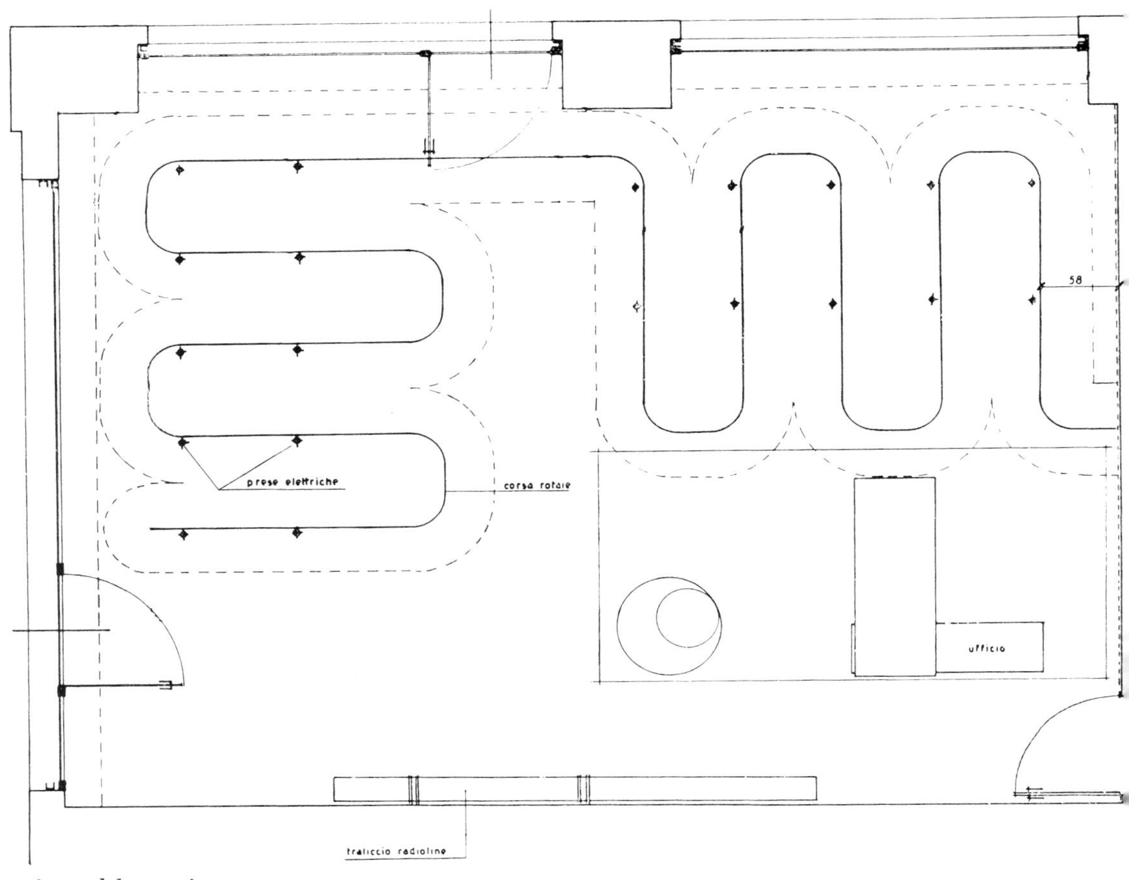

pianta del negozio

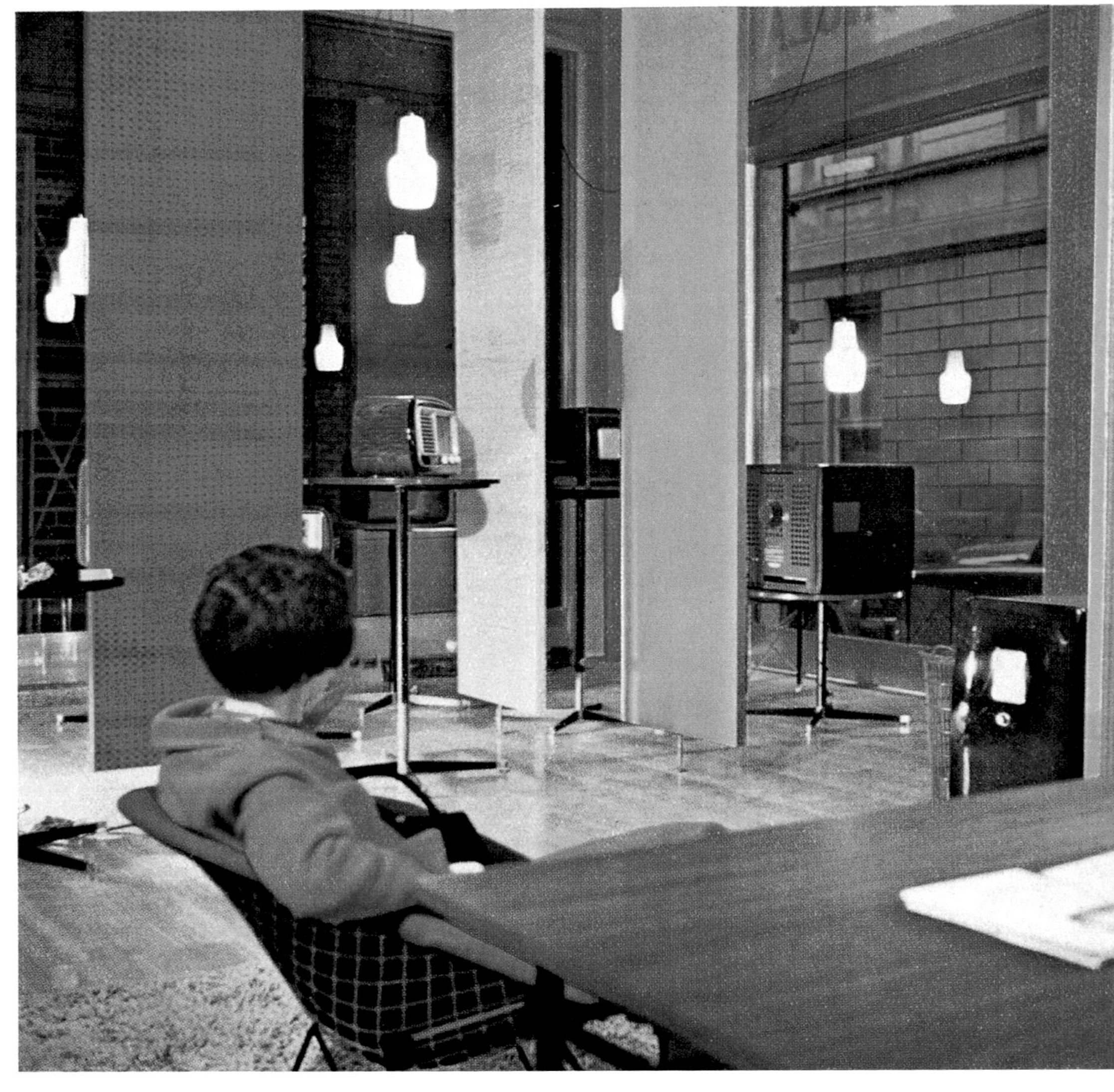

Angolo dell'ufficio nel negozio: scrivania in legno danese, poltroncina in metallo di Harry Bertoia.

Television retail outlet designed by Dario Montagni, Sergio Berizzi and Cesare Buttè: floor plan and general view

Translation see p. 562

F.lli SAPORITI
besnate (varese)

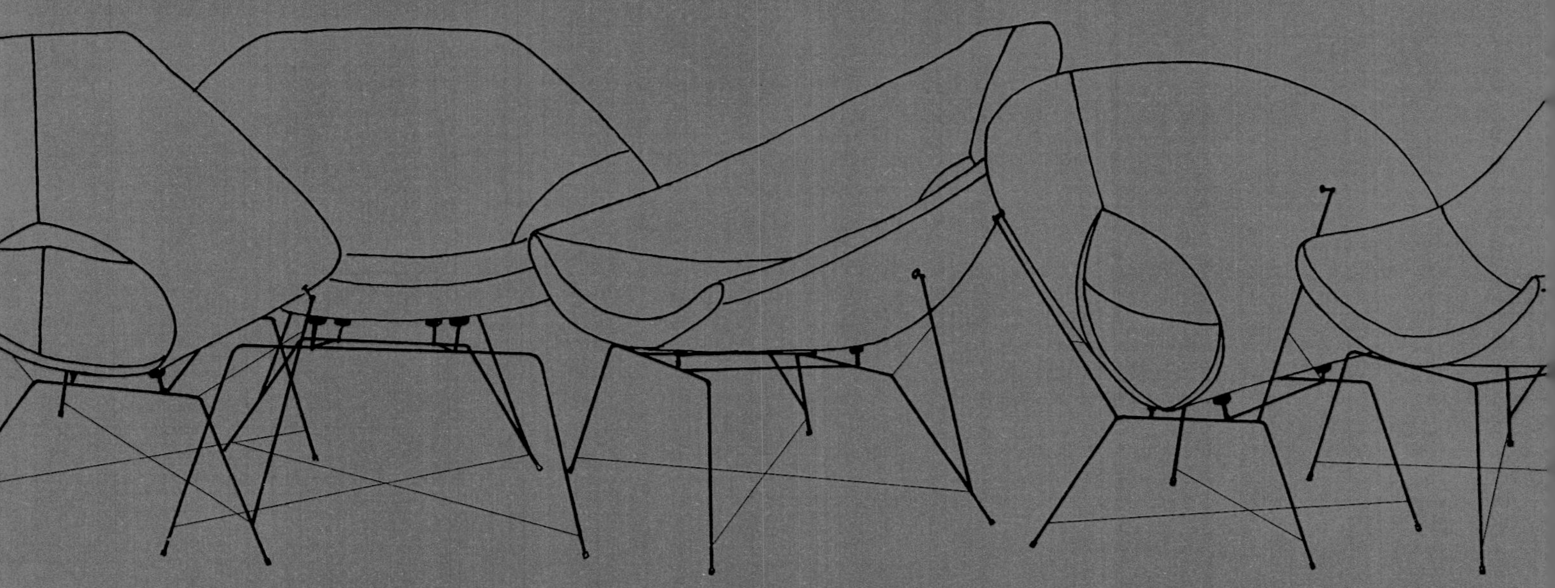

sedie
poltrone
divani
tavoli
tavolini
mobili componibili

Advertising

Saporiti advertisement showing series of armchairs designed by Augusto Bozzi

L'ambiente con mobili di serie

Angelo Mangiarotti
Bruno Morassutti, arch.tti

Alcuni di questi mobili i lettori li hanno già visti pubblicati, quando (Domus 311) abbiamo presentato il nuovo sistema di struttura e montaggio che li caratterizza (elemento portante unico per tutti i diversi mobili; incastro speciale ed unico fra elemento portante ed elemento portato, che consente l'esclusione di parti metalliche). Ora pubblichiamo i nuovi mobili che si vanno aggiungendo ai primi della serie — oltre ai tavolini e alle librerie, gli armadietti, gli scaffali, le panche, gli sgabelli, i letti — e che, costruiti secondo quell'unico sistema, si compongono inoltre fra di loro in una quantità di combinazioni diverse.
Abbiamo così, e ciò è già notevole, la possibilità dell'« ambiente completo di serie », omogeneo di disegno; e inoltre, e ciò è più notevole ancora, la possibilità di un ambiente estremamente flessibile, poichè la produzione fornisce non i singoli pezzi finiti, ma un numero di diversi elementi base con cui ognuno può, assommandoli, montare i mobili nelle misure e nelle composizioni che preferisce.

Tavolino a un piano, per soggiorno.

foto Casali-Domus

domus 324
November 1956

Room with Mass-produced Furniture

Furniture system designed by Angelo Mangiarotti and Bruno Morassutti for Fratelli Frigerio from which tables, beds, shelving and storage units can be assembled from standardized elements

ambienti con mobili di serie

'utti i mobili hanno lo stesso elenento portante, un sostegno a caalletto che si lega all'elemento porato con uno speciale nodo (che è nche mezzo di unione fra elementi rizzontali) in cui si combinano l'inastro a coda di rondine e il blocaggio a cuneo. Gli elementi si monano senza intervento di parti metaliche; con la semplice pressione 'ella mano si ottiene fra le diverse arti una continuitè senza giochi.

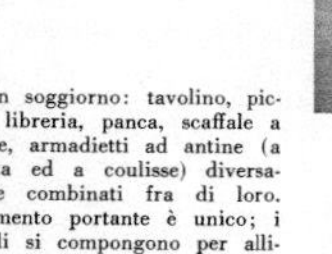

n un soggiorno: tavolino, picola libreria, panca, scaffale a arete, armadietti ad antine (a balta ed a coulisse) diversaente combinati fra di loro. 'elemento portante è unico; i obili si compongono per allieamento e per sovrapposizione.

foto Casali-Domus

ambienti con mobili di serie

Diverse stanze da letto nascono dalle diverse combinazioni di quattro soli elementi: letto, sgabello, panca, cassonetto (con ante scorrevoli o a ribalta). I disegni qui accanto mostrano dodici combinazioni (cassonetto e panca hanno lo stesso segno).

Dimensioni degli elementi della serie: sgabello, con sedile imbottito o non, 45 x 45 x 45; panca, con sedile imbottito o non, 45 x 120 x 45; lettino, con materasso in gommapiuma, 75 x 175 x 45; tavolo quadro, 90 x 90; cassonetto, 40 x 100 x 90. I mobili sono una produzione M. M.

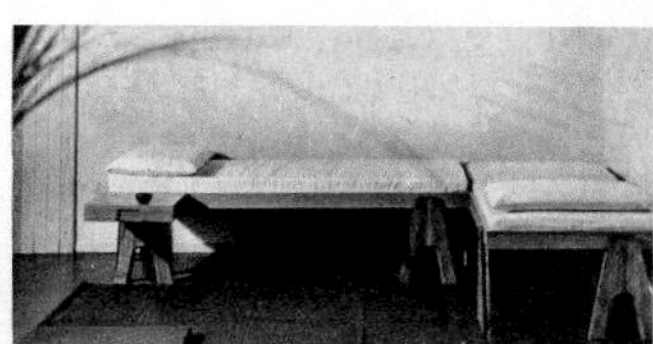

foto Casali-Domus

Translation
see p. 562

La poltrona « marshmallow », c struttura in acciaio nero, schien e sedile composti da diciotto cusc in gommapiuma e plastica, o sto

America: nuovi mobili di George Nelson

George Nelson ha disegnato per Herman Miller una nuova serie di mobili fra cui questa sorprendente poltrona, (« marshmallow chair », la chiama Nelson, da quei dolci americani a pallottole soffici) composta da diciotto cuscini tondi di gommapiuma, allineati su una struttura metallica « come tasti di macchina da scrivere », indipendenti sotto la pressione del peso.

La poltrona « cocco », dalla forma una fetta concava di noce di coc leggera, con la conca in metallo st pato, bianco all'esterno e rives all'interno da imbottitura in un p zo, solo, di spessore uguale, che aggancia all'orlo della conca.

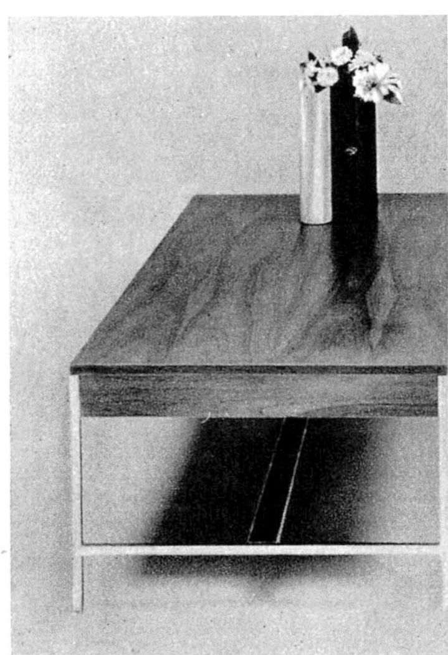

Un tavolino da tè, con supporto in acciaio cromato e piano in noce o laminato plastico.

La poltrona « del nonno », versione nuova di un vecchio genere: è composta di due elementi in compensato curvato, completamente rivestiti da imbottitura, fissati a una base in acciaio cromato: i cusciri, di diverso colore, sono uno indipendente (sedile), uno fisso (schienale).

America: New Furniture by George Nelson

New range of furniture designed by George Nelson for Herman Miller, including *Marshmallow* sofa, *Coconut* chair, *Kangaroo* chair, side tables and storage units

Translation see p. 562

"Knoll International" in Italia

Florence Knoll, arch.

to Casali

ıngresso della sede: pareti azzur-
, grafito pubblicitario bianco e ne-
, poltroncine di Harry Bertoia.

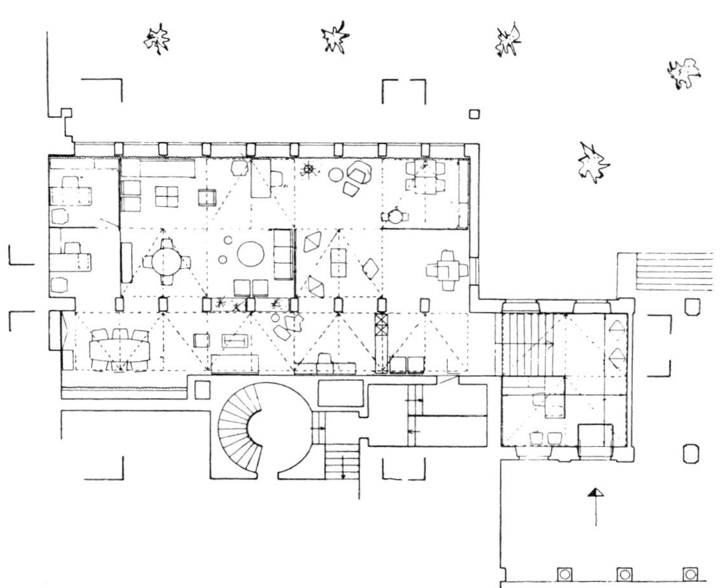

foto Fornasetti

Florence Knoll all'Abbazia di Piona

noll ha aperto una sede a Mi-
no: è la settima sede in Europa
po Parigi, Stoccarda, Zurigo,
uxelles, Stoccolma, Madrid, è
ventesima nel mondo, di questa
à storica impresa (fondata nel
39 a New York da Hans G.
noll scomparso recentemente):
realizza così anche per l'Italia
diffusione — che le riviste an-
ipano e le frontiere ritardano
· dei ben noti modelli che Knoll
oduce, dalle poltrone di Jean-
ret a quelle di Saarinen e di
ies Van der Rohe, dai mobili
Noguchi a quelli di Albini.
sede di Knoll è in un vecchio
ificio milanese, riadattato nel
tido stile caratteristico delle sedi
noll: un grande ambiente col
vimento in travertino toscano,
reti intonacate bianche, colonne
pilastri in gesso bianco lucido;
notare il soffitto in pannelli
ibenti bianchi, o colorati, o ar-
ntati (che danno riflessi sui mo-
i): una decorazione volumetri-
che dà continuità all'ambiente
nza disturbare l'esposizione (è
a esposizione animata in forma
reale arredamento, non una
nplice rassegna di mobili).

*ll'ingresso si scende alla sala: scri-
nia e poltroncina a righe di Albi-
panche e poltrone di Harry Ber-
a, sgabelli e tavolino rotondo di
mu Noguchi.*

foto Zabban

Knoll International in Italy

Knoll International's new flagship store in Milan designed by Florence Knoll with furniture designed by Isamu Noguchi, Harry Bertoia, Eero Saarinen and others

Translation
see p. 562

foto Zabban

Veduta dall'ingresso all'interno: in fondo, l'armadio bianco con i quadrati dei campionari dei tessuti: dal fondo, tavolo elicoidale per riunioni, in noce opaco e ferro, di Florence Knoll, cassettoncino in noce e formica bianco di Florence Knoll, poltroncine e panca (con cuscini in gommapiuma e feltro) di Harry Bertoia.

"Knoll International" in Italia

"Knoll International" in Italia

foto Zabban

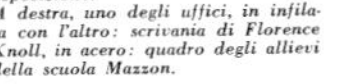

Angolo della sala, con la parete, metà in legno e metà in vetro sabbiato, che separa i due piccoli uffici dalla esposizione.
A destra, uno degli uffici, in infilata con l'altro: scrivania di Florence Knoll, in acero: quadro degli allievi della scuola Mazzon.

A sinistra e nella pagina a fianco, due vedute opposte dello stesso grande ambiente di esposizione. Nella pagina a fianco: scultura di Bertoia alta un metro, sedie di Saarinen, intorno al tavolo, e, in fondo, divano di Richard Stein, tavolino a scacchi di Butler, poltroncine di Jeanneret; l'albero è un acero del Giappone.
A sinistra: divani e poltrone di Florence Knoll, con struttura in acciaio a doppia barra (vedi Domus n. 318), e tappeti Knoll in lana, annodati a mano (in fondo, una scrivania d'ufficio in uso per il lavoro in sede e un quadro di Moreni).

foto Porta

Poltrona di Saarinen, scultura di Bertoia, quadro di Moreni.

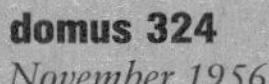

Knoll International in Italy

Knoll International's new flagship store in Milan designed by Florence Knoll with furniture designed by Isamu Noguchi, Harry Bertoia, Eero Saarinen and others

Translation see p. 562

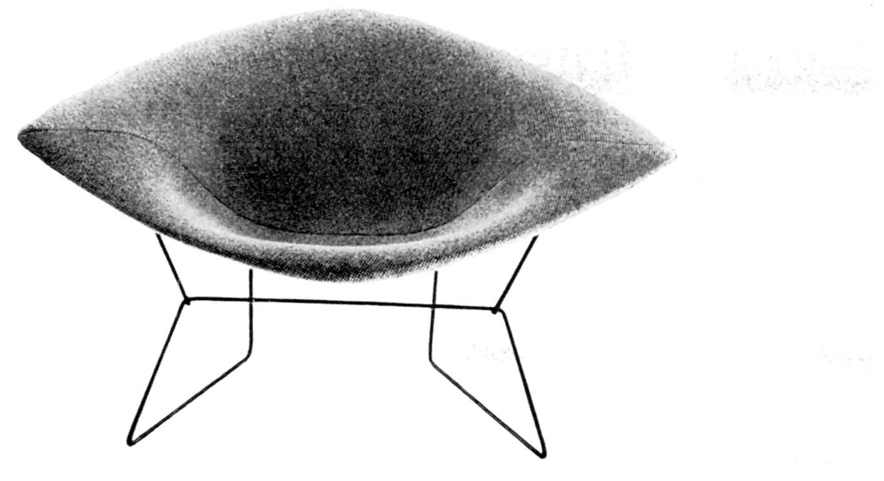

KNOLL INTERNATIONAL ITALY - MILANO PIAZZA BELGIOJOSO 2 - INFORMA CHE LA COLLEZIONE DELLE SEDIE, POLTRONE, PANCHE DISEGNATA DA HARRY BERTOIA È PRESENTATA ANCHE A BARI: 3 AR S.R.L. VIA ABATE GIMMA 137 - BOLZANO: F. FUHRER & C. VIA MUSEO 54 GENOVA: FUSELLI & PROFUMO VIA ROMA 58R. - NAPOLI: FORUM S.R.L. PIAZZA S. PASQUALE A CHIAIA 25 - ROMA: AR. CON S.R.L. VIA DELLE MURATTE 31 - VERONA: ARSEO S.R.L. VIA STELLA 17

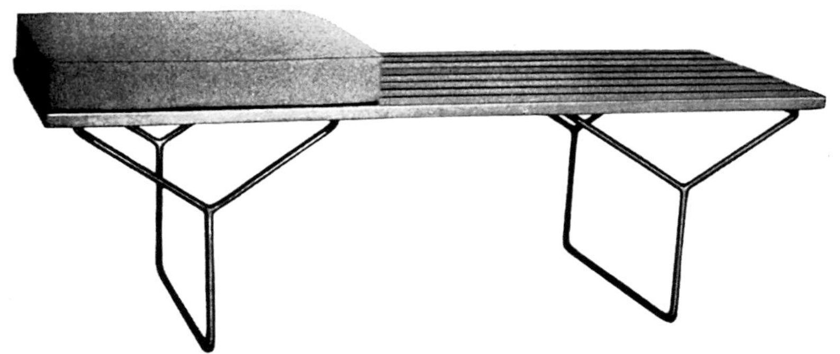

domus 345
August 1958

Advertising

Knoll International advertisement showing armchair and bench/table designed by Harry Bertoia

Compensato curvato

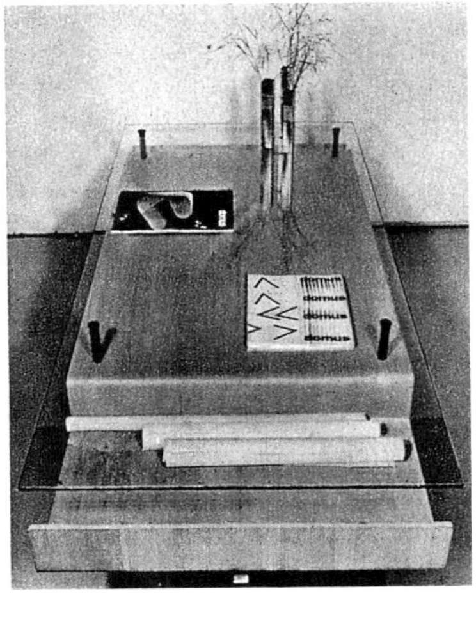

René Jean Caillette, Parigi

Scrivania con piano superiore in « Securit », piano inferiore in un pezzo unico di compensato curvato; struttura in ferro laccato nero. Esposta al Salon des Artistes Décorateurs, a Parigi.

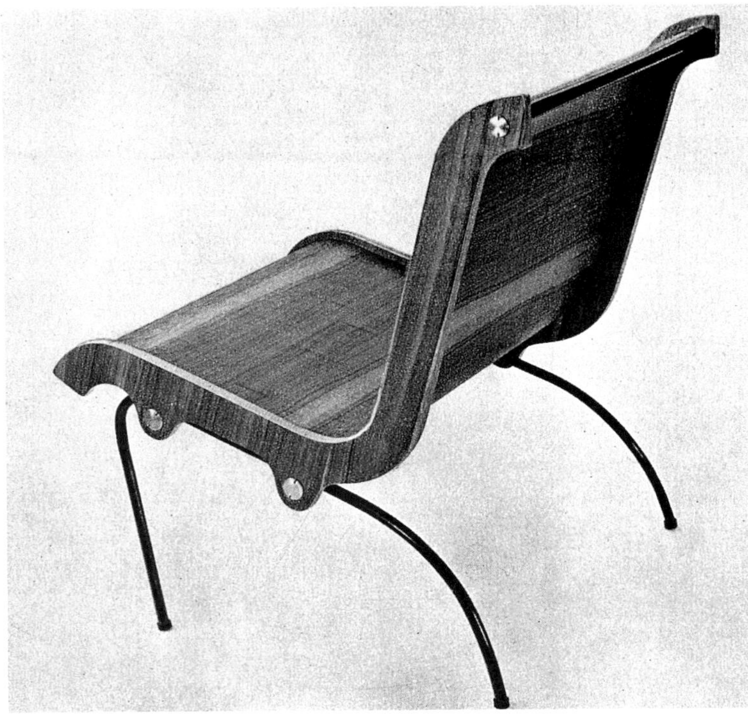

Piero Ranzani, arch., Milano

Poltrona smontabile in ogni sua parte. E' composta da un piano di compensato curvato, lucidato opaco, due fianchi d'irrigidimento in compensato sagomato, un telaio in tubo verniciato nero che funge da sostegno e da registro delle parti in legno (elimina nel montaggio le possibili deformazioni del legno dovute al trasporto, al clima ecc.), sei viti di fissaggio in ottone nichelato. Prodotta in noce, mogano, faggio, dalla Elam di Meda.

Desk designed by René Jean Caillette and knock-down chair designed Piero Ranzani for Elam

oggi costa meno
successo di vendita
produzione in grande serie
automazione degli impianti
nuovi prezzi
190 x 80 x 10 senza fodera L. 19.000
con fodera L. 22.000
il nostro successo
è risparmio per voi
materasso
gommapiuma
(m. r.)
PIRELLI
sapsa
Sesto S. Giovanni (Milano)
Chiedete opuscoli e indirizzi dei rivenditori

domus 324
November 1956

Advertising

Pirelli advertisement for *Gommapiuma* (foam rubber)

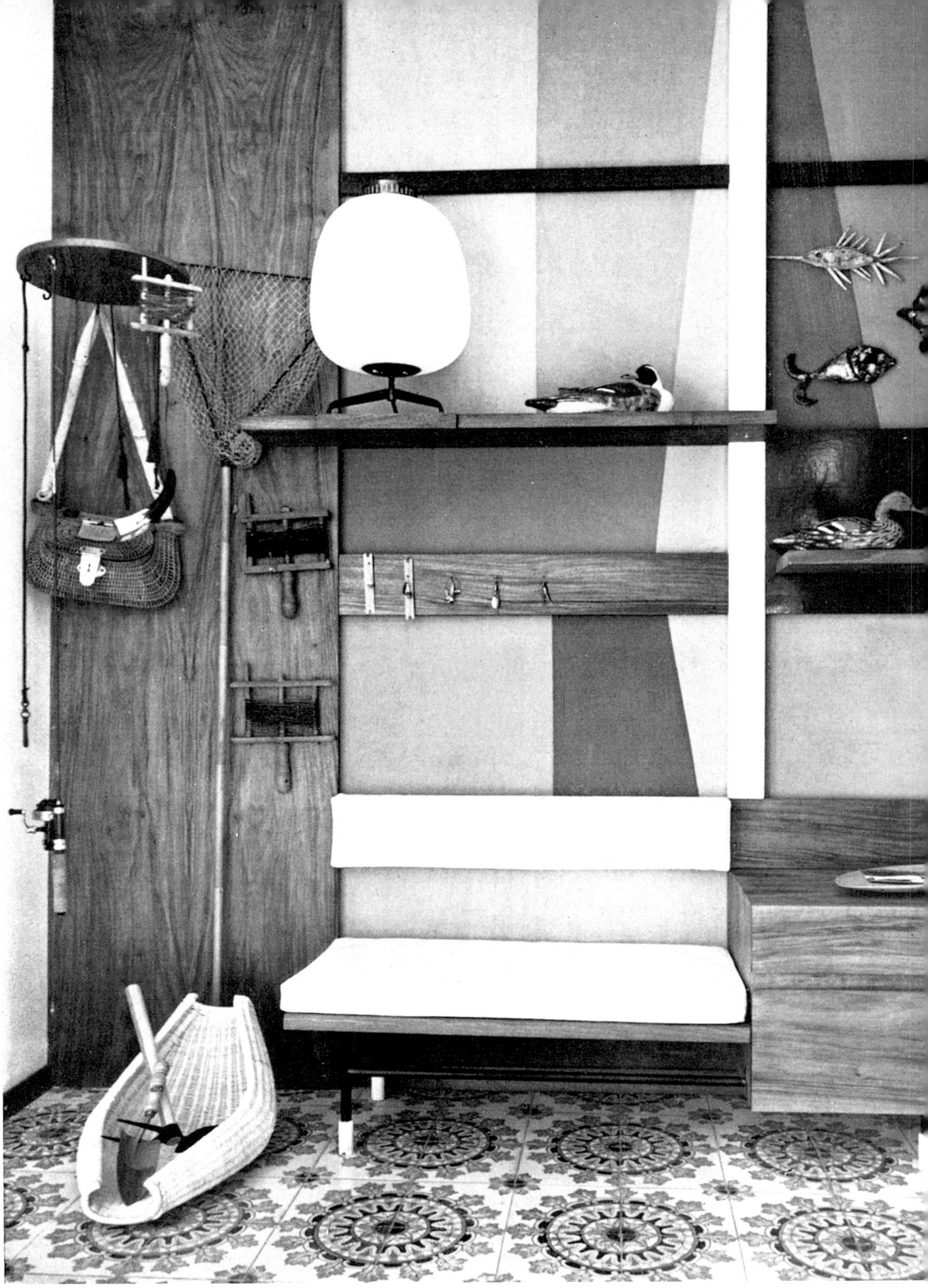

Una villa sul lago

Ico e Luisa Parisi, arch.tti
Giampaolo Allevi, ing.

A Brusimpiano, sul lago di Lugano, una casa per fine settimana, aperta tutto l'anno. È destinata a due persone più due ospiti, amanti della pesca; sorge su un terreno piano, tenuto a prato, sulla riva del lago. Ha struttura in pietra e cemento, pareti di chiusura in mattoni a vista.

Nell'ingresso, parete in noce opaco per gli attrezzi da pesca; divano ricoperto in flexan bianco, decorazione murale di Ico Parisi.

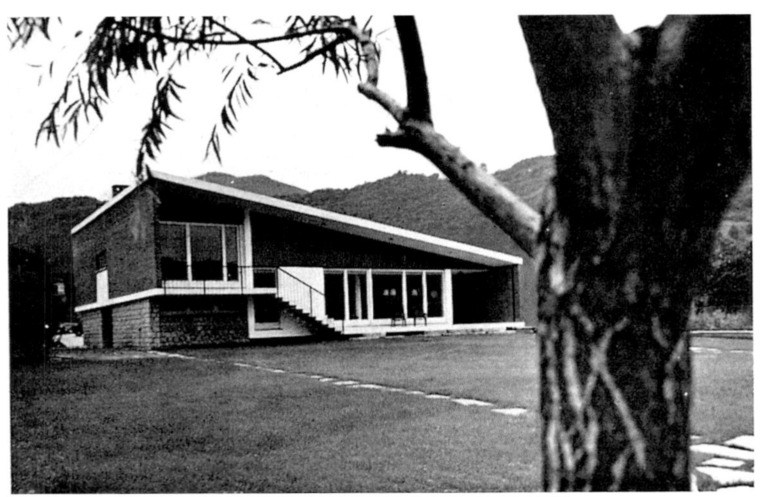

foto Casali-Domus

domus 325
December 1956

A Weekend House at the Lake

House in Brusimpiano, near Lake Lugano, designed by Ico and Luisa Parisi (including interiors and furnishings): views of entrance, angled elevation, terraces and façade, floor plan

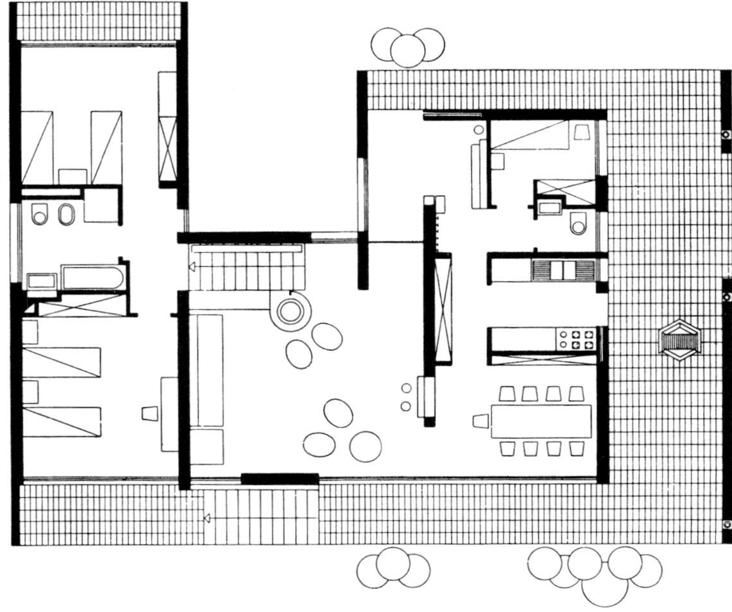

In facciata, grandi aperture con serramenti a bilico; la parte superiore della facciata è rivestita in perlina di plastica blu.
Ad una estremità della facciata, il portico per il pranzo all'aperto, con il camino per cuocere il pesce: il camino è in lamiera di ferro verniciata nera all'esterno e rossa all'interno: il focolare è in beola bianca, su supporto in ferro laccato nero. Dei grossi dischi di pietra (pietra locale, rosa) fanno da gradini fra il prato e il portico. La scala esterna che sale alle camere è rivestita in greificato blu; la balaustra è in ferro ed alluminio.

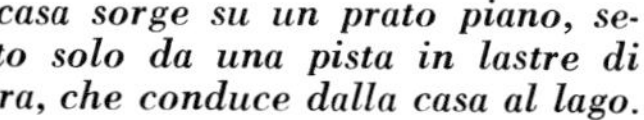

casa sorge su un prato piano, se-
to solo da una pista in lastre di
ra, che conduce dalla casa al lago.

Translation see p. 562

Sala da pranzo: tavolo e pareti in noce, sedie di Parisi per Cassina: lampade svedesi; alle pareti, un piatto di Lucio Fontana e dodici piatti veneti dell'ottocento.

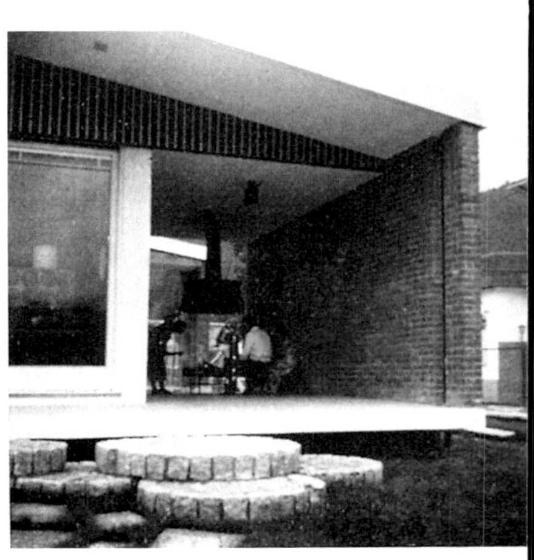

A Weekend House at the Lake

House in Brusimpiano, near Lake Lugano, designed by Ico and Luisa Parisi (including interiors and furnishings): views of window looking into dining room, dining room, patio and living room

foto Casali

:olori, il soggiorno visto dal pran-
soggiorno e pranzo sono separati
la parete del bar.

Translation
see p. 562

Nel soggiorno, camino in lamiera di ferro verniciata nera all'esterno e rossa all'interno; focolare in marmo bianco, su supporto in ferro nero; divano e poltrone imbottite di Parisi per Cassina; poltrone in cuoio Moretti; pavimento in piastrelle napoletane « Stingo ».
La scala che porta alle camere è in noce; nel vano sotto la scala, chiuso da un pannello in noce, sono inserite la radio e la televisione.
La libreria a parete, con montanti in ferro laccato nero e piani in noce, è ad elementi scomponibili. Quadri di Radice e di Guidi; una scultura in legno di Tavernari.

foto Casali

il soggiorno

A Weekend House at the Lake

House in Brusimpiano, near Lake Lugano, designed by Ico and Luisa Parisi (including interiors and furnishings): views of living room with fireplace

Translation see p. 562

Nuove idee per il riposo

AR-FLEX S. p. A.

Poltrone, sedie e divani
in "gommapiuma" PIRELLI sapsa

Milano
Sede: via Tito Livio, 3 – tel. 541.601/51
Negozio: via Borgogna, 2 – telefono 705.972

Filiale di Roma:
Uffici: via del Babuino, 22 – tel. 689.496
Negozio: via del Babuino, 20 – tel. 687.501

CONSOCIATE ESTERE

Ar-Flex France
sede: *Paris XI 6, rue Gobert (160 Bd. Voltaire) VOL. 6114/3329*
negozio: *Paris VIII 166, Fg. St. Honoré ELY 0840*

Ar-Flex Benelux
Amsterdam C. – Plantage Middenlaan, 20 – tel. 56.664

Ar-Flex Hispania
Valencia – Julio Antonio, 4 – tel. 13.853

Dar-Flex England
Harrow Middlesex - Du-al House - Byron Road - tel. HARrow 5141

DEPOSITARI ITALIANI

Bari – In-Des s.r.l.- La Casa Moderna - *Via Piccinni, 68b - tel. 10.44*
Bologna – F.lli Canetoli - *Via Castiglione, 4 - tel. 234.632*
Catania – A.R.F.A. - *Via Gabriele d'Annunzio, 51/53*
Firenze – P. Botto & C. - *Via Strozzi, 21 r – tel. 24.857*
Genova – Domus Linea - *Via XX Settembre, 220 r - tel. 51.238*
Messina – A.R.F.A. – *Via Giordano Bruno, 43 h – tel. 11.367*
Napoli – Linoleum Napoli s.r.l. - *Via G. Filangieri, 37 - tel. 390.36*
Palermo – Ercole Gargano - *Via Dante, 13/A – tel. 18.874*
Pescara – Arredo Arte - *Piazza della Rinascita, 20/24 - tel. 38.48*
Torino – Teo Bianco - *Via Roma, 101 (ang. Pr. Amedeo, 2) - tel. 41.66*

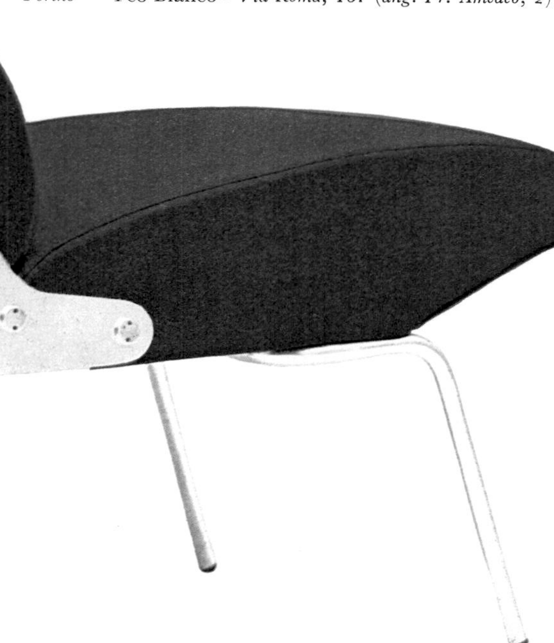

divano Delfino ad elementi componibili *Arch. Erberto Carboni*

domus 346
September 1958

Advertising

Arflex advertisement showing *Delfino* chair designed by Erberto Carboni

poltrona "delfino,, dis. erberto carbo

Architetti collaboratori: F. Albini, L. Belgiojoso, E. Carboni, G. De Carlo, C. Pagani, E. Peressutti, G. Pulitzer, E. N. Rogers, M. Zanu

Sedie, poltrone, divani in "gommapiuma,, PIRELLI Sapsa

i modelli **ar-flex**, disegnati da architetti e realizzati secondo i più moderni concetti dell' "industrial design,, si ambientano in arredamenti sia moderni che di carattere tradizionale. Sono curati: nei dettagli tecnici dei telai, nella scelta dei tessuti, nelle finiture che consentono - nei tipi in completa struttura metallica - di togliere il rivestimento per il ricambio e la pulizia.

sede di Milano: via Tito Livio, 3 - tel. 541601/51 - **negozio Milano**: via Borgogna, 2 - tel. 705972 - **filiale di Roma**: del Babuino, 20 - tel. 687501 - **ar-flex France - Parigi XI**: 6 Gobert (160 Bd. Voltaire) vol. 6114/3329 - **ar - flex depositar Bari**: In-Des s.r.l. - via Piccinni, 68/B - tel. 10445 - **Bologna**: D F.lli Canetoli - via Castiglione, 4 - tel. 34632 - **Messina**: ARFA Armone & A. Ricolizzi - via G. Bruno is. 156 n. 43/H - tel. 11367 - **Napo** Linoleum Napoli - via G. Filangieri, 37 - tel. 60360 - **Pescara**: Arre Arte del Profess. de Cinque - piazza della Rinascita, 20/22/23/24 - tel. 38 **Torino**: Ditta Teo Bianco - via Roma, 101 - tel. 41667

Arflex advertisement showing *Delfino* armchair designed by Erberto Carboni

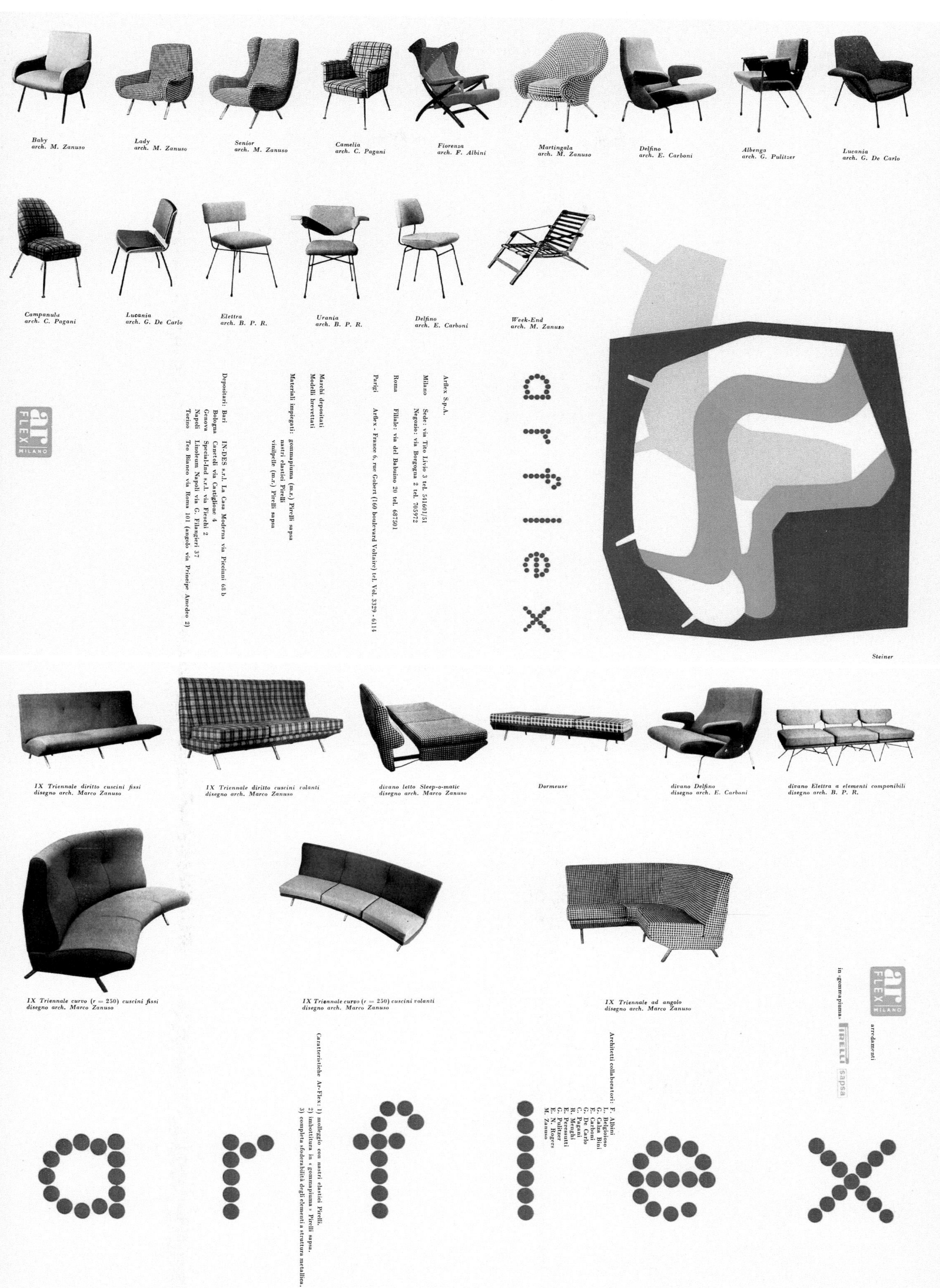

Baby
arch. M. Zanuso
Lady
arch. M. Zanuso
Senior
arch. M. Zanuso
Camelia
arch. C. Pagani
Fiorenza
arch. F. Albini
Martingala
arch. M. Zanuso
Delfino
arch. E. Carboni
Albenga
arch. G. Pulitzer
Lucania
arch. G. De Carlo
Campanula
arch. C. Pagani
Lucania
arch. G. De Carlo
Elettra
arch. B. P. R.
Urania
arch. B. P. R.
Delfino
arch. E. Carboni
Week-End
arch. M. Zanuso
arflex
Steiner
ar FLEX MILANO
Arflex S.p.A.
Milano Sede: via Tito Livio 3 tel. 541601/51
Negozio: via Borgogna 2 tel. 705972
Roma Filiale: via del Babuino 20 tel. 687501
Parigi Arflex - France 6, rue Gobert (160 boulevard Voltaire) tel. Vol. 3329 - 6114
Marchi depositati
Modelli brevettati
Materiali impiegati: gommapiuma (m.r.) Pirelli sapsa
nastri elastici Pirelli
vinilpelle (m.r.) Pirelli sapsa
Depositari: Bari IN-DES s.r.l. La Casa Moderna via Piccinni 68 b
Bologna Canetoli via Castiglione 4
Genova Special-Ind s.r.l. via Fieschi 2
Napoli Linoleum Napoli via G. Filangieri 37
Torino Teo Bianco via Roma 101 (angolo via Principe Amedeo 2)
IX Triennale diritto cuscini fissi
disegno arch. Marco Zanuso
IX Triennale diritto cuscini volanti
disegno arch. Marco Zanuso
divano letto Sleep-o-matic
disegno arch. Marco Zanuso
Dormeuse
divano Delfino
disegno arch. E. Carboni
divano Elettra a elementi componibili
disegno arch. B. P. R.
IX Triennale curvo (r = 250) cuscini fissi
disegno arch. Marco Zanuso
IX Triennale curvo (r = 250) cuscini volanti
disegno arch. Marco Zanuso
IX Triennale ad angolo
disegno arch. Marco Zanuso
ar FLEX MILANO
arredamenti
in «gommapiuma» Pirelli sapsa
Caratteristiche Ar-Flex: 1) molleggio con nastri elastici Pirelli.
2) imbottitura in «gommapiuma» Pirelli sapsa.
3) completa sfoderabilità degli elementi a struttura metallica.
Architetti collaboratori: F. Albini
L. Belgioioso
G. Calza Bini
E. Carboni
G. De Carlo
C. Pagani
R. Menghi
E. Peressutti
G. Pulitzer
E. N. Rogers
M. Zanuso
arflex

Advertising

Arflex advertisement showing furniture designed by Marco Zanuso, Carlo Pagani, Franco Albini, Erberto Carboni, Gustavo Pulitzer, Giancarlo De Carlo and Studio BBPR

domus 327
February 1957

Cover designed by
William Klein

FEATURING
Yosizaka Takamasa

domus 32
March 195

FEATURING
Ralph Ers
Otto Kolb
Sergio As
Sergio Fa
Tapio Wi
Gio Ponti
Ettore So

domus 326
January 1957

FEATURING
Poul Kjærholm

domus 331
June 1957

FEATURING
Claude Parent
Wendell H. Lovett
Herbert Krenchel
Vermund Larsen
Verner Panton
Rob Parry
Emile Truijen

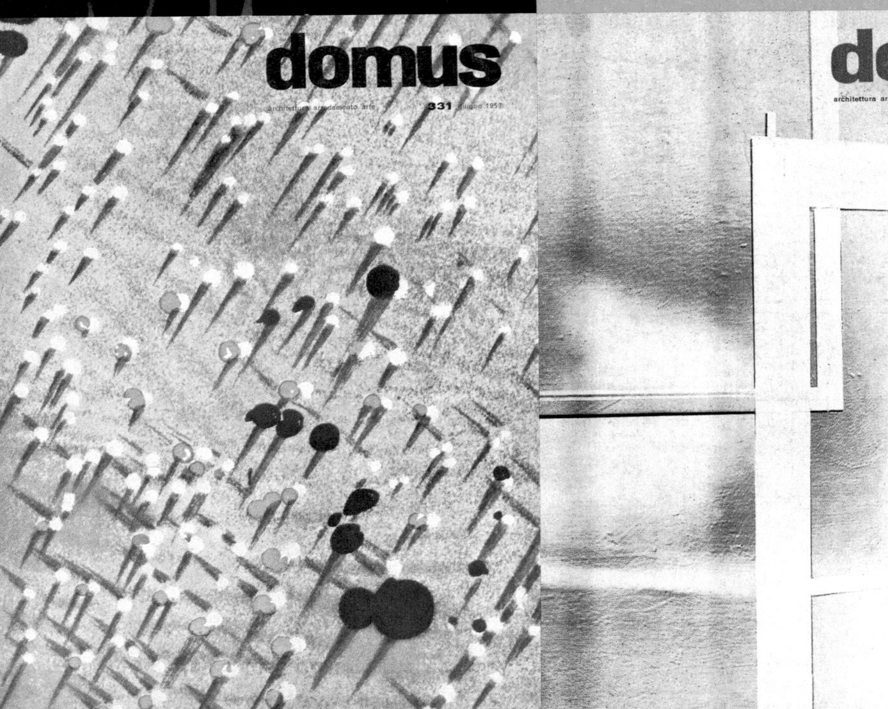

domus 332
July 1957

Cover designed by
Paolo Monti

FEATURING
Ettore Sottsass Jr.

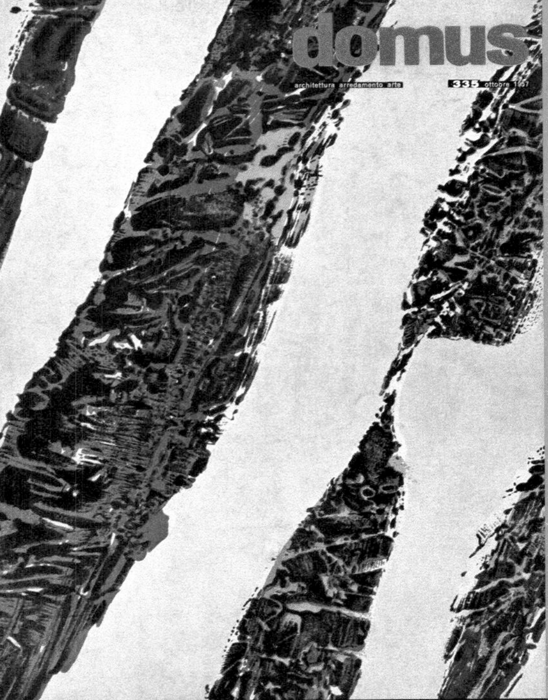

domus 335
October 1957

FEATURING
Greta Magnusson
Grossman
G. P. Allevi
Ico Parisi
Luisa Parisi
Paolo Tilche
Carlo Hauner
Gio Ponti
Melchiorre Bega
Carlo Mazzeri
Luigi Massoni
Mario Tedeschi

1957

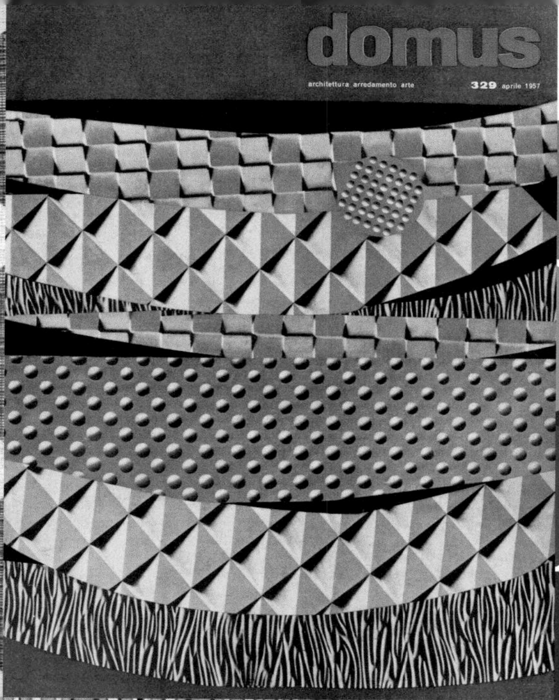

domus 329
April 1957

FEATURING
William Wurster
Theodore Bernardi
Dean Emmons
Gian Luigi Giordani
Piero Ranzani

domus 330
May 1957

Cover designed by
William Klein

FEATURING
Ettore Sottsass Jr.
Gio Ponti

domus 333
August 1957

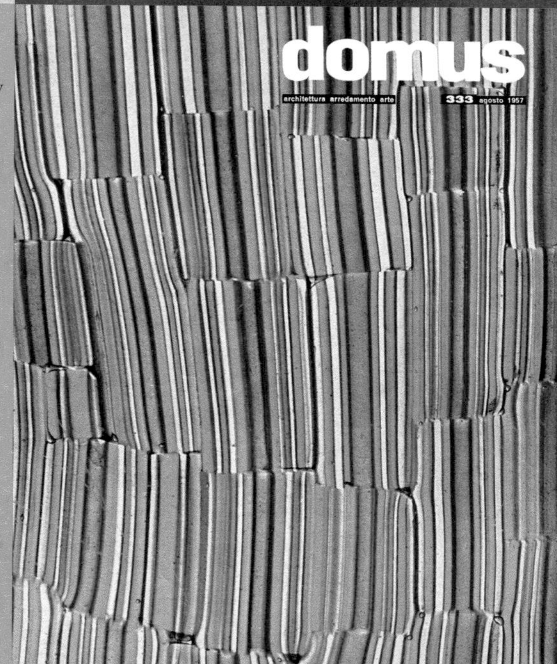

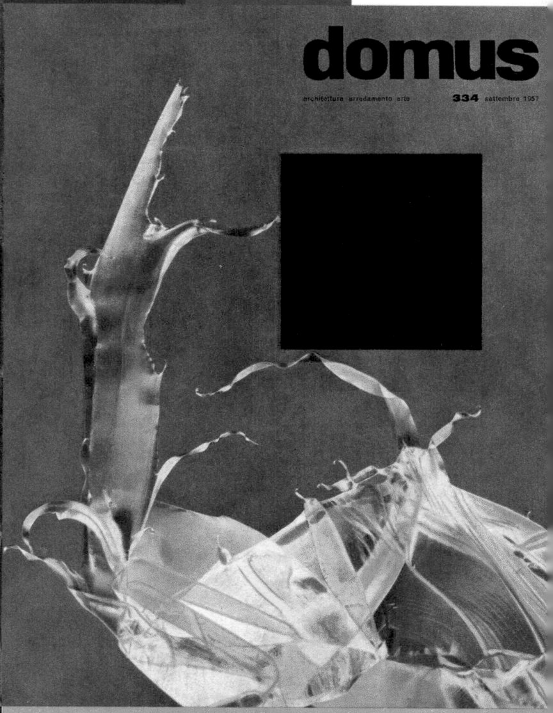

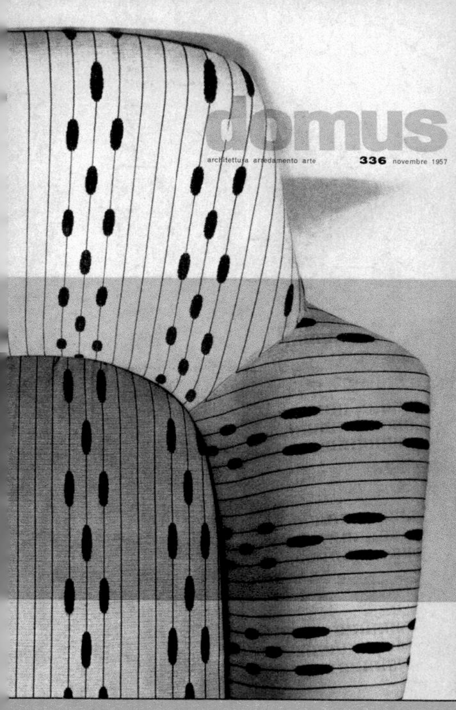

domus 334
September 1957

Cover designed by
Bruno Munari

FEATURING
Marcel Breuer
Osvaldo Borsani
Angelo Mangiarotti
Bruno Morassutti

domus 336
November 1957

FEATURING
Giancarlo De Carlo
Ico Parisi
Luisa Parisi

domus 337
December 1957

Cover designed by
Paolo Monti

FEATURING
André Wogenscky
Giovanni Varlonga
Gio Ponti
Eero Saarinen

domus 326
January 1957

Cover

domus magazine cover showing *Fulget* floor design by Gio Ponti for Fulget

obili dalla Danimarca

Poul Kjaerholm

›bili a struttura metallica, di-
;nati da Poul Kjaerholm e
›dotti da Kold Christensen a
penhagen.
noti la forma del supporto
tavolino qui sopra, che ha
piano in marmo o pietra. La
lia a destra è rivestita in
›io, o in tela bianca, nera,
·de. La sedia in basso ha se-
e e schienale in vimini o na-
i di cuoio. I due tavolini qui
to hanno piani in pino e sup-
·ti in alluminio anodizzato.

foto Keld Helmer-Petersen e Else Tholstrup

Furniture from Denmark

Model No. PK22 chair and table designed by Poul Kjærholm for E. Kold Christensen

Struttura e colore

Ettore Sottsass, arch.

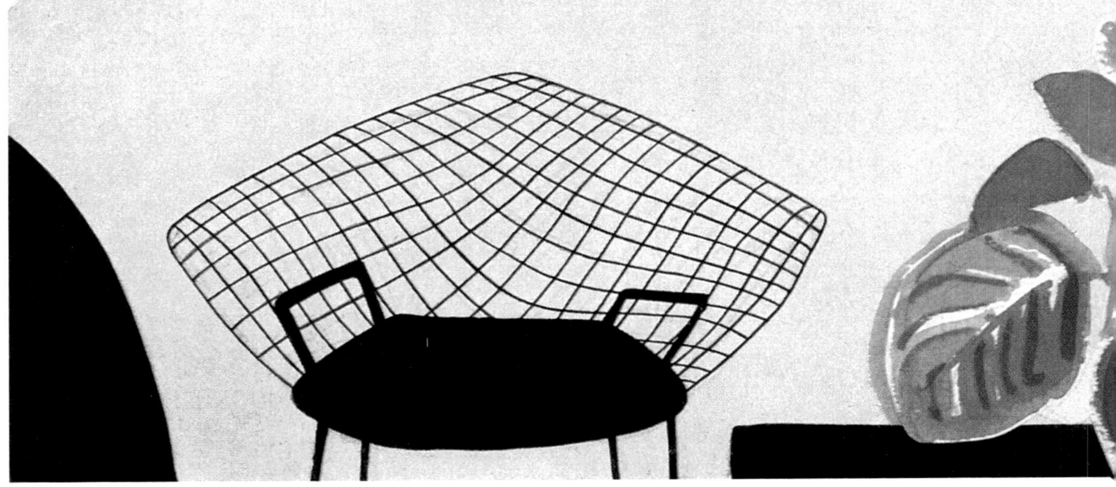

Una parete a vetrata totale in vetr rosa, con uno schermo esterno in le gno che filtra la luce: a livello de pavimento si aprono tre finestrell allineate (chiudibili da ribalte in le gno) da cui si vede il giardino fi rito proseguire come in continuazio ne del pavimento.

I disegni che qui pubblichiamo sono appunti più che veri progetti: sono studi, esempi di arredamento, il cui carattere proprio è nel modo come vi è inteso il problema di « struttura e colore »: potremmo anche dire, come vi è stato risolto il problema, sempre sospeso, della decorazione.
Non si è pensato, nel comporre questi spazi, a stabilire una struttura e ad aggiungervi (decorativamente) colore, luce, segno: si sono invece concepiti luce, segno, colore come struttura essi stessi cioè come termini primi della composizione (sono essi stessi che formano la trama dell'ambiente, e il termine « decorazione » viene spontaneamente a cadere).
Nei disegni di queste pagine si tratta di due pareti ad angolo in una piccola hall a pianterreno.
La parete su strada (qui sopra) è costituita da una vetrata fissa totale, in vetro rosa, schermata all'esterno da una grata in legno, fissa, di disegno irregolare: così tutta la parete apparirà, a seconda delle luci e delle ore, come un disegno mobile, vivo di trasparenze e opacità e riflessi. La modulazione quotidiana di luce che entra così nella stanza non si perde in uno spazio vuoto ma viene

Una parete coperta da una composizione in piastrelle colorate, lucide e opache, che riceve e rimanda i riflessi di luce della parete vetrata di angolo.

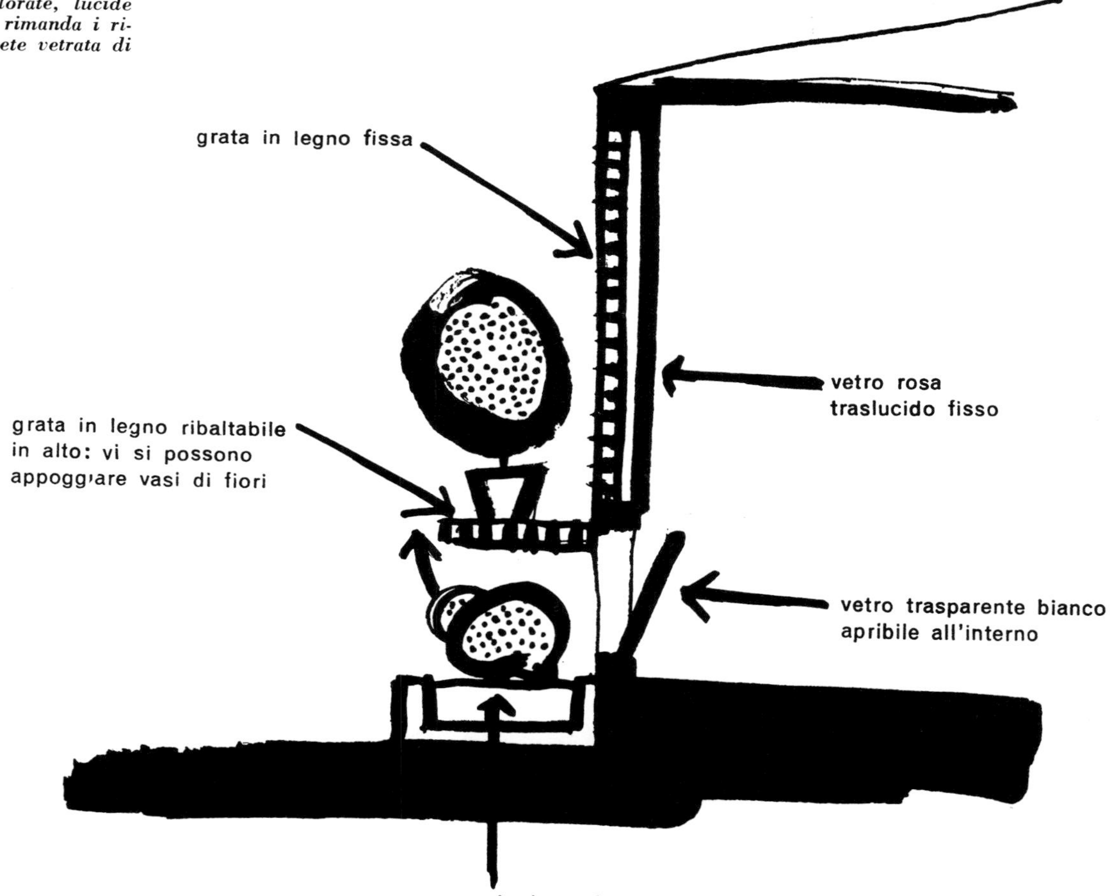

colta dalla parete d'angolo (dino qui sopra) sulla quale è una
nposizione in piastrelle di ce-
nica lucida e opaca, il cui rit-
viene appunto moltiplicato
gioco delle luci e delle om-
. (Nella parete vetrata, a li-
o del pavimento si aprono tre
strelle allineate, dalle quali si
e, camminando, il limite fiori-
lel giardino esterno, tanto ac-
tato al pavimento da sembrar-
una continuazione).

Translation
see p. 562

Ettore Sottsass, arch.

Una parete risolta con una composizione grafica di piccoli mobili indipendenti.

Il disegno di questa pagina suggerisce la soluzione di una parete in cui dei piccoli mobili sono composti, entro i limiti della superficie del muro, secondo rapporti non *strutturali ma grafici*. I segni nelle ante del mobile radio-grammofono al centro (ottenuti con rivestimento in laminato plastico) sono ripresi poi dalla trama della piccola libreria: è un gioco grafico, che si sostituisce a quello, spesso altrettanto formale, delle strutture in ferro e cemento.

Article by Ettore Sottsass Jr. on different types of wall treatments

Translation see p. 562

Alle porte di Tokio

Yosizaka Takamasa, arch.

Una piccola costruzione alla periferia di Tokio del giovane architetto giapponese Yosizaka Takamasa, del quale abbiamo pubblicato (Domus 322) il padiglione del Giappone alla Biennale di Venezia, e che lavorò nello studio di Le Corbusier.

A sinistra, l'atrio: si noti la sagoma del corrimano: nel muro è scritto « 1956 ».

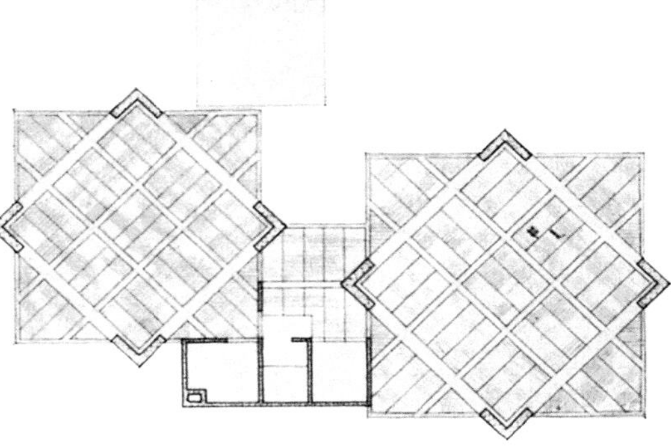

schema della pianta

In the Tokyo Suburbs

Small house in the suburbs of Tokyo designed by Yosizaka Takamasa: exterior views, floor plan, entrance and bedroom

Villa a Skövde

Ralph Erskine, arch.

La casa, destinata ad una famiglia ed ai suoi ospiti, sorge in una zona boscosa al limite della città di Skövde, Svezia, in mezzo ad un giardino, o meglio ad un prato alberato.
La costruzione si svolge in questo spazio secondo un libero disegno (vedi schema qui sotto): una parete, una cinta, di muro tutto uguale — di un'unica altezza e di un unico spessore — si svolge sul terreno come un labirinto, recingendo i diversi spazi, e creando fra di essi zone aperte

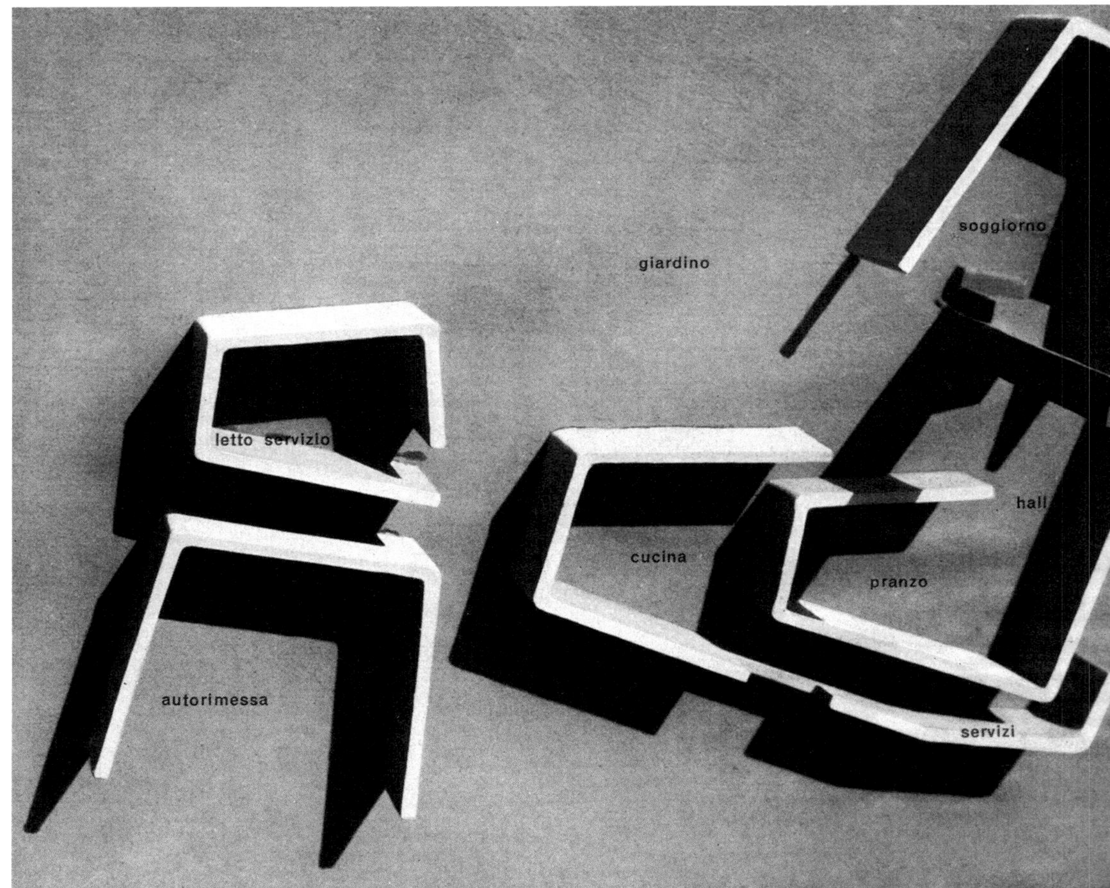

A colori, particolare del fronte nord, su strada; a destra, il tracciato del pianterreno.

Villa in Skövde

House in Skövde, Sweden, designed by Ralph Erskine: detail of entrance, model of floor plan and views of west, north and south façades

il fianco ovest

il fronte nord

il fronte sud

protette. Questo è il tracciato del pianterreno (soggiorno e servizi), tutto in muro; il primo piano (camere da letto) è completamente in legno, e poggia su travi in legno, una lunga e sottile feritoia continua distacca alla vista i due corpi sovrapposti.
Il percorso del muro segna, a pianterreno, un « recinto » interno che comprende atrio, pranzo e soggiorno, ambienti aperti uno nell'altro; un « recinto » periferico che delimita la cucina e i servizi; e due « recinti » isolati che chiudono uno la stanza della ragazza, l'altro l'autorimessa.
Il libero tracciato del pianterreno favorisce il comunicare dell'interno con l'esterno, ossia degli ambienti di soggiorno col giardino: mentre il primo piano, con le camere da letto, è raccolto e isolato. Le sue pareti esterne sono una griglia continua in legno, tutta chiusa sul lato nord (soltanto perforata per dare luce e aria ai bagni e ai disimpegni) e con finestre quadrate sul lato sud, ossia sul fronte interno, su cui si aprono le camere da letto.
Il muro del pianterreno è in blocchi di cemento, con finitura a gesso verso l'interno (in toni di grigio e di bianco) e ad intonaco verso l'esterno; i soffitti a pianterreno sono in listoni di legno lucidato naturale; i pavimenti in listoni di pino di Svezia; la scala è in pino, con gradini e mancorrente in teak.
Al primo piano, pareti e soffitti sono in pino, lucidato, naturale, e nei bagni verniciato; i pavimenti sono rivestiti in linoleum blu.
Dell' architetto Erskine abbiamo pubblicato un albergo in montagna (Domus 315).

Translation
see p. 562

Veduta dalla hall al soggiorno. A sinistra, con la parete forata, l'inizio della sala da pranzo, che è un profondo angolo della hall ed è riservata alle cene formali con ospiti (i pasti familiari in Svezia si svolgono in cucina); la parete forata dà luce a questa zona che non ha aperture dirette sul giardino. A destra, la scala al primo piano, ove sono le camere da letto.

Villa in Skövde

House in Skövde, Sweden, designed by Ralph Erskine: views of living room from hallway, bedroom and staircases, detail of exterior

villa a Skövde, Svezia
Ralph Erskine, arch.

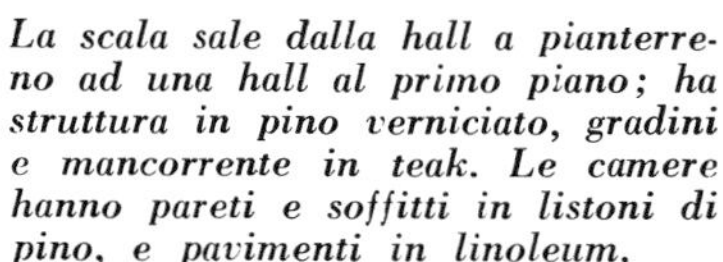

La scala sale dalla hall a pianterreno ad una hall al primo piano; ha struttura in pino verniciato, gradini e mancorrente in teak. Le camere hanno pareti e soffitti in listoni di pino, e pavimenti in linoleum.

Translation
see p. 562

fronte verso strada foto

Casa in collina nel New Jersey

Otto Kolb, arch.

Questa casa, progettata dall'architetto Otto Kolb (vedi Domus 235 e 284) della Kolb Associates, è destinata ad una famiglia con tre bambini, e sorge fra gli alberi su una collina rocciosa fiancheggiata da una strada, a Watchung, nel New Jersey. La natura del terreno, che non consentiva escavazioni profonde, ha suggerito la forma allungata dell'edificio e la disposizione parallela alla strada. L'edificio è in mattoni, con grandi vetrate a tutt'altezza in thermopane, e contiene: un grande soggiorno, la cucina, due bagni, una stanza da gioco, tre stanze da letto per i bambini, una per i genitori. Tutti gli armadi sono previsti in costruzione.

il pranzo visto dal fronte interno

foto Twardowicz

House on a Hill in New Jersey

House in Watchung, New Jersey, designed by Otto Kolb: views from road and of dining room from outside, fireside sofa and corner of living room, views of living room and floor plan, kitchen-cabin with floor plan and design sketches, kitchen-cabin's counter area

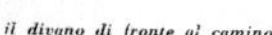

il divano di fronte al camino

Il soggiorno; nella parete della cucina il passapiatti verso il pranzo.

Nel soggiorno, due pareti (nord-est e sud-ovest) sono in mattoni a vista, e così le due pareti portanti del camino isolato; le altre pareti del soggiorno e quelle della cucina sono rivestite in compensato di frassino naturale; il pavimento è in listoni di legno. La cucina è una cabina isolata nel mezzo del soggiorno, illuminata e aerata dall'alto; così le due stanze da bagno. I mobili e gli apparecchi di illuminazione sono tutti di disegno della Kolb Associates.

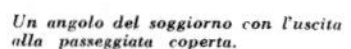

Un angolo del soggiorno con l'uscita alla passeggiata coperta.

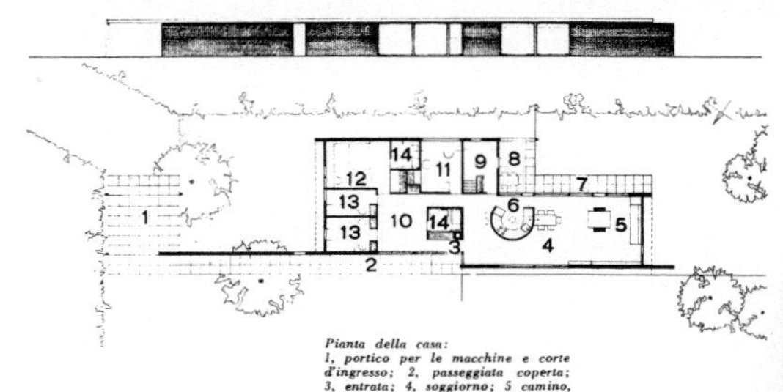

Pianta della casa:
1, portico per le macchine e corte d'ingresso; 2, passeggiata coperta; 3, entrata; 4, soggiorno; 5 camino, e divano di fronte al camino; 6, cucina; 7, terrazza; 8, portico per il pranzo all'aperto; 9, dispensa e scala alla cantina; 10, stanza da gioco; 11, studio; 12, stanza da letto genitori; 13, stanze da letto bambini; 14, bagni. Le pareti esterne in mattoni si prolungano oltre gli angoli, per togliere alla costruzione l'effetto di blocco chiuso.

foto Twardowicz

foto Ben Schnall

Pianta della cucina-cabina:
1, cucina; 2, pranzo; 3, portico per il pranzo all'aperto; 4, dispensa; 5, frigorifero; 6. scaffali alti; 7, scolapiatti; 8, lavello; 9, piani di lavoro; 10, passapiatti; 11, fornelli; 12, forno; 13, ventilatore; 14, bar per il breakfast; 15, sgabelli, che si possono riporre sotto il piano del bar.

La cucina, isolata entro il soggiorno, è chiusa da una parete semicircolare che porta installate all'interno le varie attrezzature, di serie.
Verso il soggiorno la parete è rivestita in compensato di frassino; verso l'interno, in formica.
In questa parete curva si apre, da un lato, una porta a tutt'altezza, con due ante curve anch'esse, che scopre un piano passante: nello spazio sotto questo piano, che serve da bar e per la prima colazione, trovano posto due alti sgabelli.
La cucina-cabina è illuminata dall'alto, attraverso una cupola in plastica, e aerata da un ventilatore a soffitto.

casa in collina, nel New Jersey

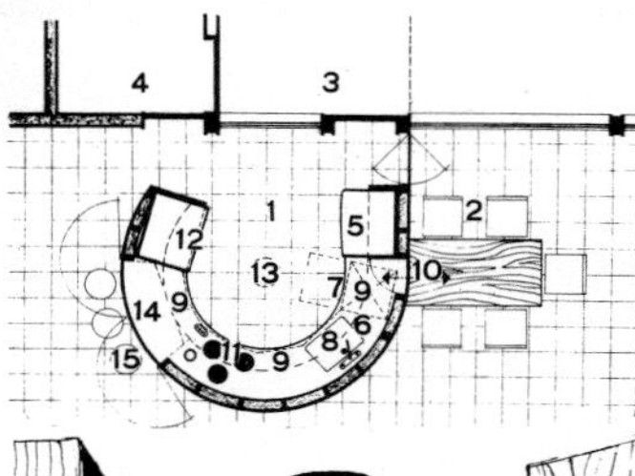

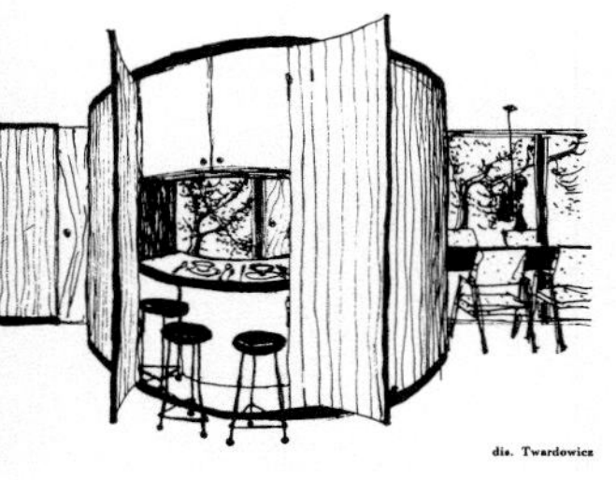

dis. Twardowicz

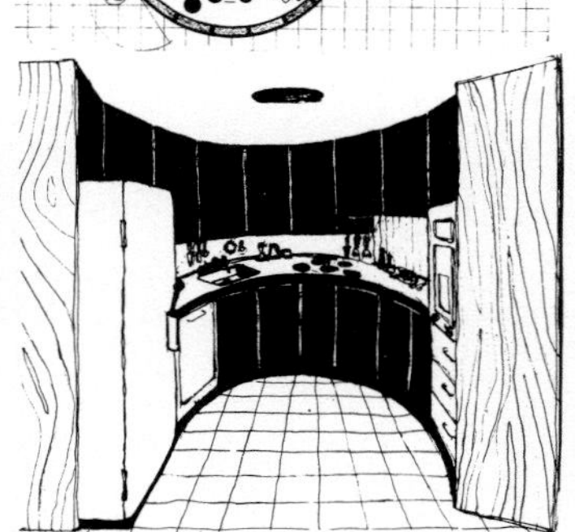

foto Ben Schnall

Translation
see p. 562

Casa per due sposi

Sergio Asti e Sergio Favre, arch.tti

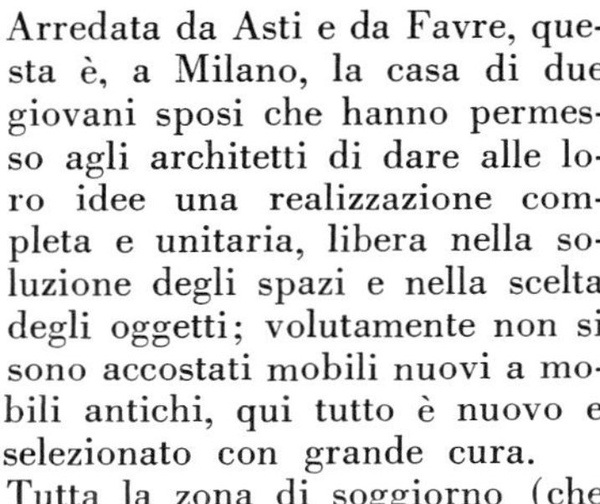

Arredata da Asti e da Favre, questa è, a Milano, la casa di due giovani sposi che hanno permesso agli architetti di dare alle loro idee una realizzazione completa e unitaria, libera nella soluzione degli spazi e nella scelta degli oggetti; volutamente non si sono accostati mobili nuovi a mobili antichi, qui tutto è nuovo e selezionato con grande cura.

Tutta la zona di soggiorno (che

Schermo di separazione fra l'ingresso e il pranzo è una tenda svedese in legno; la lampada a stelo è disegnata da Gino Sarfatti.
Nell'office, l'attaccapanni è una parete snodabile in listelli di pino di Svezia, con ganci in ferro laccato nero.

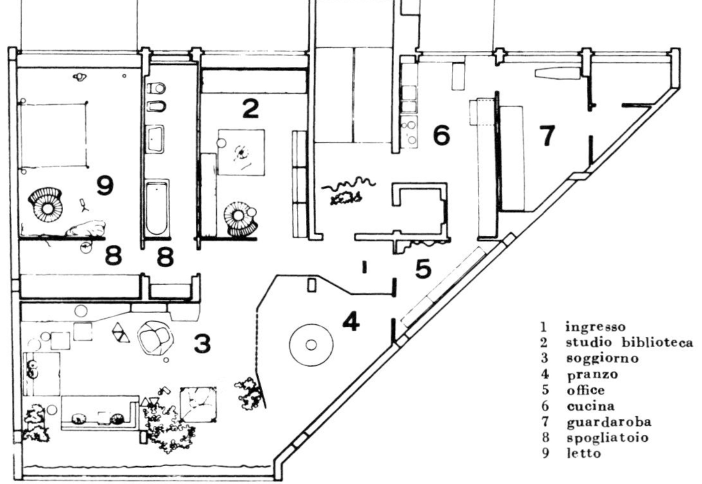

1 ingresso
2 studio biblioteca
3 soggiorno
4 pranzo
5 office
6 cucina
7 guardaroba
8 spogliatoio
9 letto

An Apartment for a Newly Married Couple

Apartment interiors in Milan designed by Sergio Asti and Sergio Favre: screen separating entrance and dining areas, coat-hanging area, floor plan, dining room viewed from living room and dining room screen

Il pranzo visto dal soggiorno: è alzata la tenda-diaframma centrale, e vi è una continuità di veduta e di ambiente: tavolo e sedie di Arne Jacobsen, quadri di Baj e di Fontana, poltrone di Saarinen. Le piante rampicanti, vicino alla tenda-diaframma, sono in vaso, entro tinozze in legno e ferro.

Translation
see p. 562

foto Casali-Domus

Lo studio-biblioteca fa parte spazialmente del soggiorno; lampade di Castaldi, poltrona di Albini, libreria Lips-Vago: sul piano d'appoggio, vetri di Venini, oggetti svedesi e danesi, e una formella di Rui.

comprende pranzo, studio-bib
teca, ingresso) è uno spazio c
tinuo, separato in zone d
schermi leggeri e mobili d
tende di legno, che danno is
mento senza chiusura.
L'effetto è quello di una mut
le scena, in cui gradevolment
si muove, ad apparsa e scomp
sa. Contribuisce all'effetto l'
tà del grande pavimento rive
to in stuoia e il colore delle
reti e delle quinte di muro.
grande stuoia che copre il p
mento è in cocco giallo orc
mobili sono alcuni di serie ita
na e straniera, altri disegnati
gli architetti; gli oggetti sono
desi, danesi, giapponesi; itali
e giapponesi le lampade.

An Apartment for a Newly Married Couple

Apartment interiors in Milan designed by Sergio Asti and Sergio Favre: views of studio/library and detail of living room

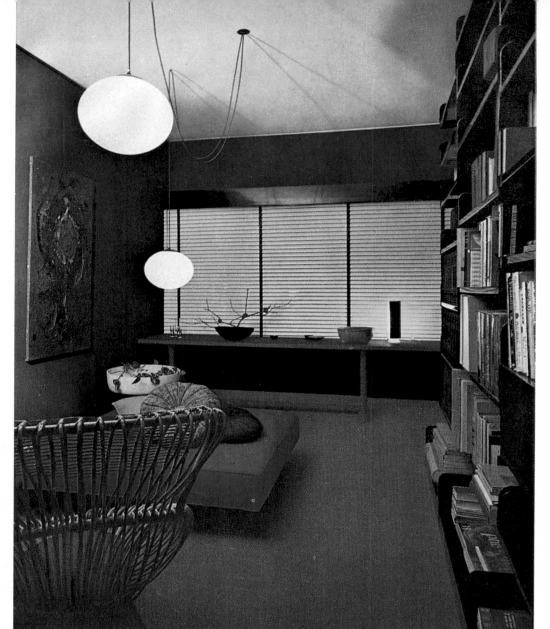

Nello studio-biblioteca, uno scrittoio in teak sotto la finestra, con oggetti danesi e giapponesi; un quadro di Fontana.

Nella pagina a fianco, un angolo del soggiorno visto dal pranzo: nel soggiorno, poltrona di Saarinen, divano disegnato dagli architetti, lampada giapponese di Isamu Noguchi, una « macchina inutile » di Munari appesa a un filo, uno scalmo di gondola veneziana; sulla stuoia di cocco, tappeto nero di Fede Cheti.

Nel soggiorno, su un tavolino in teak disegnato dagli architetti, cristalli svedesi e giapponesi, ceramiche di Bampi e Stig Lindberg; sullo sfondo, tenda bianca e nera.

foto Casali-Domus

Translation
see p. 562

domus 328
March 1957

An Apartment for a Newly Married Couple

Apartment interiors in Milan designed by Sergio Asti and Sergio Favre: living room

Translation see p. 562

na lampada a molte varianti

Tapio Wirkkala

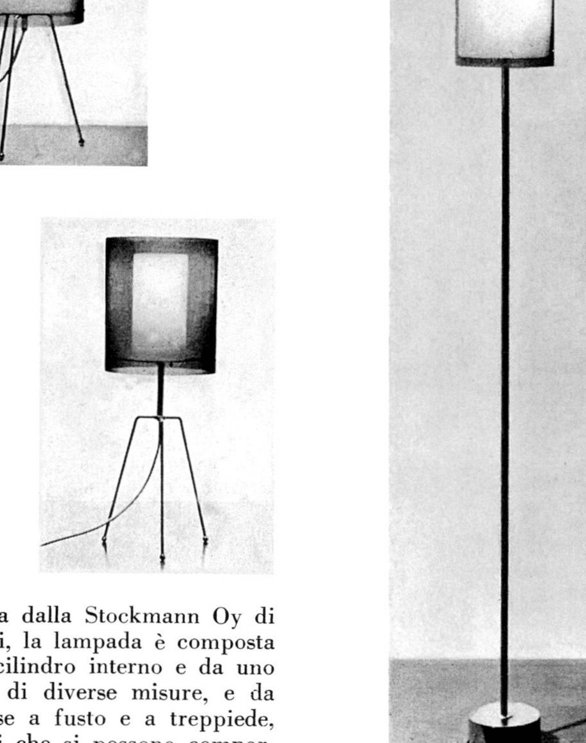

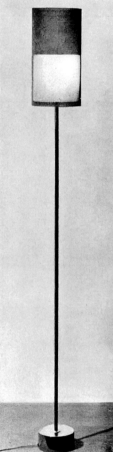

la lampada a soffitto

*Cy Stockmann **Ab.***

odotta dalla Stockmann Oy di lsinki, la lampada è composta un cilindro interno e da uno erno di diverse misure, e da a base a fusto e a treppiede, menti che si possono compor- in cinquantaquattro differenti nbinazioni.

A Lamp of Many Variations

Light with 54 different combinations designed by Tapio Wirkkala for Stockmann-Orno

Un rivestimento per l'architettura

i "diamanti" della ceramica Joo rivestimenti a rilievo in ceramica

L'architettura ha semplificato le sue superfici, ma le va rivestendo di materiali incorruttibili: perchè con la mancanza di aggetti, di pietre, di gronde, gli intonaci invecchiano male, specie nelle atmosfere cittadine grevi di residui di nafta.
Occorrono rivestimenti che la pioggia stessa lavi, e che si accordino sia con i materiali moderni dei serramenti, come l'alluminio, sia con i materiali tradizionali, come il legno.
Rivestimenti incorruttibili ne esistono tanto di vecchi, e bellissimi — il cotto —, quanto di recenti: la litoceramica, il mosaico di grès e di ceramica. Ma questi rivestimenti, vecchi e nuovi, ora vanno « movendosi », vanno cioè mo-

Gli elementi sono qui presentati applicati sulle due facce di un pannello di cristallo.

foto Casali

vendo con rilievi la superficie che essi rappresentano. Movendo la superficie « a diamante », tanto per cominciare, e con altre forme — come in questi rivestimenti in ceramica — il rivestimento acquista (e fa acquistare all'architettura) nuovi valori — valori plastici — sotto il cielo, sotto il sole, nelle luci notturne, brillando e mutando d' aspetto col volgere delle ombre (e s'aggiunga a tutto questo il colore, che nella ceramica ha tutte le possibilità).

È per questo che presento con piacere i tipi ora prodotti dalla Ceramica Joo, che è all'avanguardia in questo campo.

L'architettura in quanto arte è illusiva, come tutte le arti; non si può credere come questi rivestimenti, se usati con criterio, rechino ai volumi leggerezza e grazia, e riflessi di luce e di cielo.

Gio Ponti

i « diamanti », gli embrici e le bugne della ceramica Joo

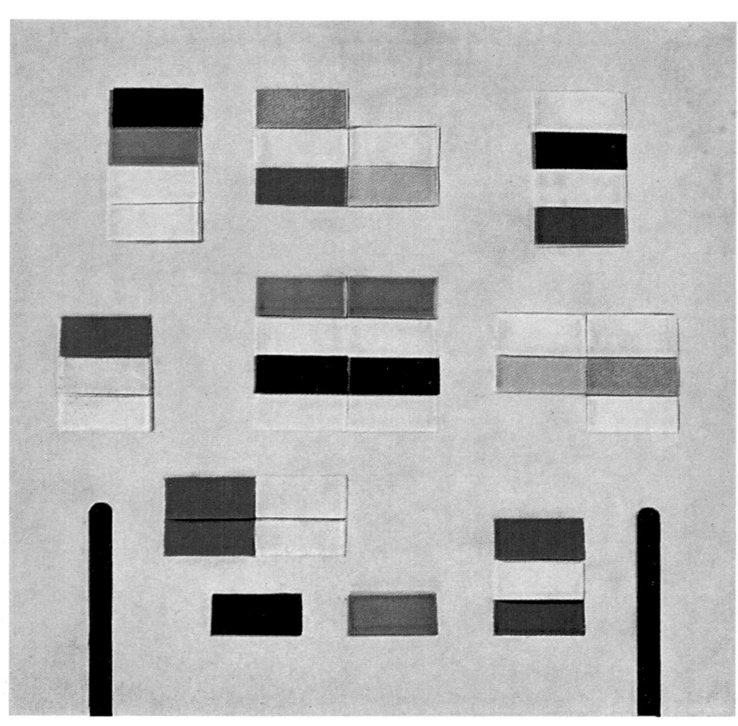

Translation see p. 563

Nuove ceramiche

Ettore Sottsass, Jr.

foto Sottsass

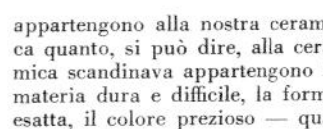

Un vaso a due colori: il bianco è a cristallina, il viola rugoso e opaco.

Vasi doppi, ossia composti di due pezzi, che si possono usare abbinati, uno dentro nell'altro, o separati: i colori e il disegno si prestano al combinarsi e al separarsi degli elementi.
Nel vaso qui sopra, il pezzo maggiore è color marrone, con strisce di cotto nudo e una striscia bianca; il pezzo minore è bianco, con strisce di cotto nudo.
Nel vaso qui sotto, i due pezzi sono bianco lucido, con una macchia gialla.

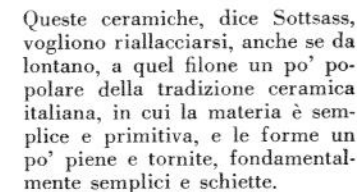

Queste ceramiche, dice Sottsass, vogliono riallacciarsi, anche se da lontano, a quel filone un po' popolare della tradizione ceramica italiana, in cui la materia è semplice e primitiva, e le forme un po' piene e tornite, fondamentalmente semplici e schiette.
Un senso della ceramica che oggi si è un po' perduto, per le troppe « ceramiche d'arte » che tendono alla scultura e alla pittura, talvolta forzando i propri limiti. Il valore di questa ceramica è nella sua semplicità e freschezza, in un certo humour ingenuo e immediato, in un essere « coccio » d'uso senza troppi sofismi (qualità mediterranee, che appartengono alla nostra ceramica quanto, si può dire, alla ceramica scandinava appartengono la materia dura e difficile, la forma esatta, il colore prezioso — qualità orientali).
Queste ceramiche di Sottsass sono state disegnate per la Raymor di New York, e sono prodotte in Italia da Bitossi di Firenze; i modelli sono stati eseguiti con la collaborazione di Aldo Landi, direttore tecnico-artistico della Bitossi.

Vasi con forma a « calotta ». Nel vaso qui sopra la calotta è gialla e nera, con strisce di cotto nudo. Nel vaso in alto a destra, la calotta è arancione, con strisce in cotto nudo.

foto Sottsass

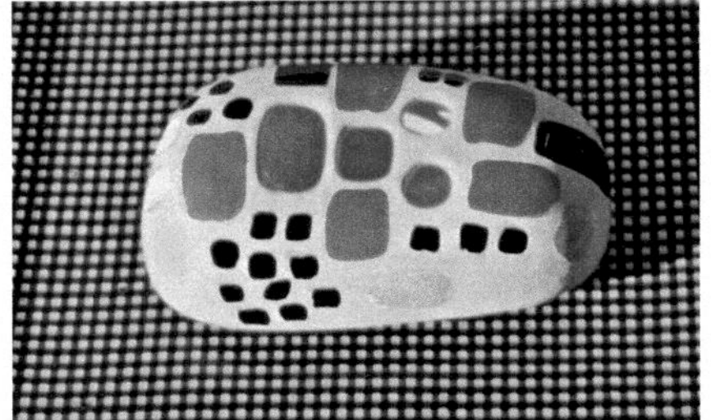

nuove ceramiche italiane

Ettore Sottsass, arch.

In questa pagina, dall'alto: due scatole per dolci, con un foro centrale che serve per alzare il coperchio; tre piccoli vasi a boccia per fare composizioni di fiori sulla tavola imbandita; due grandi scatole per dolci, con base nero opaco e coperchio decorato.

In questa pagina, dall'alto: un piatto-portacenere, con due dischi in risalto per appoggiare le sigarette; un vaso a boccia per i fiori, da mettere sulla tavola; una scatola per tabacco da pipa, in nero rugoso e verde oliva, con coperchio in nero opaco; una boccia per caramelle, in nero rugoso e bianco, con coperchio giallo limone e manico in ottone.
A destra, un piatto porta frutta, con strisce in cotto nudo.

domus 328
March 1957

New Ceramics

Ceramic vases designed by Ettore Sottsass Jr. and produced by Bitossi in Florence for Raymor, New York

Translation see p. 563

il corpo centrale

n "centro„ per la meditazione, California

William Wilson Wurster
Theodore C. Bernardi
Donn Emmons, arch.tti

esto centro, costruito dalla ndazione Ford a Palo Alto, in ifornia, in vicinanza della iversità di Stamford, è desti- o agli studiosi delle « scienze comportamento » (psicologia ociologia applicate, largamente tivate negli Stati Uniti), che possono ritirarsi a studiare, ncontrarsi per discutere.
a specie di moderno chiostro co, dove però le soste per la ditazione, la discussione e lo dio sono brevi e ripetute, du- do in genere una sola gior- a per volta. Vi si arriva in

adiglioni con le « celle » individuali

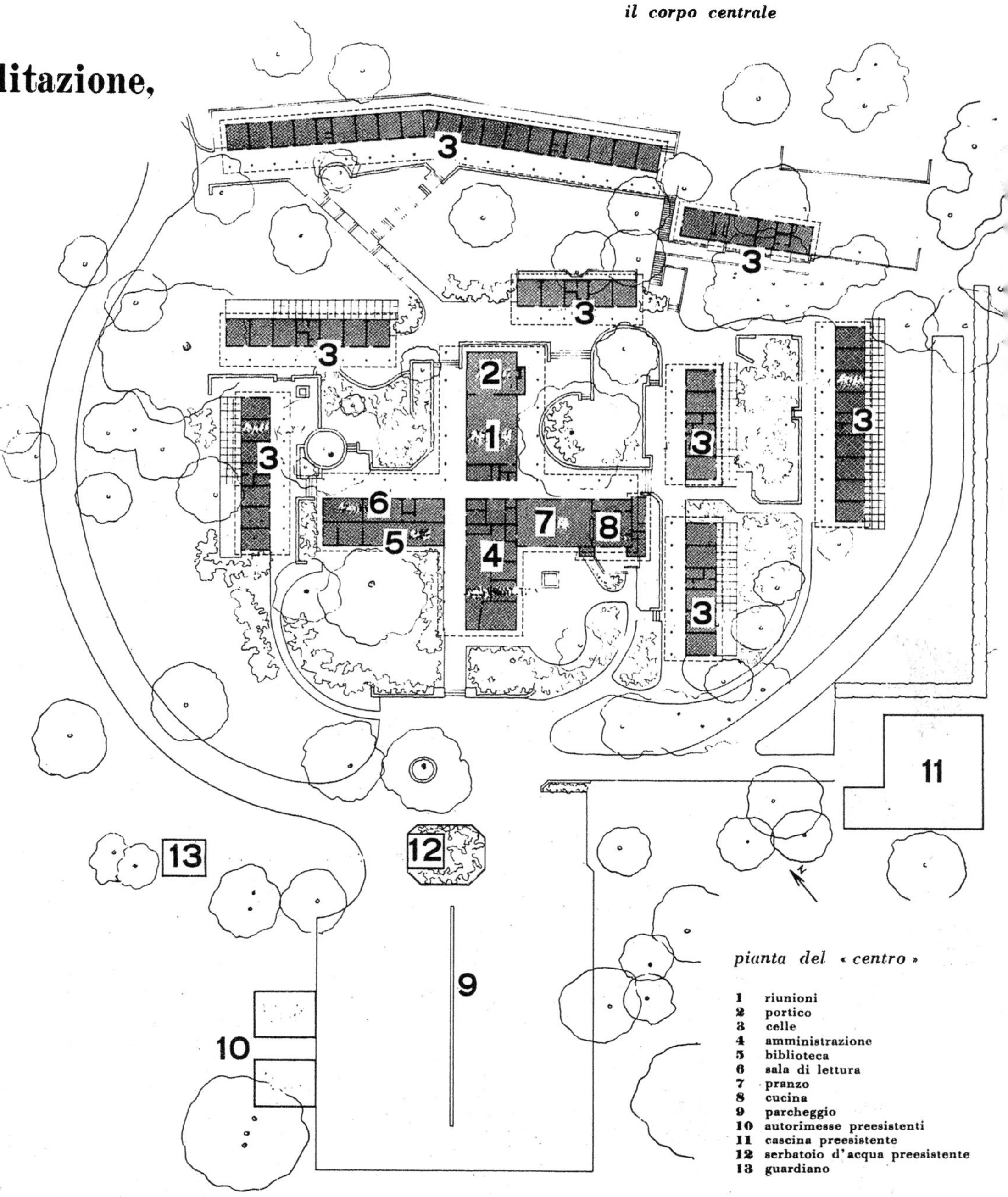

pianta del « centro »

1 riunioni
2 portico
3 celle
4 amministrazione
5 biblioteca
6 sala di lettura
7 pranzo
8 cucina
9 parcheggio
10 autorimesse preesistenti
11 cascina preesistente
12 serbatoio d'acqua preesistente
13 guardiano

A Center for Meditation in California

Meditation center in Palo Alto for the Ford Foundation designed by William Wurster, Theodore Bernardi and Dean Emmons: view of exterior, detail of pavilion with individual cells and site plan

Translation see p. 563

la biblioteca

macchina e si riparte. L'architettura ha quindi una struttura semplice e leggera: costruzioni in legno (pino rosso) ad un solo piano, pareti vetrate scorrevoli. Vi è un corpo centrale, quasi a croce greca, che raccoglie gli ambienti comuni (amministrazione, soggiorno, pranzo, sala di consiglio, biblioteca, sala di lettura): e otto padiglioni con le « celle » per gli ospiti. Le costruzioni sono distribuite fra gli alberi, su un colle verde e isolato da cui la vista si apre sulla pianura.
Vi è nel luogo — è stato detto — una atmosfera di quiete naturale che sembra ricordare i porticati e i giardini delle missioni spagnole settecentesche in California.

gli uffici

foto Morley Baer

A Center for Meditation in California

Meditation center in Palo Alto for the Ford Foundation designed by William Wurster, Theodore Bernardi and Dean Emmons: views of library, offices, meeting room (with chairs designed by Ilmari Tapiovaara) and lounge area, structural detail

la sala di consiglio (sedie di Ilmari Tapiovaara)

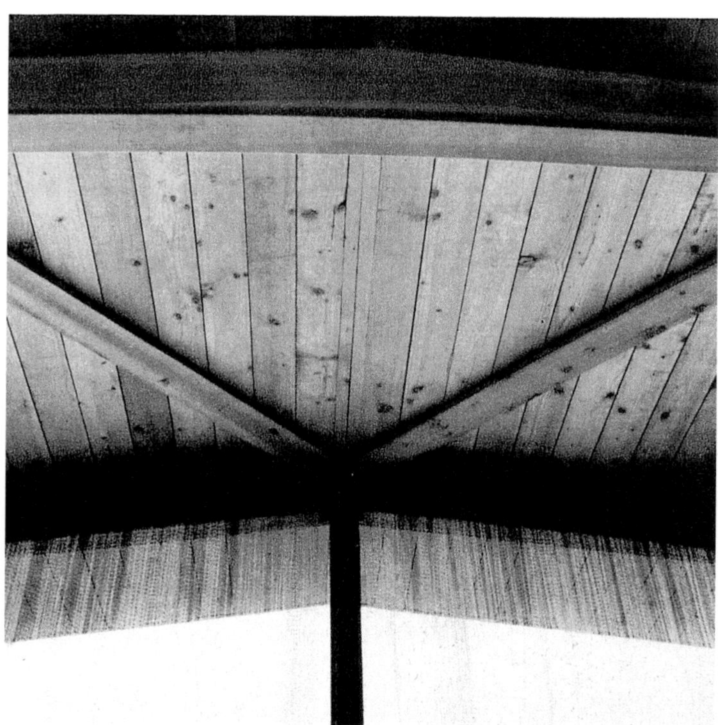

il soggiorno (e a destra particolare del soffitto)

Translation
see p. 562

Studio di architet

Gian Luigi Giordani, ar

Lo studio è su due piani (l timo in sottotetto), collegati l'interno dalla scaletta a ch ciola; l'arredamento « mobile composto unicamente di elen ti di serie, e costituisce e stesso un utile campionario. piano inferiore vi è l'ingresso sala riunioni, lo studio privato servizi; al piano superiore, la la disegnatori, con una gra parete vetrata, la camera osc servizi, e uscita diretta all'as sore.

La scaletta a chiocciola ha tubo trale e mensole in ferro piatto niciati in nero e traversini in dino verniciati bianchi; i gradini no in faggio. La tenda alla v ziana ha lamelle in vari colori (c pionario); la tenda in legno sve è montata su telaio girevole in t di ferro verniciato bianco. Libr svedesi di serie, pavimento in g ma rigata nera e in gomma a c gni geometrici di vario colore (c pionario); pareti bianco perla.

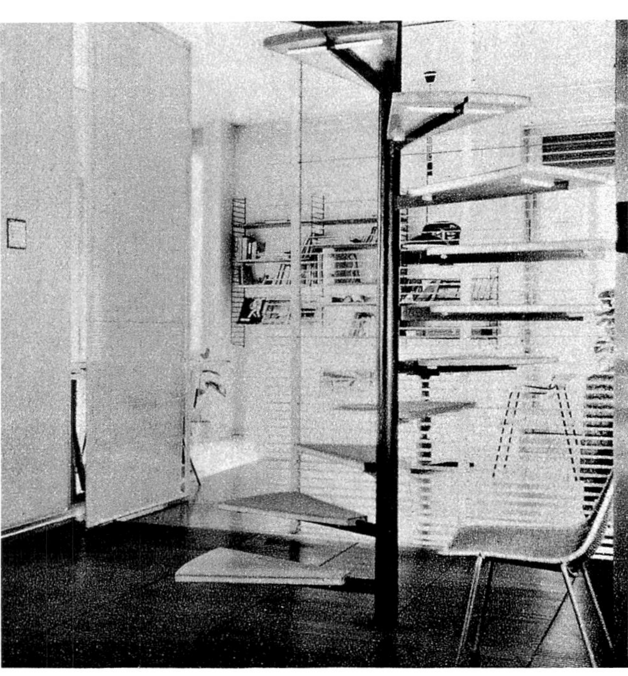

Architect's studio designed by Gian Luigi Giordani: views of staircase and interior

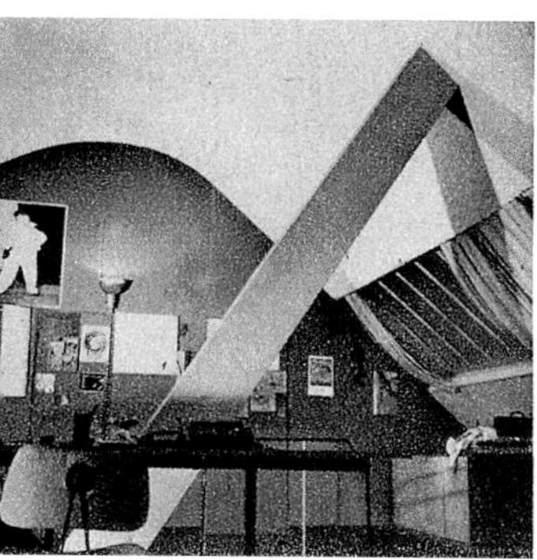

La sala disegnatori ha verso nord una parete totalmente vetrata, con serramento in ferro verniciato nero e parti apribili a bilico (applicato alla vetrata un campionario di vetri). Il tavolo centrale ha piano sagomato, in teak semilucido, su struttura in ferro fissata ai pilastri.
Pavimento in piastrelle di gres, nero ardesia; infissi in legno scorrevoli color giallo zolfo; struttura dei tavoli e corrimano della scala laccati in nero lucido; forcella dei pilastri in cemento lisciato grigio; soffitto in intonaco strollato bianco calce; parete di fondo (con accesso alla camera oscura), color indaco.

Translation
see p. 563

Un camino e una scala

Piero Ranzani, arch

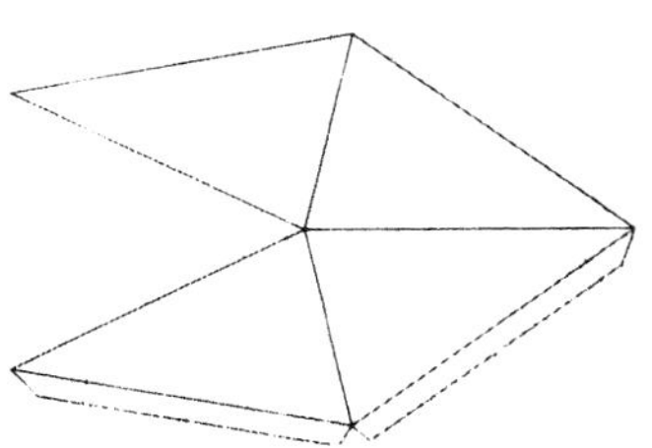

parte superiore e parte inferiore della cappa

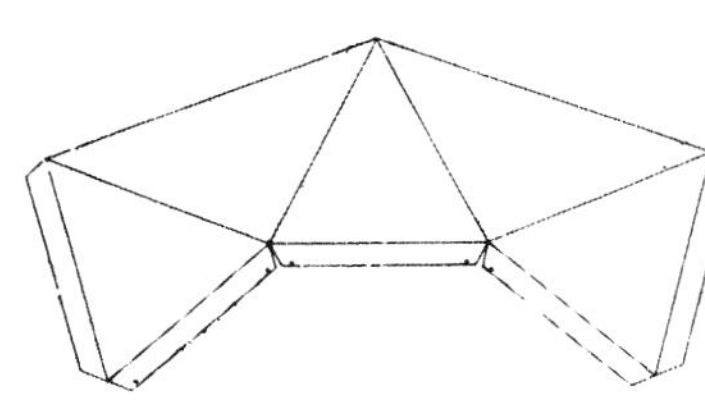

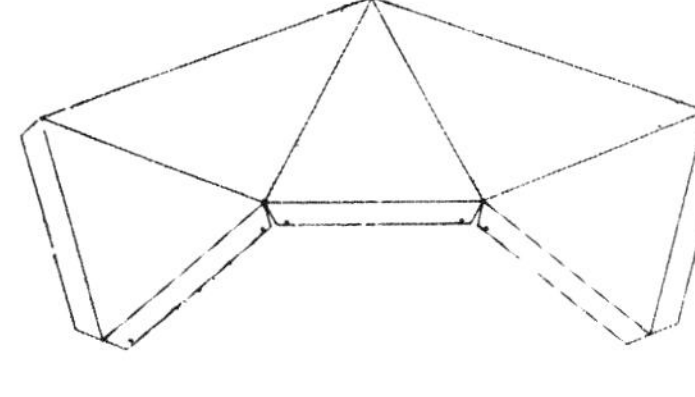

Il camino è in lamiera brunita piegata e imbullonata ad uno scheletro di piattina di ferro di forma poliedrica; il basamento è un grande piano di beola rivestito di lato in tavole di noce. La scala (che da un ambiente di soggiorno porta a un sovrastante terrazzo) ha una struttura portante a T in acciaio, incastrata alle estremità e con un braccio antivibrante nella parte mediana; i gradini hanno struttura reticolare di tubo d'acciaio ricoperto da un carter in legno di noce, pedate in linoleum rosso con profilo in ottone; corrimano in tubo metallico. Le parti metalliche sono verniciate di nero.

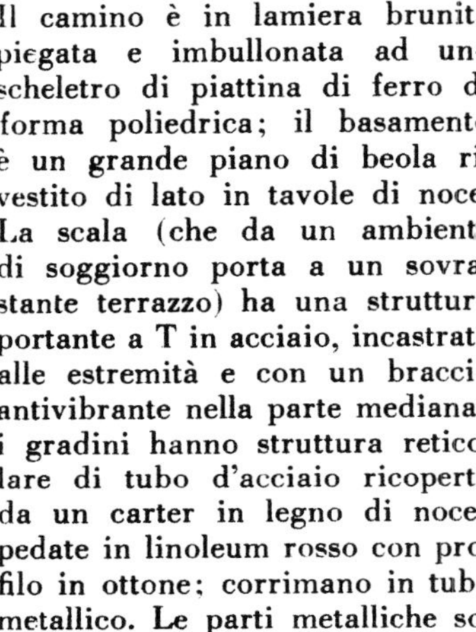

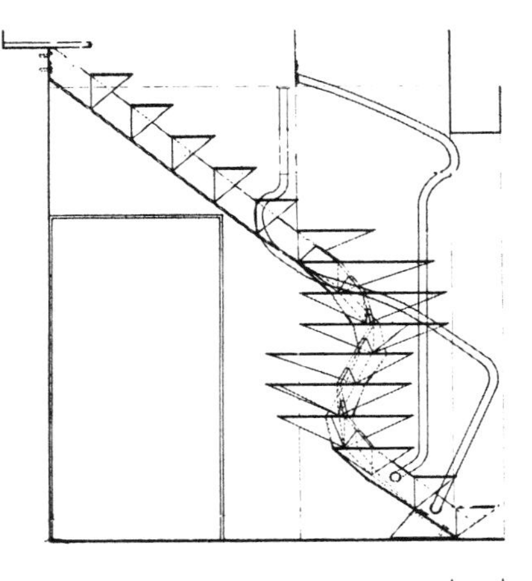

la scala

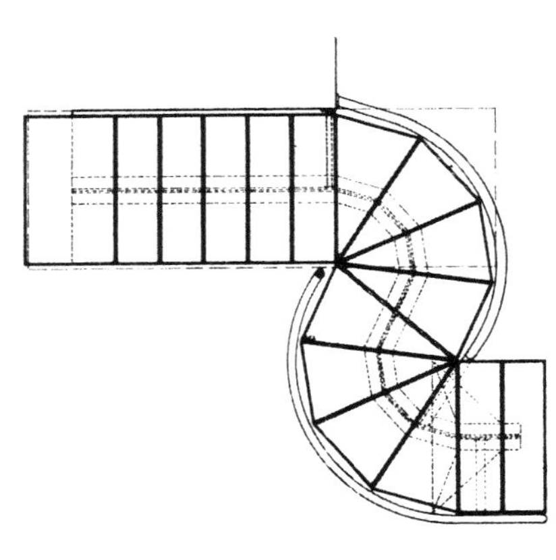

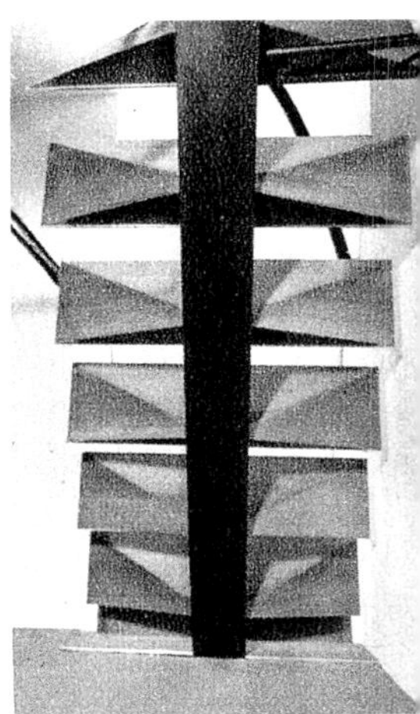

A Fireplace and a Staircase

Fireplace and staircase designed by Piero Ranzani

Advertising

Fontana Arte advertisements showing various lights

Casa sulla collina

Ettore Sottsass, arch.

Sulla collina torinese, in un punto dal quale si vede tutta la città e il grande arco delle Alpi, c'era una vecchia villa, costruita una quarantina di anni fa, una solida casa a due piani, con le camere tutte uguali, come usava, collegate dal corridoio buio, e con finestre strette e alte.
Si trattava di trasformarla, per una giovane famiglia. Il primo

Nella fotografia in alto: la bussola d'ingresso e la terrazza che corre davanti al soggiorno (a destra, il garage).
Nella fotografia a lato: particolare dell'inizio della terrazza: la scala che si intravvede a sinistra conduce all'ingresso di servizio (che prima era ingresso principale).

domus 330
May 1957

House on the Hill

House on a hillside overlooking Turin redesigned by Ettore Sottsass Jr.: details of exterior, views of original house, detail of entrance portico and drawings of elevations

Due fotografie di com'era la « villa »: a sinistra la facciata verso Torino e il panorama; a destra, l'ingresso principale e la « torre » contenente la scala che accede alle stanze da letto.

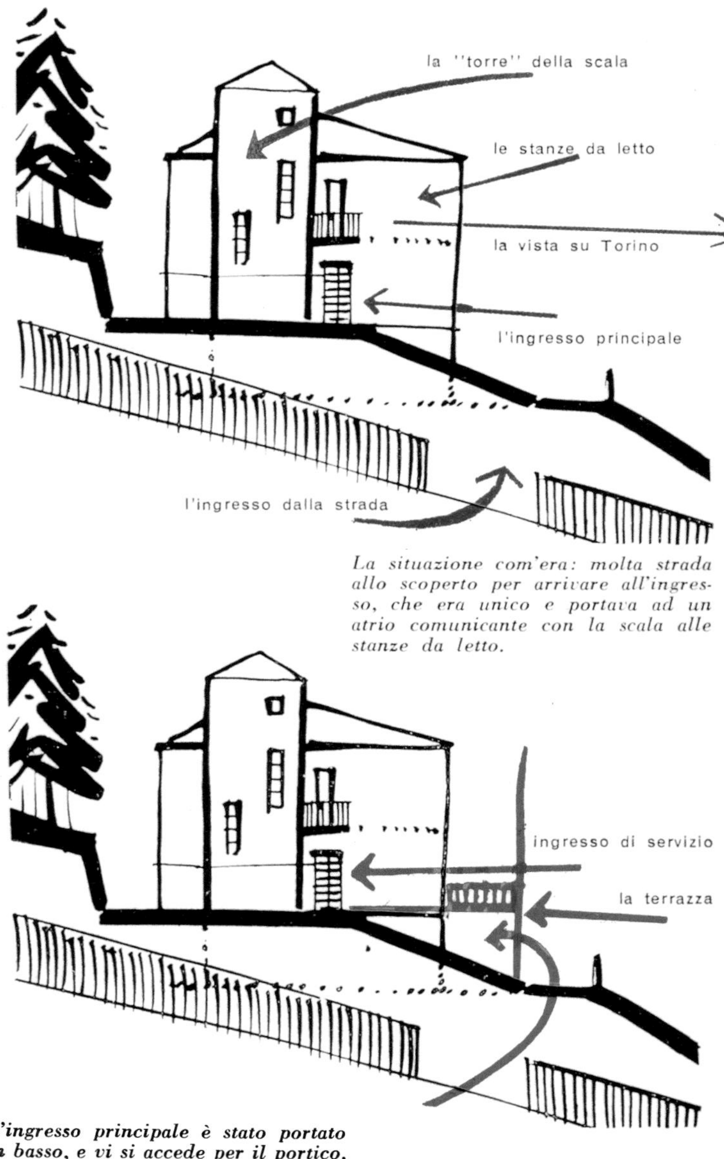

La situazione com'era: molta strada allo scoperto per arrivare all'ingresso, che era unico e portava ad un atrio comunicante con la scala alle stanze da letto.

L'ingresso principale è stato portato in basso, e vi si accede per il portico, creato dalla terrazza davanti al soggiorno: l'antico ingresso principale è diventato ingresso di servizio.

Translation
see p. 563

Nella fotografia a destra: l'ingresso di servizio (una volta ingresso principale). La parete della casa è rivestita con perline di larice: la porta scorrevole è l'ingresso allo scantinato. Nella fotografia qui sotto: l'ingresso principale, sotto il portico.

foto Casali-Domus

problema naturalmente era qu
lo di creare un grande e como
soggiorno, da cui si potesse se
pre godere il vasto paesaggio
più cielo possibile; e da que
soggiorno l'estate si doveva po
uscire su una grande terrazza,
stare all' aperto. Ciò fu fa
aprendo di lato la vecchia scat
della villa, unificando in un s
locale frontale un gruppo di st
ze, e creando una lunga finest
e una lunga terrazza davanti a
finestra; si ottenne un grande a
biente pieno di luce, a dire
contatto con il paesaggio, e
modo per starvi durante il gi
no e la sera.
Si trattava poi di sistemare
ingressi, perchè nella vecchia
la c'era un ingresso solo, che
municava direttamente con la s
la di accesso alle stanze da le
Così fu creato un nuovo ing
so, che desse accesso direttam
te al soggiorno, e lo si situò
piano terra, raggiungibile fa
mente dalla strada, e vicino
garage, perchè fosse più com
per chi arrivava in macchi
Questo divenne l'ingresso pri
pale, collegato al sovrastante s
giorno mediante una nuova s
la: il vecchio ingresso restò
me entrata di servizio, e la sc
alle stanze da letto fu in que
modo isolata e divenne una v
e propria scala privata, come
conveniva ad una scala del
nere.
Questa sistemazione diede su
alla casa una precisa strutt
perchè in questo modo la p
« di rappresentanza » — cio
soggiorno con la scala e l'ing
so vero e proprio — restò ne
mente isolata dalla parte più
tima e familiare — cioè dal c
plesso delle stanze da letto, ba
e cucina.
Il tono dell'arredamento è
grande semplicità. Tutto in
do è stato risolto in funzione
lo spazio e dello spettacolo es
no, cioè sulla possibilità di g
re al massimo della grande
del cielo, e del suo mutare

domus 330
May 1957

House on the Hill

House on a hillside overlooking Turin redesigned by Ettore Sottsass Jr.: views of service entrance, main entrance, staircase and detail of entrance area

condo le ore. Il percorso dal basso — dall'ingresso al soggiorno attraverso la scala — è stato studiato in modo che sembri veramente di andare verso la luce, perchè già salendo la scala, attraverso aperture successive lo sguardo scavalca il soggiorno e incontra il cielo, che alla fine si mostra in tutto il suo arco. Alla presenza così invadente dell'esterno, si contrappone la proporzione dello spazio interno con il soffitto basso, che protegge, e i rivestimenti in legno (larice) alle pareti, con il loro colore caldo e con la loro natura famigliare. Anche i mobili sono semplici: in legno naturale il bar e la piccola biblioteca; le poltrone sono di serie, disegnate da Saarinen e prodotte da Knoll International; le sedie del pranzo sono tradizionali sedie di Chiavari.

dipinto di Ettore Sottsass

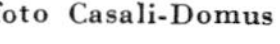

foto Casali-Domus

e fotografie qui sopra, partico- dell'ingresso con lo specchio ziano e la sedia di Harry Ber- : a sinistra, l'attaccapanni su pan- i di formica bianca. Nella foto- ia a lato: particolare della sca- la struttura che porta le lastre di no dei gradini «tiene» anche la hiera.

Translation
see p. 563

Nella fotografia a lato: l'atrio precede il soggiorno, con l'arr della scala: nella parete del sogg no si apre una finestra orizzont da cui chi sale riesce subito a ve re il cielo.
Nella fotografia qui sotto, l'arr della scala all'atrio al primo pia la porta rivestita in larice natur conduce al corridoio; la parete destra è in listoni di legno lac in diversi colori, eccetto due lasc naturali.

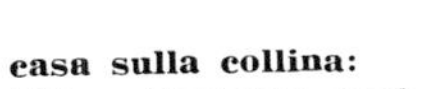

casa sulla collina:
Ettore Sottsass, arch.

House on the Hill

House on a hillside overlooking Turin redesigned by Ettore Sottsass Jr.: views of staircase landing areas, living room and internal window

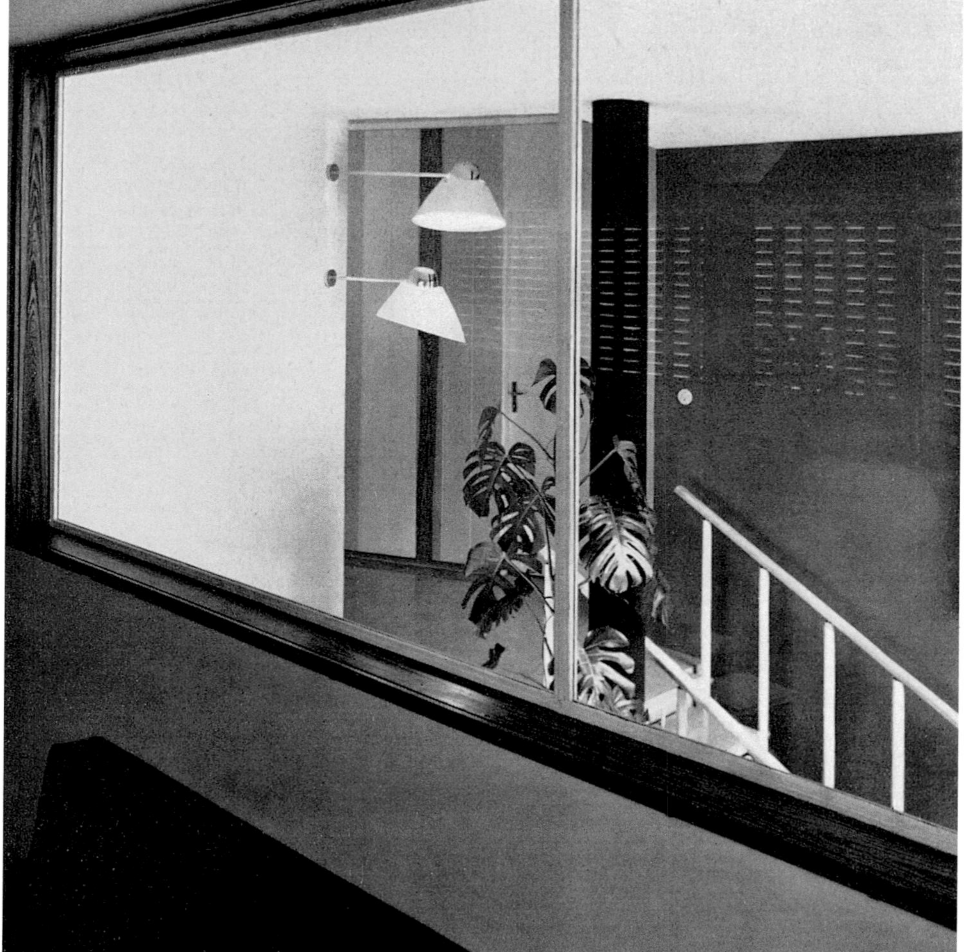

Il soggiorno: a destra, la lunga finestra sul panorama; in fondo, l'uscita sulla terrazza: a sinistra la finestra che dà sul vano scala. Poltrone di Saarinen, divano di Florence Knoll, prodotti dalla Knoll International. Il tavolo al centro, fisso, è in linoleum nero.
Nella fotografia a lato: la finestra interna, tra il soggiorno e il vano scala, con cornice in larice naturale (le lampade nel vano scala sono disegnate da Sottsass e prodotte da Arredoluce).

Translation
see p. 563

Nel soggiorno: il mobile bar in nicchia ha l'anta centrale a scacchi intarsiata; il pavimento è in larice. Ceramiche di Hettner, sedie e sgabello di Saarinen e Florence Knoll prodotte da Knoll International.

domus 330
May 1957

House on the Hill

House on a hillside overlooking Turin redesigned by Ettore Sottsass Jr.: views of living room, bar, dining room and wall unit

casa sulla collina: Ettore Sottsass, arch.

Nella fotografia in alto, il soggiorno visto dalla porta che dà alla terrazza: in fondo, la modernfold che isola la zona del pranzo.
Nella fotografia a lato, armadietto e piccola biblioteca in larice, con parti laccate nere, nel soggiorno.

Translation
see p. 563

Tovaglie stampate, e nuove stoffe

Gio Ponti

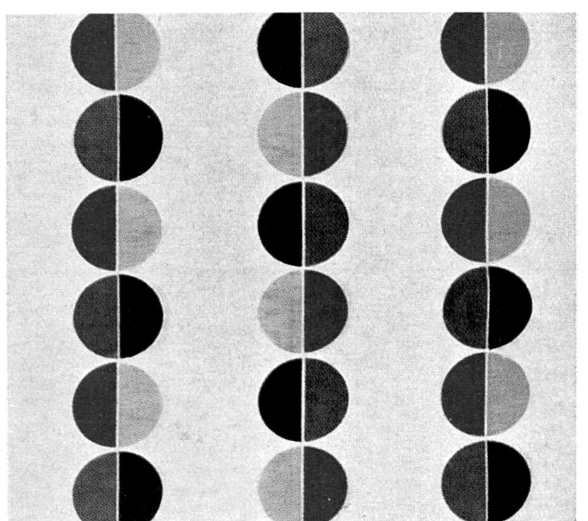
« eclissi »

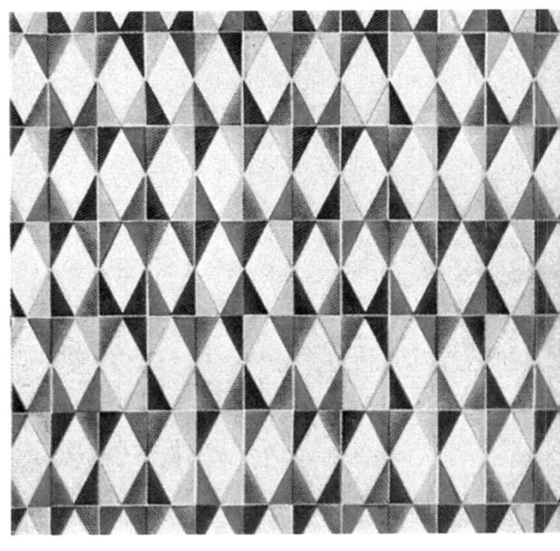
« cristalli »

« estate »

Printed Tablecloths and New Fabrics

Tableclothes and *Eclissi* (Eclipse), *Estate* (Summer), *Cristalli* (Crystals) and *Luci* (Lights) textile designs by Gio Ponti for JSA

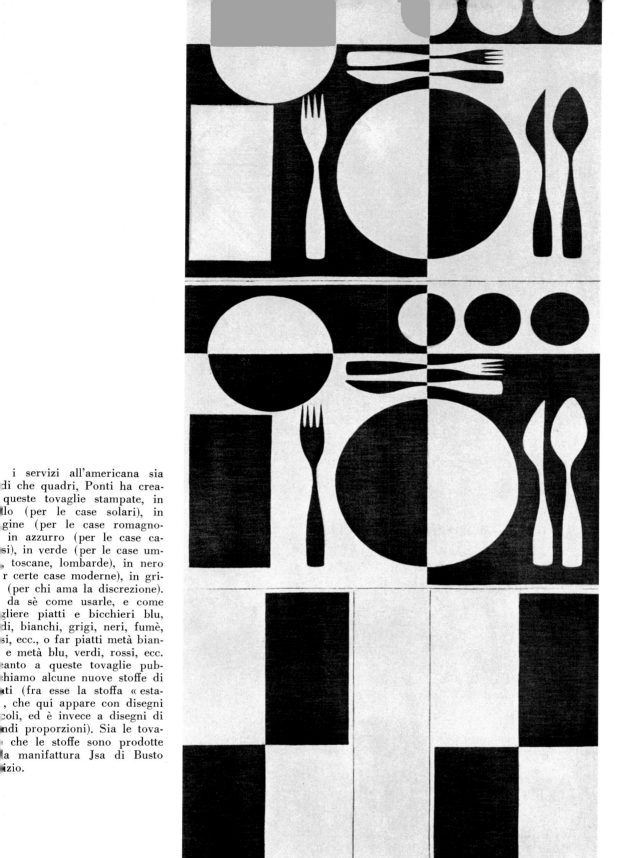

i servizi all'americana sia di che quadri, Ponti ha crea- queste tovaglie stampate, in lo (per le case solari), in gine (per le case romagno- in azzurro (per le case ca- si), in verde (per le case um- , toscane, lombarde), in nero r certe case moderne), in gri- (per chi ama la discrezione). da sè come usarle, e come gliere piatti e bicchieri blu, di, bianchi, grigi, neri, fumè, si, ecc., o far piatti metà bian- e metà blu, verdi, rossi, ecc. anto a queste tovaglie pub- hiamo alcune nuove stoffe di ti (fra esse la stoffa « esta- , che qui appare con disegni coli, ed è invece a disegni di ndi proporzioni). Sia le tova- che le stoffe sono prodotte a manifattura Jsa di Busto izio.

foto Casali-Domus

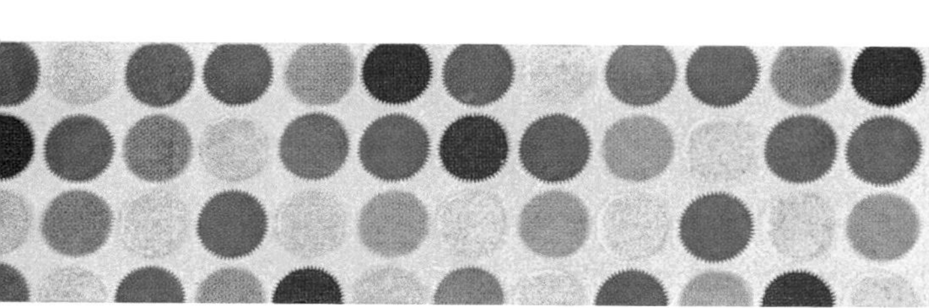

« *luci* »

Translation
see p. 563

Casa sulla Marna

Claude Parent, arch.

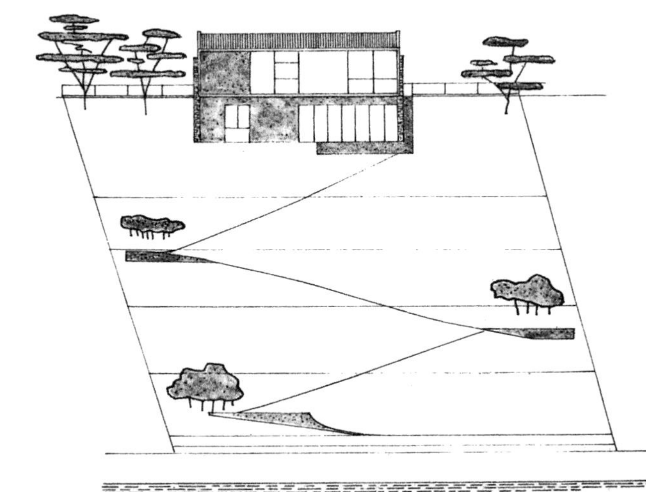

La casa sorge sopra il fiume,
un terreno in fortissimo pen
La facciata nord guarda sul
me ed è tutta a vetri; la facci
sud, sulla strada, è tutta chiu
L'interno è stato pensato co
un ambiente spazialmente co
nuo, in cui le partizioni s
date da pannelli spostabili,
plastica o altri materiali legg
appesi a una struttura in t
di ferro ad U, che porta an
le fonti luminose, spostabili
pure.
La facciata nord, a vetri, è
tetta all'esterno da tre grandi p
nelli scorrevoli, in poliestere s
tificato colorato, che fanno
isolante termico e permettono
dosare la luce, la veduta e
colore; (scorrendo vanno a
vrapporsi al muro del gar
scomparendo alla vista dall
terno).

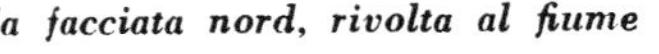

la facciata nord, rivolta al fiume

House on the Marne

House on the River Marne, France, designed by Claude Parent: angled elevations, detail of guttering, site plan, south façade and detail of south façade

Translation
see p. 563

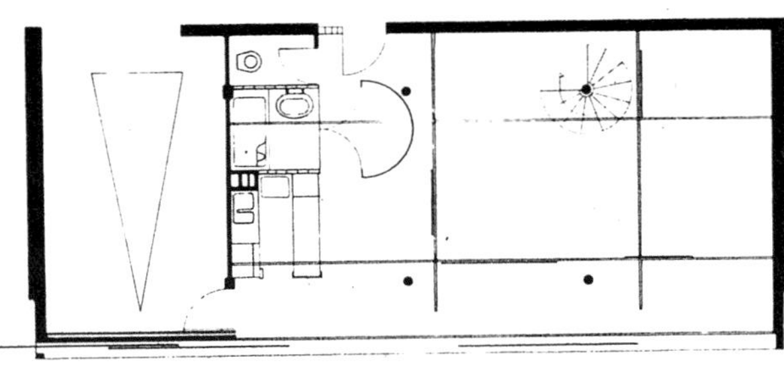

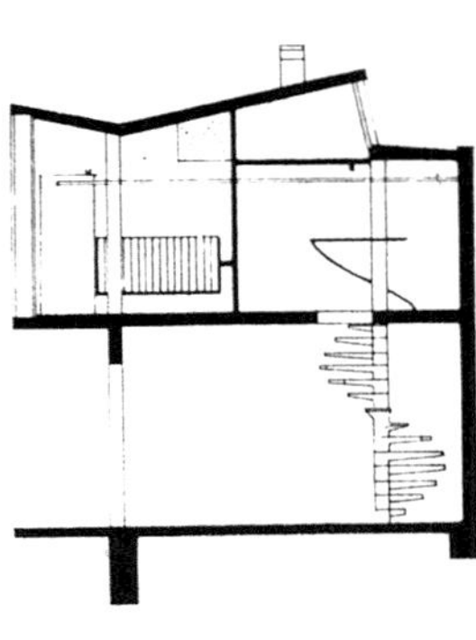

L'interno è un grande ambiente unico, in cui sono isolati soltanto i servizi (w.c., bagno); una parete curva in muro li scherma a chi entra dalla strada; la cucina si apre sul soggiorno con un alto bancone, come un bar; le partizioni nel resto dell'ambiente sono pannelli spostabili, su struttura di ferro; una scaletta a chiocciola scende all'androne aperto, rivolto al fiume.

←

La facciata sud, rivolta verso strada, è tutta chiusa: è in cemento nudo, con rilievi (di Maximilien Herzele); la porta è grigio chiaro, con un profilo rosso; la cassetta delle lettere e un tassello di facciata, rossi; la struttura del camino che sporge sul tetto, nera; la porta del garage in legno naturale (colori di Antoine Fasani).

House on the Marne

House on the River Marne, France, designed by Claude Parent: detail of fenestration, floor plan, sectional plan and view of living area

Translation
see p. 563

›ggiorno sul lago

Wendell H. Lovett, arch.

›esta è l'ala nuova di una pic-
ı casa per vacanze che sorge
›iva al lago di Washington, vi-
› a Seattle: l'ala destinata a
giorno parte dalla casa in di-
one del lago, ed è tutta chiusa
›o nord (parete in pietra a
a, col camino) e vetrata verso
ed est, cioè verso il lago e
›rato in lieve pendio.
›terno è uno spazio unico, dia-
›mato da un lungo mobile isolato (radio-televisione-dischi-bar): tutti i mobili eccetto le sedie (di Eames) sono disegnati dall'architetto (la sua poltrona in compensato piegato è stata pubblicata in Domus 291 e il divano in Domus 329). Il tetto, portato dai sottili pilastri in legno tornito, sporge a pensilina, ed è in parte rivestito, al disotto, in listoni di abete; così è rivestito, all'interno, l'angolo della biblioteca.

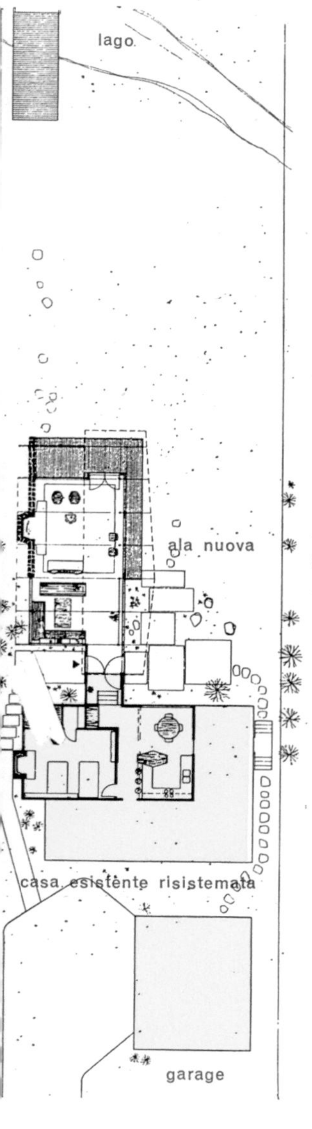

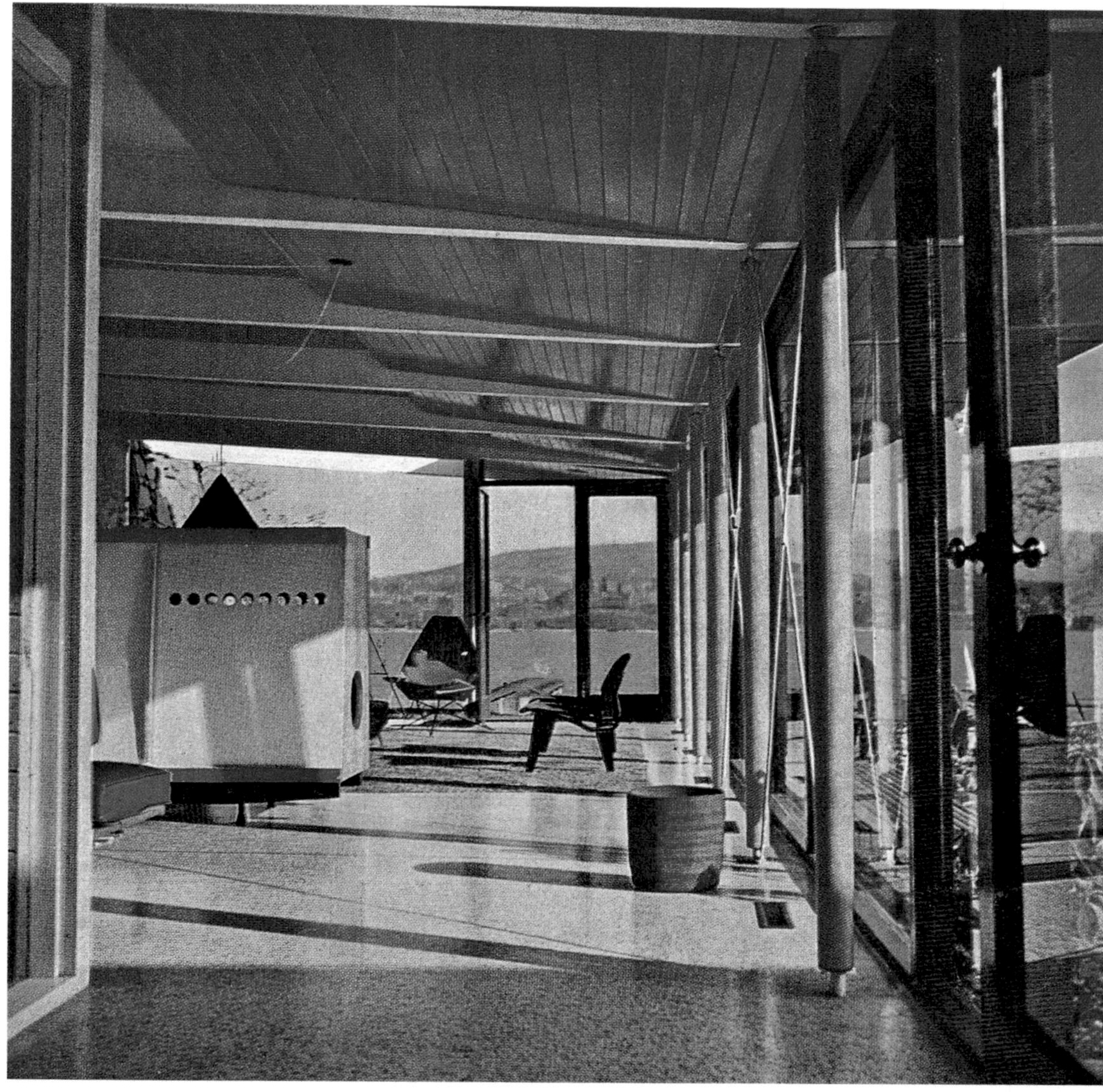

›a pianta, la parte preesistente
› costruzione è segnata in colore.

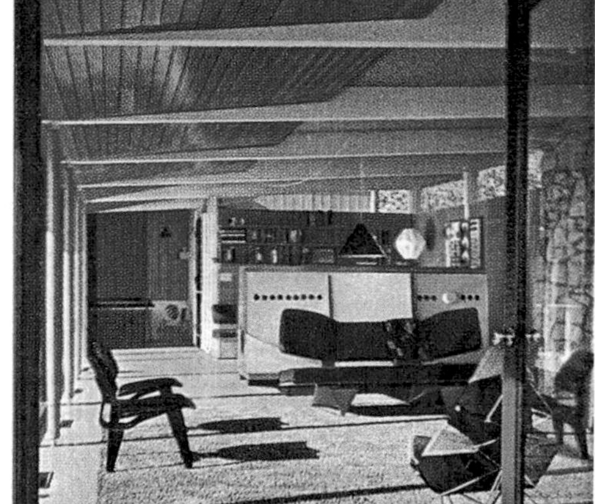

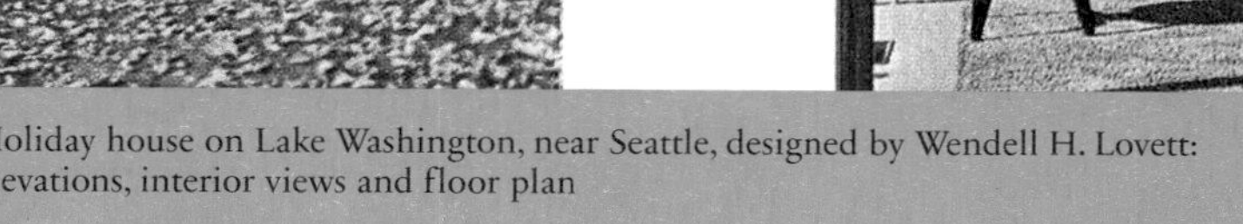

Living Room on the Lake

Holiday house on Lake Washington, near Seattle, designed by Wendell H. Lovett: elevations, interior views and floor plan

Translation see p. 563

Un giardino interno, e pareti in color

Particolare di arredamento della Knoll International: un piccolo giardino interno; tavole in legno massiccio posate sulla ghiaia segnano il passaggio; i vasi dei rampicanti sono fasciati in stuoia.

Knoll Interna

An Interior Garden and Coloured Walls

Interiors designed by Knoll International for its San Francisco showroom

oll International

mpi di arredamenti curati da oll International: la composizione mobili si lega alla partizione delparti in colore: nella fotografia estra, la scultura è di Harry Ber-ı, e così la poltroncina; il mobi-o a parete ha le ante scorrevoli estite in tessuto. Nella fotografia sotto, il sedile alla scrivania è di toia, e lo sgabello in legno di nu Noguchi (Domus 322).

Idaka

Translation see p. 564

foto

Esempi di arredamenti curati da Knoll International; i mobili sono impaginati con la parete in colore; nella fotografia qui sopra, poltrona e sgabello di Saarinen, divano e tavolino di Florence Knoll (Domus 318); dei due scaffali sospesi a sbalzo dalla parete, quello di destra ha le ante scorrevoli rivestite in tessuto.

An Interior Garden and Coloured Walls

Interiors designed by Knoll International for its San Francisco showroom

Translation see p. 564

Recipienti danesi per cucina all'italiana

Ciotole danesi in ferro smaltato, di grande serie (« Krenit »), nere fuori, di colori bellissimi all'interno.
Non si rompono, si lavano benissimo, sono allegre, e di moltissimi formati. La ciotola che contiene la pasta asciutta è grandissima, può servire quindici o venti persone; è nera dentro e fuori (da Arform, Milano).

foto Casali-Domus

Danish Bowls for Italian Style Cooking

Krenit bowls designed by Herbert Krenchel for Torben Ørskov

Translation see p. 564

Per la serie

una sedia danese

Disegnata e prodotta da Vermu Larsen, Norresundby, Danimar questa sedia è in plastica, con ga be in metallo: i due fori ne schienale permettono l'impignamen

una poltrona danese

Disegnata da Verner Panton, gio ne architetto danese, questa poltr ha struttura in metallo e cuscini dipendenti in gomma piuma; la f ma permette un facile impignamen

un amplificatore per radio e grammofono, olandese

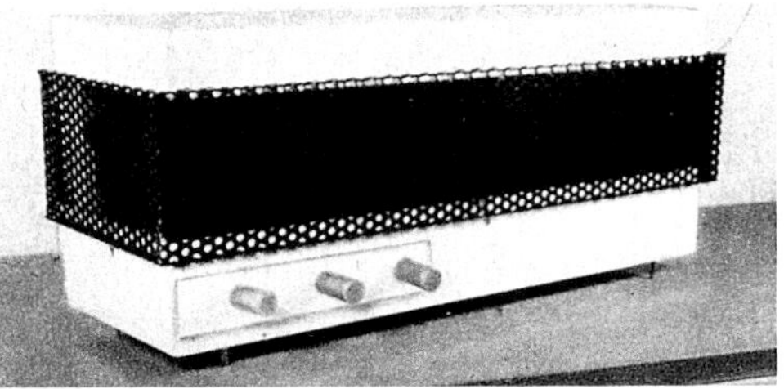

Prodotto dalla Sonar Ltd. su d gno degli architetti Rob Parry Emile Truijen, dell'Aja, questo mi scolo apparecchio ha cassa in leg naturale o laccato in diversi col e grata in alluminio anodizzato, p in diversi colori.

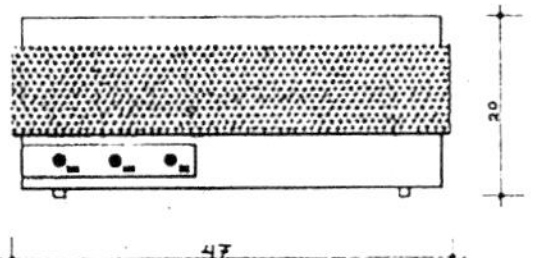

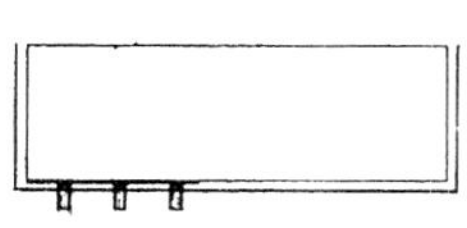

For Mass Production

Stacking chair designed by Vermund Larsen; armchair designed by Verner Panton; radio-phonograph designed by Rob Parry and Emile Truijen for Sonar

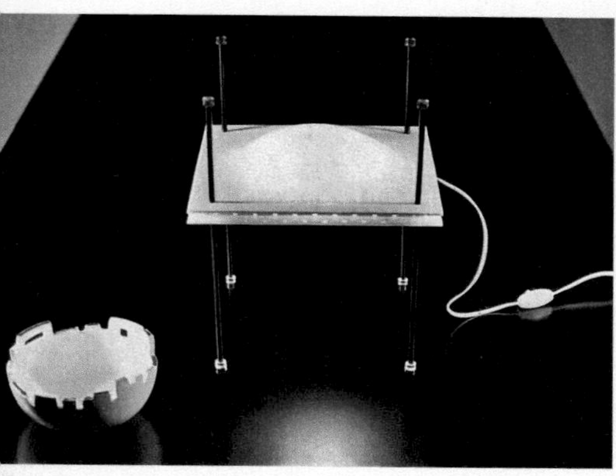

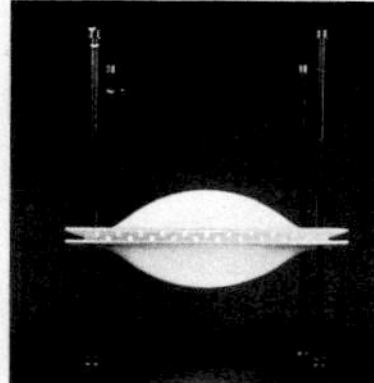

Lampada da tavolo ribaltabile. Appoggiata alle quattro gambe più corte, con il perspex bianco in alto, illumina con luce diffusa l'ambiente; appoggiata alle quattro gambe più lunghe, con il perspex bianco in basso, dà luce a chi scrive o legge.

Lampade e ceramiche

Ettore Sottsass, arch.

Lampada da tavolo con il cappello rovesciabile: serve, come la lampada sopra illustrata, a due usi. Il cappello oltre che rovesciabile è girevole, sì che il suo taglio abliquo permette di orientare il fascio di luce.

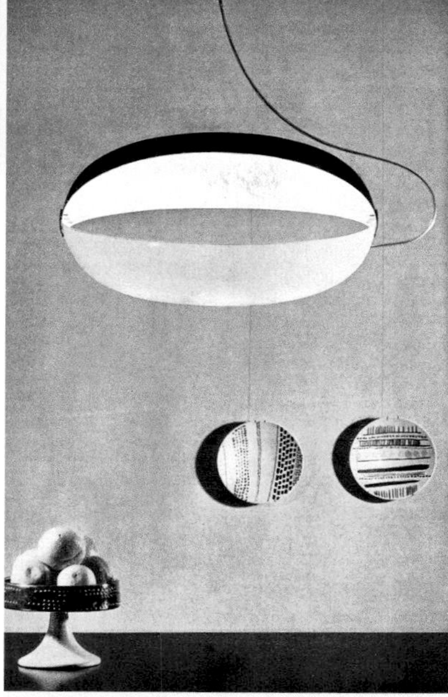

A sinistra, lampada da soffitto, con la parte inferiore in perspex e la parte superiore in metallo. Il sostegno è in filo di nailon, e la corrente è portata da un filo indipendente.

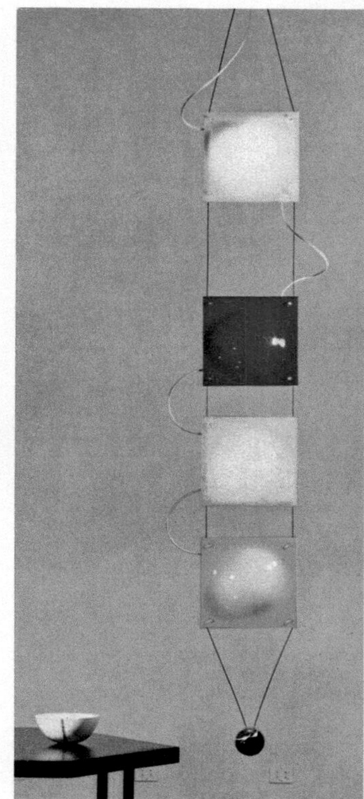

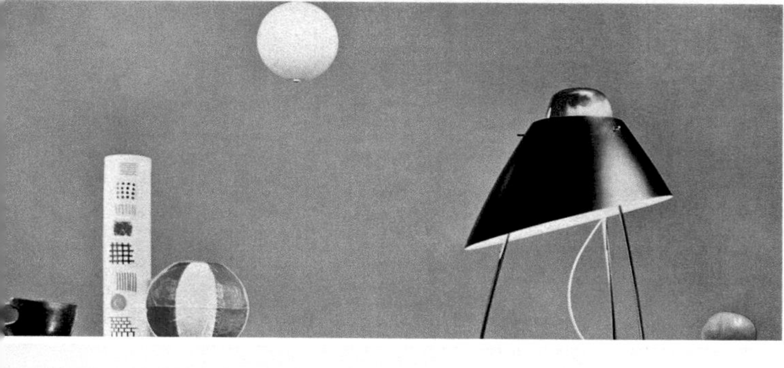

Le lampade che presentiamo appartengono ad una nuova serie prodotta da Arredoluce a Monza. Sono lampade da tavolo e da soffitto, in metallo e perspex, da usare per soggiorni, atrii, camere da letto.
Le ceramiche sono prodotte da Bitossi di Montelupo per il mercato americano, e fanno parte di una più larga serie di disegni che Sottsass ha preparato in questi ultimi mesi.

A destra, lampada da soffitto in perspex colorato. Scende quasi fino a terra e illumina a luce diffusa sia l'ambiente che, più da vicino, una persona che legga seduta. È smontabile per la spedizione.

Sopra, lampada da soffitto a luce indiretta, a tre elementi sospesi: è in metallo dipinto.
A destra, lampada da soffitto in metallo e perspex; sotto la lampada, una coppa portafrutta nera all'esterno e bianca all'interno.

Sopra, lampada in metallo e tubo di perspex colorato.
A destra, lampada da soffitto in metallo e perspex; il sostegno è in filo di nailon. Sotto alla lampada, due vasi per fiori.

Lights and Ceramics

Reversible table lights and suspended ceiling lights designed by Ettore Sottsass Jr. for Arredoluce (shown with ceramics designed by Ettore Sottsass Jr. for Bitossi)

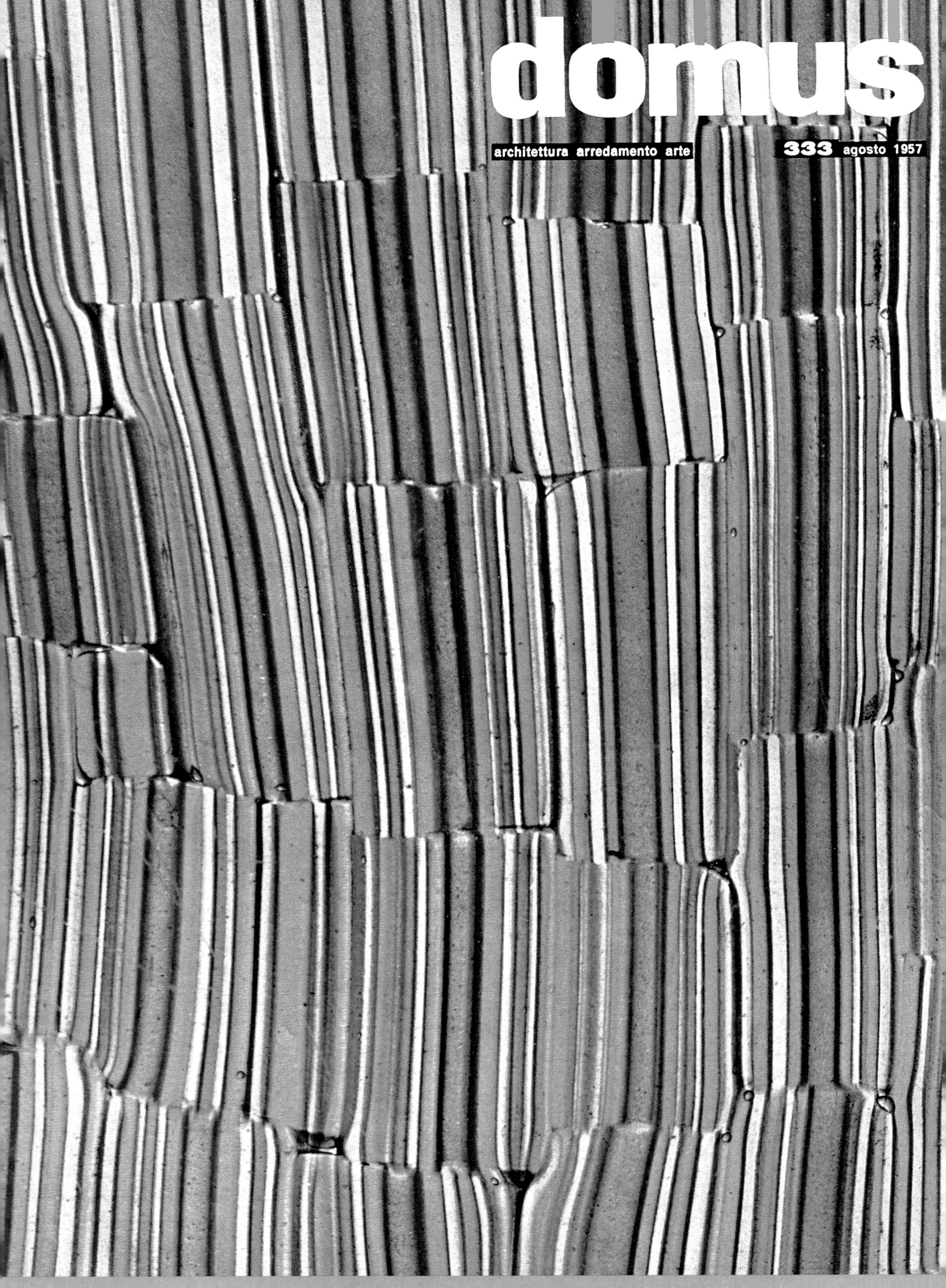

domus 333
August 1957

Cover

domus magazine cover showing Venini glass mosaic panel

'enini, vetrate

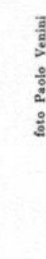

foto Paolo Venini

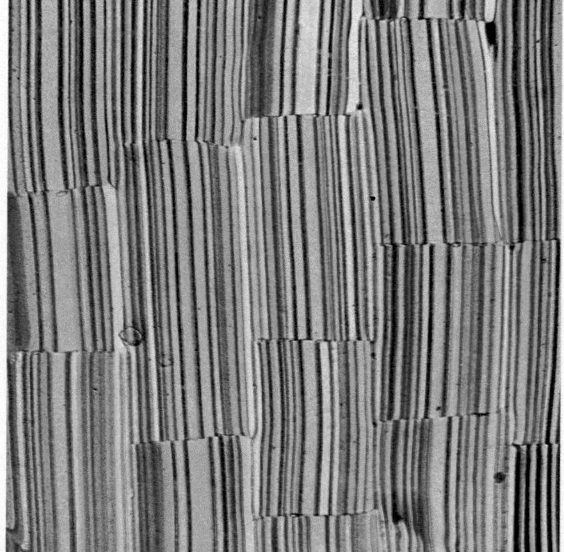

elementi di vetrata a mosaico

Una novità di Venini è la serie di nuove e grandi vetrate che pubblichiamo qui di seguito (alcune sono esposte alla XI Triennale di Milano), composte con questi elementi di vetro mosaico, e alcune con elementi di vetro unicolore o « a pennellate »: l'idea delle vetrate fu suggerita a Venini durante un viaggio, dall'osservare la struttura di certi antichi muri dell'isola di Delo (la vetrata che pubblichiamo per ultima, ripete la trama del muro, messa per verticale), e il disegno della corteccia di certi tronchi di palma.

muro del sesto secolo a. Cr., a Delo

Venini, Murano: quattro vetrate composte con elementi di vetro mosaico

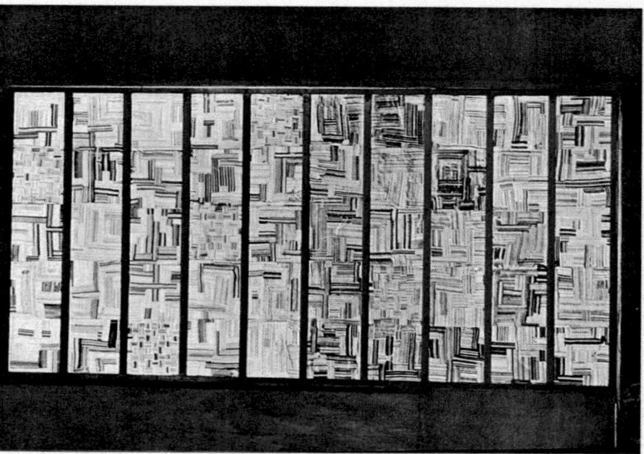

Venini alla XI Triennale

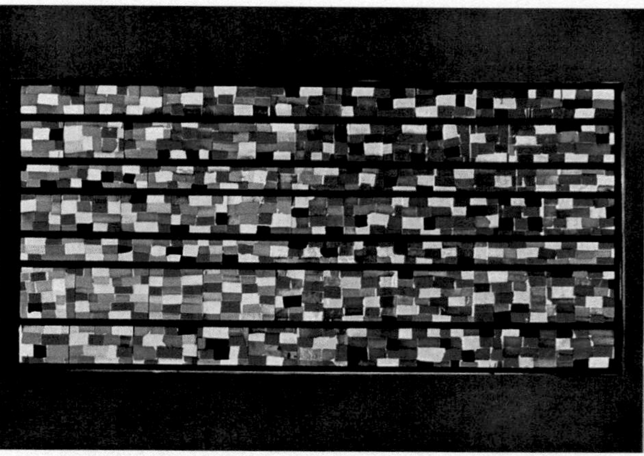

foto Paolo Venini

nuove vetrate di Venini

Vetrata composta con elementi di vetro unicolore, con un centro di pezzi di vario disegno, studiata in collaborazione con l'architetto Oscar Stonorov di Filadelfia per le porte del ristorante di un grande magazzino americano di Detroit.
A destra, vetrata composta di elementi di vetro bianco con « pennellate » di colore, studiata in collaborazione con l'architetto Stonorov per l'edificio della Solidarity House della General Motors di Detroit; fa parte di una serie di otto grandi vetrate, alte circa tre metri.

Venini, Stained Glass Windows

Glass mosaic panels executed by Venini and shown at the XI Milan Triennale; glass panelled door for a Philadelphia department store and glass panel for General Motor's Solidarity House in Detroit – both executed by Venini in collaboration with Oscar Stonorov

Translation see p. 564

Un grande magazzino a Rotterdam

Marcel Breuer, arch.

Questo edificio, terminato nel marzo di quest'anno, è la nuova sede dei magazzini Bijenkorf a Rotterdam; ed è, a Rotterdam, il secondo grande episodio architettonico Bijenkorf, poichè la prima sede fu costruita, nel 1930, da Dudok, ed era, nei criteri, la più moderna d'Europa. Essa venne in buona parte distrutta dai bombardamenti nel '40, poi riattivata in parte, infine sostituita dal nuovo grande edificio. È questo un edificio a fronti tutti chiusi, come conviene a un grande magazzino (dove

I magazzini Bijenkorf a Rotterdam

foto Gerrit Burg

domus 334
September 1957

A Department Store in Rotterdam

Bijenkorf department store in Rotterdam designed by Marcel Breuer: angled elevations, night view and glass pavilion

e e aereazione sono artificiali, utte le pareti van sfruttate), e uer ne ha con castigata fan- a risolto il volume in un cco unitario, un parallelepipe- intatto, con il solo gioco gra- degli esagoni del rivestimen- e delle feritoie. (Di notte, le toie illuminate fanno un di- no singolare e riconoscibile, ne una grande bandiera).
dificio, progettato da Breuer la collaborazione dell'archi- o olandese A. Elzas e del- nericano Daniel Schwartzman, re una superficie di 36.000 , ha struttura in cemento ar- o (829 pilastri) e rivestimento pietra: all'esterno, su uno de- angoli, porta una grande scul- a in metallo di Naum Gabo; nprende, oltre ad un ristorante ar, una agenzia di viaggi, un zio postale, un cinema a 600 ti (Cineac): separato dall'edi- o, un padiglione a un piano, areti tutte di vetro, ospita mo- speciali.

foto Gerrit Burg

rel Breuer, arch.: magazzini nkorf a Rotterdam

Translation see p. 564

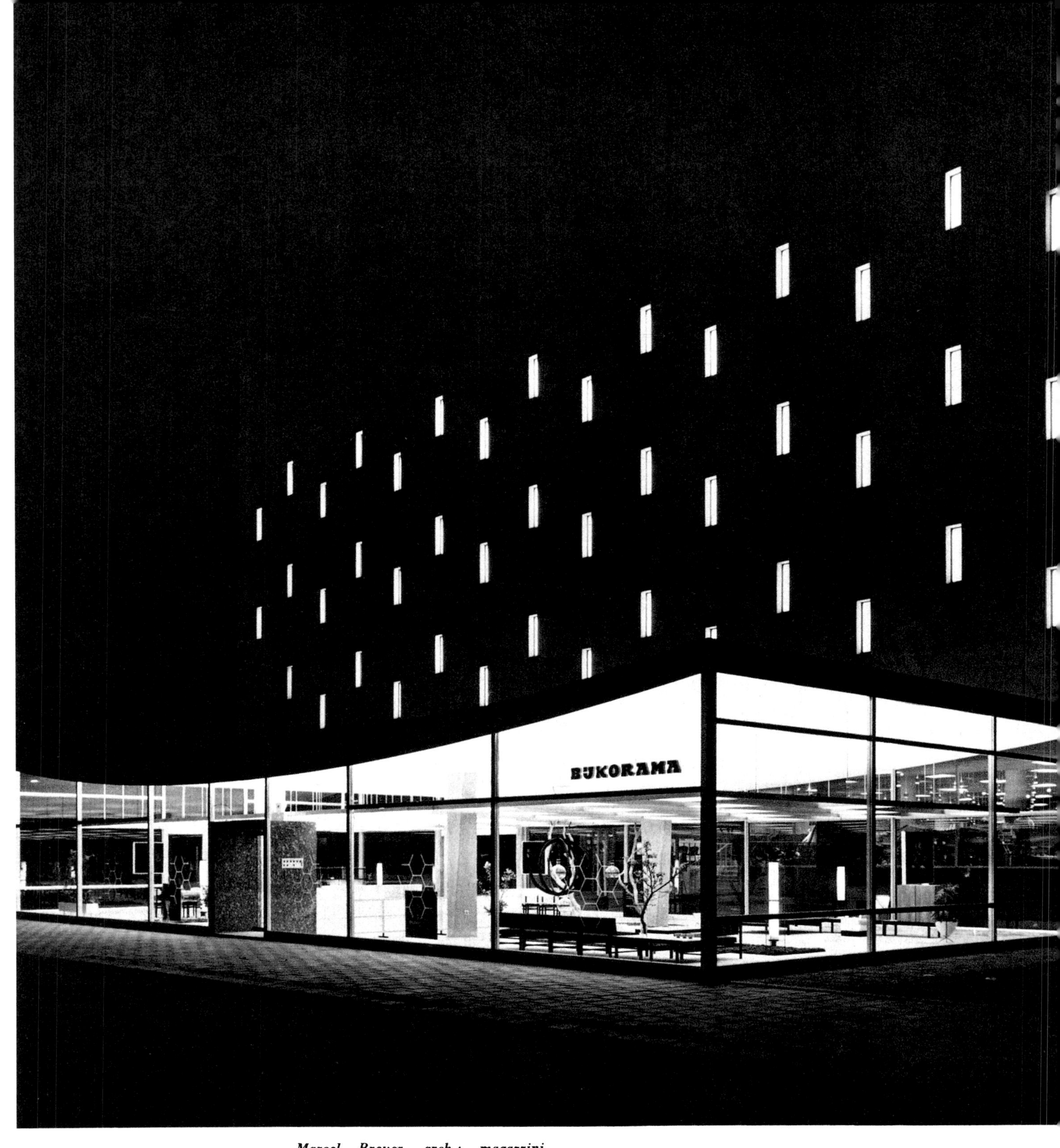

Marcel Breuer, arch.: magazzini Bijenkorf a Rotterdam: in primo piano il padiglione isolato, a pareti trasparenti; destinato alle mostre speciali (nella pagina a fianco, l'interno del padiglione).

A Department Store in Rotterdam

Bijenkorf department store in Rotterdam designed by Marcel Breuer: night view

Translation see p. 564

ı letto pieghevole

il letto Tecno

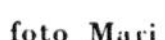

foto Mari

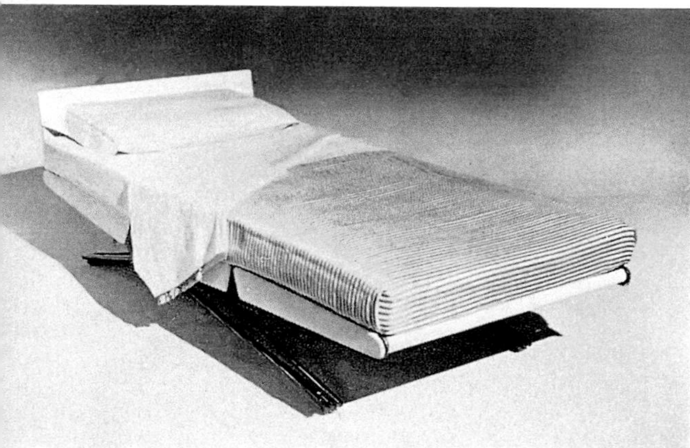

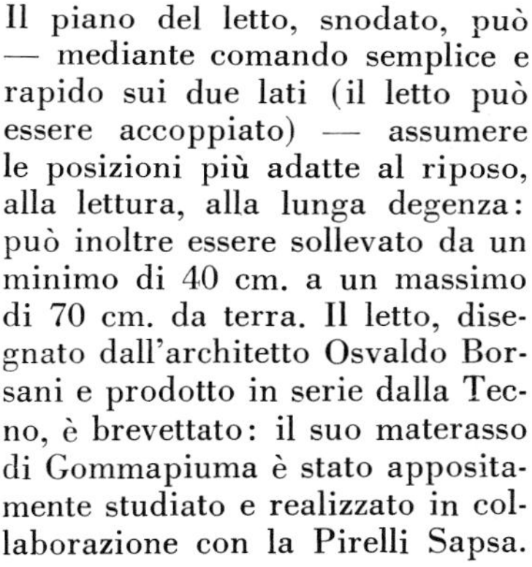

Il piano del letto, snodato, può — mediante comando semplice e rapido sui due lati (il letto può essere accoppiato) — assumere le posizioni più adatte al riposo, alla lettura, alla lunga degenza: può inoltre essere sollevato da un minimo di 40 cm. a un massimo di 70 cm. da terra. Il letto, disegnato dall'architetto Osvaldo Borsani e prodotto in serie dalla Tecno, è brevettato: il suo materasso di Gommapiuma è stato appositamente studiato e realizzato in collaborazione con la Pirelli Sapsa.

A Folding Bed

Chaise-longue bed designed by Osvaldo Borsani for Tecno

Translation
see p. 564

foto Casali-Do

Particolari di arredamento

Angelo Mangiarotti,
Bruno Morassutti, arch.tti

Una lampada a parete in betulla, con diffusore in termolux. Una scrivania a parete in betulla, con piano ribaltabile, cassetti, illuminazione incorporata. Un piccolo mobile per libri, con sostegni e ripiani in betulla, e fondale in panno bruno. (Esecuzione Piero Frigerio, Cantù)

Furnishing Details

Wall light, writing cabinet, bookcase, sectional seating and wall unit designed by Angelo Mangiarotti and Bruno Morassutti for Piero Frigerio

foto Casali-D

Angelo Mangiarotti, Bruno Morassutti, arch.tti: mobili per la serie

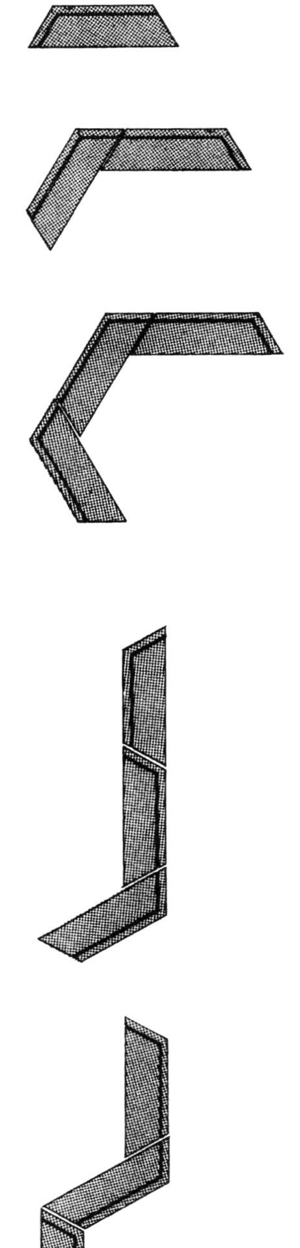

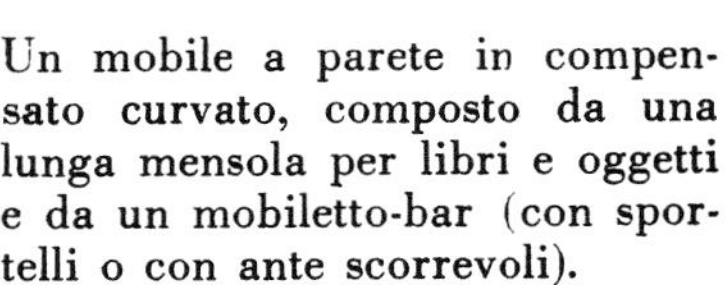

Un mobile a parete in compensato curvato, composto da una lunga mensola per libri e oggetti e da un mobiletto-bar (con sportelli o con ante scorrevoli).
Un divano ad elementi accostabili, studiato per la serie: struttura in ferro laccato nero, attacchi in ottone, cuscini imbottiti in gommapiuma, schienale in massiccio di betulla. Le possibilità di composizione delle diverse unità sono numerose.

Sectional seating and wall unit designed by Angelo Mangiarotti and Bruno Morassutti for Piero Frigerio

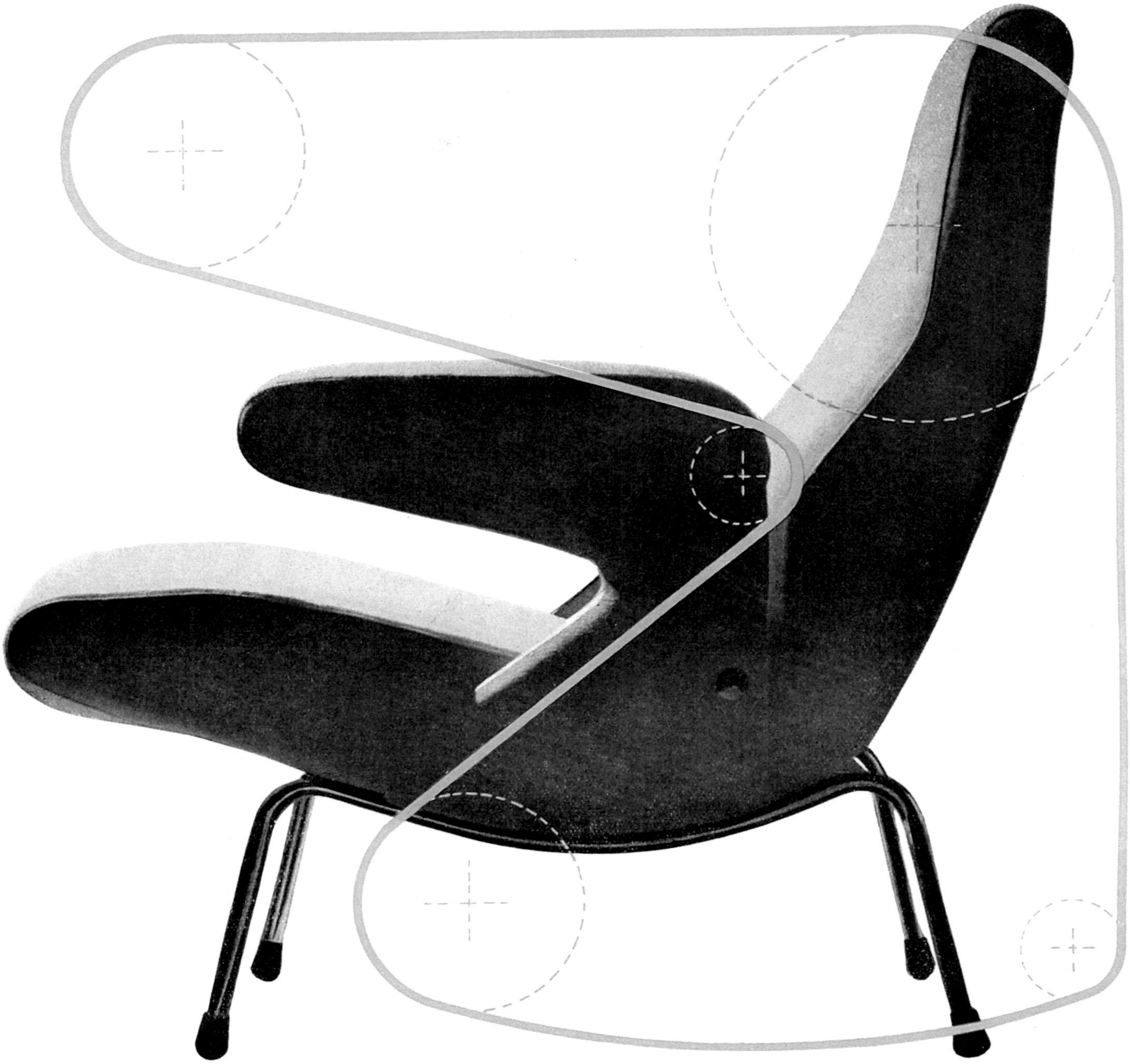

ltrona "delfino,, dis. erberto carboni

edie, poltrone, divani in "gommapiuma,, PIRELLI Sapsa

odelli **ar-flex,** disegnati da architetti e realizzati secondo i più mo-ni concetti dell' "industrial design,, si ambientano in arredamenti sia derni che di carattere tradizionale. Sono curati: nei dettagli tecnici telai, nella scelta dei tessuti, nelle finiture che consentono - nei tipi ompleta struttura metallica - di togliere il rivestimento per il ricambio pulizia.

sede di Milano: via Tito Livio, 3 - tel. 541601/51 - **negozio di Milano**: via Borgogna, 2 - tel. 705972 - **filiale di Roma**: via del Babuino, 20 - tel. 687501 - **ar-flex France - Parigi XI**: 6 rue Gobert (160 Bd. Voltaire) vol. 6114/3329 - **ar - flex depositari**: **Bari**: In-Des s.r.l. - via Piccinni, 68/B - tel. 10445 - **Bologna**: Ditta F.lli Canetoli - via Castigiione, 4 - tel. 34632 - **Messina**: ARFA di Armone & A. Ricolizzi - via G. Bruno is. 156 n. 43/H - tel. 11367 - **Napoli**: Linoleum Napoli - via G. Filangieri, 37 - tel. 60360 - **Pescara**: Arredo Arte del Profess. de Cinque - piazza della Rinascita, 20/22/23/24 - tel. 3848 **Torino**: Ditta Teo Bianco - via Roma, 101 - tel. 41667

Arflex advertisement showing *Delfino* armchair designed by Erberto Carboni

Casa in California

Greta Magnusson Grossman, arch.

Questa casa, Greta Magnusson Grossman l'ha progettata e costruita per sè. Sorge a Beverly Hills, sulla cima di un piccolo colle, con una vista apertissima sulla città e sull'Oceano. Su que-

foto Hartley

domus 335
October 1957

House in California

House in Beverly Hills, California, designed by Greta Magnusson Grossman for her own use: views of angled elevation, kitchen and living room

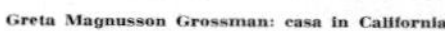

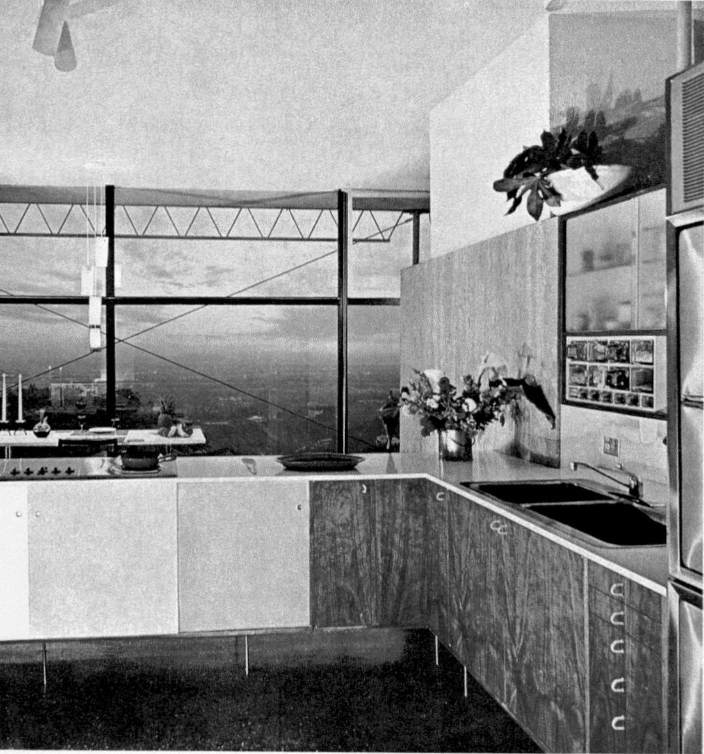

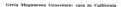

foto Hartley

Greta Magnusson Grossman: casa in California

La cucina è una zona del soggiorno, aperta anch'essa sul bellissimo panorama lontano. I mobili sono in noce, come nel resto della casa, con ante scorrevoli in laminato plastico; forno e frigorifero, incassati, sono in acciaio inossidabile.

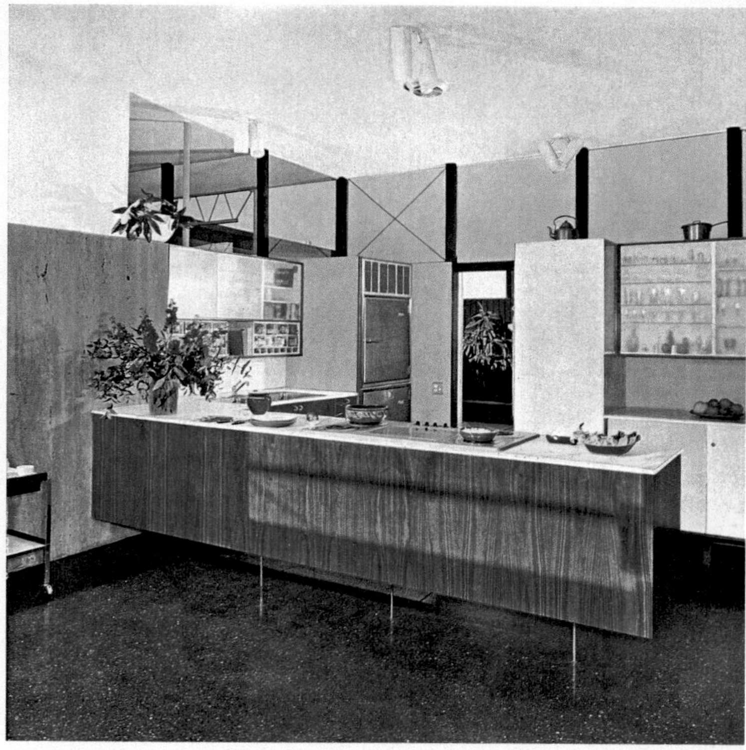

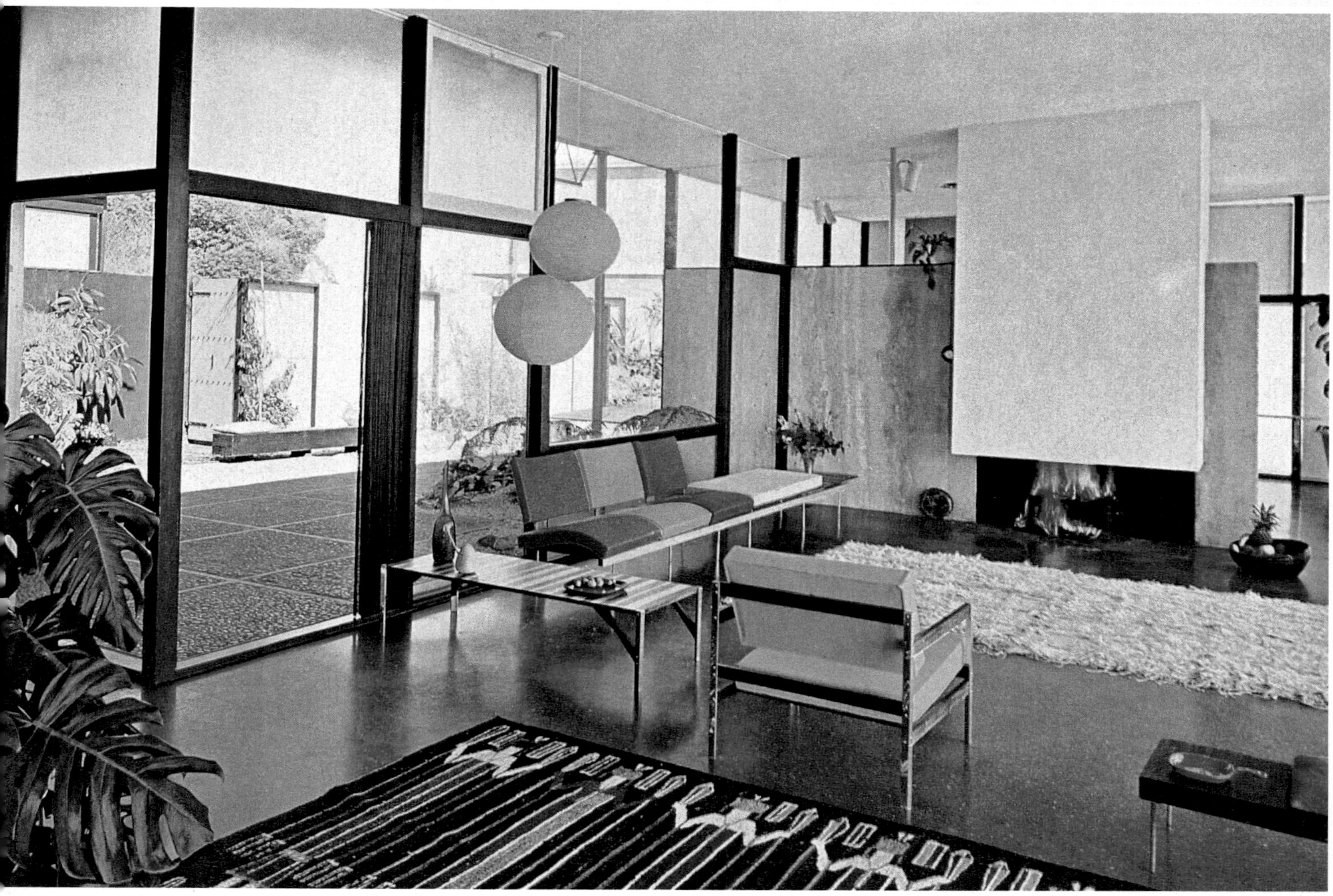

Translation
see p. 564

Greta Magnusson Grossman: casa in California

sto panorama « lontano » è puntata la visuale: la casa sporge a sbalzo dal pendìo come sorvolando il paesaggio in primo piano (scarpata, strada, casette vicine). Il fronte è tutto vetrato. Gli ambienti (soggiorno-pranzo, cucina, camera da letto, studio) sono passanti, e separati fra loro da pareti-armadio. La zona più raccolta della casa è il giardino sul retro, chiuso su tre lati.
Tutti i mobili, e le lampade, sono stati disegnati dall'architetto.

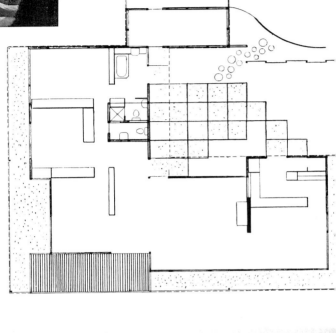

Pianta e fianchi della casa. Il tetto piano è colorato a zone.

←

Nella pagina a fianco, il grande soggiorno-pranzo con il camino. La parete in travertino separa il soggiorno dalla cucina. I mobili, disegnati dall'architetto, sono in noce e alluminio; le poltrone sono rivestite in tessuto di lino. Sul pavimento, che è continuo e uguale in tutta la casa, un tappeto indiano Navajos.

House in California

House in Beverly Hills, California, designed by Greta Magnusson Grossman for her own use: view from distance, floor plan, views from above, bedroom and wardrobe

camera da letto si apre sul giardi-
: il mobile lungo e basso che di-
le la stanza in due zone porta in-
sato il lavabo e nasconde la vasca
bagno.
pareti-armadio che separano i di-
si ambienti, sono in noce: hanno
dorso un pannello forato, per ap-
ndervi quadri.

Greta Magnusson Grossman: casa in California

Translation
see p. 564

Mostra a Villa Olmo

" Colori e forme nella casa d'oggi "

Si è tenuta a Como, nei mesi di luglio ed agosto, la annunciata mostra di Villa Olmo, cui hanno partecipato i più noti architetti lombardi.
Il titolo della mostra consentiva una certa larghezza di argomenti: da quello, predominante, della collaborazione fra artisti ed architetti a quello della produzione in serie, da quello del rapporto fra opere moderne e ambienti antichi, a quello dello studio degli spazi. E poichè questi sono argomenti di attuale interesse per gli architetti, ognuno degli espositori ha potuto dare, nella mostra, un documento del proprio lavoro. Alla mostra partecipavano imprese industriali e artigiane di produzioni per la casa.

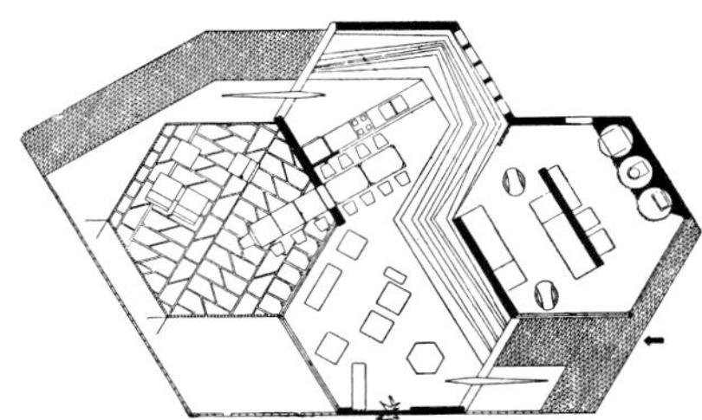

G.P. Allevi, Ico e Luisa Parisi, arch.tti

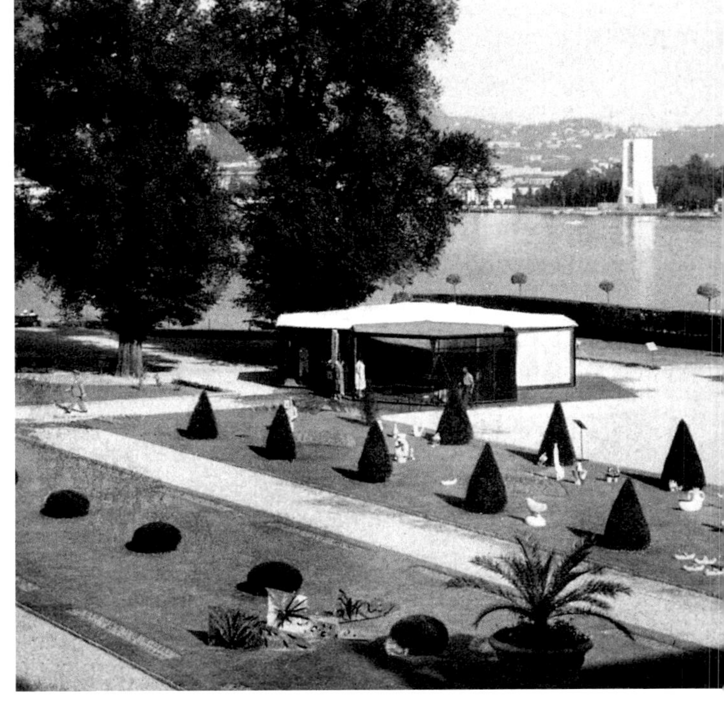

Nel parco della villa, una casa per vacanze «ampliabile». È composta, in pianta, di un nucleo di tre unità esagonali (ingresso-soggiorno, pranzo-cucina, notte-servizi) al quale si possono facilmente aggiungere altre unità esagonali. Superficie di ogni unità, mq. 32; altezza m. 2,60.

foto Casali-Domus

Exhibition at Villa Olmo

Holiday house designed by G. P. Allevi and Ico and Luisa Parisi for the "Colours and Forms in Today's House" exhibition at Villa Olmo in Como: view from distance, exterior, living/dining area, living/entrance area, dining and kitchen areas, floor plan

"Colori e forme nella casa d'oggi"

La mostra, patrocinata dal Comune di Como e dal Comitato di Villa Olmo, e presieduta dal Sindaco di Como, avv. Lino Gelpi, è stata proposta e realizzata dalla Associazione Belle Arti della Provincia di Como. Comitato tecnico esecutivo: Mario Radice, Carlo Piatti, Salvatore Alberio, Fulvio Cappelletti, Silvio Longhi, Betto Lotti, Ico Parisi, Manlio Rho, Francesco Somaini. Giuria internazionale: André Bloc, Felice Casorati, Alfred Roth, Alberto Viani.
Pubblichiamo in queste pagine una delle costruzioni realizzate per la mostra nel parco della Villa, e una rassegna degli ambienti allestiti nelle sale.

foto Casali-Domus

G.P. Allevi, Ico e Luisa Parisi, arch.tti

Casa per vacanze: il soggiorno-ingresso. Quasi tutti i materiali impiegati nella costruzione, ad esclusione delle parti portanti e di tamponamento, sono materiali plastici. L'arredamento è di serie. Le decorazioni di G. Campi, Ico Parisi, Mario Radice, Manlio Rho, Francesco Somaini, sono state concepite in modo da poter essere mutate, secondo l'estro del proprietario, su schemi predisposti dal pittore e dallo scultore.
Pavimento Flexa in «duraplast»; serramenti e veneziane Griesser, Como; mobili di Cassina, Meda, e de La Ruota, Como.

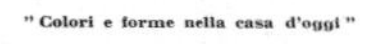

"Colori e forme nella casa d'oggi"

foto Casali-Domus

G.P. Allevi, Ico e Luisa Parisi, arch.tti

Casa per vacanze: pranzo e cucina. Visuale continua fino al soggiorno e ingresso. Nella cucina, mobili metallici Homelight, Milano.

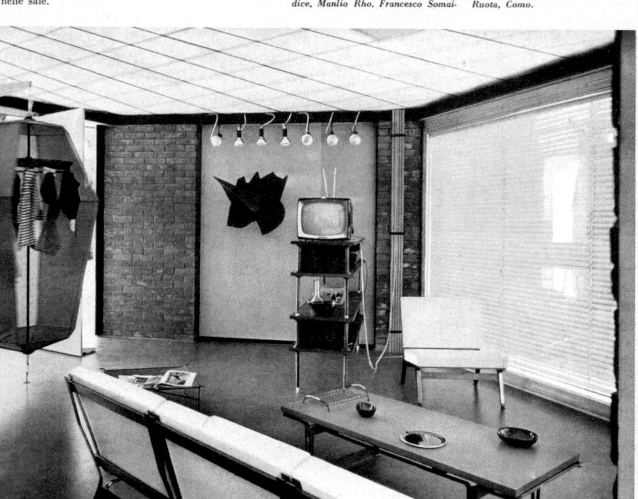

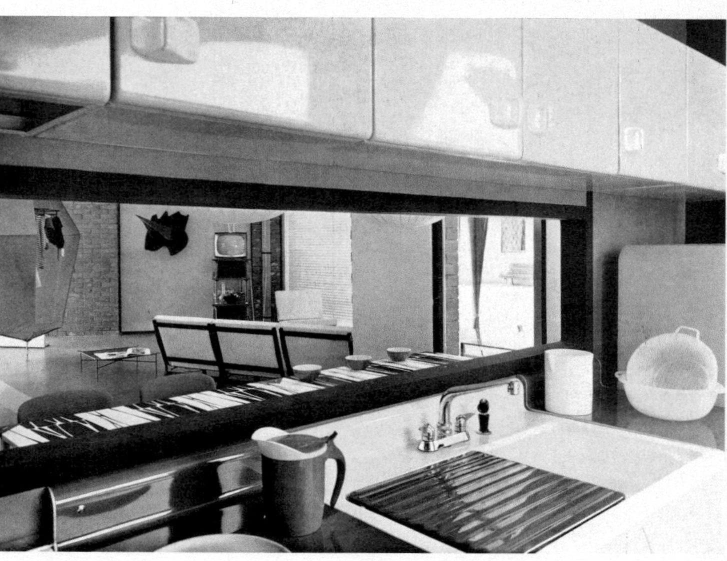

Translation
see p. 564

foto Casali-Do

domus 335
October 1957

Exhibition at Villa Olmo

"Colours and Forms in Today's House" exhibition at Villa Olmo in Como: interior with bookshelves designed by Ico Parisi; living room by Paolo Tilche; studio by Carlo Hauner; display of Gio Ponti's design work; office for an art director by Melchiorre Bega; veranda by Carlo Mazzeri and Luigi Massoni; living room by Mario Tedeschi

Paolo Tilche, arch.
decorazioni di Max Huber
sculture di Isa Pizzoni

Un grande soggiorno, adatto ad un alloggio uniambientale (i divani si trasformano in letti, il tavolino diventa tavolo da pranzo). Il gioco delle lampade abbassa idealmente il soffitto a m. 2,50, suggerendo un arredamento con mobili bassi e piani. Mobili, oggetti e lampade della Arform, Milano; pareti in flexwood, pavimento in linoleum. Decorazione del pavimento e delle pareti di Max Huber. Sculture di Isa Pizzoni.

Carlo Hauner, arch.

Uno studio, con soffitto in «nervometal» nero e pavimento in moquette grigia; prodotti da Forma, Brescia, mobili di Carlo Hauner e Martin Eisler; stoffe di Iger Stigare, oggetti di Carl Aubok.

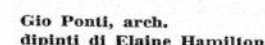

Gio Ponti, arch.
dipinti di Elaine Hamilton

Raccolti in un'unica composizione ambientale, elementi di arredamento (disegnati da Ponti e prodotti in serie: le nuove poltrone di Cassina, Meda, la tripolina metallica di Cova, Milano, i tessuti della Jsa di Busto, i mobili in formica di Giordano Chiesa, Milano) e «invenzioni» decorative (le «pitture d'angolo» e «da soffitto» di Elaine Hamilton e Ponti, i quadri su piedestallo, le sedie dipinte, i tappeti composti, di Colombi, le porte coperte da pannelli di stoffa stampata); inoltre, produzioni d'arte e industriali per la casa (le posate di Ponti per Krupp e per la Christofle Italiana, gli smalti di De Poli e del Campo, gli apparecchi Ideal Standard, disegnati da Ponti).

"Colori e forme nella casa d'oggi"

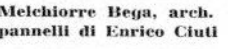

Melchiorre Bega, arch.
pannelli di Enrico Ciuti

Lo studio del direttore artistico di un ufficio pubblicità e propaganda: mobili disegnati dall'architetto e prodotti da V. Bega e Figli, Bologna; infissi in metallo della Curtisa, Bologna; pavimenti in gomma Noraplan; sedie Rima; ceramiche di Danese e Meneguzzo, Milano.
Alla parete dietro la scrivania, pannelli di Enrico Ciuti. Serramento, pavimento e decorazioni sono stati studiati per una prossima realizzazione in un nuovo grattacielo milanese progettato da Bega (vedi plastico sulla scrivania).

foto Casali

Carlo Mazzeri, Luigi Massoni, arch.tti

Una veranda. L'ambiente è caratterizzato dagli elementi in ceramica — prodotti dalle Ceramiche Italiane Decorative, Milano, su disegno di Cecilia Mora, Carlo Mazzeri, Luigi Massoni — impiegati nei pavimenti e nelle pareti come brise-soleil. Al centro il camino.

Mario Tedeschi, arch.
sculture di Carlo Ramous

Il «soggiorno privato» di un collezionista, ambiente non grande, destinato a ospitare quadri e sculture, esposti a rotazione. Le pareti e il soffitto, in gesso Sadi, sono bianchi; il pavimento è scuro; divano e poltrone sono rivestiti in rosso. Il divano «Giano», disegnato da Mario Tedeschi e Maddalena Coletti, ha lo schienale ribaltabile; la poltrona «Modellata» (disegnata «dopo» il modello in creta) è a molleggiatura e imbottitura complete. Questi due mobili sono prodotti da Ravelli, Biandronno; gli altri sono della Arform, Milano. Sculture di Carlo Ramous.

↓

Translation
see p. 564

Una nuova poltrona

Fotogran

Una nuova poltrona prodotta in serie dalla Arflex è la poltrona Lucania, disegnata dall'architetto Giancarlo De Carlo.
La struttura della poltrona è in lamiera stampata: schienale e braccioli formano un corpo unico, una conca; il sedile è un telaio indipendente, e viene collocato nella sua sede già finito, cioè già ricoperto — su nastri cord — di propria imbottitura e fodera, e ha quindi l'aspetto di un cuscino volante.
La conca è provvista di una serie di ganci cui vengon fissati i nastri cord del molleggio (per lo schienale) e la fodera esterna che riveste l'imbottitura di gommapiuma.
Le fodere sia del sedile che della conca si possono togliere assai facilmente per la lavatura.
Il fissaggio delle diverse parti è ottenuto con viti ad espansione.
Questa poltrona è il secondo pezzo della serie Lucania disegnata da Giancarlo De Carlo: il primo è la ben nota seggiolina Lucania in compensato curvato.

la poltrona Lucania della Arflex disegnata da Giancarlo De Carlo

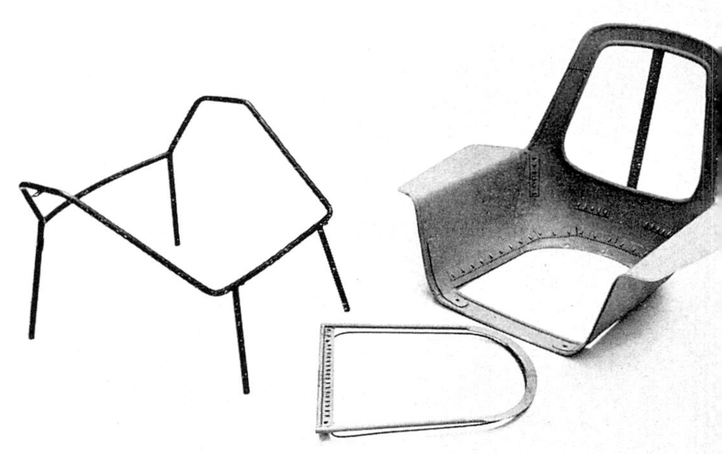

foto

Translation see p. 564

AR-FLEX S.p.A.

Poltrone, sedie e divani in "gommapiuma" PIRELLI sapsa

nuove idee per il riposo

Milano — Sede: via Tito Livio 3 - tel. 541.601/51
Negozio: via Borgogna 2 - tel. 705.972

Filiale di Roma — Uffici: via del Babuino 22 - tel. 689.496
Negozio: via del Babuino 20 - tel. 687.501

CONSOCIATE ESTERE

Ar-Flex France
sede: *Paris XI 6, rue Gobert (160 Bd. Voltaire) VOL. 6114 / 3329*
negozio: *Paris VIII 166, Fg. St. Honoré ELY 0840*

Ar-Flex Benelux
Amsterdam C. – Plantage Middenlaan, 20 – tel. 56.664

Ar-Flex Hispania
Valencia – Julio Antonio, 4 – tel. 13.853

Dar-Flex England
Harrow Middlesex - Du-al House - Byron Road - tel. HARrow 5141

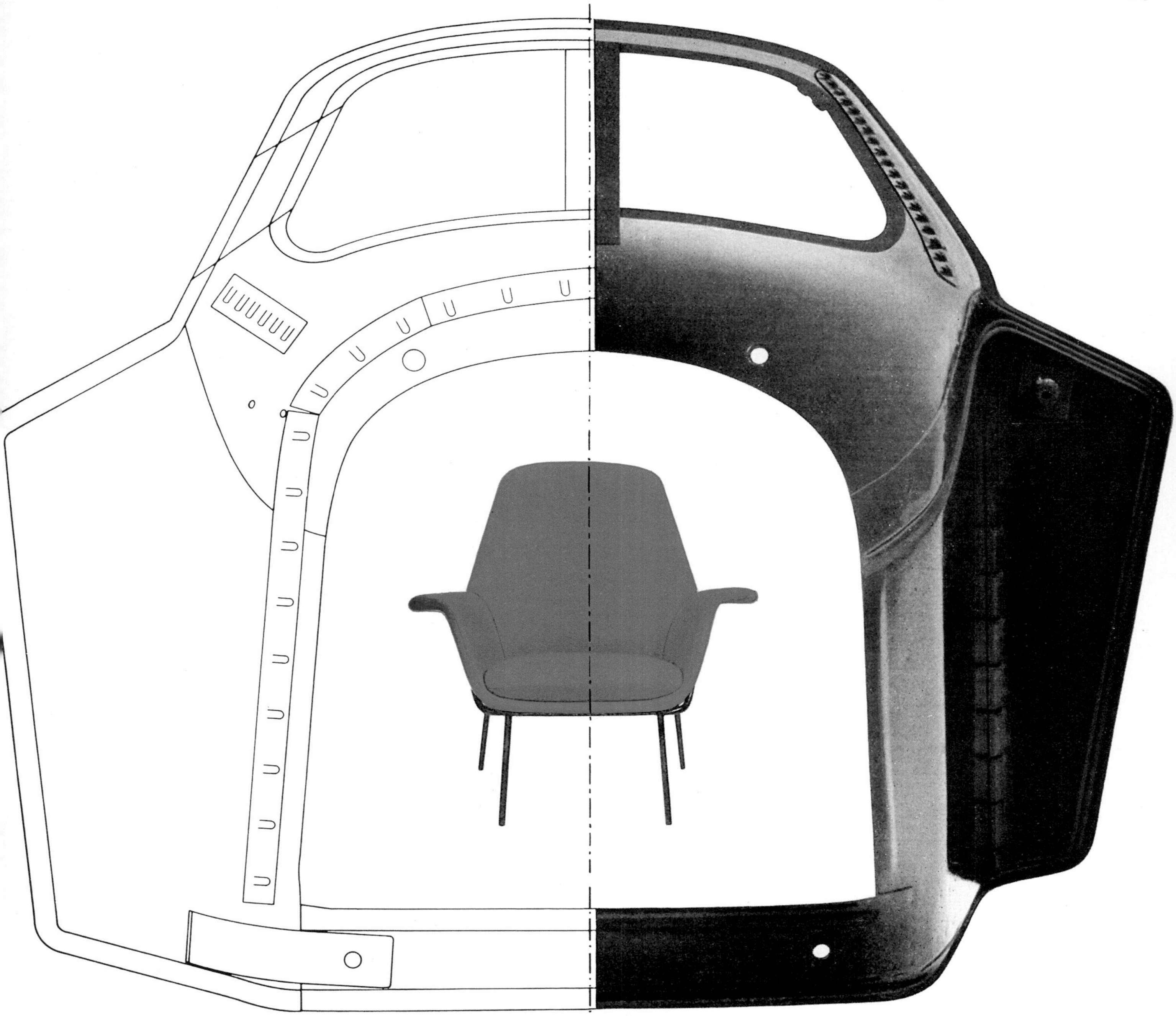

poltrona Lucania - *disegno arch. Giancarlo De Carlo*

DEPOSITARI ITALIANI: BARI - *In-Des s.r.l. - La Casa Moderna - Via Piccinni, 68b - tel. 10.445* – BOLOGNA - *F.lli Canetoli - Via Castiglione, 4 - tel. 34.632* CATANIA - *A.R.F.A. - Via Gabriele d'Annunzio, 51/53* – FIRENZE - *P. Botto & C. - via Strozzi, 21 r – tel. 24.857* – GENOVA - *Domus Linea - Via XX Settembre, 220 r - tel. 51.238* – MESSINA - *A.R.F.A. - Via Giordano Bruno, 43 h – tel. 11.367* – NAPOLI - *Linoleum Napoli s.r.l. - Via G. Filangieri, 37 tel. 390.360* – PALERMO - *Ercole Gargano - Via Dante, 13/A – tel. 18.874* – PESCARA - *Arredo Arte - Piazza della Rinascita, 20/24 – telefono 38.48* TORINO - *Teo Bianco - Via Roma, 101 (ang. Pr. Amedeo, 2) – tel. 41.667*

Arflex advertisement showing *Lucania* armchair designed by Giancarlo De Carlo

Particolari di interni

Ico e Luisa Parisi, arch.tti

In un nuovo appartamento a Bergamo, il camino nel soggiorno: la cappa cilindrica è in ferro, laccato in nero all'esterno e in rosso all'interno; il piano del focolare è in marmo bianco di Lasa; i supporti del piano sono in ferro laccato nero.

il camino nel soggiorno

Interior Details

Apartment and furnishings in Bergamo designed by Ico and Luisa Parisi: view of living room and detail of fireplace

Translation
see p. 564

Nel grande soggiorno, poltrone in gommapiuma, rivestite in lastex color terra di Siena, disegnate dagli architetti e prodotte da Cassina; il tavolo basso è in noce. La libreria a parete ha montanti in ferro e piani in noce su sostegni in ferro spostabili: il mobiletto a fianco del divano contiene radio e giradischi.
L'angolo del bar, in fondo al soggiorno, ha le pareti rivestite in noce con profilatura in palissandro, e sedie rivestite in lana rossa.

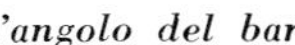

l'angolo del bar

l'ingre

la libreria nel soggiorno

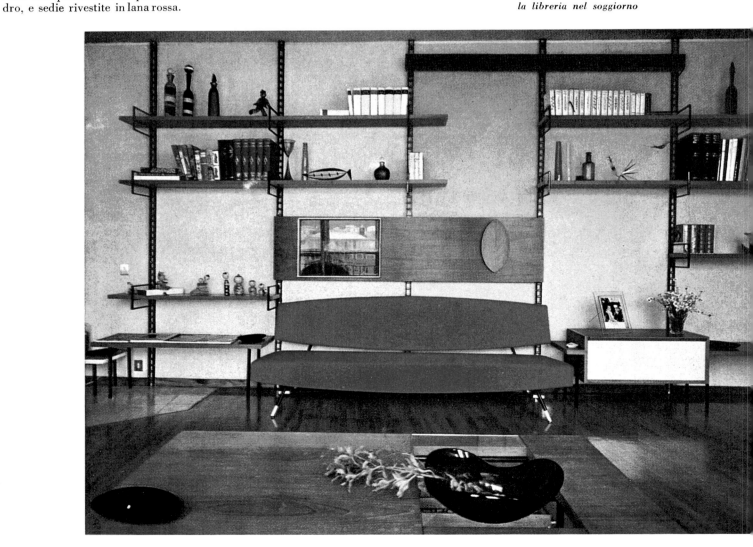

Interior Details

Apartment and furnishings in Bergamo designed by Ico and Luisa Parisi: views of entrance, bar corner, bookshelves in living room, wall unit in master bedroom and master bedroom

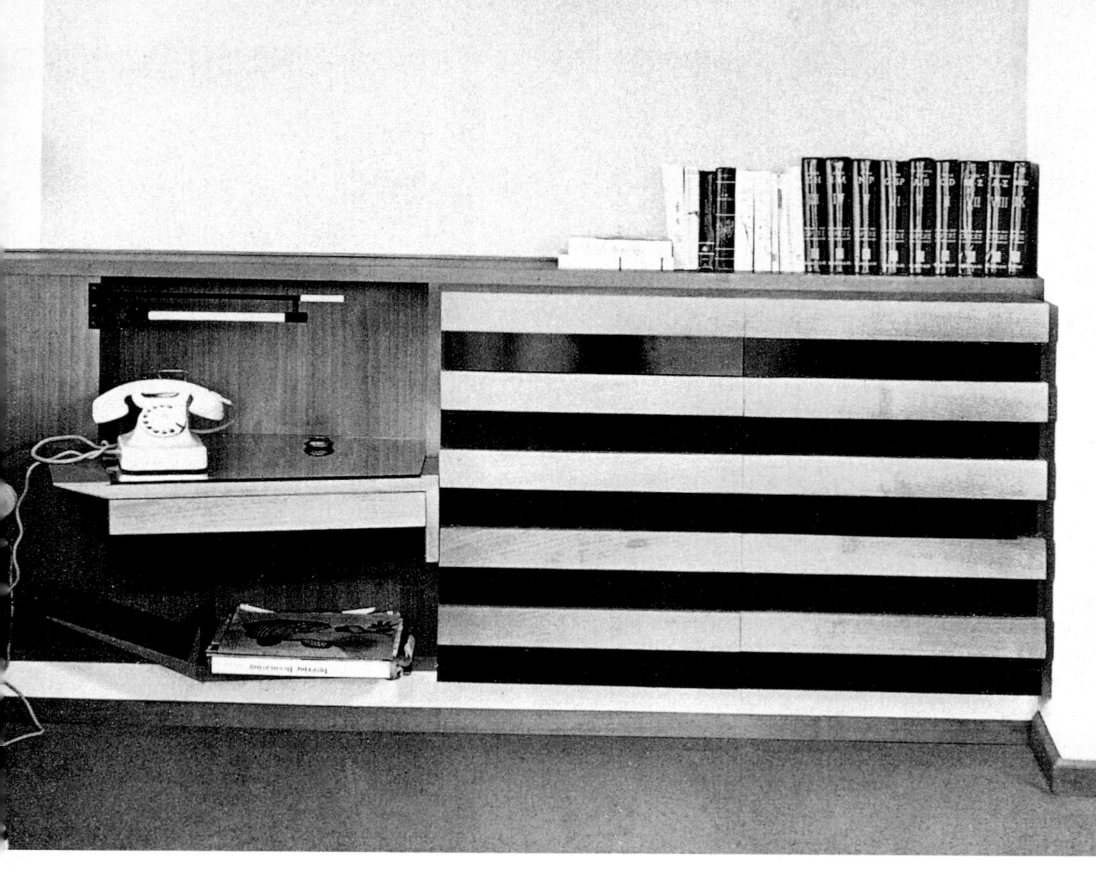

Ico e Luisa Parisi, arch.tti

Nella camera da letto matrimoniale, una « testiera cruscotto » asimmetrica: da un lato si prolunga in cassettiera, dall'altro si prolunga in mobile per toeletta: è in noce, e i cassetti hanno il fronte-maniglia in formica nera.

la camera da letto

Translation
see p. 564

foto Ifert

Casa in campagna vicino a Parigi

André Wogenscky, arch.

Questa casa (di cui abbiamo pubblicato gli esterni in Domus 326) sorge a St.-Remy-les-Chevreuse, nella campagna a sud-ovest di Parigi, sull'orlo di un bosco, e circondata da prato. È stata costruita dall'architetto Wogenscky per abitarvi con la moglie, la scultrice Martha Pan; la casa doveva quindi avere un atelier di scultura e uno studio, oltre ai locali di abitazione (soggiorno con cucina-bar, stanza da letto con servizi, guardaroba, due piccole stanze per bambini o per ospiti).
Gli interni, che qui illustriamo, sono di particolare interesse come distribuzione. Si vedano le piante (a pag. 16): atelier e soggiorno sono due grandi spazi di doppia altezza, m. 4,85, sui quali si aprono gli altri ambienti, alti m. 2,26 (fondo dell'atelier, pranzo, camera, studio, guardaroba); ciò ha permesso continuità di spazi, profondità e varietà di visuali e prospettive, ampiezza di respiro. Le sole stanze dei bambini, od ospiti, sono del tutto chiuse. Guide incassate nel pavimento e nel soffitto prevedono schermi mobili, scorrevoli, a separare l'atelier e il soggiorno; e così, nella stanza da letto e nello studio, le pareti-armadio che fan da parapetto sui vuoti dell'atelier e del soggiorno, possono concludersi in alto con pannelli scorrevoli. La stanza da letto è molto piccola; una parete-armadio la separa dallo spogliatoio, su cui s'apre il bagno: quest'ultimo è una cabina stagna, con pavimento incavato per la doccia. La cucina è risolta come un bar, situato all'interno del soggiorno stesso. Nella progettazione di questi ambienti, l'architetto ha impiegato il Modulor, non solo per tracciare piante e sezioni, ma per definire particolari (gradini, spessori) e anche per certi mobili, come quelli della cucina.

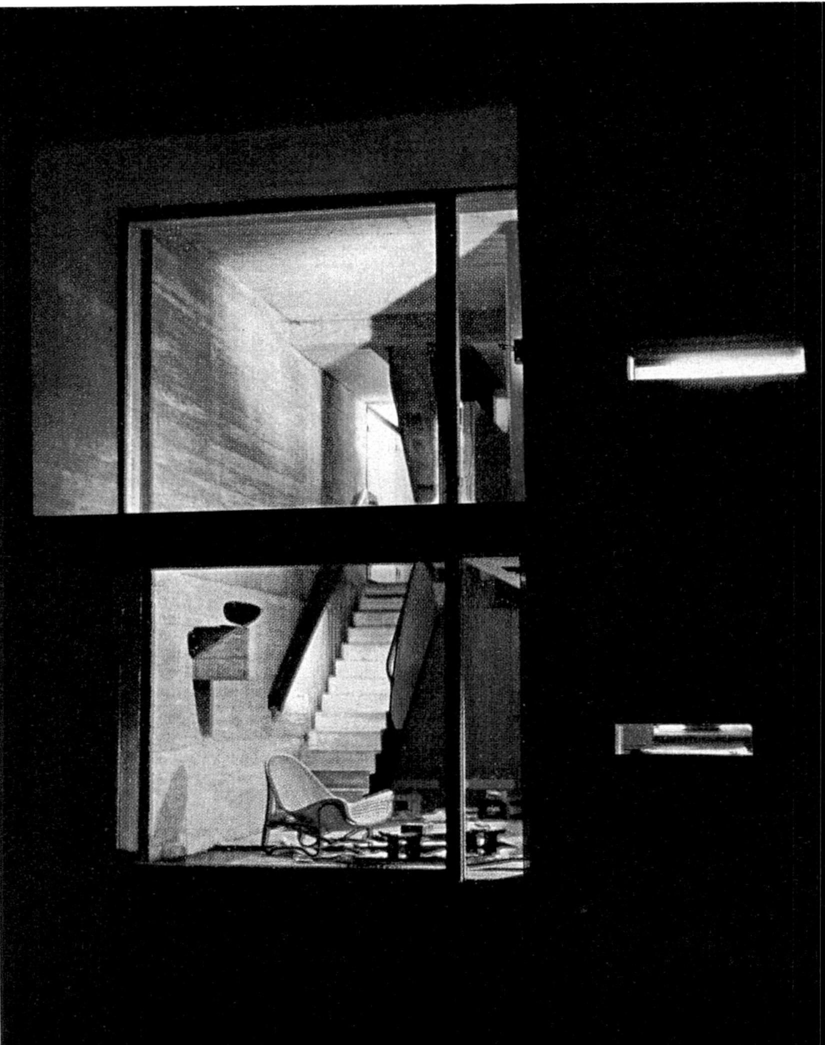

fronte sud: il soggiorno visto dall'este

fronte sud-est

fronte sud-ovest

fronte sud

Country House Near Paris

House in St.-Remy-les-Chevreuse designed by André Wogenscky: night view, elevations, kitchen/dining area, floor plan

Cucina: A, frigorifero; B, lavello; C, scolapiatti; D, forno; E, tavolo; F, fornelli; G, piano di lavoro e passapiatti; H, lastra di riscaldamento; I, piano di lavoro.

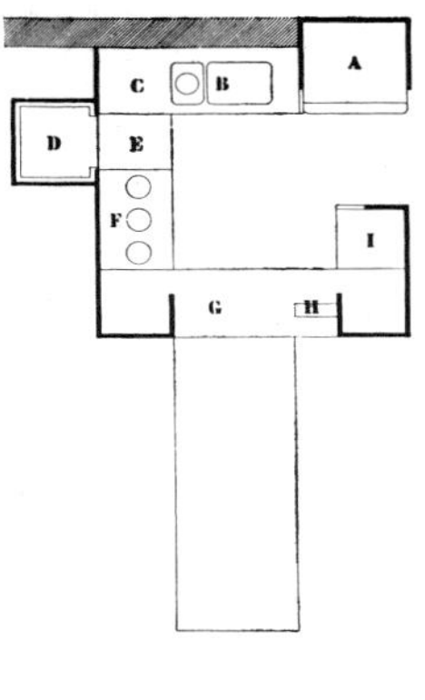

il bar

La cucina è collocata al centro, fra il soggiorno e l'atelier, come un bar, chiusa da un banco tutt'intorno. La padrona di casa prepara le vivande e le passa attraverso il passapiatti al tavolo .da pranzo.
Sopra la zona cucina-pranzo sta, sospeso a ponte, l'ambiente dello studio, che si affaccia sui vuoti del soggiorno e dell'atelier.

foto Ifert

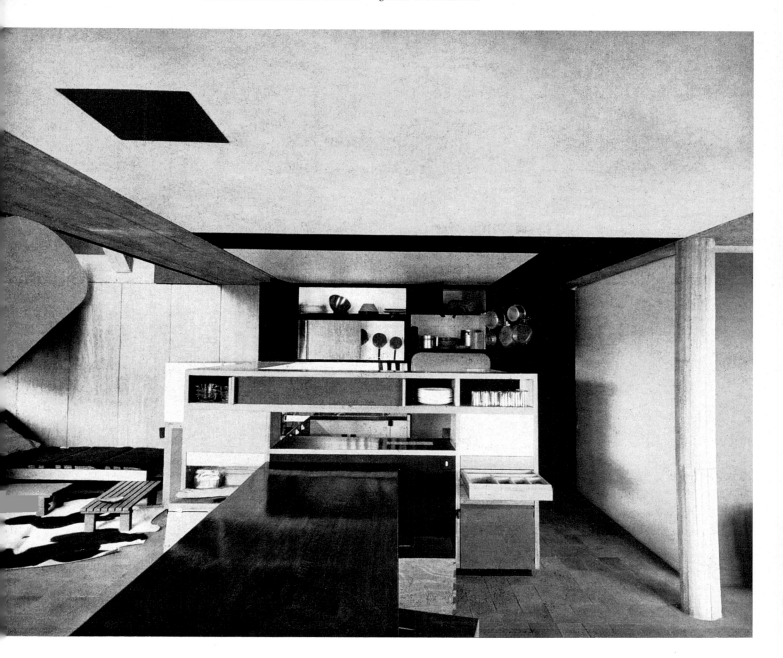

Translation
see p. 564

foto Ifert

il fondo dell'atelier visto dall'est

domus 337
December 1957

Country House Near Paris

House in St.-Remy-les-Chevreuse designed by André Wogenscky: view through window of studio at night, gallery and bedroom

foto Bombelli

A sinistra, la camera da letto, al primo piano, affacciata sul vuoto dell'atelier, vista dallo studio, anche esso aperto; la scultura è di Martha Pan. Sotto, l'interno della camera da letto: le tre piccole finestre nella parete di fondo inquadrano tre punti del paesaggio; una bassa parete-armadio, con ante scorrevoli, fa da parapetto sul vuoto dell'atelier.

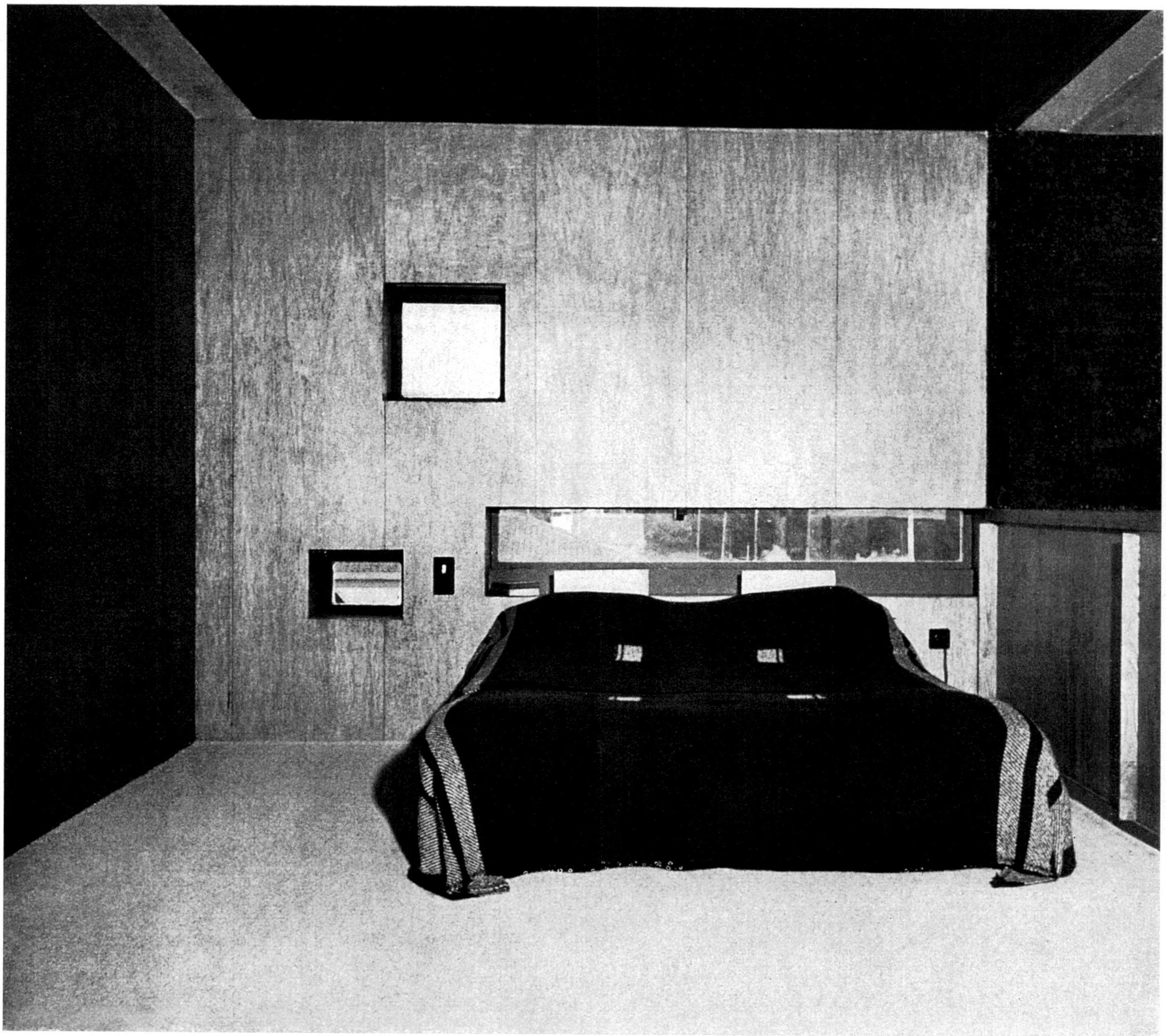

Translation
see p. 564

foto Bon

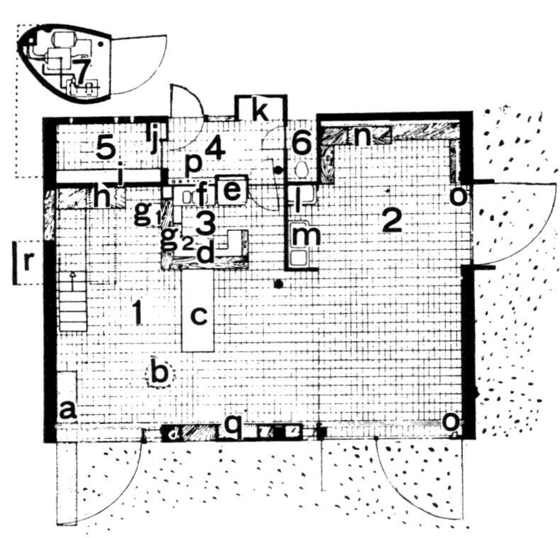

pianterreno

1 soggiorno
2 atelier di scultura
3 cucina
4 ingresso
5 dispensa
6 w. c.
7 caldaia

a, panca; b, camino smontabile; c, tavolo; d, mobili di cucina; e, frigorifero; f, lavello; g1, forno; g2, fornelli; h, panca; i, scaffali; k, armadio; l, lavello atelier; m, recipienti per l'argilla; n, scaffali e ripiani; o, feritoie di ventilazione; p, tubazioni scoperte; q, parete biblioteca; r, cuccia del cane.

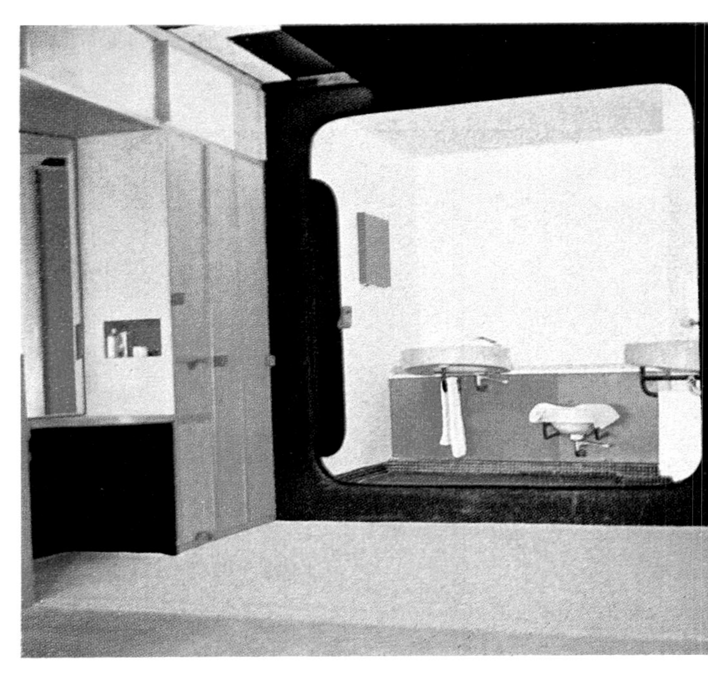

Il bagno è una cabina stagna, pavimento incavato per la docci si apre sullo spogliatoio.

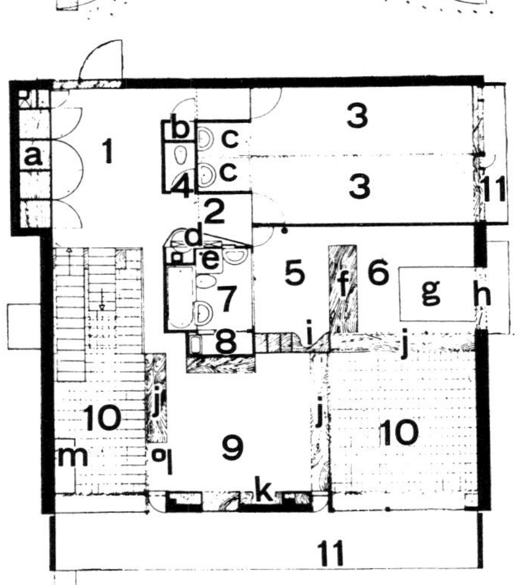

primo piano

1 guardaroba
2 accesso alle camere
3 camere bambini o ospiti
4 w. c.
5 spogliatoio
6 camera da letto
7 bagno
8 camera oscura
9 studio
10 vuoti
11 visiera brise-soleil

a, armadio; b, armadio pulizia; c, doccia; d, scaldacqua; e, doccia; f, armadio; g, letto; h, finestre; i, coiffeuse; j, pareti-armadio; k, parete biblioteca; l, condotti fumo; m, mensola in cemento.

foto Ifert

Il tetto a terrazza (Domus 32(

Country House Near Paris

House in St.-Remy-les-Chevreuse designed by André Wogenscky: floor plans, views of bathroom and terrace

Translation see p. 564

Proposte per
a casa" alla
XI Triennale

presentate da Gio Ponti

Questo padiglione nel Parco della Triennale non è una casetta, come molti hanno creduto e scritto, ma è un elemento completo di una interessantissima struttura — ideata dall'ing. Giovanni Varlonga e realizzata dalla Feal — che lo Studio Ponti Fornaroli Rosselli ha voluto presentare alla Triennale completandolo con altre novità edilizie promosse da Gio Ponti e con l'arredamento di un piccolo alloggio.
Oltre alla struttura, alla copertura, ai rivestimenti e alle interessantissime finestre della Feal, sono da considerare i vetrocementi colorati, novità assoluta della Fidenza, e i rivestimenti ceramici della Joo. La Pirelli ha grandemente contribuito a questa esemplificazione di una concezione totalmente moderna di edilizia, con i pavimenti di gomma e in linoleum, con rivestimenti di parete in viniltex (novità assoluta ed interessantissima) e con la soffittatura Pirelli-Sapsa.
I mobili in formica sono di Chiesa, le tende a fisarmonica sono della Monti e Cantieri Milanesi, le sedie e poltrone di Cassina.

oto Varlonga

iversi prospetti del padiglione. alto, il fronte, con l'ingresso: la a d'acciaio, le due finestre tipi- (Feal-P), e i rivestimenti ester- aereati verticali, a nastro d'allu- io, sono della Feal. sopra, il fianco: i due elementi parete-finestra (Feal-V) e il tetto alluminio sono della Feal; i ve- ementi colorati sono della Fi- za; il rivestimento ceramico a nante è della Joo. 'estra, il fronte posteriore.

'Proposals for a House' at the XI Triennale

Pavilion at the XI Milan Triennale designed by Giovanni Varlonga and realized by FEAL: exterior views

Translation see p. 565

"Al di fuori di una ambientazione già determinata, questi elementi di arredamento e di ornamento della casa suggeriscono e propongono le varia possibili"

Vetrate a elementi di vetrocemento colorato della Fidenza, e lampade disegnate da Gio Ponti per Stiffel (prototipi Arredoluce); pavimento in linoleum.

Poltrona « dondolo », disegnata da Gio Ponti e prodotta da Cassina; copertura in filanca; pavimento in linoleum, pareti in viniltex.

Tavolino da tè in metallo e vetro, e poltrona « lotus » disegnata da Gio Ponti e prodotta da Cassina: copertura in filanca.

foto Varlonga

'Proposals for a House' at the XI Triennale

Pavilion at the XI Milan Triennale designed by Giovanni Varlonga and realized by FEAL: interiors with furniture designed by Gio Ponti

voli alzabili (che eliminano nei coli alloggi l'aspetto normale del olo da pranzo): si compongono lle differenti altezze per reggere ri, oggetti, fiori e si possono poi are a ottanta centimetri a compor- il tavolo da pranzo; esecuzione Giordano Chiesa. Sedia « super- gera » di Cassina, disegnata da nti; piatti in smalto su ferro di l Campo; lampade a parete dise- ate da Ponti ed eseguite da Arre- luce: metalli della Christofle di- nati da Ponti e da Sabattini. Sepa- ione degli ambienti con modern- d della Cantieri Milanesi.

foto Varlonga

*Tutto l'arredo è articolato sul bianco e azzurro, in diversi toni.
Il divano e le poltrone « mariposa » sono disegnati da Ponti e prodotti da Cassina. La libreria « autoilluminante » è disegnata da Ponti ed eseguita da Chiesa con l'impiego di formica: smalti di De Poli, argenti di Christofle (disegnati da Sabattini e Ponti), tappeti in pelle di Colombi, ceramiche di Melotti. Pareti in viniltex.*

Translation
see p. 565

Letto in formica ad elementi componibili, eseguito da Chiesa. Coperte stampate della Jsa di Busto, tappeto di Colombi; pareti in viniltex.

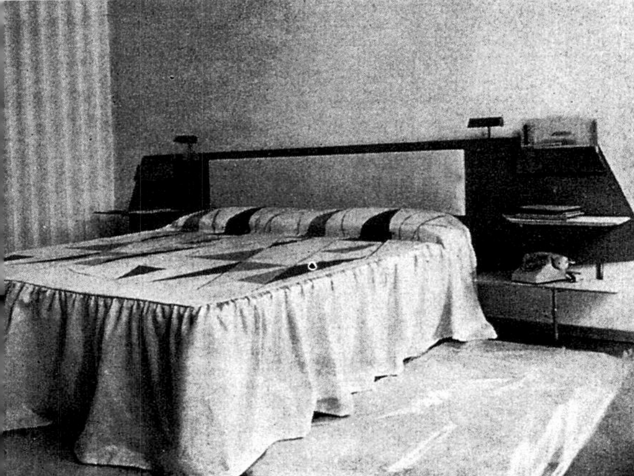

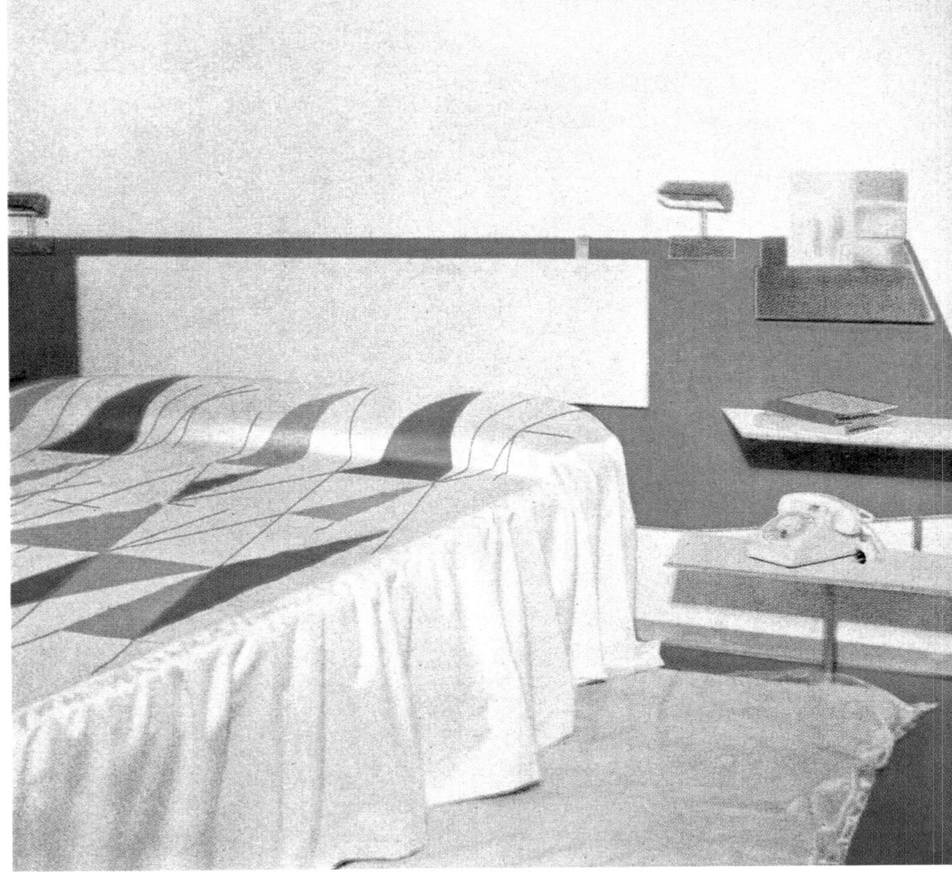

foto Varlonga

Armadio chiuso da una modernfold a diverse intonazioni di colore: dentro l'armadio, una cassettiera.

Poltrona «round: otto pezzi» d gnata da Gio Ponti, prodotta da sina.

domus 337
December 1957

'Proposals for a House' at the XI Triennale

Pavilion at the XI Milan Triennale designed by Giovanni Varlonga and realized by FEAL: interiors with furniture designed by Gio Ponti

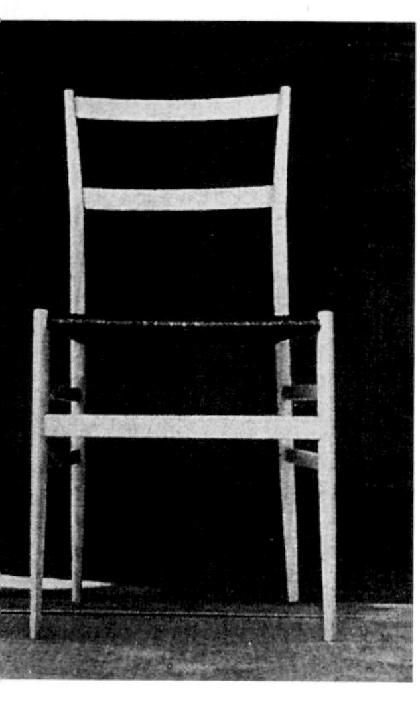

Sedia « superleggera » e nuova poltrona « distex » di Gio Ponti prodotte da Cassina, scrivania-toilette con superfici in formica eseguita da Chiesa; pareti in viniltex, pavimento in linoleum.

foto Varlonga

…pade a muro disegnate da Gio …ti, e prodotte da Arredoluce.

Translation
see p. 565

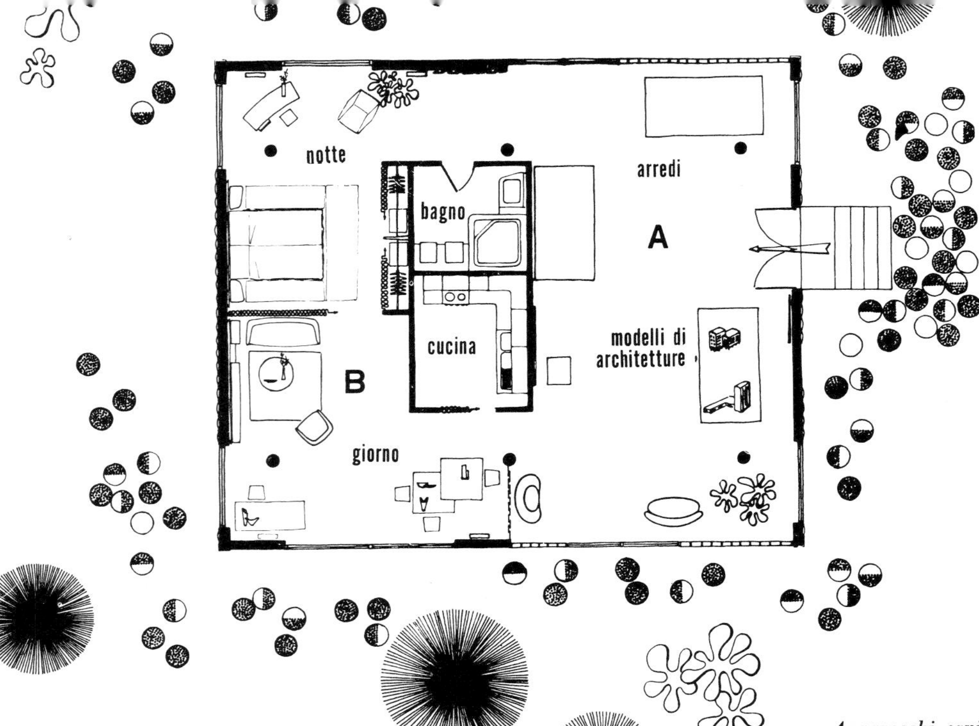

Il padiglione è un elemento di casa industrializzata Feal. Sistema costruttivo: G. Varlonga, ing. Collaboratori: G. Pozzi, arch., e C. Castiglioni e F. Fratti, ingg.
Nella pianta: A, modelli e materiali; B, esempio di piccolo alloggio.

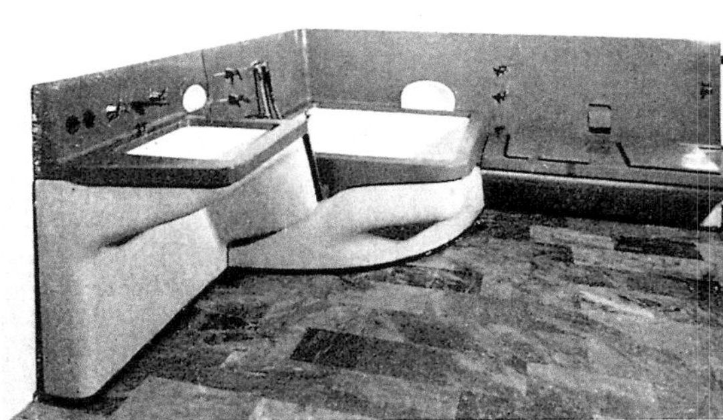

Publ

Apparecchi sanitari in poliestere, disegnati da Alberto Rosselli, e realizzati dal Laboratorio Applicazioni Resine della Montecatini a Castellanza.

*«Ci si è sforzati — dice la pre
tazione del padiglione — negli s
che derivano da una struttura de
minata direttamente da una tec
industriale moderna, di dare
esempio, in questo padiglione,
rapporti che esistono tra la pr
zione industriale e la architettur
Ecco questi rapporti:*
a) *una produzione industriale
duce alla struttura metallica:
struttura metallica destinata all'
lizia per essere economicamente
lida deve utilizzare elementi d
normale produzione metallurgica
me sono quelli qui rappresentati:
bi, lamiere, profilati;*
b) *una struttura metallica esclud
muro «costruttivo» e vuole il
muro particolare, come qui, con
menti leggeri ed isolanti; vuole
vestimenti esterni leggeri ed inco
tibili come la ceramica, oppure
le pareti-finestra con elementi
esterno interno, a pannelli meta
con controaereazione: vuole
mentazioni sottili, leggere, afoni
Questa presentazione non è una
sa, ma si sviluppa in modelli di
se, scuole, motels ecc. che da
possono derivare.
Si è voluto che essa contenesse
dimostrazione di arredamento affi
particolarmente a materiali che
rivino da tecniche e procedim
industriali, i laminati e le mat
plastiche; ciò come indicazione
una coerenza tecnica che si ris
in coerenza stilistica».*

*Nei modellini, esempi di costr
ni Feal.*

'Proposals for a House' at the XI Triennale

Pavilion at the XI Milan Triennale designed by Giovanni Varlonga and realized by FEAL: floor plan, built-in bathroom fittings and architectural model

Translation see p. 565

castyro

Cassina ha iniziato, su licenza norvegese, un nuovo metodo di produzione di poltrone con speciali materie plastiche ignifughe di eccezionale leggerezza e solidità, che consentono lo sviluppo di buonissime forme basate su studiati profili anatomici. Le "Cassina Castyro", affiancandosi alla normale e validissima produzione in legno, offrono ottimo esempio di tecnica e di gusto.

aio registrato

FIGLI DI AMEDEO CASSINA MEDA (MILANO) TEL. 72-20 72-38

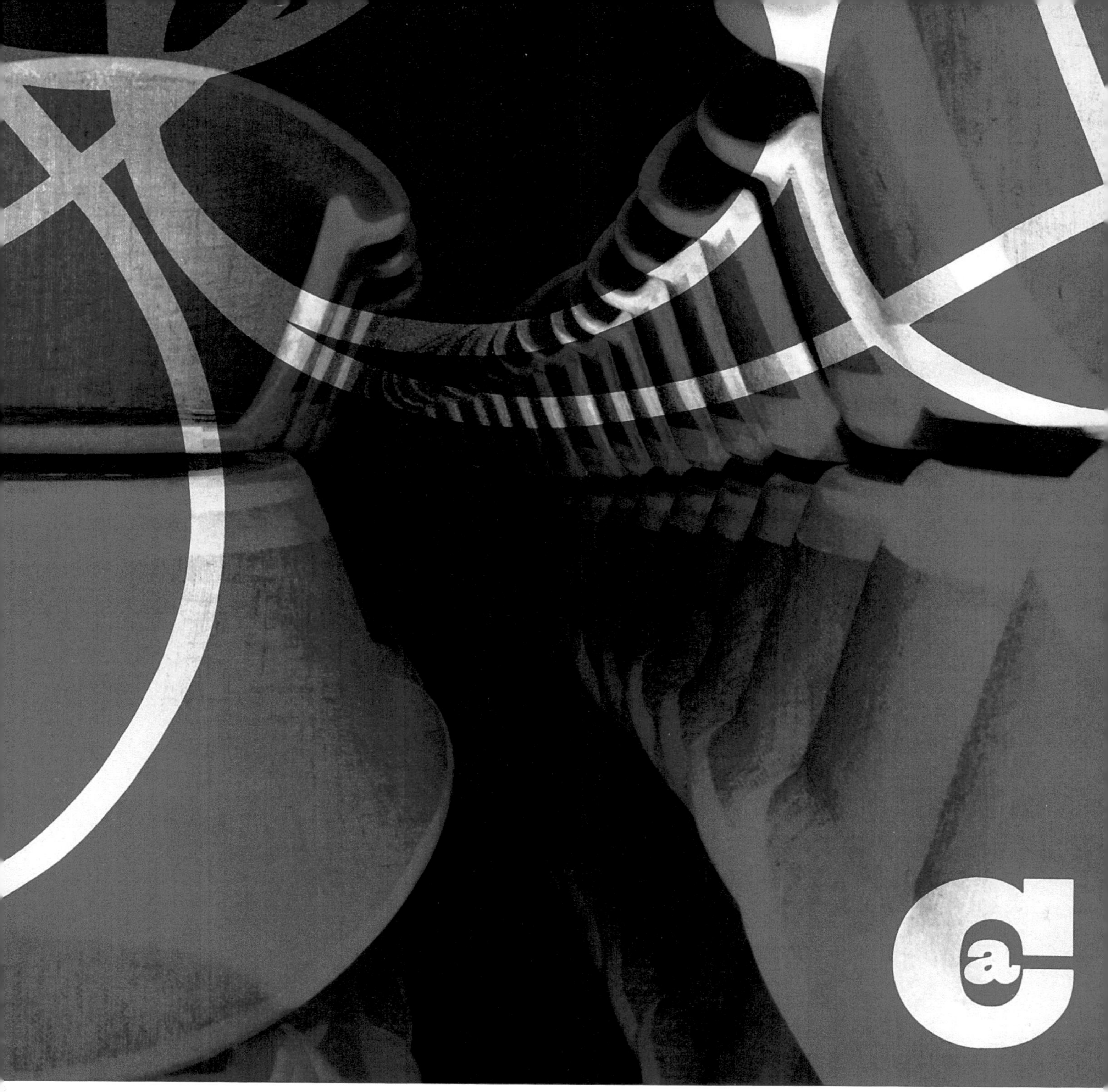

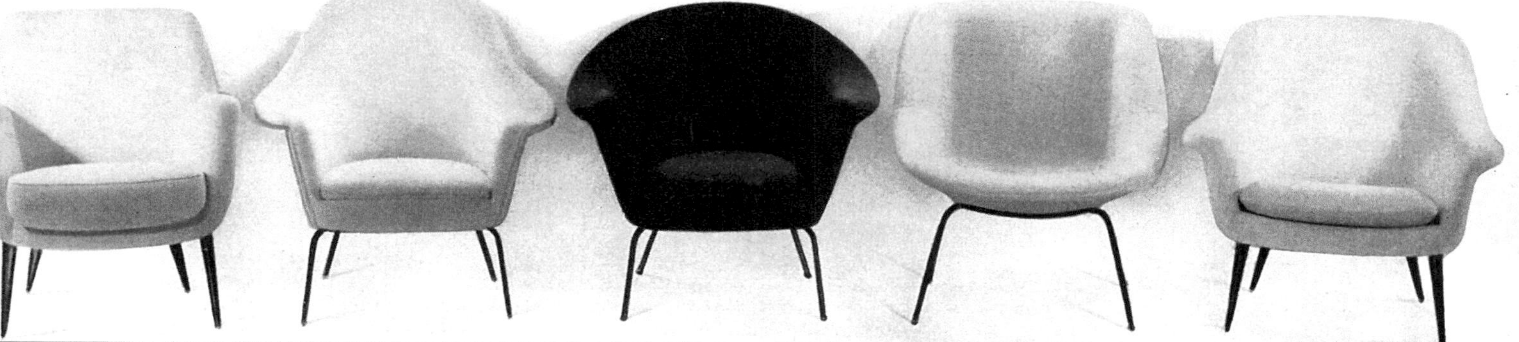

domus 353
April 1959

Advertising

Cassina advertisement promoting *Castyro* chairs

foto Herbert Matter

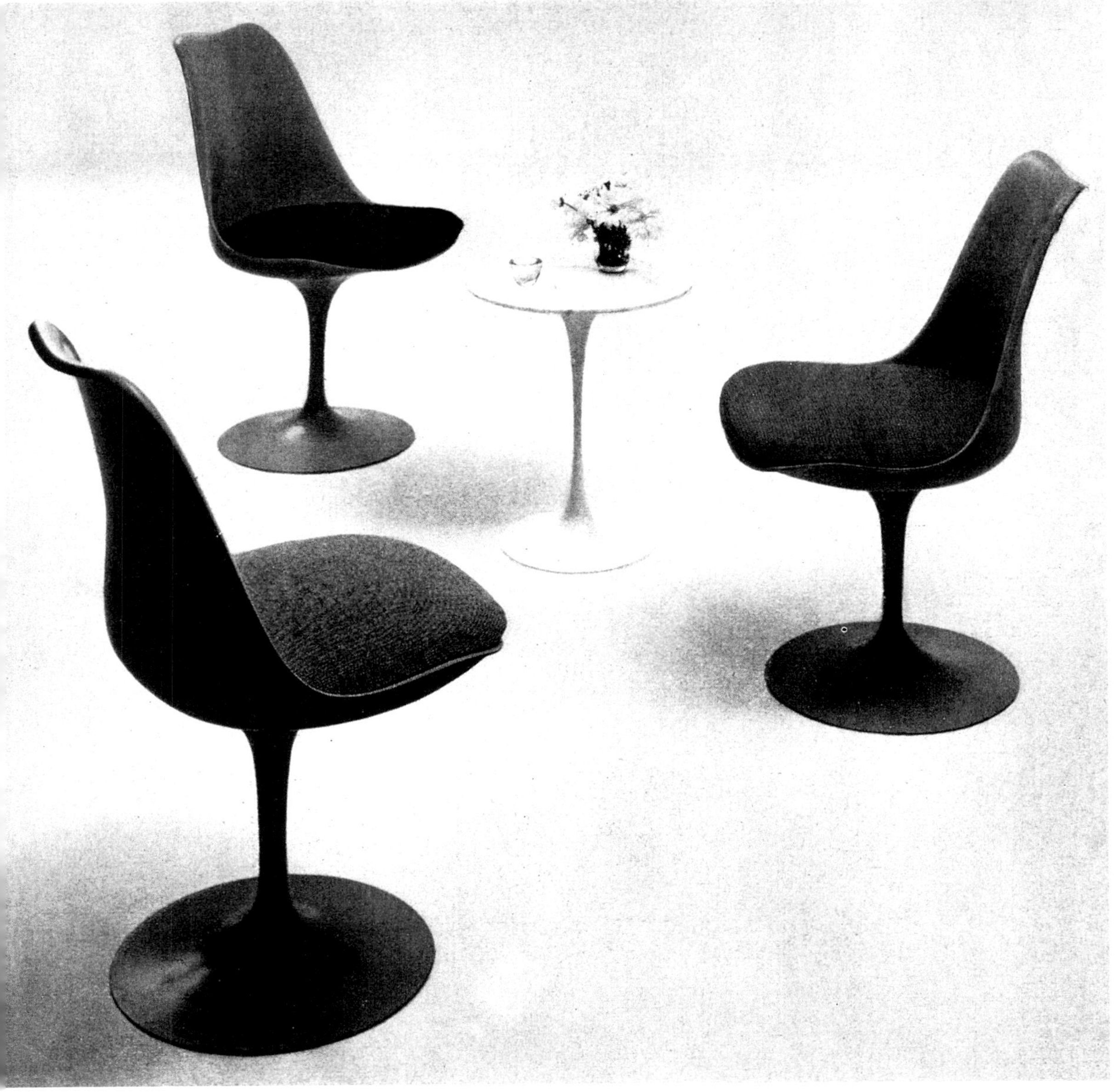

Queste sedie e questi tavoli,
totipi disegnati da Eero Saari
per la Knoll International e
poco entrati in produzione,
no parte di una serie di mo
tutti « su piedestallo » che c
prenderà anche divani e sdr
Alla soluzione del piedestallo
co, adottato per mobili dive
Saarinen è arrivato per una
genza di semplificazione e di
tà: per « eliminare dallo spa
della stanza quel sottobosco
gambe che lo ingombra », e
dare al mobile una unità for
le e strutturale. (Quella che
vano i grandi mobili in legno
passato — dice Saarinen —
la sedia di Tutankamen alla
dia di Thomas Chippendale;
sedia moderna, composta di
conca appoggiata su una gal
metallica, mischia strutture di
pi diversi).

Su piedestallo

Saarinen per Knoll International

foto Scott Hyde

domus 337
December 1957

On a Pedestal

Pedestal Group chairs and tables designed by Eero Saarinen for Knoll International

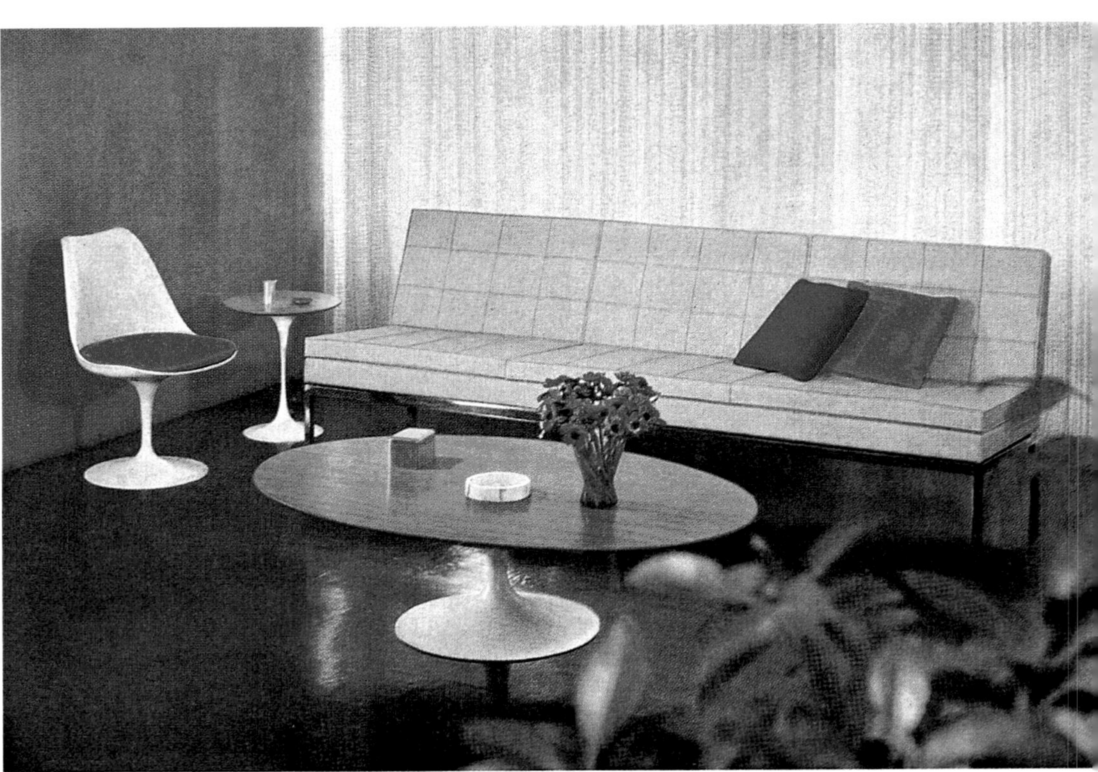

foto Scott Hyde

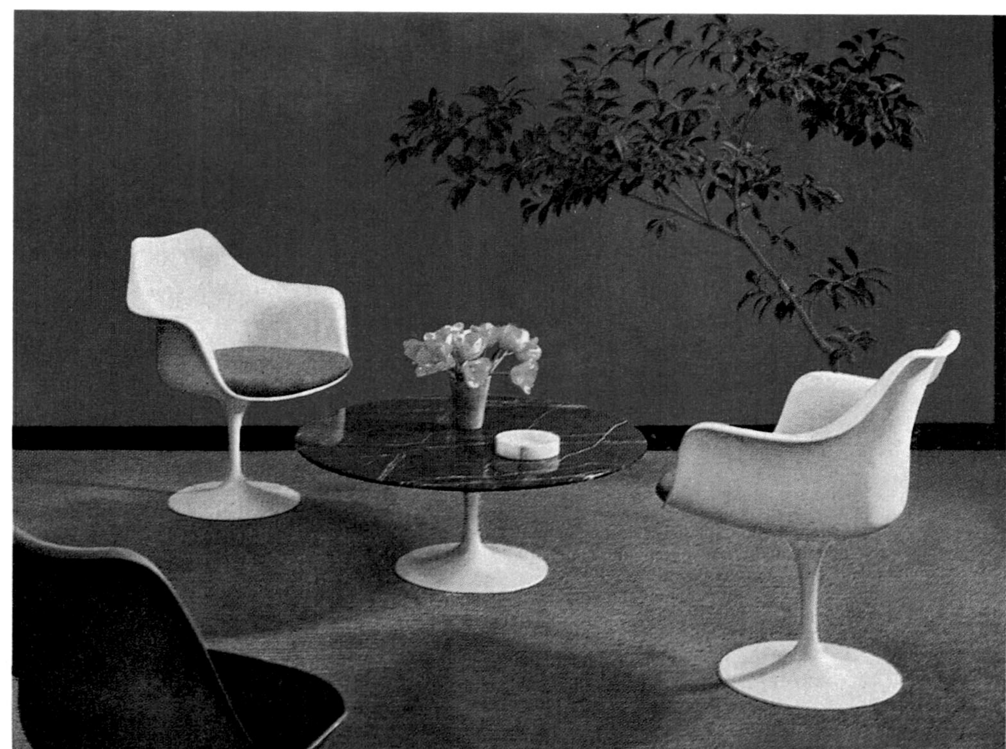

piedestallo adottato da Saarinen in alluminio: potrà essere in placa. La conca della sedia è in placa, di colore neutro e uguale al destallo (bianco, grigio, beige, ne-; alcune sedie avranno il sedile evole con molla di ritorno; il cuno è in gommapiuma, rivestito in ffa di diversi colori.

Herbert Matter

Translation see p. 565

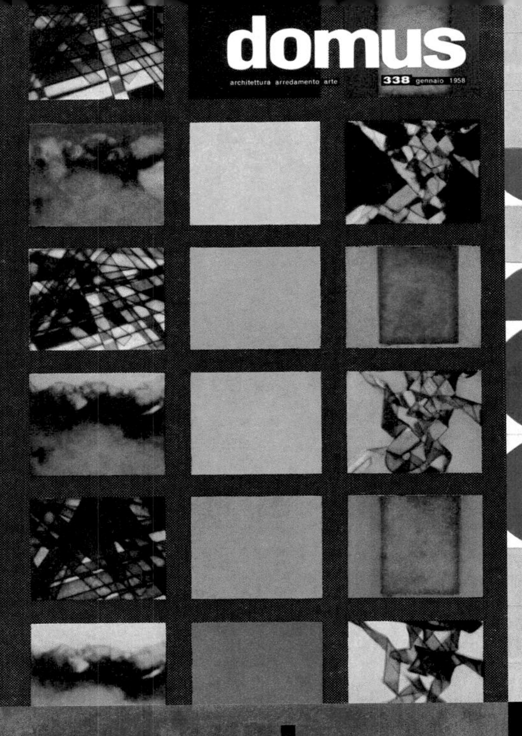

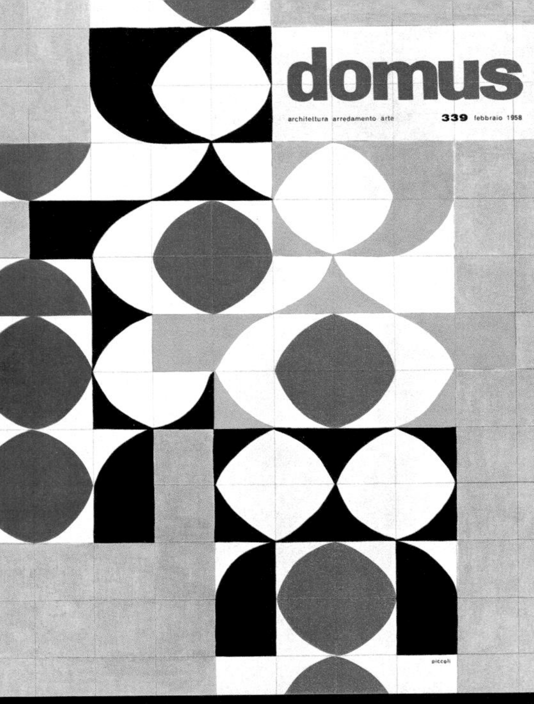

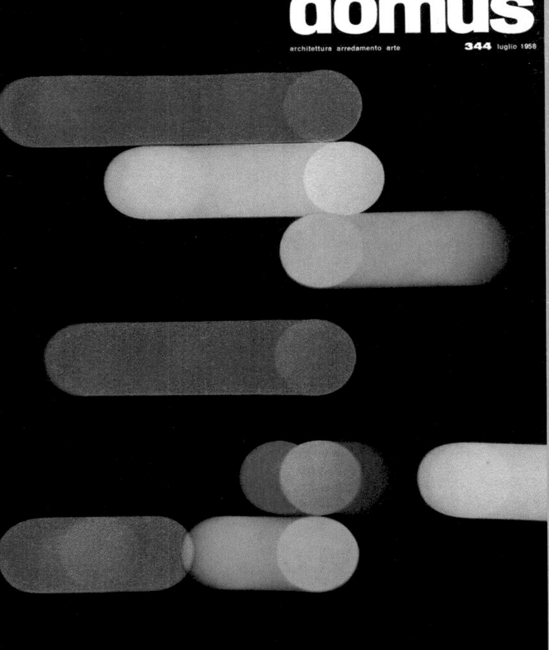

domus 338
January 1958

Cover designed by
Bruno Munari

domus 339
February 1958

Cover designed by
Augusto Piccoli

FEATURING
Giovanni Michelucci
Costantino Corsini
Giuliana Grossi
Isamu Noguchi
Eero Saarinen
Gastone Rinaldi
Ettore Sottsass Jr.
Ico Parisi
Gianfranco Frattini

domus 344
July 1958

Cover designed by
William Klein

domus 343
June 1958

Cover designed by
Eugenio Carmi

FEATURING
Francesco Clerici
Ettore Sottsass Jr.
Arnaldo Pomodoro

domus 347
October 1958

Cover designed by
Michele Provinciali

FEATURING
Vittorio Viganò

domus 348
November 1958

Cover designed by
Bruno Munari

FEATURING
Richard Neutra
Benno Fischer
Serge Koschin
John Blanton

omus 340
'arch 1958

ATURING
'arcel Breuer
erbert Beckhard
obert F. Gatje
kidmore,
Owings & Merrill
orence Knoll

domus 341
April 1958

Cover designed by
Gillo Dorfles

FEATURING
Tapio Wirkkala

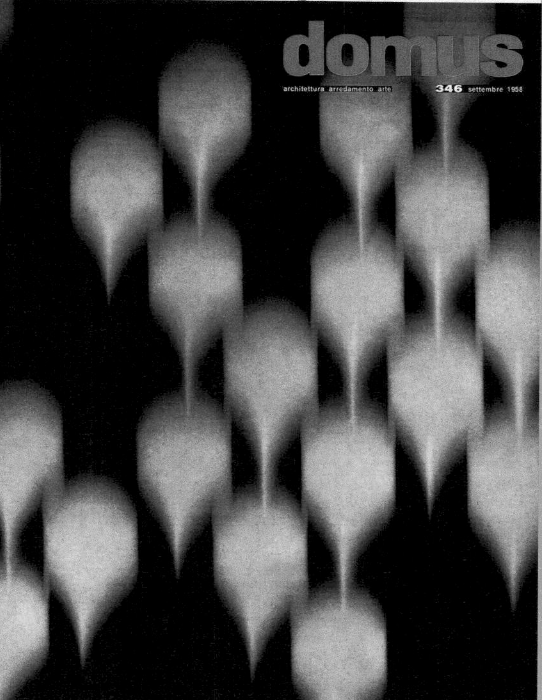

domus 342
May 1958

Cover designed by
Giulio Confalonieri
and Ilio Negri

FEATURING
George Nelson
Vico Magistretti
Leo Lionni
Osvaldo Borsani
Jørgen Ditzel
Nanna Ditzel
Leopoldo Milà
Sagnier
Jaap Penraat

domus 346
September 1958

Cover designed by
Franco Grignani

FEATURING
Flavio Poli
Ludwig Mies van der Rohe

mus 345
gust 1958

ver designed by
chele Provinciali

TURING
Corbusier
on Eiermann
Barbiano di Belgiojoso
azio Gardella
rico Peressutti
esto N. Rogers
mon Vasquez Molezan
é Corrales
n Prouvé
io Wirkkala
: Bryk
er G. Haraden Associates
ore Sottsass Jr.

1958

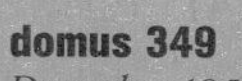

domus 349
December 1958

Cover designed by
Giulio Confalonieri
and Ilio Negri

FEATURING
Eero Saarinen
Gio Ponti
Craig Ellwood

Una nuova opera di Michelucci

la nuova Cassa di Risparmio di Firenze; Giovanni Michelucci, arch.

Segnaliamo in queste pagine la nuova e interessantissima opera di Michelucci, la sede della Cassa di Risparmio di Firenze, e accanto ad essa abbiamo il piacere di pubblicare, in stralcio, il testo di una intervista tenuta dall'ingegner Paolo Carpegna con Michelucci, sullo spunto di questa opera stessa.

« *D.* — Che cosa rappresenta per Lei questo nuovo lavoro?
R. — Una favorevole occasione per precisare un concetto architettonico che si è andato maturando in me in questi ultimi anni del dopoguerra.
Si intende che io non ho la pretesa e l'illusione di essere il primo e il solo ad avere questo concetto o pensiero architettonico; ma soltanto quella di aver dato un mio contributo alla sua precisazione.
Dicendo architettonico intendo anche urbanistico, ché la separazione di questi due termini non ha avuto mai per me, e non ha, senso. Quando questi due termini si separano nascono i cosidetti « cristalli » dell'architettura; le costruzioni ideate per la contemplazione dell'oggetto in sé e per sé.
D. — E qual è questo concetto o pensiero architettonico che Lei ha voluto chiarire?
R. — È semplice ed è stato più volte chiaramente espresso da altri: « L'architettura segue la vita ». Ogni spazio architettonico, cioè, è in continua costruzione e definizione di sé stesso.
Le città medioevali sono ancora ricche di insegnamento. In esse è definitivamente rifiutata la fissità degli spazi « classici ». Lo spazio geometricamente precisato, il recinto architettonico, è stato sostituito da uno spazio che si può definire filtrante, dinamico. Una strada, una piazza, un largo della città medioevale possono considerarsi (per esprimerci in termini biologici) tanti processi elementari subordinati all'organismo (che nel nostro caso è la città); e questi processi elementari acquistano senso soltanto se riferiti all'organismo.
L'architettura moderna si riallaccia, rendendola — s'intende — attuale, a questa esperienza medioevale per cui ogni edificio (e particolarmente ogni edificio pubblico), essendo parte integrante dell'organismo *città*, è un organo che deve stabilire una continuità con l'organismo stesso e deve collegarsi ad esso praticamente e spazialmente, senza soluzione di continuità.
La Banca è un istituto fondamentale della vita moderna e quindi della città: l'edificio pertanto deve avere una struttura che rilevi questa sua funzione pubblica. A tale principio è stata informata la nuova sede della Cassa di Risparmio di Firenze. Il concetto tradizionale dell'edificio bancario chiuso, recintato, difeso dalla città, è stato sostituito da uno opposto. Purtroppo, sia detto per inciso, esso non ha potuto trovare la sua applicazione perchè la Soprintendenza ha impedito che la nuova sede della Cassa di Risparmio si aprisse sulla strada, ed ha imposto di conservare la esistente facciata di una casa dichiarata dalla Soprintendenza stessa di interesse architettonico, pur consentendo poi, contemporaneamente, lo spostamento delle finestre e imponendo di fare in pietra le mostre delle finestre che erano invece in calce. Inoltre ha imposto di lasciare la vecchia porta d'ingresso dov'era e com'era. Così quella porta è murata con i suoi battenti di legno che non si aprono e che se si aprissero lascerebbero cadere nel vuoto di una scala l'ospite inconsapevole.
Questo esempio rende attuale il principio delle porte e delle finestre finte mentre propone un nuovo argomento alla critica d'arte: in base a questo principio un edificio dichiarato d'interesse architettonico, e quindi artistico, può essere scomposto e ricomposto nei suoi elementi modificando la loro condizione e posizione.
Come ho già detto, il concetto tradizionale della Banca chiusa, diffidente verso la città, è stato rifiutato e ne è stato applicato uno opposto.
Al piano terra, infatti, vi è una strada interna collegata alla via Bufalini, che è come il perno su cui si articolano le sale, gli uffici, la scala, e che mette in comunicazione spazi interni ed esterni fra loro. Infatti da ogni lato è visibile il giardino; anche i piani superiori si articolano su questo perno.
Infiniti *episodi* creano degli ambienti riservati dentro l'ambiente generale in modo che chi voglia può isolarsi, pur partecipando della vita di tutto l'edificio.
D. — Ma la sicurezza della Banca da cosa è garantita?
R. — Poichè da ogni lato e da ogni piano si vede quel che succede dovunque, sarebbe qui impossibile « tentare un colpo », a meno che il colpo non fosse tentato da un esercito bene organizzato di gangsters... »

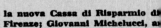

la nuova Cassa di Risparmio di Firenze; Giovanni Michelucci, a

A New Work by Michelucci

Cassa di Risparmio (savings and loan company) headquarters in Florence designed by Giovanni Michelucci: detail and view of interior

Translation
see p. 565

foto V

Giovanni Michelucci, arch.: la nuova Cassa di Risparmio di Firenze

In alto, la facciata della Cassa di Risparmio verso la strada interna, come appare di giorno e di notte; sotto, particolare della copertura del salone principale: le opere metalliche sono state eseguite dalla Curtisa di Bologna.

A New Work by Michelucci

Cassa di Risparmio (savings and loan company) headquarters in Florence designed by Giovanni Michelucci: views of building at day and by night, detail of internal structural elements

Translation see p. 565

un grande soggiorno a doppia altezza

Costantino Corsini
Giuliana Grossi, arch.tti

Gli architetti erano stati chiamati a sistemare la zona di ingresso-soggiorno-pranzo, e due verande, in una nuova casa progettata da Gio Ponti, caratterizzata architettonicamente dalla soluzione del soggiorno centrale di grande taglio e di doppia altezza, circondato da una balconata interna ad L, e prospettante in facciata con una grande vetrata totale.
L'architettura degli interni era quindi già stabilita, e su questi speciali rapporti di spazio: si trattava, nell'arredare, di creare una intimità piacevole e comoda senza rompere questo senso di grande respiro. A ciò i giovani architetti sono riusciti, con soluzioni attente, piene di cura e di intelligenza, rispettando anche i vincoli posti dal committente.
In queste pagine illustriamo il soggiorno e la sua veranda.

Casali-Domus

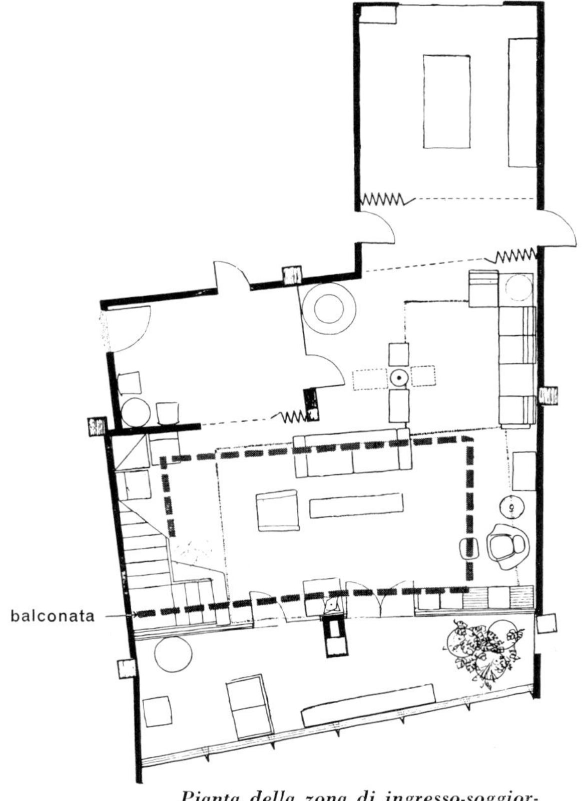

Pianta della zona di ingresso-soggiorno-pranzo: le lineette indicano il profilo della balconata sul vuoto del soggiorno.

Large Two-storey Living Room

Two-storey living room designed by Costantino Corsini and Giuliana Grossi: night view of windows and floor plan

Translation see p. 565

foto Casali-Domus

Lampade di Venini, di serie; lampade giapponesi, di Isamu Noguchi; poltrona di Saarinen per Knoll Int.

in un soggiorno a doppia altezza

foto Corsini

Nella grande veranda di facc sono state raccolte le piante vaso, che così appaiono cc una prospettiva verde este godibile da ogni punto del s giorno: le lampade sono state te calare fin quasi tra le fog per formare con esse un gioc colori e di luci: queste lamp vengono accese già dall'ingre dando subito, a chi entra, il s so del grande respiro prospet dell'ambiente. (All'altra estre tà della veranda, che qui no vede, è sistemata la televisi con poltroncine in giunco).

I rami verdi che pendono dalla conata e la lunga lampada vert collegano i due piani del soggio

domus 339
February 1958

Large Two-storey Living Room

Two-storey living room designed by Costantino Corsini and Giuliana Grossi: views of interior with Venini lights, *Akari* floor light designed by Isamu Noguchi and *Womb* chair designed by Eero Saarinen

Translation
see p. 565

foto Casali-Domus

foto Casali-Domus

in un grande soggiorno a doppia altezza: Costantino Corsini, Giuliana Grossi, arch.tti

veduta dal pranzo al soggiorno

Costantino Corsini, arch.
Giuliana Grossi, arch.

dall'ingresso al soggiorno

Il divano, con telaio in legno, è composto da quattro sedili, di cui uno con bracciolo, alternati a un tavolo e a una panchetta. Gli elementi sono non semplicemente accostati ma uniti fra di loro. Struttura e piani in teak, giunti in ottone sabbiato, copertura in lana rossa e marrone, cuscini in gommapiuma intercambiabili e rovesciabili.

Nella zona del soggiorno vici
al pranzo, si è sistemato un
golo di sosta con un divano,
segnato dagli architetti, ad e
menti componibili, formato c
da sedili alternati a piani in
gno. Questa soluzione ha perm
so di creare un luogo di sos
anche in un punto di passagg
come questo, dove tavolinetti
poltrone sparse avrebbero ingo
brato. Sulla pianta sopra il
vano è appesa una tela di gra
di dimensioni, una copia ad o
di un cartone per arazzo di Go
al cui valore soprattutto colo
stico giova la visuale in scorc
come quella che se ne ha in qu
sta posizione; la copertura
divano, in rosso fiamma e
marrone, riprendendo i toni d
la tela ne completa la funzio
decorativa.

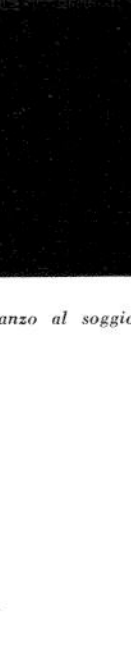

foto Corsini

Il soggiorno visto dal pranzo: in primo piano il mobile girevole, disegnato dagli architetti, che fa da schermo regolabile fra soggiorno e ingresso: nella posizione in cui qui appare, lascia aperto il passaggio dall'ingresso (che è a destra) al soggiorno: nella posizione trasversale a questa, chiude la vista e il passaggio fra i due ambienti e fa da parete frontale e protettiva alla zona del divano. Poichè può girare a piacere, non ha un fronte e un rovescio, ma due fronti diversi.

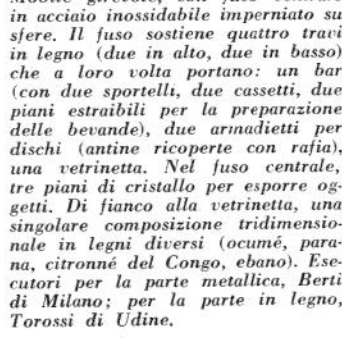

Mobile girevole, con fuso centrale in acciaio inossidabile imperniato su sfere. Il fuso sostiene quattro travi in legno (due in alto, due in basso) che a loro volta portano: un bar (con due sportelli, due cassetti, due piani estraibili per la preparazione delle bevande), due armadietti per dischi (antine ricoperte con rafia), una vetrinetta. Nel fuso centrale, tre piani di cristallo per esporre oggetti. Di fianco alla vetrinetta, una singolare composizione tridimensionale in legni diversi (ocumé, parana, citronné del Congo, ebano). Esecutori per la parte metallica, Berti di Milano; per la parte in legno, Torossi di Udine.

Large Two-storey Living Room

Two-storey living room designed by Costantino Corsini and Giuliana Grossi: various views of interior

foto Casali-Domus

balconata ad L che si affac-
sul soggiorno è occupata,
la parte frontale, dal bar, sito così in una zona isolata e
nquilla. Il bar — che è, se-
ndo il desiderio del committen-
un vero e proprio bancone,
lavandino e frigorifero —
lizzato in legno di pero con
nelli in noce e rivestimento
erno in formica appare più un
bile familiare che una attrez-
ura meccanica. Sulla parete di
nte al bar sono raccolti in una
adreria tutti i diversi quadri
il committente aveva.

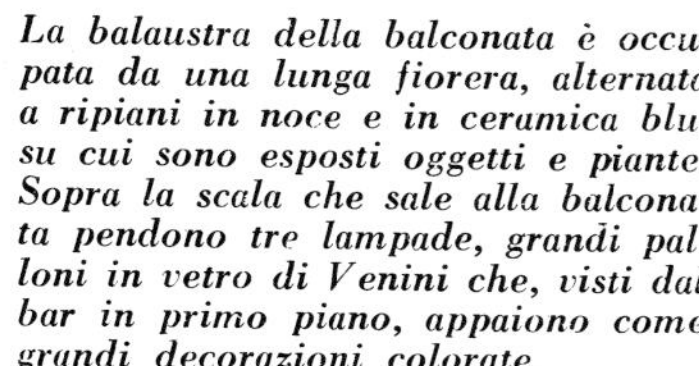

La balaustra della balconata è occupata da una lunga fiorera, alternata a ripiani in noce e in ceramica blu, su cui sono esposti oggetti e piante. Sopra la scala che sale alla balconata pendono tre lampade, grandi palloni in vetro di Venini che, visti dal bar in primo piano, appaiono come grandi decorazioni colorate.

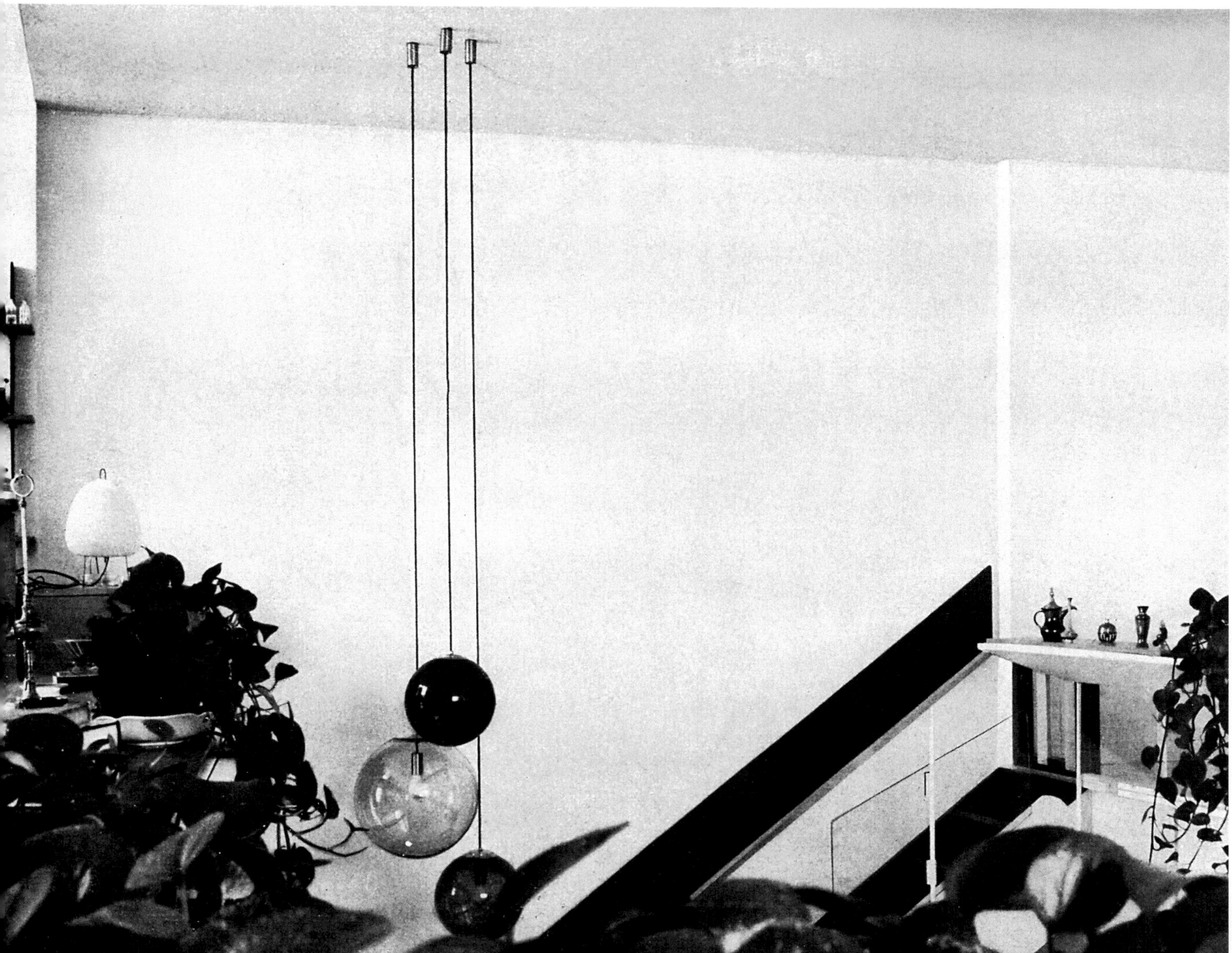

Translation see p. 565

Un nuovo divano di serie

il divano «Saturno» della Rima di Padova

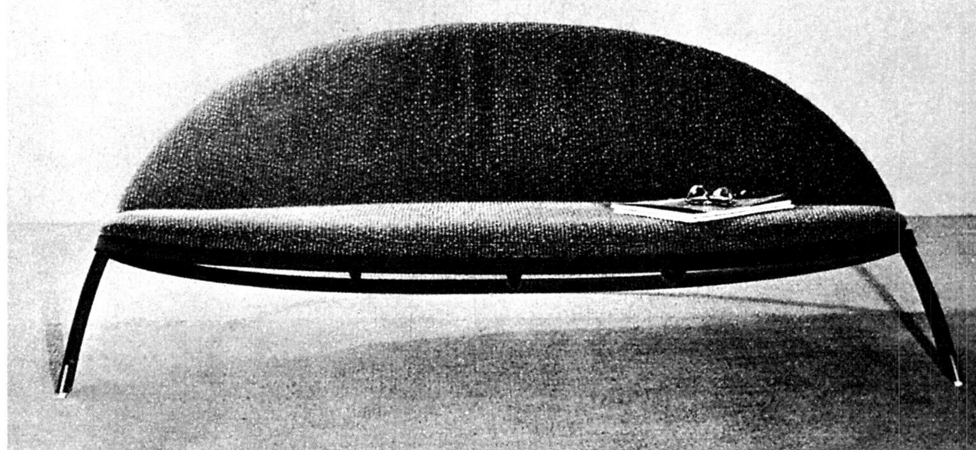

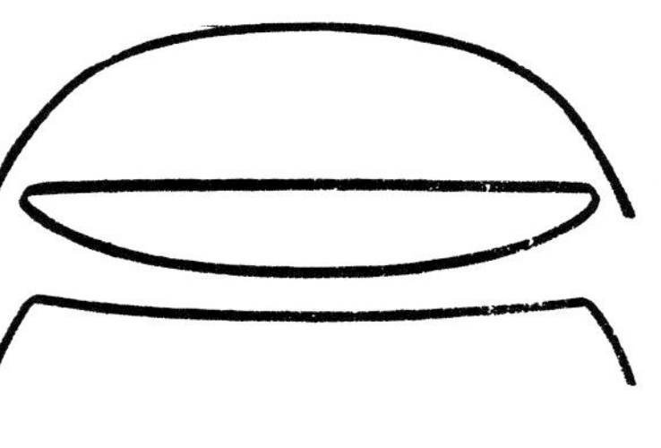

La struttura del divano «Saturno» è composta da tre elementi metallici lineari: il primo elemento forma l'arco dello schienale, il secondo elemento, ad anello, forma il profilo frontale del sedile e l'appoggio posteriore a balestra, il terzo elemento dà il profilo interno del sedile e dello schienale, e gli appoggi laterali. Fra gli archi della struttura è agganciata e tesa una trama in anelli di gomma, su cui appoggiano i cuscini in gommapiuma della imbottitura. Il divano, lungo cm. 205, è assai comodo, poichè alla elasticità del sedile e dello schienale aggiunge quella dell'appoggio a balestra; il rivestimento in stoffa può essere di due colori, variamente combinati.

A New Mass-produced Sofa

Saturno sofa designed by Gastone Rinaldi for Rima

Translation
see p. 566

ndustria arredamenti metallici **rinaldi mario** padova (arcella) tel. 36125

Rima

DIVANO "SATURNO" mod. brevettato. Questo nuovo modello disegnato da Gastone Rinaldi e prodotto in serie dalla Rima di Padova, rispecchia, nell'originalità della forma, una purezza di realizzazione che lo pone all'avanguardia nel campo delle strutture metalliche per arredamento. È lungo mt. 2,05 ed ha tre appoggi: due laterali e uno posteriore a balestra, soluzione che, indipendentemente dal molleggio del sedile e dello schienale ottenuto mediante anelli di gomma piena e cuscini di gommapiuma conferisce una piacevole elasticità alla struttura stessa. L'assenza di gambe intermedie permette agevolmente la pulizia del pavimento senza spostamenti. La copertura dei cuscini è di facile sostituzione. Il divano è sufficiente comodo per tre persone. La struttura è razionale elegante semplice e praticamente indistruttibile.

Advertising

Rima advertisement showing *Saturno* sofa designed by Gastone Rinaldi

r

Sopra, specchio con cornice in ceramica. Le tesserine di vetro sono cotte nelle piastrelle di ceramica.
A destra, specchio ovale fissato in una cornice di alluminio tornito e laccato.

Un nuovo catalogo di specchi

Ettore Sottsass jr.

Per una ditta di Lissone Sottsass ha disegnato una serie di cornici per specchi, usando diverse materie, dalla ceramica al legno, al metallo; ne è risultato un catalogo di modelli di varia applicazione e di diverso sapore.

foto Sinigaglia

Sopra, specchio senza cornice, tenuto da quattro listelli in ottone spazzolato.
A destra, specchio con cornice a triangoli alternati in ottone brunito e ottone spazzolato.

foto Sinigaglia

In alto, specchio con cornice in piattina di ottone spazzolato.
Sopra, specchio con cornice in ceramica, con il cotto a nudo e quadratini di smalto bianco.
A destra, specchio con cornice in ceramica a strisce colorate.

In alto a sinistra, tre specchi ten insieme da pettini in ottone spazz lato: i due specchi in alto e basso hanno l'argentatura color d l'acciaio brunito.
Sopra, specchio con cornice in leg a strisce di essenze diverse.
A sinistra, specchio fermato da gr di bottoni di alluminio laccato a versi colori.
Tutti gli specchi elencati in ques pagine sono prodotti dalla ditta Sa tambrogio e De Berti di Lissor

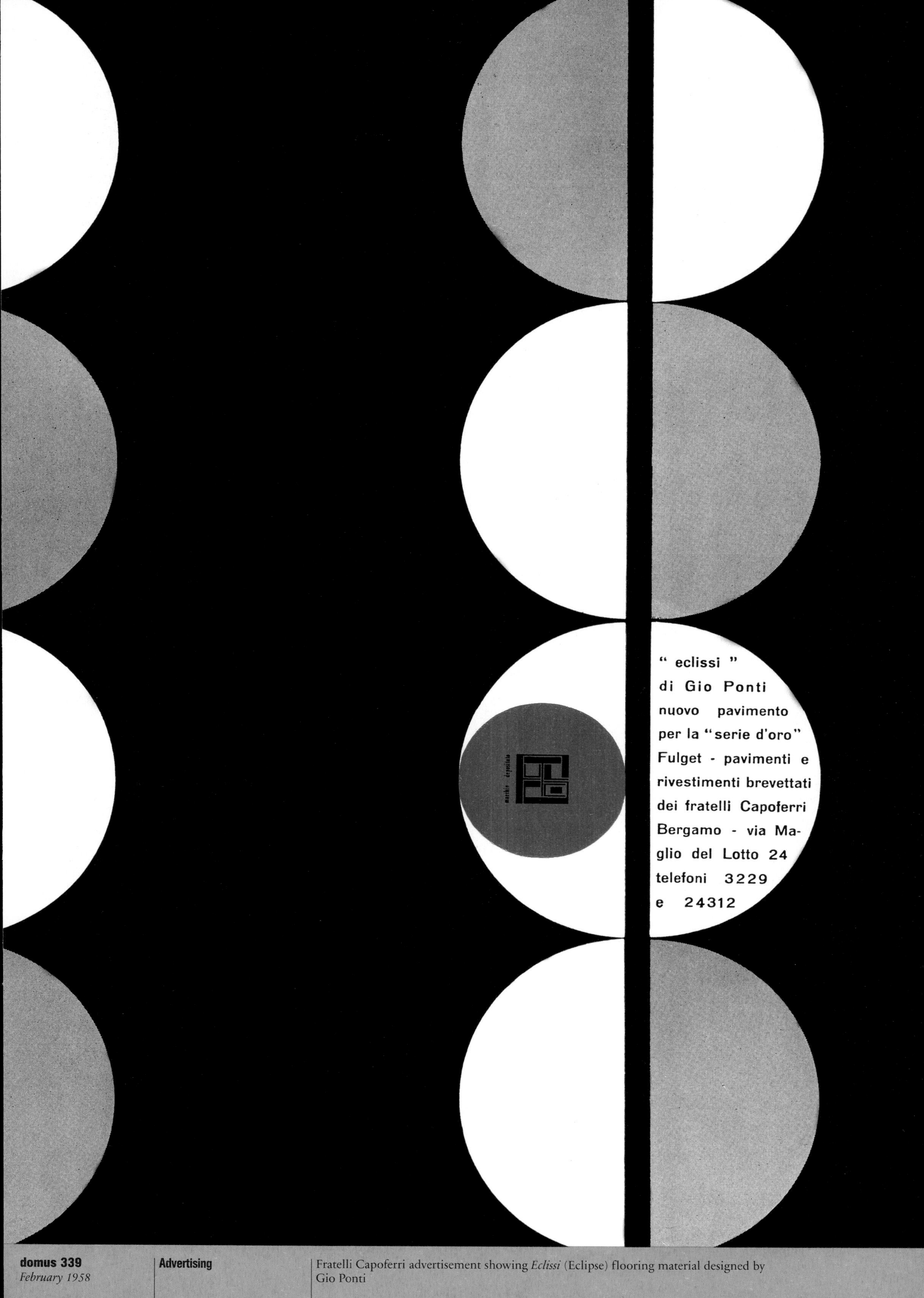
" eclissi "
di Gio Ponti
nuovo pavimento
per la "serie d'oro"
Fulget - pavimenti e
rivestimenti brevettati
dei fratelli Capoferri
Bergamo - via Ma-
glio del Lotto 24
telefoni 3229
e 24312

domus 339
February 1958

Advertising

Fratelli Capoferri advertisement showing *Eclissi* (Eclipse) flooring material designed by Gio Ponti

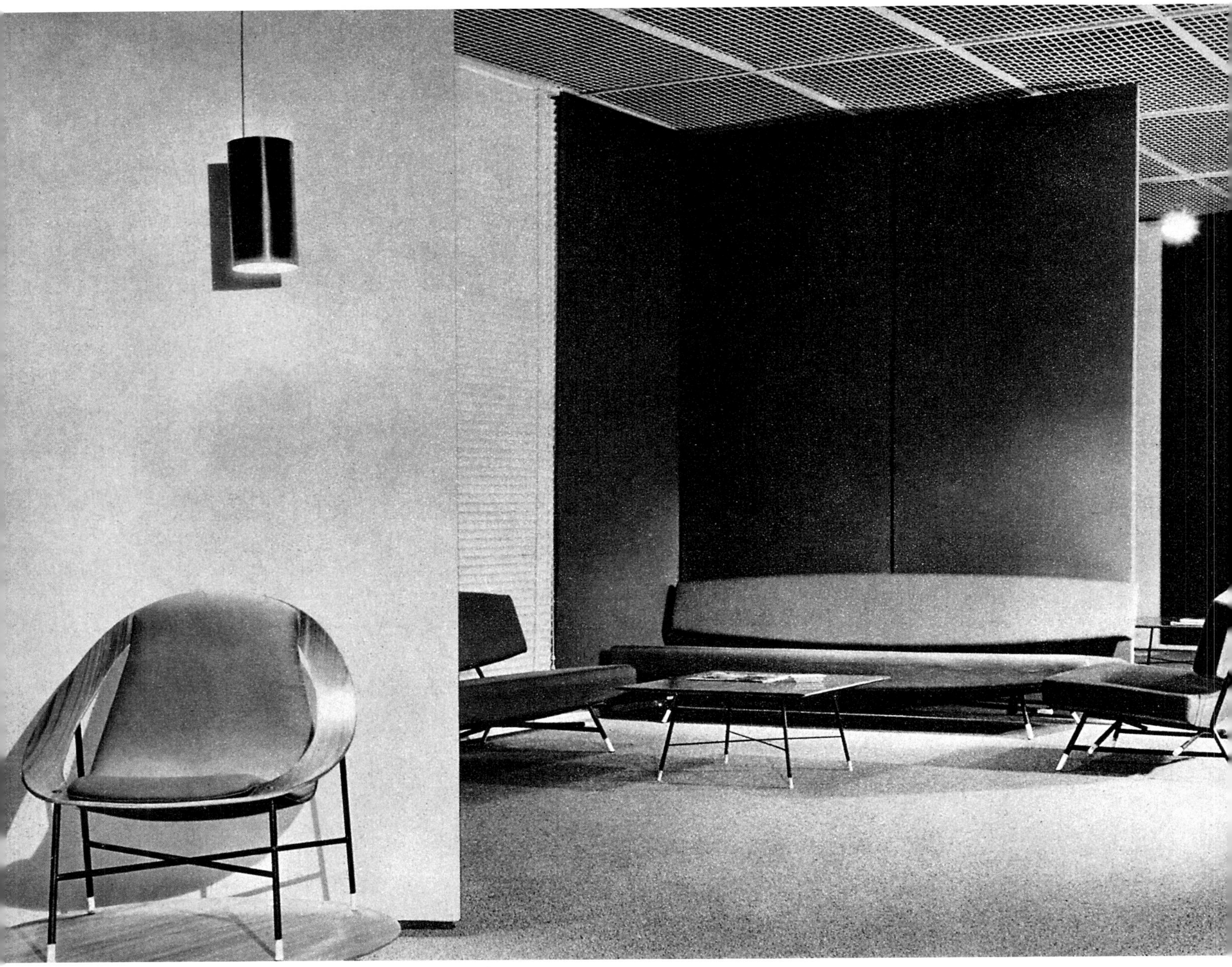

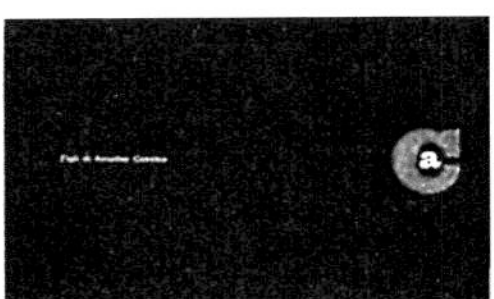

copertina del catalogo

Una nuova sala d'esposizione di mobili italiani di serie

la mostra Cassina a Meda

il frontespizio del catalogo

domus 339
February 1958

A New Showroom of Mass-produced Italian Furniture

Furniture showroom in Meda designed by Ico Parisi for Cassina: views of interior showing modular seating designed by WK + CO, modular seating designed by Gianfranco Frattini and details of chairs designed by Gio Ponti and Ico Parisi

la pagina a fianco, poltroncina in
npensato curvato e metallo, pol-
ne e divano in gommapiuma, pol-
na con struttura in metallo, di Ico
isi; poltrona « dondolo » di Gio
nti.

fabbrica « Figli di Amedeo
ssina » ha da poco inaugurato
esta sala di esposizione presso
propria sede di Meda, sala al-
tita dall'architetto Ico Parisi.
sala e il catalogo, uscito in
esti giorni, danno una visione
nsieme di questa produzione
serie, che va sempre più facen-
i nome nel mondo, attraverso
larga esportazione.
catalogo è stato curato, per
paginazione e la fotografia,
Ilo Negri e Giulio Confalo-
ri.

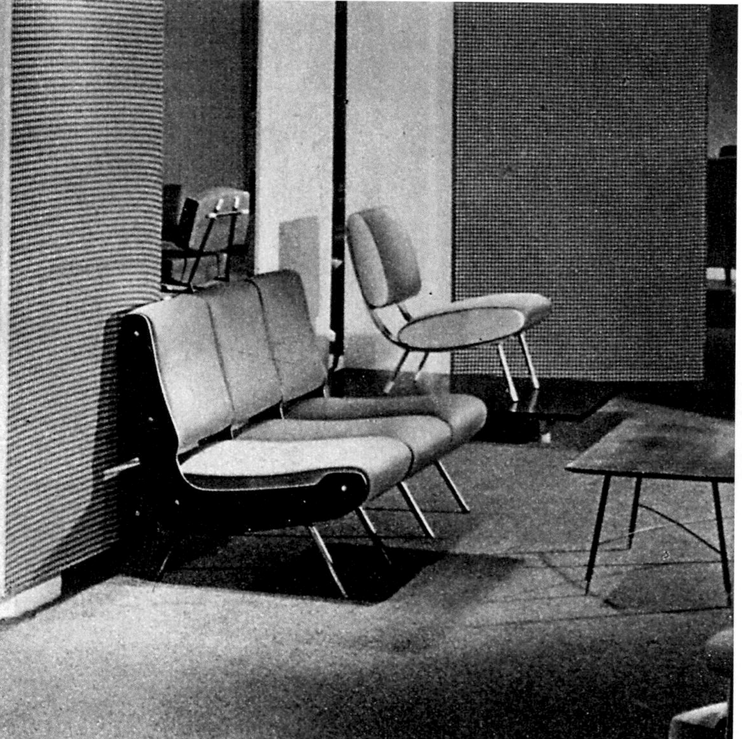

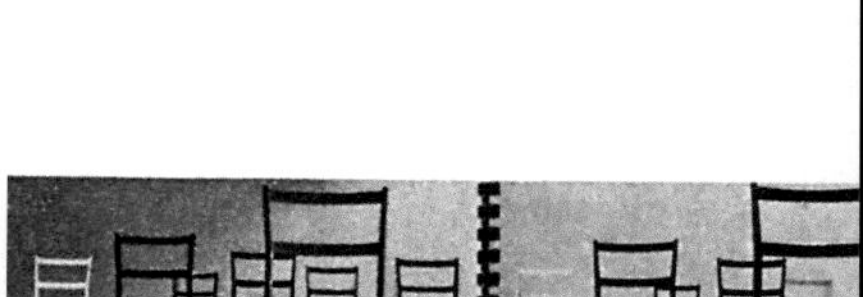

Qui sopra, poltrone componibili a divano, di WK+CO; a sinistra, poltrone componibili a divano, con fiancata in compensato, di Gianfranco Frattini, e poltroncina di Gio Ponti.

la superleggera di Ponti

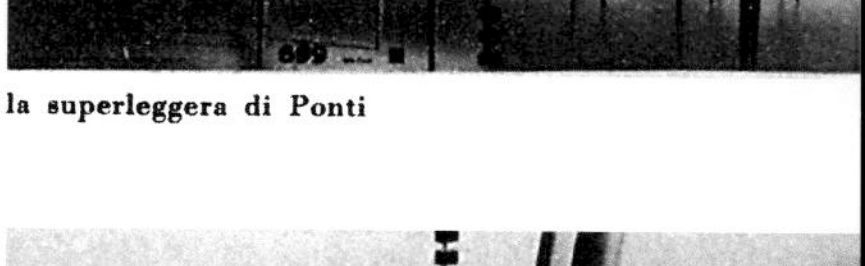

sedia di Parisi

Aspetti di due ville di Marcel Breuer

La villa Starkey a Duluth, Minnesota
Marcel Breuer arch.
Herbert Beckhard e Robert F. Gatje, arch.tti associati

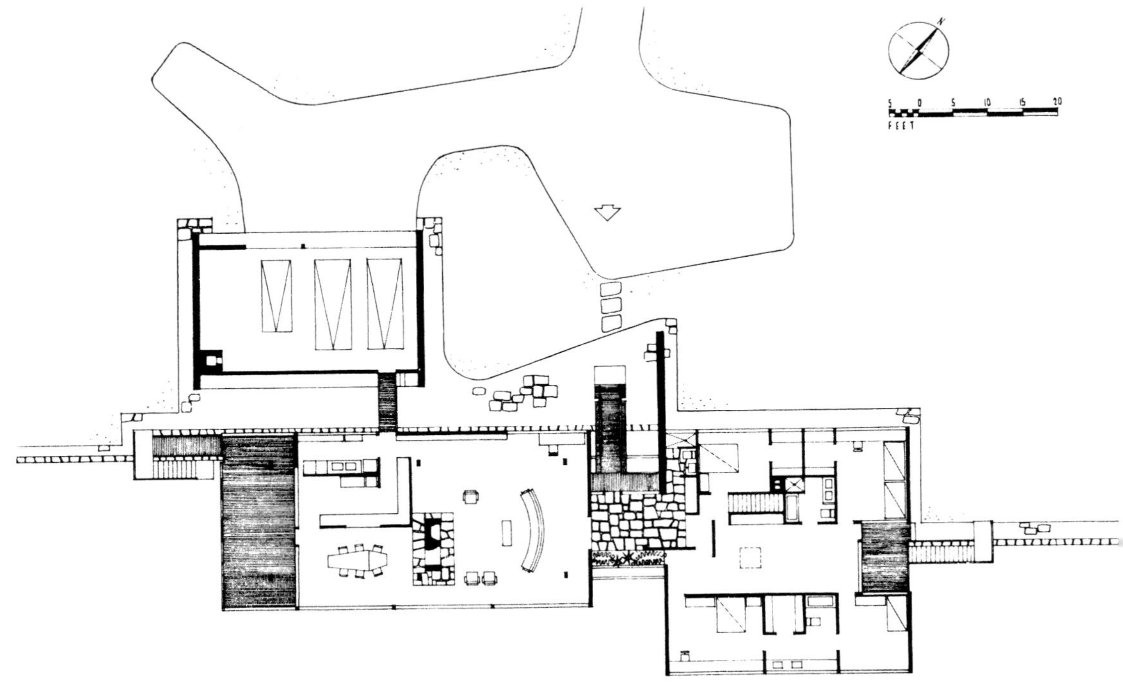

La villa sorge sul fianco di un colle, con la vista lontana del Lago Superiore. È composta di due corpi distinti, uno destinato al soggiorno - pranzo, con cucina (della cucina si occupa la padrona di casa), l'altro alle camere (per i genitori, tre figli, una ragazza).
Singolare è la struttura del corpo del soggiorno, isolato dal terreno su tutti i lati e sospeso alle due grandi travi esterne, in legno massiccio laminato, che corrono distaccate sopra il tetto: i pilastri della struttura, anch'essi in legno, terminano, a due palmi dal suolo, in un puntale di acciaio (a difesa dalle termiti).

In alto, il fronte della villa. A destra, il corpo del soggiorno visto dal lato della loggia: su questa loggia schermata da pannelli mobili colorati, si aprono con vetrate scorrevoli il soggiorno e il pranzo.

Aspects of Two Villas by Marcel Breuer

Starkey House in Duluth, Minnesota, designed by Marcel Breuer in collaboration with Herbert Beckhard and Robert F. Gatje: views of elevations, entrance to living room and fireplace, floor plan and drawing of side elevation

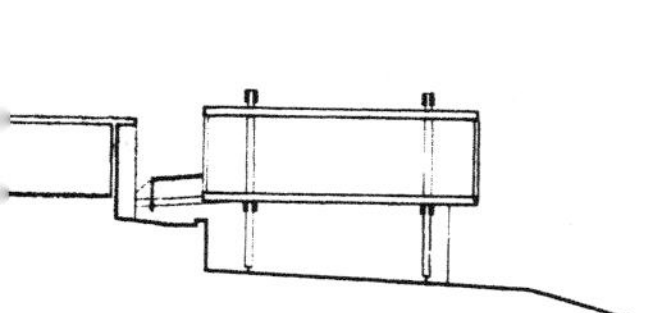

Qui sopra, l'ingresso al soggiorno dal lato a monte, attraverso una passerella a ponte. A destra, l'interno del soggiorno, col grande camino che separa dal pranzo. A sinistra, il camino all'aperto, nel portico sotto il soggiorno.

Translation
see p. 566

piano superiore

piano inferiore

la villa Gagarin, nel Connectic
Marcel Breuer, arch.
Herbert Beckhard, arch. associ

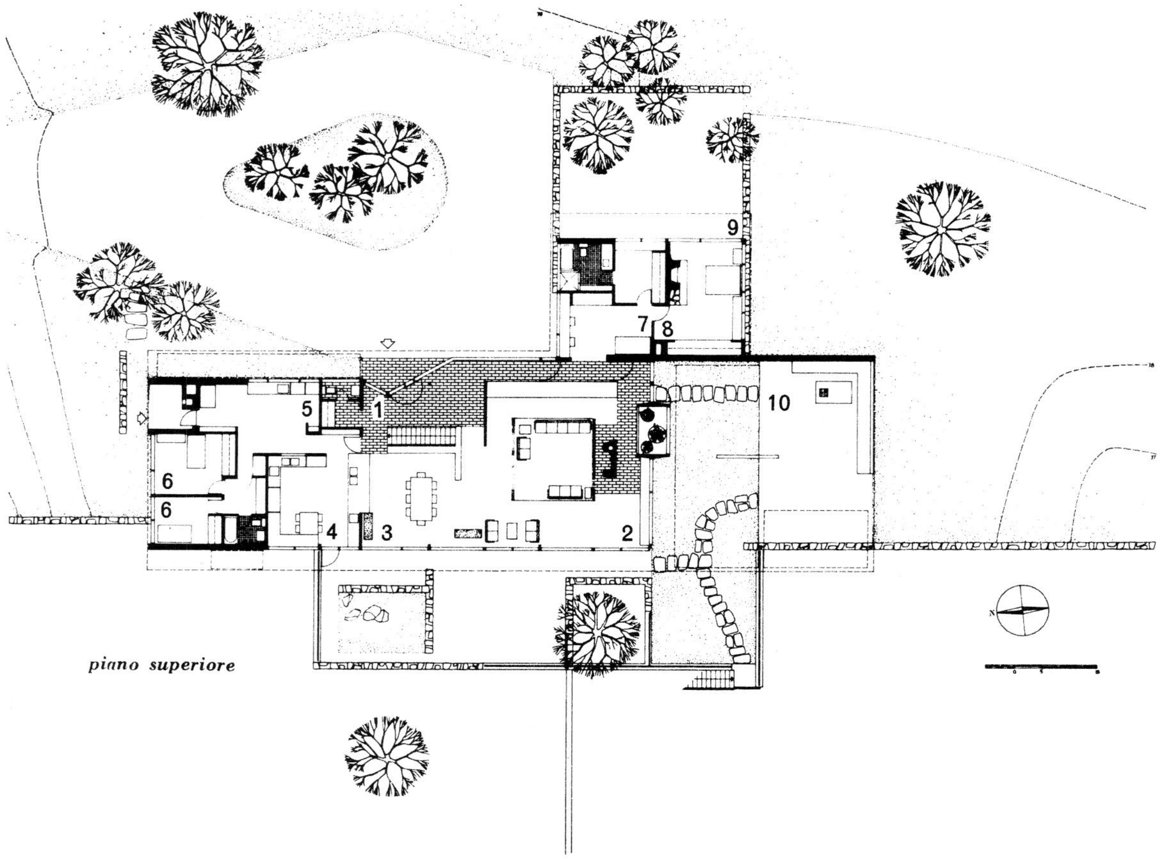

Destinata ad una famiglia di se
persone (genitori, tre figli, d
persone di servizio) con osp
questa è una villa di grandi p
porzioni, che non appaiono pe
a prima vista, poichè la cost
zione si sviluppa su due pia
sfalsati, lungo un terreno in pe
dio, e l'ingresso è a monte. a
vello cioè del piano superic
(piano dei genitori e del s
giorno). Il soggiorno, grandis
mo, si apre a valle sulle terraz
erbose create sopra le stanze
figli al piano inferiore (piano
figli e degli ospiti).

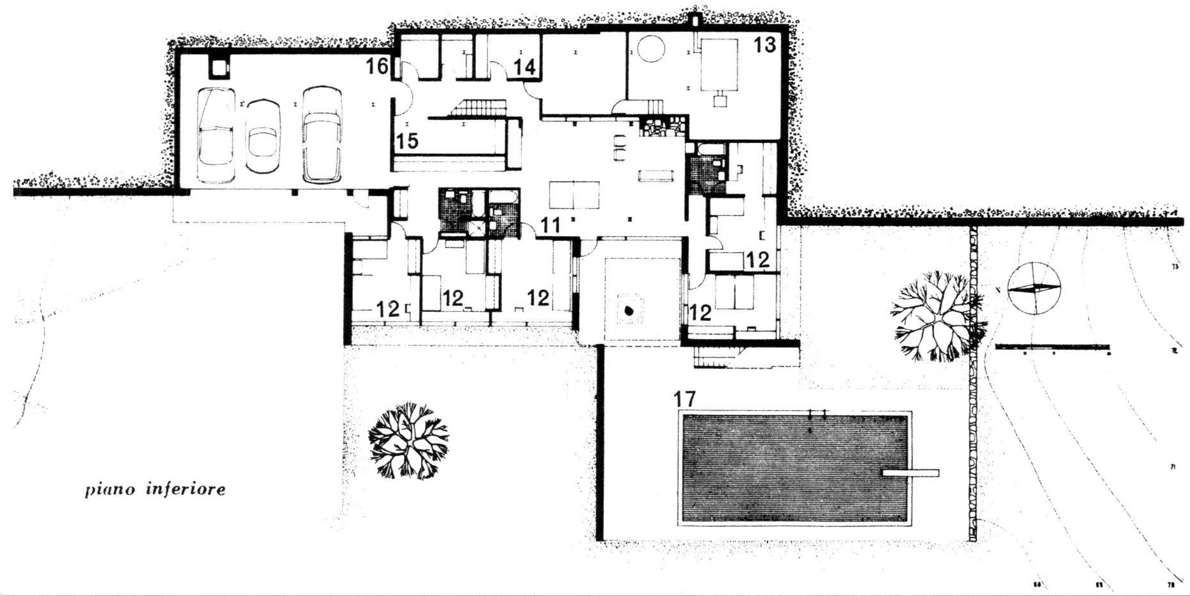

In alto, il fronte est, con l'ingre
(il muro in pietra chiude il « pa
dei genitori »).

Nelle piante, piano superiore: 1,
gresso; 2, soggiorno; 3, pranzo;
cucina; 5, lavanderia; 6, camere
letto di servizio; 7, salottino geni
ri; 8, camera da letto genitori;
terrazza e patio genitori; 10, terraz
Piano inferiore: 11, grande stan
da gioco; 12, camere da letto figli
ospiti; 13, caldaie; 14, ripostiglio;
laboratorio; 16, garage; 17, pisci

Nella pagina a fianco, il soggior
col camino a due rami (in uno
la canna fumaria del camino al p
no inferiore): soffitto in pannelli
sughero, pavimento e parete in te

foto Ben Sc

domus 340
March 1958

Aspects of Two Villas by Marcel Breuer

Two houses designed by Marcel Breuer in collaboration with Herbert Beckhard and Robert F. Gatje: Gagarin House in Litchfield, Connecticut: views of elevation, floor plans; Starkey House in Duluth, Minnesota: views of living room and kitchen/dining area, detail

foto Warren Reynolds

foto Ben Schnall

la villa Gagarin, nel Connecticut
Marcel Breuer, arch.
Herbert Beckhard, arch. associato

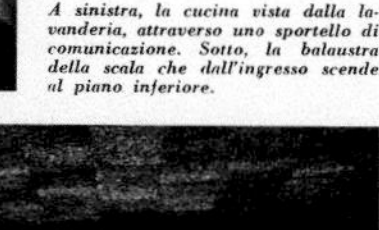

A sinistra, la cucina vista dalla lavanderia, attraverso uno sportello di comunicazione. Sotto, la balaustra della scala che dall'ingresso scende al piano inferiore.

Translation
see p. 566

Grandi uffici americani

Florence Knoll, arch.

Gli uffici della « Connecticut General Life Insurance Company » a Bloomfield, Connecticut: Skidmore, Owings e Merrill, arch.tti.

foto I

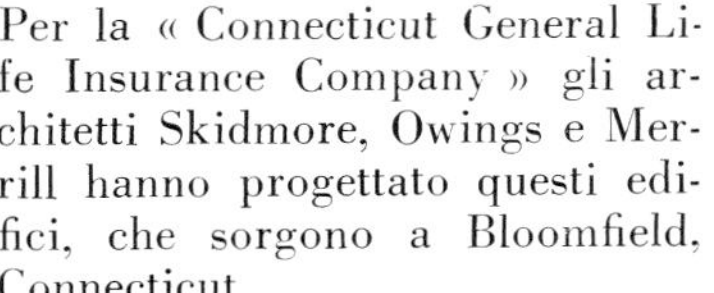

Per la « Connecticut General Life Insurance Company » gli architetti Skidmore, Owings e Merrill hanno progettato questi edifici, che sorgono a Bloomfield, Connecticut.
Sono due edifici, di cui il primo, e più grande, è destinato agli uffici e ai servizi generali (auditorium, centro medico, biblioteca; più un'ala con ristorante e soggiorno) e il secondo, e più alto, agli uffici, alle sale, alla direzione. Gli interni di questo grande complesso, che può ospitare fino a tremila impiegati, sono stati sistemati e arredati da Florence Knoll, per la Knoll Associates, e qui ne illustriamo alcuni aspetti. È un lavoro di eccezionale mole, questo di Florence Knoll, e ciò che in esso va rilevato è, oltre la praticità delle soluzioni singole, la chiarezza e sistematicità della impostazione generale. (La sistemazione interna parte dal sistema modulare dell'architettura, che si riflette nei moduli delle pareti, dei pavimenti, dei soffitti: su questi moduli è tracciata la definizione dei tre tipi di uffici, dei due tipi di sale, e delle aree-ufficio. Due sono gli schemi di colore, uno per edificio. Unico è il disegno dei mobili: il supporto metallico di sedie, tavoli, divani, scrivanie, è uguale dappertutto, e di apposito disegno). Il taglio degli interni, a grandi spazi continui, mantiene la straordinaria lineare ampiezza del paesaggio su cui gli interni si aprono.

Interni degli uffici, sistemati e arredati da Florence Knoll, Knoll Associates.

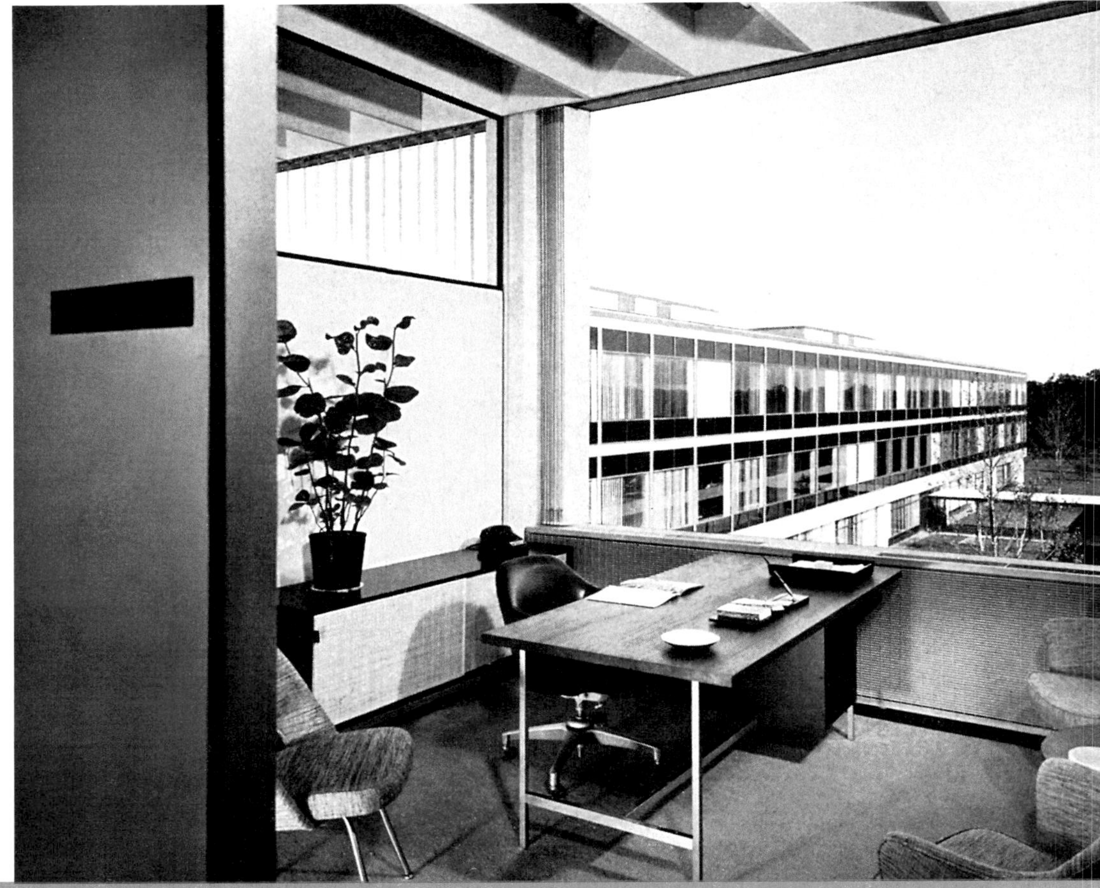

Large American Offices

Connecticut General Life Insurance Company office buildings in Bloomfield, Connecticut, designed by Skidmore, Owings & Merrill: views of interiors designed by Florence Knoll of Knoll Associates

foto Idaka

erni della "Connecticut General e Insurance Company,' a Bloomld, Connecticut: disegno di Floren- Knoll, Knoll Associates

A sinistra, una sala di riunione, del tipo a dodici posti: tavolo ellittico con piano in noce, su supporti in acciaio a tubo quadro, disegnato da Florence Knoll; poltroncine di Eero Saarinen.

Sotto, e nella pagina a fianco, uffici. L'ufficio tipo per dirigenti (a colori, in alto) ha il tavolo con piano in noce e supporto metallico cromato, uno scaffale chiuso, in laminato plastico nero con ante scorrevoli in tessuto di paglia, un tavolino rotondo in noce, mobili tutti disegnati da Florence Knoll; la sedia e la poltrona girevole, rivestite in tessuto di lino, sono di Eero Saarinen. L'ufficio tipo per segretari (a colori, in basso) ha due scrivanie uguali (disegnate da Florence Knoll), con piano in noce plasticato, fronte in pannelli di tessuto di paglia, supporti in metallo spazzolato: ogni scrivania ha, disposto ad angolo, un piano d'appoggio per la macchina da scrivere, con cassettiera; un lungo scaffale chiuso, ad elementi componibili, corre sotto la finestra.

Nella foto qui sotto, una particolare collocazione delle scrivanie per segretari, fuori dell'ufficio del dirigente.

Translation
see p. 566

foto Idaka

Large American Offices

Connecticut General Life Insurance Company office buildings in Bloomfield, Connecticut, designed by Skidmore, Owings & Merrill: views of interiors designed by Florence Knoll of Knoll Associates

foto Idaka

terni della "Connecticut General ie Insurance Company" a Bloom-ld, Connecticut: disegno di Floren- Knoll, Knoll Associates

A sinistra, una grande hall di ingresso e attesa, con pavimento in mosaico grigio opaco, parete di lato in pannelli di teak lucidato a cera, legati da profili in acciaio inossidabile, parete di fondo (una parete-quinta, isolata) in travertino; poltrone e tavolo di Mies van der Rohe: colori sui toni grigi e bruni.
Sotto, grandissima, panoramica sala di attesa, che si può trasformare, avvicinando i sedili sparsi, in sala per riunioni non formali: colori sui toni grigi e bruni. Nella pagina a fianco, a colori, gli ambienti della direzione, all'ultimo piano dell'edificio più alto, arredati con particolare ricchezza: tappeto continuo color cammello, doppie tende (una in lana, una in seta) sulle lunghe pareti vetrate, pannelli in teak, mobili di Florence Knoll. A colori, in basso, l'ufficio del presidente (nel modellino, lo yacht «Pilgrim» del presidente).

Translation
see p. 566

foto Idaka

foto Idaka

interni della "Connecticut Gener Life Insurance Company" a Bloon field, Connecticut: disegno di Flore ce Knoll, Knoll Associates

foto Ezra Stol

foto Idaka

interni della "Connecticut General Life Insurance Company" a Bloomfield, Connecticut: disegno di Florence Knoll, Knoll Associates

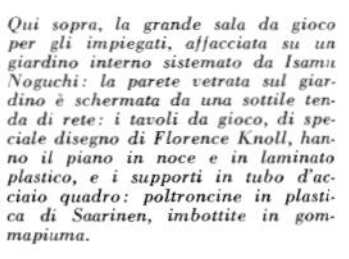

Qui sopra, la grande sala da gioco per gli impiegati, affacciata su un giardino interno sistemato da Isamu Noguchi: la parete vetrata sul giardino è schermata da una sottile tenda di rete: i tavoli da gioco, di speciale disegno di Florence Knoll, hanno il piano in noce e in laminato plastico, e i supporti in tubo d'acciaio quadro: poltroncine in plastica di Saarinen, imbottite in gommapiuma.

Nella pagina a fianco, in alto, una delle due piccole sale da pranzo vicino al ristorante, con una parete in teak e una rivestita in tessuto nero, per ragioni acustiche; su questa parete, una mensola di servizio in marmo bianco; tavoli disegnati da Florence Knoll, con piano in noce massiccio e supporti in tubo d'acciaio quadro. Sotto, il grande ristorante con ottocento posti, ricavato in un apposito corpo di fabbrica, adiacente a sbalzo su una vasca d'acqua: il tetto è portato a sbalzo dai soli quattro pilastri centrali, ed a sua volta porta appese le pareti perimetrali in vetro: lo spazio interno è vastissimo e sgombro. Tavoli di Florence Knoll, poltroncine di Saarinen.

foto Idak

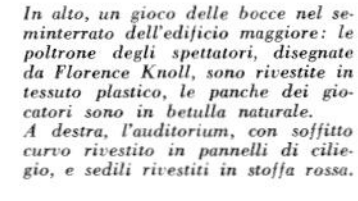

In alto, un gioco delle bocce nel seminterrato dell'edificio maggiore: le poltrone degli spettatori, disegnate da Florence Knoll, sono rivestite in tessuto plastico, le panche dei giocatori sono in betulla naturale.
A destra, l'auditorium, con soffitto curvo rivestito in pannelli di ciliegio, e sedili rivestiti in stoffa rossa.

foto Ezra Stoll

Connecticut General Life Insurance Company office buildings in Bloomfield, Connecticut, designed by Skidmore, Owings & Merrill: views of interiors designed by Florence Knoll of Knoll

Translation see p. 566

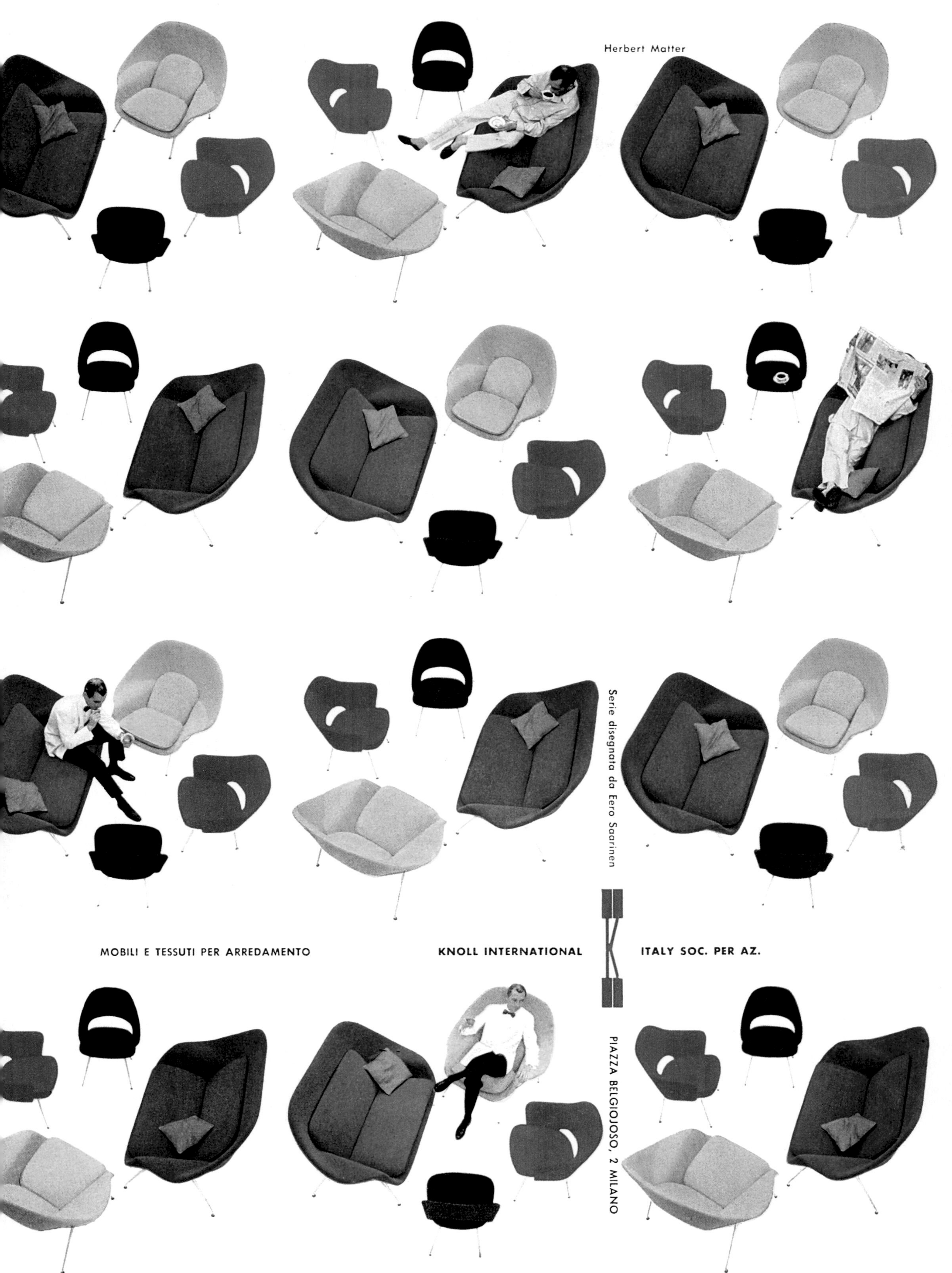

domus 349
December 1958

Advertising

Knoll International advertisement designed by Herbert Matter showing *Womb* chair collection designed by Eero Saarinen

Nuovi disegni di Tapio Wirkkala

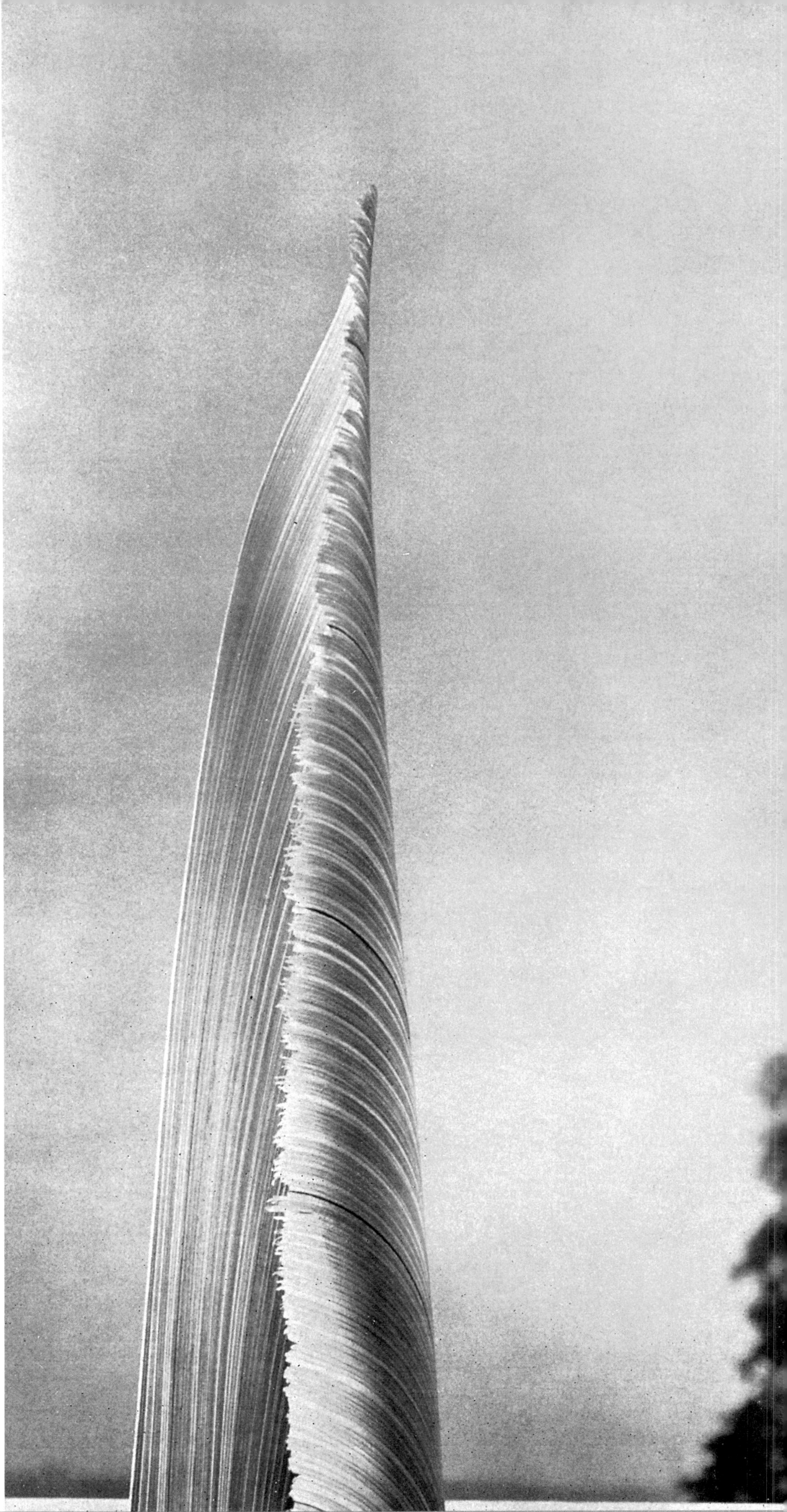

Dopo molti esperimenti, Tapio Wirkkala è arrivato a risolvere un problema che lo interessava da quando ebbe a realizzare le sue sculture in compensato scavato: portare le linee, il disegno, di questi compensati su una superficie piana. Ciò vuol dire poter avere una superficie composta (quale una sezione) di tutte le possibili qualità di legno, e con diversissimi disegni: superficie che — e questo è l'interesse della invenzione nei riguardi dell'industrial design — si può ripetere identica in tagli successivi. Tapio Wirkkala ha l'appoggio, in questi studi, dell'Istituto finlandese delle ricerche; e la fabbrica finlandese Askon ha già cominciato a produrre piani di tavoli (quelli che qui pubblichiamo) secondo questo sistema, su una serie di disegni (bande ondulate, foglie, ovali) in betulla, paduka, acero, noce.

New Designs by Tapio Wirkkala | Designs by Tapio Wirkkala: laminated wood sample and table for Askon Tejtaat

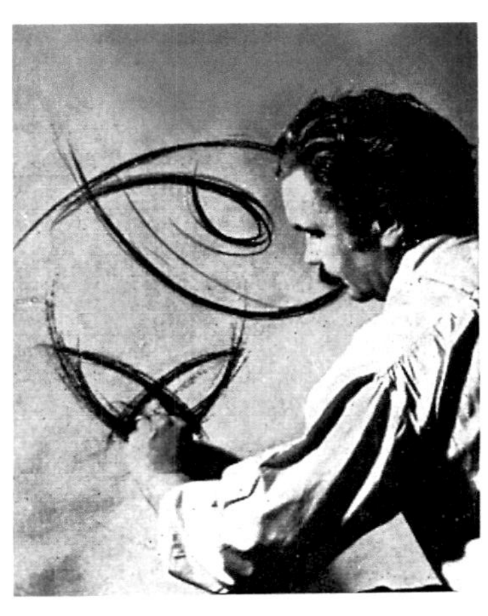

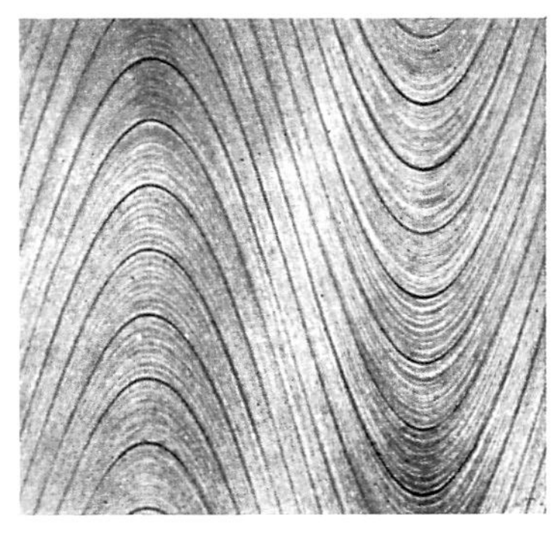

Tapio Wirkkala

Translation
see p. 566

Piani di tavolo in betulla e in paduka, acero, noce: produzione in serie della Askon Tehtaat Oy.

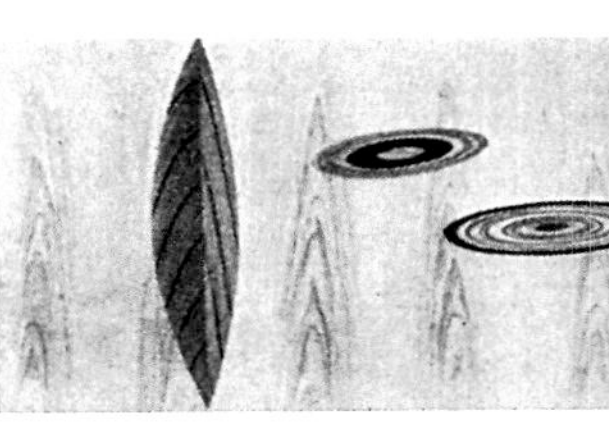

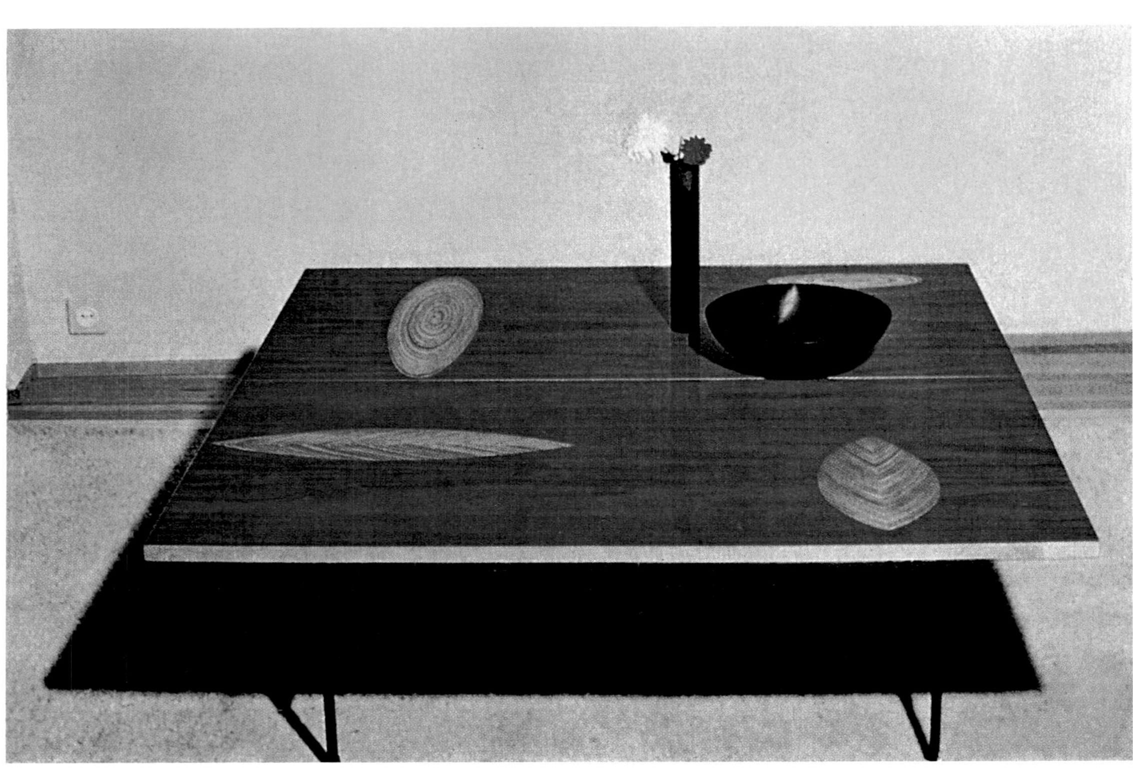

domus 341
April 1958

New Designs by Tapio Wirkkala | Tables, place mats and tabletop designedby Tapio Wirkkala for Askon Tejtaat

Wirkkala

Un'altra nuova idea di Tapio Wirkkala sono questi bellissimi vassoi-segnaposto in compensato di legni diversi, ritagliati (foto sopra): prodotti dalla Askon Tehtaat Oy, sono stati esposti alla XI Triennale.

no di tavolo in compensato di
alla

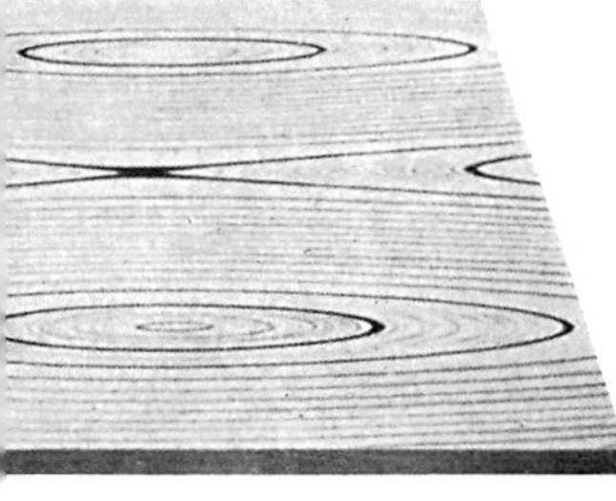

Translation
see p. 566

Michele Provinciali

domus 341
April 1958

Advertising

Kartell advertisement designed by Michele Provinciali for plastic household products

a casa
perimentale
i George Nelson

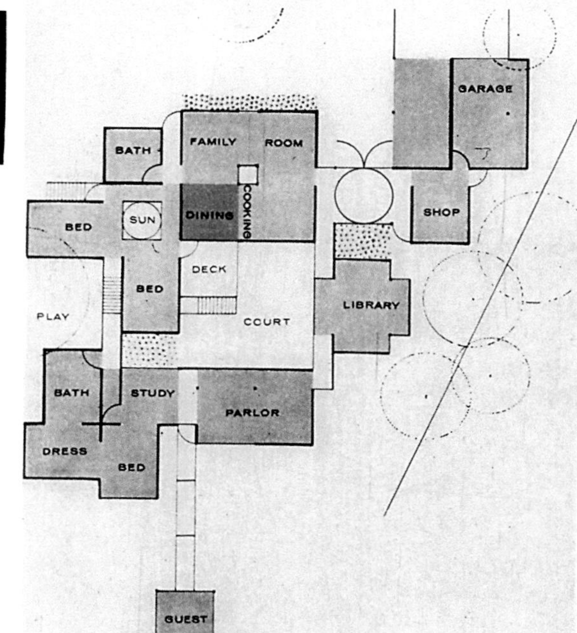

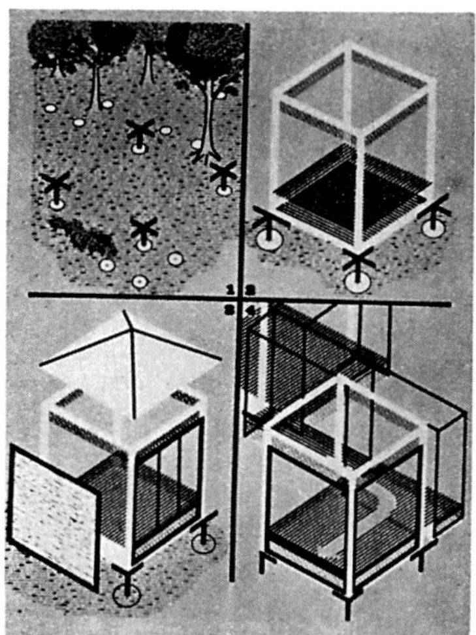

caratteristica di questa casa
erimentale, progettata dallo stu-
o di George Nelson, il noto
hitetto e designer americano
omus n. 291, 294, 324) è di
ere concepita come un puro
odotto industriale, adatto alla
bricazione su larga scala.
casa è strutturalmente compo-
da tante unità raggruppate;
nità è una gabbia metallica
adrata (12 x 12 piedi in pian-
, appoggiata a quattro puntelli
tallici, con pareti in materiale
gero e soffitto a cupola, traslu-
o (per l'illuminazione); a que-
unità si aggiunge una unità
nore (4 x 12 piedi in pianta),
struttura metallica sospesa,
ganciata alla gabbia, e che ser-
sia a collegare le gabbie, l'una
altra, sia a fornire spazio per
saggio e per armadi e per i
vizi (servizi previsti a blocchi
fabbricati).
spetto della casa è quello di
insieme di padiglioni, dispo-
a gruppi intervallati da spazi
r l'isolamento fonico): la li-
tà di comporre questi gruppi
grandissima, e il gioco degli
zi pieno di interesse.

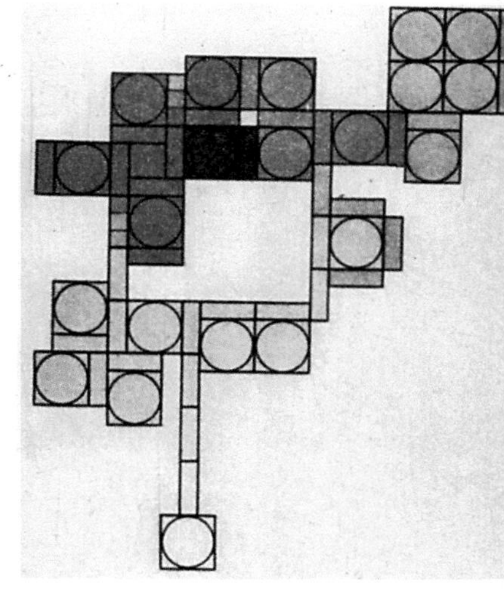

La casa è un insieme di padiglioni variamente raggruppati.

George Nelson's Experimental House

Prefabricated product architecture system designed by George Nelson

Translation
see p. 566

foto Casali-Domus

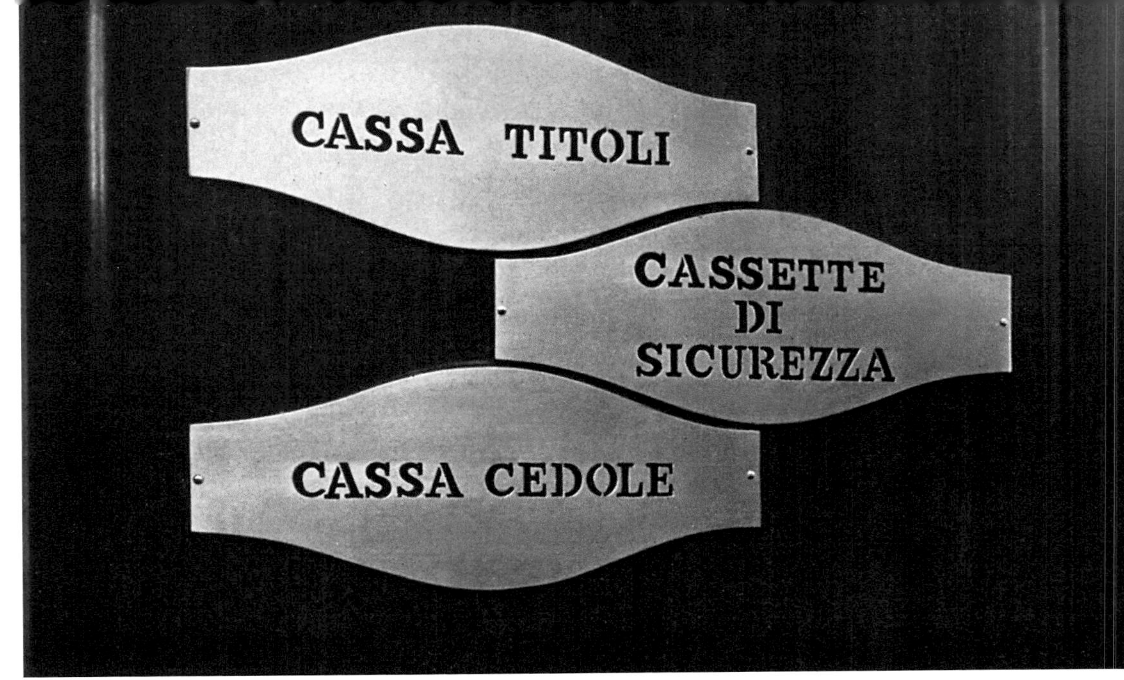

Nuove sistemazioni di ambienti in una banca

Vico Magistretti, arch.

A Milano, nella sede del Credito Varesino, per lo spostamento di alcuni uffici si è avuta la possibilità di dare una nuova sistemazione ai locali cassette, e ai relativi servizi (banco impiegati, box isolati) che sono stati sistemati nel sotterraneo, dove già era la camera blindata.
In tutti gli ambienti le pareti sono rivestite in materiale plastico grigio chiaro rigato (particolarmente resistente agli urti derivati dal trasporto di cassette o involti ingombranti).
Le spalle delle aperture sono rivestite in tutta altezza da fiancate di noce massiccio sagomate a curva nelle estremità.
Tutti i pavimenti (salvo per la zona impiegati in vinilico) sono in trachite semilucida cerata.

domus 342
May 1958

New Arrangement of Interiors in a Bank

Interiors for Credito Varesino bank in Milan designed by Vico Magistretti: signage, views of counter and private cubicle

foto Casali-Domus

Translation
see p. 566

Vico Magistretti, arch.

I box isolati hanno la parete di chiusura in pannelli di noce naturale: la parte superiore di questi pannelli è forata per l'aereazione. All'interno dei box, sedia di Arne Jacobsen e piano per scrivere rivestito in marocchino rosso. Per l'illuminazione a fluorescenza si è adottato, in tutti gli ambienti, una sorta di candelabri di speciale disegno, a forma molto allungata, che scherma le sorgenti luminose lineari e ne riflette la luce sulla parete grigia che la diffonde. La parte metallica è in alluminio smaltato rosso lacca cinese, le lampade sono del tipo sottilissimo Philips, lunghe circa 50 centimetri.

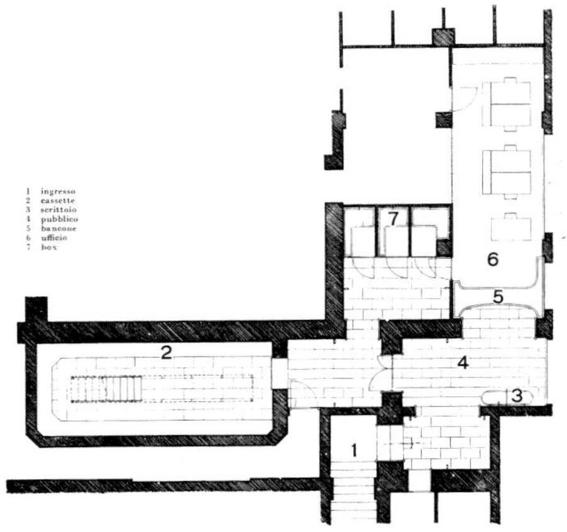

Le cancellate di accesso alla camera blindata in parte fisse e
in parte apribili, sono di ferro a
profilati rettangolari disposti secondo un determinato disegno ch-
ostacola le visuali passanti sopra-
tutto dalle posizioni laterali (come dal bancone pubblico) ond-
proteggere dalla vista il repar-
cassette che può però essere agevolmente sorvegliato dalla zon-
impiegati.
Tutti i cancelli sono smalta-
bianchi opachi, e disegnati secondo un semplice schema decorativo.

foto Casali-Domus

nuova sistemazione di ambienti in una banca

le cancellate bianche e il cancello rosso, eseguite da Giacomo Anelli, Milano.

foto Casali-Domus

Nella sala cassette tutte le pare-
sono completamente rivestite da
mobili corazzati verniciati dell'
dentico grigio delle pareti deg-
altri locali. Anche qui il pav-
mento è in trachite; gli zocco-
e le cornici superiori dei mobi-
sono in ultrapas (tipo Formica
nero opaco. Il ballatoio che d-
accesso all'ordine superiore c
cassette è nella sua parte inferiore completamente imbottito (i
tutte le parti metalliche), con u
leggerissimo strato di gommapiuma rivestito con marocchino rosso. Anche le fiancate della sca-
sono imbottite nello stesso mod-
e ciò è stato fatto, oltre che pe
eliminare il pericolo di urti contro elementi di ferro, anche pe
togliere quel senso di rigidità
di oppressione dato da tutte
intelaiature metalliche in vista e
a quota necessariamente bassiss-
ma (poco sopra la testa).
Il parapetto del ballatoio è i
semplici lastre di securit tratt-
nute dai montanti metallici ch
nella parte superiore contengon
gli elementi illuminanti uguali
quelli all'esterno del caveau. Anche qui sono laccati in un ross
vivissimo che in rapporto al ro-
so del marocchino sui metalli,
velluto rosso sul corrimano de
la scala, ai grigi delle fronti d
mobili, alla moquette antraci-
che ricopre i gradini della sc-
la, crea una particolare vivezz
cromatica e ricchezza ambient-
le. Mentre sul ballatoio partic-
lari vassoi rettrattili nel mobi
servono da piano d'appoggio,
piano terreno è stato studiato u
tavolino su rotelle che viene sp-
stato dai clienti, secondo le nece-
sità, presso le varie cassette.
tavolino ha il piano in plastic
opaca nera, ed i bordi imbott
in gommapiuma e ricoperti
pelle nera. Le targhe indicatri
sono in lastra d'ottone (mm.
traforata.

domus 342
May 1958

New Arrangement of Interiors in a Bank

Interiors for Credito Varesino bank in Milan designed by Vico Magistretti: views of interior, security grills and vault, floor plan

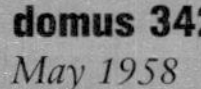

Translation
see p. 566

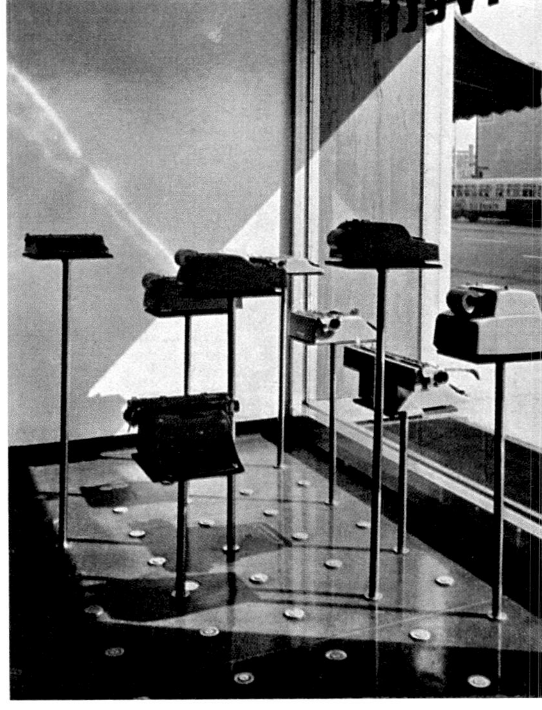

Due negozi Olivetti in America

Leo Lionni

Lionni ha curato l'allestimento di un nuovo negozio Olivetti in America, a Chicago (dopo averne realizzato uno a San Francisco). È stato adottato un particolare sistema di paraventi mobili e pieghevoli che consentono una grande varietà per la disposizione dei mobili e l'esposizione.
Un' altra soluzione notevole è quella dei piedestalli sottili di acciaio di diversa altezza, che reggono le macchine esposte, e che si possono spostare fissandoli a un reticolo di attacchi a terra; questa soluzione Lionni l' aveva inaugurata nel negozio Olivetti di San Francisco, che pubblichiamo qui di seguito.

Particolare del pannello in gesso dietro una delle vetrine.

Two Olivetti Showrooms in America

Olivetti showroom in Chicago designed by Leo Lionni: views of façade, window display, detail of exterior panelling and display areas, floor plans

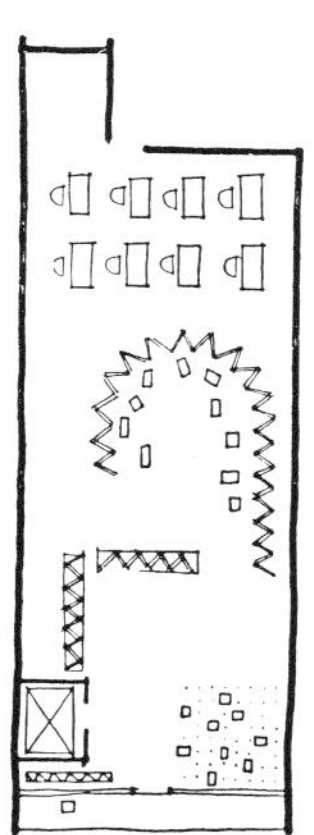

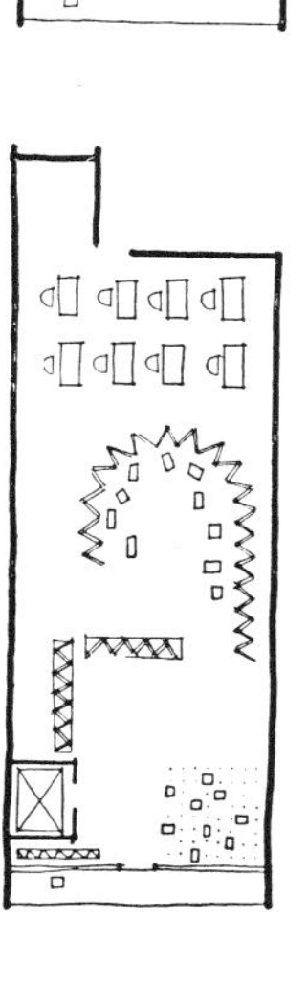

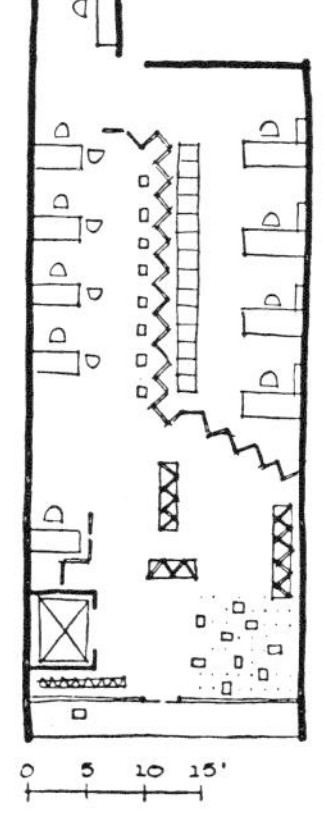

diverse possibilità di disposizio-
dei paraventi mobili e dei piede-
li.

Il banco d'ingresso e il reparto macchine da ufficio: i paraventi (da un lato a disegni geometrici, dall'altro in legno di olivo) creano fondali scenografici e separazioni mobili.

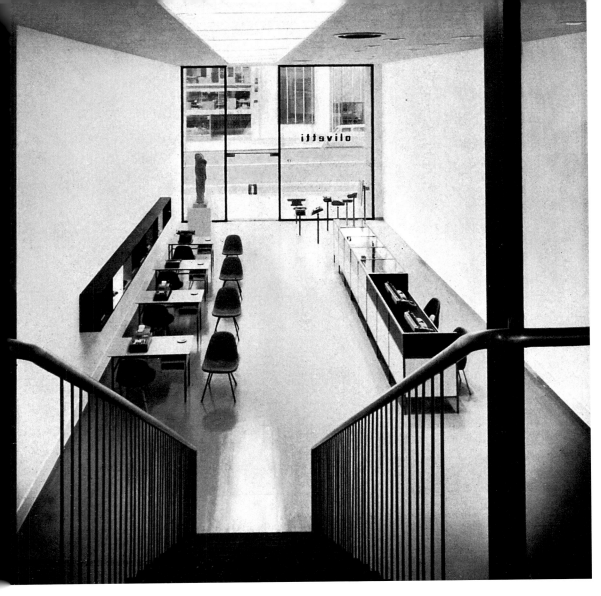

Leo Lionni: il negozio Olivetti San Francisco.

foto Ezra Stoller

Two Olivetti Showrooms in America

Olivetti showroom in San Francisco designed by Leo Lionni: views of interiors

Lettere di famiglia,
lettere di presentazione,
lettere d'affari,
lettere d'auguri,
lettere di vendita,
lettere riservate,
lettere d'amore,
lettere circolari,
lettere di congedo,
lettere di ringraziamento...

---

in tutte lettere,
in belle lettere,
tutte
con la

Olivetti Lettera 22

modello **LL** lire **42.000** + I.G.E.

Nei negozi Olivetti ed in quelli di macchine per ufficio, elettrodomestici e cartolerie.

domus 355
June 1959

Advertising

Olivetti advertisement designed by Giovanni Pintori showing *Lettera 22* typewriter designed by Marcello Nizzoli

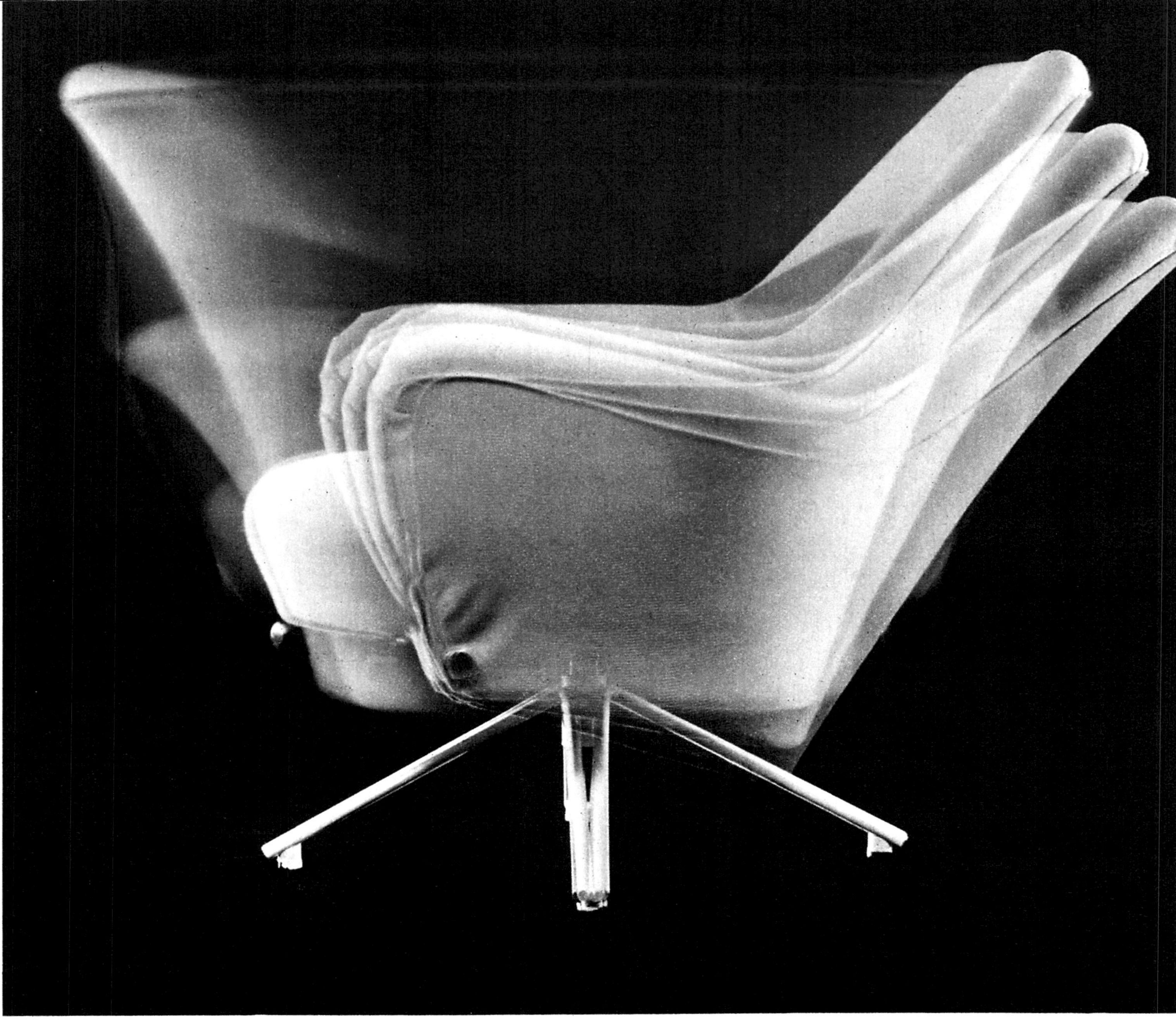

Nuova poltrona per la serie

Osvaldo Borsani, arch.

Poltrona disegnata da Osvaldo Borsani e prodotta dalla Tecno; struttura in ferro verniciato nero opaco, girevole su un perno centrale, lo schienale ha la molleggiatura regolabile. La struttura interna è completamente in metallo, l'imbottitura in gommapiuma. La copertura è applicata con fodere intercambiabili chiuse da cerniere lampo.

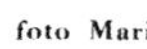
foto Mari

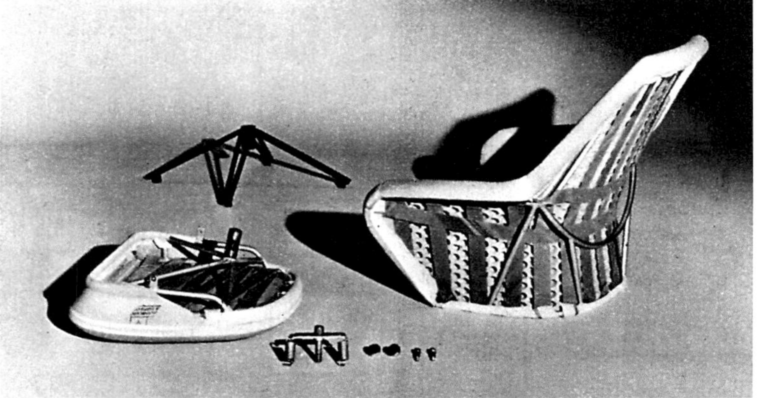

domus 342
May 1958

New Armchair for Mass Production

Model No. P-32 armchair designed by Osvaldo Borsani for Tecno

POLTRONA P 32 (modello depositato) disegno Arch. Osvaldo Borsani

mobili e forniture per arredamento

Tecno

milano via bigli 22
telefono 705736

La poltrona TECNO P 32 assomma in sè varie prerogative che la rendono particolarmente confortevole e pratica:
libertà di movimento rotatorio che la rende adatta per conversazione, riposo e televisione;
inclinazione regolabile e molleggiatura dello schienale;
rivestimento con fodere intercambiabili;
struttura metallica con imbottiture in nastro-cord e Gommapiuma Pirelli, smontabile e di minima dimensione d'imballaggio.

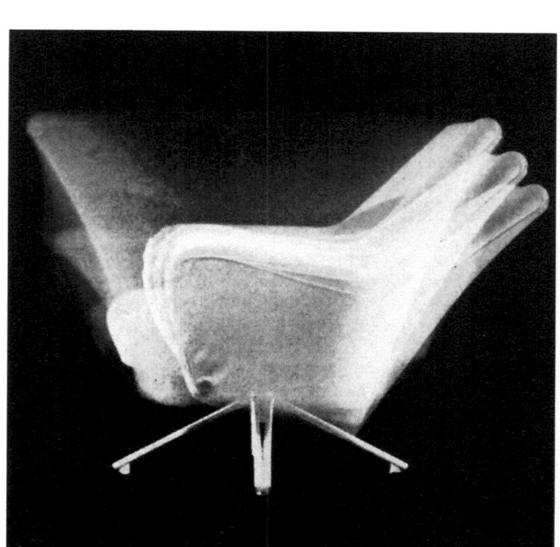

Tecno advertisement showing *Model No. P-32* armchair designed by Osvaldo Borsani

foto Strüv

Disegno Danese

Jorgen e Nanna Ditzel

Mobili e gioielli di Jorgen e Nanna Ditzel, designers danesi (che hanno esposto alla XI Triennale. Le poltrone e gli sgabelli imbottiti (foto sopra), sono prodotti da Fritz Hansens; le panche-divano con alti schienali di disegno particolare, sono imbottiti con sottile strato di gommapiuma.
I gioielli, in oro e argento, sono prodotti da Georg Jensen, Copenhagen.

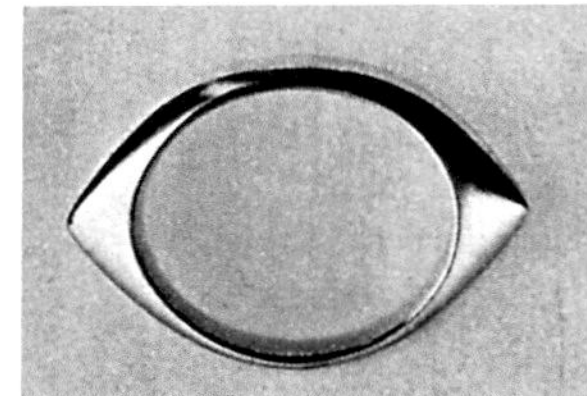

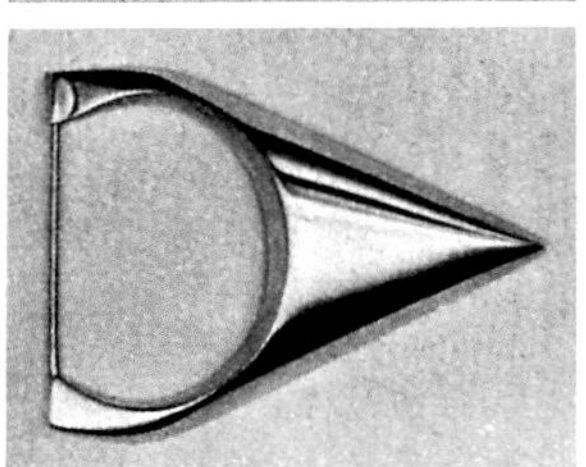

domus 342
May 1958

Danish Design

Furniture designed by Jørgen and Nanna Ditzel (armchair and stool for Fritz Hansen) and jewellery designed by Jørgen and Nanna Ditzel for Georg Jensen shown at the XI Milan Triennale

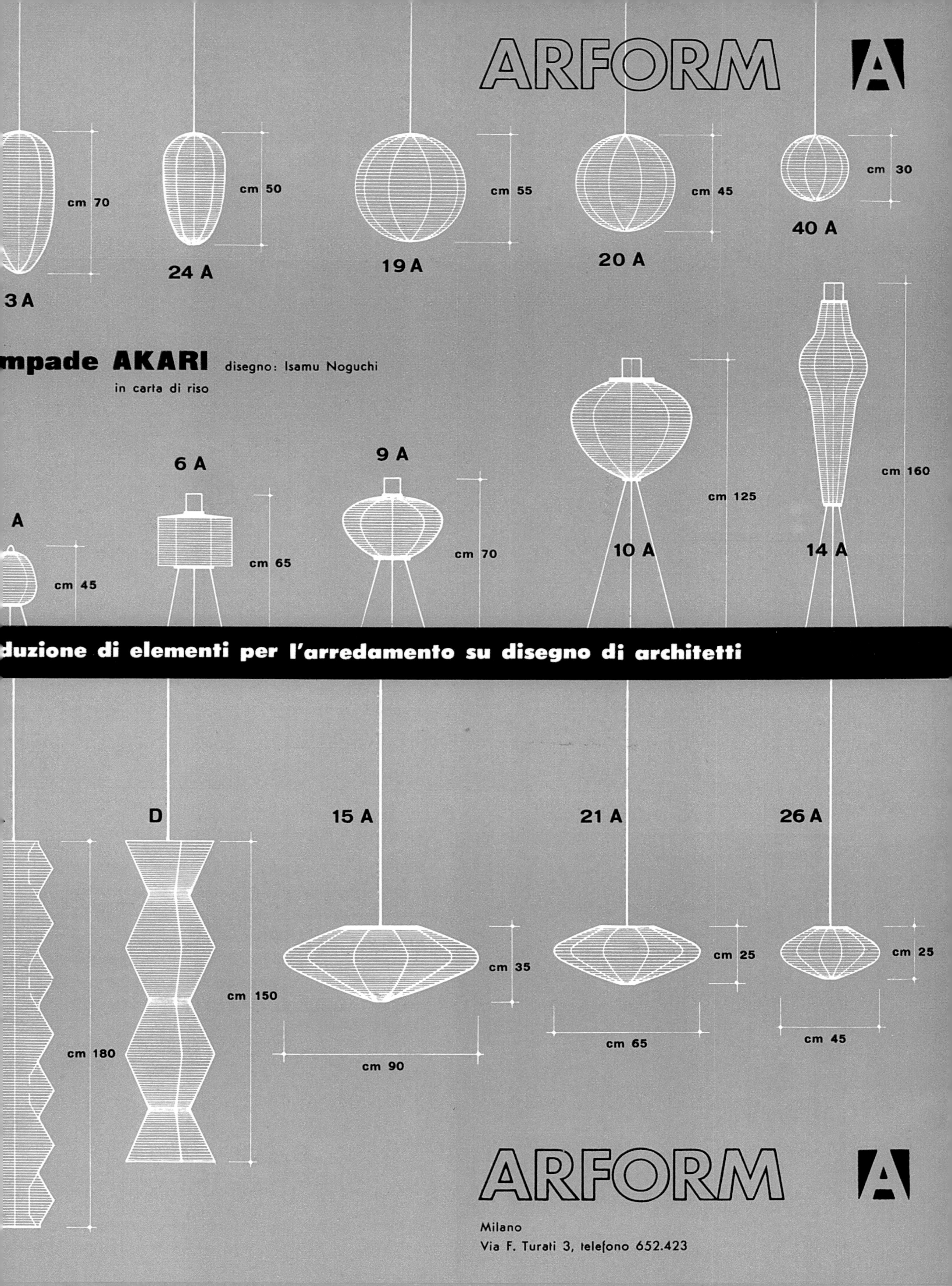

ARFORM

cm 70

3 A

cm 50

24 A

cm 55

19 A

cm 45

20 A

cm 30

40 A

mpade **AKARI** disegno: Isamu Noguchi

in carta di riso

A

cm 45

6 A

cm 65

9 A

cm 70

cm 125

10 A

cm 160

14 A

duzione di elementi per l'arredamento su disegno di architetti

cm 180

D

cm 150

15 A

cm 35

cm 90

21 A

cm 25

cm 65

26 A

cm 25

cm 45

ARFORM

Milano

Via F. Turati 3, telefono 652.423

Advertising

Arform advertisement showing range of *Akari* lights designed by Isamu Noguchi

Dalla Spagna, disegno per l'industria

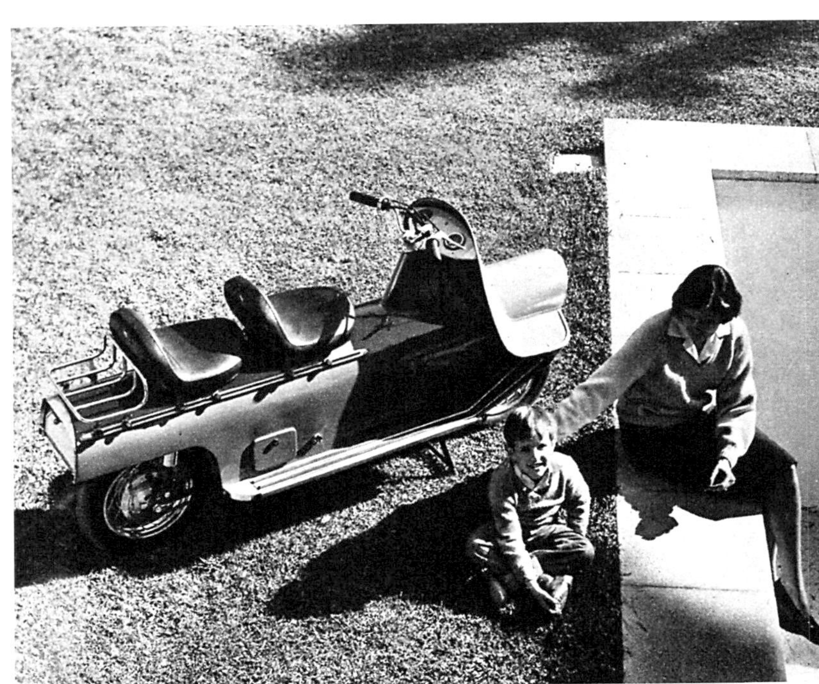

foto Compte

La Spagna lancia un interessantissimo nuovo modello di veicolo a due ruote, con carrozzeria portante, che sta fra lo scooter e la motocicletta: il prototipo disegnato da Leopoldo Milà Sagnier, Barcellona, per la fabbrica di motociclette Montesa, è stato presentato al Salone di Ginevra.

domus 342
May 1958

From Spain, Industrial Design

Prototype of two-person scooter designed by Leopoldo Milà Sagnier, made by Montesa and exhibited at the Geneva automobile show

foto Paul Huf

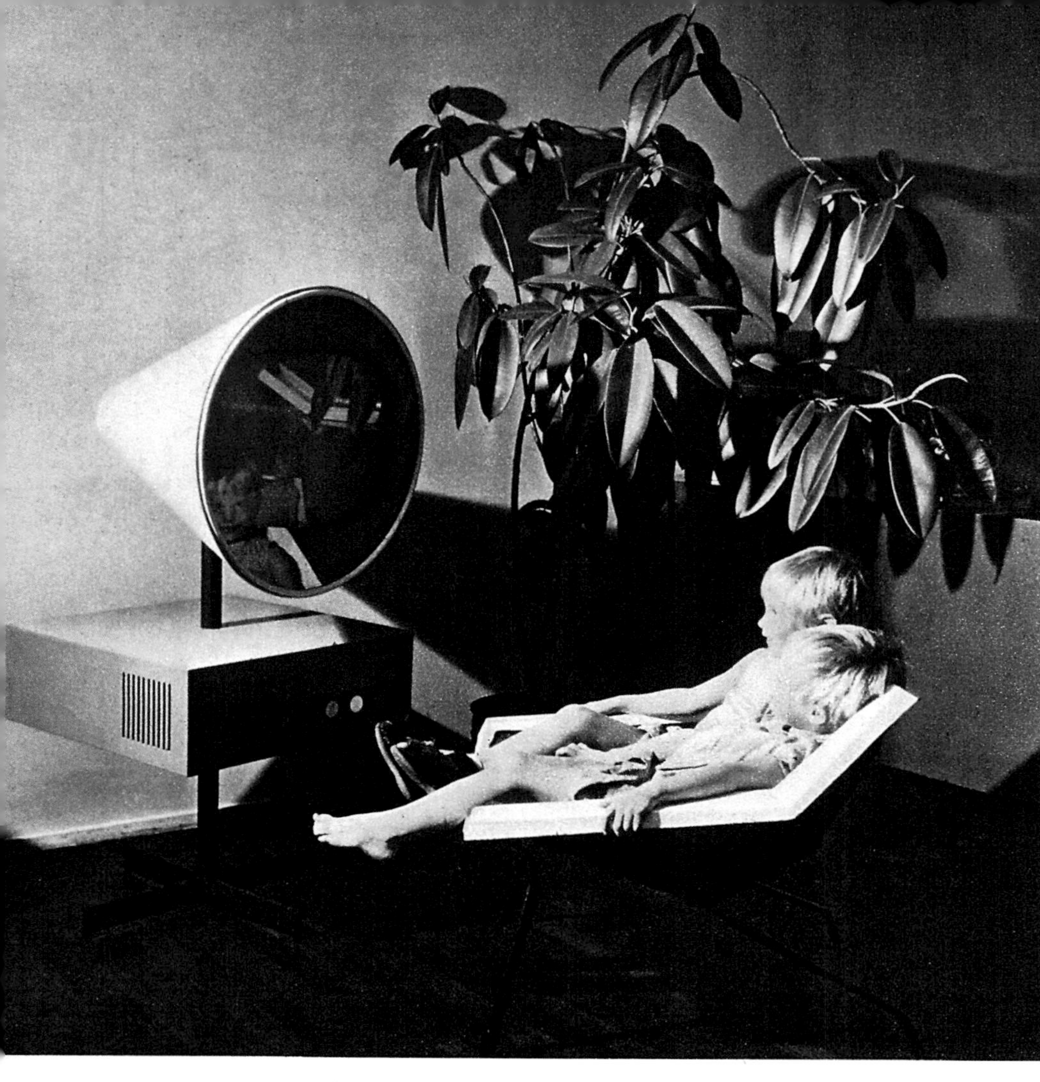

isegno olandese

Jaap Penraat, arch.

Un apparecchio per televisione e una nuova poltrona di Jaap Penraat. L'apparecchio ha il video girevole e inclinabile; la poltrona è in plastica e gommapiuma.

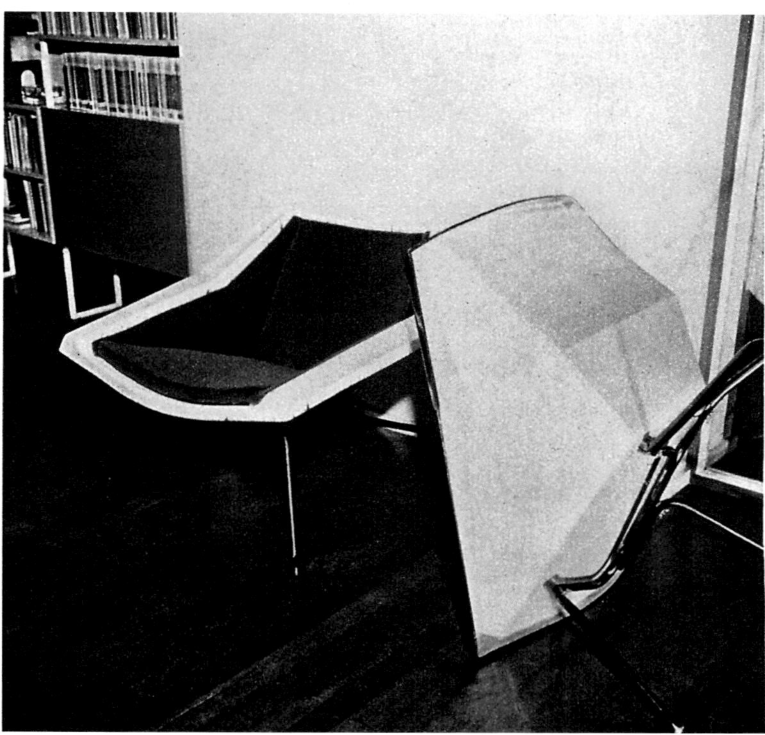

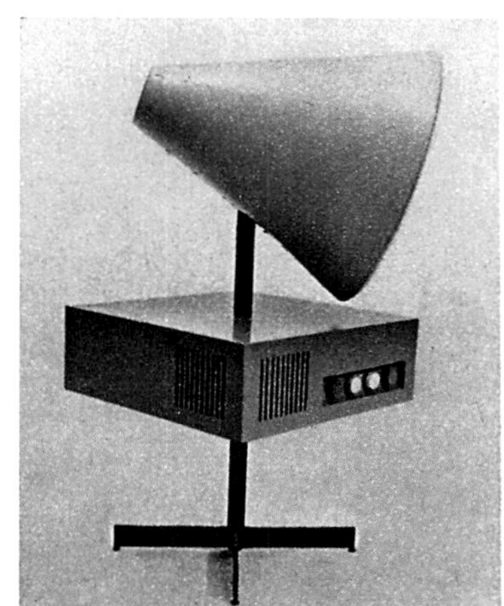

ATLANTIC

PRESENTA

PHILCO

Predicta

TELEVISION

IL FUTURO È GIÀ INCOMINCIATO

ATLANTIC ELECTRIC s.r.l. - Via Lovanio, 3 - MILANO - Telefoni 652.141/2/3

domus 347
October 1958

Advertising

Atlantic Electric advertisement showing Philco *Predicta* television

entro sportivo nel arco di Monza

il padiglione degli spogliatoi e servizi per la piscina

Francesco Clerici
Vittorio Faglia, ingg.

Nel parco di Monza, entro il recinto dell'autodromo, si stan costruendo una piscina e il padiglione che qui pubblichiamo; essi fan parte di un gruppo di attrezzature sportive che l'Automobile Club di Milano ha in programma e cui appartiene anche un camping internazionale, già allestito.
Il padiglione, destinato agli spogliatoi e ai servizi, è già terminato. Esso ha pianta quadrata e comprende, oltre alle cabine singole e alle cabine a rotazione, un piccolo alloggio per il custode, un pronto soccorso, un bar. La sua singolare copertura è costituita da sedici ombrelli quadrati in calcestruzzo a vista, di quattro diversi livelli, che proteggono le cabine, realizzate in ferro verniciato, con porte in pitchpine.

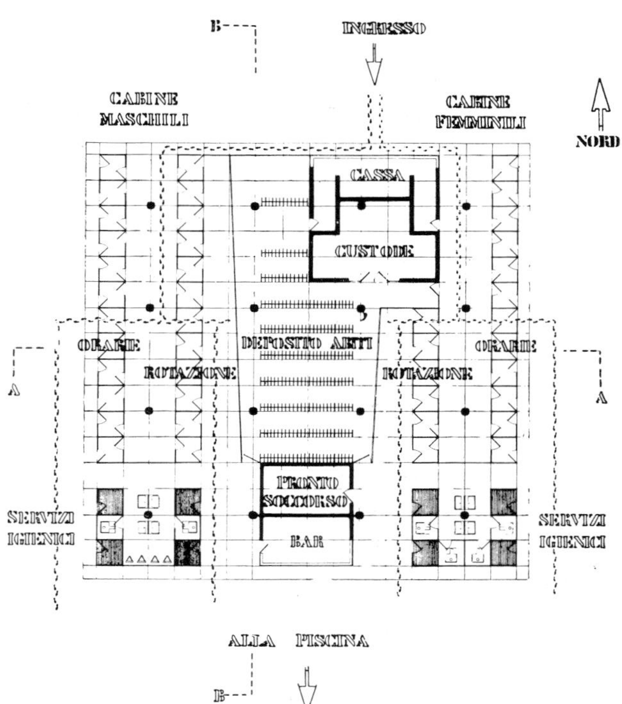

Sports Centre in the Park of Monza

Sports pavilion in Monza designed by Francesco Clerici: view of exterior and floor plan

Translation see p. 566

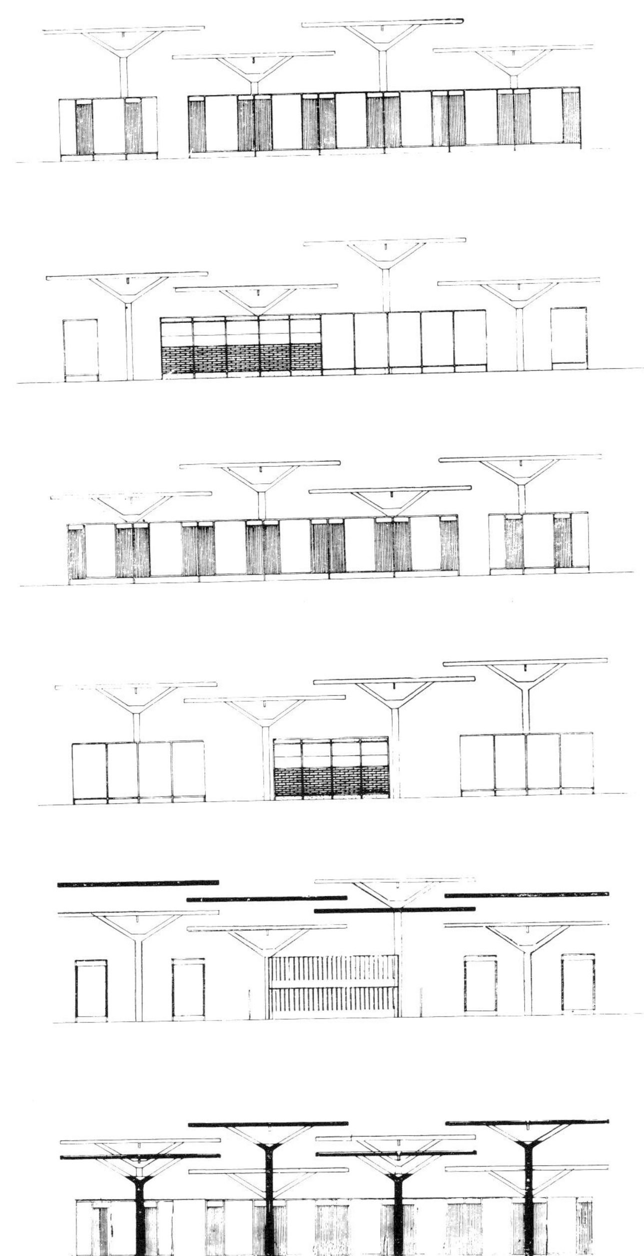

Gli « ombrelli » di calcestruzzo che proteggono le cabine si sovrappongono l'uno all'altro: entrano l'aria e la luce, non la pioggia.

Sports Centre in the Park of Monza

Sports pavilion in Monza designed by Francesco Clerici: views of exterior and cubicles, sectional and site plans

cabine con le porte aperte

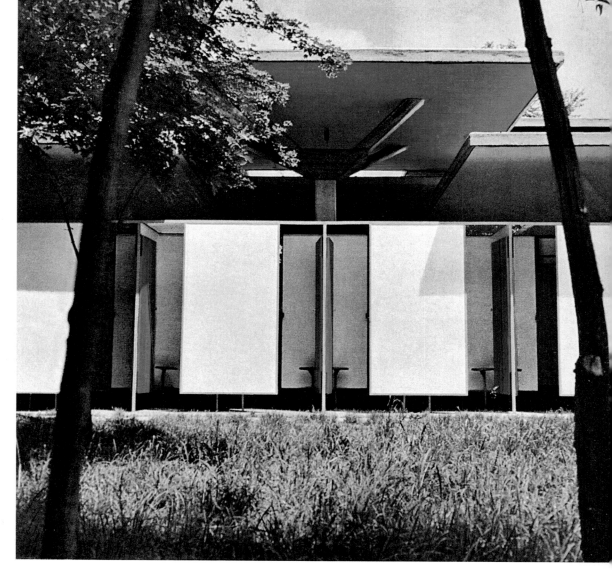

a pianta del padiglione è studia- in modo che il servizio richie- a il minor numero di persone, che i percorsi interni siano mplificati e distinti (uomini, nne, « piede calzato », « piede alzo »). Dall'uscita del padi- ione partono due percorsi, per piscina e per la vasca dei bam- ni. Della piscina si è realizzata ora soltanto la vasca olimpio- ca, di cinquanta metri per di- otto, con piattaforme e trampo- i fino a dieci metri, e possibi- à di ospitare quasi mille per- ne. Sul lato ovest della piscina, n lo sterro si è ottenuta una llina-tribuna, tutta verde, da i gli spettatori possono vede le competizioni. Il terreno cir- stante è tutto a prato e ad al- ri.

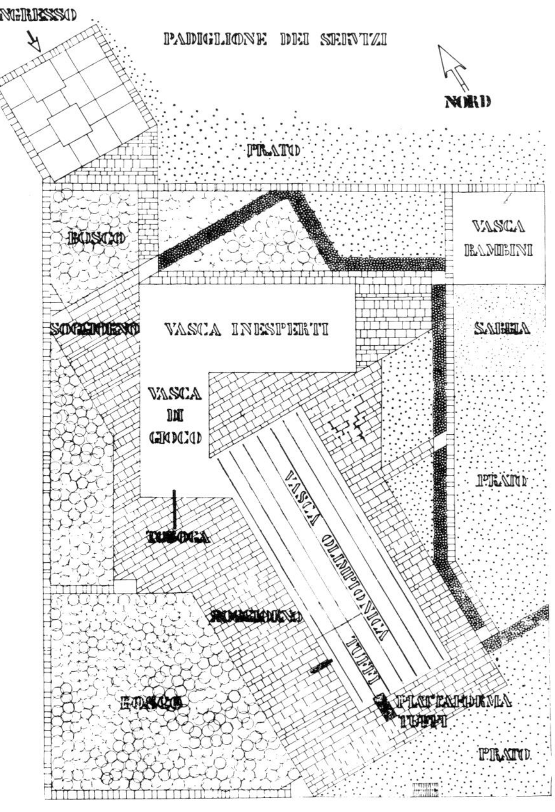

Pianta della piscina, di cui finora si è realizzata solo la vasca olimpionica. La zona della piscina fiancheggia uno dei rettilinei dell'Autodromo, con direzione nord-sud. Il pubblico accede attraverso una strada interna dell'autodromo; i veicoli parcheggiano all'esterno dell'ingresso. Gli impianti di condizionamento dell'acqua sono sistemati in un sotterraneo adiacente alla zona profonda della vasca.

centro sportivo nel parco di Monza

Translation
see p. 566

Piccolo arredamento per due giovani

Ettore Sottsass jr., arch.

Il pianoforte, in un angolo, è i
lato dalla struttura in legno di abe

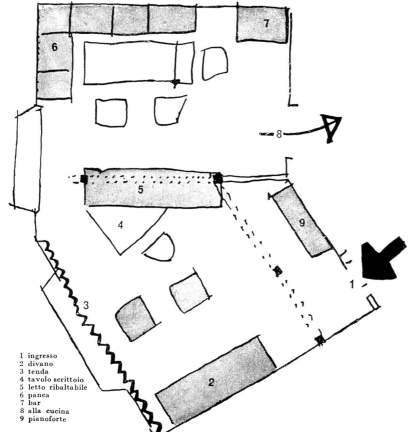

1 ingresso
2 divano
3 tenda
4 tavolo scrittoio
5 letto ribaltabile
6 panca
7 bar
8 alla cucina
9 pianoforte

L'arredamento che presentiamo è per due giovani, fratello e sorella, lui cineasta e lei compositrice di musica. Si trattava di sistemare pranzo e soggiorno in una stanza ad angolo, dalla pianta piuttosto infelice, e di trovar modo di inserire un letto di fortuna nel caso di visite di parenti.

Una costola di muro già esistente, ha dato lo spunto ad un certo ordine di pianta che è creato dal mobile lungo e basso con il letto ribaltabile e che è sottolineato dalla struttura in legno di abete alla quale sono appesi i vasi con le piante cadenti. L'ordine così creato è stato poi ripreso dal tavolo-scrittoio triangolare, cosicchè in sostanza si sono determinati due spazi rettangolari: quello del soggiorno (nel quale è ulteriormente accennato uno spazio per il pianoforte), e quello per il pranzo. La presenza di que spazi, è stata poi ulteriorme sottolineata con il colore de pareti, perchè la zona del pia forte è nera, quella del soggi no è ravvivata da colori viv e da spezzature nella superfi del muro, e quella del pranzo di un azzurro grigio sul quale prendono le spezzature di tapp zeria a piccoli scacchi.

L'illuminazione è stata otten con lampade di basso costo solito usate nei bagni) ma qui si sono inserite nella com sizione dei colori e delle spez ture del muro. Questo inserim to dei vari elementi nel comple generale è stato anche cerc per i quadri e per i bassorili di Pomodoro. Le poltrone, il vano e le sedie del pranzo so di serie italiana.

Small Interior for Two Young People

Small apartment for a brother and sister designed by Ettore Sottsass Jr.: views of entrance area with piano and living area, floor plan

soggiorno con la parete decorata striscie di tappezzeria. Si intrav-e uno schermo per la proiezione film. Le poltrone sono della tronova.

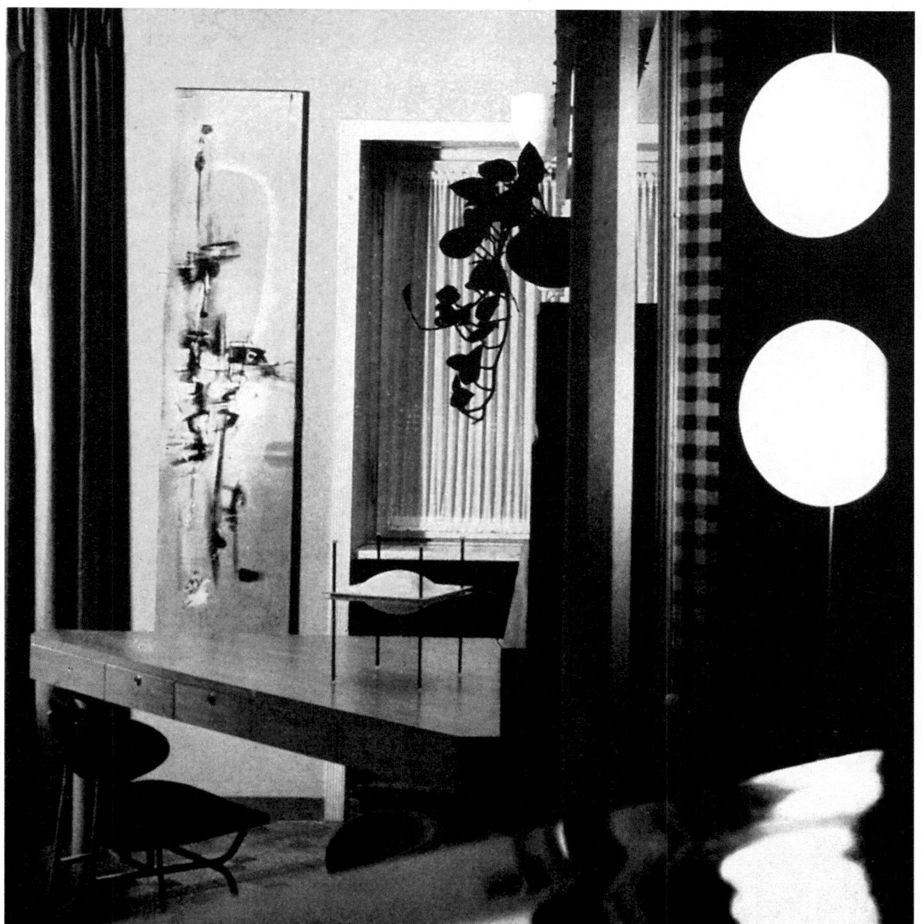

Un quadro di Guido Strazza sul fondo, e il tavolo scrittoio triangolare in legno di pero.

Translation see p. 566

vista del soggiorno verso il pranzo

domus 343
June 1958

Small Interior for Two Young People

Small apartment for a brother and sister designed by Ettore Sottsass Jr.: views of living area, dining area, wall sculptures by Arnaldo Pomodoro

foto Casali-Domus

'la pagina a fianco, la parete del giorno con una scultura di Gio nodoro in primo piano e un bas-lievo di Arnaldo Pomodoro sul do. A destra, il bassorilievo, in mbo.

piccolo arredamento per due giovani

orilievo di Arnaldo Pomodoro, nel pranzo

Translation see p. 566

foto Casali-Domus

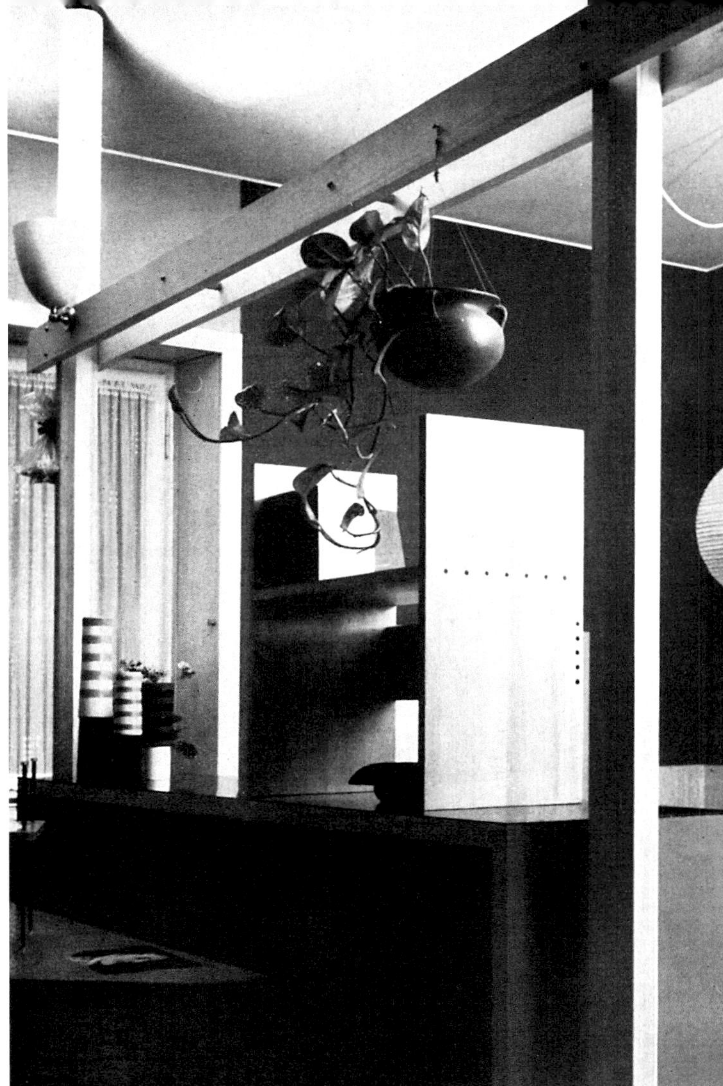

A destra, la struttura ***in legno che*** *separa soggiorno e pranzo;* ***e un*** *angolo del pranzo.*

a sinistra, quadro di ***Guido Strazza***

Small Interior for Two Young People

Small apartment for a brother and sister designed by Ettore Sottsass Jr.: views of wooden structure dividing living and dining areas and details of dining area, painting by Guido Strazza

soggiorno al pranzo: scultura di Pomodoro, dipinto di Ettore tsass jr.

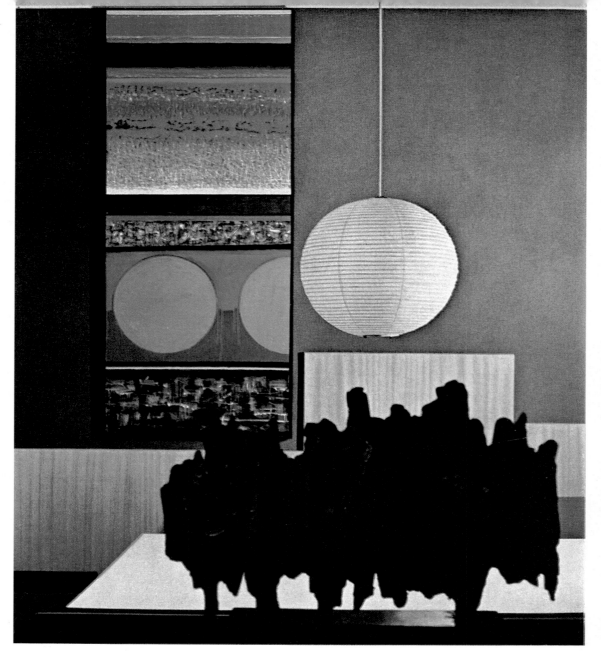

colo arredamento per due giovani

aspetti del pranzo con il mobi-bar.

Translation
see p. 566

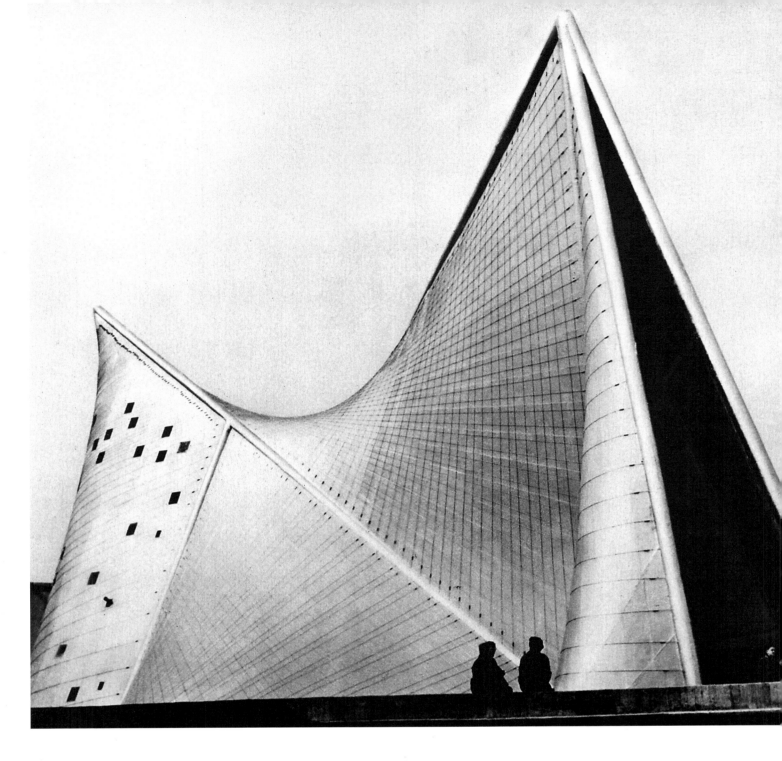

Prime immagini di Bruxelles

Presentiamo in queste pagine una prima rassegna dell' Esposizione Universale di Bruxelles. Siamo andati a Bruxelles subito dopo l'apertura e molti padiglioni non erano terminati, altri erano pronti all'esterno e non all'interno o non ancora fotografabili; questa presentazione fotografica quindi, nel quadro della nostra scelta, espone solo la prima documentazione che abbiamo potuto raccogliere.

Il padiglione della Philips
Le Corbusier

S'è isolata l'immagine di q
espressione plastica. E una arch
tura, questa di Le Corbusier:
poème electronique » per la Phi
da esposizione, ossia funzionale
lo scopo di imporsi, con un acc
perentorio, con un richiamo vi
mo, nel nostro interesse e nella
stra memoria di visitatori. M
valori plastici sono sciupati
caotica urbanistica dell'Expo,
tutte le cose si sovrappongono
guardarle. Come opera a se, chi
va l'isolamento in un grande sp
orizzontale, con uno sfondo di ve

First Impressions of Brussels

Philips Pavilion designed by Le Corbusier and German Pavilion designed by Egon Eiermann for the 1958 "Exposition Universelle et Internationale" in Brussels

padiglione della Germania
on Eiermann, Sep Ruf, arch.tti

foto Casali-Domus

padiglione, questo di Egon Eier-
nn e di Sep Ruf, una presen-
one, questa tedesca, di un rigore
fetto. Ammirevole, in linea. La
ruzione è composta da otto pa-
lioni, in vetro trasparente, comu-
nti fra loro con gallerie aperte.

Translation
see p. 567

foto Casali-Domus

**Il padiglione dell'Italia
Belgiojoso, Gardella, Peressutti,
Rogers, arch.tti**

Del padiglione italiano, presentiamo una immagine, quella della sala di Olivetti, di Gardella, Belgiojoso, Peressutti, Rogers durante i lavori. Avremmo desiderato che tutta la presentazione italiana fosse di questo tenore, perfetto.

domus 345
August 1958

First Impressions of Brussels

Italian Pavilion (designed by L. Barbiano de Belgiojoso, I. Gardella, E. Peressutti and E. N. Rogers), Spanish Pavilion (designed by Ramon Vasquez Molezan and José Corrales) and French Pavilion (designed by Guillaume Gillet in collaboration with René Sarger and Jean Prouvé) for the 1958 "Exposition Universelle et Internationale" in Brussels

foto Casali-Domus

gli esterni del padiglione della Spagna

il padiglione della Spagna
Ramon Vazquez Molezun, Jose Antonio Corrales arch.tti

Il padiglione della Spagna, di Ramon Vazquez Molezun e José Corrales, è il più poetico, strutturalmente in linea e tuttavia formalmente nuovo, semplice, onesto. Si inserisce naturalmente nell'ambiente, apparendo o tutto chiuso o tutto trasparente, secondo i punti di vista.

l'interno del padiglione spagnolo, non terminato

il padiglione della Spagna
Ramon Vazquez Molezun, Jose Antonio Corrales arch.tti

il padiglione della Francia
Guillaume Gillet, collaboratori: René Sarger e Jean Prouvé, ingg.

Ecco un aspetto del padiglione francese dove la struttura di Gillet appare chiudersi almeno in una linea. La veduta da vicino la dimostra macchinosa. Il padiglione francese è, fuori e dentro, drammatico: l'esasperazione di una volontà di grandezza e di una quantità di motivi; nessuna disciplina ordinativa all'interno.

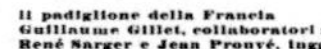

foto Casali-Domus

Translation
see p. 567

Il padiglione della Norvegia
Sverre Fehn, arch.

Ecco un mondo al quale spiritualmente noi apparteniamo. E promuove una meditazione sulle piccole grandi nazioni dove, nei limiti di una popolazione civilissima, la cultura, l'educazione, il costume possono ritrovare quella misura di espressione alla quale aderiamo con tutto il nostro spirito.
Queste grandi piccole nazioni sono (all'Expo), con la Norvegia: la Svizzera, l'Austria, la Finlandia, l'Olanda e in parte la Jugoslavia.

Translation
see p. 567

foto Casali-Dom

interni del padiglione: le strutture delle vetrine sono in perspex

Norwegian Pavilion designed by Sverre Fehn for the 1958 "Exposition Universelle et Internationale" in Brussels

Il padiglione della Norvegia
Sverre Fehn, arch.

Translation
see p. 567

il padiglione della Finlandia
Tapio Wirkkala

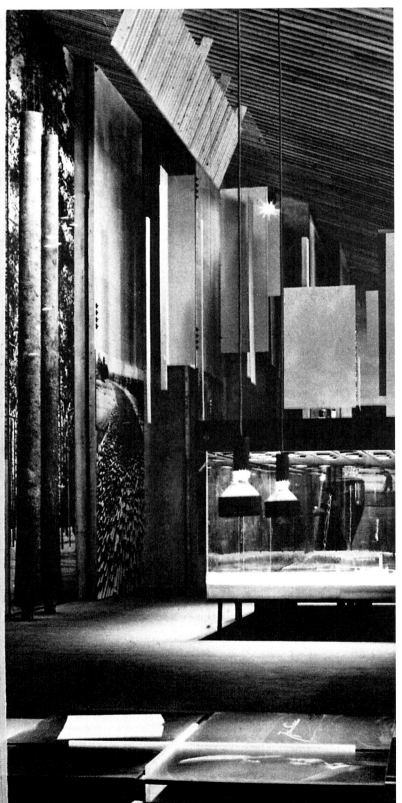

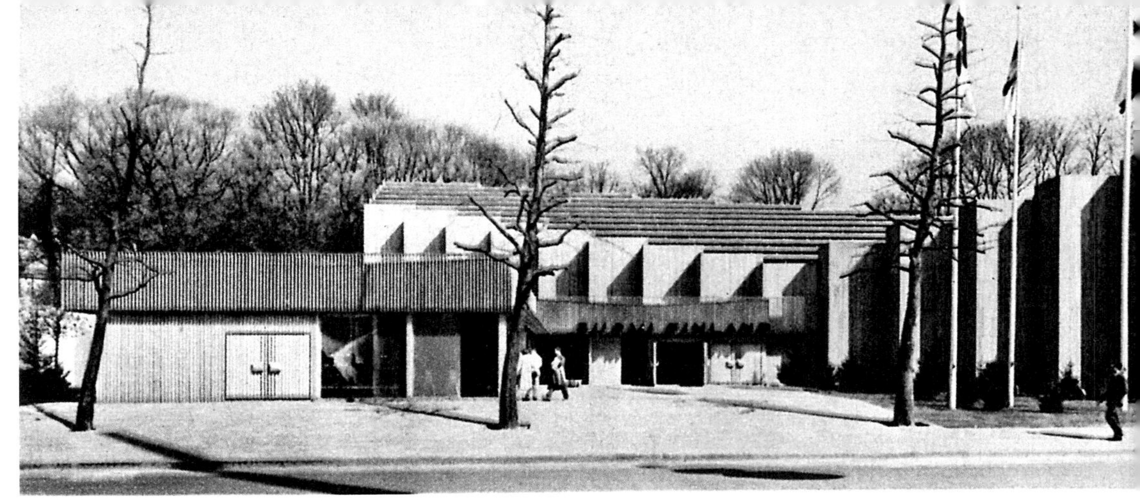

L'esterno del padiglione finlande progettato dall'architetto Reima Pi tilä.

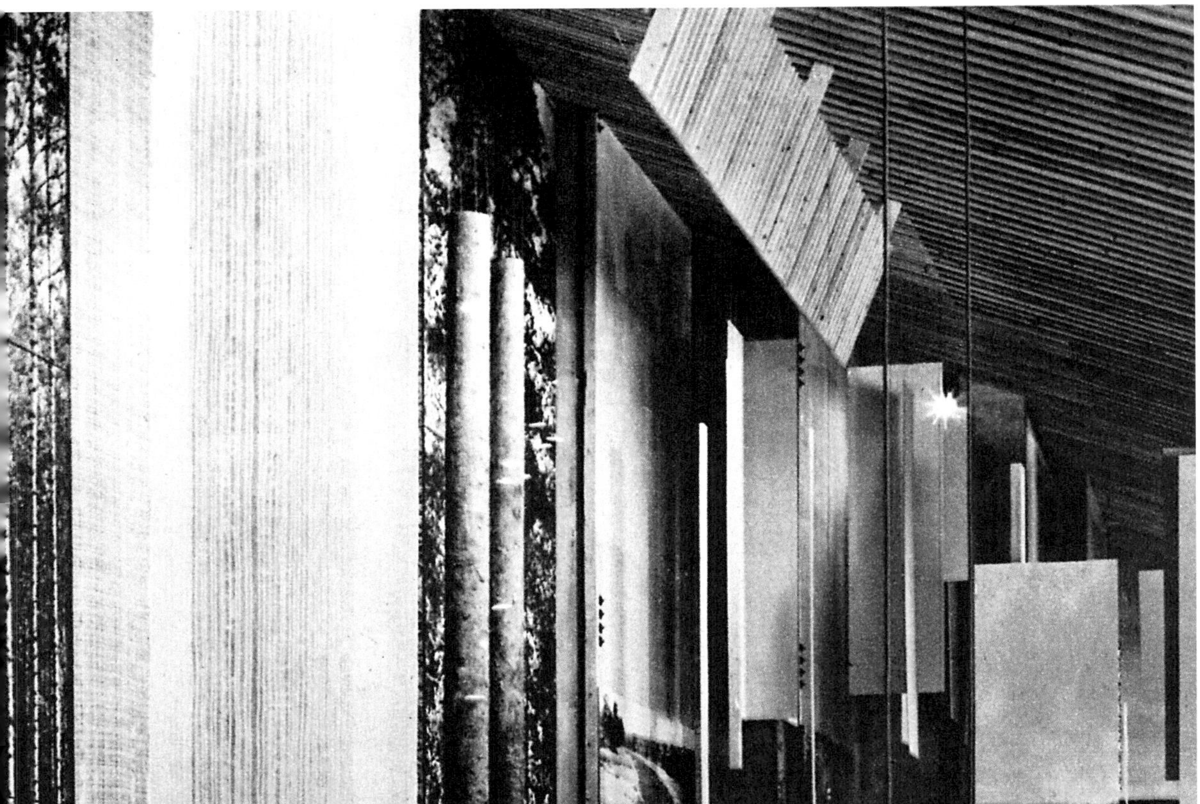

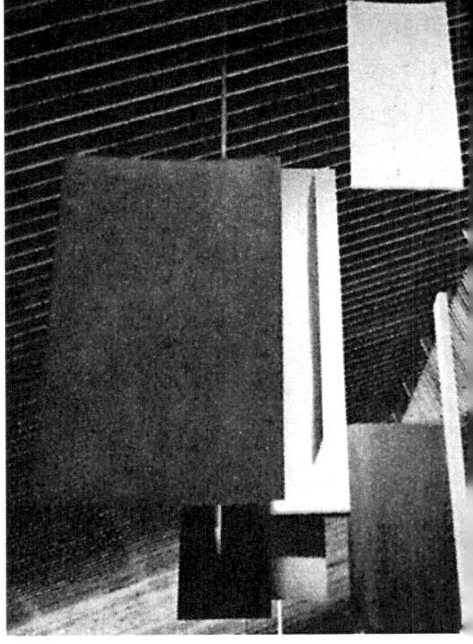

Una perfezione, una atmosfera p fetta nell'interno. E per chi conos ed ama, e misura, le espressioni d la nostra civiltà, l'incanto di mir le cose sceltissime, magistrali, gen di Ruth Bryk e di Tapio Wirkko e di Sarpaneva, dei « maestri finl desi ».

First Impressions of Brussels

Finnish Pavilion designed by Reima Pietilä for the 1958 "Exposition Universelle et Internationale" in Brussels: installation designed by Tapio Wirkkala and ceramic wall partition designed by Rut Bryk

foto Casali-Domus

grigliato in ceramica di Ruth Bryk

Translation
see p. 567

foto Casali-Domus

Il padiglione della Finlandia Tapio Wirkkala

foto Casali-Domus

Le composizioni finlandesi che appartengono al gusto che noi prediligiamo.

foto Casali-Domus

Nella sezione dedicata all'abitazio mobili di serie classici america raccolti da un comitato di industri designers e interior decorators s to il patronato dell'Institute of Co temporary Arts di Boston e ord nati da B. Rudofsky, «chief de gner» della Peter G. Harnden Ass ciates per il padiglione USA.

Il padiglione degli Stati Uniti d'America Peter G. Harnden Associates

La sala di audizione dei dischi; il soffitto è composto da 550 copertine di dischi.

Nella sezione dell'abitazione, il s giorno diviso in due zone, u con i mobili, l'altra senza, con «sunken sofa», il sofà scavato n pavimento; questa idea era stata lustrata nel volume «Behind picture window» da Bernardo R dofsky.

First Impressions of Brussels

Finnish Pavilion designed by Reima Pietilä (installation designed by Tapio Wirkkala) and American Pavilion designed by Peter G. Haraden Associates for the 1958 "Exposition Universelle et Internationale" in Brussels

Il padiglione degli Stati Uniti d'America

« Unfinished Business », tre padiglioncini come sculture, su una rampa, il tutto lungo circa 80 piedi: vi sono illustrati i problemi non risolti in America (il problema dei negri, delle città sovrapopolate ecc.). Il primo padiglione è rivestito interamente di giornali; il secondo contiene fotografie, piante di città ecc.; il terzo tre sole grandi fotografie simboliche dei risultati che si vorrebbero ottenere. Questo allestimento, patrocinato dalla rivista « Fortune », è opera di Leo Lionni.

Translation see p. 567

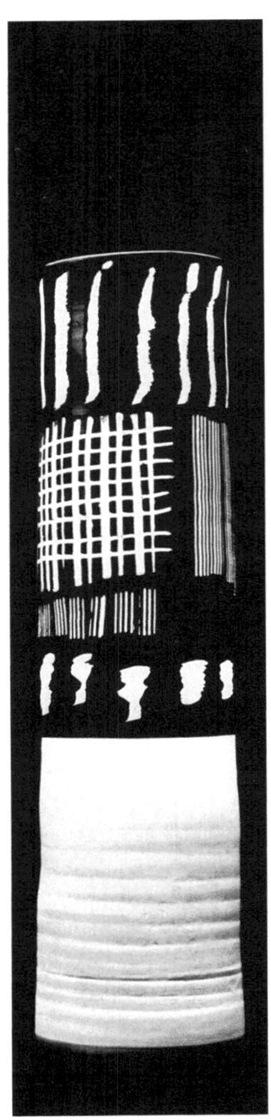

foto Casali

ceramiche in terraglia con engobbio grafito

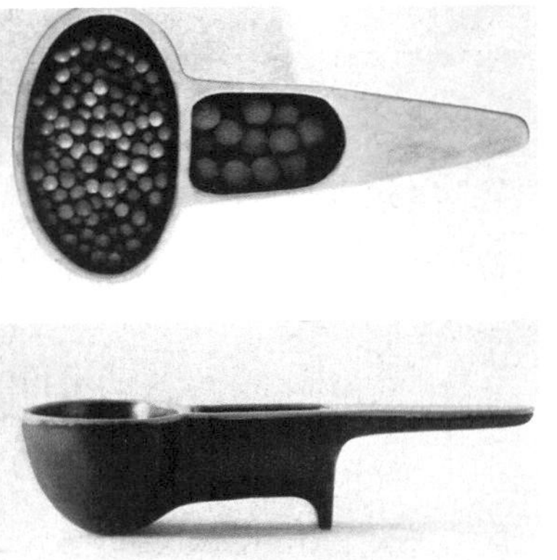

un grosso cucchiaio doppio per offrire dolci

ciotole per dolci

vasi a cilindro in terraglia, engobbio e cristallino trasparenti

Nuove ceramiche di serie

Ettore Sottsass, Jr.

Una nuova serie di ceramiche disegnate da Ettore Sottsass jr. e prodotte da Bitossi di Montelupo Fiorentino.

vasi in terracotta e terraglia

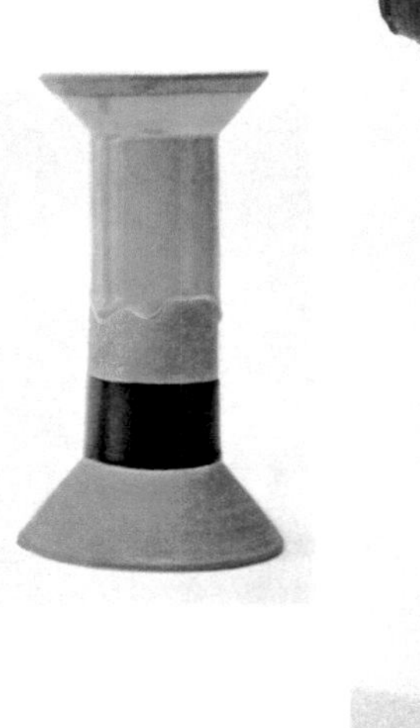

foto Casali

foto Casa

Sopra: serie di vasi in terracotta con impasto granuloso. Sotto: serie di vasi in terracotta con il biscotto a nudo.

piatti in terraglia

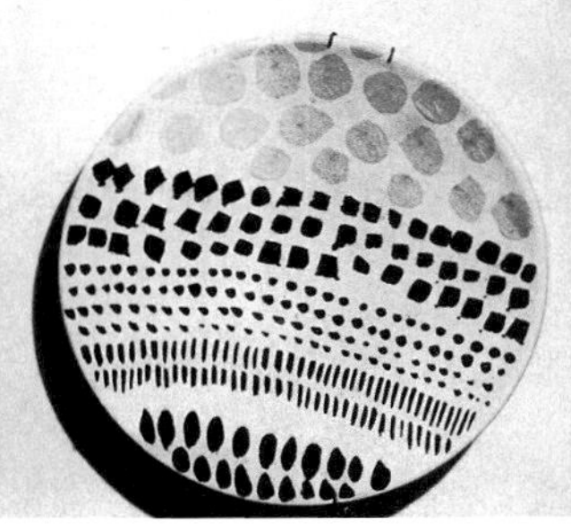

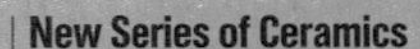

New Series of Ceramics

Vases and bowls designed by Ettore Sottsass Jr. for Bitossi

Lampade a Venezia

Nuove lampade, a soffitto, da terra, da tavolo, prodotte da Seguso su disegno di Flavio Poli. I vetrai veneti quest'anno hanno sviluppato, nella mostra alla Biennale di Venezia — padiglione Arti Decorative — il tema delle lampade di serie.

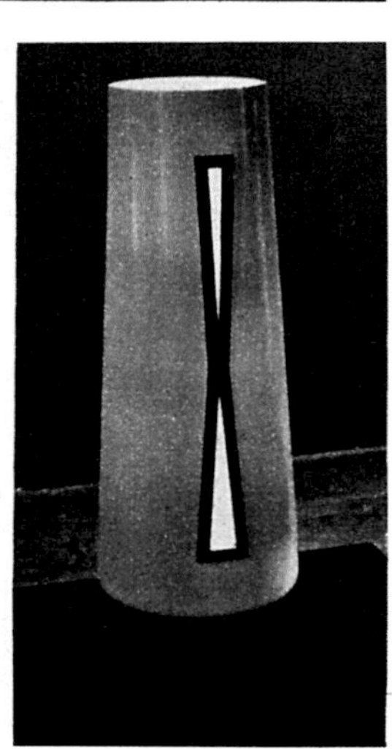

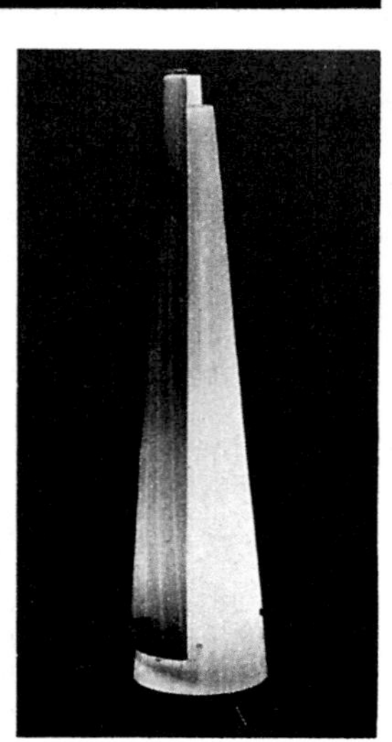

Lights from Venice

Hanging lights, floor lights and table lights designed by Flavio Poli for Seguso and shown in the Decorative Art Pavilion at the XXIX Venice Biennale

domus 346
September 1958

Cover

domus magazine cover designed by Franco Grignani

foto Rieckwert

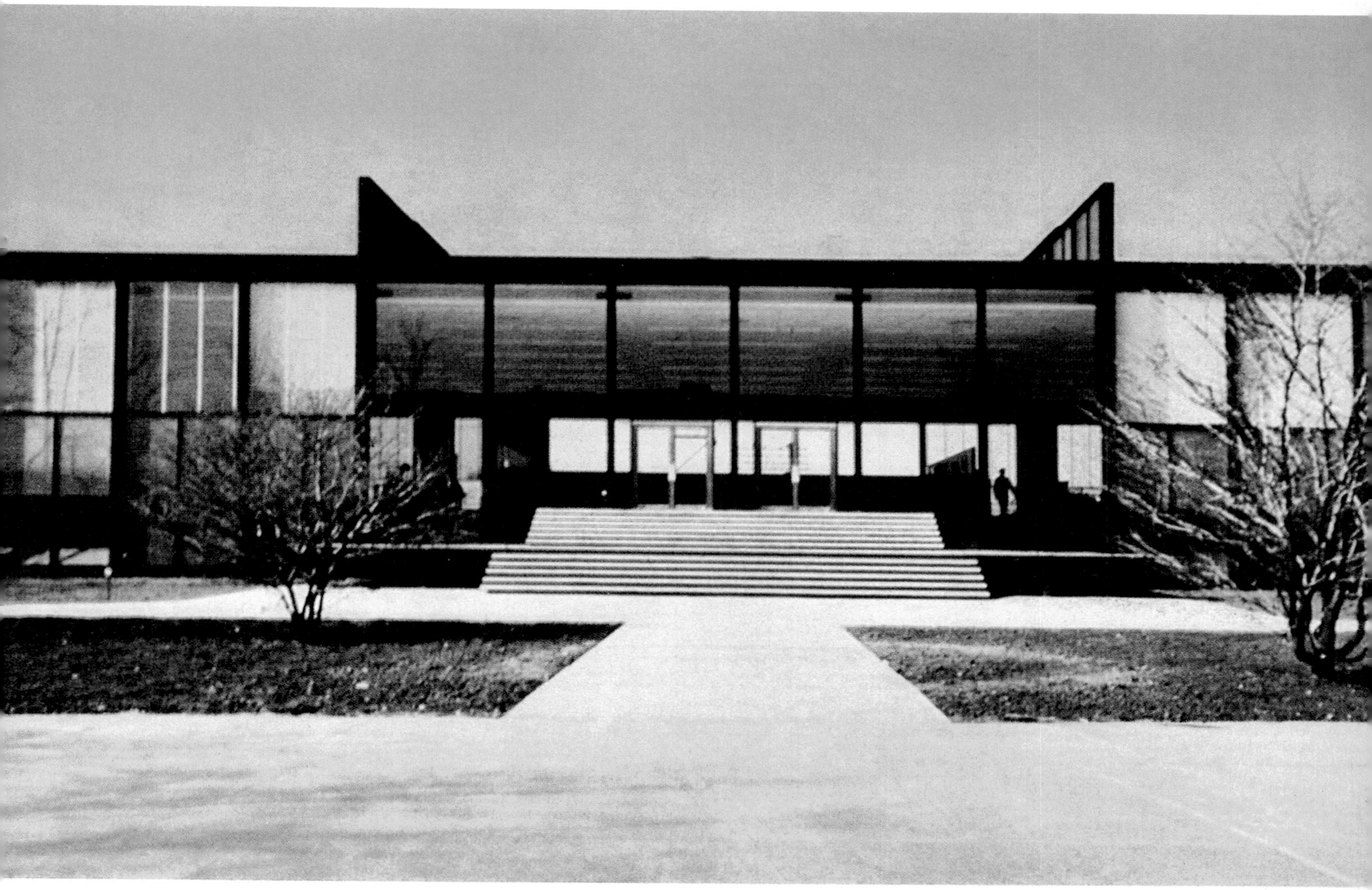

Aspetti di un edificio di Mies Van Der Rohe

Crown Hall, Illinois Institute of Technology, Chicago

Aspects of a Building by Mies van der Rohe

Crown Hall at the Illinois Institute of Technology, Chicago, designed by Ludwig Mies van der Rohe: view of entrance and view of interior through windows

Translation see p. 567

L'edificio della Crown Hall, che si è venuto ad aggiungere ora sono due anni, al complesso dell'Illinois Institute of Technology già progettato da Mies Van Der Rohe (1939), ospita il dipartimento di architettura e il « Design Institute » (una volta « New Bauhaus »). È un blocco rettangolare di 40 m. per 73 m., a due piani (altezza del primo piano, 6 m.). Per ottenere all'interno uno spa-

Aspects of a Building by Mies van der Rohe

Crown Hall at the Illinois Institute of Technology, Chicago, designed by Ludwig Mies van der Rohe: views of exterior and interior, details

foto Rieckwert

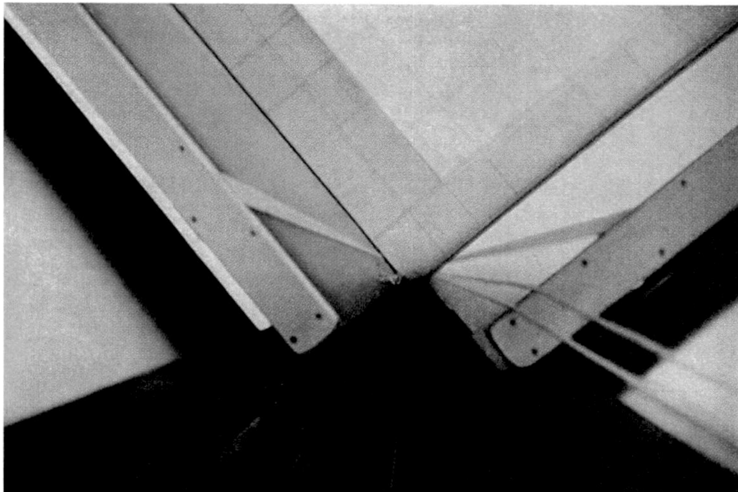

Vedute dell'interno del Crown Hall, nell'Illinois Institute of Technology a Chicago.

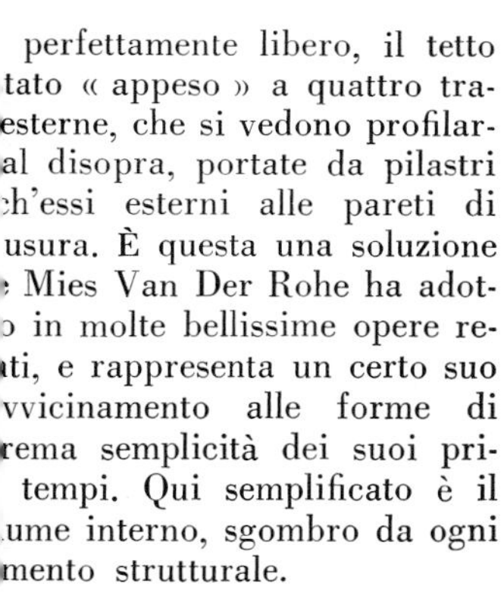

perfettamente libero, il tetto
tato « appeso » a quattro tra-
esterne, che si vedono profilar-
al disopra, portate da pilastri
ch'essi esterni alle pareti di
usura. È questa una soluzione
Mies Van Der Rohe ha adot-
o in molte bellissime opere reti, e rappresenta un certo suo
vvicinamento alle forme di
rema semplicità dei suoi pri-
tempi. Qui semplificato è il
ume interno, sgombro da ogni
mento strutturale.

Translation
see p. 567

Prima dell'arredamento

Vittoriano Viganò, arch.

Questo è un appartamento che l'architetto ha sistemato per sè; ed ha potuto, intervenendo nella costruzione, dare agli interni questa radicale impostazione plastica: le stanze sono, si può dire, volumi uno dentro l'altro; questo gioco, di ribassare e chiudere il volume di un ambiente entro quello d'un altro, creando mezzanini praticabili e continuità di vedute al disopra dei volumi chiusi, ha permesso una serie di effetti, che i colori completano. Tre sono i colori base: nero, mattone, bianco, impiegati a superfici intere più l'intonaco naturale di cemento.
Volumi e colori detteranno l'arredamento, che qui è ancora appena accennato.
Le porte, disegnate dall'architetto, sono rivestite in sughero ed hanno stipiti in ferro; alle finestre, tende alla veneziana colorate; il pavimento, continuo, è in linoleum nero. La cucina e i bagni hanno il soffitto ribassato a metri 2,20; così la bussola di disimpegno per il guardaroba; la camera da letto non ha porte. Pubblicheremo in seguito l'arredamento definitivo.

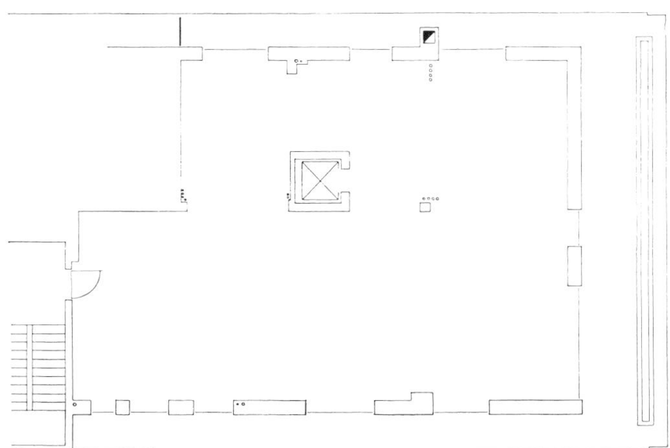

Pianta dell'appartamento prima dei lavori

Il grande camino nel soggiorno la scaletta al mezzanino pratical

Before Furnishing

Apartment in Milan designed by Vittoriano Viganò for his own use: floor plan, views of details and fireplace in living room

Translation
see p. 567

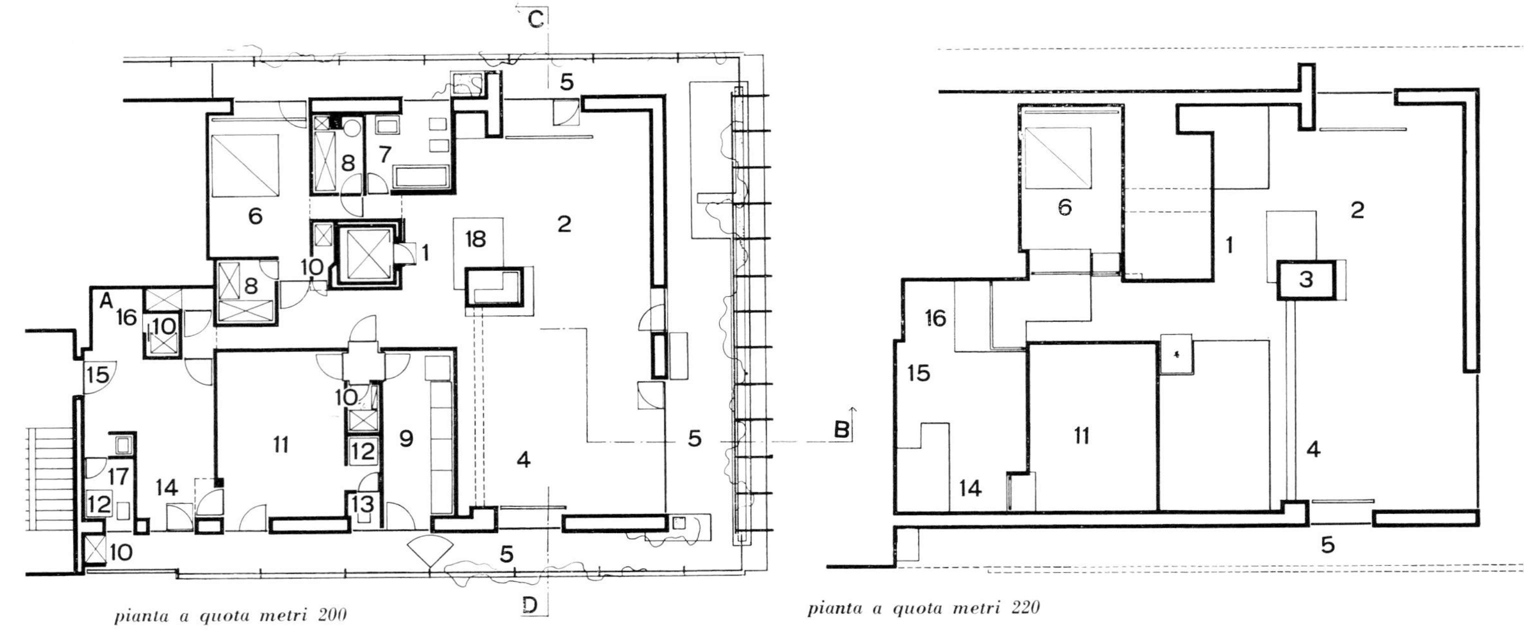

pianta a quota metri 200

pianta a quota metri 220

1 ingresso
2 soggiorno
3 camino
4 pranzo
5 terrazza
6 stanza da l
7 bagno w. c.
8 guardaroba
9 cucina
10 armadio ser
11 camera bam
12 bagno bam
13 w. c. bamb
14 guardaroba
15 ingresso ser
16 letto domes
17 bagno servi
18 bar

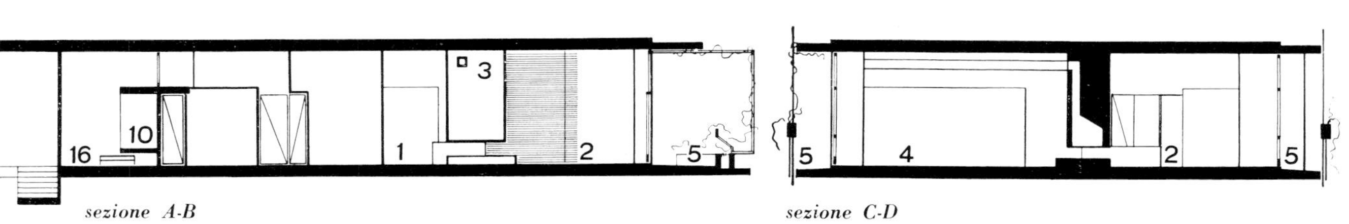

sezione A-B

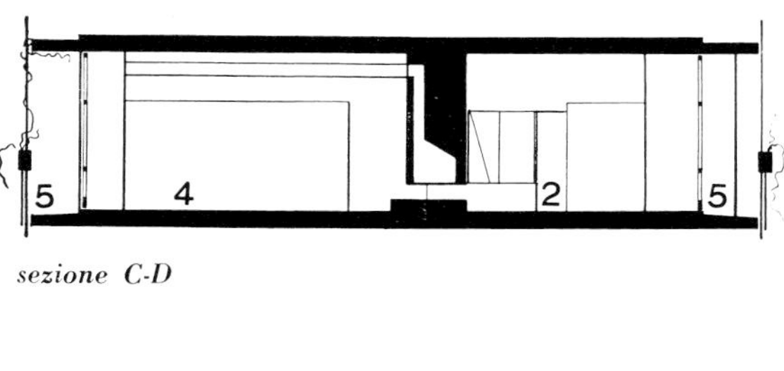

sezione C-D

Il soffitto è rasato a gesso; la pa ad intonaco rustico è riquadrato una lesena in gesso colorato; s la lesena corre una barra di f per appendere i quadri.

foto Casali-Domus

domus 347
October 1958

Before Furnishing

Apartment in Milan designed by Vittoriano Viganò for his own use: floor and sectional plans, views of fireplace, hallway corner and living room

Translation
see p. 567

foto Casali-Domus

dal soggiorno alla zona letto

la cucina con il soffitto ribassato

Apartment in Milan designed by Vittoriano Viganò for his own use: views of fireplace, kitchen, entrance to sleeping zone from living area, entrance to bathroom and corner of bathroom

Dal soggiorno alla zona letto; a destra, colonna di cesti in paglia di Firenze colorata.

Il bagno con elementi « poliban » (blocco bagno-bidet-lavabo).

Translation
see p. 567

foto Shul

Villa per una persona sola

Richard J. Neutra, arch.

Una piccola villa progettata da Neutra (con la collaborazione di B. Fischer, S. Koschin, J. Blanton) sorge a Pesadena in California ed è per una persona sola, una donna, una valente insegnante d'arte, che qui vive, lavora, e riceve gli amici e gli studenti. Piccola, la costruzione ha la nobiltà di taglio che è propria alle maggiori ville di Neutra: sorge in collina, su un pendio ripido, con una vista molto bella e aperta sulla valle e sulle montagne lontane (la copertura del portico per macchina, davanti al soggiorno, nasconde invece la vista della strada sottostante).

domus 348
November 1958

Villa for a Single Woman

Constance Perkins House in Pasadena, California, designed by Richard Neutra in collaboration with Benno Fischer, Serge Koschin and John Blanton: elevations and large window in living room reflecting the lights of Los Angeles at night

Nella grande vetrata laterale del soggiorno si riflettono le luci di Los Angeles; lo specchio d'acqua esterno penetra nell' ambiente insinuandosi sotto la vetrata.

foto Shulman

Translation
see p. 567

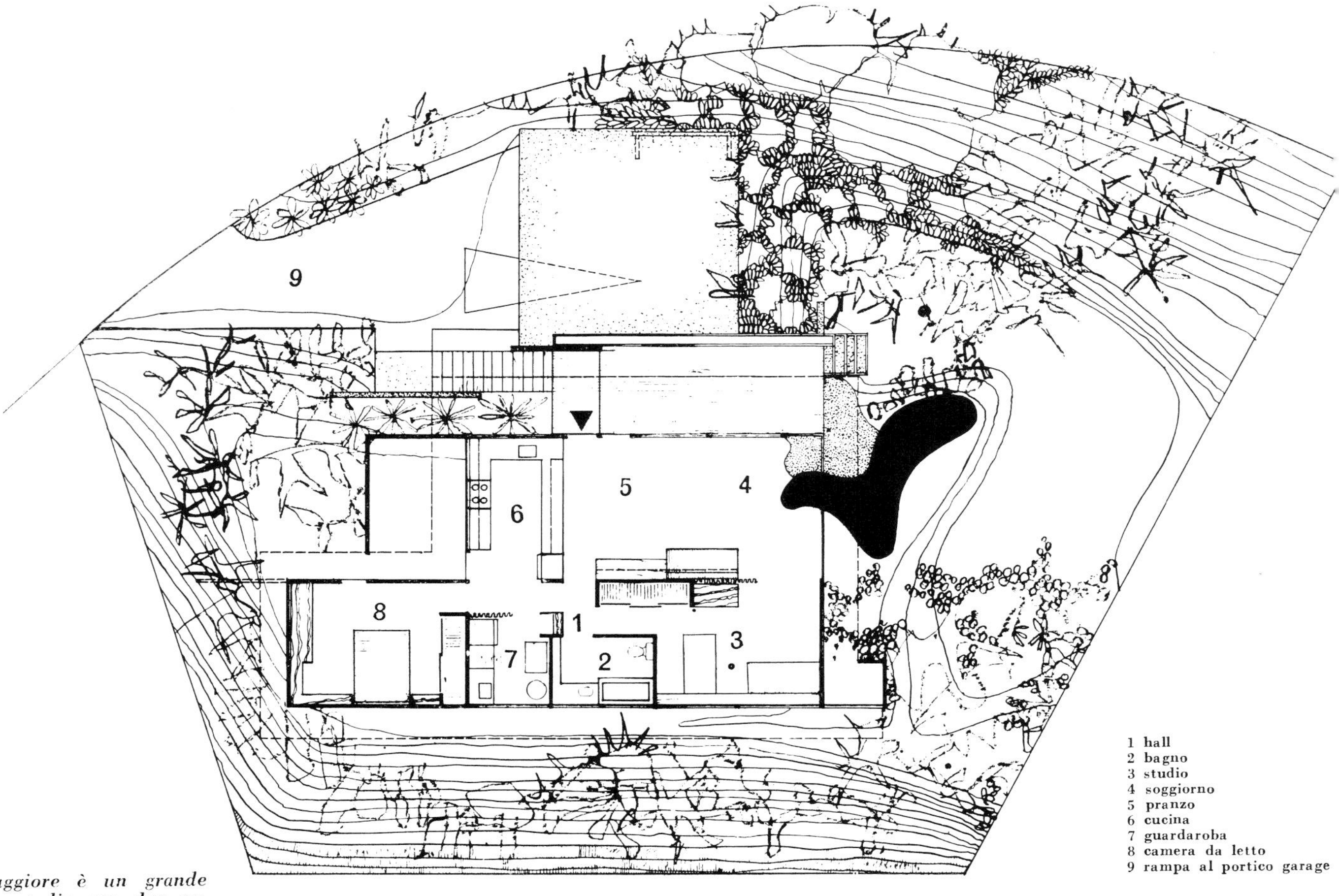

9
6
5
4
8
1
7
2
3

1 hall
2 bagno
3 studio
4 soggiorno
5 pranzo
6 cucina
7 guardaroba
8 camera da letto
9 rampa al portico garage

L'ambiente maggiore è un grande soggiorno-pranzo-studio con due pareti vetrate, una di lato, attraversata dallo specchio d'acqua e da una aiuola di ghiaia, una di fronte, aperta sul terrazzo di legno; la cucina è specialmente spaziosa, con un passapiatti e un lungo banco per servire eventuali pranzi in piedi agli studenti.

una villa di Richard J. Neutra

domus 348
November 1958

Villa for a Single Woman

Constance Perkins House in Pasadena, California, designed by Richard Neutra in collaboration with Benno Fischer, Serge Koschin and John Blanton: site plan, views of garden landscaping and living room window overlooking water feature

La vetrata laterale del soggiorno: il giardino è ancora scarso di verde ma già tracciato nelle sue linee (i gradini di legno e ghiaia, lo specchio d'acqua con le piante al centro). Vi dovrà essere molto fogliame verde intorno alle vetrate, per creare un paesaggio ravvicinato, in contrasto con il paesaggio lontano dei monti e della valle.

foto Shulman

Translation
see p. 567

Dal soggiorno allo studio: si noti lo scrittoio sospeso con un'asta metallica al soffitto, la parete di fondo dello studio ha una lunga finestra-feritoia che coglie, dell'esterno, solo la vista degli alberi. La parete di lato è a lamelle di vetro orientabili.

una villa di Richard J. Neutra

foto Shulman

Villa for a Single Woman

Constance Perkins House in Pasadena, California, designed by Richard Neutra in collaboration with Benno Fischer, Serge Koschin and John Blanton: views of living room and studio

Translation see p. 567

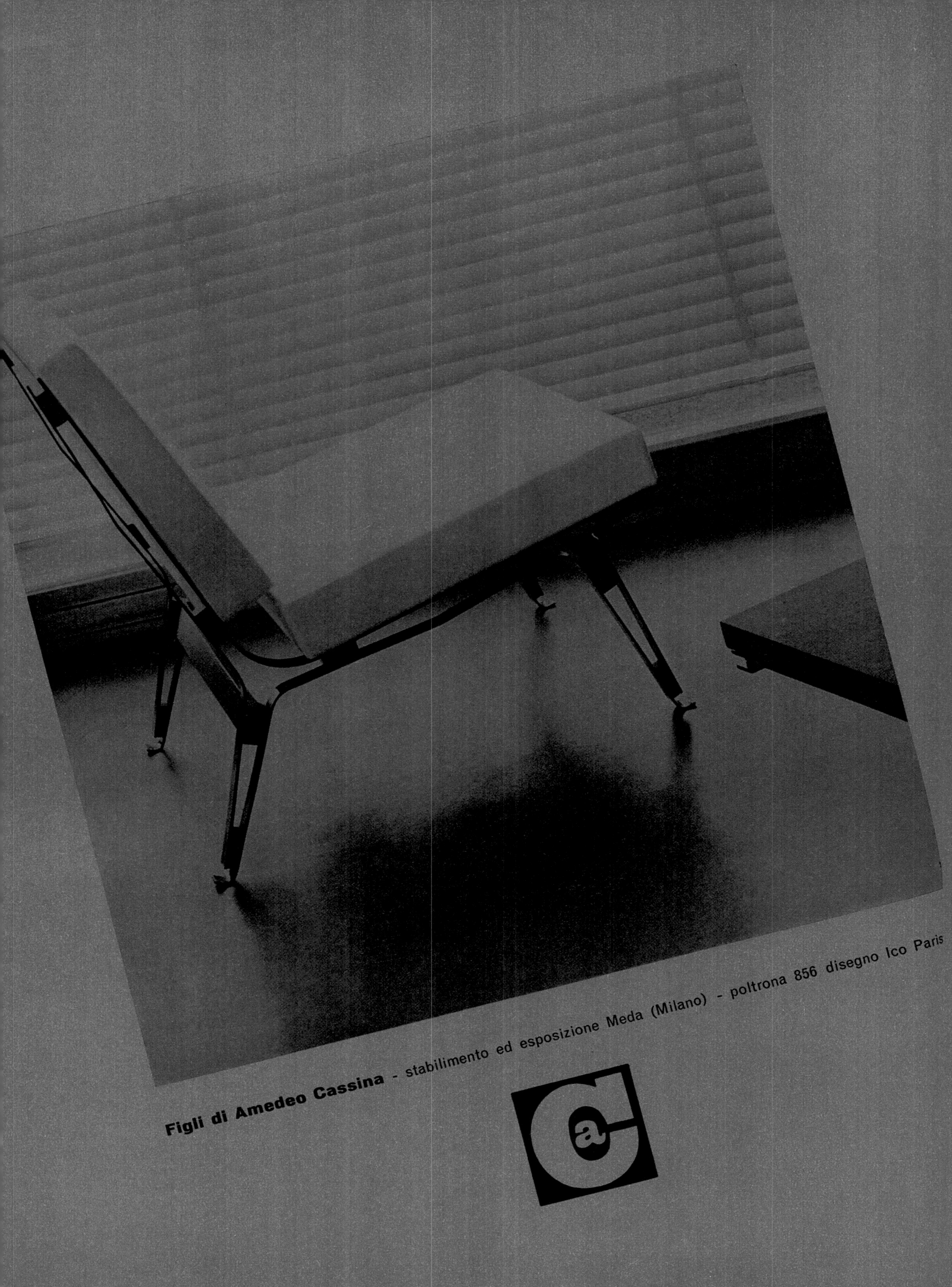

Advertising

Cassina advertisement showing *Model No. 856* chair designed by Ico Parisi

Villa "la diamantina" nel Country Club a Carac

Gio Ponti arch., nello Studio Ponti, Fornaroli, Rosselli, di Milano

Non c'è lettera che mi giu
dalla signora Blanca Arreaza
non mi ripeta che « la diama
na », la *quinta* (che in spagn
vuol dire villa) che le ho f
nel Country Club di Caracas
rende felice.
Cosa è intanto il Country Clu
Caracas? È una *urbanizacion,*
bel quartiere fra quelli che ca
terizzano questa soleggiata ci
È un grande parco di due mili
di metri quadrati, attraversato
percorsi di golf, da galoppa
con al centro un complesso
piscina, tennis, campi per ban
ni, ecc.: un meraviglioso pa
alberato di piante stupende, a
sime, monumentali: in quel v
de da paradiso sono immerse t
te ville: una di queste è « la
mantina » di Blanca Arreaza.
(« Diamantina », diciamo sub
è il nome che è venuto alla v
dalle ceramiche a diamante
rivestono i suoi muri).
Ammessa che sia la qualificazi
di « quartiere signorile », qu
rappresentata dal Country C
è la più accettabile perchè tras
ne una situazione privilegiata
in un conformismo di pura q
lificazione sociale senza altre p
rogative, ma in una forma di
ta immersa nel verde lussu
giante della natura, col conf
di grandi vedute sulla catena m
tana dell'Avila, e nella possi
tà di un diuturno esercizio fis
salutare anche allo spirito.
Come architetto considero pe

segue a pag. 9

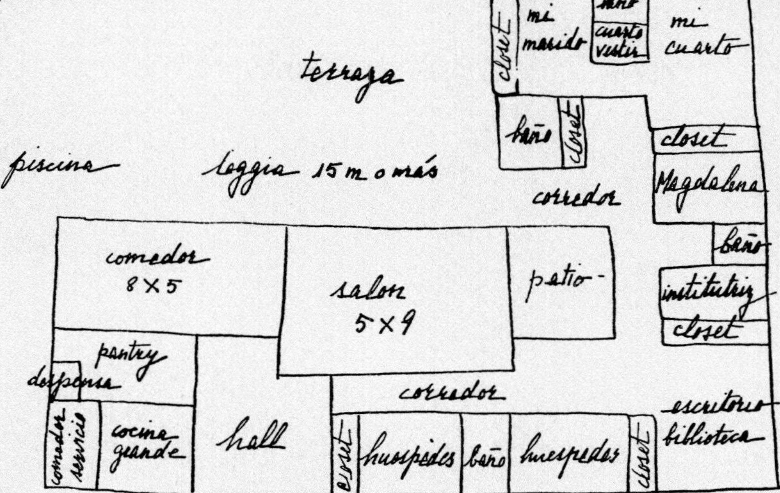

«Io domando sempre quale è il sogno della casa» dice Ponti. Ecco, qui sopra, un disegno della signora committente; e qui sotto, lo schema che lo riproduce e che ha avuto la sua approvazione.

i precedenti della pianta

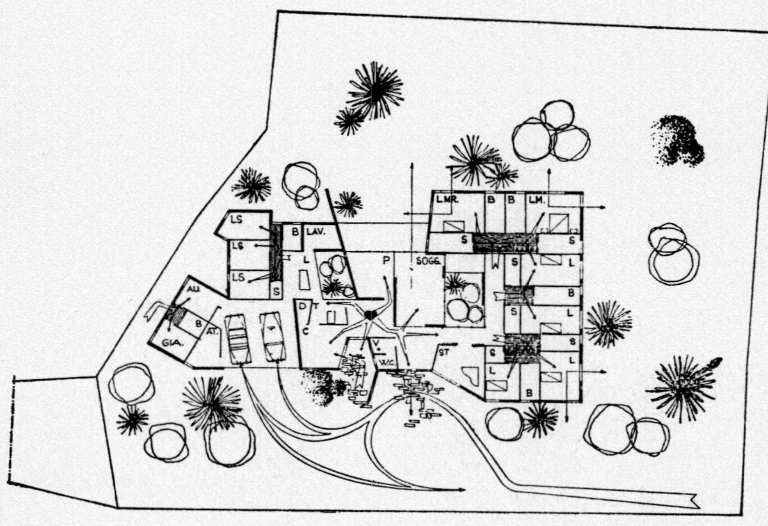

la pianta definitiva ⟶

essi

viale d'entrata delle auto
giro delle auto
pensilina di sosta
ingresso con attigua toeletta per gli ospiti e, dall'altra parte, lo studio (19); l'ingresso s'apre con una vetrata sulla sala di soggiorno (4) con una prima veduta trasversale di infilata sul giardino

del giorno

sala di soggiorno, cuore della casa ombrosa, aperto sul grande portico verso giardino (5) e sui due patii (6 e 17): notare le vedute trasversali d'infilata
portico sul giardino
patio fra sala da pranzo, soggiorno e portico
sala da pranzo
patio fra soggiorno e discoteca

18 *sala della discoteca, aperta sul patio*
19 *studio*

servizi

8 *grande office (prossimo all'ingresso)*
9 *pranzo del personale*
10 *cucina*
11 *dispensa*
12 *patio-giardino dei servizi e del personale, con ingresso di servizio, schermato da un muro*
13 *stanza di lavoro e guardaroba di servizio*
14 *camere di servizio con bagno*
15 *altro piccolo patio di servizio e ventilazione*
16 *portico-garage*
G *giardiniere ed autista e loro bagno: attrezzi di giardino*

quartieri della notte

20 *galleria degli armadi*
21 *camera del signore*
22 *bagno*
23 *closet dei vestiti*
24 *camera della signora*
25 *bagno*
26 *boudoir e armadi della signora*
D *patio-giardino delle camere da letto con muro di schermo perchè si possano tenere aperte porte e finestre*
27 *camera della signorina*
28 *bagno*
29 *closet armadio dei vestiti*
30 *armadi e libri*
31 *camera dell'istitutrice*
32 *bagno*
33 *closet dei vestiti*
E *patio-giardino*
34 *camera degli ospiti*
35 *bagno degli ospiti*
36 *closet dei vestiti*
37 *camera degli ospiti*
38 *corridoio*
F *patio-giardino*
B *giardino verso l'Avila e la villa di Guillerme Machado*
C *piscina*

Translation
see p. 567

foto Casali-Domus

Qui sopra, il tetto nel modellino della «diamantina». Sotto, la pianta.

Gio Ponti: "la diamantina" a Caracas

Studii con i modelli in carta per «la diamantina».

foto Casali-Domus

foto Paolo Gasparini

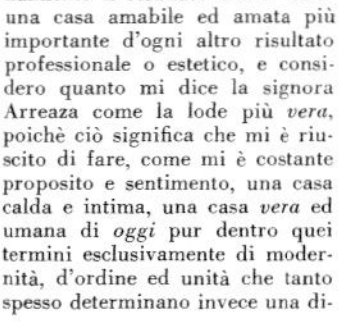

Uno dei muri bianchi che proteggono, come quinte esterne, le aperture delle camere da letto sul giardino (il muro bianco di Garçia Lorca — dice Paolo Gasparini — e la finestrina nel muro, come quelle attraverso le quali i toreri guardano i tori); intorno, la meravigliosa vegetazione di Caracas.

foto Paolo Gasparini

nalmente il risultato d'aver fatto una casa amabile ed amata più importante d'ogni altro risultato professionale o estetico, e considero quanto mi dice la signora Arreaza come la lode più *vera*, poichè ciò significa che mi è riuscito di fare, come mi è costante proposito e sentimento, una casa calda e intima, una casa *vera* ed umana di *oggi* pur dentro quei termini esclusivamente di modernità, d'ordine ed unità che tanto spesso determinano invece una disumana freddezza.

Questo di creare una casa *tutta moderna* che sia amata e felice è per un architetto un risultato *vero* poichè ciò significa che quella casa è umana ed intima, senza che egli abbia ricorso per farla tale, ad una preordinata dose di sedie '800, o Chiavari, o dondolo Thonet (sapore fine '800 primo '900), mescolate a poltrone tripoline (pizzico d'esotismo), ai tavoli dall'asta di acciaio nero (pizzico di attualità), ad un tanto di liberty ed ai piatti alla Wedgwood alle pareti, in una mescolanza finto casuale ma di preoccupante conformismo, per figurare « *un certain désordre* », ricercato, ed esibito come indispensabile a metter su d'*emblée* un interno umano, bell'e fatto.

Per rispetto ai nostri padri ed all'esempio loro, dobbiamo assolutamente aspirare a quella verità e unità formale (non in senso formalistico), che gli stili del passato, per opere e maestria dei no-

The 'Diamantina' Villa at Caracas Country Club

Villa Arreaza in Caracas designed by Gio Ponti: views and details of model, floor plan, views of external wall, elevation from garden, entrance drive and detail of roof

*pra: la grande pensilina d'ingres-
che s'allunga sotto la sporgentissi-
falda del tetto, dipinta in blu not-
col bordo bianco. Tutta la « dia-
ntina » è in blu e bianco.*

*sinistra, veduta di un fianco della
la, con il rivestimento in cerami-
a diamante, di Joo, che ha dato
a villa il nome di « diamantina »
veduta del giardino a nord.*

foto Paolo Gasparini

i antenati, nei maggiori loro, evano (compreso lo stile « del- ultima vigilia », il liberty). e negli ambienti della nostra a, per civiltà, e nella cultura biano posto i veri valori antichi ome nella biblioteca e discoteca nno posto Petrarca e Bach) è vio, ed ovvio e vero che vi ab- n posto i (bei) mobili eredi- i, se tali sono davvero. Tutto è ovvio e vero, è ovvio per- tutto è *simultaneo* nella no- a cultura. Ma è invece sofisti- cato quel gusto che ammette la dondolo di Thonet, e dell'800 sce- glie il « demi-art », e si ferma lì, quel gusto è fuori di quella pre- senza di *veri* valori d'una uma- nità intesa anche come humani- tas, e come storia creativa e, nel cui esclusivo filone creativo ope- rano i grandi maestri di stile, onore dell'arte nostra, da Gropius a Le Corbusier, a Mies, a Neutra ed anche Wright e per risalire ad un grande, Gaudi, tutto genuino (solo Le Corbusier occasional-

Translation
see p. 567

Gio Ponti: "la diamantina" a Caracas

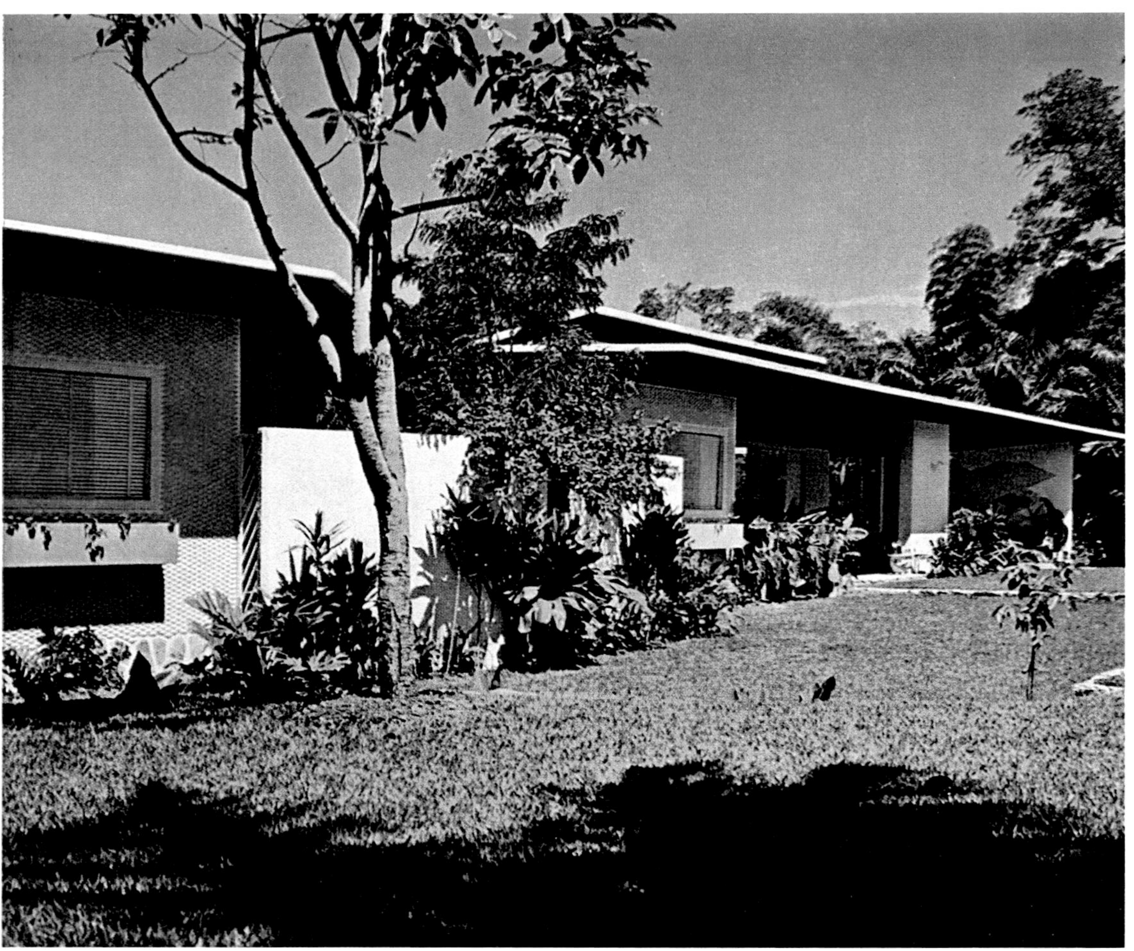

Il fronte interno della casa, verso giardino e la vista dei monti.

foto Paolo Gasparini

The 'Diamantina' Villa at Caracas Country Club

Villa Arreaza in Caracas designed by Gio Ponti: views of garden and textured white wall of bedroom exterior

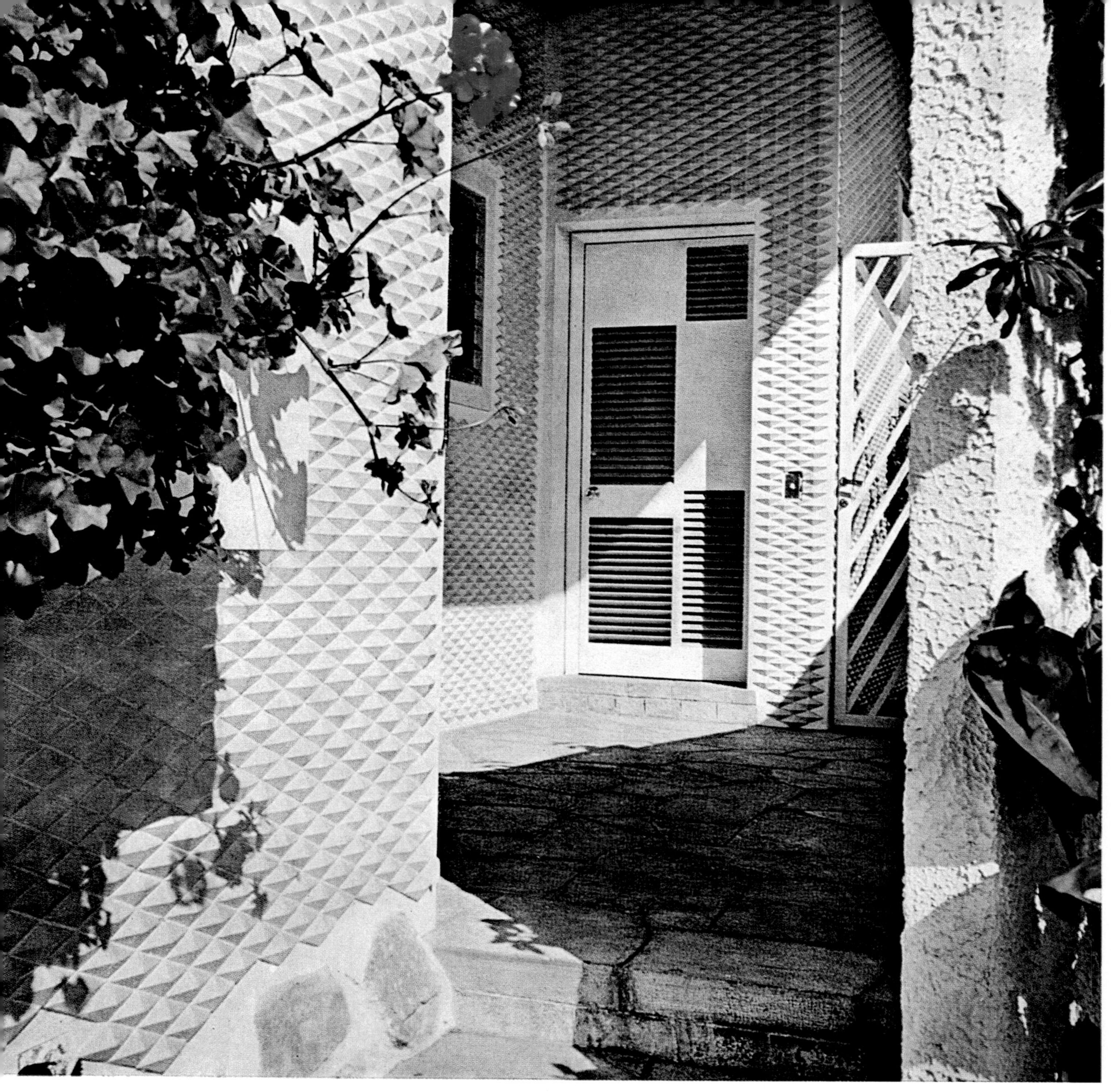

foto Paolo Gasparini

ɓianchi muri di schermo davanti e camere da letto formano dei pic'i patii ricchi di verde e di fiori ɔonsentono alle camere e ai bagni libertà di tenere porte e finestre ɘrte.

osservi la « porta composita », al- Ponti, con zone a gelosia a diver- inclinazioni, che all'interno crea- differenti effetti di luce.

mente ha derogato dedicando una passeggera attenzione al sofisticato Bestegui).

Tornando alla « diamantina » debbo dire che io pure sono felice di averla architettata, e lo scrivo alla signora Arreaza; come sono felice di aver architettato, ancora a Caracas, la grande casa per gli amici miei carissimi Anala e Armando Planchart, che Domus illustrerà fra qualche mese, e di ammobiliare quella di altri amabili venezuelani, i Beracasa; ed aggiungerò che sono infelice di non aver potuto fare la bella casa che avevo disegnato per José Joaquin Gorrondona e che pubblicai in Domus n. 333 e quella per Mercedes e Juan de Mata Guzman Blanco, che pubblicherò in progetto.
Sono poi felice d'aver fatto la *quinta diamantina* perchè essa, col suo gran tetto sporgente, blu di sotto, un tetto vero, mosso (e non una piattabanda) è come fosse una casa sotto un'ala, come fosse una casa protetta da un'ala immensa e leggera e palpitante, di farfalla. Pare dall'alto una farfalla posata su un prato. Così la volevo. Sono contento perchè la « diamantina » è risultata luminosa ed ombrosa; perchè questa architettura è di spazi e non di volumi: sono contento perchè essa è pienamente nella sua categoria pur senza materie preziose o difficili, ma invece con molte cose derivate dalla capacità manua-

Translation see p. 567

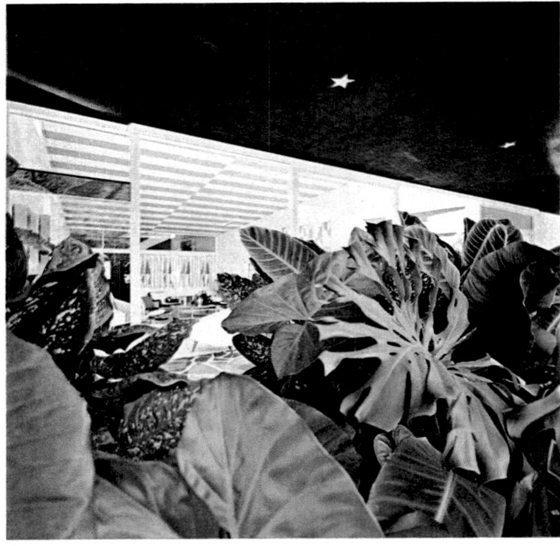

Gio Ponti: "la diamantina" a Caracas

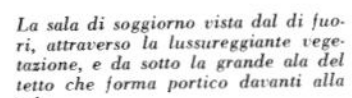

La sala di soggiorno vista dal di fuori, attraverso la lussureggiante vegetazione, e da sotto la grande ala del tetto che forma portico davanti alla sala.

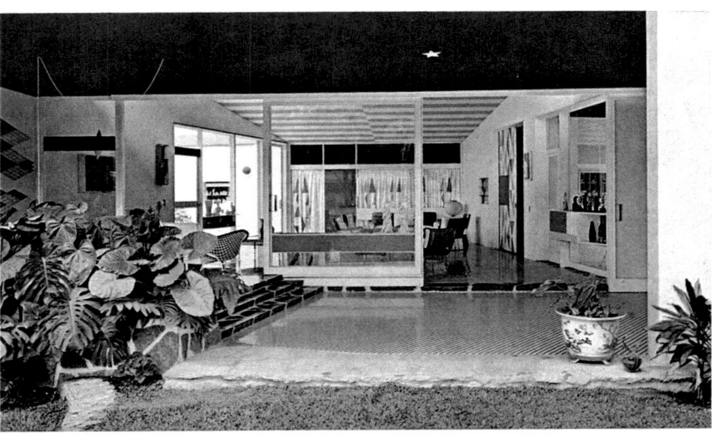

Veduta dal fondo della sala di soggiorno verso il giardino. Il pavimento, in ceramica di D'Agostino di Salerno, è a righe diagonali bianche, blu pallido, blu intenso: le poltrone sono le « round » di Cassina, disegnate da Ponti. La zona di pavimento sopraelevata, nella bella pietra azzurra del Venezuela, prosegue anche all'esterno della sala. L'architettura della « diamantina » non è un gioco di volumi, è un gioco di spazi e di vedute, da godersi prevalentemente dall'interno.

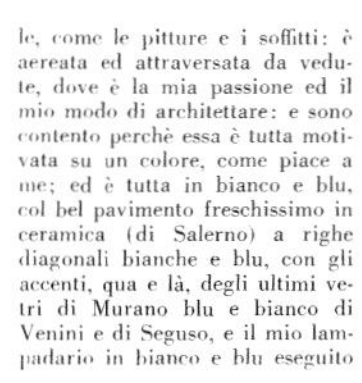

le, come le pitture e i soffitti: è aereata ed attraversata da vedute, dove è la mia passione ed il mio modo di architettare: e sono contento perchè essa è tutta motivata su un colore, come piace a me; ed è tutta in bianco e blu, col bel pavimento freschissimo in ceramica (di Salerno) a righe diagonali bianche e blu, con gli accenti, qua e là, degli ultimi vetri di Murano blu e bianco di Venini e di Seguso, e il mio lampadario in bianco e blu eseguito da Venini, con gli smalti blu a foglia d'argento di De Poli, e le formelle sul blu di Rui, con le poetiche figure azzurre di Melotti, e le sete blu e bianche di Ferrari, e le cretonnes bianche e blu di Grampa. Un contributo italiano che m'è stato permesso di recare in una architettura che pur essendo assolutamente autonoma e doverosamente personale è risultata ambientatissima al clima ed al luogo senza concessioni a vezzi ambientali.

Gio Ponti: "la diamantina" a Caracas

Qui sotto, veduta interna della sala di soggiorno dalla sua parte sopraelevata. Nell'angolo in fondo, vecchie poltrone di casa Arreaza ricoperte in bianco e blu. La parete di fondo dà sull'ingresso e il tendaggio può essere aperto e permettere una veduta continua attraverso i due ambienti. Tavolo eseguito da Chiesa di Milano, poltrone eseguite da Cassina di Meda. Si osservi il soffitto a scacchi rettangolari, lisci e rugosi, bianchi e blu: e la grande porta

foto Paolo Gasparini

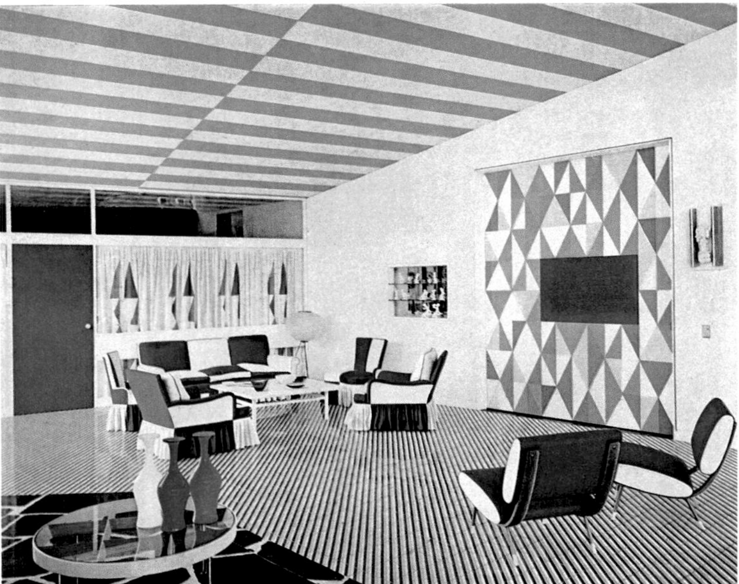

foto Paolo Gasparini

Nella pagina a fianco: in alto, i due effetti (quando è chiusa e quando è aperta) della grande porta scorrevole, che è fra la sala di soggiorno e la sala da pranzo: collezione di ceramiche bianche di Blanca Arreaza, vetri di Venini, smalti di De Poli. Nella pagina a fianco; in basso, la parete fra sala di soggiorno e ingresso vista dall'ingresso: cavalli della Ceramica del Ferlaro di Parma e di vecchia Cina. Il tendaggio è stampato dalla Jsa di Busto, su disegno di Ponti.

Villa Arreaza in Caracas designed by Gio Ponti: views and details of living room

queste pagine, vedute del sog-
rno che s'apre sul portico, sul
io contiguo alla sala da pranzo, e
patio della sala della discoteca.
alto, veduta del soggiorno e della
coteca (in fondo) attraverso la fi-
tra-bar del patio della sala da
nzo.
to, veduta dall'esterno della sala
soggiorno, dal patio della sala da
nzo, con la grande apertura verso
portico.
'la sala di soggiorno divano di
sina coperto nel tessuto « papa-
oli » di Ferrari di Milano.

foto Paolo Gasparini

Translation
see p. 567

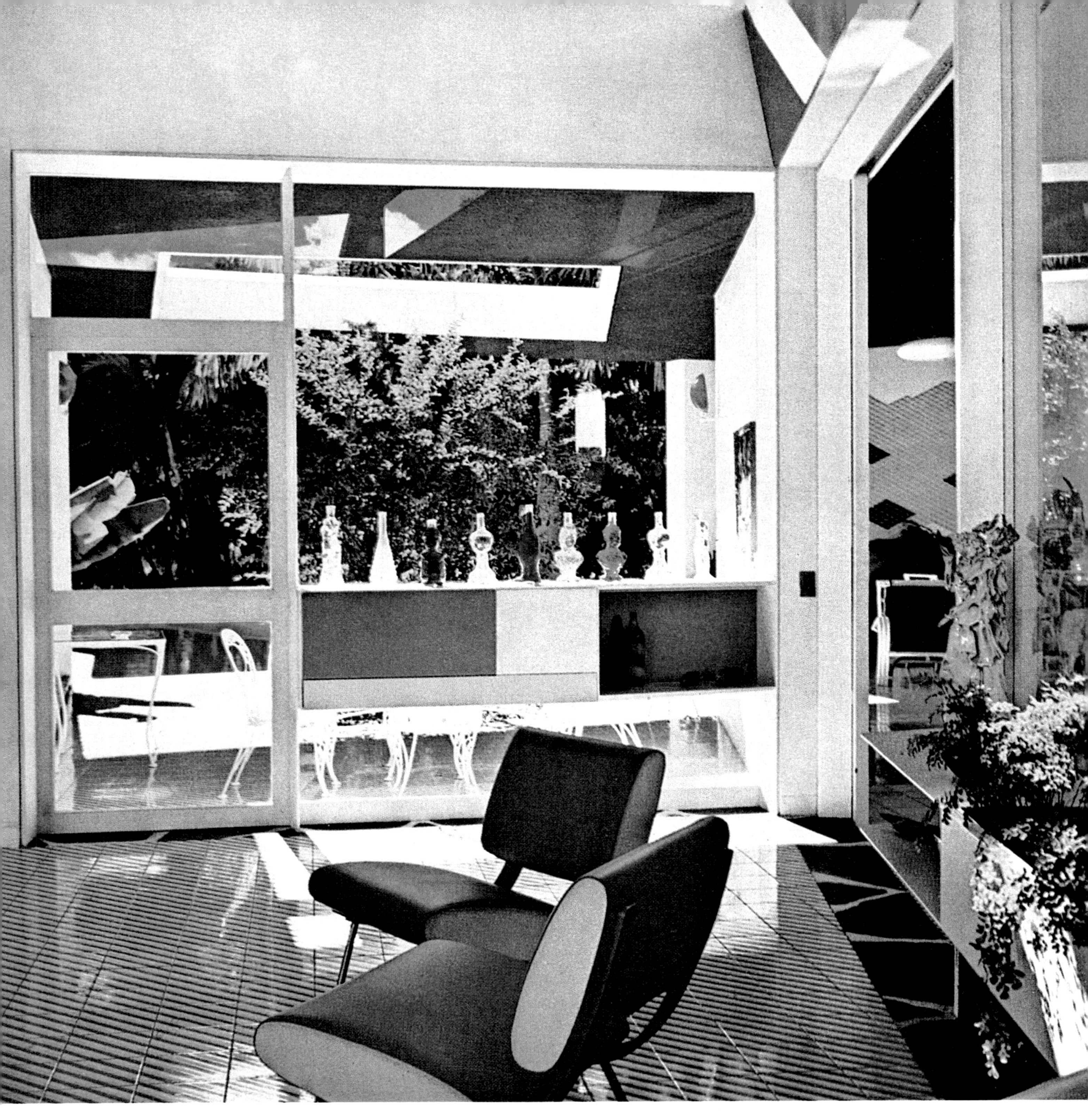

Qui sopra, la veduta d'angolo fra il patio della sala da pranzo (con la finestra-bar) e il portico, guardando dall'interno del salone. Sulla mensola a destra, ceramica di Melotti.

foto Paolo Gasparini

Sono poi felice perchè subito la natura tropicale ha incoronata questa casa di foglie e di fiori bellissimi. Sono felice di averla realizzata, questa villa, perchè ho avuto modo di esprimermi, perchè vi ho dipinto le porte, ornati e coloriti i soffitti, fatte le mie « *finestre arredate* » e i miei mobili autoilluminanti, e situato un bel Reveron, il pittore venezuelano che amo, e vi ho disegnato le tovaglie bianche e blu e messe le appliques che mi fa Lelli, e le sedie e le poltrone dei miei Cassina, e i mobili di Giordano Chiesa, il mio ebani impeccabile.

Io ringrazio Blanca Arreaza, me ringrazio Anala e Armar Planchart, quando penso alle ro ville, perchè hanno lasci che io realizzassi in onore Venezuela — ospitale e belli mo e da me tanto amato — che di meglio io italiano pote fare, il che è stato il modo umano e spontaneo per ricamb re il loro invito ad architettare casa loro. *Gio P*

The 'Diamantina' Villa at Caracas Country Club

Villa Arreaza in Caracas designed by Gio Ponti: views of covered patio and dining room

foto Paolo Gasparini

Gio Ponti: "la diamantina" a Caracas

*sala da pranzo, con le finestre-ve-
ne sul giardino e la vetrina per
lezione di chicchere di Blanca Ar-
za. Tavolo centrale rotondo, ese-
to da Chiesa, con piano in formi-
azzurra. Tappeto in pelle di mon-
e, tinta, di Colombi: pavimento
D'Agostino di Salerno in righe
nche e blu diagonali: soffitto a ri-
diagonali liscie e rugose, alla ve-
a, in bianco e blu: lampadario di
nini, disegnato da Ponti, in vetri
Murano bianco e blu. Sedie di
ssina, disegnate da Ponti. Grande
bile, «autoilluminante», alla pa-
e di fondo, eseguito da Chiesa,
disegno di Ponti.*

Translation
see p. 567

foto Paolo Gasparini

La camera della signora. La fines è chiusa da cristalli scorrevoli s za telaio nè di metallo nè di leg Mobili di Chiesa, disegnati da (Ponti con superfici in lacca e for ca azzurra: coperta della Jsa di sto su disegno di Ponti: lampad a muro di Ponti, eseguiti da Arre luce di Monza.

The 'Diamantina' Villa at Caracas Country Club

Villa Arreaza in Caracas designed by Gio Ponti: views of dining room, bedroom, swimming pool area and diamond mural

o Ponti: "la diamantina" a Caracas

Sopra, il portico visto dalla piscina: poltrone con tele stampate dalla Jsa di Busto, su disegno di Ponti. A sinistra, composizione murale con elementi a diamante, di Joo, disegnati da Ponti.

foto Paolo Gasparini

Translation
see p. 567

Craig Ellwood, arch.

foto Jason

Due case sulla spiaggia

La casa Pierson a Malibu, Calif

domus 349
December 1958

Two Houses on the Beach

Pierson House in Malibu, California, designed by Craig Ellwood: views of covered entrance walkway, elevation at night and angled elevation, floor plan

foto Jason Hailey

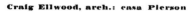

Craig Ellwood, arch.: casa Pierson

Questa casa e quella illustrata nelle pagine più avanti, sono state progettate dall'architetto americano Craig Ellwood (di cui Domus ha già pubblicato una interessante costruzione; la « case study house 1954-56 » o casa modello, promossa dalla rivista americana « Arts and Architecture »).
Qui la caratteristica principale della costruzione è quella di sorgere proprio sulla spiaggia, su una spiaggia in pendio, a livello inferiore della strada: l'edificio è sospeso su una struttura in legno, che può anche, durante le mareggiate, essere invasa dall'acqua, ed è collegato attraverso una passerella coperta e sospesa, al corpo dei garages, affacciato sulla strada.
Le travi della struttura, verniciate in nero, sono in evidenza anche all'interno: pareti laterali e tetto-soffitto in legno; portato a sbalzo dalla struttura, un largo terrazzo frontale, da cui pende una scaletta in legno per scendere sulla spiaggia.

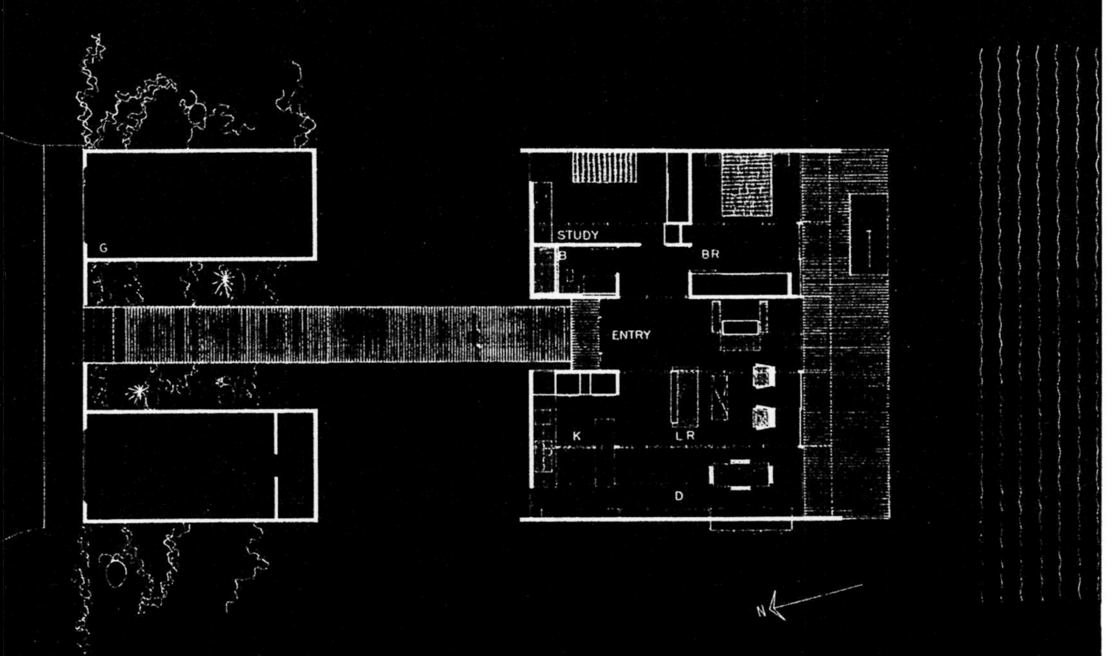

Nella pianta: i due garages affacciati sulla strada sono molto profondi: in uno è ricavato un ripostiglio, nell'altro una camera oscura; tutti gli ambienti hanno la vista del mare, eccetto lo studio; il bagno è illuminato dall'alto; la cucina è aperta sul soggiorno-pranzo; armadi e scaffalature previsti in costruzione.
Nella pagina a fianco: il soggiorno, con il camino in lamiera nera e il focolare in mattoni, e il pranzo-cucina; pavimento in piastrelle di sughero, mobili di Van Keppel Green, porte scorrevoli e attrezzature a parete in mogano delle Filippine.

Translation
see p. 568

foto Jason Hailey

Craig Ellwood, arch.: casa Hunt

I garages della casa Hunt affacciati sulla strada; una passerella li unisce al corpo della casa, che sorge avanzato sulla spiaggia, sopra una struttura in legno che lo solleva dal suolo.

foto Marvin Rand

Craig Ellwood, arch.: casa Hunt

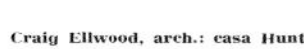

←

A sinistra, la cucina della casa Pierson: forno e frigorifero in acciaio inossidabile incassati nella parete rivestita da pannelli in laminato plastico; il pannello centrale (color arancione, fra due pannelli grigi) ha uno sportello in basso per il passaggio dei gatti, i tre gatti di casa.

Questa casa è, come la precedente, costruita sulla spiaggia, e sollevata su una struttura in legno; è anch'essa congiunta, attraverso una passerella sospesa, al corpo dei garages affacciato sulla strada. La casa è più grande, e caratterizzata dal patio centrale, pavimentato in legno, circondato da pareti tutte vetrate: il resto del pavimento è coperto da una moquette continua in tutta la casa. Le pareti divisorie interne, scorrevoli, sia di legno che di vetro, non arrivano mai al soffitto e lasciano sempre scoperte le travi della struttura, a ritmare gli spazi.

foto Marvin Rand

domus 349
December 1958

Two Houses on the Beach

Pierson House in Malibu, California, designed by Craig Ellwood: living and kitchen areas; Hunt House in Malibu, California, designed by Craig Ellwood: views of garages, angled elevation, staircase, deck and interior with fireplace

Translation
see p. 568

foto Marvin Rand

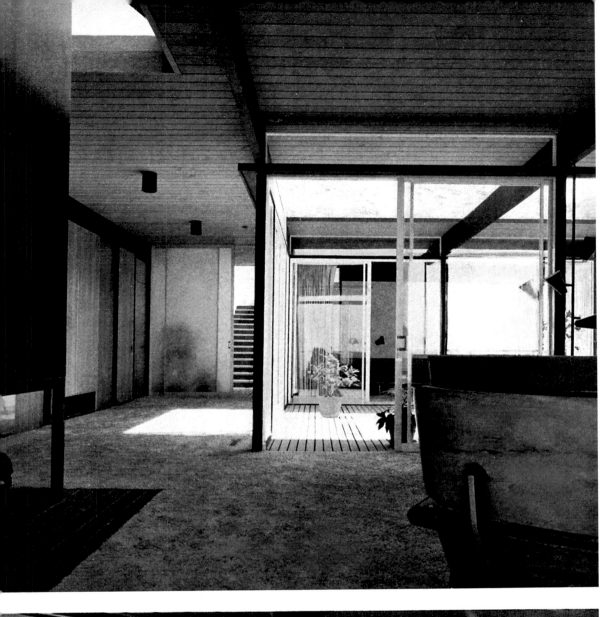

Craig Ellwood, arch.: casa Hunt

Sul patio al centro si affacciano tu gli ambienti: il patio ha tutte le p reti in vetro; le tende scorrevoli p sono isolarlo del tutto. Il camino lamiera nera, esce sopra il tetto, traversando un riquadro di vet Poltrona con poggiapiedi di Char Eames.

Two Houses on the Beach

Hunt House in Malibu, California, designed by Craig Ellwood: view of interior, central deck and living area

Translation
see p. 568

foto Marvin Rand

Craig Ellwood, arch.: casa Hunt

La camera dei figli con parete-arı dio a pannelli in laminato plasti In alto, la cucina col banco per prima colazione e la camera dei nitori.

domus 349
December 1958

Two Houses on the Beach

Hunt House in Malibu, California, designed by Craig Ellwood: views of kitchen area, master bedroom and children's bedroom

Translation see p. 568

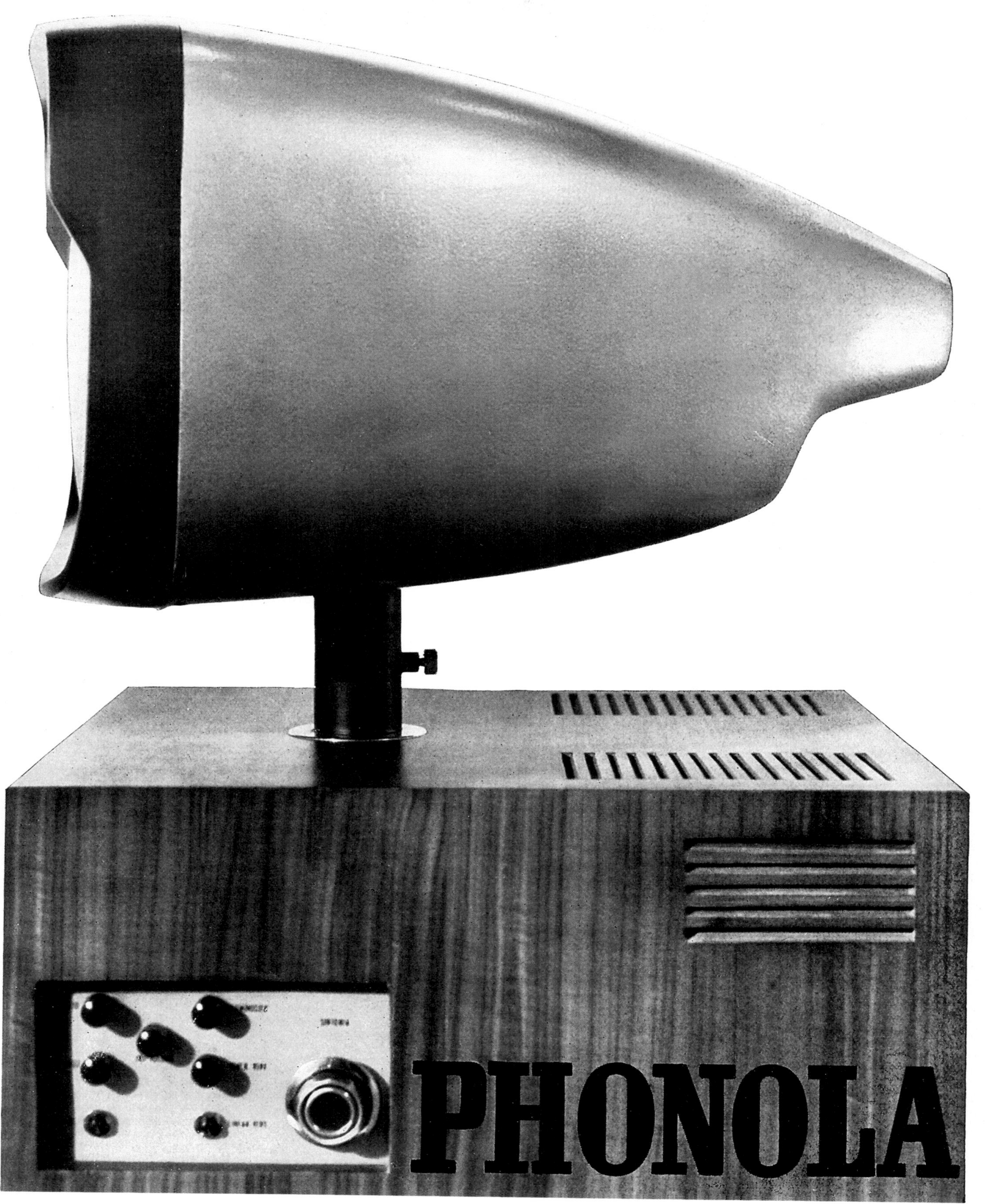

FIMI S.p.A.

In esposizione permanente al Museum of Modern Art di New York.
Esposto alla U. S. World Trade Fair di New York.
Esposto alla Triennale di Milano 1957, Sezione Disegno Industriale.
Segnalato al Premio Rinascente Compasso d'oro 1957.
Esposto alla Fiera Internazionale di Parigi 1957, Sezione del Disegno Industriale Italiano.
Esposto alla Exhibition of Italian Forniture di Londra 1958.

Seller

domus 352
March 1959

Advertising

Fimi advertisement showing *Model No. 1718* Phonola television designed by Dario Montagni, Sergio Berizzi and Cesare Buttè, produced by Phonola

domus 351
February 1959

Cover designed by
Alan Fletcher

FEATURING
Angelo Mangiarotti
Bruno Morassutti
Vittoriano Viganò
Eugenio Gerli

domus 353
April 1959

Cover designed by
William Klein

FEATURING
Alexander Girard
Ettore Sottsass Jr.

domus 350
January 1959

Cover designed by
Gyorgy Kepes

FEATURING
Alberto Rosselini
Jetti Penraat
Johannes Krahn

1959

domus 358
September 1959

Cover designed by
Gino Marotta

FEATURING
Gérard Ifert

domus 357
August 1959

Cover designed by
Bruno Munari

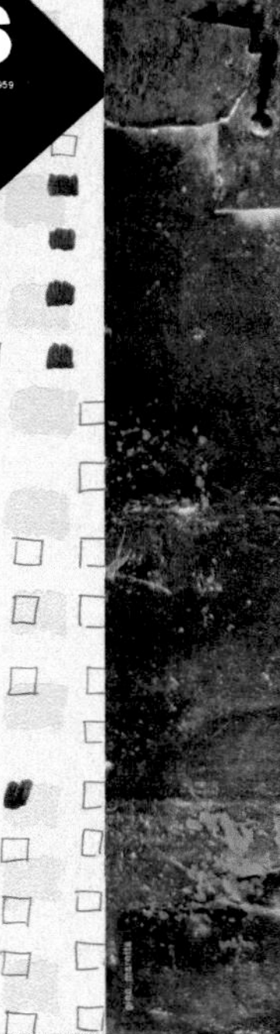

domus 350–361
January–December 1959

Covers

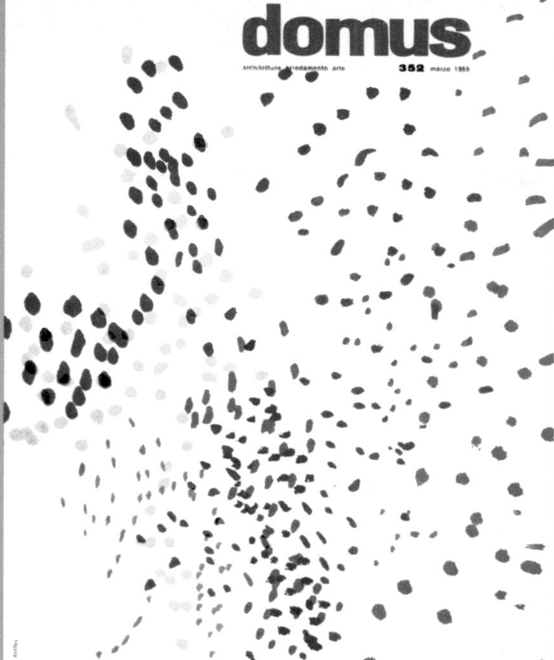

domus 352
March 1959

Cover designed by
Gillo Dorfles

FEATURING
Dario Montagni
Sergio Berizzi
Cesare Buttè
Felix Augenfeld
Jan Hird Pokorny
Gio Ponti

mus 354
y 1959

ver designed by
lliam Klein

TURING
torio Gandolfi
briella Gandolfi
lbertazzi
Ponti
sto Melotti

domus 355
June 1959

Cover designed by
Michele Provinciali

FEATURING
Gio Ponti
Pier Luigi Nervi
Tapio Wirkkala
Ettore Sottsass Jr.

domus 356
July 1959

Cover designed by
Arno Hammacher

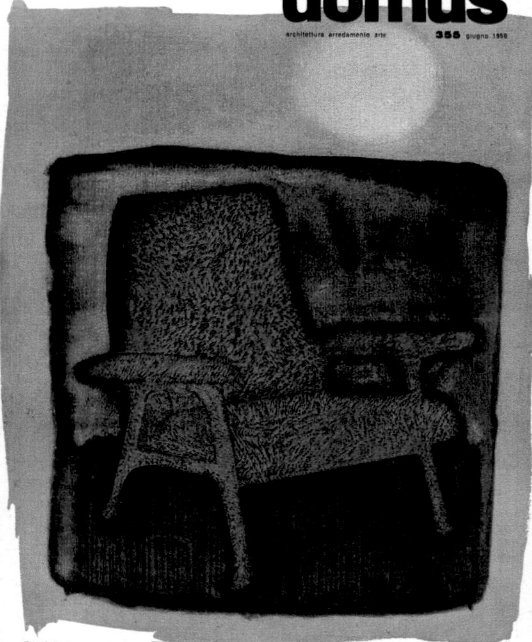

mus 359
ober 1959

ver designed by
zo Mari

TURING
er Blake

domus 360
November 1959

FEATURING
Craig Ellwood
James Prestini
Eszter Haraszty

domus 361
December 1959

Cover designed by
Bruno Munari

FEATURING
Angelo Mangiarotti

domus
architettura arredamento arte 361 dicembre 1959

foto Casali-Domus

fronte verso il l

Una casa per le vacanze

Alberto Rosselli, arch.
nello studio Ponti, Fornaroli, Rosselli

La casa sorge a Lesa, sul lago Maggiore. Costruita in muratura su pianta quadrata, ha un grande tetto con struttura in legno, coperto in eternit.
Nel volume del tetto è ricavato un mezzo piano (cameretta degli ospiti e di servizio) sopra il piano terreno (soggiorno, pranzo, due camere). La forma del tetto determina non solo l'esterno ma anche l'interno della casa, che è risolto volumetricamente come un grande spazio unico, dal pavimento al tetto, attraverso il s giorno centrale alto due pia su cui si affaccia il piano su riore e su cui si aprono gli a bienti circostanti.
Il tetto riporta all'interno la f ma esterna. Il poter percep dall'interno il volume intero un grande respiro, e un nu valore alle dimensioni. La st tura della casa — tradizion scelta come la più economic la più raccolta — ne acquista senso nuovo.

A Holiday House

Holiday house in Lesa, near Lake Maggiore, designed by Alberto Rosselli: view of elevations, floor plans

foto Casali-Domus

→

A destra, veduta di infilata (dalla vetrata a lago verso l'ingresso), del grande soggiorno centrale, alto due piani, su cui si affacciano il pranzo e la balconata al primo piano (che disimpegna le camere degli ospiti e quella di servizio). Il pavimento del soggiorno è in ceramica blu; il soffitto in legno di larice, con travi portanti in legno più scuro: pareti bianche, portale rosso bruno.

l'ingresso

fianco sul giardino

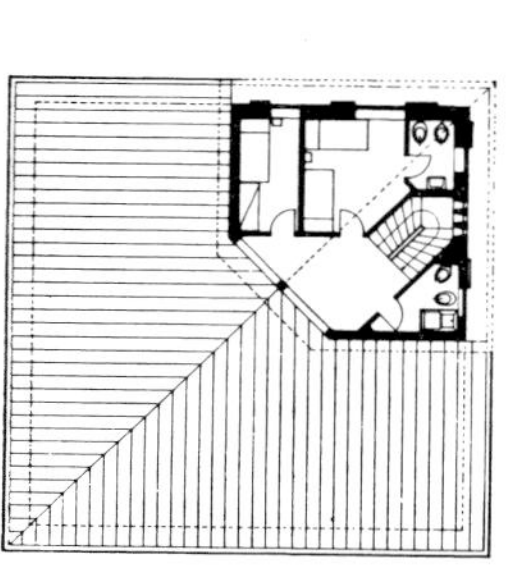

pianta del pianterreno

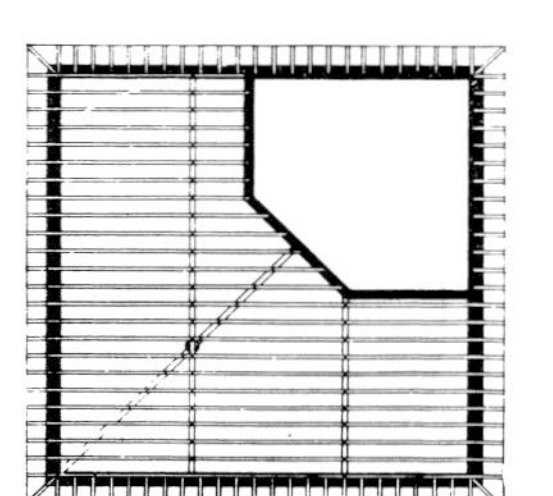

pianta del piano superiore

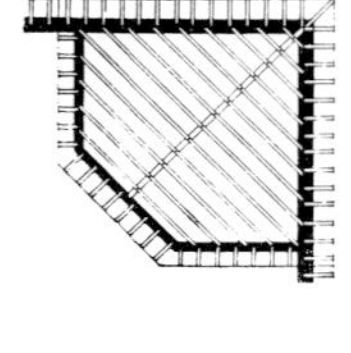

la struttura in legno del tetto

Translation
see p. 568

Qui sotto, il soggiorno (visto dall'ingresso): il pilastro che porta la travatura del tetto è isolato, e lasciato in cemento naturale: la quinta dietro il pilastro è un divisorio in legno ad ante che isola dal soggiorno una stanza per i figli (vedi pagina a fianco): lo spazio e la veduta del soffitto restano ininterrotti: dalla balconata interna se ne coglie la continuità.

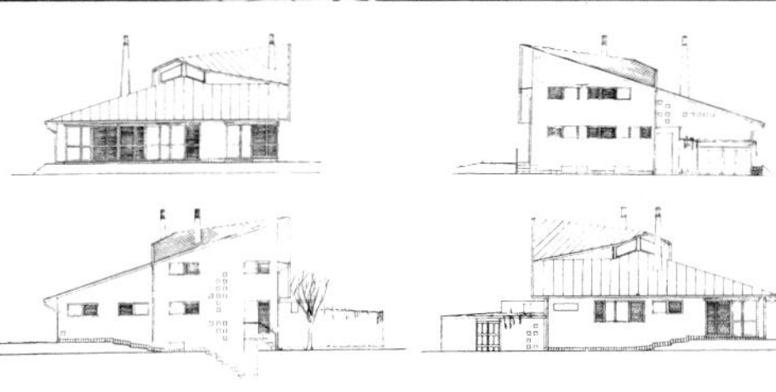

In alto, la parete del camino nel soggiorno, vista dal pranzo. A destra, la balconata al primo piano: dall'interno della casa si percepisce intera la forma e la struttura del tetto.

una casa per le vacanze

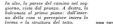

A Holiday House

Holiday house in Lesa, near Lake Maggiore, designed by Alberto Rosselli: views of hallway, dining area, living room, fireplace wall and elevation, views from balcony, drawings of elevations

Translation see p. 568

Nuovi arazzi

foto Paul Huf

Una nuova specie di arazzi sono queste composizioni di Jettie Penraat, designer olandese, moglie dell'architetto olandese Jaap Penraat (Domus n. 297, 305, 311, 320, 327, 329, 342) sono molto grandi, da due a tre metri di altezza, e composti con pezzi di stoffe diverse (raso, seta, velluto, lana, feltro, lino, corderoy, ecc.) applicate su un fondo di tessuto. Sono stati esposti, a New York (dove vivono i Penraat) al Museum of Contemporary Crafts e alla Galleria di Bertha Schaeffer.

Tapestries designed by Jettie Penraat shown at the Museum of Contemporary Crafts, New York

sedie poltrone divani tavoli **FIGLI DI AMEDEO CASSINA - MEDA (MILANO)** stabilimento ed esposizione in Meda - tel. 7

Confalonieri e Negri STUDIO INDUSTRIA

"superleggera"

Creando la "superleggera" ho seguito il processo perenne della tecnica, che va dal pesante al leggero: togliendo - vedere la sezione triango della gamba - materia e peso inerti identificando "al limite" la forma con la struttura saggiamente e senza virtuosismi, cioè rispettando allo st tempo l'utilità e la "solidità esatta". La sezione triangolare, assottigliando "visualmente" la forma, la "esprime": eccoci nel campo dell'este

Gio P

Advertising

Cassina advertisement showing *Superleggera* chair designed by Gio Ponti

foto Pfau

na chiesa a rancoforte

Johannes Krahn, arch.

La chiesa, la parrocchia cattolica di St. Wendel, a sud della città: è affiancata dalla canonica, e collegata a un gruppo di edifici parrocchiali: asilo, centro di riunioni, campo da gioco.
La costruzione è in cemento armato e in massiccia muratura di pietra (i muri perimetrali, facciata esclusa, sono sollevati dal suolo, così come sono distaccati dalla copertura). La pietra, lasciata a vista sia all'esterno che all'interno è grossa trachite grigio gialla, pietra del luogo, generalmente usata per i fondi stradali.

A Church in Frankfurt

St. Wendel parish church in Frankfurt/M. designed by Johannes Krahn: views of exterior

Translation see p. 568

foto Pfau

una chiesa tedesca

Il campanile è in cemento armato e legno: contiene la cappella battesimale e porta cinque campane.

A Church in Frankfurt

St. Wendel parish church in Frankfurt/M. designed by Johannes Krahn: views of exterior and interior

nterno della chiesa, con i muri trachite, il pavimento in ardesia 'n asfalto, i banchi in larice, le rate in vetro retinato, con inse- pannelli in tessere di vetro co- ato.

Translation
see p. 568

All'interno del muro di cinta, la Via Crucis con i bassorilievi di Cosentino.

Una chiesa di vetro, in Lombardia

**Angelo Mangiarotti, Bruno Morassutti, arch.tti
calcolo della struttura: Aldo Favini, ing.**

foto Casali-Domus

Alla periferia di Milano, in un ampio spazio al centro di un nuovo quartiere in costruzione (collegato a quello esistente di Baranzate) la chiesa sorge isolata (anche a costruzioni ultimate sarà circondata dal vuoto di spazi verdi e di piazze). E intorno ad essa corre un muro, una specie di massiccio bastione, che ancora la isola, e che accentra per contrasto la chiara esattezza del suo volume di vetro. Il muro porta, sulla faccia interna, le stazioni della Via Crucis (bassorilievi di Gino Cosentino); tra il muro e la chiesa il terreno sale, variamente: il pavimento della chiesa è all'altezza della sommità del muro.

A Glass Church in Lombardy

Church designed by Angelo Mangiarotti and Bruno Morassutti in the Baranzate suburb of Milan: details of exterior walls and elevations at day and by night

il fianco e il fronte, di notte

Translation
see p. 568

foto Casali-Domus

l'ingresso

l'interno

domus 351
February 1959

A Glass Church in Lombardy

Church designed by Angelo Mangiarotti and Bruno Morassutti in the Baranzate suburb of Milan: views of entrance, interior with font, ceremonial entrance, details of concrete beams and panels, site plans and view of building under construction

la chiesa parrocchiale di Baranzate, Milano. Angelo Mangiarotti, Bruno Morassutti, arch.tti

A sinistra, il fronte della chiesa: l'ingresso per le cerimonie, nella parete vetrata, è chiuso; l'ingresso alla cripta, è sovrastato da un grande blocco di pietra — granito rosso dei Vosgi — che porta incisa la scritta « Matri Misericordiae » (è nella liturgia che la scritta di dedica sia su pietra); la grande croce è in legno douglas.
Sotto, la testata ad X dei costoloni su cui poggia la copertura: appaiono nettamente distaccati dalle pareti. In basso alla pagina, particolare dell'appoggio al pavimento di una parete vetrata.

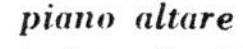

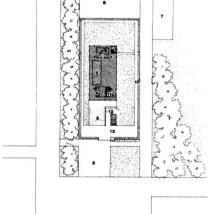

piano altare
1 piazza, 2 sagrato, 3 scalinata, 4 coro, 5 banchi, 6 piazzetta, 7 casa parrocchiale, 8 altare, 9 scala, 10 muro, 11 scala, 12 fontana, 13 croce in legno.

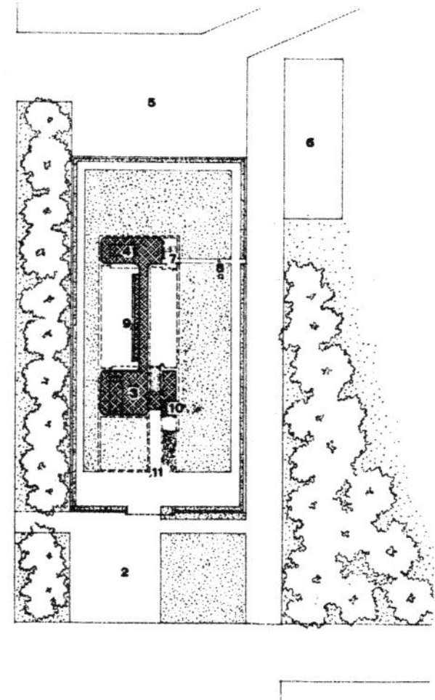

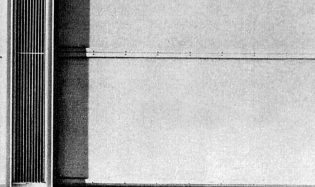

piano cripta
1 piazza, 2 sagrato, 3 cripta, 4 sacrestia, 5 piazzetta, 6 casa parrocchiale, 7 scala interna, 8 rampa di accesso alla chiesa dalla casa parrocchiale, 9 confessionali uomini, e armadi, 10 battistero 11 rampa di accesso alla cripta.

La chiesa è pensata come un prototipo di chiesa parrocchiale: oltre alla parte esterna — il volume quadrangolare di vetro, alto dieci metri (con base di 14,34 x 28,60) — ha un piano inferiore, la cripta (alta m. 2,30) in cui son sistemati la « cappella iemalis », il battistero, i locali di servizio e di deposito degli arredi sacri, la sacrestia. Due sono gli ingressi: l'ingresso normale che, al termine di una rampa discendente, porta al piano della cripta e affianca il battistero; l'ingresso delle cerimonie che, al termine di una scalinata ascendente, dà accesso alla chiesa vetrata, ed è costituito da un pannello scorrevole anch'esso di vetro apribile soltanto dall'interno. Dal piano inferiore si sale alla chiesa attraverso una scala interna che parte dalla sacrestia (e porta da — 40 a + 2,20, poichè il pavimento della chiesa vetrata è a questa altezza sul piano di campagna).
La struttura portante della chiesa è costituita da quattro pilastri tronco-conici di cemento, lievemente martellinati, che, con le travi trasversali, sono le uniche parti gettate in opera. Il tetto è infatti costituito da elementi prefabbricati a forma di X, nei quali sono stati fatti passare i cavi di acciaio ad alta resistenza per la precompressione: su questi elementi sono appoggiati dei tegoloni rettangolari nervati, pure prefabbricati in cemento.

Le pareti perimetrali sono in doppio vetro in telaio metallico, con materiale coibente intermedio e sono appoggiate al pavimento e fissate alla struttura cementizia portante in quattro soli punti in corrispondenza delle travi trasversali principali.
In alto e in basso, al confine col tetto e col pavimento, queste pareti sono, per un sottile tratto, trasparenti, a rendere evidente la loro funzione di pura chiusura non portante.

Translation see p. 568

domus 351
February 1959

A Glass Church in Lombardy

Church designed by Angelo Mangiarotti and Bruno Morassutti in the Baranzate suburb of Milan: views of interior staircase, panels, lectern, benches, pew and walls

A sinistra, particolare del soffitto. Sopra e a fianco, il leggìo del predicatore. A destra, uno dei banchi. Lungo le pareti laterali, in corrispondenza delle travi trasversali, sono sistemate quattro griglie apribili, a tutt'altezza, per la ventilazione. Le luci sono a pavimento, lungo i lati perimetrali, sugli interassi dei montanti metallici delle vetrate. Il riscaldamento è ad aria calda, con uscita da bocchette a pavimento, al centro.

a chiesa parrocchiale di Baran-ate, Milano. Angelo Mangiarotti, runo Morassutti, arch.tti

Translation
see p. 568

Il pavimento della chiesa è in cotto pressato. L'altare è in marmo verde Levanto, con scavata una nicchia per il tabernacolo (un altare di tipo ambrosiano, con il celebrante rivolto verso i fedeli). Alla trave trasversale di fondo è appeso un antico crocefisso.

La scala interna dalla sacrestia a chiesa.

A Glass Church in Lombardy

Church designed by Angelo Mangiarotti and Bruno Morassutti in the Baranzate suburb of Milan: interior view towards altar, views of staircase to crypt and crypt interior

la chiesa parrocchiale di Baranzate, Milano. Angelo Mangiarotti, Bruno Morassutti, arch.tti

Nella cripta le pareti sono state lasciate in calcestruzzo, così come risultano dopo tolti i casseri, e con gli angoli in pianta molto arrotondati. Nel getto sono state lasciate le nicchie sotto soffitto, per le luci e per il riscaldamento ad aria.
Il pavimento è in cotto; il soffitto intonacato con graniglia finissima bianca, di marmo.

Translation
see p. 568

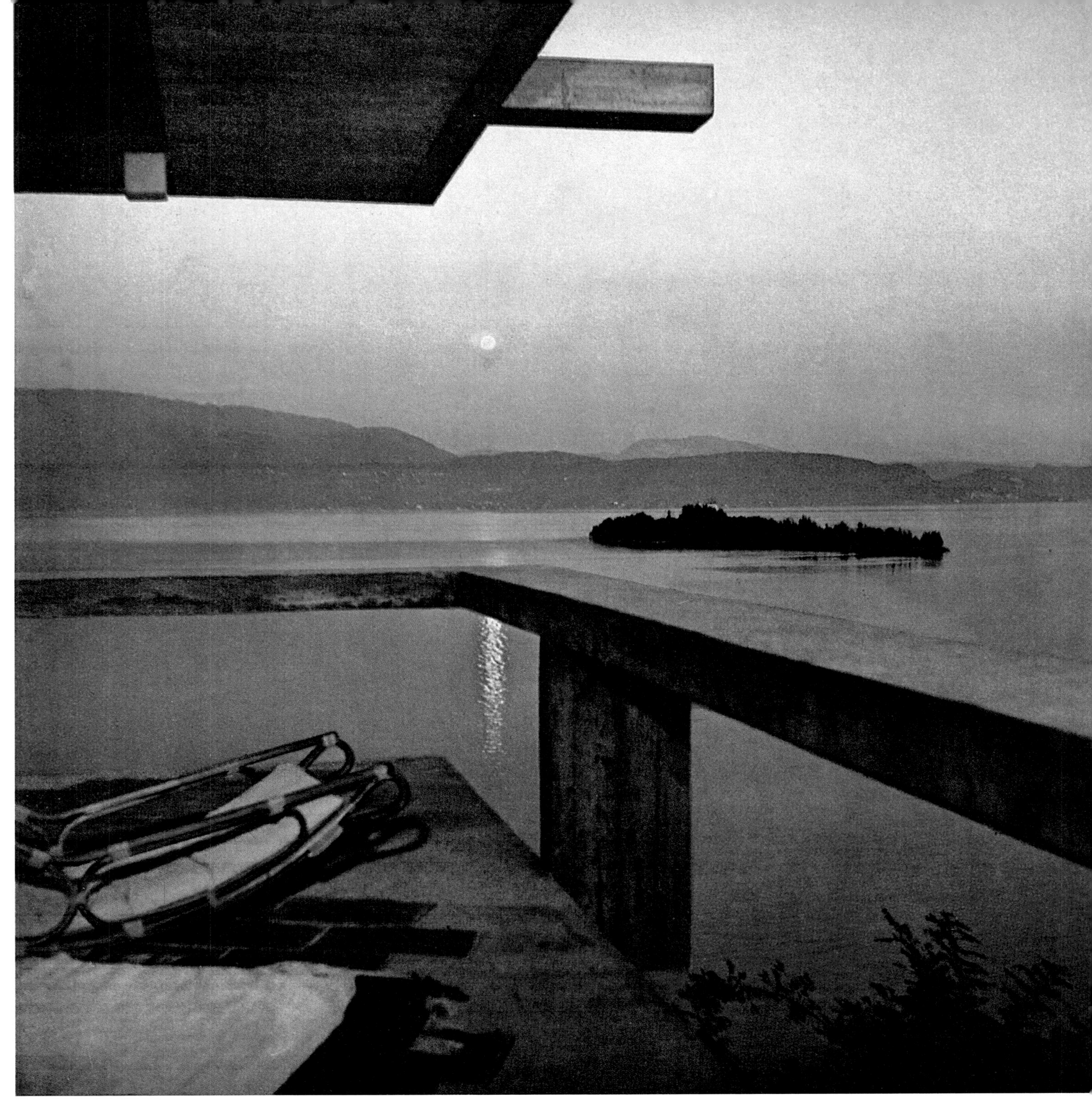

foto Casali-Do

Casa per un artista, sul Lago di Garda

Vittoriano Viganò, arch.; L. Finzi, E. Nova, ingg.

La costa del lago in questa zona (presso Portese) è bellissima, ed ancora assai poco abitata e costruita. Il punto dove sorge la casa (sopra la Baia del Vento) è del tutto isolato: è un terreno mosso, a prato e olivi, che da un pianoro scende a picco sull'acqua con un dirupo roccioso e una piccola spiaggia; la vista che si gode è stupenda e di larghissimo raggio, sul lago e sulle pianure vicine.

La casa, posata a sbalzo sul
glio del pianoro verso il lago, g
de il paesaggio per intero. S
un po' sollevata sul terreno, n
lo tocca, non fa corpo con es
(anche i percorsi sono distac
ti: la scala-ponte sottile che sc
de al lago, la passerella dal ga
ge alla casa, tutte in cemento
mato come la costruzione). Il v
de poi avvolgerà la casa e la
gherà al luogo nel modo più
turale.

domus 351
February 1959

House for an Artist on Lake Garda

Lakeside house near Portese designed by Vittoriano Viganò: view from terrace, views of angled elevation and access to lake

L'accesso al lago si ha per una scala-ponte lunga quaranta metri, su un dislivello di quarantacinque; la scala è costituita da una grande trave in cemento armato in cui sono stati incastrati, nella fase di getto, cento gradini in lamiera di ferro: ogni gradino regge una parte del parapetto, pure in lamiera. La sezione trasversale della scala è asimmetrica (i gradini e il parapetto sono in lamiera per alleggerire alla trave il carico eccentrico). La trave poggia in tre punti; agli estremi e a metà, su un pilastro a 90°.
Il molo, sottile, è lungo e alto sopra l'acqua; la darsena è arretrata e interrata, per rispetto del paesaggio

foto Casali-Domus

casa per un artista, sul lago di Garda
Vittoriano Viganò, arch.

La casa sorge sul ciglio del pianoro: il terreno scosceso ha determinato la soluzione a sbalzo; lo sbalzo è sorretto principalmente da un pilastro in ferro che, attraverso una fondazione in cemento, scende a sei metri di profondità.
L'ossatura portante della casa è costituita da una struttura in cemento armato e da pilastri in ferro.

Non un cancello, ma solo questo « segnale » indica l'ingresso: il terreno non ha alcuna recinzione.

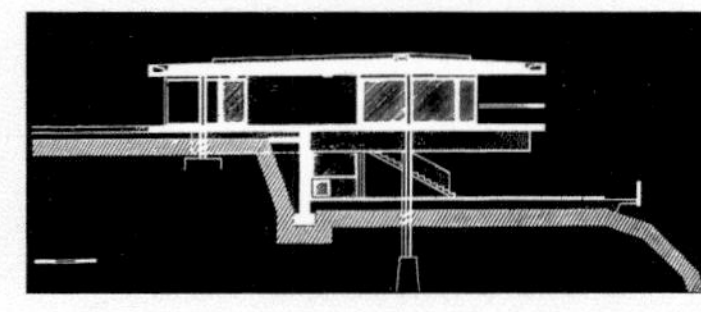

sezione trasversale

foto Casali-Domus

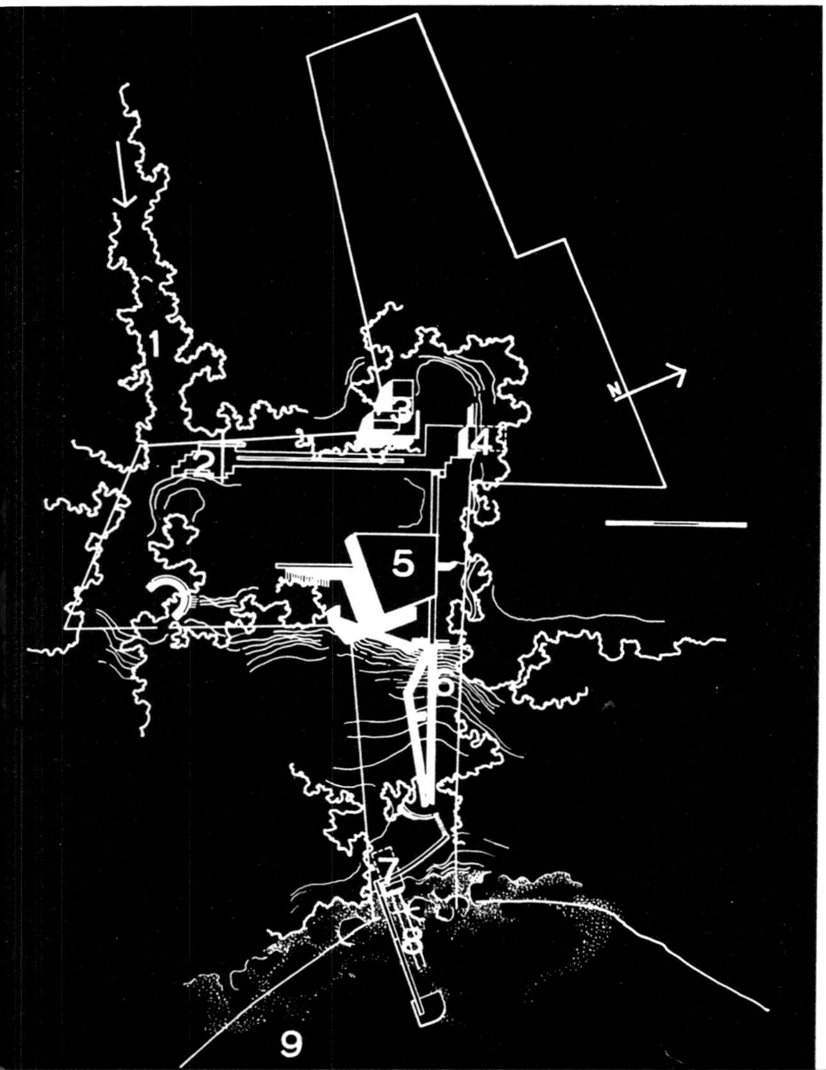

casa per un artista sul lago di Garda
Vittoriano Viganò, arch.

Nella planimetria: 1, strada di accesso; 2, ingresso; 3, casa del portiere e contadino; 4, garage; 5, villa; 6, scala-ponte al lago; 7, darsena; 8, molo; 9, Baia del Vento.
I percorsi vanno dall'ingresso alla casa del portiere e al garage, e da questi alla villa. La casa del portiere è l'ampliamento di un vecchio fienile, in pietra, con tetto in tegole e comprende una cantina e una lavanderia stenditoio.
Il garage, in cemento armato, è completamente interrato, salvo la pensilina di ingresso, nel pendio del t. reno.
Il terreno intorno alla casa conser il suo carattere naturale, a vero cespugli e ulivi: si sono aggiur poche piante di tipo locale — pio pi, cipressi, robinie, querce, pini Aleppo — e piante di sottobosco salvia, pitosforo, ginestra, tasso — ricostituire l'ambiente primitivo, c. i lavori di cantiere e uno spiar mento avevano alterato: si è anc. riusciti a trapiantare qualche v. chio ulivo.

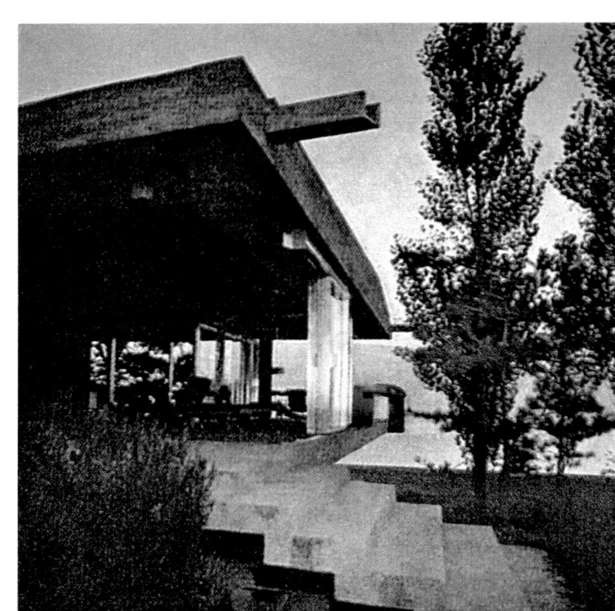

House for an Artist on Lake Garda

Lakeside house near Portese designed by Vittoriano Viganò: view and details of house with access to lake, site plan

Casali-Domus

il terrazzo a monte

casa è definita, nel disegno ella struttura, dai due grandi i in cemento armato, di forma trapezia, che fanno l'uno da o l'altro da pavimento; non oggiato, quest'ultimo, sul tero, ma distaccato di 30 cm. monte e di quasi 4 metri a e; e portato da una spina trale in cemento armato e da stri in ferro, con una grande e in cemento armato a vista nella parte del massimo sbalzo. La casa è a sbalzo per oltre metà della sua superficie; nello spazio sotto lo sbalzo, son ricavati l'atelier per l'artista (pittore e scultore), un portico e un terrazzo. L'abitazione è sopra; è quasi un ambiente unico, con pareti esterne trasparenti: pareti vetrate continue, e in parte scorrevoli, che si svolgono con andamento spezzato e dan luogo, all'esterno, a terrazzi coperti, e a un portico d'ingresso. Questa libertà di pianta e di visuali è consentita dal luogo, indisturbato, e dall'esser la casa destinata a tre sole persone (la servitù alloggia nella casa del portiere) e per le sole vacanze. Così le pareti di vetro non hanno, a difesa, che lo schermo di tende alla veneziana, unico oscuramento. Così, all'interno, tre soli sono i vani del tutto isolati — la cucina, il bagno, la cameretta degli ospiti —: il resto è un grande ambiente con una zona a soggiorno-pranzo (rivolta a est, sud, ovest) e una zona appartata, a soggiorno-letto (rivolta ad est, verso il lago). La casa ha due paesaggi di cui valersi: quello esterno, di acqua, verde, isole e colli, e il proprio, interno, variato dalla trasparenza e mobilità degli schermi.

foto Casali-Domus

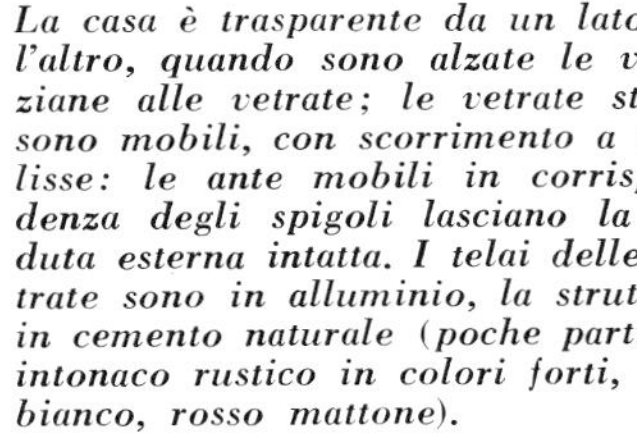

La casa è trasparente da un lato l'altro, quando sono alzate le v ziane alle vetrate; le vetrate st sono mobili, con scorrimento a lisse: le ante mobili in corris denza degli spigoli lasciano la duta esterna intatta. I telai delle trate sono in alluminio, la strut in cemento naturale (poche part intonaco rustico in colori forti, bianco, rosso mattone).

casa per un artista, sul lago di Ga Vittoriano Viganò, arch.

domus 351
February 1959

House for an Artist on Lake Garda

Lakeside house near Portese designed by Vittoriano Viganò: views of angled elevation and interiors, site plan, details of exterior

foto Casali-Domus

Qui sopra, veduta dal soggiorno al terrazzo verso il lago; nella pagina accanto, veduta opposta; il pavimento, continuo, è in beola porfiroide; le veneziane sono color grigio scuro. L'altezza degli ambienti è m. 2,40. Nella pianta: 1, ingresso; 2, cucina; 3, soggiorno; 4, soggiorno letto; 5, camera ospiti; 6, terrazzi; 7, pareti in vetro e tende mobili; 8, pareti in vetro a coulisse.
La cucina, il bagno e la camera degli ospiti sono gli unici locali isolati; una lunga parete-armadio fra il soggiorno e il disimpegno risolve il guardaroba e lo spogliatoio.

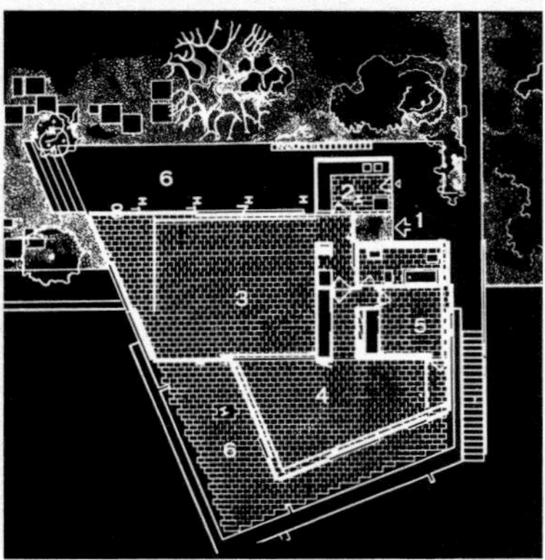

Veduta dal soggiorno-pranzo al soggiorno-letto (schermato, il letto, da un antone in legno).

foto Casali-Domus

Sopra, il soggiorno-letto, di giorno e di notte. Sotto, il soggiorno-pranzo. I mobili sono in frassino, in parte disegnati dall'architetto, in parte di serie (panche tavoli bassi e letto); cuscini in gommapiuma e panno, tappeti in lana di colore unito.

Aspetti dell'interno del soggiorno. Sotto, il bagno, le cui pareti sono rivestite della stessa beola grigio scuro dei pavimenti. A destra, la cabina che racchiude la cucina, con pareti in pannelli di alluminio e sughero.

foto Casali-D

House for an Artist on Lake Garda

Lakeside house near Portese designed by Vittoriano Viganò: views of living/dining area, bedroom, bathroom, kitchen, terrace and exterior

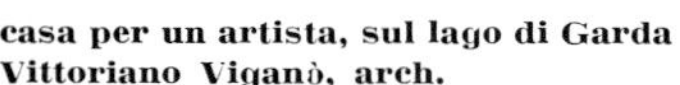

casa per un artista, sul lago di Garda
Vittoriano Viganò, arch.

Il portico e l'atelier ricavati sotto la casa, sul lato est, con vista sul lago. L'atelier è un grande ambiente, cui si accede soltanto dall'esterno, con due scale.
Nella pagina accanto, l'ingresso all'atelier. →

Il portico e il terrazzo sono pavimentati, come tutti i percorsi all'aperto, in dalles di cemento prefabbricate, interrotte da zone di sempreverde: il terrazzo arriva fino oltre il ciglio della scarpata, delimitato da un parapetto in cemento armato.

foto Casali-Domus

domus 351
February 1959

House for an Artist on Lake Garda

Lakeside house near Portese designed by Vittoriano Viganò: views of living room windows and details of exterior

foto Casali-Domus

casa per un artista, sul lago di Garda
Vittoriano Viganò, arch.

Particolari esterni dei due solai. Il solaio-tetto, con luce centrale massima di m. 11,40 e sbalzi di m. 6 verso lago e m. 3 verso monte, è tutto in cemento armato, alleggerito da casseforme perse nel getto e senza alcun elemento in vista, ed ha il profilo superiore lievemente inclinato per lo smaltimento dell'acqua. Il solaio-pavimento, pure in cemento armato, alleggerito da pignatte in laterizio, è portato da una spina in cemento e da una grande trave in cemento armato, in vista, su un pilastro di ferro.

Una nuova sedia

Disegnata da Eugenio Gerli, a chitetto, per la Tecno, questa s dia da pranzo è composta di qua tro pezzi in compensato curva con unioni ad incastro e qua tro viti. Ha tre gambe ma molto stabile, e per la sua forn è particolarmente adatta al t volo circolare. Prodotta in va legni e colori, è smontabile e facile imballo.

la nuova sedia da pranzo della Tecno

A New Chair

Dining chair designed by Eugenio Gerli for Tecno

Translation see p. 568

del Corno

Poggi

libreria componibile

disegno: ***studio arch. Franco Albini***

prodotta in serie nelle essenze:

noce - teak - palissandro

successori Carlo Poggi

Pavia - via Campania 5

tel. 22.216

Carlo Poggi advertisement showing shelving unit designed by Franco Albini

foto Alexandre Georges

Una casa-biblioteca a New York

Felix Augenfeld, arch. con la collaborazione di Jan Hird Pokorny, arch.

La facciatina sulla strada (in travertino, al pianterreno, e poi in mosaico di vetro alla veneziana, verde; serramenti in metallo). Sotto, il patio.

Questo edificio è interessante e singolare per molte ragioni: è una piccola casa privata, di soli quattro piani, costruita ora in New York, fatto assai inconsueto (« la casa privata a New York — dice Augenfeld — è da considerarsi ora un tipo di costruzione ormai estinto: il nostro linguaggio architettonico stenta quasi a trovare i termini adatti ad esprimerlo »). Inoltre, questa casa ha una inusuale destinazione; è destinata a uno scrittore e collezionista di libri che in questi ultimi dieci anni ha raccolto più

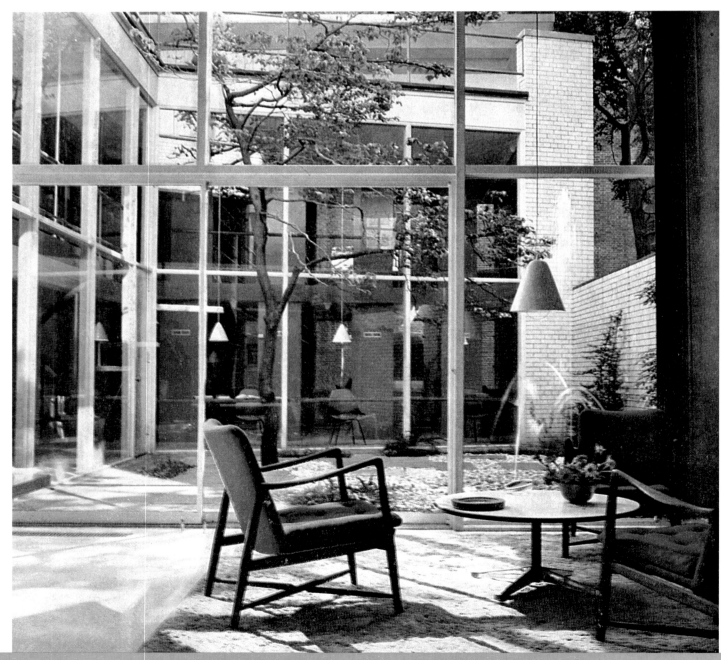

A Library-House in New York

Small house incorporating library space in New York designed by Felix Augenfeld in collaboration with Jan Hird Pokorny: views of façade and patio area, patio viewed from library, floor plans

r

il patio visto dal soppalco della biblioteca

sotterraneo

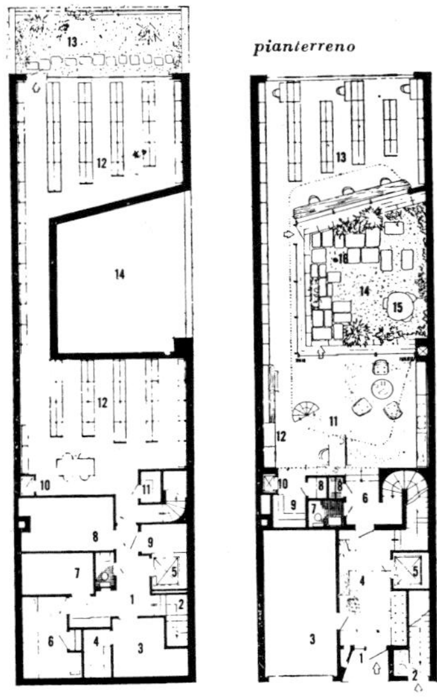

pianterreno

primo piano

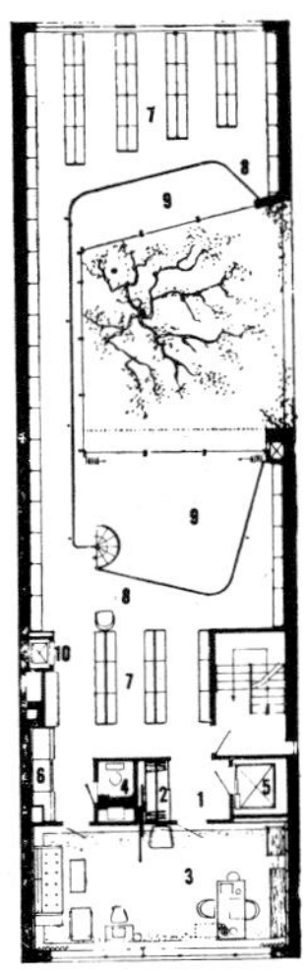

secondo piano

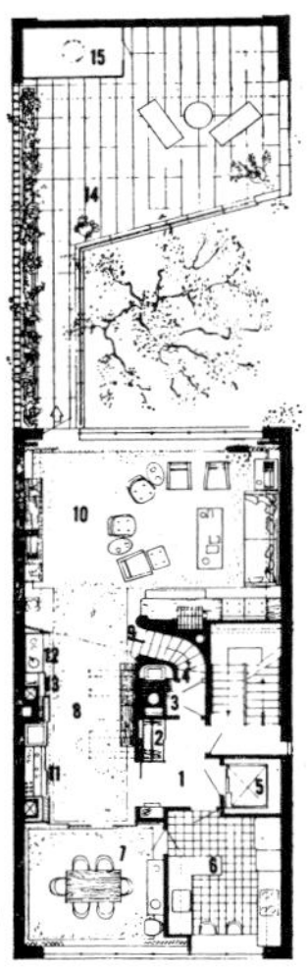

terzo piano

quarto piano

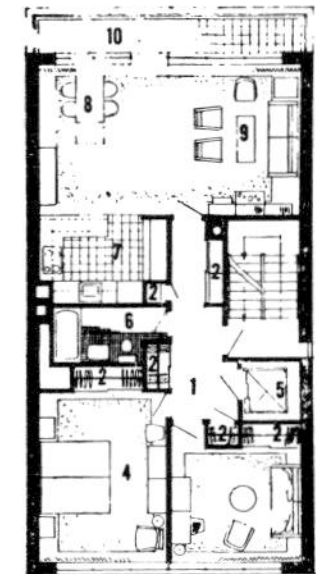

una piccola casa-biblioteca a New York
Felix Augenfeld, arch.

sotterraneo: 1, vestibolo; 2, scaletta 3, ripostiglio; 4, cantina; 5, ascensore; 6, lavanderia; 7, riscaldamento; 8, aria condizionata; 9, macchina per ascensore; 10, monta-libri; 11, ripostiglio; 12, biblioteca; 13, cortile; 14, non scavato.

pianterreno: 1, ingresso; 2, ingresso servizio; 3, garage; 4, cantina; 5, ascensore; 6, hall biblioteca; 7, toeletta; 8, armadio; 9, bibliotecario; 10, monta-libri; 11, attesa; 12, cartoteca; 13, biblioteca; 14, patio 15, fontana; 16, albero.

primo piano: 1, vestibolo; 2, armadio; 3, studio; 4, toeletta; 5, ascensore; 6, armadi per manoscritti; 7, biblioteca; 8, balconata; 9, vuoto sullo spazio pianterreno.

secondo piano: 1, vestibolo; 2, armadio; 3, toeletta; 4, ripostiglio; 5, ascensore; 6, cucina; 7, sala da pranzo; 8, galleria; 9, scaletta privata al piano superiore; 10, sala di soggiorno; 11, bar; 12, radiogrammofono; 13, discoteca; 14, terrazza (giardino pensile); 15, ripostiglio.

terzo piano: 1, vestibolo; 2, scaletta dalla galleria del piano inferiore; 3, armadio; 4, bagno per ospiti; 5, ascensore; 6, armadio; 7, camera da letto; 8, camera da letto; 9, camera da letto matrimoniale; 10, balcone; 11, spogliatoio; 12, armadi-guardaroba; 13, bagno; 14, w. c.

quarto piano (alloggio bibliotecaria): 1, vestibolo; 2, armadio; 3, camera da letto; 4, camera da letto; 5, ascensore; 6, bagno; 7, cucina; 8, pranzo; 9, soggiorno; 10, terrazza.

domus 352
March 1959

A Library-House in New York

Small house incorporating library space in New York designed by Felix Augenfeld in collaboration with Jan Hird Pokorny: views of interiors from outside and ground-floor library

·lumi di quanti ne potessero con-
nere la sua casa di campagna
il suo appartamento di città. In-
nto di questa piccola nuova co-
uzione era di riunire l'abita-
one del proprietario e la sua
ande biblioteca (circa cinquan-
mila volumi, specialmente di
oria politica e scienze sociali),
di rendere la biblioteca indipen-
nte, cioè accessibile anche a vi-
atori e studenti; e di ospitare
fine il bibliotecario. Il terreno
stinato alla casa era un nor-
ale lotto cittadino, stretto e pro-
ndo, come usa (7,75 metri di
onte per 30,5). Nella soluzione
ottata, e ben trovata, la biblio-
a occupa la maggior parte del
anterreno e primo piano, che
svolgono su tre lati del terre-
intorno a un giardino-patio
ntrale: un patio con pareti di
tro, che dà molta luce all'in-
no e trasparenza al corpo del-
dificio. Il secondo e terzo pia-
son destinati all'abitazione del proprietario, risolta a duplex con una scala interna (la copertura della biblioteca, su due lati, fa da terrazza-giardino per l'abitazione). L'alloggio del bibliotecario è all'ultimo piano. Lo studio del proprietario è al primo piano, cioè collegato alla biblioteca. La biblioteca è stata risolta con un criterio particolare: quello di avere i libri letteralmente a portata di mano, cioè raggiungibili senza bisogno di sgabelli o scale. Quindi soffitti bassi; e per ridare altezza e respiro allo spazio, il primo piano è stato tagliato come un soppalco, una balconata curva, aperta e sospesa sopra il pianterreno, e con veduta sul patio attraverso la vetrata continua. Una scala a spirale congiunge il pianterreno al primo piano; un'altra scala congiunge il primo piano con il sotterraneo, destinato a magazzino: un montacarichi per libri collega i tre livelli della biblioteca.

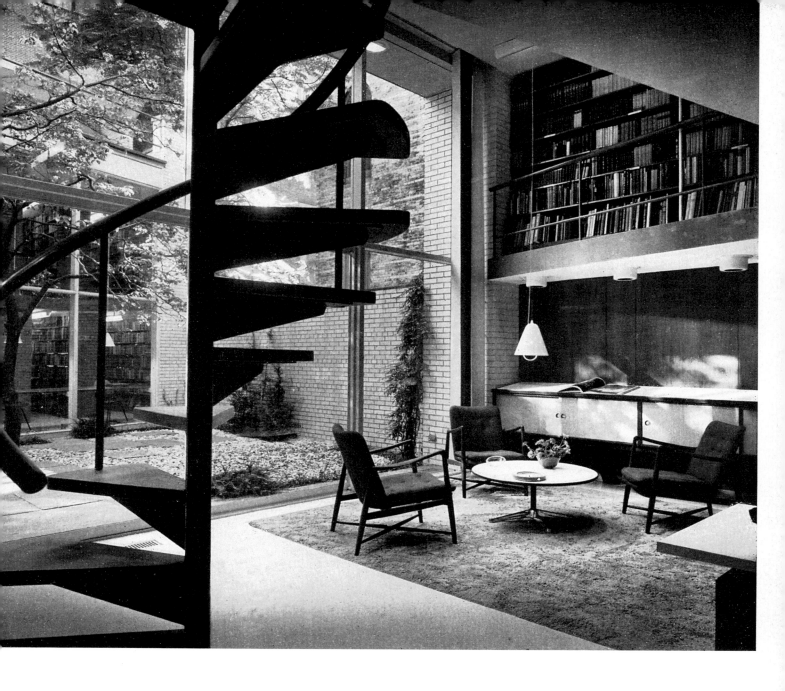

la biblioteca a pianterreno, con la scala che porta al soppalco

La biblioteca a pianterreno: i posti ai lunghi tavoli di lettura guardano sul patio. I libri negli scaffali sono tutti raggiungibili con la mano, senza bisogno di sgabelli o scale.

foto Alexandre Georges

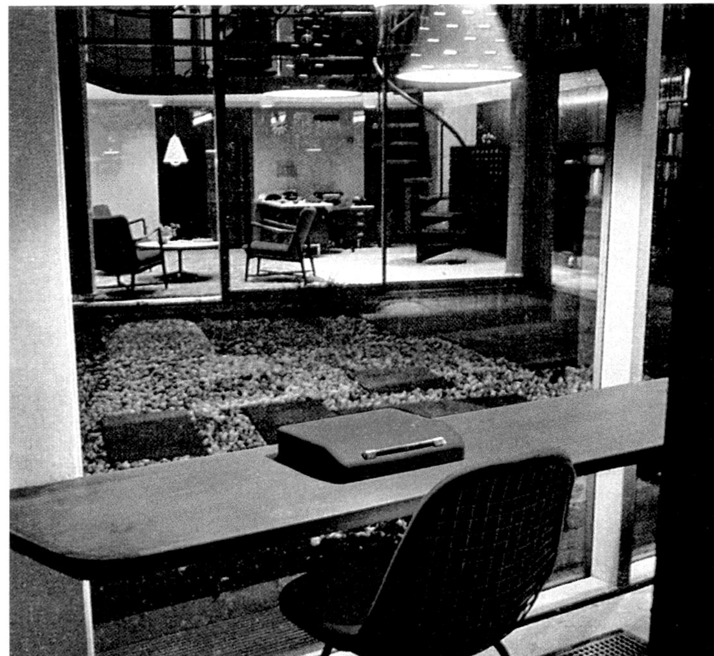

una piccola casa-biblioteca a New York: Felix Augenfeld, arc

domus 352
March 1959

A Library-House in New York

Small house incorporating library space in New York designed by Felix Augenfeld in collaboration with Jan Hird Pokorny: views of ground-floor library, view of façade, passageway to living room and fireplace in living room

una piccola casa-biblioteca a New York: Felix Augenfeld, arch.

A sinistra, il fronte interno con in alto il soggiorno del proprietario, visto dalla terrazza. A destra, nel passaggio al soggiorno, gli armadi per il bar e per il radiogrammofono e la discoteca, schermabili con pannelli a coulisse, gialli e grigi. Sotto, il camino nel soggiorno.

La sedia "superleggera" di Gio Ponti

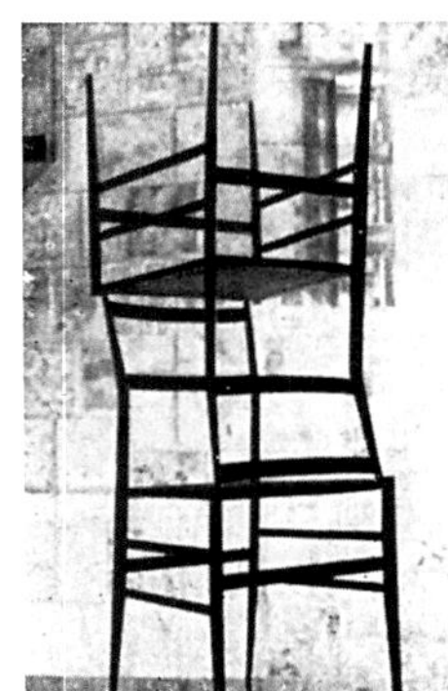

prodotta da Figli di Amedeo Cassina, Meda

Un virtuosismo che fosse fine
se stesso non avrebbe senso: qu
sta « superleggera » è un virtu
sismo logico, vorremmo dire, pe
chè è una sedia forte e non è
risultato di una acrobazia ma
una tecnica costruttiva (si vec
l'incastro) e di una tecnica visu
le, nella sapienza con la qua
Ponti l'ha derivata dalla sua s
dia precedente. Così questa nu
va sedia prodotta in serie si a
giunge alle altre sedie di lui,
aggiunge a quelle che in Italia
in Europa hanno costituito u
vera tradizione di finezza; e
aggiunge alle testimonianze
una legge intelligente che è qu
la di realizzare le cose secon
la « solidità sufficiente », esat
È stupido fare sedie pesanti p
sopportare degli ipotetici pers
naggi da un quintale e mezzo.
Cassina a Meda provano con d
lanci le loro sedie Ponti, che ri
balzano dai voli senza romper
collaudo che nessuna grossa sed
sopporterebbe.

Questa « superleggera » non è n
turalmente da gettarsi per ari
essa ci rieduca alla civiltà de
attenzione verso le cose fini.

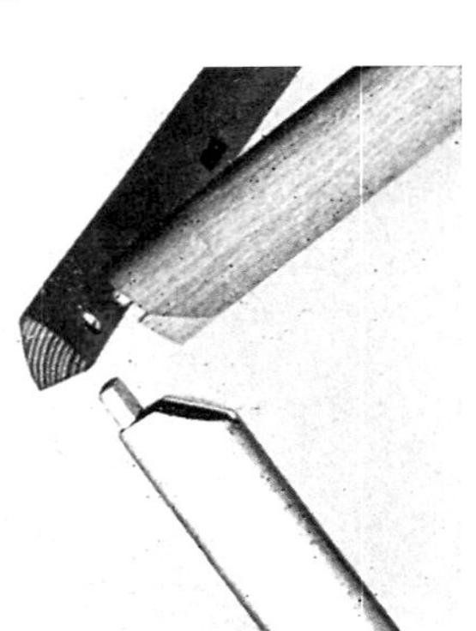

'Superleggera' Chair by Gio Ponti

Superleggera chair designed by Gio Ponti for Cassina

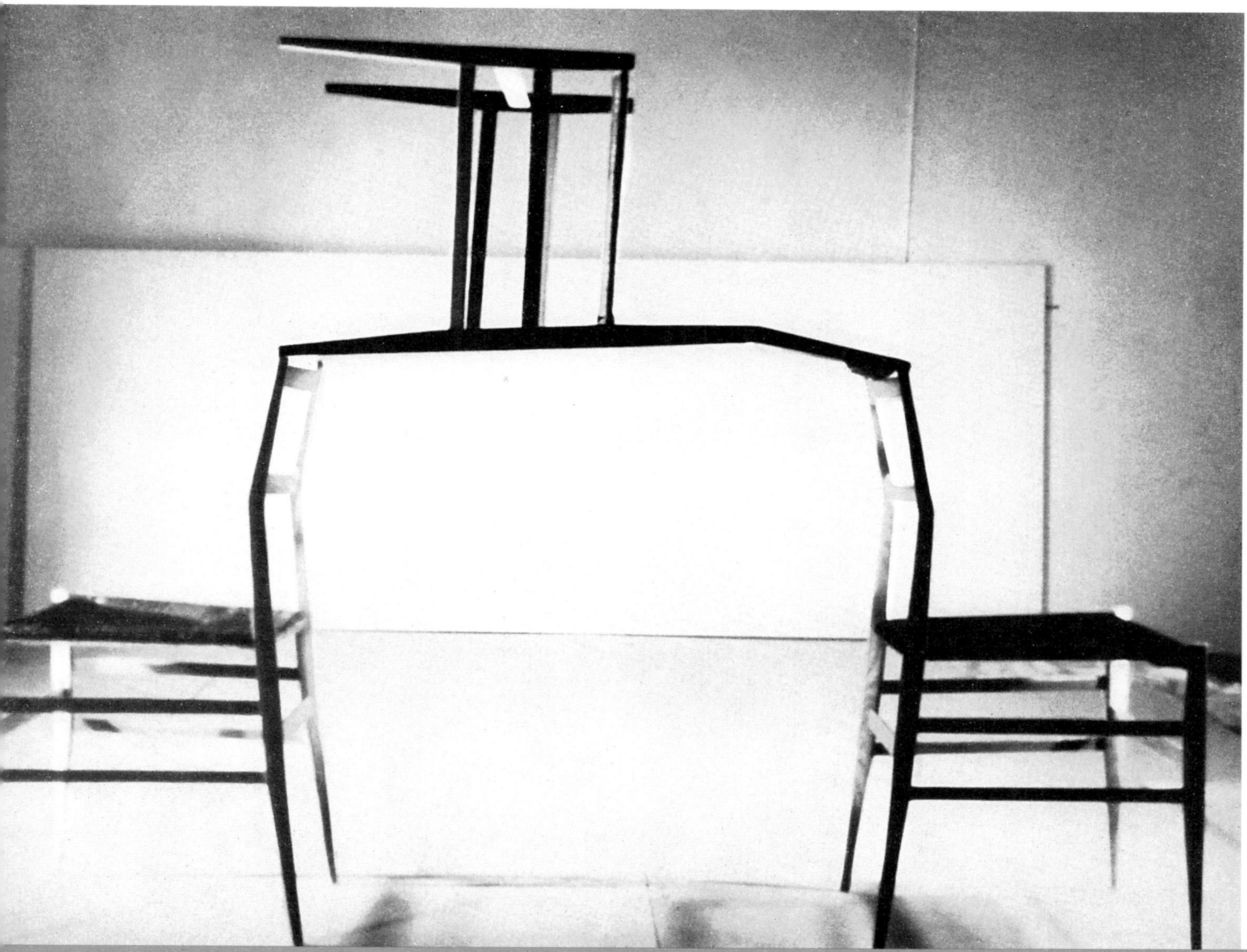

Translation
see p. 568

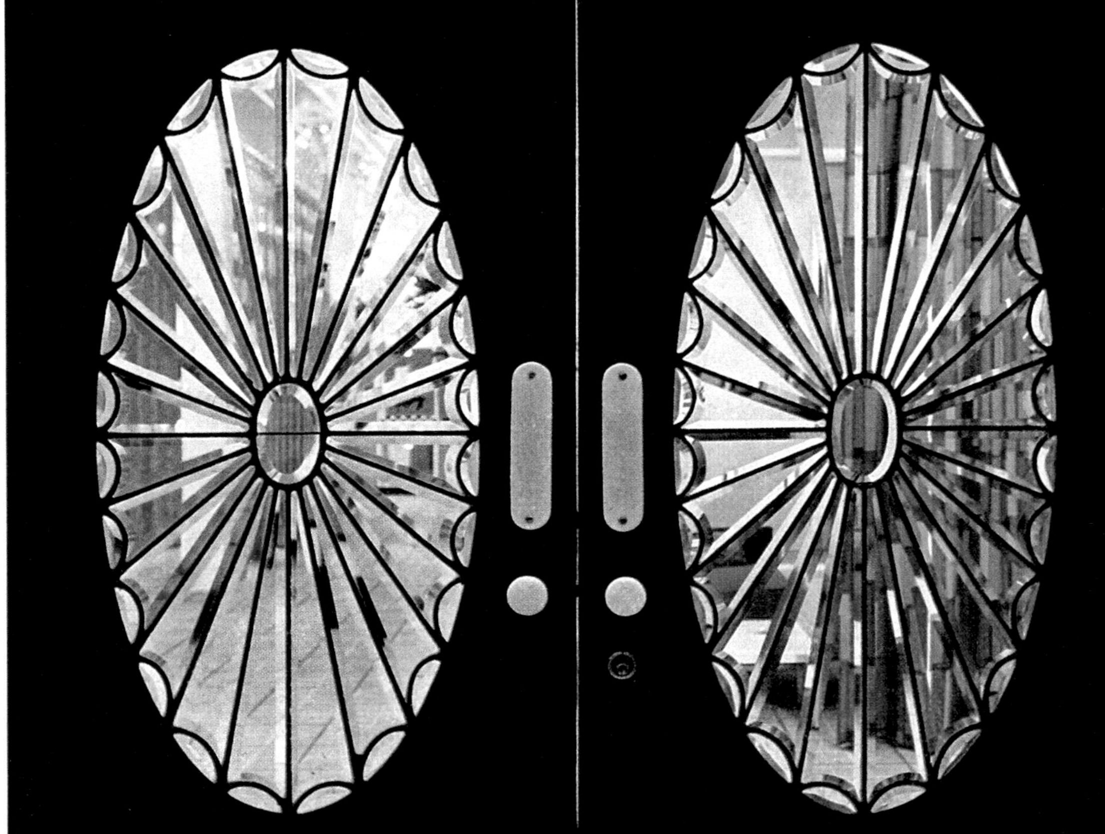

foto Charles Eames

Per Herman Miller, a San Francisco

Per Herman Miller a San Francisco Alexander Girard ha allestito questo « show room » in costume: in costume da saloon; con specchi, stucchi, colori come una giostra. Charles Eames l'ha fotografato.

Alexander Girard, arch.

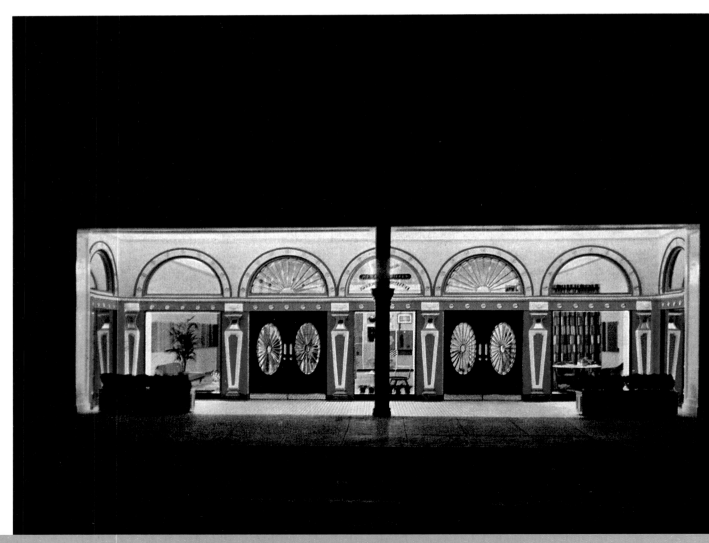

For Herman Miller in San Francisco

Herman Miller Showroom in San Francisco designed by Alexander Girard: entrance detail, doors, façade, general view of interior and display areas

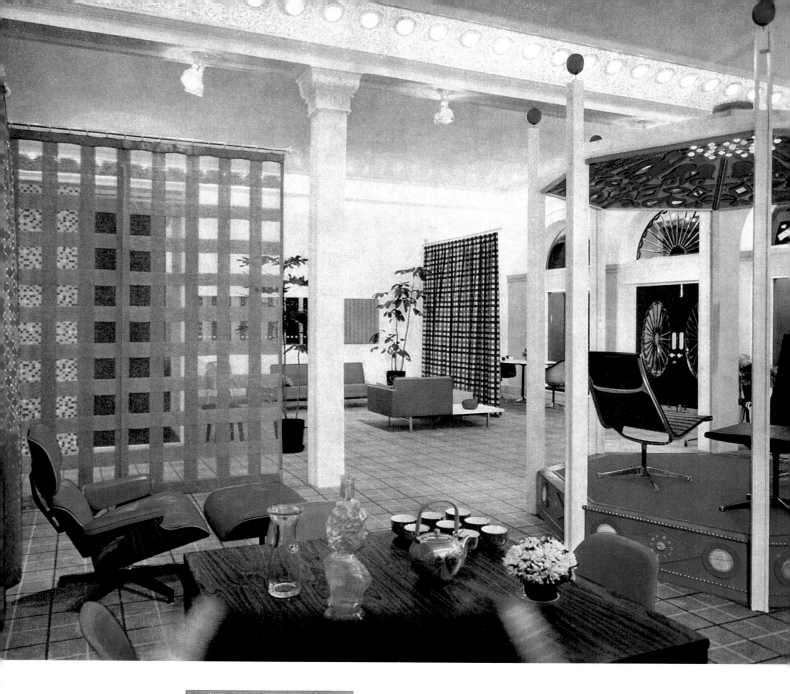

a nuova poltrona prodotta da Mil-
r, in metallo, su piede centrale, è
disegno di Charles Eames.

→

Nella pagina a fianco, uno scaffale composto da Girard, come un castello di carte da gioco con oggetti, immagini, scritte, colori, scacchi.

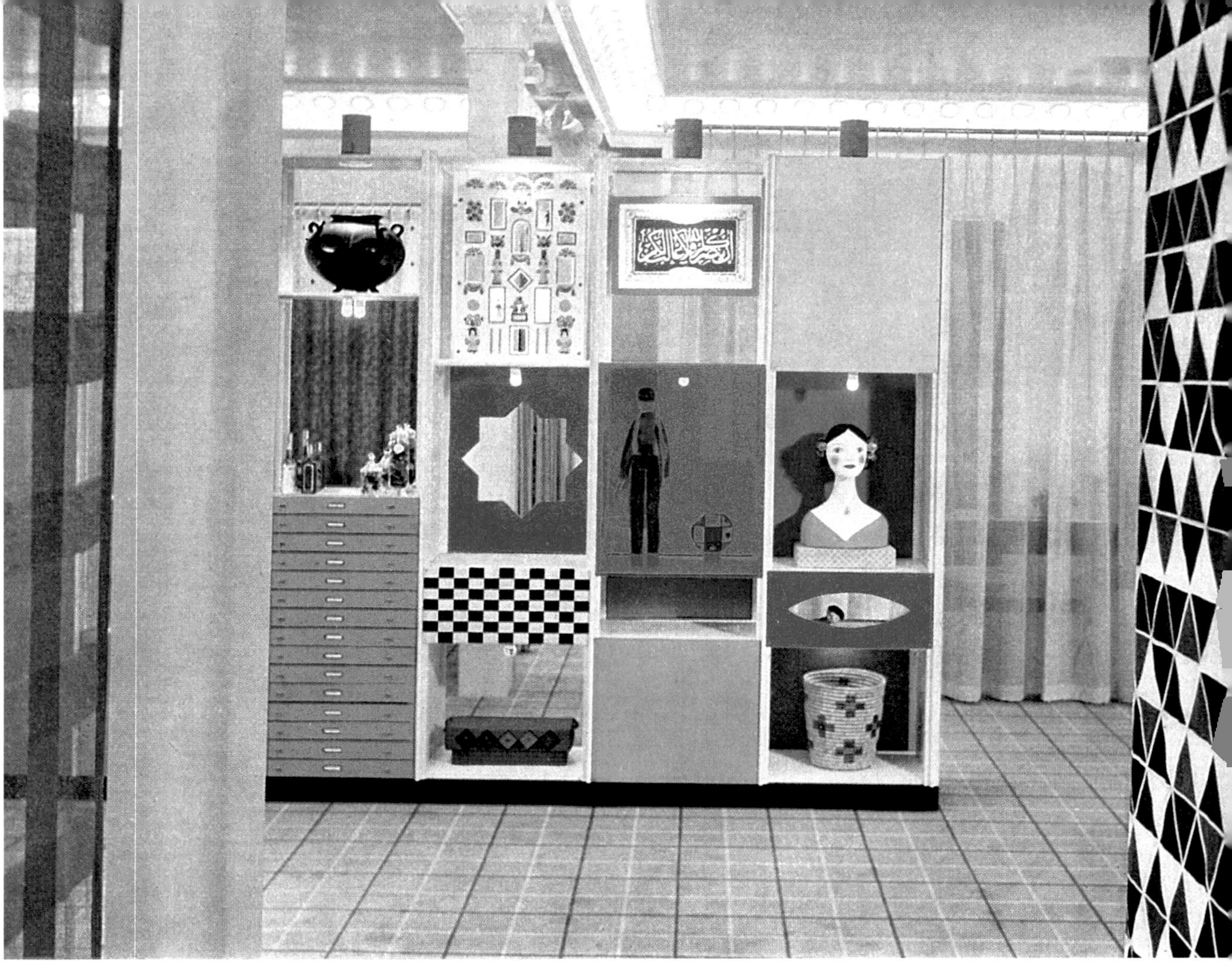

foto Charles Eames

For Herman Miller in San Francisco

Herman Miller Showroom in San Francisco designed by Alexander Girard: views of interior

foto Charles Eames

la mostra di Herman Miller a San Francisco; Alexander Girard, arch.

Elementi di arredamento: armadi, tavoli, specchi, ceramiche

I mobili che qui pubblichia
— armadi, scaffali, tavoli, co
ci per specchi — sono stati s
diati per una produzione artig
nale di piccola serie.

Ettore Sottsass jr., arch.

Qui sotto, un mobile per vari
(per contenere stoviglie, bianch
da tavola, ecc.), a perline di pa
sandro alternate con perline lacc
Un tavolino (da ingresso o da s
giorno) a doghe di palissandro e f
sino, con borchie in bronzo per
fissaggio delle gambe. Uno specc
con cornice in frassino e perni
palissandro inseriti. Il quadro a s
stra è di Sottsass.

foto Casali-Domus

domus 353
April 1959

Elements of Interior Design: Cupboards, Tables, Mirrors, Ceramics

Cupboards, tables, mirrors and ceramics designed by Ettore Sottsass Jr. for limited production

Ettore Sottsass jr., arch.

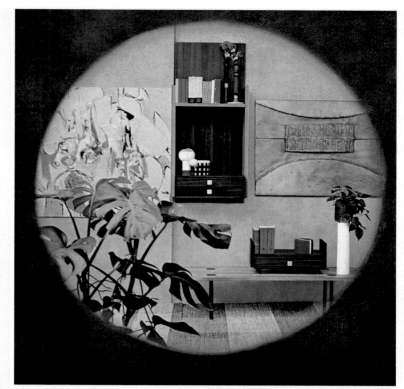

Nella pagina di fronte, un piccolo mobile sospeso con fondo in palissandro e fianchi laccati, per vari usi (piccola libreria, porta telefono): il fondo in palissandro può essere sostituito con specchio, e l'intero mobile essere usato come piccola toilette nella stanza da letto, o come mobile nell'ingresso.
Sul tavolino è appoggiato un cassetto con piedini, che regge un piccolo portalibri. (Tutti questi piccoli mobili hanno una grande flessibilità di combinazioni e di usi).
Il quadro a sinistra è di Sergio Dangelo e la scultura a destra di Arnaldo Pomodoro. Le ceramiche e i vasi di rame smaltato sono di Ettore Sottsass.

Due tavolini per soggiorno in essenze diverse, con borchie fuse in bronzo per il fissaggio delle gambe, che sono in tubo di ferro brunito.

foto Casali-Domus

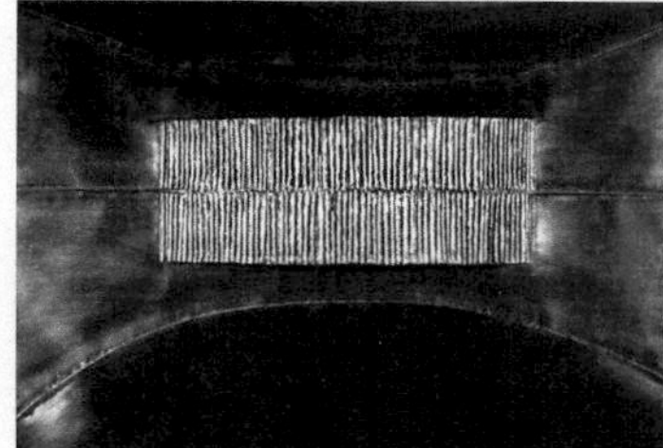

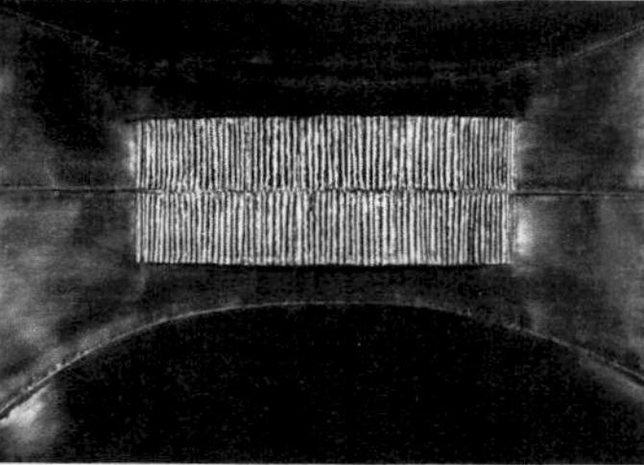

« Apparizione » n. 1, 1958, bassorilievo di Arnaldo Pomodoro in ottone, zinco, rame, stagno, visibile nell'allestimento della pagina di fronte.

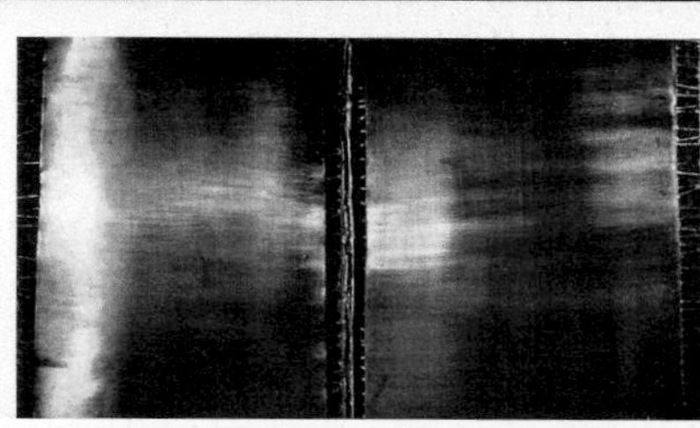

« Apparizione » n. 2, 1958, bassorilievo di Arnaldo Pomodoro in rame e piombo e stagno, visibile nell'allestimento di pagina 43.

Ettore Sottsass jr., arch.

A sinistra, una serie di tavolini per soggiorno in essenze varie, con borchie fuse in bronzo per il fissaggio delle gambe.
Qui sotto, una terracotta portafiori di Sottsass (appartiene ad una sua nuova serie di nuove grandi forme in terracotta per interni e per giardino).

Nella pagina accanto, un mobile per soggiorno in perline di palissandro alternate con perline laccate: può contenere il bar o la televisione.
Il mobile accanto è a scaffale per pochi libri e qualche oggetto, ed ha uno sportello in basso, per biancheria da tavola, bicchieri, discoteca. Le seggioline sono per il pranzo. La cornice dello specchio è in frassino. Il grande vaso che porta la pianta di alloro è di Sottsass. Il bassorilievo a destra è di Arnaldo Pomodoro. Al centro dell'allestimento, sospeso sopra il tavolino è un plastico di Gio Pomodoro, « Cristallo Pazzo », del 1958.
I mobili e i tavoli pubblicati in queste pagine sono stati eseguiti da « Poltronova », in Toscana, e le cornici da Santambrogio, a Lissone.

foto Casali-Domus

Piatto porta frutta in ceramica: interno bianco opaco, esterno nero argento.

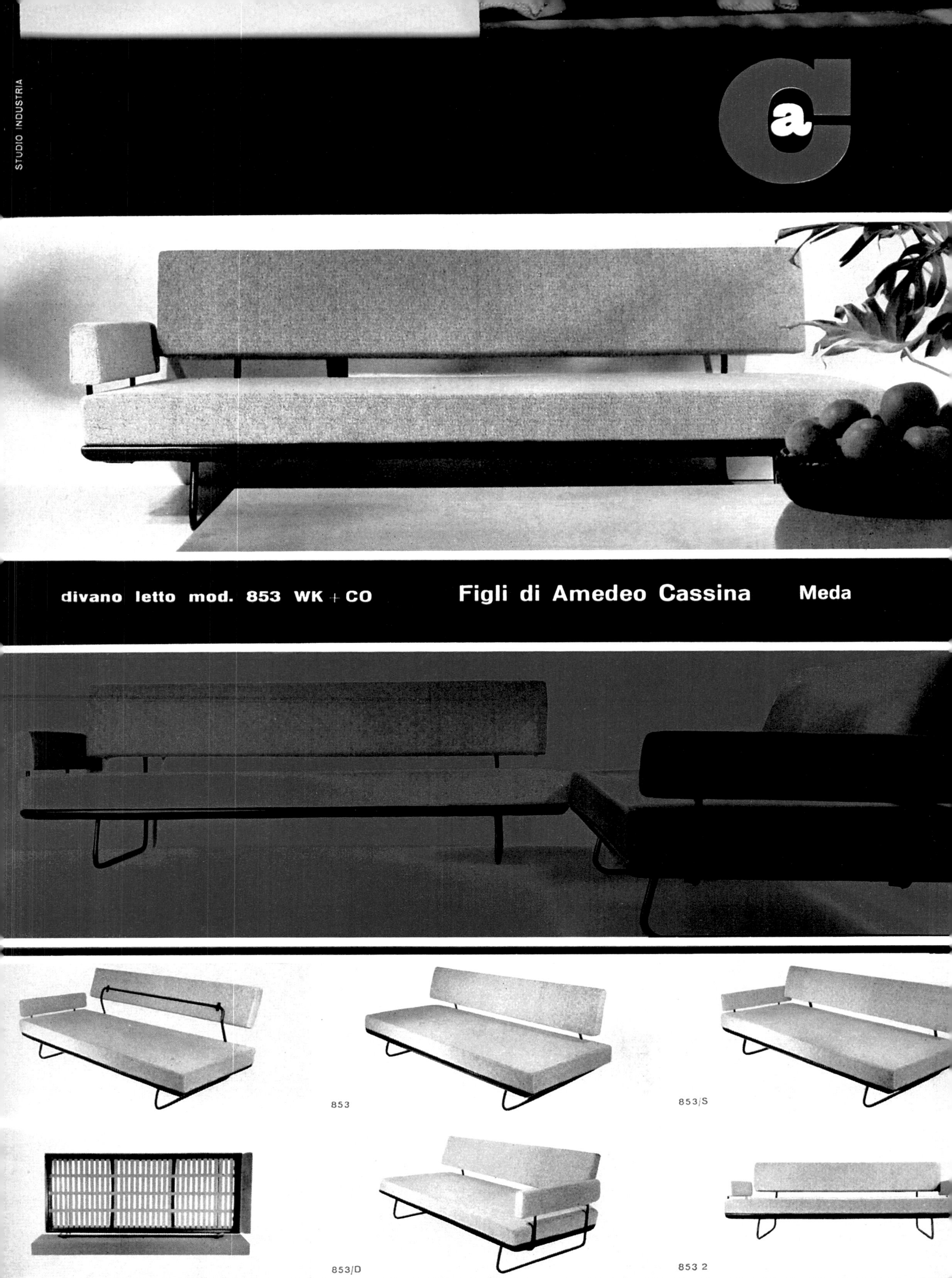

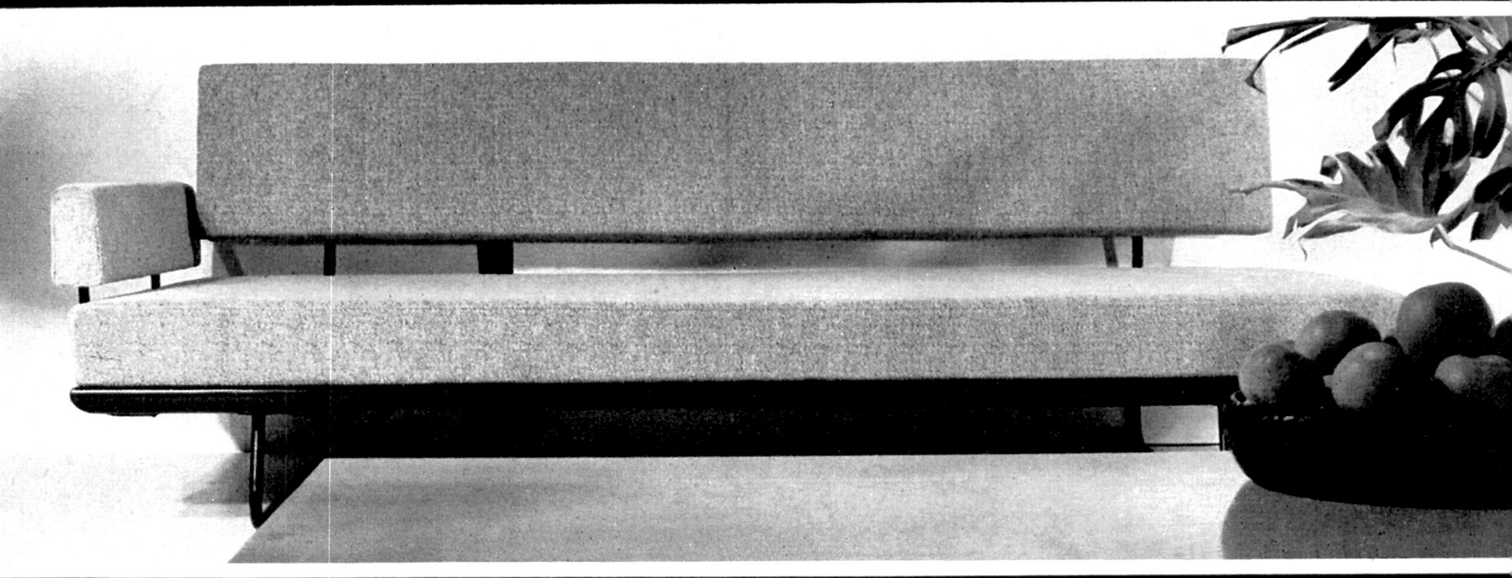

domus 342
May 1958

Advertising

Cassina advertisement showing *Model No. 853* sofa

Novelli

veduta notturna dal piazzale est

Il nuovo aeroporto di Milano Malpensa

Vittorio Gandolfi, arch.
ollaboratrice per l'arredamento:
abriella Gandolfi Albertazzi, arch.

Le nuove opere realizzate alla aerostazione della Malpensa appartengono al programma di rinnovamento, ora in corso, della attrezzatura aeroportuale di Milano. Mentre l'aeroporto Forlanini ospiterà il traffico nazionale e continentale (con una pista di m. 2200), l'aeroporto della Malpensa smisterà il traffico intercontinentale, con due piste, una di m. 2650 e una di m. 3900 per i quadrigetti.

La caratteristica planimetrica delle due piste parallele e del piazzale di sosta dei velivoli a forma di U ha determinato per la Malpensa la soluzione tipica di aerostazione «di testa»: delimitata

particolare del fronte ovest

le terrazze per i visitatori

The New Milan Malpensa Airport

Malpensa Airport, near Milan, designed by Vittorio Gandolfi (interiors designed in collaboration with Gabriella Gandolfi Albertazzi): view by night, detail of west front and viewing terrace

Translation see p. 508

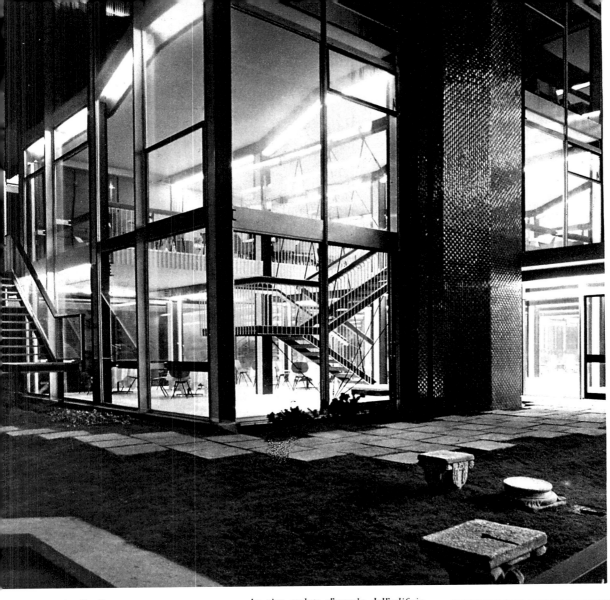

dal piazzale ad U, l'aerostazior occuperà un'area quadrata di ci ca 150 metri di lato, ed avrà s lato nord gli atrii di arrivo e pa tenza, risolti su due piani distin per chiarire e semplificare i pe corsi esterni; sul lato sud il mo per i quadrigetti, sul lato ove passerelle e boxes partenze per a parecchi ad elica, sul lato est servizi di partenza e sosta per viaggiatori delle linee internazi nali, ed ambienti di sosta per visitatori od accompagnatori, c bar e ristorante.

Sul lato est è la prima parte nu va costruita e già funzionante, a gregata al vecchio edificio pre sistente. È, il nuovo edificio, corpo di tre piani, più un sotte raneo, disposto su due lati d piazzale, e architettonicamente solto con semplicità compositi e con chiarezza. Ha struttura cemento armato nell'ala lungo lato est, e in ferro lungo il fro te sud e nella parte di colleg mento con il vecchio edifici (Particolari caratteristiche han queste strutture metalliche: sciate a vista e composte da pr filati normali, permettono una zionale ispezione dei vari impia ti, previsti in canalizzazione).

Al pianterreno del nuovo edific sono raggruppati gli ambienti servati ai viaggiatori in parten e transito: le sale di sosta, cor servizi relativi (cambio, telefo telegrafo, italcable, tabacchi giornali), la galleria con boxes partenza verso il piazzale est, e bar nell'ala verso il piazzale su Al primo piano, in corrisponde za del bar vi è il ristorante p

foto Novelli

In alto, veduta d'angolo dell'edificio nuovo con struttura in ferro; si vede la scala che porta al ristorante viaggiatori; in primo piano, la zona di verde ed acqua, con frammenti di sculture antiche, che divide dal piazzale dei velivoli.

l'aeroporto intercontinentale di Milano Malpensa: Vittorio Gandolfi, arch.

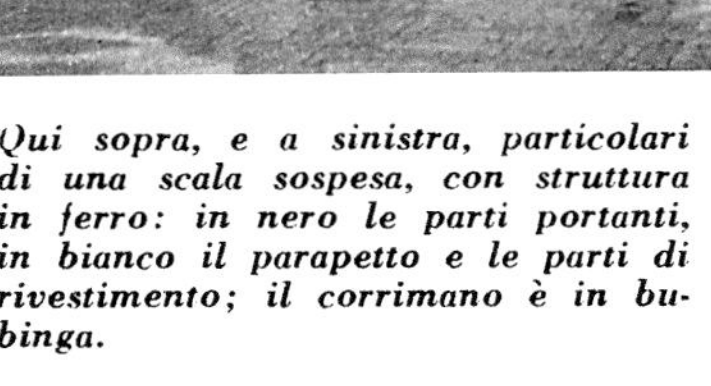

Qui sopra, e a sinistra, particolari di una scala sospesa, con struttura in ferro: in nero le parti portanti, in bianco il parapetto e le parti di rivestimento; il corrimano è in bubinga.

The New Milan Malpensa Airport

Malpensa Airport, near Milan, designed by Vittorio Gandolfi (interiors designed in collaboration with Gabriella Gandolfi Albertazzi): views of exterior corner, staircase, bar and departure lounge

foto Casali-Domus

aggiatori in partenza e transi-
; poi le cucine, che servono sia
ristorante viaggiatori, risolto
allo stesso piano, sia il ristoran-
visitatori, posto al piano supe-
ore, e preparano i cibi che ven-
on serviti a bordo.
'ultimo piano dell'edificio è ri-
rvato ai visitatori ed accompa-
natori, ed è attrezzato di servizi
lativi, bar e ristorante: a questo
ano si accede attraverso uno
alone metallico che verrà poi
corporato nel grande atrio de-
i arrivi e partenze, atrio a due
ani.
el sotterraneo trovano alloggio
servizi di toilette per i viaggia-
ri, una nursery, un locale per
arrucchiere, e camere di riposo;
oltre un ristorante a *self servi-*
per il personale e gli equipag-
, locali di servizio di cucina,
onchè la centrale dei servizi.

alto, il bar per i viaggiatori: il nnello a parete è in piastrelle blu ella Ceramica Joo, il bar in bu-nga; le poltrone, rosse, sono della ima di Padova, il pavimento in mo-ico di marmo della ditta D'Agnolo. destra, la galleria che conduce ai xes di partenza, con le vetrine di ndita: in primo piano, una can-llata in ferro battuto, riproduzione un cancello del 1100; le poltron-ne sono della Ar-flex.

Translation
see p. 568

domus 354
May 1959

The New Milan Malpensa Airport

Malpensa Airport, near Milan, designed by Vittorio Gandolfi (interiors designed in collaboration with Gabriella Gandolfi Albertazzi): views of waiting area, departure gallery and lounge, staircase, elevations and floor plans

l'aereoporto intercontinentale
di Milano Malpensa
Vittorio Gandolfi, arch.

Nella pagina a fianco, in alto, veduta degli ambienti di attesa verso il piazzale est: poltrone rosse e azzurre della Tecno, panchette e tavoli di De Padova con piano in ardesia; alla parete l'orologio internazionale di Solari su una stampa antica del 1600, in bianco e nero. Pavimento in mosaico di marmo della ditta D'Agnolo. Nella pagina a fianco, in basso, i posti di scrittura nella galleria di partenza, con sgabelli girevoli della Rima, color giallo, piani in formica azzurro opaco (e pannello a parete in bubinga, con il condizionatore): nello sfondo, la scala della sala d'attesa dei viaggiatori in partenza e transito; sul ballatoio sospeso, poltrone Ar-flex rosse e blu.

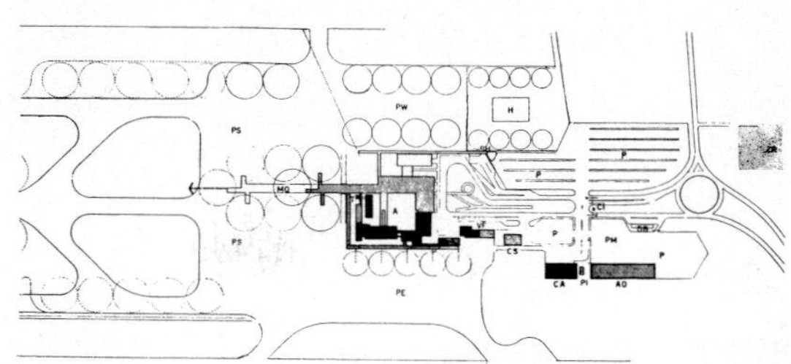

Qui sopra, schema del piano regolatore di Milano-Malpensa: in nero le opere già costruite, tratteggiate, le attrezzature provvisorie attuali. A, aerostazione; AO, autorimessa e officina; CA, capannone attrezzi; CI, controllo ingresso; CS, centro sanitario; DB, distributore benzina; H, eliporto; MQ, molo quadrigetti; P, parcheggio auto; PE, piazzale est; PI, pozzo idrico principale; PM, posteggio motoscooters; PS, piazzale sud; PW, piazzale ovest; SH, stazione eliporto; VF, vigili del fuoco; ZR, zona residenziale; T, torre di controllo.

A sinistra, veduta del piazzale est dagli ambienti di attesa. Sotto, la sala di attesa per i viaggiatori in partenza e transito.

foto Casali

foto Casali

foto Casali-Domus

l'aeroporto intercontinentale
di Milano Malpensa
Vittorio Gandolfi, arch.

La sala di attesa per i viaggiatori in partenza e transito: in fondo, la scala in ferro, con ballatoio sospeso al solaio superiore.

La scala al ballatoio della sala di attesa per viaggiatori in partenza e transito: alla parete, pannello in piastrelle della Ceramica Joo nere opache; tende alla veneziana azzurre; pavimento del ballatoio in gomma Pirelli.

Pianta dei percorsi al piano terreno, dedicato al movimento dei passeggeri in arrivo e partenza.
1, atrio partenze e arrivi; 2, dogana partenza; 3, dogana arrivi; 4, pubblica sicurezza; 5, sale di attesa e transito; 6, bar; 7, boxes partenze; 8, sala arrivi.

l'aeroporto intercontinentale
di Milano Malpensa
Vittorio Gandolfi, arch.

Translation
see p. 568

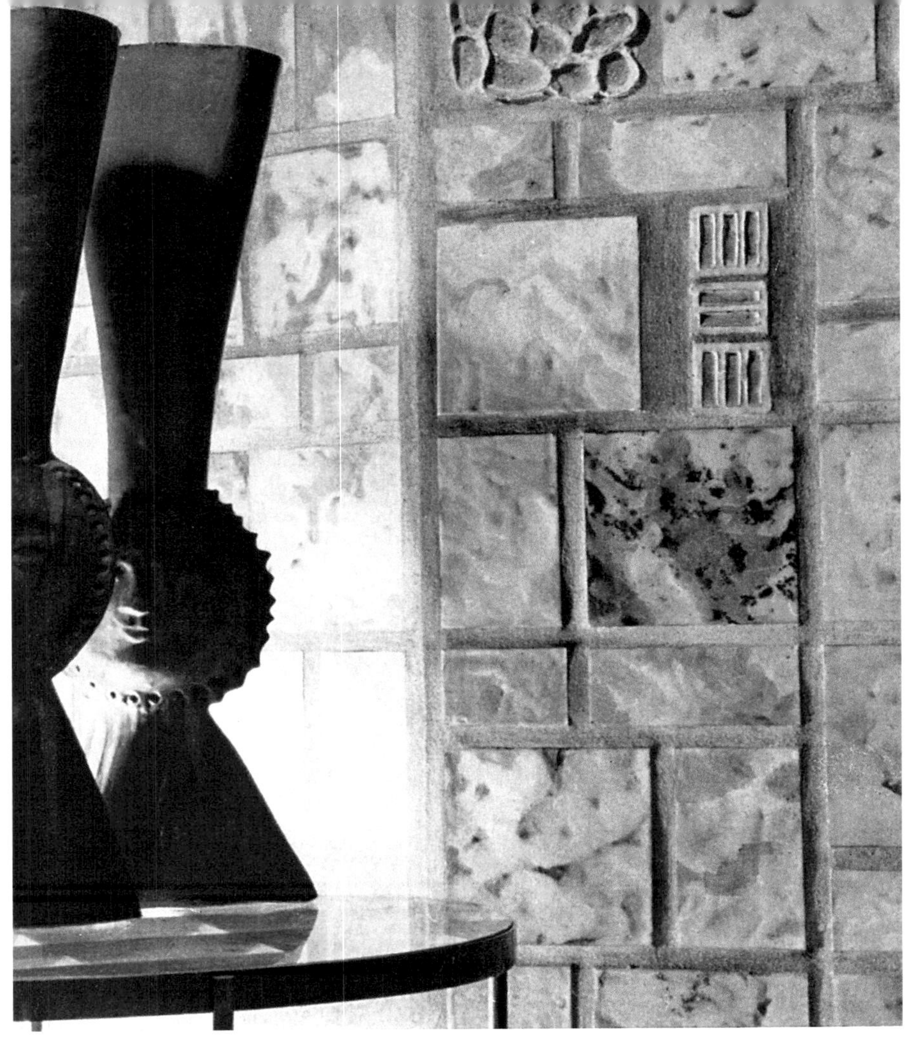

Pareti in ceramica, i vasi-sole, e le « viaggiatrici » di Melotti

L'allestimento della agenzia newyorkese dell'Alitalia sulla V Avenue, sull'asse dell'edificio 666, in una posizione stupenda, ha rappresentato un episodio singolare. In vista di un mio viaggio a New York mi si richiese, con il gradito interessamento di Sidney de Bloeme e di Fabrizio Serena, direttore della sede dell'Alitalia a New York, se avrei accettato l'incarico della sistemazione dell'agenzia newyorkese della nostra grande compagnia aerea. Accettai senz'altro, stimando un grande onore servire l'Alitalia: ed il problema mi si pose alla mente in tre termini: il tempo strettissimo, la stagione estiva, con le sue ferie, la caratterizzazione.
Questi tre termini mi hanno indirizzato concordemente verso la soluzione prescelta. In nome di quella « funzionalità d'attrattiva » che è uno degli elementi cui si deve por mente in simili casi, ed alla quale si deve aggiungere una « funzionalità rappresentativa » mi sono orientato verso la ceramica perchè un ambiente così non esisteva a New York (attrattiva), e perchè una simile realizzazione era particolarmente italiana (rappresentatività), o — almeno — più italiana che una realizzazione in legno, metalli, cristalli, ecc. Infine questa realizza-

La nuova sede dell'Alitalia a New York

Gio Ponti, arch. nello studio Ponti, Fornaroli, Rosselli

foto Dan Wynn

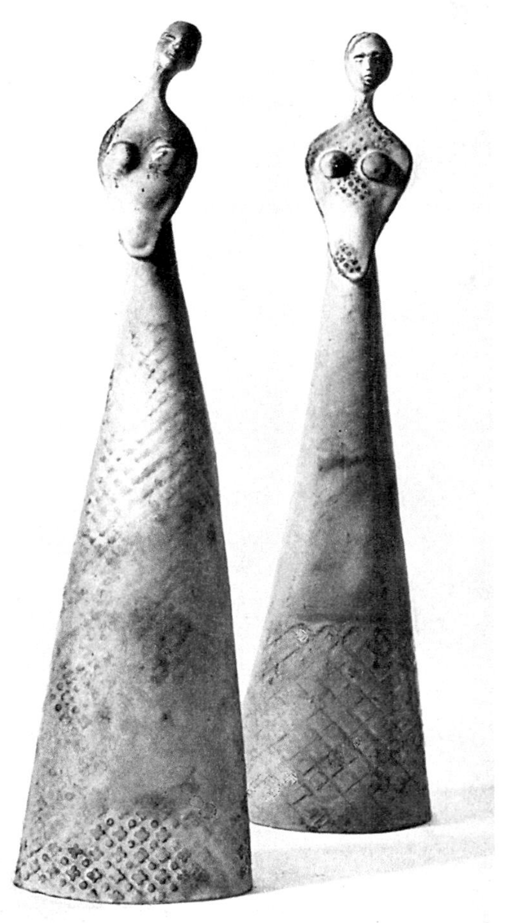

The New Alitalia Office in New York

Alitalia airline office in New York designed by Gio Ponti: ceramic wall decoration and figurines by Fausto Melotti, general view of booking area, desk and chairs designed by Gio Ponti

zione era « pronta », perchè la lunga consuetudine di spirito e di affetto, e le collaborazioni già assieme sperimentate (specie nel lavoro per la villa Planchart a Caracas) mi rendevano sicuro di avere per me l'uomo — in questo caso l'artista, pieno di risorse e di rispondenza — che mi ci voleva; eppoi perchè nel caso della « invenzione - esecuzione » (ben diverso da quello della « produzione » da organizzarsi) il lavoro « fatto a mano » è il più rapido, perchè si realizza con ogni possibilità di varianti, in modo che ogni pezzo è prototipico, nella esecuzione stessa, che gli dà origine, mentre la « produzione » deve attendere di realizzarsi con il necessario tempo di avvio « dopo » la esecuzione del prototipo.
Mi era poi attraente portare nel cuore della capitale della produzione più organizzata del mondo, un'opera « tutta a mano », che per altri versi avrebbe poi interessato quei gruppi americani (il preconizzato American Craftmen's Council da Mrs. Vanderbilt Webb) che promuovono il lavoro a mano negli stessi Stati Uniti, fenomeno interessante e che si caratterizza non artigianalmente ma in origini prettamente culturali, derivando da un movimento di intellettuali e di artisti.
Nelle cose di Melotti io conoscevo già certi suoi smalti azzurri nuvolati, il che felicemente coincideva con il colore emblematico dell'Alitalia, l'azzurro, e col cielo e il volo stessi (altra rappresentatività) e mi consentiva un aspetto simbolico.
V'era poi il tempo, e qui potevo contare sulla bella certezza che al mio richiamo « che si doveva fare una cosa straordinaria e per l'Italia » non solo Melotti e le sue due brave operaie avrebbero rinviato le vacanze, e lavorato con rapidità, essenziale in questo caso, ma egualmente avrebbero fatto Romano Rui che fa tutto da sè, Giordano Chiesa e i

terrecotte di Melotti nelle lampade a parete

Translation
see p. 568

foto Dan Wynn

Pavimenti e pareti in ceramica, di Melotti, determinano l'atmosfera « celeste » di questo ambiente. Il grande vaso è di Fiume.
Nella pianta: i pilastri trasformati in illusorie « quinte » per chi guardi l'ambiente dall'esterno, dalla V Avenue.

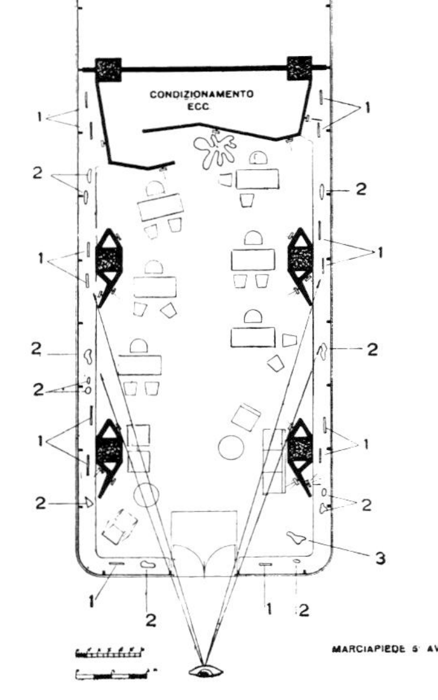

suoi falegnami, e Angelo Lelii di Arredoluce per le lampade, e i Cassina per le sedie. Ed avvenne poi che, venendo pronte le cose una dopo l'altra, « ogni giorno » l'aereo di linea dell'Alitalia per New York, portasse un po' di agenzia, cosicchè tutto si svolse dall'Italia con rapidità eccezionale.
Nello stesso tempo gli architetti Freidine e Carson di New York provvedevano alla installazione degli impianti elettrici, di condizionamento, riscaldamento ed al-

domus 354
May 1959

The New Alitalia Office in New York

Alitalia airline office in New York designed by Gio Ponti: general view, floor plan, decorative ceramic elements by Fausto Melotti

foto Rui

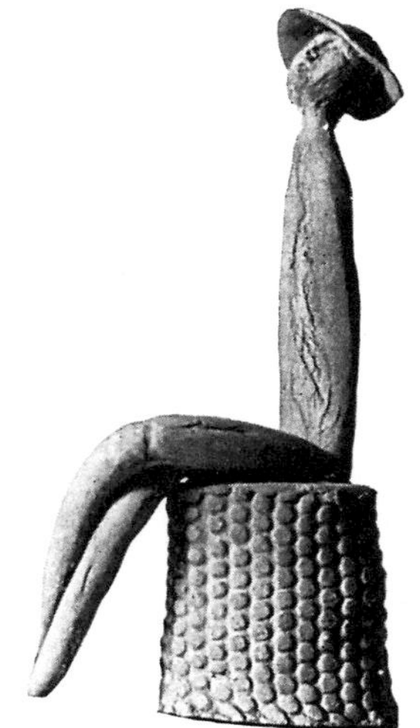

foto Casali

I pannelli in ceramica di Rui: l'aereo Alitalia per giovinetti, l'areo Alitalia per nozze, o per parentele, l'aereo Alitalia per uccelli, l'aereo Alitalia per trasporto di architetture all'estero, l'aereo Alitalia a « tappeto » per l'Oriente.
In terracotta, « viaggiatrici » e « viaggiatori » di Fausto Melotti.

to Casali

foto Rui

Translation
see p. 568

la zoccolatura perimetrale in legno ed al soffitto luminoso.
La trasformazione estetica dell'ambiente, venne determinata dalla presenza di sei pilastroni, trasformati nelle dimensioni in modo da diventare delle quinte, « perdendo » il loro volume reale di parallelepipedi ed assumendone uno illusivo, come piace a me. Essendo l'Agenzia contornata di cristalli sui tre lati è risultato quasi impossibile anche nelle fotografie dell'abilissimo e generoso Wynn di renderne l'atmosfera celeste (nel senso di cielo) dell'interno; il grande particolare a pagina 9 dove sono esclusi gli « scuri » rappresentati dalle vetrate verso l'esterno è quello che più fedelmente rende l'atmosfera raggiunta con le ceramiche di Melotti.
Ma un ambiente deve essere pur popolato, ed « apposta » ho voluto che invece di essere ingombro di modelli, di mappe, di fotografie con dive e divi (del cinema, della politica, dello sport, del denaro, ecc.) che salgono o scendono dagli apparecchi alitaliani, l'ambiente fosse (molto « alla italiana ») popolato di grandi statue e di grandi vasi-sole, alcuni di Melotti, altri (sicilianissimi) di Salvatore Fiume, e di argute placche preziosissime di Rui, dove egli ha figurato poeticamente, come io gli chiesi, aerei (Alitalia!) per nozze, aerei (Alitalia!) per gli uccelli (se gli uomini prendono i treni per i lunghi e rapidi spostamenti, è « logico » che gli aerei siano destinati agli uccelli per i loro lunghi e rapidi spostamenti), aerei (Alitalia!) aladineschi « a tappeto » per le linee d'oriente, aerei (Alitalia!) per trasportare architetture e via via...
Le immagini delle viaggiatrici sono simboliche, in questa agenzia: sono delle statue, delle bellissime statue (ogni *beauty* non sogna di essere una statua?), e la presenza del volo è, come piace a noi italiani, anche poetica, e l'ambiente, chiaro e celeste, è tutto simbolico.
E che sul piano pratico ciò abbia servito (come ero sicuro) si è avverato nell'attrattiva che l'Agenzia ha rappresentato, per la sempre pronta, appassionata, generale attenzione senza gelosie che gli Americani (del Nord) tributano a tutto ciò che da amorosi intelletti viene ad essi dedicato.
E con questo pensiero ringrazio la sorte che mi ha concesso di lavorare in rare circostanze di favore in questa magnifica città, in questa fortunata occasione, per una delle più belle organizzazioni italiane alla cui attività partecipano dirigenti e collaboratori che sono fra le più care persone nel mondo. *Gio Ponti*

foto Dan Wynn

foto Giulio Ponti

L'interno dell'agenzia: scrivanie in legno eseguite da Chiesa, sedie e poltrone Cassina.

la nuova sede dell'Alitalia a New York

foto Dan Wynn

Translation see p. 568

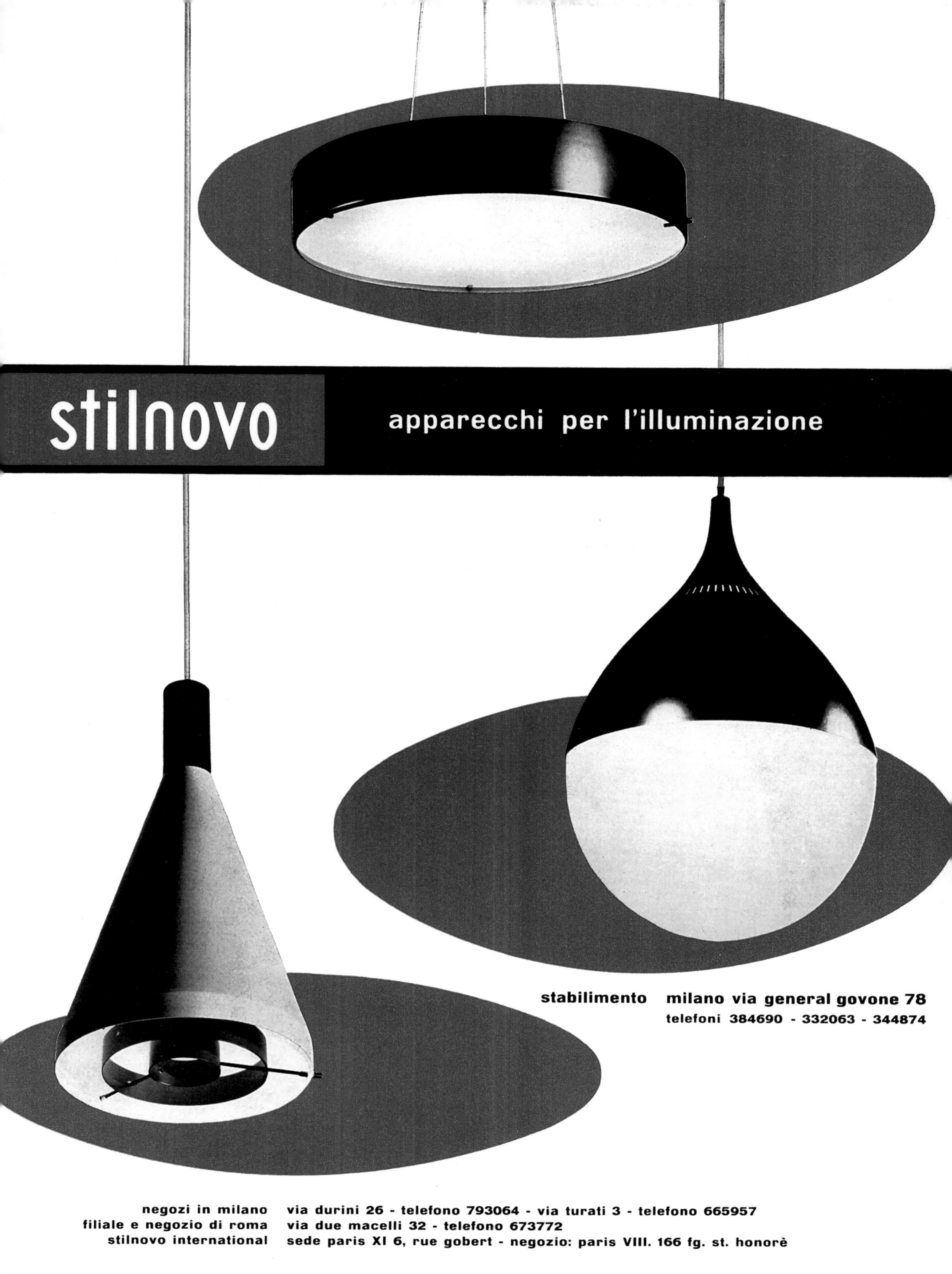

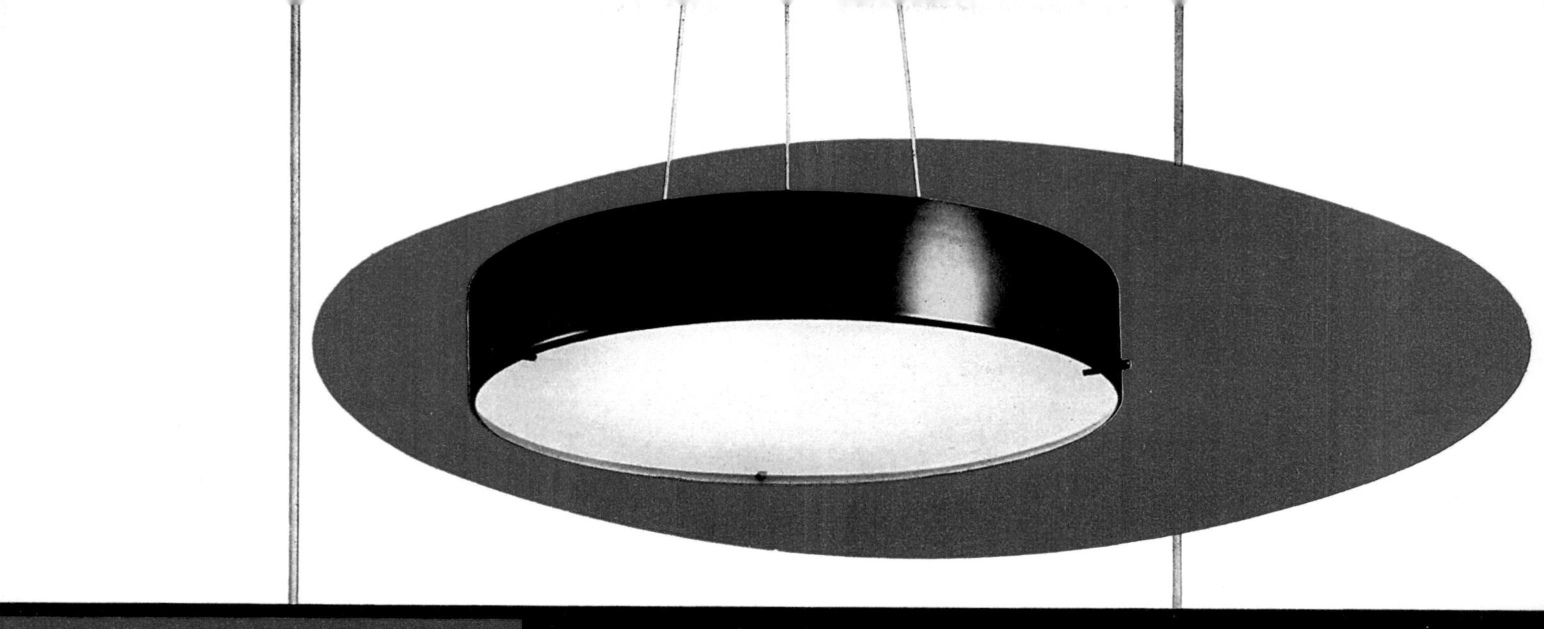

stilnovo
apparecchi per l'illuminazione
stabilimento milano via general govone 78
telefoni 384690 - 332063 - 344874
negozi in milano via durini 26 - telefono 793064 - via turati 3 - telefono 665957
filiale e negozio di roma via due macelli 32 - telefono 673772
stilnovo international sede paris XI 6, rue gobert - negozio: paris VIII. 166 fg. st. honorè

Advertising

Stilnovo advertisement showing various hanging lights

foto Sune Sundahl

Architettura italiana a Stoccolma

Nella trama strutturale della copertura dell'auditorio, di Pier Luigi Nervi, è attuata la illuminazione. Gli schermi che ne celano le fonti luminose determinano con gli spessori delle travi un gioco di controluce che dà al cielo di questo ambiente un effetto di leggerezza poichè la sua apparenza è esclusivamente di luci e di ombre. L'accensione di intensità graduale è fra gli effetti più emozionanti.

Gio Ponti, arch.
nello studio Ponti, Fornaroli, Rosselli

Nell'animo di ogni architetto che dal suo Paese abbia la ventura di esser chiamato a costruire in una Nazione di così elevata architettura moderna, quale è la civilissima Svezia, non può sorgere che una considerazione ancor più grande per gli architetti scandinavi, che godono di una considerazione meritatamente mondiale, nell'onore e nell'impegno di alzare le sue mura accanto alle opere loro.
L'aver progettato per la fondazione Lerici la nuova sede dell'Istituto italo-svedese di Cultura in Stoccolma ha poi determinato in me due cose, l'una è appunto la ammirazione ancor più grande dei valori intimamente poetici e tecnicamente — e socialmente — tanto positivi della moderna architettura svedese, l'altra è la sensazione che i riconoscimenti generosi dedicati dagli svedesi al mio lavoro si collegassero per essi a qualcosa che ne superasse la mia personale ideazione formale ed i suoi stessi risultati, si collegasse quella presenza creativa di

Italian Architecture in Stockholm

Italian-Swedish Institute of Culture in Stockholm designed by Gio Ponti: illuminated auditorium ceiling designed by Pier Luigi Nervi, angled elevation, detail of exterior and glass panel

foto Sune Sundahl

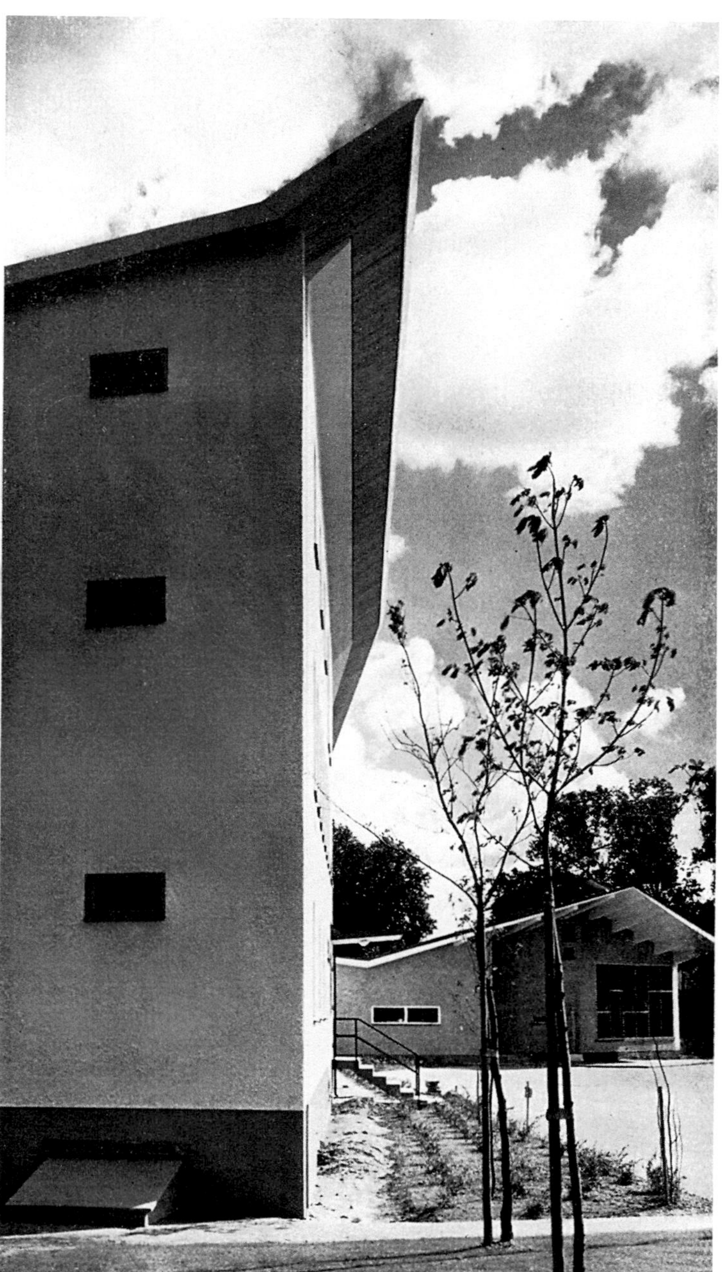

Il settore trasparente ad elementi di vetro cemento a colore della Fidenza.

Translation
see p. 568

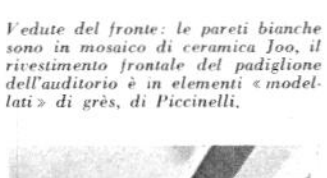

Vedute del fronte: le pareti bianche sono in mosaico di ceramica Joo, il rivestimento frontale del padiglione dell'auditorio è in elementi «modellati» di grès, di Piccinelli.

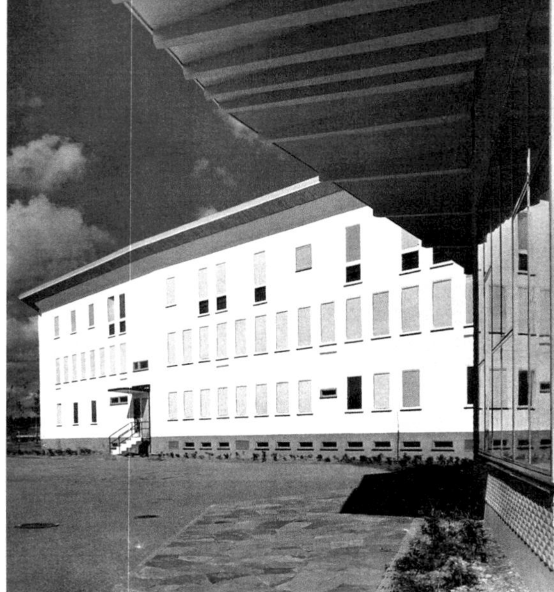

foto Sune Sundahl

La scala che dall'atrio conduce alle aule del piano superiore; e l'interno dell'auditorio.
Nella pagina a fianco, un particolare della hall d'ingresso: poltrone di Cassina: tavoli di Chiesa con piano in formica. Sotto, il ridotto, con i velluti stampati della Jsa, e le poltrone di Cassina.

foto Sune Sundahl

spirito italiano che noi portiamo nell'opera nostra pur nel linguaggio comune dell'architettura moderna.
Ciò mi è stato, e mi è, caro perchè se nelle linee dell'Istituto di Stoccolma è stato riconosciuto uno spirito italiano, ciò è avvenuto non per la presenza di motivi architettonici, palesemente e volutamente richiamati a questo scopo, e quindi sofisticati, ma per la presenza di qualcosa di più profondo, e perciò di più vero e genuino, e di più certo, che muove la nostra creatività, anche quando essa si esprime con la più assoluta indipendenza stilistica ed attualità.
Che ciò venisse riconosciuto, nell'attesa antica e costante per l'opera di noi italiani, e sia pure per le vie dell'amore «per l'Italia» che muove anche alla indulgenza, mi ha reso particolarmente felice perchè si inquadra in un episodio tutto felicemente «dedicato all'Italia», perchè inquadra il volontario contributo che il mio Studio con la collaborazione di Pier Luigi Nervi per le strutture dell'auditorio, ha avuto l'onore di portare — con l'assistenza in Stoccolma del compianto architetto Wennerholm — a questo Istituto di Stoccolma, accanto a quello della munificenza del suo donatore, Carlo Maurilio Lerici, gesto originato in lui da un profondo affetto per la Svezia nato dalla lunga consuetudine della sua attività collegata a questa nobile Nazione, munificenza che non poteva effettuarsi in modo più felice, «per amor dell'Italia». Lerici è caro a noi italiani per altri suoi gesti e gusti munifici per la cultura, con esemplare generosità in Italia elargiti, ma questo, che stringe i legami di cultura, ossia della forma più alta dell'affetto fra noi ed una Nazione tanto civile, è il suo gesto più esemplare in un episodio al quale è bello aver partecipato, tanto è altamente ispirato dall' amore per l'Italia. Per questo episodio lo Stato Svedese che ha concesso il terreno — in una posizione davvero stupenda — in uso perpetuo, il nostro Ministero degli Esteri si è assunto l'intero nuovo arredamento dell'Isti-

i prospetti posteriori dell'edificio

foto Sune Sundahl

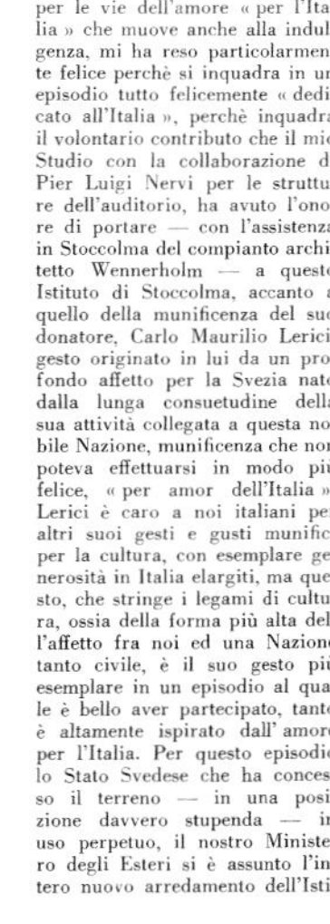

Italian Architecture in Stockholm

Italian-Swedish Institute of Culture in Stockholm designed by Gio Ponti: views of exterior, staircase, lecture hall, entrance hall, seating area, classroom, student bedroom and library

foto Sune Sundahl

tuto affinchè esso risultasse stilisticamente unitario ed attraverso le sollecitudini di Ambasciatori e la Direzione delle relazioni culturali con l'estero, ha assistito con predilezione questo suo Istituto alla cui dotazione ha contribuito anche la Snia-Viscosa. Ed in questo episodio a Lerici ed a me architetto, è caro ricordare la collaborazione preziosa recata in Stoccolma nel finimento dell'Istituto dall'architetto ed amico Ferruccio Rossetti, e quella recata con particolari facilitazioni da fedeli nostri fornitori, come i Cassina, Cagliani e Marazza, Lelii di Arredoluce, e Giordano Chiesa, ed Joo e Piccinelli, e la Jsa di Busto, e per i marmi, dalla Montecatini; e le donazioni della Dalmine, della Olivetti, e della Laminati Plastici.
Con Lerici debbo ricordare, come architetto e come italiano riconoscente la sollecitudine del grande costruttore svedese Olle Engquist e dei suoi collaboratori perchè l'edificio risultasse tecnicamente perfetto sotto ogni rapporto d'esecuzione.
La costituzione di questo Istituto è formata, come indicano le piante, nel pianoterra da un auditorio per 300 persone per concerti, recitazione e proiezioni cinematografiche, degli uffici e servizi (perfetti), dalla biblioteca e sala di lettura e dall'alloggio per il custode. Il primo piano è dedicato alle aule di insegnamento, ed ha una saletta per i docenti. Il secondo piano, con ingresso privato separato, è destinato ai due appartamenti per il Direttore ed il Vice-direttore, e a un appartamento per studiosi italiani in Svezia.

Gio Ponti

Una delle aule, una delle camerette per gli studenti italiani in Svezia, la biblioteca.

Translation
see p. 568

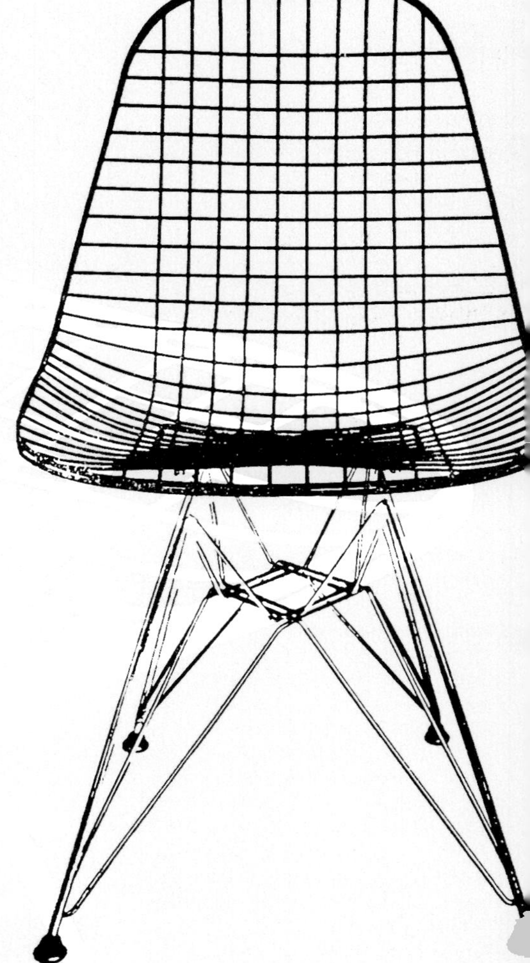

ICF (International Furniture Company) advertisement promoting the *Herman Miller Collection* (designed by Charles and Ray Eames, George Nelson and Alexander Girard) and showing *Model No. DKR-2* chair designed by Charles and Ray Eames

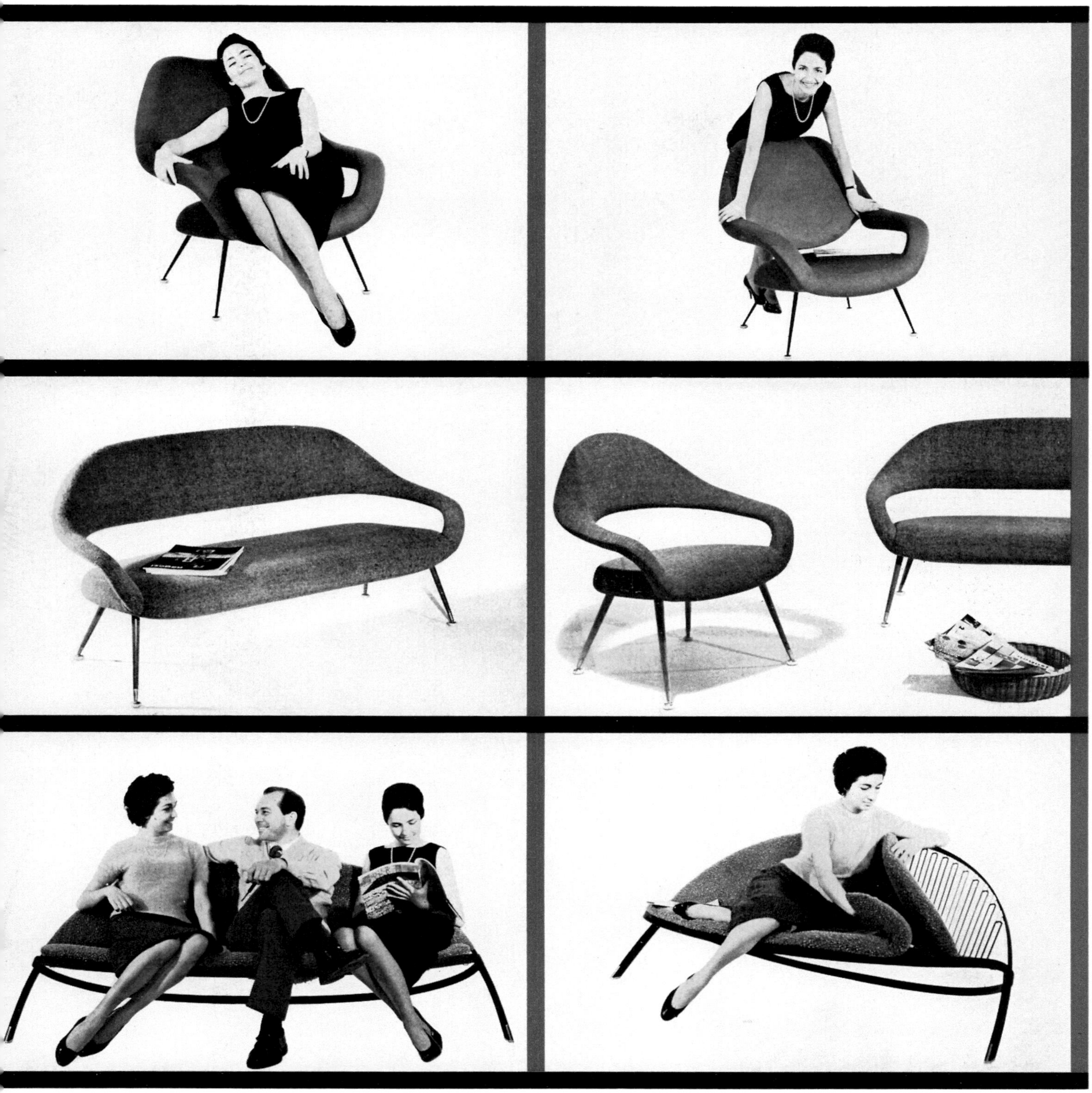

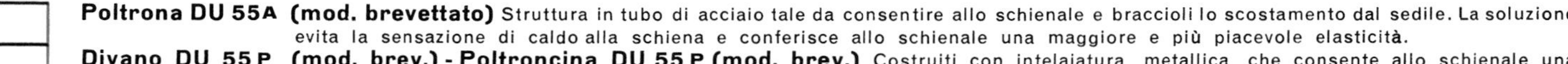

Poltrona DU 55A (mod. brevettato) Struttura in tubo di acciaio tale da consentire allo schienale e braccioli lo scostamento dal sedile. La soluzione evita la sensazione di caldo alla schiena e conferisce allo schienale una maggiore e più piacevole elasticità.

Divano DU 55P (mod. brev.) - Poltroncina DU 55P (mod. brev.) Costruiti con intelaiatura metallica che consente allo schienale una comoda elasticità. Le gambe sono di metallo coperte di legno tornito oppure tutto metallo. L'imbottitura è di gommapiuma.

Divano "Saturno" (modello brevettato) La struttura è composta da tre elementi metallici lineari. Fra gli archi della struttura è agganciata e tesa una trama di anelli di gomma, su cui poggiano i cuscini in gommapiuma. Il divano è molto comodo.

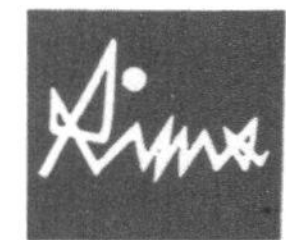

lustria arredamenti moderni
ova via brigata liguria tel. 54.807

padova (arcella) via g. duprà 1 tel. 36125
roma via ara coeli 5 telefono 68.95.29

milano corso sempione 84 tel. 932.663
napoli via arcoleo 21 telef. 39.04.26

torino via arsenale 35 tel. 521.833
catania via etnea telefono 15.447

Rima advertisement for seat furniture, including *Saturno* sofa designed by Gastone Rinaldi

Forme e idee di Tapio Wirkkala

Modello per una decorazione in
gento lunga m. 1,50 e grande fo
in compensato scavato.

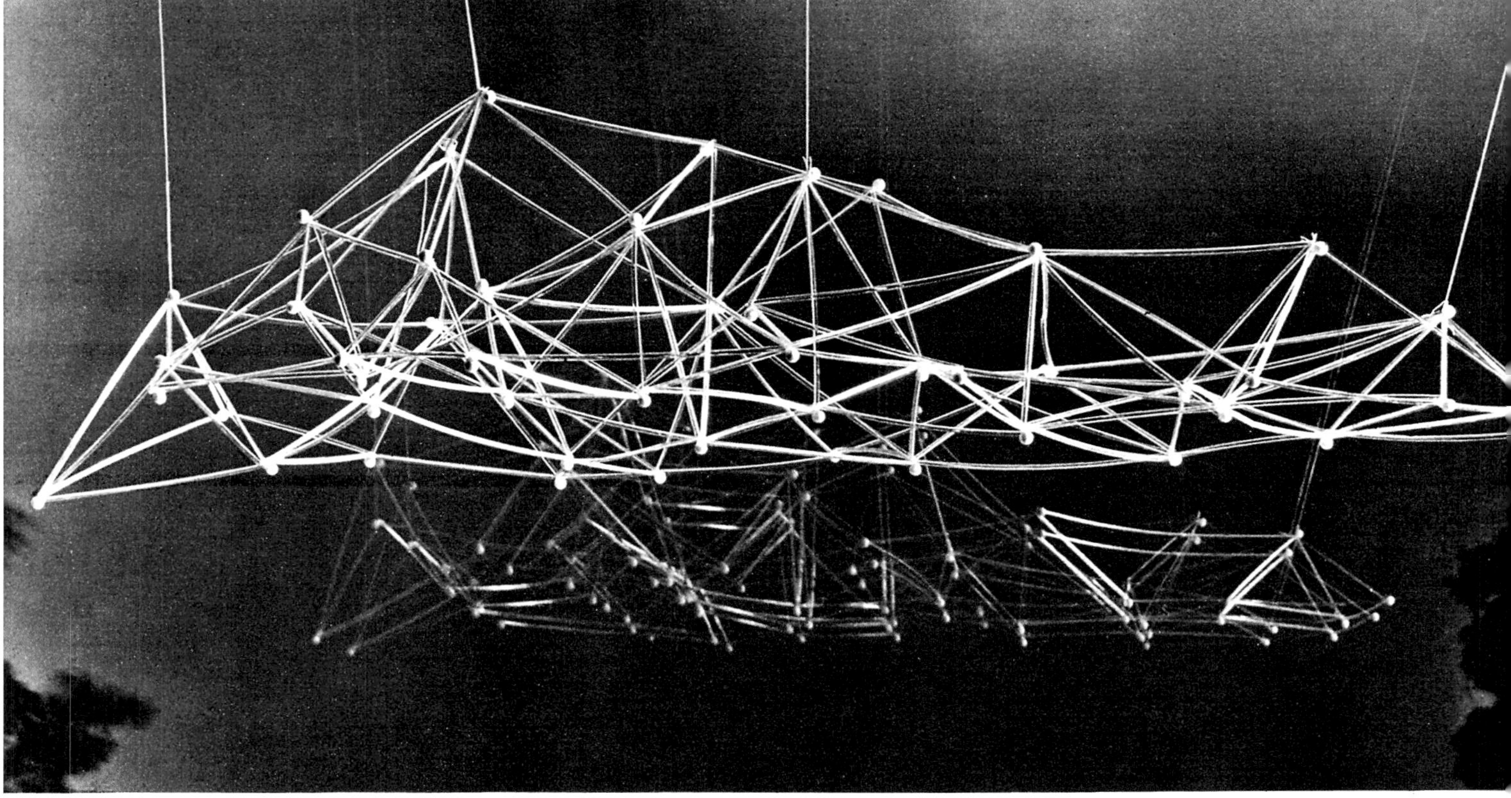

domus 355
June 1959

Forms and Ideas of Tapio Wirkkala

Designs by Tapio Wirkkala: model of decorative silver object, laminated wood sculpture and silverware for Kultakeskus

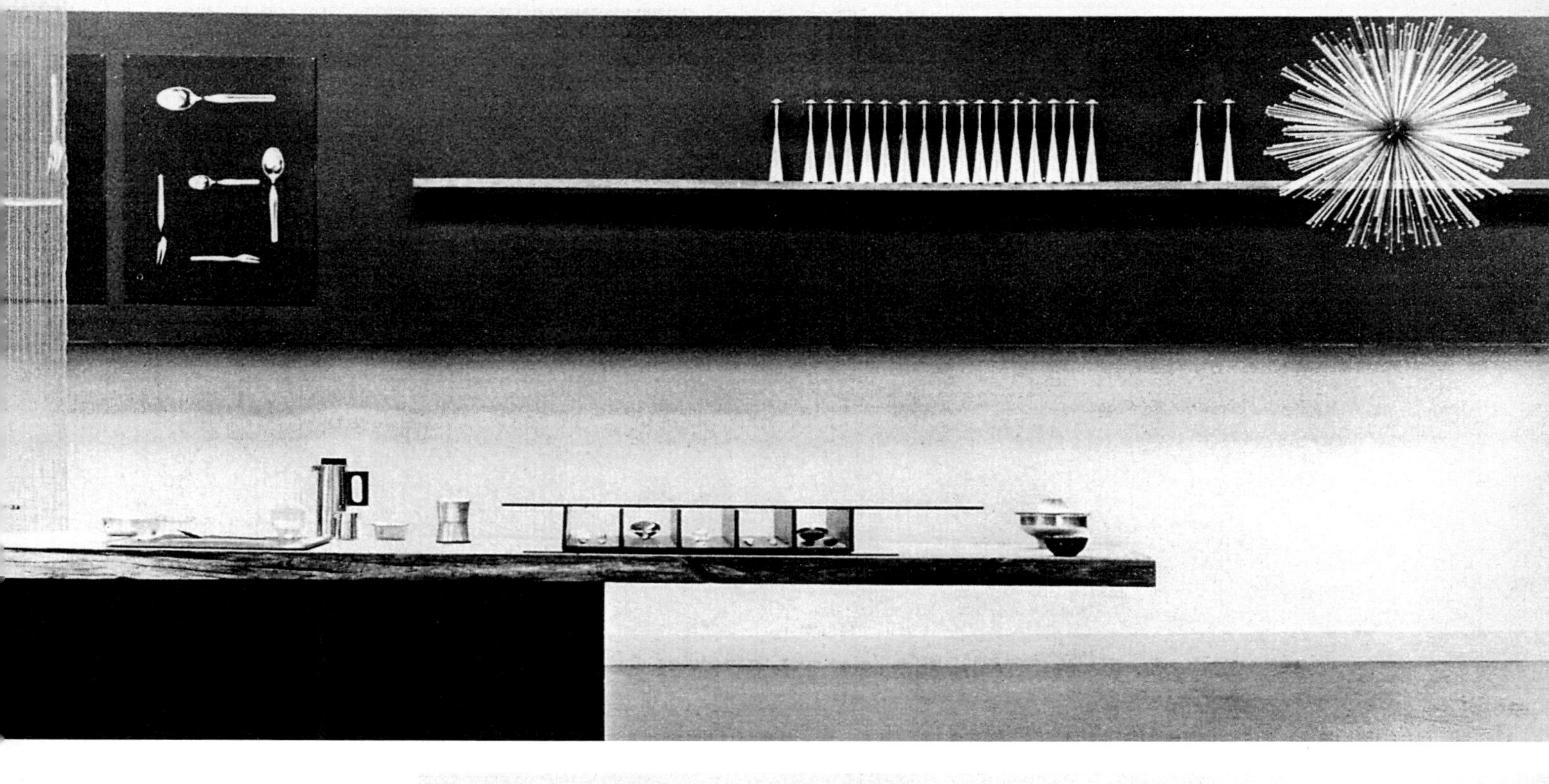

r la Kultakeskus, posate, candela-
i, centri da tavola, bricchi in ar-
nto e vassoi e casseruole in argen-
e teak.

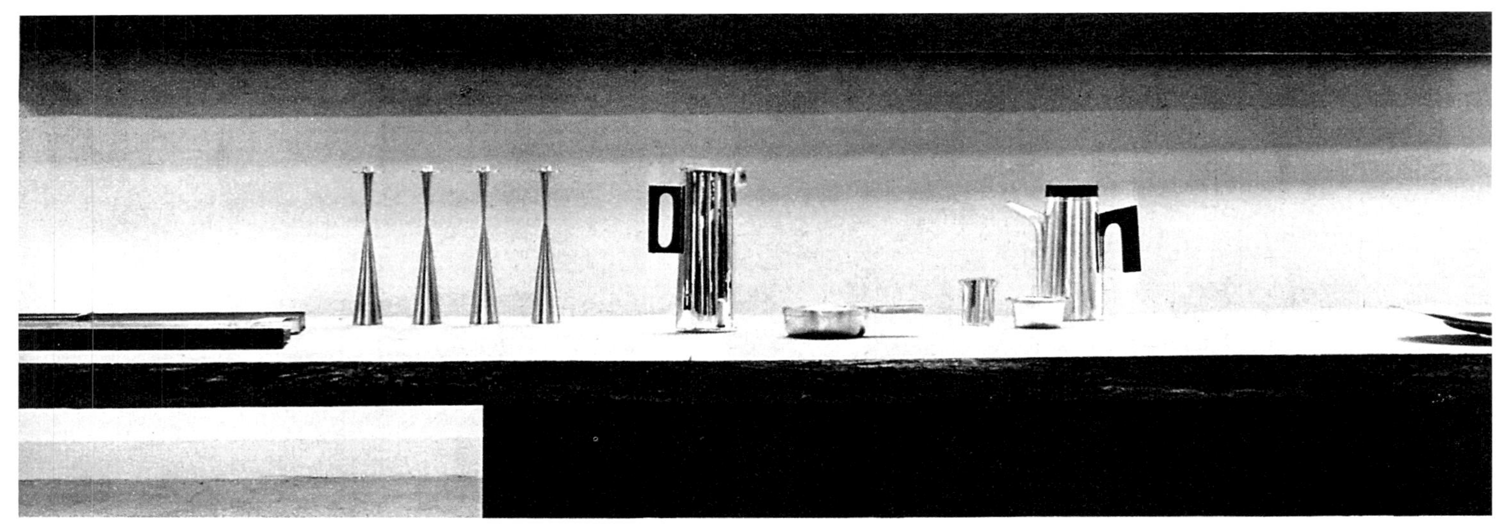

foto Lindm

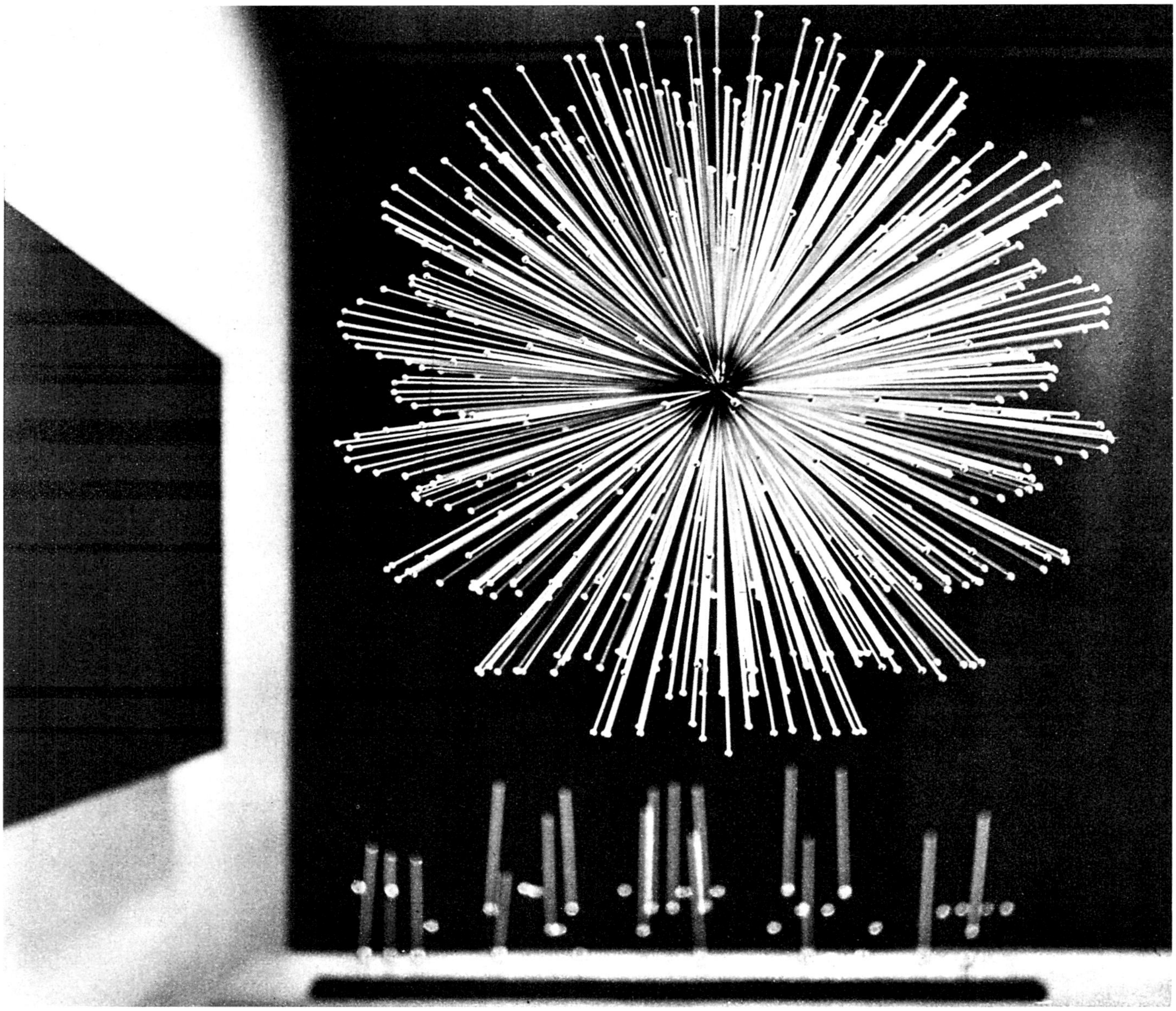

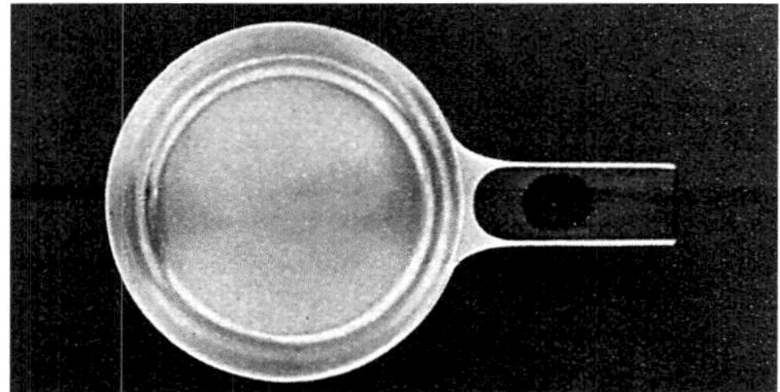

foto Ounamo

Tapio Wirkkala

Questi oggetti di Tapio Wirkkala sono stati esposti a Helsinki.
Per essi si osserva sempre come una qualità di Tapio Wirkkala sia quella non solo di dare bella forma e appropriata ad oggetti utili ma di inventare oggetti, inesistenti prima, — forme, idee — il cui uso è « essere tenuti ed essere guardati ».

Un grande sole in spilli d'argento

Designs by Tapio Wirkkala: silverware for Kultakeskus and *Ovalis* glass vases for Karhula Iittala

Nuovi vasi di Tapio Wirkkala, in cristallo ed in opalina, per Karhula-Iittala.

foto Ounamo

Terraglie di produzione

Ettore Sottsass, arch.

I vasi di questa pagina sono cinque portafrutta della stessa forma con cinque variazioni della decorazione. Le tre immagini in bianco e nero, rappresentano effettivamente decorazioni in bianco e nero, dove il bianco è dato dalla terraglia e il nero da un engobbio. Qui sotto, una serie di portacenere in terraglia bianca ed engobbio nero.

domus 355
June 1959

Earthenware for Production

Ceramic fruit bowls, ashtrays, sweet jars, vases and box designed by Ettore Sottsass Jr. for Bitossi

erraglie di produzione;
lisegno di Ettore Sottsass,
er Bitossi, Montelupo Fiorentino

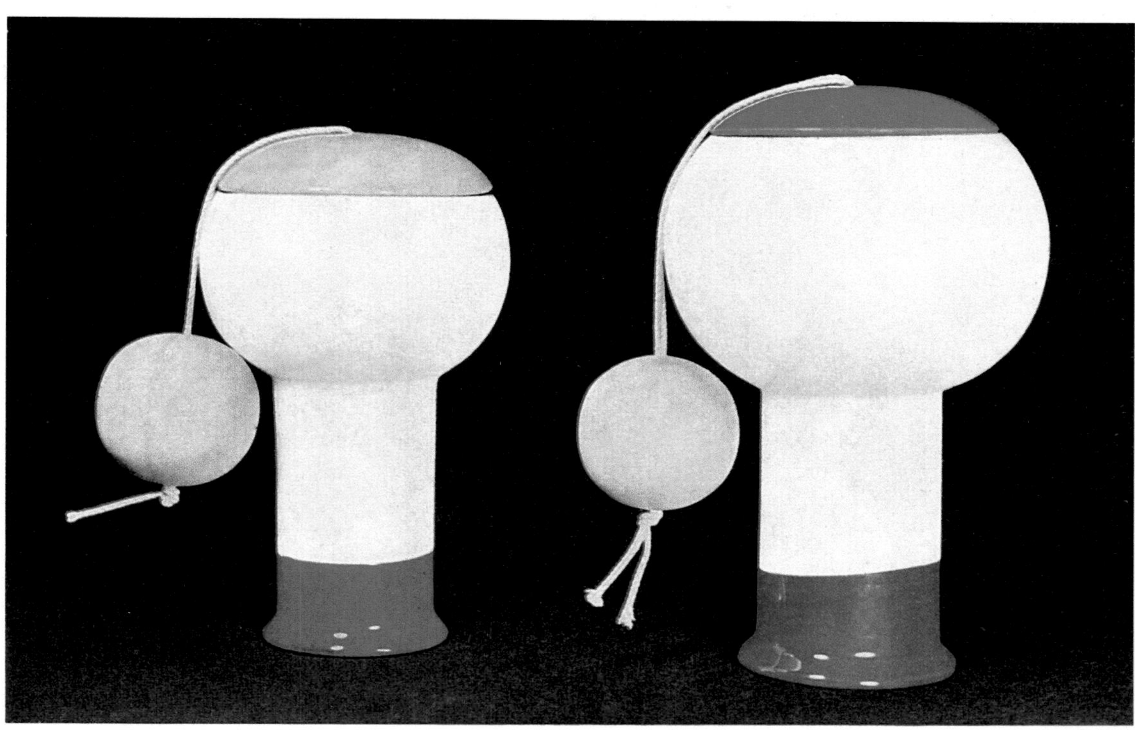

colori, due scatole portadolci in erraglia, con manici di spago e sfe-e di legno. A destra un portafiori una scatola, con manico in strin-a di cuoio. Sotto, un portafiori in erraglia bianca, con decorazione in erra d'ombra e nero, e una ciotola ortafrutta in terraglia, con esterno ianco opaco e interno blu turchese: manici passanti sono di corda.

foto Ifert

Dalla Francia mobili pieghevoli

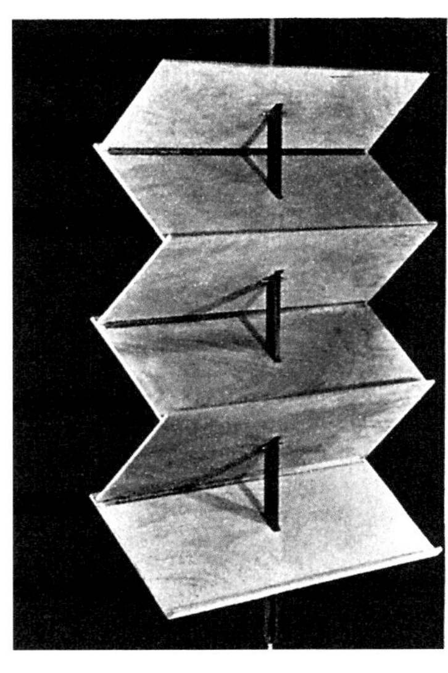

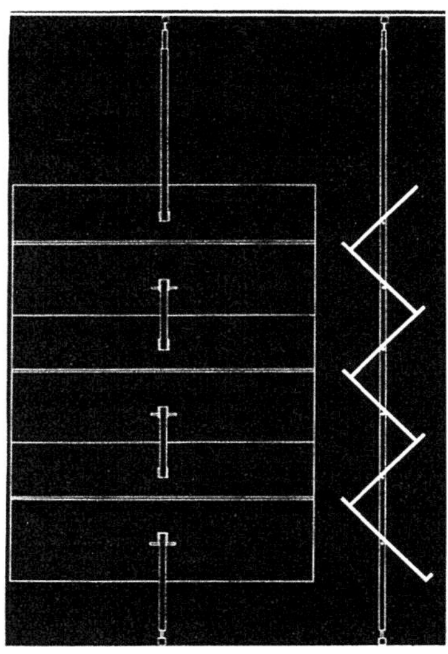

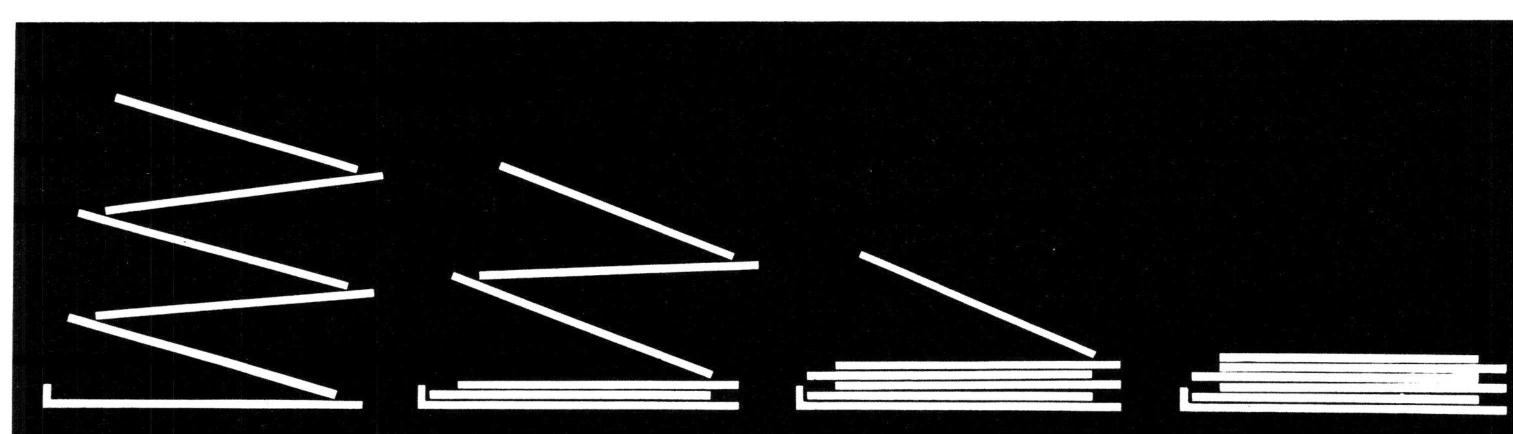

Risolti secondo lo stesso principio, questo portariviste e questa libreria a due facce, pieghevoli e girevoli, sono costituiti da montanti metallici telescopici e da piani d'appoggio legati a fisarmonica l'uno all'altro: vengono prodotti in serie da DMU a Parigi.

Il portariviste, in legno e in metall[o] ha questo ingombro: piegato 120 [x] 46,5 x 8,5 cm., aperto e montato, d[a] 222 a 393 cm. di altezza, 120 di lu[n]ghezza, 35 di larghezza; la supe[r]ficie di appoggio dei sei piani è [di] 720 x 37 cm.

Gérard Ifert

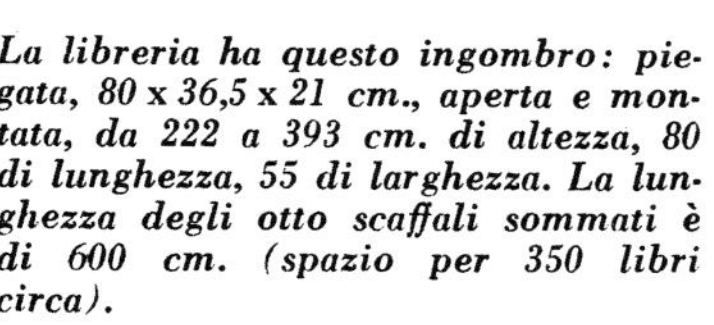

La libreria ha questo ingombro: piegata, 80 x 36,5 x 21 cm., aperta e montata, da 222 a 393 cm. di altezza, 80 di lunghezza, 55 di larghezza. La lunghezza degli otto scaffali sommati è di 600 cm. (spazio per 350 libri circa).

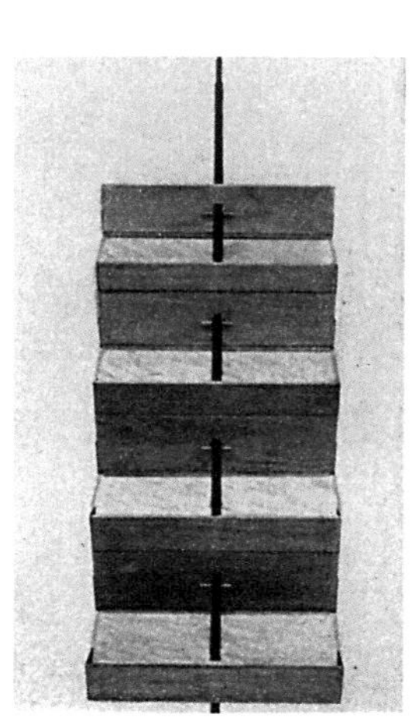

Gérard Ifert

foto Neuh

Peter Blake, arch.

Casa a Long Island

Una casa per le vacanze estiv
destinata a due coniugi. Sorg
del tutto isolata, in un luog
verde e piano: esprime, con u
disegno estremamente semplic
un senso di compostezza e
quiete.
La facciata non ha finestre –
tranne le feritoie della cucin
nella parte centrale, chiusa — m
pareti di vetro: doppie paret
una a filo di facciata, una arr
trata, che creano una specie
camera trasparente fra l'estern
e gli ambienti.

Holiday house on Long Island designed by Peter Blake: view from garden, elevation and bedroom

Translation
see p. 569

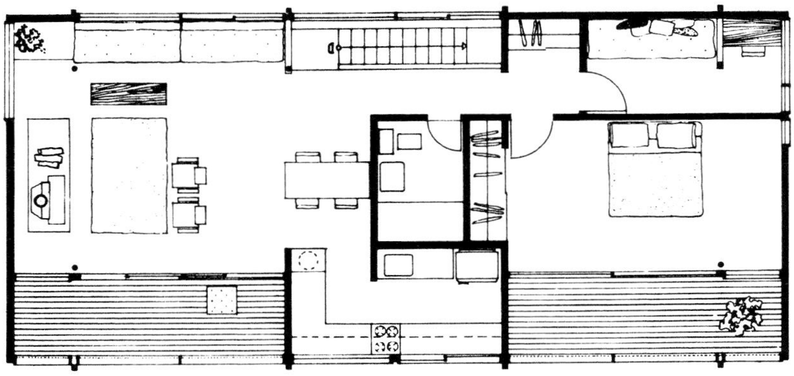

primo piano

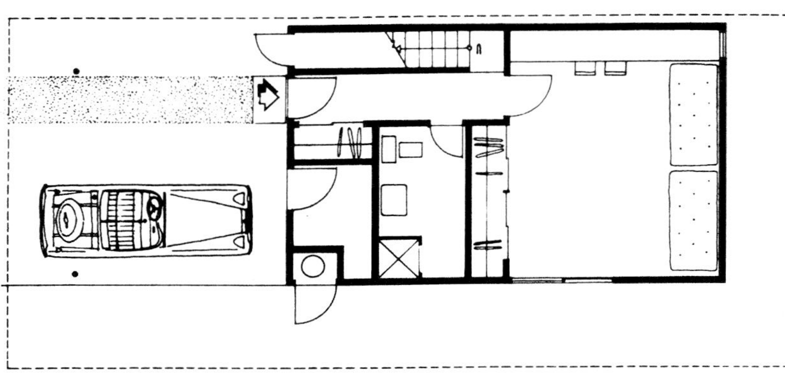

piano terra

Nella pagina a fianco, la camera da letto; qui sopra, il soggiorno: entrambi gli ambienti si aprono in facciata con doppie pareti di vetro, che creano una loggia trasparente: la vetrata interna è scorrevole, quella esterna è fissa, con delle feritoie verticali aperte, in corrispondenza dei pilastri. Notare nel soggiorno il vecchio camino.

Holiday house on Long Island designed by Peter Blake: views of living room, floor plans

Translation
see p. 569

apparecchi per l'illuminazione

stabilimento milano via general govone 78
telefoni 384690 - 332063 - 344874

negozi in milano: via durini 26 - telefono 793064 - via turati 3 - telefono 665957
filiale e negozio di roma: via due macelli 32 - telefono 63.772
stilnovo international sede: Paris XI 6, rue Gobert - negozio: Paris VIII. 166 Fg. St. Honoré

Stilnovo advertisement showing hanging light

foto Marvin Rand

La nuova casa per "Arts and Architecture"

Craig Ellwood, arch.

Questa è la terza casa che Craig Ellwood progetta per la rivista « Arts and Architecture », secondo il programma delle *case study houses*, le case-modello che la rivista, da anni, con splendida iniziativa, realizza e propone (autori ne sono stati, a suo tempo, anche Eames e Saarinen, e siamo ora al diciottesimo esemplare: vedi Domus 291, 320).

Questa di Ellwood è caratterizzata da un rigoroso concetto della prefabbricazione, secondo il sistema a struttura metallica. Il sottile traliccio strutturale, di rapidissimo montaggio, è tutto in evidenza; i pannelli di chiusura, chiaramente distaccati, sono tutti uguali e leggeri. L'architettura qui si riassume nella struttura:

Realizzata per conto della rivista « Arts and Architecture », la casa — aperta al pubblico per le visite — sorge presso Beverly Hills, California

domus 360
November 1959

The New House for 'Arts and Architecture'

Case Study House No. 18 (Field House) in Beverly Hills, California, designed by Craig Ellwood for *Arts and Architecture* magazine: angled elevation, view from above, pool side elevation and views of living/dining room patio and open terrace area

poichè le partizioni, interne ed esterne, ne seguono il modulo, struttura, pianta e forma sono un'unità.
La soluzione radicalmente industriale della costruzione corrisponde al programma della *case study house*, rivolto al problema della casa in America, inteso a proporre cioè, non tanto innovazioni sperimentali quanto una messa a punto — tecnica ed economica oltrechè formale — delle possibilità della produzione americana per la casa.

4

la casa di Craig Ellwood per "Arts and Architecture" 1959

La casa ha struttura in metallo, composta da unità, prefabbricate, in tubo d'acciaio a sezione quadra (pilastri) e rettangolare (travi), che han potuto essere montate in luogo da soli quattro uomini in otto ore, fissati i diciannove giunti delle travi e le quaranta basi dei pilastri. Con un sistema unico di attacco sono legate alla struttura tutte le pareti esterne, sia le vetrate, fisse o scorrevoli, sia i pannelli di chiusura (pannelli prefabbricati, in compensato rivestito in plastica, con strato isolante in lana minerale, profilati da un telaio in douglas-fir: alcuni dei pannelli interni sono rivestiti in compensato di mogano). In acciaio sono anche i ventidue pilastri delle fondazioni, — profondi da due a tredici metri — ai quali è collegata la piattaforma di base, in cemento armato. Il tetto è composto da diciotto pannelli in acciaio, fissati alle travi, protetti da isolante (dalla linea del tetto emergono le cupole in plastica trasparente che illuminano le stanze interne). All'esterno e all'interno la struttura, sempre in evidenza, è colorata in blu, mentre i soffitti e i pannelli di chiusura sono bianchi.

La casa sorge, isolata, su un colle, al di fuori dell'abitato, è orientata a sud e gode, dall'alto, la vista delle luci di Beverly Hills e della lontana costa.

foto Marvin Rand

5

foto Marvin Rand

foto Marvin Rand

Translation
see p. 569

foto Marvin Ran

la casa di Craig Ellwood per "Arts and Architecture", 1959

Sulla terrazza sud, con la piscina, si aprono con vetrate scorrevoli tutti gli ambienti, e si apre anche il patio del soggiorno, al centro della facciata. (Solo due camere da letto si aprono a nord, su un altro piccolo patio chiuso). I mobili sulla terrazza sono di Van Keppel Green.
Nella pagina a fianco: in alto, le belle proporzioni dell'ingresso (sul fronte dell'ingresso le pareti di vetro sono tutte opache; sotto la pensilina vi è spazio per il parcheggio); in basso, uno scorcio dall'ingresso al piccolo patio delle camere da letto.

domus 360
November 1959

The New House for 'Arts and Architecture'

Case Study House No. 18 (Field House) in Beverly Hills, California, designed by Craig Ellwood for *Arts and Architecture* magazine: views of covered terrace and living/dining room patio, floor plan

l patio del soggiorno e del pranzo, i apre sulla facciata: una parete è operta da un mosaico, di Florette 'ields, in tesserine di ceramica, che ipetono i colori della casa e del paesaggio.
Jna parte della copertura del patio in lastre di vetro reticolato azzurino, che assorbono il calore e la uce. (Dello stesso vetro sono i lucerari sui passaggi interni: di notte, tuti questi spazi trasparenti diventano orgenti luminose, attraverso lampade sterne che vi fan piovere la luce dal-'alto).
Nel patio, una sdraio di Van Keppel Green e una poltrona di Eames, per Herman Miller. Nel pranzo il tavolo l centro è schermato da una quinta li vetro verso l'ingresso.

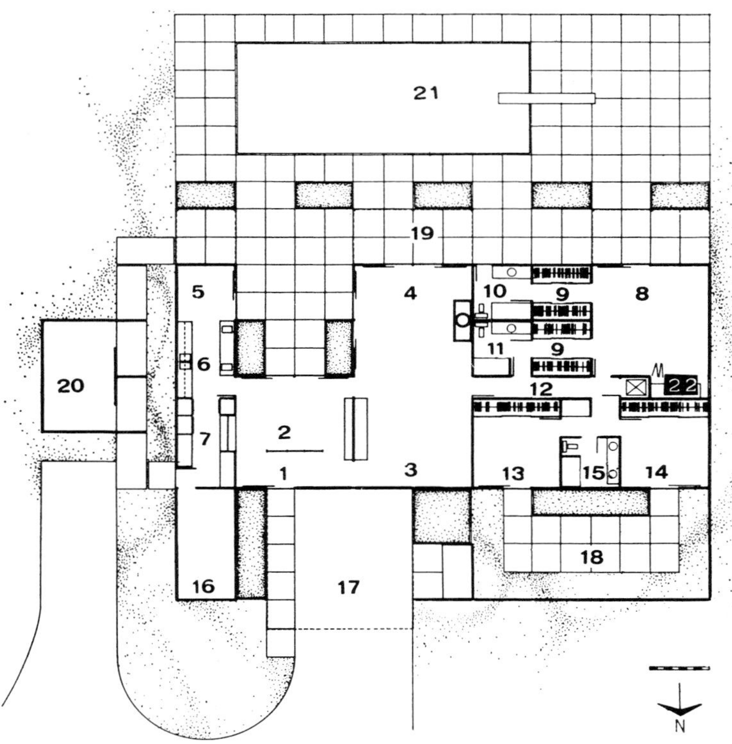

La casa è prevista per una famiglia composta da due genitori (amanti della musica e collezionisti d'arte) e da due bambini. Nella pianta: 1 ingresso, 2 pranzo, 3 musica, 4 soggiorno, 5 tinello (per la prima colazione), 6 cucina, 7 guardaroba, 8 camera da letto genitori, 9, spogliatoio, 10 bagno, 11 bagno, 12 corridoio, 13 camera da letto bambini, 14 camera da letto bambini, 15 bagno bambini, 16 studio, 17 spazio per le automobili, 18 piccolo patio, 19 terrazzo sud, 20 corte di servizio, 21 piscina, 22 angolo di scrittura.

Translation
see p. 569

foto Marvin Rand

Il soggiorno è arredato con mobili di Herman Miller; il camino e il pavimento sono rivestiti delle stesse piastrelle color beige.
L'installazione della «hi-fi» nello scaffale a parete è collegata ad altoparlanti nel portico e nella camera da letto dei genitori (nella testiera del letto, comandi per regolare l'audizione). L'illuminazione è, in tutta la casa, a centri a soffitto (con interruttori a parete silenziosi e lievemente luminosi al buio).

The New House for 'Arts and Architecture'

Case Study House No. 18 (Field House) in Beverly Hills, California, designed by Craig Ellwood for *Arts and Architecture* magazine: views through windows at night, views of living room, parents' bedroom and room-divider cupboard/wardrobe

la casa di Craig Ellwood per "Arts and Architecture", 1959

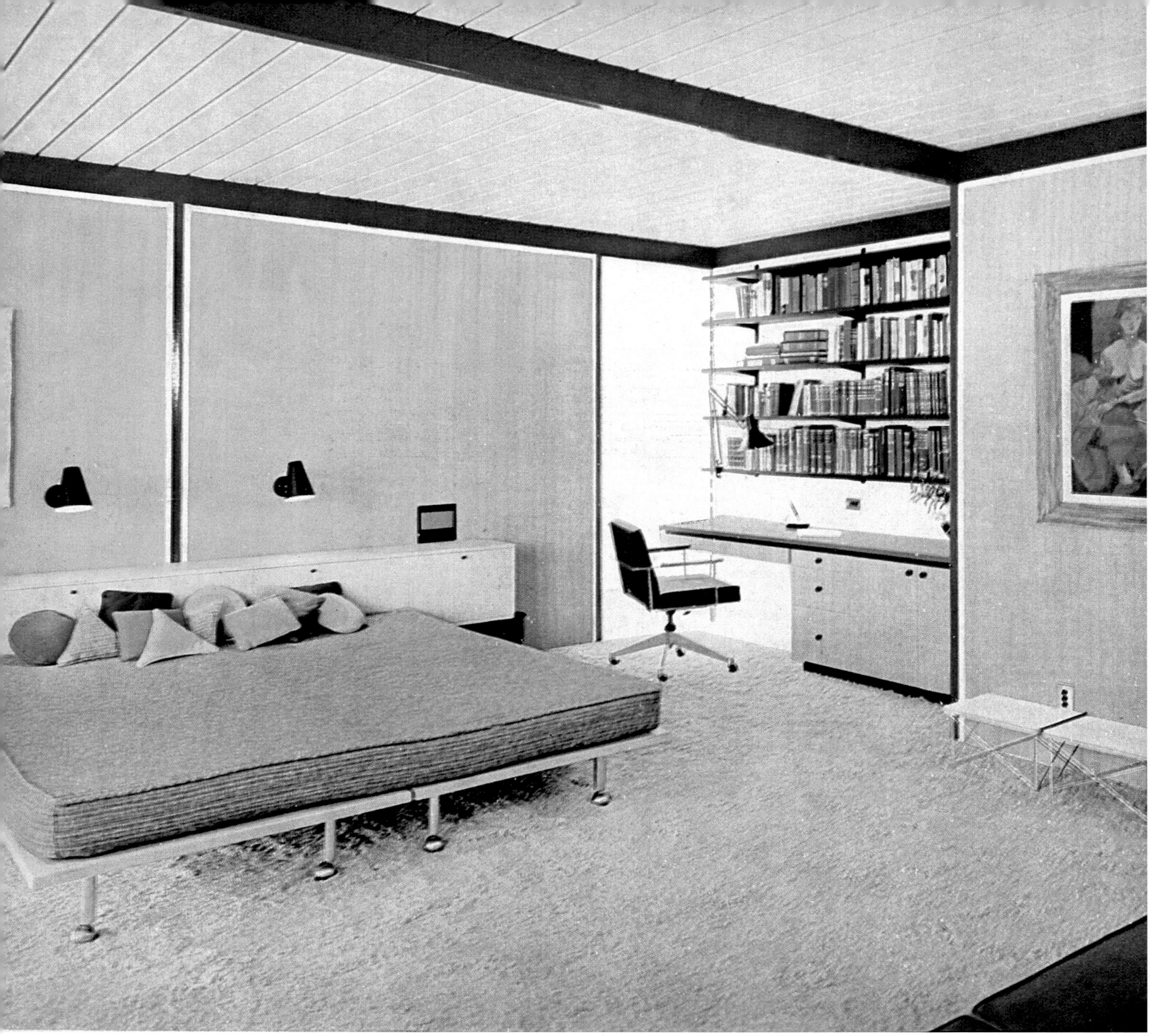

La camera da letto dei genitori si apre in facciata: i suoi due spogliatoi sono separati dal blocco degli armadi-guardaroba a tutt'altezza, con pareti scorrevoli. Gli armadi, le pareti della stanza e lo scrittoio sono rivestiti in compensato di mogano delle Filippine. Il pavimento è tutto coperto in tappeto di lana bianca.

Translation
see p. 569

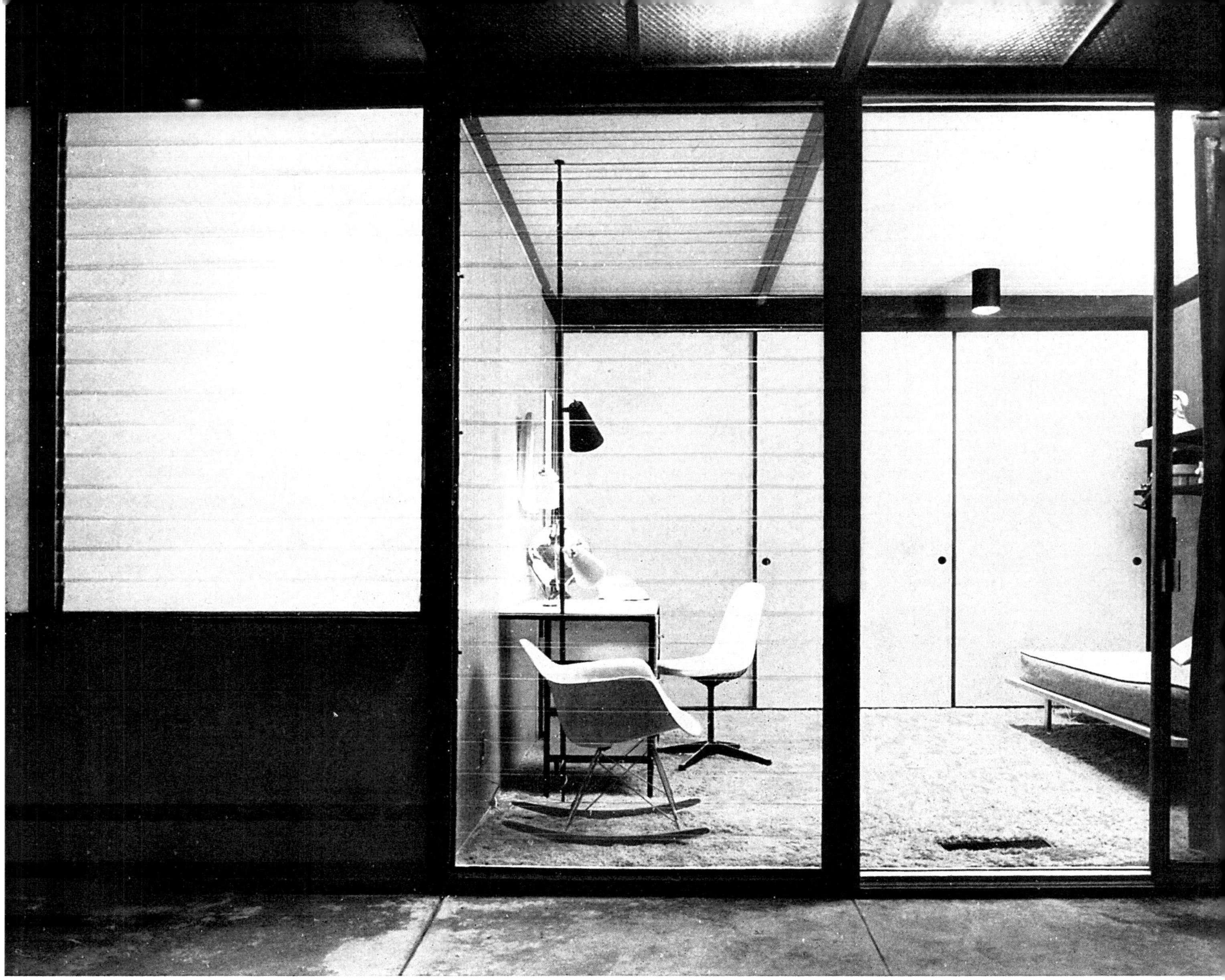

Qui sopra, una delle due stanze d bambini, aperta sul piccolo patio nord; la parete di fondo è un gra de guardaroba con ante scorrevol i mobili sono di Herman Miller.

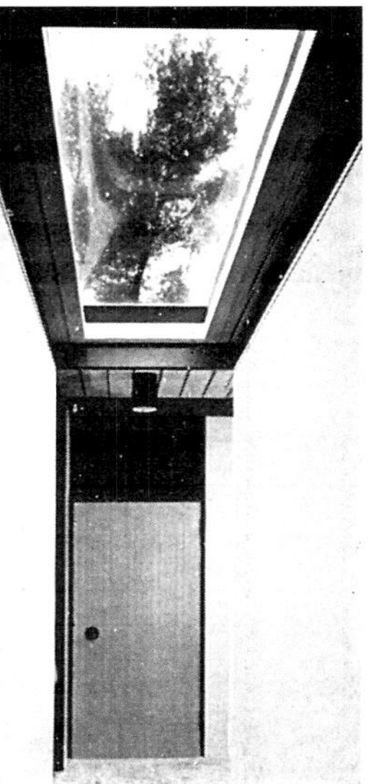

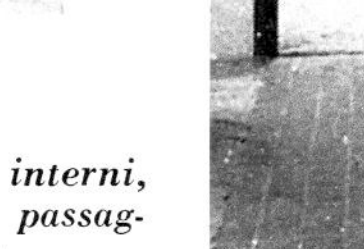

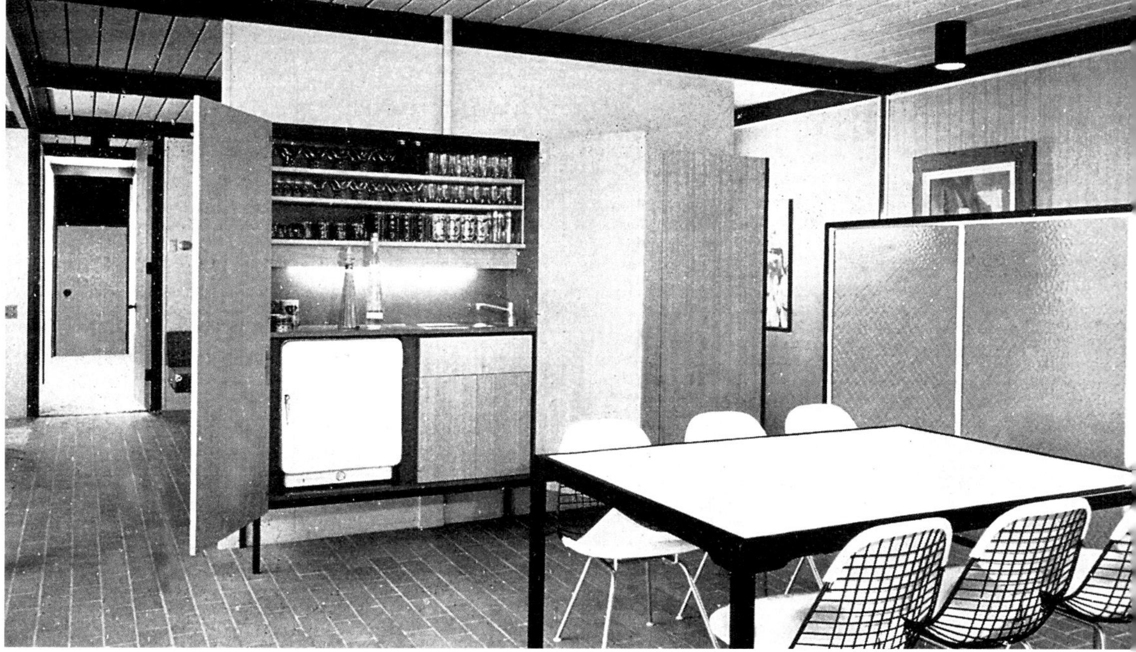

Qui sopra, uno dei passaggi interni, illuminato da lucernario (è il passaggio alla camera dei genitori).
A destra, l'armadio-bar nella stanza da pranzo: contiene un piccolo lavello in acciaio inossidabile, un frigorifero per le bevande, un piano di appoggio illuminato dall'alto, scaffali e ripiani per bicchieri e bottiglie.

domus 360
November 1959

The New House for 'Arts and Architecture'

Case Study House No. 18 (Field House) in Beverly Hills, California, designed by Craig Ellwood for *Arts and Architecture* magazine: views of children's room and kitchen

' tinello per la prima colazione, perto sulla terrazza, è una prosecu- ione della cucina. Questa, locale at- ezzatissimo, è fornita di apparec- hiature incassate (due forni, uno con irarrosto, due frigoriferi, tre coppie i fornelli, separate, due macchine er lavare e asciugare). Nella cucina pure la « centrale » del sistema ra- io che raccoglie le chiamate degli peakers delle camere da letto, e tut- : i vari segnali di allarme.

foto Marvin Rand

a casa di Craig Ellwood
er "Arts and Architecture", 1959

Translation
see p. 569

Una scultura e la sua ombra

James Prestini

James Prestini, il designer americano, ebbe — come egli dice — ad avvicinarsi al *design* attraverso venticinque anni di lavoro in legno (furono le « forme pure » delle sue coppe in legno scavato che gli diedero fama). Ora, dal *design* si è avvicinato alla scultura, dopo un viaggio in Italia nel 1953; e con lo stesso, e raro, senso di gradualità e di impegno queste sue prove egli le chiama non esperienze ma apprendistato.
Prestini attualmente insegna *design* agli studenti di architettura della Università di Berkeley.

A Sculpture and its Shadow

Carved wooden sculptures by James Prestini

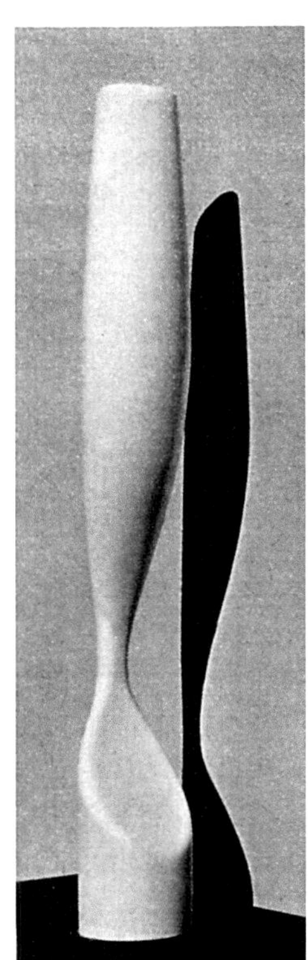

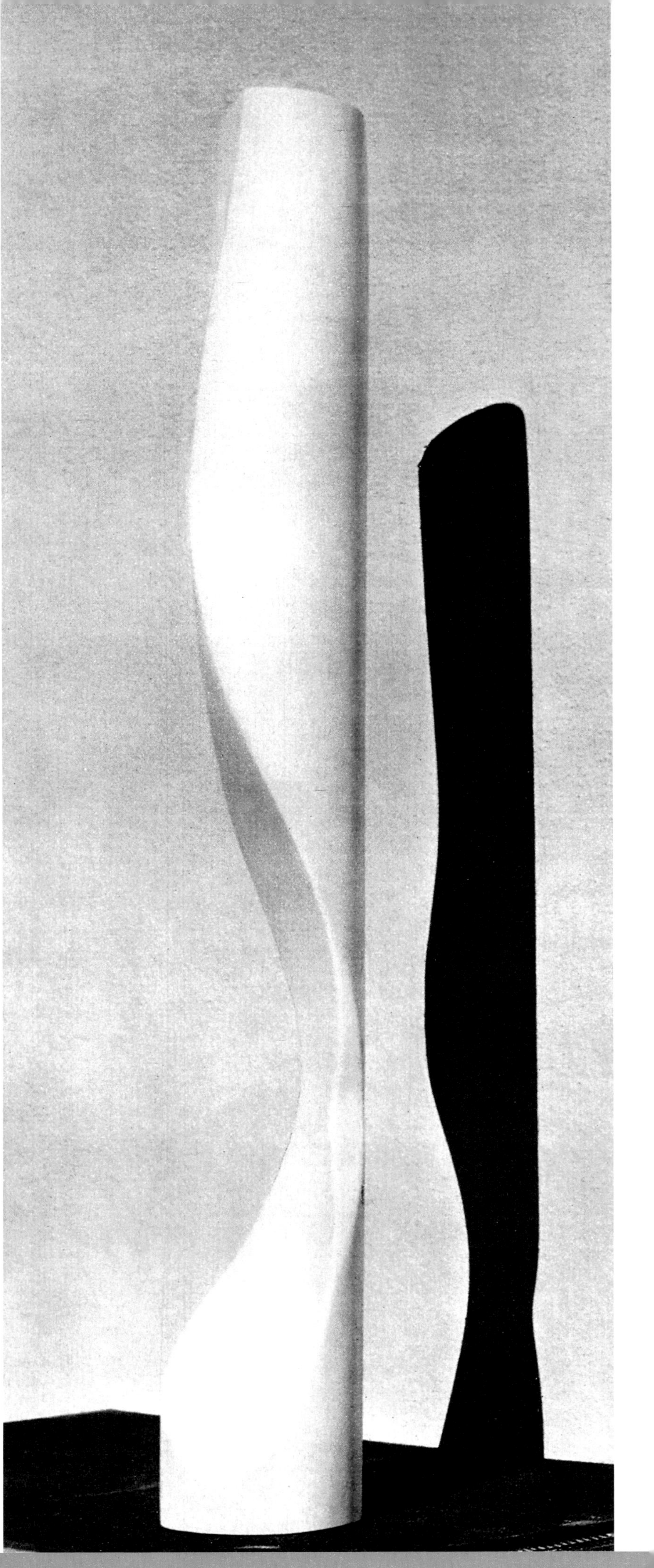

una scultura e la sua ombra

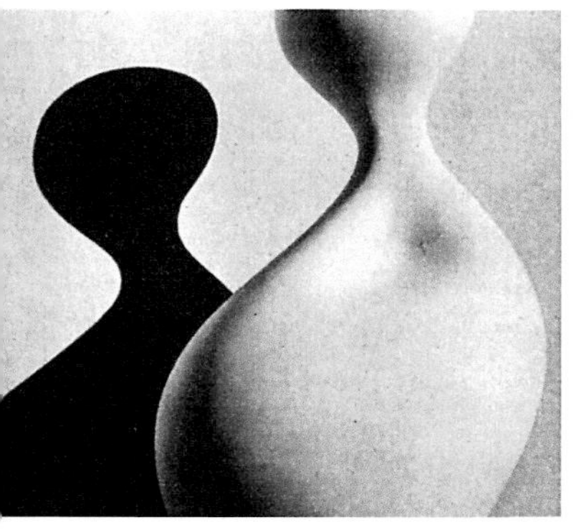

scultura di James Prestini

Translation
see p. 569

foto Herbert Matter

I colori di Eszter Haraszty

Per ogni ambiente, una sola scala d colore, e fondo bianco. Nella camer da letto, i quattro pannelli di tessut giallo-arancio sul traliccio sottile pro pongono una versione moderna de letto a baldacchino. Nel soggiorno, cuscini sono di quattordici toni di versi di rosa e rosso, in seta siame se, e il tappeto — su disegno di Es ter — in feltro di otto toni divers Entrambi gli ambienti appartengon a un attico, a New York, arredament recente della ben nota designer ame ricana (vedi Domus n. 325).

The Colours of Eszter Haraszty

Bedroom and sitting area designed by Eszter Haraszty for a penthouse apartment in New York

Translation
see p. 569

L'illuminazione è senza dubbio uno dei coefficenti più importanti nell'architettura e nell'arredamento moderni. Questa può essere orientata sia verso soluzioni decisamente funzionali come pure ispirata ad elementi di gusto decorativo. In ogni caso però è determinante la scelta di apparecchi rispondenti ad un equilibrato controllo formale e di esecuzione impeccabile. Stilnovo offre la garanzia di un prodotto realizzato nella più rigorosa osservanza di tali principi.

stilnovo s. p. a. direzione e stabilimento milano - via general govone, 78 tel. : 384.690 - 332.063 - 344.874
negozi milano via durini, 26 - tel. 793.064 via turati, 3 - tel. 665.957
firenze piazza duomo, 31r. tel. 287.362
filiale e negozio in roma via due macelli, 32 - tel. 673.772
stilnovo international uffici : 6 rue gobert, paris XI – negozio : 166 rue de fg. st. honoré, paris VIII

Advertising

Stilnovo advertisement showing various hanging lights

Nuovi tavoli e una sedia

Angelo Mangiarotti, arch.

Il disegno di questi tavoli — a piede centrale massiccio, in un pezzo solo, e a piano circolare sottile — ha origine da quelli che già publicammo (Domus numeri 286-289) con piede in compensato tornito, studiati da Mangiarotti nel 1953.
Questi nuovi tavoli sono di due bellissime serie — con base in bronzo tornito, e con base in beola martellinata — e di molte varianti, nell'altezza e nei piani: in legno laccato nero, noce, mogano, teak, palissandro, cristallo, marmo bianco pentelico, granito grigio, granito rosso di Svezia.
Al tavolo da pranzo con piede in bronzo si accompagna il mobile da pranzo con simili sostegni; ed una sedia di nuovissimo disegno (illustrata qui e a pagina 62).

Qui sotto, mobile da pranzo double-face, prodotto in due lunghezze (tre metri, con quattro ante scorrevoli e una cassettiera; due metri e quaranta, con tre ante scorrevoli e una cassettiera) in palissandro o mogano, con piedi in bronzo. Produzione De Padova, Milano.

New Tables and a Chair

Tables designed by Angelo Mangiarotti for De Padova and for Piero Frigerio

tavoli con base in bronzo e con base in beola

Nei tavoli con base in beola martelllinata il piano è appoggiato a una crociera in ferro laccato nero opaco. Le altezze dei tavoli variano da quaranta a settanta centimetri; i diametri dei piani da centocinquanta a novanta centimetri. Produzione Piero Frigerio, Cantù.

foto Casali-Domus

Translation see p. 569

New Tables and a Chair

Tables and chair designed by Angelo Mangiarotti for De Padova and for Piero Frigerio

foto Casali-Domus

Sedia da pranzo in mogano, o laccata nera, con sedile imbottito in gommapiuma e rivestito in stoffa o in pelle naturale. Disegno di Angelo Mangiarotti, Milano; produzione De Padova, Milano.

una nuova sedia

Translation
see p. 569

divano Naeko, disegno di Kazuide Takaham

via Emilia 211 - S. Lazzaro di Savena (Bologna) - tel. 390.26

Alessandria Metro *corso Savona* 8
Arezzo Domus *gall. Guido Monaco*
Bari Tre ar *via Abate Gimma* 167
Bologna Gavina *piazza Cavour* 1
Bolzano Tabarelli *piazza Walther* 8
Brescia Gaeti *porta Venezia*
Como Interiors *viale Varese* 61
Firenze Studio blu *piazza Duomo* 35 *r*
Genova Fuselli e Profumo *via Roma* 58 *r*

Livorno Giraldi *via Grande* 2
Lucca Mariani *piazza del Carmine*
Milano Frangi *via Verri* 8
Napoli Eller *piazza dei Martiri* 54
Novara Artecasa *via Montello* 3
Padova Artec *via Altinate* 31
Palermo Erma *via XII Gennaio* 9
Roma Ardelum *via Due Macelli* 59*f*

Roma Linea *via Nazionale* 190 *d*
Torino Domus collezione *via Lagrange* 25 *b*
Trento Arstile *via Belenzani* 60
Udine Vattolo *via Cavour* 1
Vercelli Arredarte *via D. Alighieri* 33
Verona Arseo *via Stella* 17 *b*
Venezia-Lido Stilfar *via M. Bragadin* 2
Vicenza Lanaro *via Milano* 62

domus 358
September 1959

Advertising

Gavina advertisement showing *Naoto* sofa designed by Kazuhide Takahama

stilnovo

apparecchi per l'illuminazione

stabilimento e uffici milano	via general govone, 78 - tel. 384690 - 332063 - 344874
negozi in milano	via durini, 26 - telefono 793064
	via turati, 3 - telefono 665957
filiale e negozio in roma	via due macelli, 32 - telefono 63772
stilnovo international sede	Paris XI 6, rue Gobert
negozio	Paris VIII 166, Fg. St. Honoré

Advertising

Stilnovo advertisement showing wall light

Translations and Text Continuations

All texts marked with a '' are new translations, that did not appear in the original* domus *issues.*

domus 302 p. 14

The Oscar Niemeyer House

This is the home that Oscar Niemeyer built for himself in a gorgeous, isolated part of Rio de Janeiro overlooking the sea.
The form of the house is defined by the terrain, following but not modifying its contour. The slope of the terrain accounts for the tiered, two-level configuration. A large boulder emerging from the ground was left untouched and was instead incorporated into the architectural solution as a decorative element: It forms the centre of the composition, between the two sinuous forms of the swimming pool and the roof hovering above. The house is see-through, from one side to another, so that the sea is visible even from the inner terrace that surrounds the swimming pool and extends under a dense canopy of trees. *

---

domus 302 p. 18

At Bygdøy, near Oslo

This is the house of Grete and Arne Korsmo, the two Norwegian artists and designers. (Korsmo designed the fine Norwegian section at the Triennale.) Within the frame of an attached house Korsmo has rebuilt space, looking for a tridimensional frame through different levels, depths and mirrors. Walls and ceiling are composed of sliding panels, luminous cases, slats and grids.

---

domus 302 p. 23

A Living Room Radio-Phonograph

The radio-phonograph is customarily conceived as a series of mechanisms arranged in a large box, and not as a device that takes form according to the most logical and closest connection of internal mechanisms, as was the aim in this piece of furniture (see the radio-phonograph in *domus* 294). It was conceived by Niels Diffrient, a young American designer and architect who worked with Eero Saarinen and the W. B. Ford Designer Corporation in Detroit.
The lightweight, dark grey chassis of this model is made of plastic impregnated with polyester resin, like some automobile bodies. The controls are arranged so that they can be reached from both seated and standing positions, and they are protected by a sliding wood cover, which closes the set. On the wall is an accessory speaker. *

---

domus 303 p. 24

Displaying Carpets

This shop for Redan of Turin was designed as a simple setting for the presentation of the strong colours and patterns of the rugs. The iron sheet lamps with their gentle curve define a soft space where the only expressive element is the steel and glass table.

---

domus 303 p. 28

A New Series of Lights in Aluminium Foil

These lights were studied to use the simplest methods of production and achieve a maximum of economy. The method is consistently that of cutting and joining the aluminium sheet without any welding. The results prove once more that the most interesting developments in the field of industrial design can be achieved only by creating new forms connected with the materials and the new processing.

---

domus 304 p. 30

A Bank

The measure of real progress in modern architecture is offered by the room the great economic institutions in our cities are giving to modern taste and modern expression. A true civilisation expresses itself when taste is no more a cipher but a conscious choice among the significant expressions. Here lies the interest of the commission for this job given to Zavanella by the Banca Popolare di Milano.
We have known Renzo Zavanella for years, since he was interested in some form of craftmanship of regional character. *domus* has been following his development up to the recent works: his train (*domus* 229), the Finmare Pavilion at the X Triennale (*domus* 303). Here we have one of the best examples of his expressive purity accompanied by that sense of measure all of us are fighting for.

---

domus 304 p. 34

Domus Index of Modern Materials

The latest aesthetic idea to have an impact on architecture (and also, more appreciably, on furnishings) comes from technology. It is the use of certain technological processes not only for their utility, practicality and ingeniousness, but also for their influence on taste, a critically important factor. Technological processes such as the jointed tubes of the past, and now these interesting Safim corner elements, can play an aesthetic role.
After having used this 'giant Erector set' in walls, structures and trusses, architects also welcome it into the home as a presence and expressive emblem because of the play of precision, essentiality and new structural fantasies that it represents.
Everyone remembers the incredibly intense use of tubes in a thousand different modern aesthetic expressions, particularly in countless works of art. These Safim structures are on the same level, and produce a higher degree of effect and greater compositional possibilities, thanks to their lightness, their combined resistance and slenderness, and their potential for combinations. These perforated angular structures represent the future look of construction, and that is why architects love to have them before their eyes.
For this reason we were pleased to dedicate the cover of this issue of *domus* to these structures, because they represent the emergence of new structural processes made possible by modern techniques and products. *

---

domus 305 p. 36

Expression of an Edifice: the New Olivetti Building in Milan

To present this large, new and complex architectural work, here we illustrate only those aspects which reveal its aesthetic character and are to some extent its formal symbol. In these elements, our readers – who can find a complete report in *Casabella* – will perceive the characteristics of that unity of expression of our time which we attempt to dissect in the many different examples that we present on our pages.
This unity of style extends to all of Olivetti's activities, and readers can perceive it as readily in Olivetti's typewriters as in its buildings and interior designs, from the shop in New York, which we presented previ-

ously, to housing for employees, also featured previously in *domus*. A stylistic unity can be seen in its manufacturing plants, to be joined by an important new centre in Pozzuoli not only comprising workshops but constituting a complex that includes homes, schools, services, and facilities for recreation and sport, in a unified whole of which the workshop is part and cause.

Meanwhile, we can observe this building, pointing out three fundamental features that pertain exclusively to the modern expression of architecture: the variability of its aspect within the unity of the theme (through the adjustable sunshades); the façade clad entirely in aluminium; the integration of art works directly into the architecture, as elements incorporated into the structure itself (as in Moreni's wall).

Further, and in our opinion this may be the most important element, there is the stylistic aspect of the interiors, so clean and clearly defined. The rigour of these interiors and their unity of style lead us to reflect with a sense of guilt about how often we abandon ourselves in these times to a romantic weakness for compromises that are nothing more than nostalgia, when we have the opportunity to achieve such pure, coherent and fully modern expressions. What we have here is an office building, but this same clarity of thought can and must be brought to bear when designing a house, a ship, an exhibition or a room.

Examples like this building prove that you can arrive at a style, and turn away from eclecticism. This style is not the isolated example of the Olivetti building and other structures, but the specific mode of expression of our civilization, a civilization that has its glorious aspects. This mode of expression, this style, is what must be present in us as taste, in our homes, in all things, so that the expression of our life may be as coherent as it has been in every great age. *

domus 305 *p. 38*

Two Environments: a Hall and a Living Room

Entrance and living room are integrated. The entrance is small and the birch plywood vaulted ceiling accentuates the feeling of a concluded volume. The living room is an elongated room subdivided into four areas: the fireplace corner, the cards corner, the music area, and the dining area.

Around the fireplace the blue ceramic floor defines a certain area. Some standard produced elements (Arflex sofa, Albini armchairs, Gregotti, Meneghetti and Stoppino tables).

domus 305 *p. 43*

A Fabric by Eames

This hand printed textile was designed by Charles Eames for the American Crayon Company. This big company has two Experimental Centers in Los Angeles and New York: the first designed by Richard Neutra, the second by Alvin Lustig, who is responsible for the graphic aspect of the Company's activities. It is a very interesting example of industry using the talent of the artists and the understanding of the public in its research phase. The Company publishes an art and education review: *Everyday Art.*

domus 305 *p. 44*

Floors Designed by Artists

These floors are original and interesting for two reasons: *SZ1*, the type of tile used to compose them, was designed by two architects, Marco Zanuso and Alberto Scarzella, and some of the floor compositions illustrated here were created by two artists, Giuseppe Ajmone and Edoardo Piccoli. These compositions show a great variety, rendered possible by the complex form of the tiles, which are fitted together like a jigsaw puzzle.

After the functional phase, which evidently had to address technical and operating requirements at the conceptual level, it is interesting to see the development of architectural elements showing a spirit of fantasy that goes beyond practical functions and pertains to the function of pleasure. Indeed, once practical considerations such as durability and cost are satisfied, these objects are also intended to satisfy the need for fantasy.

We may speak of 'decoration crime' when this decoration is elevated to a higher level and ascribed to academic schemes. What we have here are not 'decorated tiles' but tiles with forms that make it possible to compose designs without designing them.

The tile used to compose these floors is made by Ceramica di Lurago d'Erba of glazed ceramic with a special design that offers virtually unlimited possibilities for combinations of form and colour.

The special character of this tile resides in its being a decorative element unto itself, with curves and precise angles that make it very easy to lay. The final glaze is extremely hard and durable. *

domus 306 *p. 48*

Herbert Bayer, his House and his Work

A wonderful show of paintings by Herbert Bayer was recently held at the Galleria del Milione in Milan. In this article we present the studio that this painter and graphic artist designed himself, in addition to one of his architectural works and numerous graphic works that are significant because of their intrinsic value and history. Bayer's story is one of a happy and unique education: from the formal school of the Bauhaus in Europe to the development of activities and applications in America. In other words, he had a role within the movement and circumstances that created the principles and achievements of modern graphic art.

Bayer's principal activities and greatest contributions are in the field of graphic arts, always within the scope of the unified concept of plastic arts that is characteristic of that school. A native of Austria, he went to study at the Bauhaus in Weimar at the age of 21, and he worked there on mural paintings as a student of Kandinsky. He taught typography and graphic arts at the Bauhaus in Dessau. He participated in the great Paris exhibition of the "Deutscher Werkbund" in 1930 with Gropius, Breuer, and Moholy-Nagy, and in the exhibition at the Builders Union in Berlin in 1931 with Gropius and Moholy-Nagy, as well as in shows that he organized alone in Germany. In America, where he has lived since 1938, Bayer has not only been busy working in the field of graphic arts and advertising, but has also organized exhibitions for the Museum of Modern Art, after the one on the Bauhaus in 1938. He organized a series of graphic art works and exhibitions for the American government during World War II. A large atlas that he edited and designed for the Container Corporation was published recently. After New York, his base for operations became Aspen, Colorado.

This combination house-studio stands on the slopes of Red Mountain, just outside Aspen. Set in an isolated location commanding a panoramic view of the valley and mountains, it was designed by Bayer and Gordon Chadwick in 1950 as a hideaway where the artist could work in peace and quiet. It comprises one large space, the studio, where the sunken living and sleeping area, furnished with a sofa and bed on either side of the fireplace, is set off on the sides by pictures hung like suspended screens. A large window overlooks the valley. The ceiling above the living area is flat but is inclined over the studio space, rising to capture the northern light (the two north-facing windows of the studio have sliding translucent screens that can be rotated to follow the shifting path of the sun).

Text p. 52 – top left

Designed by Bayer and Fritz Benedict and built in Aspen, Colorado in 1953, the pavilion serves as a meeting and conference centre. It was conceived as a polygonal version of the 'round table' and comprises two hexagonal meeting rooms: a larger one with a seating capacity of 200 and a smaller one with 100 seats. They are linked by a loggia housing the dressing room, lavatories, etc. The air-conditioned conference rooms are without windows, to aid concentration, but a narrow skylight is set between the top of the walls and the ceiling. The floor of the larger conference room slopes in tiers from the outside towards the centre for better visibility from seats in the rear. The ceiling is composed of wedge forms painted in different colours, while the walls are white and grey. This scheme is reversed in the smaller conference room.

Photos/drawings p. 52 – top right

Top left: Bayer in his studio; graphic works and designs from 1929 to 1954

From top left to bottom right: Clash of Forces, painting, 1942; *Monument*, photomontage, 1932; *Front-view Profile*, photomontage, 1929; cover of *domus*, July 1954; frontispiece for the Atlas published by the Container Corporation of America, 1953; advertisement for the Container Corporation of America, 1945.

Photos/drawings p. 52 – bottom left

Top left: Diagram of air traffic control at an airport, drawn for *Fortune*, 1943.

Bottom: Installation for the exhibition "Bauhaus 1919–1928" at the Museum of Modern Art, 1938: The design on the floor, comprised of white forms on a grey field, is not merely decorative but serves to guide the visitor and focus the attention. On the right, cover of the book *Bauhaus 1919–1928*, published by Branford, 1950.

Text p. 52 – bottom right

Installations and designs by Bayer from 1924 to 1950.

Bayer has participated in the installation of outstanding exhibitions, including the exhibition for the Builders Union of Berlin in 1931 (above), executed in collaboration with Moholy-Nagy under the direction of Gropius, and the "Deutscher Werkbund" exhibition in Paris, 1930 (left). The Berlin exhibition marked a fundamental advance in modern exhibition technique: itineraries on different levels, out-of-scale photo enlargements, illuminated graphics that could be moved on command, and scale models to be viewed from catwalks above them. At the Paris exhibition, Bayer was the first to define the principle of exhibiting panels installed on different levels and planes, thereby 'interrupting' the space of the exhibition hall.

Top: Design for an advertising installation, 1924: a large rotating sphere covered with light bulbs. Below, a wall covered with ceramic tiles along an interior ramp at The Architects Collaborative (TAC) at Harvard University, 1950.

Bottom: Installation for the Paris "Deutscher Werkbund" exhibition in 1930; on the right, a diagram illustrating the system. *

---

domus 307 p. 54

At Caracas

We present in this issue some views of the extraordinary building boom in Caracas: in *domus* 295 we suggested to call on some of the masters of modern architecture to design some buildings in this new capital of architecture. We don't know how our proposal was received, but now that a similar solution is being adopted for Berlin a new neighbourhood in an old city, while in Caracas it would be a completely new city, we ask our friends in Venezuela to consider this proposal; they are daring and competent architects and they have nothing to fear from a comparison with the most famous names. We don't think America will avoid meeting Europe on American ground.

---

domus 307 p. 57

Interiors of a Villa

A one-storey house was designed by the architects in a large park not far from Como: two main wings cross, in the centre is the entrance. The house in such a way has no front or back, but views or privacy, according to the site and the use of the rooms. Interior architecture prevails over mere interior decoration or furniture design: thin partitions, floor-to-ceiling doors, and built-in cabinets are the main elements used in the composition. The practical sense, the balance of these architects succeeded in creating a particularly happy solution.

---

domus 307 p. 64

Innovations in Plastic for the Home

Plastics are now used universally, they are the clay of our times. Among the vast range of plastic objects that are produced, we have noted the special attention to design and practical applications that is evident in products made by Kartell. The boxes with sculpted lids and the square bucket shown here are formally very beautiful and they are also innovatively useful. *

---

domus 308 p. 66

Schools by Neutra

In 1923 the Museum of Modern Art in New York, then at the beginning of its activities, showed a model of a school by Richard Neutra, the Ring Plan School 1923. At the time Neutra was studying his utopian school for the modern public school system. Utopia gave the scheme he has been building since and the scheme that is used for modern schools throughout the world.

Schools, Neutra insisted at the time, should not be left to local initiative but studied by a joint commission of educators, architects and planners. They should be conceived and designed for factory production. The Ring Plan School, a scheme for warm climates, was based on a free plan, each class-room independent from the other with its own patio, its lavoratories, its library. The natural lighting from clerestories allows the maximum of flexibility in the interior set up. Wide sliding glass walls on a steel structure.

From the planning point of view Neutra was thinking of a school isolated in a green area outside of the city to be reached by the children by means of the school bus. He developed the idea into that of a large school centre in a park. It is the only point on which he changed his ideas to make of the school the 'necessary centre' of the community. But the basic ideas are the same from the Los Angeles School 1934, to the Kester Avenue School 1949 in Los Angeles, to the Tropical School of Puerto Rico 1944 and the new ones he is building with Robert E. Alexander in Guam.

domus 309 *p. 78*

An Italian Skyscraper in Prestressed Concrete

The first prestressed concrete skyscraper will be build on the Italian coast. Its spiral plan with a central core for the elevators is based upon the cantilevered floors. Its curtain walls will be all glass and will allow a view of its structure from the outside.

---

domus 309 *p. 80*

A Terrace

An architectural landscape is created up top of an apartment house to make up for the winter lack of greenery flowers.
The stone flooring is high upon the concrete roof and provides extra summer insulation and space for the water pools and the flowers bed level with the flooring.

---

domus 310 *p. 84*

First News from 'H55'

"H55" is the title of the exhibition of international decorative arts, industrial design and interior design in Helsingborg. The major part of the show is taken up by the Scandinavian countries. Other European countries, like France, Switzerland, Germany and Great Britain, are present with less exhibits. Italy was unfortunately absent, while a deep interest was created by the Japanese exhibits. In this magazine we publish views and elements from the best sections: the Scandinavian and the Japanese one.

---

domus 310 *p. 91*

Italian Design for America

The Raymor company of New York started 27 years ago when no shop whould buy anything modern, and now under the direction of Irving Richards it has a gross volume of business of 6 million dollars a year. To its fine list of distinguished designers this company has now added the name of Ettore Sottsass. Sottsass will supervise the production of the Italian factory Rinnovel of Sottsass designs for the Raymor Company.

---

domus 310 *p. 93*

The New Armchair by Erberto Carboni

Erberto Carboni designed this new armchair for Arflex, calling it the *Dolphin*. It has a two-piece tubular structure, with seat and back joined by two armrests made of moulded light alloy resting on a brass support, and with foam rubber padding on cord belting.
Arflex has given a particular look to Italian furnishings in the last few years, defining a typical, and imitated, Italian line, something like what has happened with automobiles. In practice, on a small scale but in a precise way, Arflex achieves the three fundamental conditions for good mass production: quality designers (Albini, Belgiojoso, Calzabini, Carboni, De Carli, Pagani, Peressutti, Pulitzer, Rogers, and Zanuso), modern techniques (foam rubber padding, elastic belting supports, capacity for disassembly, interchangeable parts), and planning for export (easy moving and packaging). *

domus 310 *p. 95*

Forms for Advertising

Some interesting solutions for different advertising problems. At the last Milan Fair a glass swimming pool was designed by Roberto Menghi and Egone Cegnar and used as a striking publicity exhibit for underwater swimming equipment and a travelling exhibition on a specially designed bus for a liquid gas concern, the stand for an oil company advertising its super-gasoline, the large pavilion for the same oil company at Milan Fair advertising natural gas, gasoline and lubricating oil.

---

domus 311 *p. 102*

A House in Milan

This apartment house was studied to allow the maximum of elasticity in the subdivision and composition of the apartments. The concrete structure has provisions for drains in any pilaster, while stairs and services are concentrated in a central core. This allows for apartments from two to eight rooms without the usual inconvenience of the long corridors. The façade reflects this freedom with the constant usage of two elements, the panel and the glass door. A continuous balcony runs along the façade to screen the hot summer sun.

---

domus 312 *p. 107*

The New Unité d'Habitation by Le Corbusier in Nantes

A new *Unité d'Habitation* designed by Le Corbusier was recently completed in Nantes. The new building is almost as big as the one in Marseilles (instead of 330 apartments, this one has 300), but it cost only one-fourth as much to build. To stay within the budget limits imposed for the HLM (*habitation à loyers modérés* – moderately priced rental housing), Le Corbusier had to sacrifice a number of features included in the Marseilles building: utility ducts incorporated in the piers, air conditioning, shopping galleria, rooftop solarium and gymnasium, and the double height (4.52 m) of the living rooms in the duplex apartments. This altered the external and internal appearance of the building with respect to the Marseilles structure, without impairing its aesthetic and practical appeal. On the contrary, the Nantes building represents an improvement over the initial experience in Marseilles.
The apartment house stands alone in the countryside outside the city of Nantes, in a park crossed diagonally by a pond: The northern piers of the building rise directly from the water on submerged reinforced concrete plinths.
The 18-storey-high building stands on four ranks of load-bearing piers, which do not contain the utility ducts found in the Marseilles structure. For this reason they are not as massive, and the space beneath the building is brighter. Access to the upper floors from ground level is provided by three banks of automatic elevators, each with a capacity of 16 persons.
The rooftop terrace of the building is different from the terrace in Marseilles but it, too, was conceived as an imaginary constructed landscape with buildings and streets and dedicated to children. It is largely occupied by the structure housing the nursery school, which is flanked by two streets. A small wading pool is located at the southern end.
The interior of the nursery school, with the children's snack counter and toilets. The rear wall is the negative of the exterior wall. The glass mounted in the square sealed windows is transparent and, in some cases, coloured: red, green, blue and yellow.

The inner corridors between the two rows of apartments are slightly different from those in the Marseilles building.
The typical apartment repeats the duplex arrangement found in Marseilles. Here, however, the master bedroom on the upper floor is not built as a loggia overlooking the living room, except on the stairwell side, where a small opening allows the mother to supervise her children on the floor below. The height of the living room is 2.26 m. There is a small bathroom, but there is no special shower for children. The space allotted to cabinets and shelving remains the same. *

---

domus 312 *p. 112*

Besides Architecture

At the Galleria del Sole, Gio Ponti organized an exhibition of his work 'besides' his main activity in the field of architecture: furniture, produced by Giordano Chiesa; chairs and armchairs, produced by Cassina; ceramics, produced by Rolando Hettner and the Cooperative di Imola; *Smalti*, produced by Paolo de Poli; silverware produced by Krupp, rugs and paintings. Some of his paintings were presented in very deep cases to form a complex composition.

---

domus 313 *p. 120*

Seaside Apartment Interiors

These interiors are found in an apartment house on the Riviera di Ponente. The architect engaged to furnish them could not alter the predetermined interior architecture and was thus limited to defining the furnishings: furniture, colours, and several window and door frames.
The architect relied mainly on furniture that he designed specifically for the apartments (including the chairs, dining table, armchairs, and cabinets).
All the furniture is walnut, the wall shelves are in slate, and the flooring in Albisola tile. The red, 'modern fold' folding door separates the dining area from the living area in the large open living space.
The dining table and chairs were designed for the apartment building, as were the coffee table and the two armchairs in the living room (*Fiorenza* armchairs by Arflex). The twin sofas are slightly curved. The lights were made by Arteluce. The built-in bookcase has slate shelves. *

---

domus 313 *p. 122*

Work and Whimsy by Fornasetti

A series of new pieces by Fornasetti are characterized by the play of unique pieces and mass production items. Play is the key to his work, and Fornasetti works a lot: the objects that he has created and printed are now sold worldwide, from Stockholm (Svenska Tenn) to Paris (Arcet) and New York (Lord and Taylor, Bonwit Teller, and Saks Fifth Avenue), as well as in Italy (Venini). It could be said that Fornasetti has become an Italian sensation: a number of qualities, fantasy and Italian handicraft techniques summed up in just one man, plus a few secrets. *

---

domus 314 *p. 128*

Source Book of Ideas for Architecture

Not the past, but the laws of architecture
Do we need the past as the formal and academic traditions present it – traditions that are transitory, from period to period? Do we need this past today in order to build a school, a hospital, a stadium, a library or a bank? Everything has changed in these fields. Do we need this past to build a railway station, a port or an airport? An office building? Factories or electric power plants? No, such buildings did not even exist, they do not have any tradition. Do we need this past to build the houses of today, whose use, size and structure have totally changed? Do we need this past to build in steel or with that marvellous material called reinforced concrete? We do not need it.
The various 'traditions' can never be taken as premises. We have the exhibitionistic, narcissistic habit of conscious assumptions, we progress through movements and posters. But would you hear Borromini, Bernini or Guarini proclaim, "Now let's do the *Baroque*?" or Louis XV say, "Now let's do *Louis Quinze*?" In order for something to be sincere and true, it has to be unconscious. We must not worry about a continuity to be established artificially, on purpose, because it happens naturally, as a result of our nature and destiny, without our considering that past as a required premise for action. That past, in other words, every past, and in other words, the past is useless to us, but there are instead certain perennial laws that do not belong to the past in the specific forms of tradition (because they do not belong solely to that) but belong to architecture, and belong to the human spirit. They are laws, always equal, that inform the architecture of every period and its masterpieces; they represent the measure of the values of art and are immutable.
We need these laws! They are continuity. They are laws of balance, proportion, coherence, essentialness, purity and serenity that vibrate poetically in authentic works of the art of architecture, which enchant us when we gaze on them.
And we will express them in a modern way according to our nature.
Form is always abstract, and the 'value' of art is always abstract.
People normally recognize two kinds of forms: abstract forms and natural forms.
Abstract forms are supposedly those which do not refer to something that exists in nature, in other words, they supposedly are not 'real'.
And natural forms are supposedly the ones that refer to forms we know in nature, in other words, human and animal forms, plant or mineral forms, and so on. And supposedly only these are 'real'.
This customary classification can help us understand what we are discussing, but only as pure terms of reference, because instead everything that exists is real – and thus abstract forms are also real.
However, many fine people tend not to consider abstract forms as forms; only natural forms exist for them, and abstraction is devilry, and so on. Instead, if we want to consider matters clearly, we have to recognize that the concept of form is, like all concepts, an abstraction, and consequently all forms, and thus even natural ones considered as forms, are abstract.
What? – someone might say – Even the form of a flower is abstract? Even the form of a carnation, to give a concrete example?
This – I would answer – can be classified as natural only in reference to the fact that a carnation does exist, and it can be referred to together with its colour, sap, odour, freshness and life, but if we consider it as form, all that we are left with is a sort of volute, which could also be a formal invention, and thus the carnation could even not exist.
That scroll exists even without considering the carnation. It is form, a form, and it will remain even when all memory of it has faded away. Thus it, too, is abstract as form. Take away its colour (i.e. bleach it), odour and sap, and what will remain is its form, *the form,* and thus something abstract. Therefore, even the form of the carnation, *as form,* is abstract.
To take another example. We admire the draped folds of cloaks on the Virgin Mary, saints, sovereigns, ladies and important persons in paintings and statues, but the greater or lesser appeal of these 'folds' is an

abstract value, it is the abstraction of their form, where it is no longer a question of cloak, cassock, cape, cloth and so on.
I say all this because many people still consider art (and together with it, the perception of forms) only if it imitates nature and is realistic (that is, if it corresponds with 'something that already exists', something that is real). They say, "We do not understand abstract art, abstraction, abstract forms", and they do not understand that all forms, even abstract ones, are 'real', and that all forms, even the so-called real ones, are abstract.
They set themselves in front of two old paintings that show St. Sebastian, for example, that are both realistic. The anatomy of the body in both is realistic, the tree to which the saint is bound is realistic in both, the landscape and the sky in the background are realistic, and the arrows are realistic. Nevertheless, one of these paintings is finer than the other, it has a greater value. Perhaps this greater value stems from the fact that it is 'more realistic'? This is impossible, because you cannot be realistic twice. It is superior because of its artistic and aesthetic values, because of formal, colour and compositional values that are exclusively abstract, both in substance and in the reciprocal relationships of harmony, from whose aspects and effects emerges the superiority of the artistic value of 'that' painting over the other. Thus, the values of art are also always abstract, and art is always abstract even when it is 'realistic'.
Then architecture is abstract art, even if it is conditioned by human use. *

domus 314 *p. 129*

Housing and Fantasy, a New Housing Project in Milan

Colour plays a very important part in the new housing project of Vie Harar and Dessiè in Milan. Several architects working on this project have used colour with daring. In this issue we present the work designed by Ponti, Fornaroli and Rosselli. (The photos of the work of other architects will be presented later in the magazine). The general plan was designed by Figini and Pollini and Ponti: a few five-storey buildings, long straight lines, and the rich texture of the one-family houses. The apartment houses define a central 'common' where the school and the playgrounds will be.
In this scheme, without any previous agreement, the different architects have supplied the rich life and strong language of colour. The examples shown by Ponti, Fornaroli und Rosselli illustrate the interplay of colour and form, changing with the point of view. And Ponti underlines the social importance of these individual characters in a housing project where the aim is not 'barracks' shelter but the individualized architecture which alone can give what the people deserve.
Not only good planning and efficient facilities but that creative fantasy which made the old cities live.

domus 314 *p. 134*

Colourful Walls and Designs for Flooring

The architect was here called to design the plan of a new apartment; furniture was designed by the architect when the existing furniture or the stock design furniture could not be used. In the entrance the most striking element is a white and black mosaic floor. In the living room, a long rectangle, colour plays a role in reproportioning the room: the walls are slate blue, white and yellow (for the ceiling). Doors are painted red with a white frame. The book shelf was designed by the architect for stock production; the structure is steel tubing, painted grey on brass adjustable bases.

domus 314 *p. 138*

With Mass-produced Furniture

The architect tried to achieve the maximum of unity in this apartment with a minimum of digression from the existing plan. The living room, by means of the wide sliding door, opens into the guest room. The entrance has a blue-black ceiling and grey walls, over the doors photo enlargements of old prints. Between entrance and living room is a translucent screen. In the living room the walls are painted blue-black, grey and yellow, the suspended ceiling in the dining area is yellow. The sofa and armchairs are designed by Zanuso for Arflex, the elliptical table is designed by Caccia for Azucena, the chairs are black Chiavari, the lamp is a Danish production sold by Arform. Furniture is stock production, but for the small table in the living room and the bar and radio designed by the architect.

domus 315 *p. 153*

Speech by Gropius at the Opening of the School in Ulm

The Hochschule für Gestaltung was officially opened in Ulm, Germany, on 2 October 1955. Founded and directed by Max Bill, it is the 'university for form', the school-workshop with which Bill is courageously reviving the concepts and work of Gropius' Bauhaus.
We reproduce this previously unpublished speech delivered by Gropius on that occasion because it represents a memorable document of his thought and belief.
Almost 30 years have passed since the day when I was in a situation like the one that Professor Max Bill is facing today – the opening in 1926 of the building that I designed for the Bauhaus in Dessau.
But my participation at today's celebration has an even deeper significance, because we can say that the work that began at the Bauhaus and the principles conceived then have found their new German motherland here in Ulm, as well as the possibility of their further organic development. If this institution remains faithful to its ideal calling, and if politics are more stable than at the time of the Bauhaus, our 'university for form' will be able to expand its influence beyond the borders of Germany, and convince the world of the need for and the importance of the work of artists for the prosperity of a genuine progressive democracy. I see its great educational calling in this possibility.
In our age, which is dominated by science, artists have been all but forgotten. Further, they are often derided and unjustly judged to be an unnecessary luxury in society. What civil nation today supports art as an integral, essential element of the life of its people? Today, on account of its own history, Germany has the great cultural opportunity to restore importance to the magical element as opposed to the logical one of our time, in other words, to restore the legitimacy of artists by reintegrating them into our modern production process.
The hypertrophy of the sciences has suffocated the magic in our lives. In this extraordinary flourishing of logic, the poet and the prophet have become the unloved children of an overly practical society. There is a saying by Einstein that illuminates our condition: "Perfect instruments and confused goals characterize our time."
The spiritual climate that predominated at the end of the century still preserved a static and contained character sustained by an apparently unshakeable faith in 'eternal values'. This faith was supplanted by the concept of a universal relativity, of a world in uninterrupted metamorphosis. And the consequently profound changes for human life have all, or nearly all, come to pass in the industrial development of the last half-century, and they have been more profound during this brief period

than in all centuries taken together. The head-spinning rapidity of change has made many people unhappily anxious, pushing many to the edge of a nervous breakdown. The natural laziness of the human heart cannot withstand this rhythm. Thus, we must fortify ourselves against the inevitable tremors, as long as the avalanche of scientific and philosophical ideas drags us along with such fury. Clearly, what we most urgently need in order to shore up our unsteady world is a new orientation in the field of culture. Ideas are omnipotent. The spiritual direction of human evolution has always been determined by the thinker and the artist, whose creations are beyond logical ends. We must return to them confidently, otherwise their influence will not be effective. Only when people spontaneously accepted the seed of a new civilization was it able to set down roots and spread. The unified, coherent attitudes of the society that corresponds to the truest nature of human life, and which is indispensable for its progress, could be formed only where new creative forces could penetrate every aspect of human life.

Until a few generations ago, our social world had a balanced unity, in which everyone had his place, and firmly rooted habits had their natural value. Art and architecture developed organically through a slow process of growth, and were accepted aspects of civilized life. Society was still a whole. But then, at the beginning of the machine age, the old social form disintegrated. The very instruments of civil progress ended up dominating us. Instead of trusting in moral principles, modern man is developing a Gallup poll mentality that is mechanically based on quantity rather than on quality and is aimed at immediate utility more than the good of the spirit. Even those people who opposed this standardization of life, this impoverishment of the spirit, were often misunderstood and even suspected of desiring exactly what they had decided to fight against. Perhaps I could cite the example of what happened to our university, and my own experiences. Not only during the Bauhaus but throughout my life, I have had to defend myself personally against the reproach of 'unilateral rationalism'. Shouldn't the decision of my collaborators at the Bauhaus have sufficed, with their intuitive artistic talents, to shield me from this criticism? Not at all, and even Le Corbusier was exposed to that same unjust suspicion, because he preached the gospel of the 'machine for living'. And can we imagine an architect more blessed with a sense of the magical than he? The pioneers of this modern movement were falsely presented as fanatical followers of rigid and mechanical principles, as glorifiers of the machine, at the service of a 'new objectivity', and by now indifferent to every human value. Since I, myself, am one of those monsters, I am amazed, after the fact, that people managed to exist on the basis of such a miserable premise.

In reality, of course, our first problem was to humanize the machine and find a new, coherent form of life. This is also the challenge faced by this School, and it, too, will face similar battles.

Aiming to place the new means at the service of human ends, the Bauhaus then attempted to demonstrate in practice what it was preaching: the need for a new balance between practical needs and the aesthetic-psychological needs of the time. I remember the preparations in 1923 for our first exhibition, which was supposed to illustrate the complexity of our concept. I had entitled the exhibition "Art and Technique: a New Unity", which certainly did not reflect a mechanistic concept. For us, functionalism was not only identified with the rational approach but also involved psychological problems. We thought that the realization of form had to 'function' in a physical and psychological sense. We were perfectly aware that emotional needs are no less powerful and urgent than practical ones. But the idea of functionalism was, and is still, misunderstood by those who see only its mechanical aspect. Naturally, machines and new scientific possibilities were of extreme interest for us, but the accent fell not so much on the machine in itself as on the desire to place it more intensely at the service of life.

If I look back, I have to say that our generation has committed itself too little rather than too much to resolving the problems of the machine, and that the new generation must tame it in order to arrive at form, if it wants the spirit to reclaim its predominance.

All problems of beauty and form are problems of psychological function. In a unified civilization, they are present in all aspects of the production process, from the design of a practical object to that of a large building. It is the engineer's task to realize a technically functional structure; the architect, the artist, will seek expression. He will *use* structure, but it is only beyond technique and logic that the magical and metaphysical aspect of his art will be revealed, when he possesses the gift of poetry.

A gift, an inborn talent can be brought to light by what we will call creative education. Education means very little if it means only the accumulation of notions.

The essential objectives of education must be characterized by the clarity and power of convictions and ideas, the spontaneous desire to serve everything: the common cause and education of the senses, not only of the intellect. Professional technical and scientific training must be subordinated to ethical training. A new system for getting rid of natural presumption, whose perils confront all of us, is by working in a group, the team, in which the individual members learn to subordinate their own interest to the cause. In this way, the person who will one day be an architect, a designer, will be prepared to work alongside an engineer, a businessman and a technician, with equal rights and responsibilities in the world of production. It is truly necessary for the architect to participate in this form of group work: He sits immobile on his old pile of bricks and runs the risk of losing any chance of succeeding in the world of industrial production.

If we analyse the contemporary world of production, we find the same conflicts as in the struggle of the individual against the spirit of the masses. In contrast with the scientific process of mechanical reproduction (today we speak of 'automation'), the artist's quest is for frank and free forms that interpret the vital sense of daily life. The work of the artist is fundamental for a genuine democracy and unification of ends, since the artist is the prototype of the universal man. His intuitive gifts will save us from the peril of super-mechanization that would impoverish life and reduce men to the condition of robots if it were an end unto itself. A proper education can lead to future, proper cooperation among the artist, the scientist and the businessman. Only by working together can they develop a standard of production whose measure is man, in other words, one that gives equal importance to the imponderables of our existence and to physical needs. I believe in the growing importance of group work for the spiritualization of living standards in democracy. Certainly, the spark of the idea that first gives life to a work appears in the ingenious individual, but in close cooperation with others, in a team, in the mutual exchange of ideas. And it is in the exciting crucible of criticism that we achieve the greatest results. Working together towards a lofty goal stimulates and heightens the abilities of all participants.

I would like to wish Max Bill, Inge Scholl, the Faculty, and the students the ability to generate within themselves the creative forces necessary for this idea of unity and to form a group capable of meeting all challenges and preserving their lofty goal in the heat of the inevitable battles that they will face. In other words, I hope that they do not pursue a style but constantly seek new expressions and new truths.

I know how difficult it is to pursue this approach when the formal product of conservative habit and technique is continuously presented as the will of the people. Each experiment demands absolute freedom as well as the support of authorities and private citizens with a broad vision, who look with benevolence on the often poorly understood labour pains that accompany the birth of something new. Give time to

this 'university for form' so that it can develop in peace. An organic art demands continuous renewal. History shows that the concept of beauty has continuously changed with the development of the spirit and technique. Whenever man thought that he had discovered eternal beauty, he fell into the trap of imitation and sterility. True tradition is the product of uninterrupted development. For its quality to serve as an inexhaustible stimulus for men, it must be dynamic and not static. There is nothing final in art, but only continuous metamorphosis, in parallel with the change of technical and social reality.
During the long trip that I took last year to Japan, India and Thailand, I came into contact with the mentality of the Orient, a mentality that is so different – so secret and magical – from the logically practical mentality of Western man. Will the future lead us through greater freedom of relationships in the world to a gradual interpenetration of these two attitudes of the spirit – the balance between the element of dream and soul, and the element of logic and intellect? Thanks to the fullness of the artist's nature, he is predestined to further this interpenetration, starting with its realization in himself – and this is a goal worthy of our enthusiasm. *

domus 316 *p. 162*

Decorated Laminated Plastics

The *Arlecchino* laminated plastics are an Italian laminated plastics line, designed by Sottsass. It suggests a variety of interesting expressions, signs, shapes and symbols more than colours.
The small side tables presented, one for each guest in the living room, have *Arlecchino* tops.

domus 317 *p. 164*

Venezuela, Country of Freedom

The Museum of Modern Art in Caracas by Oscar Niemeyer
The Museum, according to Niemeyer with its purity of expression and its simplicity, had to present a symbol for the modern movement in Venezuela.
"We have", he writes, "discarded the current solutions, based upon functional, topographic or economic factors. For the Museum in Caracas we had to have a new, compact and monumental form as an expression of the creative power of modern art."
The solution adopted is suited to the site, the concentration of the foundations into a limited space leaves the major part of the site free, the maximum of illumination is provided by the screened ceiling, the contrast between the enclosed exterior and the open aspect of the interior will provide the visitors with emotion and surprise.
The scheme provides space for: a large exhibition room, a medium size exhibition room and the deck all for exhibition purposes; the administrative and secretarial departments will be housed in the main building while the art school and library will move in a separate building.

domus 317 *p. 172*

A Tower with Offices and a Theatre

On one side of the wide Plaza Venezuela, in Caracas, architects Vegas and Galia have built the new Centro Polar: the Polar Building and a theatre, two separate buildings connected by galleries and overpasses. The Polar Building has a steel frame and glass and aluminium panels as curtain walls. The structure of the theatre is instead reinforced concrete.

domus 317 *p. 178*

For Mothers and Children

This building, at the outskirts of Milan, provides bright and pleasant quarters for unmarried mothers and their children. Three-storey high, with its two wings plan, it is surrounded by a garden. In the basement service and the chapel; at the ground floor the nursery, for resident and non-resident children and the management's offices at the first floor the mothers dormitories, a laboratory and the living room, dining room and kitchen; at the second floor the quarters for the nurses and the sisters.

domus 318 *p. 185*

A House Built Entirely of Plastic

This French house is the first house in the world built entirely with plastics. The project was built by the *Charbonnages de France* under the sponsorship of the *Salon des Arts Ménagers* and *Elle* Magazine. The designer is Lionel Schein, while Yves Magnant is the structural engineer. René Coulon, architect and professor at the Beaux Arts school was the consultant. It is still a prototype and the moulds used were still wooden ones, but it is designed for industrial production. The central circular core is divided into eight elements connected to a central column which acts as a drain for the roof. The plactics used are *Plexiglass* for the transparent portions and glass-fiber reinforced polyesther.
The weight of this house is eight times less than a traditionally built one. This type of construction really opens new ways to the development of the building industry.
One interesting point is that only six months elapsed from the first sketches to the complete house.

domus 318 *p. 189*

In Valsugana

The client asked for a house related to the natural setting and the architect responded with this neoplastic house: two-storey high, the living room and entrance on the ground floor and the bed rooms on the first floor, a mezzanine overlooking the living room is used as a breakfast corner. The different decks are connected with the garden and belong to it. The materials are the local porphyry stone, timber and reinforced concrete.

domus 318 *p. 190*

Domed Houses by Noyes

The system of construction was developed by architect Wallace Neff for the Airform International Construction Corporation in 1941: the dome is built in reinforced concrete over a neoprene bubble blown to the desired size. The solution by E. F. Noyes, built at Hobe Sound, Florida, improves the shape of the dome and introduces large openings for doors and windows. The cost is very low, and a new bubble can be 'blown up' if the standard two-bedroom house is to small for the family.

domus 318 *p. 192*

Interiors in Milan

The architects designed not only the interiors of this apartment but the building itself. The plan is a very clear one with its definite separation of service, day and night areas. We illustrate the day area, which is particularly interesting with its sliding panels and the resulting deep perspectives. A rich collection of modern paintings is housed in the apartment.

---

domus 319 *p. 201*

Brief Documentary on Félix Candela

Félix Candela is a Spanish architect born in Madrid in 1910. He lives and works in Mexico City and teaches at the Escuela Nacional de Arquitectura. His special field is thin concrete vault design and construction.
The Cosmic Rays Pavilion of the University of Mexico City and the very recent Church of the Virgen Milagrosa have been published in this magazine and are among the most interesting structures of contemporary architecture. Candela believes architects have to achieve the status of master-builders in an epoch when analysis is overrated and imagination and skill are the qualities required.

---

domus 319 *p. 204*

Two Offices: Layout and Furnishings

Vittorio Gregotti, Ludovico Meneghetti, Giotto Stoppino, architects. This office at the top floor of an existing building makes the best use of its opportunities: the staircase is illuminated by a cleastory with adjustable slats, the entrance and waiting room are connected by a long winding partition.

Office in Vigevano

The office has five rooms: entrance, secretary, two executive rooms and a waiting and show room. The desks are composed of ash slats which support a green cloth covered top protected by glass. The armchair was designed by the architects for industrial production.

---

domus 319 *p. 206*

A Large 'Akari' Light

This is the largest example of the *Akari* light: it is 120 cm in diameter and is made of extremely light, collapsible paper, like all the *Akari* lights that the sculptor Isamu Noguchi has designed and produced in Japan.
Noguchi says this about *Akari* lights: "They are those luminous objects which, like fire, have a fantastic power and almost non-existent body. The word *akari* means 'light' in Japanese, and it also suggests the idea of lightness in contrast with weight. The ideogram for thi, word combines the ideograms for the moon and the sun. The quality of the light from *Akari* lights is poetic, gentle and disturbing: they seem to be more fragile than they really are, suspended in the air. Almost bodiless, they do not occupy space. This is true both when they are open and lit and when they are extinguished, closed, and folded up, when it is even possible to stuff them into an envelope. They are as light as a feather, they can be hung from a string or a slender wand. They are perhaps a model that cannot be imitated because, though new in form, they are the fruit of an ancient tradition, both in terms of the material – handmade paper – and the workmanship, the craft of lantern making." ✲

---

domus 320 *p. 208*

A Second Youth, or the Splendid Age of Le Corbusier?

Ronchamp and the Indian projects of Le Corbusier made some young art critic mention evidence of the flowering of a happy new youth for the master. Gio Ponti thinks, on the other hand, that Le Corbusier is now enjoying the new freedom of the splendid age of maturity, when the polemic activities of the former periods, the need to fight his own battle against a non-responding world, is over and, at last, a man is free to express with power and strenghth the dreams of his youth. There is an extraordinary *Esprit nouveau* character in the Ronchamp chapel: Le Corbusier is now building what he could not afford to build in former years when he was too busy with social, technical, planning ideas, when he was a prophet and could not have time to be a full-time artist, when he saved just "une heure chaque matin pour peindre". And now he gives us the gift of "une architecture qui chante" at Ronchamp as at Chandrigarth, the lyrical architecture he has been celebrating all his life.

---

domus 320 *p. 216*

A Garden Pavilion

A modern version of the classic idea of the garden pavilion with transparent walls to enjoy the view of the trees, and a fireplace for the cold nights.
The pavilion near a swimming pool is a huge room, with glass walls on its four sides, a fireplace, a bar and a movie projector. The structure (the structural engineer was Silvano Zorzi from Milan) is reinforced concrete.

---

domus 322 *p. 227*

Modular Tiles

The purpose is to try and save the terrazzo and ceramic tile from the dreary uniformity of its present use. The shape, square, and the size, 4 ft, 6 ft and 8 ft, are the traditional ones in Italian production and this choice ensures the economic side of the project. The compositional possibilities are such as to suggest new uses for these materials beside the traditional ones.

---

domus 323 *p. 244*

An Invitation to Ronchamp

A visit to Ronchamp is necessary to understand the personality of Le Corbusier, known by the public more for his slogans or his polemic books than his work. So much of his work is really strictly connected with his theoretical enunciations, but Ronchamp is the result of a different type of generation, a pure art offspring. The Chapel of Ronchamp has extraordinary formal inventions, with its powerful white walls and its concrete roof; it has essential qualities, nothing can be added or taken away, it is different from any church ever built as possible and it is as much a church as any everbuilt; its language of expression is pure architectural language and the values it expresses have that perpetual character Palladio considered essential for a valid architecture.

Two sentences in the speech of Le Corbusier in presenting this church to the Bishop of Besançon can illuminate the spirit of his work more than our comments : "J'ai voulu créer un lieu de silence, de prière, de paix intérieur. En bâtissant cette chapelle ... le sentiment du sacré anime nôtre effort. Des choses sont sacrées. D'autres ne le sont pas; qu'elles soient religieuses ou non."

domus 323 *p. 246*

'The Television Set I Longed For'

Gio Ponti presents a new television set, designed by architects Montagni, Berizzi and Buttè, as the one he would have liked to have designed himself, but didn't. It is not, at last, an elaborate piece of furniture, but a 'set', a piece of efficient equipment like the old phonograph. This excellent piece is presented in the fine new show room we publish in the pages of this issue.

domus 324 *p. 250*

Room with Mass-produced Furniture

Some of these pieces were published in *domus* 311. We now present the new pieces that can be assembled or composed with others and be combined in any number of ways with a maximum of flexibility. Tables and bookcases, shelves and benches, stools and beds and cabinets provide a whole range of furniture elements.

domus 324 *p. 252*

America: New Furniture by George Nelson

George Nelson has designed a new series of furniture for Herman Miller, including this surprising easy chair (the *Marshmallow* chair, as Nelson calls it, after the soft, sweet American pellets). It is composed of 18 round foam rubber cushions lined up 'like typewriter keys' on a metal structure. Each cushion bears weight independently. *

domus 324 *p. 253*

Knoll International in Italy

The new Knoll International showroom in Milan is located in an old Milanese palace: its new decoration provides a worthy background to the good pieces from the Knoll production.
The floor is Tuscan travertine, the walls white plaster, columms and piers glossy stucco; the ceiling with all its surface and coloured panela provides continuity without disrupting the animated exhibition.

domus 325 *p. 258*

A Weekend House at the Lake

This house is for the weekends of a young couple very fond of fishing. The structure is concrete and stone, the walls bricks. In the porch is an outdoor fireplace for barbecues. In the living room the sheet iron place is painted black on the outside and red on the inside. The sofa and armchairs designed by the architects are produced by Cassina, the leather chairs are produced by Moretti.

domus 327 *p. 270*

Structure and Colour

Two ideas in the same spirit; colour, light and signs are not conceived as elements to be added (decoration) to a structure but as integral parts on the main composition together with structure. One example is the corner of a small ball on the ground floor: a pint-size glass and wood screen window and a ceramic wall with light modulated by the screen playing its rythm on it. The second example is a wall with a radio and some shelves composed like a typographical page where graphic and not structural features play the main role. (Ettore Sottsass Jr.)

domus 328 *p. 274*

Villa in Skövde

This house was designed for a contractor on a wooded site near the town of Skövde. The house had to respond to the need of a family of four and also provide room for some formal entertaining connected with the owner's profession. On a small site the house had to be two-storey and the final design was based on a system of continuous screen walls to enclose different areas for the varied activities of the family, both inside and outside as composition of the same space. The areas enclosed by the screen walls on the ground floor are four: the living area, the kitchen, the maid's room and the garage. The screen walls are in concrete blocks simply painted on the outside and plastered inside.
The upper floor is built on a timber frame supported by laminated wood beams carried by the concrete block walls of the ground floor. The interior of the upper floor is panelled in pine, light stain, but for the bathroom, where oilpaint is used. The floor is blue linoleum. The plastered walls of the ground floor are painted light grey and white, the ceiling boards are lightly stained. The stairs have solid pine beams and treads and a handrail in teak. The floor of the living area is in Swedish pine. Because informal meals in Sweden are mostly taken in the kitchen but formal meals are really an important social occasion, the dining room was designed as the setting for such occasions, centreing the attention on the table.

domus 328 *p. 278*

House on a Hill in New Jersey

A house designed by architect Kolb for a family with three children on a rocky hill in Watchung, New Jersey. The walls are in bricks, the large window walls are in *thermopane* glass. The living room has two brick walls, besides the fireplace walls, while the other walls are panelled in natural ash plywood; the floor is in wood planks. The kitchen is a free standing booth in the living room with a plastic dome and an electric fan for ventilation. The furniture and lighting fixtures are all designed by Kolb Associates. The cabinets are built in.

domus 328 *p. 280*

An Apartment for a Newly Married Couple

This apartment was designed for a young married couple and was happy opportunity for the architects to express their own ideas with congenial clients.
The living area is a continuous space where the light wood screens create special zones without cutting the main unity. The uniform matting as a flooring contributes to the effect. Collected pieces, furniture of

foreign or Italian production, play an important role on this stage: the Saarinen chair; the sofa designed by the architects, a gondola oarlock, a Munari 'useless machine', a Noguchi light.
In the bedroom the matting on the floor is dark purple, the walls are green, the bed is black painted steel and ash with a black and white mattress and a light green cover. The wood sculpture is by Chighine. The triangular tables were designed by the architects.

domus 328 *p. 286*

A Shape for Architecture

Architecture has simplified its surfaces but wants to ensure permanence; the lack of cornices and overhangs makes stucco walls deteriorate quickly, especially in the metropolitan areas.
A wall finish that can be washed by rain and that happily contrasts with the modern materials like aluminium or the traditional ones like wood, is what is needed.
The old terracotta tile or the modern glazed or unglazed ceramic tile are permanent materials. We are now looking for new textures which can be achieved by a patterned face. New plastic values are added to the natural qualities of tiles: the diamond shaped faces, for instance, give new life to the surface of architecture when the sun hits them or when the night lights or the shadows of the clouds play on them.
For these reasons Gio Ponti is glad to present the new types of ceramic tile produced by Ceramica Joo, a leading manufacturer in its field.
Architecture as art is an illusive art, the wall tiles we illustrate add unbelievable qualities of lightness and grace to architectural volumes.

domus 328 *p. 288*

New Ceramics

Some pieces designed by Sottsass and produced by Bitossi in Florence for Raymor in New York. The character is the traditional one of Italian ceramics: very simple, plain material and solid well turned forms. It is the same main line of Mediterranean ceramics which is so different from the precious hard material of the Scandinavian production, it is simply *coccio*, earthenware, without connection with the 'art production' which is often an attempt to force the limits of the material and approach painting or sculpture.

domus 329 *p. 289*

A Centre for Meditation in California

This centre, built by the Ford Foundation at Palo Alto, California, near Stanford University, was designed as a place for study, meditation or as a place for meetings of the students of the behaviour sciences (psychology and sociology).
It is like a modern version of the cloisters, a cloister for laymen and their short stays. The architecture has a light simple structure: one-storey redwood constructions and sliding glass walls.
The central core, shaped like a Greek cross, is for administration, living, dining and library, and board meeting room: the eight pavilions with the 'cells' are for the guests. The atmosphere of natural quiet suggests the cloisters and gardens of the Spanish Mission in California.

domus 329 *p. 292*

Architectural Studio

The office is developed on two floors, the upper one is an attic, connected by a steel staircase. Furniture is of standard production and can be looked at as sample furniture. On the lower floor is the entrance, the meeting room, the private office, on the upper flor is the large drafting room with its glass wall, services and an independent exit.

domus 330 *p. 296*

House on the Hill

On the hills near Turin with a splendid view of the city and of the Alps an old house was remodelled by architect Sottsass for a young family. The long row of uniform rooms was broken to form a large living room with a wide window to enjoy the view and the new terrace. A new entrance was opened to give direct access to the living room.
The interiors are very simple in design: from the entrance to the living room one reaches more and more light, a wider view of the sky; the interior space, in contrast with the grand proportions of the outside view, is on the human scale: a low ceiling and the warm colour of the fir panelling on the walls.

domus 330 *p. 304*

Printed Tablecloths and New Fabrics

Gio Ponti designed for JSA of Busto Arsizio, a print textile company, these panels to be used as door decorations. With a plastic protection they are very practical and provide a painting as a door, or a door as a painting: signed drawings by famous artists in a limited edition.

domus 331 *p. 306*

House on the Marne

A house built on the river slopes, the north front is all glass and looks on the river, the south front is screened from the road by a six-foot high wall. The inside is designed as a single continuous space with the light plastic movable partitions hung from a U-shaped steel element. The lights are screened by the same U-beam. The glass front to the north is protected by coloured plastic sliding panels.

domus 331 *p. 309*

Living Room on the Lake

A new wing added to a small holiday house on lake Washington, near Seattle: it is the living room wing, open towards the lake to the south and protected to the north by a stone wall with its fireplace.
The room is just one space with the isolated element incorporating radio, television, records and bar. The furniture, but for the Eames chairs, was designed by the architect. The roof is supported by thin turned maple posts.

domus 331 *p. 310*

An Interior Garden and Coloured Walls

In the small secluded garden of the Knoll Associates' new showroom in San Francisco: wood boards define a path on the gravel, the climber vases are sheathed in matting. In the interiors the pieces of furniture are composed with the coloured walls with graphic precision.

---

domus 331 *p. 313*

Danish Bowls for Italian Style Cooking

Mass-produced Danish bowls in enamelled iron *(Krenit)* are black on the outside and have gorgeous colours on the inside.
They are unbreakable, easy to wash, cheerful, and come in a wide range of sizes. The pasta bowl, black inside and out, is very large and can serve 15 to 20 people (at Arform, Milan). *

---

domus 333 *p. 317*

Venini, Stained Glass Windows

Stained glass windows composed of mosaic elements were suggested to Venini, during a trip to Greece, by the structure of some ancient walls in Delos.
A stained glass window of a different type was studied with the collaboration of architect Oscar Stonorov of Philadelphia for the doors of a restaurant in a big American department store. Here monochrome elements of glass are used.
Again in collaboration with architect Stonorov colour in glass was used for Solidarity House in Detroit. Here it is white glass with 'brush strokes' of colour.

---

domus 334 *p. 318*

A Department Store in Rotterdam

In 1930 Dudok built the first Bijenkorf department store: It was an architectural event, and it was the most advanced design in Europe at the time. Now, after the damage of the war, Marcel Beuer, with the Dutch architect A. Elzas and the American architect Daniel Schwartzman, designed this new imposing structure. It is a single enclosed volume with the graphic pattern of its facing and the narrow cuts brightly lit at night. The big metal sculpture is by Naum Gabo. The building houses a restaurant and bar, a travel agency, a Post office, a 600-seat cinema. In a separate wing, glass enclosed, spacial exhibitions are held.

---

domus 334 *p. 321*

A Folding Bed

The hinged bed can be adjusted to the most comfortable positions for sleeping, reading or long confinement by pressing a simple, quick command button on both sides (the bed can be paired up). It can also be raised from a minimum of 40 cm to a maximum of 70 cm off the floor. Designed by the architect Osvaldo Borsani and mass-produced by Tecno, the bed is patented; its foam rubber mattress was expressly designed and manufactured in collaboration with Pirelli Sapsa. *

domus 335 *p. 326*

House in California

A house designed by Greta Magnusson Grossman for herself was built on the top of a hill in Beverly Hills with a grand view of the city and the Ocean. The house was designed with this view in mind, it is cantilevered from the slope of the hill. The front is all glass, the most intimate part of the house is the garden in the back. Furniture and lights designed by the architect.

---

domus 335 *p. 330*

Exhibition at Villa Olmo

In Como during the months of July and August the Villa Olmo exhibition was held with contributions by the most well-known Lombard architects.
The title of the show allowed a maximum of freedom; from the cooperation between architects and artists to the problem of standard production, from the relationship between modern pieces in ancient surroundings to the study of space.
Every architect present in the Como exhibition was able to contribute with a valid document of his work to the most controversial issues of architectural expression, in the interior field.
The show, under the sponsorship of the Mayor of Como, Lino Gelpi, had an international jury composed of André Bloe, Felice Casorati, Alfred Roth and Alberto Viani.

---

domus 336 *p. 334*

A New Armchair

A new armchair produced by Arflex, is the *Lucania* chair, designed by architect Giancarlo De Carlo. The structure is sheet iron which supports the elastic ribbons for the back rest. The seat is a separated unit which is upholstered and put into place at the end of the assembly process like an independent cushion. The cover fabric can be easily taken off for cleaning.

---

domus 336 *p. 336*

Interior Details

A few details in a new apartment in Bergamo: the living room fireplace has a cylindrical shape, it is iron painted black on the outside and red on the inside; in the living room the armchairs designed by the architects and produced by Cassina are upholstered in Siena coloured latex; the coffee table in is walnut with a steel structure; the bookshelf has walnut shelves and steel supports; the bar corner has wall panelling in walnut and chairs upholstered in red wool cloth.
In the bedroom the head board is assymetrical: at one side it supports a chest of drawers, at the other side a vanity.

---

domus 337 *p. 340*

Country House Near Paris

This house which is surrounded by a meadow, is located not afar from Paris (south-west) just on the border of a wood.
Built by architect Wogenscky for himself to live in with his wife, sculptress Martha Pan, it has an atelier and a studio, besides the rooms to live

in. The interiors are of special interest as they are arranged: atelier and living room are two large premises of double height, 4.85 m, on which open the other rooms, 2.26 m high (the end of the atelier, dining room, bedrooms, studio, cloak room); this has permitted a continuity of space, a depth and a variety of views and perspectives, a largeness of breath.
Only the rooms for children, or guests, are completely closed. Sliding walls to separate the atelier and the living room; and between the bed room and the studio, wardrobe-walls.
A very small bedroom, a wardrobe divides it from the cloakroom, on which opens the bathroom. Kitchen bar in the interior of the living room. The architect has largely employed Modulor.

---

domus 337 *p. 345*

'Proposals for a House' at the XI Triennale

This pavilion in the park of the Triennale is not a small house but a complete element of a very interesting structure conceived by Giovanni Varlonga and realized by FEAL, which the Ponti-Fornaroli-Rosselli Studio presented at the Triennale after integrating it with other building novelties introduced by Gio Ponti and with the furnishing of a small flat.
Besides the structure, the coverings, the linings and the peculiar and interesting windows of FEAL, we have to consider the coloured cement-glasses (the latest innovation) of the Fidenza and the ceramic coverings of the Joo. Pirelli has largely contributed with Pirelli gum and linoleum floors, the viniltex walls coverings (latest, very interesting novelty) and Pirelli-Sapsa ceilings.
The Formica furniture is by Chiesa, the pleated curtains by Monti and Cantieri Milanesi, the armchairs by Cassina.

---

domus 337 *p. 352*

On a Pedestal

Chairs and tables designed by Eero Saarinen for Knoll International belong to a series 'on a pedestal' which will also include sofas and deck-chairs.
The solution of the unique pedestal, for different pieces of furniture, was adopted by Saarinen as a simplification in order to give the furniture a plain and structural unity.

---

domus 339 *p. 356*

A New Work by Michelucci

Here we present Michelucci's new and extremely interesting work, the headquarters of the Cassa di Risparmio di Firenze, and at the same time we have the pleasure of publishing an excerpt from an interview with Michelucci by engineer Paolo Carpegna on the subject of the architect's work.
Q: What does this new work represent for you?
A: A good opportunity to clarify an architectural concept that has been maturing in me during the past few post-war years.
It is clear that I do not suffer from the pretence or illusion of being the first and only person to have this architectural concept, or idea, but only of having made my contribution to clarifying it.
In using the term 'architectural', I understand it also to mean 'town-planning', because the separation of these two terms has never made any sense to me. When the two terms are separated, the so-called crystals of architecture are born – structures conceived for contemplation of the object in and of itself.
Q: And what is the architectural concept or idea that you wanted to clarify?
A: It's simple and has been clearly expressed many times by others: 'Architecture follows life'. In other words, every architectural space is in continuous construction and definition of itself.
Medieval towns still offer us rich sources of learning. The invariability of 'classic' spaces is definitively rejected in them. The geometrically defined space, the architectural barrier, was replaced by a space that can be defined as filtering and dynamic. The roads or squares in a medieval town are (to use a biological simile) just like elementary processes subordinated to the organism (which in our case is the city), and these elementary processes acquire meaning only in the context of the organism.
Modern architecture reconnects to this medieval experience, while clearly rendering it contemporary. In that experience, every building (particularly every public building), as an integral part of the town organism, is an organ that must establish a continuity with the organism itself (the city) and must connect with it practically and spatially, without interruption.
The bank is a fundamental institution in modern life, and therefore in the city. For this reason the building must have a structure that highlights its public function. The new headquarters of the Cassa di Risparmio di Firenze was inspired by this principle. The traditional concept of the closed, fenced-off bank building to be defended against the city has been replaced by the opposite. Unfortunately, to add a parenthetical aside, it could not be applied because the Fine Arts authorities did not allow the Cassa di Risparmio to open onto the street, and they also required that the existing façade should be preserved because the building had been declared architecturally important. At the same time, it allowed the moving of windows and required that the limestone surrounds of the windows be executed instead in stone. It also required that the old entrance be left in its original form and position. Now that portal is walled shut with its wooden doors sealed, for if they were opened, the uninformed visitor would step into a stairwell.
This example makes the principle of false doors and windows a topical issue, while proposing a new problem for art criticism. On the basis of this principle, the elements of a building that is declared architecturally and therefore artistically important may be disassembled and reassembled, modifying their condition and position.
As I previously mentioned, the traditional concept of the impenetrable bank confronting the city with distrust, was rejected here and an opposite one was applied.
On the ground floor we find a new internal street connected with Via Bufalini, which is like the hinge on which the rooms, offices, and staircase are attached, linking the interior and exterior spaces with each other. In fact, the garden is visible from every side. Even the upper floors are articulated on this hinge.
Infinite 'episodes' create private spaces inside the general space so that a person may isolate himself if he wishes, while participating in the life of the entire building.
Q: But what guarantees the security of the bank?
A: Since what happens everywhere inside is visible from every side and every level, it would be impossible to attempt a 'heist', unless the heist were undertaken by a very well organized army of gangsters ... *

---

domus 339 *p. 359*

Large Two-storey Living Room

The architects were called in to organize an interior quite definite in its character: the two-storey living room in a new apartment house designed by Gio Ponti. The architects brilliantly managed to answer the needs and requests of the client without breaking the feeling of

space of these interiors. Plants and lamps provide a green outside perspective in front of the big glass wall. In the living room a turning cabinet acts as a screen from the entrance. The long red and dark brown sofa is composed of different elements; it was designed by the architects. Above this sofa is an oil copy of a Goya cartoon for a tapestry.
On the balcony is the bar with its water basin and refrigerator according to the wish of the client. The pearwood and walnut panels make it very warm forming a good relationship with the collection of paintings assembled in front of it.

domus 339 *p. 364*

A New Mass-produced Sofa

The structure of the *Saturno* sofa is composed of three linear metal parts. One part forms the arc of the back, a ring-shaped part forms both the front rim of the seat and the rear floor support, and a third part defines the inner rim of the seat and the back as well as the lateral supports. A web of rubber rings is mounted and stretched between the arcs created by the frame, supporting foam rubber cushions. The sofa, 205 cm long, is extremely comfortable because the elasticity of seat and back are complemented by the spring in the floor support. The fabric upholstery is offered in various combinations of two colours. *

domus 340 *p. 370*

Aspects of Two Villas by Marcel Breuer

Two houses by Marcel Breuer: One house was built on the slope of a hill with a view of Lake Superior. It is composed of two separate wings: one for dining and living and cooking, the other for sleeping. The structure of the living area wing is a very peculiar one: it supports the whole wing by means of two laminated wood beams.
Gagarin House in Connecticut: This is a big house for a large family (parents, three children and two servants) and room for guests. Built on two levels on a sloping site it does not look as large as it is: the entrance is on the top level where the parents quarters and living area are situated, overlooking the grass planted decks which shelter a children's and guests' quarters at the lower level.

domus 340 *p. 374*

Large American Offices

The headquarters of Connecticut General Life Insurance Company in Bloomfield, Connecticut, were designed by Skidmore, Owings & Merrill, architects.
The larger building houses offices, auditorium, medical centre, library and, in a separate wing, restaurant and living space. The second taller building was designed to house more offices and the executive offices. The interiors were completed and furnished by Florence Knoll Associates. The organisation of these interiors is based on the modular system of the building architecture and is carried to its logical conclusion in the very practical solution of every single case.

domus 341 *p. 380*

New Designs by Tapio Wirkkala

After several experiments Tapio Wirkkala managed to realize an idea he has been pursuing in his researches for a long time: he has discovered the process by which the structure of wood, its vein, can be projected on a plane surface and its lines directed according to a preestablished plan. This process was discovered in technical collaboration with Askon Tejtaat Oy, a firm in Lahti, Finland. The wood used is the Finnish birch. The possibility of repeating a 'pattern' in the wood vein *ad infinitum* makes it interesting as an industrial product. It is a piece of industrial design in its characteristic of repeatability which was never associated with wood.
Another production by Tapio Wirkkala are these splendid flat trays in different plywoods. These pieces were presented at the XI Triennale.

domus 342 *p. 385*

George Nelson's Experimental House

George Nelson, the well-known American architect and designer, designed this house as a pure industrial product, to be manufactured on a large scale. The house is composed of several units; each unit is based on a square plan metal structure (12 ft x 12 ft), with light panel walls and a translucent dome roof. The basic unit can be combined with a minor unit (4 ft x 12 ft) supported by the basic ones and providing closet space or passages between the different units. The freedom of the composition is extreme and the interest of the resulting spaces is evident.

domus 342 *p. 386*

New Arrangements of Interiors in a Bank

A new arrangement of the Credito Varesino vault was studied to make room for the safe deposit department and to provide comfortable and pleasant space for the clients. The walls are covered in light grey plastic, the door jambs are in walnut, the floor is trachyte stone, but for the vinyl tiles in the tellers' area. The clients' booths have walnut panel walls, inside the desk and the Arne Jacobsen chair are red morocco leather covered. In the safe deposit room the safes are painted grey, the steel structure of the balcony passage is covered with red morocco on foam rubber. The lamp screens are painted a Chinese red, the carpet is coal grey. The steel gates double as a visual screen from the main hall. The colour is matte white.

domus 343 *p. 401*

Sports Centre in the Park of Monza

A new pavilion in the park near Monza as part of the development of a sports centre. The roof is composed of several square-plan umbrellas in reinforced concrete at different levels. The ground around it is a lawn with trees all the way to the swimming pool.

domus 343 *p. 404*

Small Interior for Two Young People

The living room is for a brother and sister; he is a movie director and she is a music composer. A bed to accommodate occasional guests is inserted into the long low piece of furniture supported by the protruding wall. The triangular desk stresses the order achieved in this difficult space with its definite areas for living and dining. The very inexpensive lights are generally used in bathrooms; here they play their role in the composition of colours and textures. The bas relief is by Pomodoro. Chairs, sofa and armchairs are standard products of a new Italian manufacturer.

domus 345 *p. 410*

First Impressions of Brussels

Our first series of photographs of the Brussels Exhibition were taken immediately after the opening, when many pavilions were as yet unfinished. Starting with the American Pavilion – the most extensive of all, as it covers an area of 18.580 m² – we welcome the section "The Face of America" in which we find the image most dear to us in the ideal panorama of the USA, with the characteristic specimen as of well-chosen aspects of the American way of life, American nature and habit: natural products, spontaneous flora, traditional objects, instruments, etc.; and suspended from the ceiling a 90 ft long map of the United States. Finally, a special side-glance for the three small pavilions called *Unfinished Business,* illustrating the things in America which are not so good (the negro problem, the overcrowded cities) but which Americans are bent on bettering. Interiors by Leo Lionni, for the review *Fortune.*

Of the Italian contribution, still in the process of being fitted out, we reproduce the Olivetti room, by architects Gardella, Belgiojoso, Peressutti and Rogers, so perfect in style that we would wish the whole Italian presentation were of this tenor.

Ramon Vasquez Molezan's Spanish Pavilion is the most poetic of all, structurally sound and new of form. It also has the merit of blending perfectly with its natural surroundings, appearing a compact mass or translucent, as your view-point changes. – The Philips Pavilion, Le Corbusier's *electronic poem,* spectacular, impressive, commanding attention. But its plastic values are spoilt by the urbanistic chaos of the Expo – it would need to be viewed in isolation, in a great horizontal space, with a background of green. – Admirable in line and austerity Eiermann's West German structure, composed of eight pavilions. – But where we feel spiritually most a home is in the edifices and interiors of some of the 'great small nations' – Norway, Switzerland, Austria, Finland, Holland, in part also Yugoslavia – where, within the limits of thoroughly civilized population, culture, education, custom have found those measures of expression to which we willingly adhere. – Of the daring and dramatic French building we would say that its aspiration to greatness is marred by an over-richness of motifs, and that the interior lacks discipline. – Last item, the perfection of atmosphere in the room filled with the lovely and appealing works of Ruth and Tapio, and of Sarpaneva, the 'Finnish masters'.

---

domus 346 *p. 425*

Aspects of a Building by Mies van der Rohe

Crown Hall is one of the several buildings designed by Mies van der Rohe for the Illinois Institute of Technology. Crown Hall, completed two years ago, houses the Department of Architecture and the Design Institute (formerly the New Bauhaus). It is a rectangular block about 120 ft x 220 ft, two-storey high. The interior is completely free of columns and the roof is suspended from four beams supported by exterior columns. It is a solution adopted by Mies van der Rohe in several of his recent buildings, a solution very close to the pure expression of the work of his first years as an architect.

---

domus 347 *p. 428*

Before Furnishing

An apartment designed by an architect for himself, very few pieces of furniture. The interest of the solution is in the plastic character of the whole, each room complete in itself, the repeated playing with volumes, the low ceiling of the passages and the mezzanine above. Colours used to stress the architectural effects: black, terracotta and white.

---

domus 348 *p. 434*

Villa for a Single Woman

A small house for a single woman, a brilliant teacher of art. The small house has the same dignity of Neutra's major house: built on the steep side of a hill it has a splendid view of the valley and of the disrant mountains – the car port in front of the living room screens the view of and from the street below.

---

domus 349 *p. 440*

The 'Diamantina' Villa at Caracas Country Club

Blanca Arreaza, the owner of La Diamantina I designed in the Country Club of Caracas, writes in every letter to me how happy she is in this home.

The Country Club in Caracas is a large park development with golf links, swimming pool, tennis lawns and a number of houses in the lush green of the tropics. As an architect I consider the maximum achievement to have designed a lovable and beloved house. The highest compliment is what Mrs. Arreaza writes to me. If she is happy in that house it means I managed to build a house warm and true; a human house of today in modern language which spells order and unity of design instead of the frequent inhuman coldness. A house can be modern and human, very cozy without a clever sprinkling of 19th century Chiavari or Thonet chairs – with that *fin de siècle* flavour – or the *Tripoli* chairs with their exotic flavour mixed with some Arts and Crafts pieces and the Wedgwood dishes on the walls. That is an attempt to get a ready made 'human' atmosphere.

We have to try and achieve that total unity and formal truth that our fathers, and their fathers before, developed in the complete language of each style. In our home there is room for the true ancient values, for the old (fine) pieces of furniture, if they have been in the family. But there is no room for the sophisticated taste which selects the dubious pieces of a demi-art and excludes the true valid expressions of the Renaissance, for instance. I am very happy with La Diamantina myself; I am glad it has a large protecting roof, like a house under a wing. It looks from above like a butterfly on the grass. I am glad it is shaded and luminous; it is architecture of space not of volumes; it is full of things out of the human skill, it is full of views, cross views all over as I like them; it is tuned on one colour, blue: the fresh ceramic floor (Salerno), the white and blue of the Venini and Seguso glass, my big Venini chandelier in white and blue, and the De Poli *Smalti*, and the Rui ceramics and Melotti glazes and precious blue figures, and silks by Ferrari and cottons by Grampa all in white and blue. I am really glad about this home I built with its walls in Joo ceramics – their diamond shape is the origin of its name, La Diamantina – I am glad because I painted its doors and ceilings, because my 'shelf window' and my lighting furniture are in it, and a good painting by Reveroin, the Venezuelan painter I love, and the Cassina chairs and the Giordano Chiesa furniture I designed are in it.

I thank Blanca Arreaza, as I thank Anala and Armando Planchart when I think of their house, because she gave me the opportunity to do for Venezuela – that generous and beautiful country – the best I could do, as an Italian, the best to answer in a human and spontaneous way their invitation to design their home. (Gio Ponti)

domus 349 *p. 452*

Two Houses on the Beach

These two houses were designed for a similar site: on a beach with a road at a higher level; both structures are high over beach and are connected by a covered passage to the garage wing that opens on the road. The beams, painted black, are exposed, the walls and the roof are in timber. The first home has a large frontal deck cantilevered from the main structure, a wood ladder connects it to the beach.
The second home is designed on a similar scheme but is a larger structure around a central patio.

---

domus 350 *p. 462*

A Holiday House

The house has a square plan with a big roof supported by a timber structure; the roofing is asbesthos-cement. The shape of the roof is the outstanding feature. Outside and inside, with the two-storey high living room, the attic floor, the guest room and the maid's room.

---

domus 350 *p. 467*

A Church in Frankfurt

A Roman Catholic church, St. Wendel, built in stone and reinforced concrete: the walls, but for the façade, are clear from the ground, the roof is clear from the walls. Connected with the church are the rectory, the meeting room, a play area.

---

domus 351 *p. 470*

A Glass Church in Lombardy

On the outskirts of Milan, surrounded by open space at the centre of a new neighbourhood near Baranzate, this church is distinguished by the strong stone and concrete wall that, by contrast, stresses the purity of its glass volume. The church, 10 m high and 14 to 28 m wide and long, is supported by the concrete base of the crypt. In the crypt are the baptistry, the sacristy and a chapel, by way of the crypt is the normal entrance to the main church which is reached by means of a flight of stairs. The 'ceremonial' entrance is at the top of an exterior ramp, it is simply a sliding panel of the main façade. The main structure of the building is composed of four concrete columns supporting two traversal beams. These are the only elements cast in place. The longitudinal section beams are composed of prefabricated elements connected by precompression steel cables; the beams support the precaste concrete ribbed plates of the roof. The walls are a steel grid case for the glass and plastic insulation sandwich. A transparent strip of clear glass at the top and the base underlines the non-supporting character of the curtain walls.

---

domus 351 *p. 488*

A New Chair

The new chair designed by Eugenio Gerli, architect, and produced by Tecno, is composed of four plywood pieces joined by four gains and four screws. It has three legs. It is a good chair around a circular dining table, is produced in different woods and colours, and is easily disassembled for shipping.

domus 352 *p. 496*

'Superleggera' Chair by Gio Ponti

A chair as light as possible to support a man, not a four hundred pound giant, that is the assumption. The accurate design, the perfect technology have made possible this refined piece for civilized living. Produced by Figli di Amedeo Cassina in Meda, it is the final product of a line of chairs designed by Ponti and manufactured by the same firm according to the best traditions of Italian and European design in this field.

---

domus 354 *p. 505*

The New Milan Malpensa Airport

The international airport at Malpensa is designed for the intercontinental traffic, while the Forlanini Airport is for national and European lines. The new station is almost completed and the east wing is in operation connected to the old buildings. The structure is partly in reinforced concrete and partly in steel.
The structure is apparent. On the ground floor is space for departing and transit travellers with waiting rooms, telephones, telegraph office, bar, newspapers. On the first floor the restaurant for travellers. On the top floor the restaurant for travellers and visitors.

---

domus 354 *p. 510*

The New Alitalia Office in New York

In connection with a trip to New York Ponti was asked to design the new office of Alitalia, the Italian airline, in that city. He had to do something in a very short time, he wanted something very Italian to strike the imagination of the people. Ceramics are the most characteristic element in the whole; Melotti was up to his fame with his tiles glazed a cloudy blue. Then Salvatore Fiume crowded the place with his statues, instead of the usual pictures of stars and celebrities, and Romano Rui decorated the walls with his precious plaques.

---

domus 355 *p. 516*

Italian Architecture in Stockholm

Ponti was called to design the Italian-Swedish Institute in Stockholm, a foundation established by Carlo M. Lerici.
On the ground-floor an auditorium for 300 people, designed with the structural assistance of Pier Luigi Nervi, office space, library and the janitor's appartment; on the first floor the class-rooms and the teachers' room; on the second floor the two apartments for the Director and the Vice-Director of the Institute, and an apartment for Italian student guests.
Ponti expresses his feelings in designing the building to house such a significant institution in a country of high architectural and social achievements like Sweden. At the same time he is proud, as an Italian, and happy that an 'Italian' spirit was recognized in this building, not because of exterior motifs, but because of the deeper roots that move our creativeness in its absolute stylistic independence and modern expression.

domus 359 *p. 530*

House on Long Island

A house designed for the summer holidays of a young married couple. Completely isolated in a green level ground it expresses with its simple clear design a feeling of composure and rest.
The façade has no window, but for the narrow cuts of the kitchen, its glass panels with doubles panes create a kind of transparent screen between the living space inside and the outside.

---

domus 360 *p. 534*

The New House for 'Arts and Architecture'

This is the third house designed by Craig Ellwood for the magazine *Arts and Architecture* in the case study house programme. The Ellwood house is designed according to the most strict principle of prefabrication as a metal frame.
Architecture is here identified with the light structural design: the outside panels, the interior partitions are integrated into the unit by module, structure, plan and form.

---

domus 360 *p. 542*

A Sculpture and its Shadow

James Prestini, the American designer, managed to approach design through 25 years of wood carving. From design to sculpture, after his trip to Italy in 1959, his sense of gradual insight and earnest modesty call his work in the new field: apprenticeship.
Prestini teaches design for the architectural students of Berkeley University.

---

domus 360 *p. 544*

The Colours of Eszter Haraszty

Every room a single colour in different shades, and a white background: for Eszter colour is not only used for its surface but for the precious material – silk, wool and masonry and timber are cancelled by hite. In the bedroom the orange panels suggest a modern version of the canopied bed. In the living room the cushions are in 14 different shades of red and pink silk, while the carpet is in eight shades; the sofa is covered in white wool, the curtains are white silk and velvet. The site: an attic apartment in New York.

---

domus 361 *p. 546*

New Tables and a Chair

The design of these tables originated from the turned plywood circular tables produced in 1953 by the same designer. The new series have turned bronze bases or hammered stone and the most varied tops: lacquered wood, solid wood, glass, granite or marble, a dining room cupboard and a chair are new matched designs.

Index

“If buildings were people, those in Julius Shulman’s photographs would be Grace Kelly: classically elegant, intriguingly remote.”

—ART NEWS, *New York*

“Special. Shulman’s images seem to concentrate Neutra’s aesthetic; intensely seductive, they are more like film stills than documentaries. A beautifully designed and printed tome.”

—TIME OUT, *London*

“The definitive volume on the Viennese-born architect and his ground-breaking split-level steel and glass.”

—LOS ANGELES TIMES, *Los Angeles*

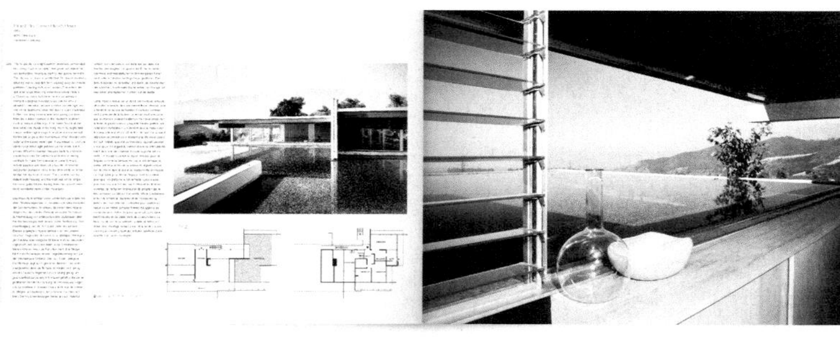

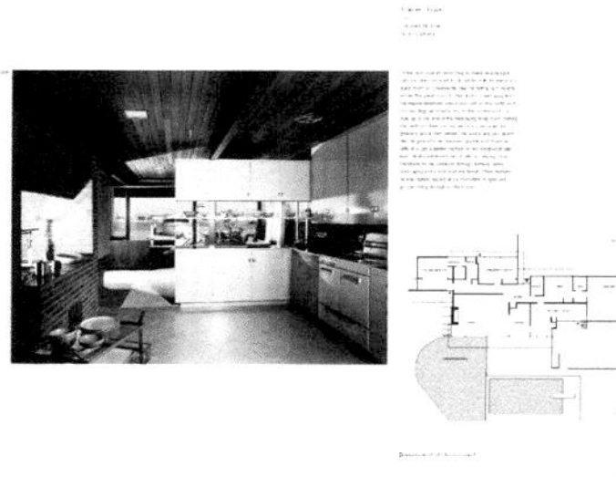

Get into the spirit and the genius of California Modernism’s greatest architect. The first book to bring together the complete works of Richard Neutra (nearly 300 private homes and buildings) sports an extra-large format and a wooden cover, not to mention over 1000 photographs including many by architecture’s greatest photographer, Julius Shulman.

Originally from Vienna, Neutra came to America early in his career, settling in California. His influence on post-war architecture is undisputed, the sunny climate and rich landscape being particularly suited to his cool, sleek modern style. Neutra had a keen appreciation of the relationship between people and nature; his trademark plate-glass walls and ceilings which turn into deep overhangs have the effect of connecting the indoors with the outdoors. His ability to incorporate technology, aesthetics, science, and nature into his designs brought him to the forefront of Modernist architecture.

The author: **Barbara Mac Lamprecht** received her M.Arch. from California State Polytechnic University, Pomona. Her work combines practicing, educating, and writing about architecture. She has served for many years as a board member for the Southern California chapter of the Society of Architectural Historians and is an architectural project manager with the Los Angeles Community Design Center, a firm devoted to innovative affordable housing.

The editor: **Peter Gössel** runs a practice for the design of museums and exhibitions. He is the editor of TASCHEN’s monographs on *Julius Shulman*, *R. M. Schindler*, and *John Lautner*, as well as the editor of *Architecture in the Twentieth Century* and the Basic Architecture series.

RICHARD NEUTRA – COMPLETE WORKS

Barbara Mac Lamprecht / Ed. Peter Gössel / Preface and editorial assistance: Dion Neutra / **wood finish, XXL-format**: 40 x 31 cm (16 x 12.2 in.), 464 pp.

€ 150 / $ 200 / £ 100 / ¥ 25.000

“*Case Study Houses*: once you hold it in your hands, you immediately want to get a martini and sit by one of the pools.”

—LITERATUREN, *Berlin*

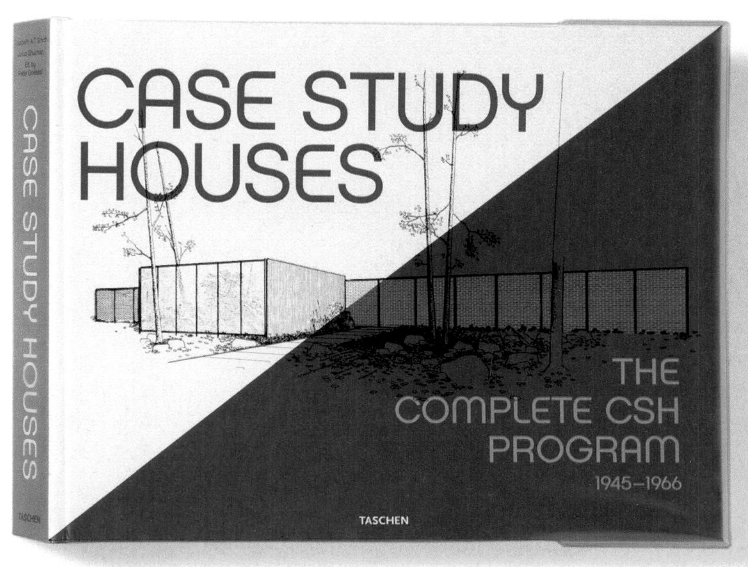

“We were truly bowled over by TASCHEN’s take on the Case Study programme.”

—WALLPAPER*, *London*

“Lavishly produced, handsomely illustrated.”

—L.A. TIMES, *Los Angeles*

CASE STUDY HOUSES
THE COMPLETE CSH PROGRAM 1945–1966

Elizabeth A.T. Smith / Ed. Peter Gössel / Hardcover, **XXL-format**: 40 x 31 cm (15.7 x 12.2 in.), 440 pp.

€ 150 / $ 200 / £ 100 / ¥ 25.000

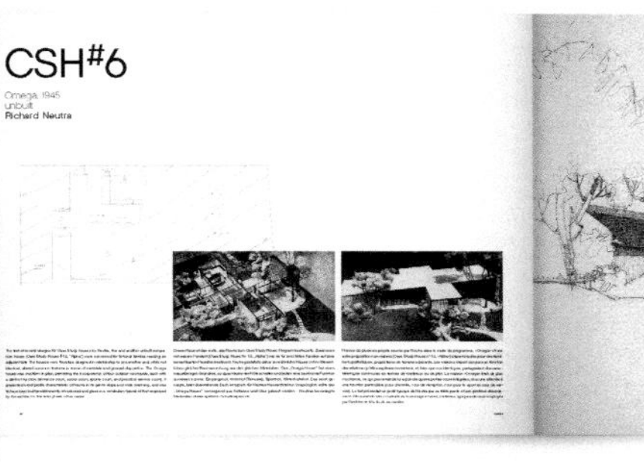

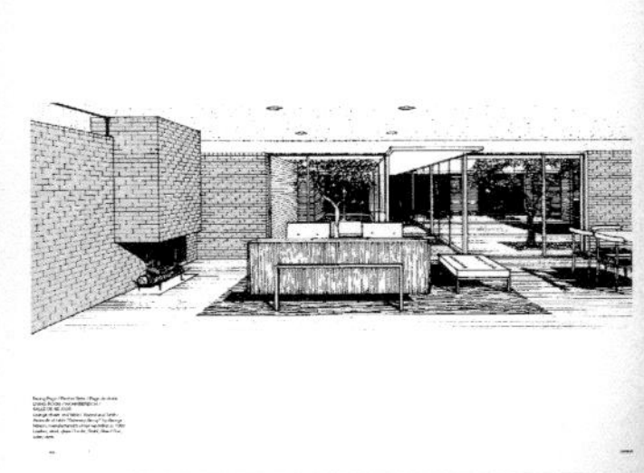

The Case Study House program (1945–1966) was an exceptional, innovative event in the history of American architecture and remains to this day unequalled in its uniqueness. The program, which concentrated on the Los Angeles area and oversaw the design of 36 prototype homes, sought to make available plans for modern residences that could be easily and cheaply constructed during the postwar building boom. The program’s chief motivating force was *Arts & Architecture* editor John Entenza, a champion of modernism who had all the right connections to attract some of architecture’s greatest talents, such as Richard Neutra, Charles and Ray Eames, and Eero Saarinen. Highly experimental, the program generated houses that were designed to redefine the modern home, and thus had a pronounced influence on architecture—American and international—both during its existence and even to this day. TASCHEN brings you a monumental retrospective of the entire program with comprehensive documentation, brilliant photographs from the period and, for the houses still in existence, contemporary photos, as well as extensive floor plans and sketches.

“Lavishly produced, handsomely illustrated.... Five of the program’s surviving architects met at the Museum of Contemporary Art in downtown Los Angeles, [where] TASCHEN hosted a reception and book-signing... a rare and timely reunion. Audience members bought copies of the book and waited patiently in line for half an hour to get them signed.”
—L.A. Times, *Los Angeles*

The author: **Elizabeth A.T. Smith**, Chief Curator at the Museum of Contemporary Art in Chicago since 1999, was formerly Curator at The Museum of Contemporary Art, Los Angeles. She was Adjunct Professor in the School of Fine Arts’ Public Art Studies Program at the University of Southern California in Los Angeles and has published and lectured widely on a variety of topics in contemporary art and architecture.

The editor: **Peter Gössel** runs a practice for the design of museums and exhibitions. He is the editor of TASCHEN’s monographs on *Julius Shulman*, *R. M. Schindler*, *John Lautner* and *Richard Neutra*, as well as the editor of *Architecture in the Twentieth Century* and the Basic Architecture series.

3343

Acknowledgements and Imprint

We are immensely grateful to the many talented and dedicated individuals who have helped bring this extraordinary project into being. Firstly, our thanks must go to all those at *domus*, especially Maria Giovanna Mazzocchi, without whose trust and goodwill the project would never have got off the ground; Carmen Figini whose co-ordination of the project in Rozzano was instrumental from the outset; Luigi Spinelli for his introductory essays and help in making our selections; and Salvatore Licitra from the Gio Ponti Archives for supplying us with pictures for the introductory essays. We would also like to give our thanks to François Burkhardt, Cesare Maria Casati, Stefano Casciani, Germano Celant, Manolo De Giorgi, Fulvio Irace, Vittorio Magnago Lampugnani, Lisa Licitra Ponti, Alessandro Mendini, Ettore Sottsass Jr. and Deyan Sudjic for their insightful introductions, sprinkled with fond personal memories. We also acknowledge the many labours of our research assistant, Quintin Colville; the exacting yet good humoured co-ordinating skills of our editorial consultant, Thomas Berg; the numerous day-to-day responsibilities of our in-house editor, Viktoria Hausmann; the skills of our translators, Mary Consonni, Bradley Baker Dick and Luisa Gugliemotti; the tireless copy editing of Barbara Walsh and Wendy Wheatley; the excellent graphic design solution devised by Andy Disl; and the painstaking production work of Ute Wachendorf. And last but not least we would like to thank, as ever, Benedikt Taschen for his guidance and enthusiasm.

Charlotte and Peter Fiell

Cover: artist unknown
Back Cover: William Klein
Design: Sense/Net, Andy Disl and Birgit Reber, Cologne, Germany
Editorial Coordination: Thomas Berg, Viktoria Hausmann, Cologne, Germany; Carmen Figini, Rozzano, Italy
Editorial Collaboration: Yvonne Havertz, Patricia Blankenhagen, Cologne, Germany
Production: Frank Goerhardt, Ute Wachendorf, Cologne, Germany
English translation: Bradley Baker Dick, Cantalupo in Sabina, Italy

Printed in Italy

ISBN-13: 978-3-8228-3027-7
ISBN-10: 3-8228-3027-5